LA CHANSON
DE LA CROISADE
CONTRE LES ALBIGEOIS

IMPRIMERIE GOUVERNEUR, G. DAUPELEY

A NOGENT-LE-ROTROU.

LA CHANSON
DE LA CROISADE
CONTRE LES ALBIGEOIS

COMMENCÉE PAR GUILLAUME DE TUDÈLE
ET CONTINUÉE PAR UN POÈTE ANONYME

ÉDITÉE ET TRADUITE
POUR LA SOCIÉTÉ DE L'HISTOIRE DE FRANCE

Par Paul MEYER

TOME SECOND

TRADUCTION ET TABLE.

A PARIS
LIBRAIRIE RENOUARD
HENRI LOONES, SUCCESSEUR
LIBRAIRE DE LA SOCIÉTÉ DE L'HISTOIRE DE FRANCE
RUE DE TOURNON, Nº 6

M DCCC LXXIX

EXTRAIT DU RÈGLEMENT.

Art. 14. — Le Conseil désigne les ouvrages à publier, et choisit les personnes les plus capables d'en préparer et d'en suivre la publication.

Il nomme, pour chaque ouvrage à publier, un Commissaire responsable, chargé d'en surveiller l'exécution.

Le nom de l'éditeur sera placé à la tête de chaque volume.

Aucun volume ne pourra paraître sous le nom de la Société sans l'autorisation du Conseil, et s'il n'est accompagné d'une déclaration du Commissaire responsable, portant que le travail lui a paru mériter d'être publié.

Le Commissaire responsable soussigné déclare que l'édition de la Chanson de la Croisade contre les Albigeois, *préparée par M.* Paul Meyer, *lui a paru digne d'être publiée par la* Société de l'Histoire de France.

Fait à Paris, le 15 décembre 1878.

Signé L. DELISLE.

Certifié,

Le Secrétaire de la Société de l'Histoire de France,

J. DESNOYERS.

CHANSON
DE LA CROISADE
CONTRE LES ALBIGEOIS.

I.

AU nom du Père et du Fils et du Saint-Esprit commence la chanson que fit maître Guillaume, un clerc qui fut élevé en Navarre, à Tudèle. Il est très-savant et preux, selon ce que dit l'histoire ; [5] des clercs et des laïs il fut chaudement accueilli, des comtes, des vicomtes aimé et écouté. Pour la destruction qu'il connut et vit en la géomancie, car il avait longtemps étudié, et pour ce qu'il connut que le pays serait brûlé et dévasté [10] à cause de la folle créance à laquelle ils (les habitants) avaient consenti, et que les riches bourgeois seraient dépouillés des grands biens dont ils s'étaient enrichis, et que les chevaliers s'en iraient bannis, misérables, en terres étrangères, tristes et marris, [15] il résolut en son cœur, — car il était habile, et à tout ce qu'il voulait prêt et dispos, — de faire un livre qui fût ouï par le monde, pour que son savoir et son sens en fussent répandus. Alors il fit ce livre et l'écrivit lui-même[1]. [20] Depuis qu'il fut com-

1. La bonne leçon est évidemment celle du fragment de Raynouard, reproduite en note aux pages 1 et 2 du tome précédent. Voici la traduction du morceau auquel ce fragment apporte

mencé jusqu'à son achèvement il ne mit en autre chose son entente, à peine même dormit-il. Le livre fut bien fait et composé de beaux mots ; et si vous le voulez entendre, les grands et les petits vous y pourrez[1] beaucoup apprendre de sens et de beaux dires, (25) car celui qui l'a fait en a le ventre tout farci, et quiconque ne le connaît pas et n'en a fait l'épreuve ne pourrait se l'imaginer.

II.

Seigneurs, cette chanson est faite dans la même manière que celle d'Antioche et selon la même me-

d'importantes variantes; je souligne tout ce qui est propre au fragment : « ... fut élevé en Navarre, à Tudèle. *Puis il vint à « Montauban, selon ce que dit l'histoire : il y resta onze ans; au « douzième il en sortit.* Pour la destruction . . . . en terres « étrangères, tristes et marris; *à cause de cela il en sortit (de Mon- « tauban) comme vous avez ouï. Il vint au comte Baudouin (que « Jésus garde et guide!) à Bruniquel** ; *et celui-ci l'accueillit avec « grande joie. Puis le comte le fit, sans opposition aucune, chanoine « du bourg Saint-Antonin***, *car il l'avait établi* [là] *avec maître « Técin . . . .**** *et Geoffroi de Poitiers qu'il n'oublie pas.* Alors « il fit ce livre et l'écrivit lui même . . . . » Je ne sais qui était maître Técin ; quant à Geoffroi de Poitiers, il reparaîtra plus loin comme gouverneur du fils de Raimon VI (v. 880). Nous savons d'ailleurs qu'il assista en 1208 comme témoin à une donation faite par le comte Raimon à l'ordre de Grammont (Teulet, *Layettes du Trésor des chartes*, n° 864).

1. Je traduis conformément à la variante.

* Ch. l. de c. de l'arr. de Montauban.
** Ch. l. de c. de l'arr. de Montauban.
*** Je ne traduis pas *que fort o enantit* sorte de parenthèse qui peut s'entendre de différentes façons, mais qui n'est en tout cas qu'un remplissage.

sure, [30] et elle a le même air, pour qui sait le dire. Vous avez tous ouï comment l'hérésie avait tant gagné (que Dieu la maudisse!) qu'elle dominait tout l'Albigeois, le Carcassais, le Lauragais pour la plus grande partie. [35] De Béziers à Bordeaux, sur toute la route, il y a beaucoup de ses adhérents et de leur compagnie. Si j'en disais plus[1], je ne mentirais [pourtant] pas. Quand le puissant pape et le reste du clergé virent cette grande folie se répandre [40] plus fort que de coutume et croître chaque jour, chacun dans son ressort ils envoient prêcher. L'ordre de Cîteaux, qui eut en cette matière l'autorité principale, y envoya maintes fois de ses hommes, tellement que, par suite, l'évêque d'Osma[2] tint cour assemblée [45] ainsi que les autres légats avec ceux de Bulgarie[3] dans Carcassonne, où il y eut grande affluence. Le roi d'Aragon y était avec son grand baronnage. Il en sortit quand il eut ouï la cause et se fut convaincu que c'étaient des hérétiques, [50] et envoya ses lettres scellées[4] à Rome

1. P.-ê. : si je disais cela du plus grand nombre (de[l] plus?) de la majorité des habitants?
2. Diego de Acebes, évêque d'Osma (Vieille-Castille); voyez Vaissète, III, 135, et note xv (p. 558); cf. D. Juan Loperraez Corvalan, *Descripcion historica del obispado de Osma* (Madrid, 1788, in-4°), I, 190-3.
3. C'est-à-dire avec les hérétiques (les *Bougres*).
4. Il y eut à Carcassonne, en février 1204 (n. s.), entre les hérétiques et les inquisiteurs de la foi, et en présence du roi d'Aragon, une conférence qui nous est connue par un acte émanant de Pierre d'Aragon lui-même. Cet acte, qui est une sorte de circulaire, est donné comme « tiré des Archives de Carcassonne » par le P. Benoist, *Hist. des Albigeois et des Vaudois*, I, 269, et a été publié de nouveau, d'après un ms. (cartulaire?) du xiii° siècle appartenant à un particulier, par Compayré, *Études historiques et Documents inédits sur l'Albigeois* (1841, in-4°). p. 227. Malgré

en Italie. Je ne sais qu'en dire, puisse Dieu me bénir! ils se soucient de la prédication comme d'une pomme pourrie. Cinq ans, ou je ne sais combien, ils se comportèrent de la sorte; ils ne veulent point se convertir, cette gent égarée : [55] par suite de quoi maints hommes ont été tués, mainte gent a péri et périra encore jusqu'à ce que la guerre soit finie, car il ne peut en être autrement.

III.

En l'ordre de Cîteaux il y eut une abbaye, sise près de Lerida[1] qu'on appelait Poblet; [60] un homme de bien en était abbé. Parce qu'il était savant, il montait de grade en grade, [si bien] que d'une autre abbaye, Grandselve, — car on sut qu'il étoit là [à Poblet], et on l'en amena — il fut élu abbé; et puis ensuite [65] il fut abbé de Cîteaux, car Dieu l'aimait[2].

---

quelques différences de lecture entre les deux éditions, il est à croire que le même ms. a servi à l'une et à l'autre. Quoi qu'il en soit, le texte rapporté par le P. Benoist est le seul document par lequel Vaissète (III, 135) ait connu la conférence de 1204. C'est vraisemblablement à la même pièce que fait allusion le v. 50. Mais il ne paraît pas que l'évêque d'Osma, qui provoqua diverses conférences avec les hérétiques en 1206 et 1207 (voy. C. Schmidt, *Cathares*, II, 210-4), ait assisté à celle de 1204. Il y aurait donc eu confusion de la part de G. de Tudèle.

1. L'abbaye cistercienne de Poblet, située un peu à l'ouest de Montblanch, entre Tarragone et Lerida, est à 35 kil. environ de cette dernière ville. Elle fut fondée par R. Berenger IV; voy. *Marca Hispanica*, p. 504, et Vaissète, II, 448. L'acte de fondation (18 février 1150, n. s.) s'en trouve dans la collection Doat, t. LIX, fol. 8.

2. Arnaut Amalric, abbé de Gransèlve, dioc. de Toulouse, 1199

Ce très saint homme allait avec les autres par la terre des hérétiques et les prêchait afin qu'ils se convertissent; et plus il les priait, plus ils le raillaient et le tenaient pour sot. [70] C'est pour ce faire qu'il était légat : le pape lui ayant donné tant de pouvoir qu'il les abattait partout, la gent mécréante!

IV.

....[1] et l'abbé de Cîteaux, que Dieu aimait tant, qui avait nom frère Arnaut, au premier rang, [75] à pied et à cheval allaient disputant contre les félons hérétiques qui étoient mécréants et les pressaient vivement de leurs discours; mais ils n'en ont cure et les méprisent. En ce temps Peire de Castelnau passa [80] vers le Rhône en Provence, avec son mulet amblant; il excommunia le comte de Toulouse, parce qu'il soutenait les routiers qui vont ravageant le pays[2]. Alors un écuyer qui fut plein de méchanceté, afin de se rendre désormais agréable au comte, [85] le tua en trahison en passant par derrière lui, et le frappa à l'échine avec son épieu tranchant[3], et puis s'en fuit

à 1200 (*Gall. Christ.* XII, 134); de Cîteaux, 1200-12 (*Gall. Christ.* IV, 990).

1. Voir au t. I la note sur le v. 73; cf. Pierre de Vaux-Cernay, ch. v.
2. « Præterea ruptarios mirabili quoque amplexatus est affectu « dictus comes, per quos spoliabat ecclesias, monasteria destrue- « bat... » P. de V.-C. ch. iv. L'excommunication prononcée par Peire de Castelnau fut confirmée à la date du 29 mai 1207 par une lettre singulièrement violente du pape Innocent (l. XI, ep. LXIX; Potthast, n° 3114).
3. Le meurtre de Peire de Castelnau eut lieu le 15 janvier 1208 (n. s.). Cette date est fournie par le nécrologe du prieuré de

avec son cheval courant, à Beaucaire d'où il était, où furent ses parents. Mais[1], avant de mourir, levant ses mains au ciel, [90] il (Peire) pria Dieu, en présence de tout le peuple de pardonner ses péchés à ce félon sergent, quand il eut reçu la communion, vers le chant du coq; il mourut après, à l'aube naissant. L'âme s'en est allée au Père tout puissant; [95] à Saint-Gilles on l'enterre avec force cierges allumés, avec force *Kyrie eleison* que chantent les clercs.

V.

Quand le pape sut, à qui on dit la nouvelle, que son légat avait été tué, sachez qu'elle lui fut pénible. De l'affliction qu'il en eut il tint la main à sa mâchoire[2] [100] et invoqua saint Jacques de Compostelle, et saint Pierre de Rome qui gît en la chapelle. Quand il

---

Cassan : *XVIIII cal. Febr. obiit Petrus de Castronovo, D. pape legatus, presbyter et monachus Fontis Frigidi* (Vaissète, II, pr. p. 15). Les deux récits originaux les plus circonstanciés que nous ayons de sa mort sont celui de Guillaume de Tudèle et celui qu'Innocent III a inséré dans deux lettres du 10 mars 1208 (l. XI, ep. xxvi-xxix, Potthast n°s 3323 et 3324; cf. P. de V.-C. ch. viii). Ces deux récits se complètent mutuellement et ne se contredisent sur aucun point, sinon que le pape (comme aussi P. de V.-C. ch. lxiv) suppose que le meurtre eut lieu à l'instigation du comte de Toulouse. Dans une lettre postérieure de quatre ans (l. XV, ep. cii), il se borne à l'en déclarer très-suspect (*valde suspectus*).

1. Ce « mais » (*pero*) n'est guère motivé; p.-ê. y a-t-il une omission entre les vers 88 et 89.

2. C'est dans les chansons de geste le signe ordinaire d'une vive affliction :

Par irour tint sa main a sa maissele. (*Raoul de Cambrai*, p. 48.)
Et Geris pleure sa main a sa maissele (*Ibid.*, p. 136.)

eut fait son oraison, il éteignit le cierge[1]. Là fut frère Arnaut, l'abbé de Cîteaux, et maître Milon[2] qui parle en latin, [105] et les douze cardinaux tous en rond. Là fut prise la résolution par suite de laquelle s'émeut la ....[3] dont beaucoup d'hommes ont péri éventrés, et mainte riche dame, nombre de belles pucelles, [ont été dépouillées], de sorte qu'il ne leur resta ni manteau ni gonelle. [110] D'au de là[4] de Montpellier jusqu'à Bordeaux il mande qu'on détruise tout ce qui lui résistera; ainsi que le rapporte maître Pons de Mela, envoyé par le roi qui tient Tudèle[5], le seigneur de Pampelune et de l'Estella, [115] le meilleur chevalier qui onques montât en selle. Miramolin[6] le sait, le chef des païens[7]. Le roi d'Aragon y fut et le roi de Castille[8]. Tous ensemble y frappèrent de leur lame tranchante, et je pense en faire encore une bonne chanson nouvelle, [120] toute en beau parchemin.

1. Ce trait doit se rapporter au cérémonial de l'excommunication.
2. Milon, légat du pape à partir de ce moment, voy. P. de V.-C., chap. ix et x. — La présence de l'abbé de Cîteaux à ce conseil est fort douteuse. En effet, P. de V.-C. ne fait point mention de lui alors qu'il parle (au commencement du ch. ix) du voyage à Rome des évêques de Toulouse et de Conserans. Bien plus, au ch. x, il nous montre Milon et son compagnon Thédise se rendant en France en exécution des ordres du pape, et allant tout d'abord à Cîteaux pour y conférer avec l'abbé.
3. M. à m. « la boucle » (?); voy. *Romania* IV, 279.
4. Au-delà, c'est-à-dire dans la direction de la Provence.
5. Sancho VII, roi de Navarre.
6. L'*émir el-moumenîn*, Mohammed el-Nasir.
7. Allusion à la bataille de las Navas de Tolosa, 16 juillet 1212. Cf. G. Anelier, *Guerre de Navarre*, v. 14-84.
8. Alphonse VIII, roi de Castille (1158-1214), et Pierre II d'Aragon (1196-1213).

VI.

Mais l'abbé de Cîteaux, qui tenait la tête penchée, s'est levé auprès d'un pilier de marbre, et dit au pape : « Sire, par saint Martin, c'est trop de paroles et de « bruit sur cette affaire : [125] faites faire vos lettres, « faites les écrire en latin, telles qu'il vous plaira, afin « que je me mette en route, et [faites les] envoyer en « France et par tout le Limousin, en Poitou, en Au- « vergne, jusqu'en Périgord. Faites proclamer de « même le pardon [130] par toute la terre et par « tout Constantinople. Que celui qui ne se croisera ne « boive jamais plus de vin, qu'il ne mange plus sur « nappe ni soir ni matin, qu'il ne s'habille plus d'étoffe « de chanvre ou de lin ; à sa mort qu'il ne soit pas « plus enterré qu'un mâtin. » Après ces paroles, tous s'accordent, quand il eut fini, [135] au conseil qu'il leur donne.

VII.

Quand l'abbé de Cîteaux, personnage honoré (qui puis fut élu évêque de Narbonne[1]), le meilleur et le plus preux qui jamais y ait porté tonsure, leur eut donné le conseil, personne ne dit mot, [140] excepté le pape qui fit une figure affligée : « Frère, » dit le pape, « va « à Carcassonne et à Toulouse la grande, qui sied sur « la Garonne. Tu conduiras les osts sur la gent « félonne ; de la part de Jésus-Christ pardonne-leur « leurs péchés, [145] et de ma part prie-les, ser-

---

1. Le 12 mars 1212.

« monne-les de poursuivre les hérétiques mêlés au
« peuple honnête. » Sur ce il (Arnaut) s'éloigne, à
l'heure de none[1]; il sortit de la ville, éperonnant fortement. Avec lui va l'archevêque de Tarragone [150],
celui[2] de Lerida et celui de Barcelone, et du côté de
Montpellier celui de Maguelone, et d'outre les ports
d'Espagne celui de Pampelune, et l'évêque de Burgos
et celui de Tarazona[3], ceux-là vont tous avec l'abbé.

VIII.

[155] L'abbé monta aussitôt qu'il eut pris le congé, et
s'en vint à Cîteaux où étaient assemblés tous les moines
blancs[4] portant tonsure, à la fête de Sainte Croix, en
été[5], en chapitre général, comme il est de coutume.
[160] En présence de tout le couvent il leur a chanté
la messe, et quand elle fut finie, il les a prêchés, et leur
a dit et exposé ce qui avait été décidé. Puis il a montré sa
bulle scellée à chacun, [et] expliqué comment ils doivent
aller çà et là par tout le monde [165] aussi loin que
s'étend la sainte chrétienté. Alors on se croise en

---

1. Vers trois heures.
2. Il faudrait *l'évêque* de Lerida, *l'évêque* de Barcelone, etc.
3. Petite ville située sur la frontière de l'Aragon et de la Navarre, près de Tudèle.
4. Les vêtements des Cisterciens étaient à cette époque plutôt gris que blancs, voir Du Cange, *ordo griseus*, et d'Arbois de Jubainville, *Études sur l'état intérieur des abbayes cisterciennes*, p. 134; cependant on les appelait aussi parfois *monachi albi*, Du Cange, *ordo albus*.
5. Le jour de l'Exaltation, 14 sept. Jusqu'à l'année 1440 le chapitre général de Cîteaux, formé de l'assemblée de tous les abbés de l'ordre, s'est ouvert le 12 ou le 13 sept.; voy. d'Arbois de Jubainville, ouvr. cité, p. 152.

France et par tout le royaume[1], quand on sait qu'on sera pardonné de ses péchés. Jamais, depuis ma naissance, je ne vis une aussi grande assemblée [que celle] qu'ils font contre les hérétiques et les *sabatatz*[2]; [170] car le duc de Bourgogne s'est alors croisé[3] et le comte de Nevers[4] et maint puissant seigneur. Et je ne m'inquiète pas de dire comment ils furent armés, ce que coûtèrent les croix d'orfroi et de soie qu'ils se mirent sur la poitrine au côté droit[5], [175] ni comment ils furent vêtus ni montés, ni comment leurs chevaux étaient bardés de fer et armoriés; car jamais

---

1. La « France » c'est l'Ile-de-France, ou au plus le domaine direct du roi; « tout le royaume, » c'est tout le pays sur lequel s'étendait sa suzeraineté.

2. *Sabatat* ou *ensabatat*, Vaudois, Pauvres de Lyon, sont trois désignations d'une même secte (Du Cange, *Sabattati*) qui était fort distincte de celle des hérétiques Albigeois ou Cathares (Schmidt, *Cathares*, II, 267-70).

3. Eudes III, † 1218. On a de lui une charte qui se termine ainsi : « Actum anno incarnati verbi MCCIX cum iter arripuissem super Albigenses, mense Junio. » Bréquigny, *Table chronol.*, IV, 473.

4. Hervé IV de Donzy, comte de Nevers par son mariage avec Mahaut, fille de Pierre de Courtenai et d'Agnès, comtesse de Nevers; *Art de vér. les dates* II, 565. Nous avons de lui deux actes, du 22 juin 1209, dans lesquels il fait mention de sa participation à la croisade (*Gall. Christ.*, XII, instr. 149). — Le duc de Bourgogne, le comte de Nevers et le comte de Saint-Pol dont il sera question plus loin (v. 266), paraissent être les premiers entre les seigneurs français, qui aient pris la croix. Ce sont les seuls que le pape désigne nominativement comme croisés dans sa lettre du 9 octobre 1208 (l. XI, ep. CLVIII, Potthast n° 3511).

5. Dans le texte j'ai indiqué par des points une lacune après le v. 173. M. A. Molinier (*Revue critique*, 1876, I, 227, note) est d'avis qu'une simple transposition suffirait à rétablir la suite du sens. Je me range à son opinion, sauf qu'au lieu de reporter, avec lui, les vers 172 et 173 après le v. 176, je me borne à les placer après 174.

Dieu ne fit savant ni clerc assez lettré pour vous en pouvoir rapporter ni la moitié ni le tiers, qui sût faire la liste des prêtres et des abbés [180] qui se joignirent à l'ost de Béziers hors [de la ville] dans la plaine.

IX.

Quand le comte de Toulouse et les autres barons, et le vicomte de Béziers ont ouï le sermon : que les Français se croisent, je ne crois point qu'ils s'en réjouissent : [185] loin de là, ils en sont fort affligés, comme dit la chanson. A un parlement que tint le clergé à cette époque, là-haut[1] à Aubenas, vint le comte Raimon ; là il s'agenouilla et fit son acte de contrition[2] devant monseigneur l'abbé (Arnaut), et le prie qu'il lui pardonne. [190] L'abbé répond qu'il ne le fera pas, qu'il n'en avait pas le pouvoir, si le pape de Rome et ses cardinaux ne lui donnaient à cet égard quelques instructions[3]. Je ne sais que vous en dire, ni pourquoi j'en ferais un long discours : le comte s'en retourne grand train ; [195] il prie le vicomte [de Béziers] son neveu[4] et le requiert de ne pas lui faire la

---

1. Là-haut, c'est-à-dire dans la direction du Nord ; Aubenas est dans l'Ardèche, arr. de Privas.

2. *S'afliction* (ou *sa fliction*) : c'est proprement l'action de s'agenouiller pour faire pénitence.

3. Cette première entrevue du comte de Toulouse et du légat n'est mentionnée nulle autre part. D. Vaissète (III, 157) n'a pu la connaître que par la réd. en pr. qui à cet endroit s'est notablement écartée du texte en vers, voy. les notes sur 188 et 195.

4. La sœur de Raimon VI, Adélaïde, avait épousé en 1171 Roger II, vicomte de Carcassonne et de Béziers ; de ce mariage naquit Raimon Rogier, vers 1185 (*Art de vér. les dates*, II, 309),

guerre, de ne pas lui mouvoir querelle, et que tous deux soient à la défense, afin qu'eux ni le pays ne tombent dans la ruine. Celui-ci répond non par oui, mais par non. [200] Ils se quittent en mauvais termes, et le comte s'en va irrité, et se rend en Provence, à Arles et à Avignon.

Seigneurs, maintenant se renforcent les vers de la chanson qui fut bien commencée l'an de l'Incarnation du Seigneur Jésus-Christ, sans mot de mensonge, [205] où il y eut 1210 ans qu'il vint en ce monde ; et ce fut en mai, quand fleurissent les buissons. Maître Guillaume la fit à Montauban où il fut[1]. Certes, s'il avait bonne chance ou don, comme ont tant de fous jongleurs, tant de mauvais gars, [210] certes aucun prudhomme courtois ne devrait faillir à lui donner cheval ou palefroi breton pour le porter doucement par le sablon, ou vêtement de soie, paile, ou ciglaton ; mais nous voyons le monde tourner à mal, [215] à tel point que les riches hommes mauvais, qui devraient être preux, ne veulent donner la valeur d'un bouton. Et moi je ne leur demande pas la valeur d'un charbon de la plus méchante cendre qu'il y ait au foyer. Dieu les confonde, qui fit le ciel et l'air, [220] et sainte Marie mère ![2]

---

qui, dans un acte de mai 1204 (Doat LXII, 9), se déclare « majorem decem et octo annis. »

1. Cf. p. 2, note.

2. Ces plaintes contre l'avarice des seigneurs, considérée comme un signe de décadence, sont une sorte de lieu commun auquel il faut se garder d'attribuer trop d'importance. Dès le milieu du XIIe siècle, Vuace oppose la parcimonie des seigneurs de son temps à la libéralité de leurs devanciers : voy. mon *Choix d'anciens textes*, p. 291, v. 143 ss.

X.

Quand le comte de Toulouse, à qui était Beaucaire, vit que le vicomte son neveu lui était contraire et que tous ses ennemis lui voulaient faire la guerre, il sut bien que les croisés ne tarderaient guère [225] à le poursuivre jusqu'en son plus profond repaire. Il envoya là-bas en Gascogne, pour l'archevêque d'Auch qui était son compère, supposant qu'il se chargerait du message et ne voudrait pas s'y refuser. [L'archevêque] et l'abbé de Condom, un brave clerc, [230] Raimon de Rabastens qui donnait largement[1], le prieur de l'Hôpital, bon médecin ; tous ceux-là iront à Rome, puis à l'Empereur. Ils traiteront avec le pape (car ils sont bons orateurs) de quelque accord[2].

XI.

[235] Les messagers s'en vont tôt et vite, le plus promptement possible, à Rome, grand train. Pourquoi allongerais-je le récit ? ils disent tant de paroles et font tant de présents[3] qu'avec le riche pape ils ont fait accord

---

1. Il avait été évêque de Toulouse de 1202 à 1205, époque à laquelle il fut déposé par le Saint-Siége ; voy. *Gallia Christiana*, XIII, 20-1, et la note qui suit.
2. Voici en quels termes P. de V.-C. parle de cette ambassade : « Quod audiens comes Tolosanus, imo *dolosanus*,... quosdam exe-« crabiles et malignos, archiepiscopum Auxitanum et Raimundum « de Rabastenchs, qui quondam fuerat Tolosanus episcopus, sed « meritis suis exigentibus erat depositus, misit Romam. » (chap. IX, Bouquet, XIX, 14).
3. Remarquez que cette assertion est présentée sans aucune pensée de blâme ni de dénigrement.

[240] pour le comte de Toulouse, et je vous dirai comment : il lui livrera en gage, pour en faire sa volonté, sept châteaux[1] des plus forts qu'il ait en sa terre. Le pape y envoya un clerc plein de valeur qui avait nom Milon, à qui Raimon devait obéir. [245] Ce Milon mourut à Saint-Gilles moins d'un an après[2]. Et quand le vicomte sut que bien véritablement le comte a fait sa paix, il se repentit beaucoup : il voudrait bien s'accorder aussi, s'il pouvait, ...[3] Mais il ne voulut point l'accepter, se voyant compté pour rien ; [250] et il a fait par sa terre convoquer ses hommes, à pied et à cheval, ceux qui pouvaient porter les armes. Dans Carcassonne, là il attend l'ost [des croisés]. Ceux qui restèrent à Béziers en furent tous dolents. Je ne crois pas qu'il en ait échappé cinquante ni cent [255] qu'on n'ait passés au fil de l'épée.

1. « Châteaux » au sens qu'avait dans le midi *castrum*, celui de ville ou village fortifié. Ces sept châteaux sont ceux d'Oppède, de Montferrand, de Baumes, de Mornas, de Roquemaure, de Fourques, de Fanjaus. Nous avons l'acte (juin 1209) par lequel le comte de Toulouse les engage au pape, par l'intermédiaire du légat Milon (Bouquet, XIX, 16 ; Migne, *Innoc. III op.*, III, 89 ; cf. Vaissète, III, 161-2). C'est sans doute intentionnellement que notre auteur ne fait aucune allusion à la pénitence humiliante qui fut imposée au comte de Toulouse auprès du tombeau de Pierre de Castelnau, et que raconte P. de V.-C., chap. xii.

2. Selon P. de V.-C. ch. xxxix (Bouquet, XIX, 34 c), c'est à Montpellier que mourut le légat Milon, pendant l'hiver de 1209-10. Le P. Benoist a publié, *Hist. des Alb.*, I, 279, je ne sais d'après quel texte, les « dernières paroles du légat Milon, où il invoque la Vierge « sous le nom de Notre-Dame-des-Tables, sous lequel elle est « honorée à Montpellier. »

3. Voy. au texte la note sur le v. 248.

XII.

Seigneurs, cette ost fut commencée ainsi que vous avez ouï en la geste écrite. L'abbé de Cîteaux fut en la chevauchée, avec lui les archevêques et mainte gent lettrée, [260] de sorte que leur défilé, lorsqu'ils sont campés, et qu'ils vont à un conseil ou à quelque assemblée, dure plus que l'ost de Milan[1] quand elle est toute réunie. De l'autre part chevauche avec toute sa mesnie le preux duc de Narbonne[2], son enseigne déployée ; [265] et le comte de Nevers a élevé sa bannière, et le comte de Saint-Pol[3] avec belle gent armée, et le comte P. d'Auxerre[4] avec toute sa mesnie, et le comte Guillaume de Genève[5] d'une terre riche ; Adémar de Poitiers, qui est en guerre [270] avec le comte de Forez, guerre qui souvent se renouvelle, avec la gent

---

1. L'auteur fait peut-être allusion ici à un événement qui se produisait au temps même où il écrivait : à la guerre des Milanais contre les habitants de Crémone et de Pavie, en 1213. Cependant, au v. 1940, Milan intervient comme un terme de comparaison banal, sans allusion à aucun fait en particulier.

2. Il n'y avait pas de duc de Narbonne ; il est probable que le copiste aura écrit *Narbona* pour *Bergonha* : cf. v. 170.

3. Gauchier de Châtillon ; voy. *Art de vér. les dates*, II, 775.

4. Pierre de Courtenai, petit-fils de Louis le Gros, comte d'Auxerre par son mariage avec Agnès, héritière des comtes de Nevers et d'Auxerre, mort empereur de Constantinople en 1219.

5. Guillaume II, qui paraît n'avoir porté officiellement le titre de comte qu'à partir de 1219, voy. le *Regeste genevois*, publié par la Société d'histoire et d'archéologie de Genève (1866), n° 574. Le plus ancien acte qu'on ait de lui, où il est qualifié de *vir prudens et nobilis*, est de 1205 (*Regeste genevois*, n° 492). On n'a pas d'autre témoignage que celui de la chanson sur sa participation à la croisade.

de sa terre qu'il a amenée[1]; P. Bermon d'Anduze[2]. Jusqu'à ce soir je ne vous aurais pas raconté, ni jusqu'au matin, ceux qui de Provence vinrent à la croisade, [275] la multitude qui s'était assemblée et dont on ne saurait estimer le nombre[3], sans la cavalerie innombrable qu'amènent les Français.

XIII.

L'ost fut merveilleuse, vrai comme je crois! [280] vingt mille chevaliers armés de toutes pièces, et plus de deux cent mille vilains et paysans. Cela sans compter le clergé et les bourgeois. Toute la gent d'Auvergne, de loin et de près, de Bourgogne, de France[4], de Limousin [y est venue]; [285] il y en a du monde entier : Allemands, Tiois, Poitevins, Gascons, Rouergats, Saintongeais. Onques Dieu ne fit clerc, qui, si grand peine qu'il y mît, pût les mettre tous par

---

1. La traduction de ce passage est toute conjecturale; elle est conforme à la correction proposée au v. 269. A l'incertitude du texte s'ajoute cette circonstance, qu'il est ici fait allusion à des événements que nous ne connaissons pas. Adémar de Poitiers fut comte de Valentinois et de Diois de 1188 à 1230, et le comte de Forez doit être Gui II † vers 1210, ou Gui IV † 1241, mais je ne trouve pas trace d'une guerre entre ces divers personnages.

2. Celui-là se proposait simplement d'obtenir, au détriment du légitime héritier, la succession du comte de Toulouse, son beau-père; voir la lettre qu'il écrivit le 20 décembre 1212 à Innocent III (l. XII, ep. ccxxii; Migne, III, 754).

3. Les croisés se réunirent à Lyon aux environs de la S. Jean 1209 (P. de V.-C., ch. xiv; Bouquet, XIX, 19). On trouvera dans P. de V.-C. une liste sommaire des principaux personnages de l'ost.

4. La France. proprement dite l'Ile-de-France.

[1209] écrit en deux mois ni en trois. Là se trouve toute Provence et tout Viennois ; [200] des ports[1] d'Italie jusqu'au dessous de Rodez, tous ensemble y vinrent pour le pardon qui est grand ; bannières hautes, ils marchaient serrés. Ils ne croient trouver en Carcassais personne [qui leur résiste]; ils croient prendre Toulouse, mais elle a fait sa paix. [295] Ils prendront Carcassonne, disent-ils, et l'Albigeois. Par eau, en bateau, ils font porter leur bagage (?) et tous les vivres et le reste de leur équipement. Le comte de Toulouse va à leur rencontre[2], car il leur a bien promis de marcher dans l'ost avec eux. [300] Une autre armée de croisés vint de vers l'Agenais, mais non pas si nombreuse que celle des Français; ils étaient partis de leur terre un mois plus tôt. Là est le comte Gui, un courtois Auvergnat[3] et le vicomte de Turenne[4] qui s'est fortement engagé [dans l'expédition], [305] l'évêque de Limoges[5] et celui de Bazas[6], et le bon archevêque de Bordeaux[7], l'évêque de Cahors[8] et celui d'Agde[9], Bertran de Cardaillac[10] avec celui (Bertran) de

1. Les passages des Alpes.
2. Jusqu'à Valence; P. de V.-C., ch. xiv (xv dans Du Chesne); Guill. de Puylaurens, chap. xiii.
3. Gui II, comte d'Auvergne, 1195-1224. Nous possédons son testament daté du 27 mai 1209, et écrit au moment où il était sur le point de partir pour la croisade; Baluze, *Hist. de la maison d'Aur.*, II, 82; cf. Vaissète, III, 168.
4. Raimon III ; *Art de vér. les dates*, II, 400.
5. Jean I; *Gall. Christ.*, II, 527.
6. Gaillart I, *Gall. Christ.*, I, 1199.
7. Guillaume II; *Gall. Christ.*, II, 820.
8. L'évêque de Cahors, Guillaume, était fils du Bertran de Cardaillac mentionné au vers suivant; voy. *Gall. Christ.* I, 131.
9. Raimon II, *Gall. Christ.*, VI, 679.
10. Arr. de Figeac, Lot. Ce Bertran fit hommage à Simon de

Gourdon[1], B. de Castelnau[2] avec tout le Quercy. Ils prennent Puy-la-Roque[3], sans y trouver de résistance; ils détruisirent Gontaud[4] et ravagèrent Tonneins ; mais Casseneuil[5] est fort; aussi ne l'eurent-ils pas, à cause aussi de la garnison qui l'a bien défendu, qui y avait été mise [composée] de Gascons aux pieds légers, [315] qui sont bons tireurs[6].

XIV.

L'ost assiége Casseneuil, où il y avait nombre de bons archers et de bons chevaliers, avec Seguin de Balenes. Malgré cela, ils (les croisés) l'eussent pris, s'ils n'en avaient été empêchés par le comte Gui[7], qui en eut [pour son entremise] beaucoup d'argent, [320] si bien qu'il eut un différent à ce propos avec l'archevêque : je ne sais comment ils le partagèrent, ni quel accord intervint entre eux. En cette ost on condamna au bûcher maint hérétique, et on fit jeter dans le feu mainte belle hérétique, car ils ne vou-

---

Montfort le 1er avril 1216, pour le château de Larnagol et la forteresse (*forcia*) de Sinergue (Molinier, *Catalogue*, n° 124).

1. B. de Gourdon fit hommage à Ph. Aug., à Louis VIII et à S. Louis. Il vivait encore en 1231; voy. *Bibl. de l'Éc. des ch.*, 1, III, 434 et 446-7. Il faut donc rejeter la correction *ab cels* faite au v. 308.

2. Castelnau de Montratier, comme l'a bien vu l'auteur de la réd. en pr. (voy. au t. I la note sur 308), arr. de Cahors.

3. Tarn-et-Garonne, arrond. de Montauban, cant. de Montpezat.

4. Lot-et-Garonne, cant. de Marmande.

5. Lot-et-Garonne, arr. de Marmande.

6. Voir sur la renommée qu'avaient les Gascons d'être bons tireurs d'arc et d'arbalète une note de M. Fr. Michel dans son édition du poëme de la guerre de Navarre, p. 430.

7. Gui, comte d'Auvergne, qui vient d'être mentionné.

laient pas se convertir, malgré qu'on les en priât[1]. [325] L'évêque du Puy[2] vint là devers Chacer[3]; il eut de la Caussade[4] et du Bourg[5] force deniers. Du Bourg Saint-Antonin où il vint tout d'abord, il s'en ira à l'ost de Cassencuil; qui lui semble peu nombreuse et à laquelle il veut se réunir[6]. [330] Aux habitants de Villemur[7] il survint un cruel malheur : un garçon leur dit que l'ost veut se mettre en marche, et qu'elle a déjà levé le siége de Cassencuil. A cette nouvelle ils mirent le feu à la ville et la brûlèrent le lundi au soir, [335] puis ils s'enfuirent au clair de la lune. De cette ost ci je ne vous veux plus parler pour le présent : je vais vous ramener à l'autre qui était à Montpellier. Le comte Raimon les guide (les croisés) qui leur rend bien service. Il marche toujours en tête et les fait héberger [340] par la terre de son neveu qui lui fait la guerre, le fils de sa sœur.

1. La prise de Puy-la-Roque, de Cassencuil, et en général les faits et gestes de l'ost venant du côté d'Agen (v. 300), ne sont mentionnés dans aucune autre source; ce qui est d'autant plus regrettable que la narration de G. de Tud. est visiblement fort confuse.

2. Bertrand I; voy. *Gall. Christ.* II, 708.

3. Selon la table de Fauriel, *Chacer* serait le village appelé maintenant *les Cassés*, arr. de Castelnaudary, situé entre Toulouse et Carcassonne, et qui est mentionné plus loin, vv. 1883 et 2360; mais, outre que ce lieu, par sa position topographique, convient peu ici, le texte porte *Chacer*, et non comme aux vers 1883 et 2360 *Cassers* précédé d'un article pluriel.

4. Tarn-et-Gar., arr. de Montauban.

5. Du Bourg Saint-Antonin, Tarn-et-Garonne.

6. Les v. 327-9, dont le sens est douteux, ne sont pas représentés dans la rédaction en prose.

7. Haute-Garonne, arr. de Toulouse.

XV.

Le vicomte de Béziers ne cesse, nuit ni jour, de mettre sa terre en défense, car il était plein de cœur. Aussi loin que s'étend le monde il n'y a meilleur chevalier, [345] ni plus preux, ni plus large, plus courtois ni plus aimable. Il était neveu du comte Raimon et fils de sa sœur. Lui-même fut catholique : j'en prends à témoins nombre de clercs et de chanoines qui vivent en couvent ; mais, par suite de sa grande jeunesse[1], il était familier avec tous, [350] et ceux de son pays, de qui il était le seigneur, n'avaient de lui ni défiance ni crainte ; loin de là : ils jouaient avec lui comme s'il eût été leur compagnon. Tous ses chevaliers et les vavasseurs protégeaient les hérétiques, qui en château, qui en tour ; [355] par suite de quoi ils furent détruits et mis à mort avec déshonneur. Lui-même en mourut à grande douleur[2], — ce fut péché et perte, — pour cette grave faute. Je ne le vis qu'une fois : lorsque le comte de Toulouse épousa dame Eléonore[3] [360] la meilleure reine, la plus belle qu'il y ait en chrétienté ni en terre païenne, ni aussi loin que le monde s'étende, jusqu'en Asie[4]. Je ne saurais dire

1. Il avait environ vingt-quatre ans ; voy. ci-dessus p. 11, n. 4.
2. Cf. 862-8.
3. Eléonore d'Aragon, en 1200.
4. *Terre major* paraît désigner la France dans la chanson de Rolant (voy. le glossaire de l'édition de M. L. Gautier, au mot *tere*, et le gloss. de Gachet au mot *major*). Dans la pièce « Tortz e guerras e joi d'amor, » de Bertran de Born est mentionné un « rei de Terra major » (selon le ms. 854) ou de « Terra menor » (selon le ms. 5232 du Vatican) qui ne peut guère être que le roi de

tant de bien ni tant de louanges qu'il n'y ait en elle plus encore de mérite et de valeur. J'en reviens à mon discours. Quand le vicomte de Béziers ouït la rumeur que l'ost a dépassé Montpellier, il monta à cheval et entra à Béziers un matin à l'aube, avant le jour.

XVI.

[370] Les bourgeois de la ville, les jeunes et les chenus[1], les petits et les grands savent qu'il est arrivé. Aussitôt et en hâte ils sont venus à lui. Il leur dit de se défendre vigoureusement, que sous peu ils seront

---

France; voy. *Archiv f. d. Stud. d. neueren Spr.* XXXIV, 187, et Mahn, *Ged. d. Troub.* n° 1434 (t. IV). Enfin la Vie de S. Trophime contient (Bibl. nat. fr. 13513) ce passage très-explicite :

> Car ben es tans et es dreg e razos
> Que nos parlem del noble coronat
> Que converti trastot aquest regnat
> De riba mar c'om apela menor,
> Tro otra Fransa c'om apela major.

Mais ce sens ne convient guère ici : « jusqu'en France » serait une limite bien rapprochée, après qu'on a dit « aussi loin que le monde s'étend ». « La grande mer », traduction de Fauriel, convient beaucoup moins encore. Je crois que l'expression *Terra major* désigne l'Asie, et a son origine dans la division, traditionnelle au moyen-âge, du monde en trois parties dont la plus grande était l'Asie. Ainsi Isidore, *Etym.* XIV, 2, après avoir mentionné ces trois parties (l'Asie, l'Europe, l'Afrique), ajoute : « Quas tres partes orbis Veteres *non æqualiter* diviserunt, nam Asia a meridie per Orientem usque ad Septentrionem pervenit. » Brunetto Latino dit à peu près la même chose, édit. Chabaille, p. 152. De ce sens est dérivé l'emploi de *Terra major* dans l'acception restreinte de Terre-Sainte, Palestine, chez Aimeri de Belenoi, voy. Rayn. *Lex. rom.* V, 354, et Mahn, *Ged.* n° 993.

1. C.-à-d. tout le monde; expression fréquente dans les chansons de geste.

bien secourus[1]. [375] « Je m'en irai, » dit-il, « par le
« chemin battu là-bas vers Carcassonne, où je suis
« attendu. » Sur ce, il sort promptement. Les Juifs
de la ville le suivirent[2] ; les autres restent dolents et
attristés. [380] L'évêque de la ville, qui était un excellent homme[3], entra dans Béziers ; et quand il fut
descendu à l'église cathédrale, où il y a mainte
relique, il les fit tous assembler, et quand ils furent
assis, il leur dit comment les croisés se sont mis en
route ; [385] qu'avant d'être vaincus, faits prisonniers,
tués, avant d'avoir perdu leurs biens et leurs meubles
…..[4] qu'on leur rendra aussitôt ce qu'ils auront perdu.
Sinon ils seront dépouillés de tout, massacrés au glaive
d'acier émoulu, [390] sans plus de retard.

XVII.

Quand l'évêque eut terminé son discours, leur ayant
dit et exposé ce qu'il avait à dire, il les prie de s'ac-

1. « Vicecomes Biterrensis, Raimundus Rogerii nomine.....
promiserat firmissime Biterrensis civitatis civibus quod eos nullatenus desereret... » P. de V.-C. ch. xv, Bouquet XIX, 20 A.
2. Dans un acte de mai 1204 R. Rogier mentionne parmi les
membres de sa cour un juif, Samuel, qu'il qualifie de « bajulus
et executor meus » (Doat LXII, 9).
3. « Pervenientes igitur Biterrim nostri transmiserunt in civitatem ipsius civitatis episcopum qui exierat obviam eis, videlicet
Reginaldum de Montepessulano, virum ætate, vita, scientia venerandum. » P. de V.-C., ch. xv, Bouq. XIX, 20 A.
4. On peut suppléer (voy. la note du v. 386, au t. I) : « il leur
« conseillait de rendre la ville aux croisés, les assurant... » — Si
on admettait au v. 387 la correction *pendran* au lieu de *perdran*,
on pourrait traduire, sans supposer de lacune : « ….. et leurs
« meubles, ils cèdent aux Croisés (*lor seit rendu*) une part de ce
« qu'ils (*eli*, les croisés) prendront. »

corder avec le clergé et avec la croisade plutôt que d'être passés au fil de l'épée¹. [395] Mais à la majorité du peuple sachez que ce projet n'agrée point ; loin de là, ils disent qu'ils se laisseraient noyer dans la mer, plutôt que de consentir à ces propositions, et que les croisés n'auront du leur un denier vaillant pour qu'ensuite leur seigneur soit remplacé par un autre. [400] Ils n'imaginent pas que l'ost puisse durer, [ils croient] qu'avant quinze jours elle se sera dispersée, car ils (les croisés) occupent bien une grande lieue de long ; à peine tiennent-ils en chemin ni en route. Ceux de Béziers croient leur cité si fortement fermée, [405] et [si bien] close et garnie de murs tout à l'entour, que d'un mois tout entier [les croisés] ne la sauraient forcer. Salomon dit à la reine de Saba² la sage, que de ce que fol pense bien souvent peu de chose se réalise. Quand l'évêque connut que la croisade était engagée, [410] que [les habitants] ne prisaient son exhortation une pomme pelée, il remonta sur la mule qu'il avait amenée, et s'en alla vers l'ost qui s'est mise en route,

1. La démarche de l'évêque de Béziers est exposée avec une tout autre précision par P. de V.-C., et dès lors la résistance des habitants de Béziers devient fort naturelle et même grandement honorable. Ce que l'évêque était chargé de leur demander, ce n'était rien de moins que de livrer aux croisés les hérétiques qu'ils avaient parmi eux et dont il avait dressé la liste (P. de V.-C. *l. l.*). Le même fait est encore constaté dans la lettre des légats à Innocent III (*Innoc. III epist.* l. XII, ep. cviii).

2. *Austria* dans le texte, à cause de l'expression *Regina Austri* de Math. xii, 42, et de Luc xi, 31. La maxime qui suit doit être imitée librement du livre des Proverbes : voir xviii, 2 ; xxiv, 9, etc. La forme ordinaire de ce prov. est en français : « Molt remaint de ce que fols pense » ; voy. Le Roux de Lincy, *Le livre des proverbes français*, II, 490; Pierre Cochon, *Chronique normande*, éd. Ch. de Beaurepaire, p. 42, etc.

Ceux qui sortirent de la ville avec lui sauvèrent leur vie, et ceux qui restèrent le payèrent cher. [415] Aussitôt qu'il le put, sans plus tarder, l'évêque a fait son récit à l'abbé de Cîteaux ainsi qu'aux autres barons qui l'ont bien écouté, qui les tiennent (les habitants) pour gent sotte et insensée. Ils savent bien que la mort les attend, [420] et le tourment et la peine.

XVIII.

Ce fut à la fête de la Madeleine[1] que l'abbé de Cîteaux amena sa grande ost ; tout à l'entour de Béziers elle campe par la plaine. Maintenant je crois que pour les habitants se préparent les tourments et la peine, [425] car jamais l'ost de Ménélas, à qui Paris enleva Hélène, ne dressa des tentes aussi nombreuses au port, sous Mycènes, ni autant de riches pavillons, la nuit, en plein air, que l'ost des Français. A part le comte de Brienne[2], il n'y eut baron en France qui n'y fît sa quarantaine[3]. [430] Pour les barons de la ville ce fut alors une mauvaise étrenne lorsqu'on leur conseilla…[4] Ils passèrent toute la semaine à escarmoucher. Or entendez ce que faisaient ces vilains qui sont plus fous et simples que la baleine : [435] avec leurs bannières blanches de grosse toile ils vont courant par l'ost criant à haute voix ; ils croient les épouvanter, comme on chasse des oiseaux d'un champ d'avoine, en criant,

1. 22 juillet.

2. Jean de Brienne, qui à ce moment se préparait à occuper le trône de Jérusalem ; voy. Du Cange, *Familles d'Outremer*, p. 32-4.

3. C.-à-d. qui n'y servit les quarante jours imposés pour gagner l'indulgence attachée à cette expédition.

4. Passage corrompu, voy. *Romania*, IV, 271.

huant, en agitant leurs drapeaux, au matin quand il fait grand jour.

XIX.

[440] Quand le roi des ribauds[1] les vit escarmoucher contre l'ost des Français, et brailler et crier, et tuer et mettre en pièces un croisé français après l'avoir précipité en bas d'un pont, il appelle tous ses truands et les rassemble. [445] A haute voix ils s'écrient : « Allons les assaillir ! » Aussitôt dit, ils vont s'armer chacun d'une massue : ils n'ont rien de plus, je crois ; ils sont plus de quinze mille sans chaussure. En chemise et en braies ils se mettent à aller [450] tout à l'entour de la ville pour abattre les murs ; dans les fossés ils se jettent et se mettent à saper, tandis que d'autres brisent les portes et les font voler en éclats. Les bourgeois, à cette vue, s'épouvantent ; et ceux de l'ost crient : « Allons tous nous armer ! » [455] Alors vous verriez une telle presse pour entrer dans la ville ! De vive force ils font quitter les murs à ceux de dedans ; [ceux-ci] prennent leurs femmes et leurs enfants et s'en vont à l'église et font sonner les cloches : ils n'ont pas d'autre refuge.

XX.

[460] Les bourgeois de la ville virent venir les croi-

---

1. C'était le chef des valets de l'armée, un personnage analogue au *rex Thafur* que décrit Guibert de Nogent, *Gesta Dei per Francos*, VIII, xxii (éd. d'Achery, p. 441). Il y eut aussi, de Philippe Auguste à Charles VI, un roi des ribauds dans la maison des rois de France (Du Cange, *Rex ribaldorum*, sous *Ribaldi*); il figure dans les comptes de Jean Sarrazin (Bouquet, XXI, 352 f. 358 d).

sés et le roi des ribauds qui va les envahir, et les truands sauter de toutes parts dans les fossés, et briser les murs et ouvrir les portes, et les Français de l'ost s'armer en grande hâte. [465] Ils savent bien en leur cœur qu'ils ne pourront tenir : ils se réfugient au plus vite dans le grand moûtier ; les prêtres et les clercs s'allèrent revêtir et font sonner les cloches, comme s'ils allaient dire une messe des morts, pour un enterrement. [470] A la fin ils ne purent empêcher les truands d'entrer, qui saisissent les maisons à leur plaisir, car ils pouvaient bien choisir chacun dix maisons s'il lui plut. Les ribauds étaient échauffés ; la mort ne les effrayait pas. [475] Ils tuèrent et massacrèrent tout ce qu'ils purent trouver, et prirent et saisirent les grandes richesses. Ils en seront riches à tout jamais, s'ils les peuvent garder : mais avant peu ils les leur faudra lâcher, car les barons de France voudront s'en mettre en possession [480] quoique elles aient été prises par les ribauds.

XXI.

Les barons de France et ceux du côté de Paris, les clercs et les lais, les princes et les marquis, les uns et les autres sont convenus entre eux qu'en toute ville où l'ost se présenterait [485] et qui ne voudrait pas se rendre avant d'être prise, ils passeraient (les habitants) au fil de l'épée et les tueraient : ensuite ils ne trouveraient personne qui tînt contre eux, pour la peur qu'on aurait, et à cause de ce qu'on aurait vu. Montréal, Fanjaux[1] et les autres se laissèrent ainsi

---

1. Montréal (arr. de Carcassonne) et Fanjaux (arr. de Castelnaudary) furent pris après Carcassonne; voy. v. 781.

prendre ; [490] et sans cela, je vous jure ma foi que les croisés ne les auraient pas encore conquis de vive force. Voilà pourquoi [les habitants] furent à Béziers détruits et mis à mal : tous ils (les croisés) les occirent : ils ne peuvent leur faire pis[1]. Ils massacraient tous ceux qui s'étaient réfugiés dans le moûtier[2]; [495] rien ne put les sauver, ni croix, ni autel, ni crucifix ; et ces fous ribauds mendiants massacraient les clercs, et femmes et enfants, tellement que je ne crois pas qu'un seul en soit échappé[3]. Dieu reçoive les âmes, s'il lui plaît, en paradis ! car je ne pense pas que jamais, depuis le temps des Sarrazins[4], si sauvage massacre [500] ait été résolu ni accompli. Les goujats se sont installés dans les maisons qu'ils ont prises, qu'ils trouvent toutes garnies et bourrées de richesses. Mais les Français, quand ils le virent, peu s'en faut qu'ils n'enragent : dehors ils les jettent à coup de triques, comme des mâtins, [505] et mettent dans les maisons les chevaux et les roncins[5], car les forces paissent le pré[6].

1. Locution empruntée aux chansons de geste françaises.
2. D'après P. de V.-C. ch. xv, Bouquet, XIX, 20 c, c'est dans l'église de la Madeleine qu'eut lieu le principal massacre : « usque ad septem millia de ipsis Biterrensibus interfecti. »
3. L'auteur ne s'était pas montré aussi absolu un peu plus haut, v. 253-5.
4. Il y a ici un vague souvenir des ravages exercés par les Sarrazins dans le midi de la Gaule au vme et au ixe siècle.
5. Mauvais cheval; j'emploie l'expression de l'ancien français.
6. C.-à-d. : bon gré mal gré, les forces (grands ciseaux) tondent le pré. Sur ce proverbe, qui est des plus fréquents en anc. fr., voy. mes *Rapports au Ministre*, p. 173, note 7.

XXII.

Les ribauds et leur roi pensèrent jouir de l'avoir qu'ils avaient pris, et en être riches à tout jamais. Quand on le leur eut enlevé, ils s'écrient tous d'une voix : [510] « Au feu, au feu ! » les misérables truands punais[1]. Alors ils apportent des torches aussi grandes qu'un.....[2] La cité s'enflamme et l'effroi se répand. La ville tout entière brûle, en long et en travers. Ainsi Raoul de Cambrai brûla et ruina [515] une riche cité qui est près de Douai[3]. Ensuite sa mère Alazais l'en blâma fort, et pour cela il la pensa frapper au visage. Quant ils sentirent le feu, chacun se retira en arrière ; alors brûlent les maisons et toutes les grandes salles. [520] Bien des casaques y brûlent, bien des heaumes et des gambaisons[4] qui furent faits à Chartres, à Blaye ou à Edesse, et nombre de bonnes robes qu'il fallut laisser. Et tout le moûtier brûla, qu'avait fait maître Gervais ; par le milieu il se fendit par l'effet de la chaleur, [525] et deux pans en tombèrent.

---

1. Ceci est éclairci par les vers 528-30. Les ribauds voulaient empêcher les croisés de jouir de ce qu'ils regardaient déjà comme leur bien.

2. Mot à mot « comme un rayon », mais un rayon de quoi ?

3. Le moûtier d'Origny, dans la chanson de Raoul de Cambrai, laquelle paraît avoir été répandue dans le Midi. Bertran de Born en rappelle un épisode dans sa pièce « Pus li baron... » (Raynouard, *Choix*, IV, 170), et Folquet de Romans fait une allusion, du reste assez peu claire, au même poëme, dans « Ma bella dompna per vos dei essor gais » (*Archiv* de Herrig. XXXIII, 309 a).

4. Vêtement rembourré.

XXIII.

Seigneurs, l'avoir fut merveilleusement grand que les Français et les Normands eurent de Béziers ; pour toute leur vie ils en étaient riches, n'eussent été les ribauds et leur roi avec les misérables truands [530] qui brûlèrent la ville, les femmes et les enfants, et les vieux et les jeunes, et les prêtres qui se tenaient revêtus (de leurs ornements) dans le moûtier. Trois jours ils ont séjourné dans les prés verdoyants ; au quatrième se sont mis en marche chevaliers et sergents [535] par la terre qui est unie, où rien ne les arrête, leurs étendards levés et flottant au vent. Un mardi soir[1], aux vêpres sonnantes, ils arrivèrent à Carcassonne, dont les habitants étaient dolents pour le massacre de Béziers que je viens de vous conter. [540] Le vicomte se tenait sur les murs et sur les galeries, et regardait l'ost avec stupeur. Il appela en conseil[2] chevaliers et sergents, ceux qui sont bons aux armes et les meilleurs combattants : « Barons, » dit-il, « montez à cheval ; [545] sortons là dehors, et
« soyons quatre cents de ceux qui ont les meilleurs
« coursiers : avant qu'il soit nuit obscure et que le
« soleil se couche nous pouvons déconfire ceux qui
« sont par ces pentes.

---

1. Cela ne doit point être exact. Selon le témoignage des légats écrivant au pape (*Innoc. III epist.*, XII, cviii ; Migne, III, 139 v), l'armée serait arrivée devant Carcassonne le jour de saint Pierre aux Liens, c.-à-d. le 1ᵉʳ août, jour qui, en 1209, était un samedi.

2. Ou p.-ê. « sans bruit. »

XXIV.

« Seigneurs, » dit le comte, « apprêtez-vous tous ; [550] allez prendre les armes, montez à cheval, tous ensemble lancez-vous à la fois sur l'ost. — Par foi ! » dit Peire Rogier de Cabaret[1], « par mon conseil vous ne sortirez pas : si vous gardez la ville, je crois que vous ferez assez. [555] Au matin, après avoir dîné, les Français s'avanceront jusqu'auprès de vos fossés : ils voudront vous enlever l'eau dont vous vous abreuvez tous : alors qu'il y ait force coups frappés et donnés ! » A ce conseil s'accordent tous les plus sages : [560] ils font faire au dehors le guet par des chevaliers armés tout à l'entour de la ville, qui est forte ; car Charles l'empereur, le fort roi couronné, la tint plus de sept ans, à ce qu'on dit, assiégée, sans la pouvoir conquérir été ni hiver. Les tours s'inclinèrent devant lui, lorsqu'il s'en fut allé, [565] de façon qu'ensuite il la prit quand il y fut retourné. Si la geste ne ment, ce fut vérité, car autrement il ne l'eût point prise[2].

XXV.

Le vicomte de Béziers s'est bien gardé toute la nuit ; le matin au poindre de l'aube il s'est levé. [570] Les barons de France, quand ils eurent dîné, se sont tous

---

1. Ce personnage ne paraît que dans la première partie de la guerre. Il était en 1204 (Doat LXII, 9) viguier de Carcassonne. — Sa femme, Brunessen, protégea Raimon de Miraval ; voir la vie de ce troubadour, *Parnasse occitanien*, p. 225.

2. Voy. sur cette légende, G. Paris, *Histoire poétique de Charlemagne*, p. 254-6.

armés par l'ost; et ceux de Carcassonne se sont apprêtés. Ce jour il y eut maints coups ferus et donnés, et de part et d'autre des morts et des blessés; [575] il y eut force croisés tués et force transpercés, et dedans [1] également beaucoup de morts et de blessés. Mais les barons de l'ost ont fait un tel effort qu'ils leur ont brûlé le bourg jusqu'à la cité [2], et les ont tellement environnés [580] qu'ils leur ont enlevé l'eau qu'on appelle Aude [3]. Ils ont dressé contre le mur des pierrières et des catapultes, qui le frappent nuit et jour, en long et en large. Oyez quel miracle y fit alors le seigneur Dieu : les arbalétriers qui étaient montés sur les tours, [585] quand ils pensent tirer en l'ost, n'en sont pas à mi-chemin : les carreaux de leurs arcs leur tombent dans les fossés. Certes j'ai ouï dire, et je sais que c'est vérité, qu'onques corbeau ni vautour ni aucun oiseau qui soit ne vola en l'armée de tout cet été [4]; [590] et puis il y eut si grande abondance de vivres qu'on donnait trente pains pour un denier monnoyé [5]. Ils prennent le sel du rivage, et là ils l'ont chargé, et ainsi ils réparèrent leurs pertes : S'ils ont perdu sur le pain, sur cela (le sel) ils ont

---

1. C.-à-d. parmi les défenseurs de la ville.
2. On sait que presque toutes les villes du Midi se composent : 1º de la *cité*, l'ancienne ville, généralement entourée de murs; 2º du *bourg*, formé des maisons peu à peu construites en dehors de l'enceinte.
3. La cité de Carcassonne, dont l'antique muraille subsiste encore presque entière, est située sur la rive droite, mais à quelque distance, de l'Aude.
4. Superstition, cf. v. 2085.
5. P. de V.-C. rapporte en effet au ch. xvi (xvii dans Du Chesne) que bien que l'ennemi eût détruit tous les moulins d'alentour, le pain était néanmoins d'un extrême bon marché (Bouquet, XIX, 21).

gagné, [595] mais nul n'a recouvré le capital, sachez-le bien, et je crois au contraire qu'ils sont en perte[1].

XXVI.

Ce fut au mois qu'on appelle août[2] que l'ost fut tout entière à Carcassonne. Le roi d'Aragon y vint en hâte, [600] avec lui cent chevaliers qu'il amène à sa solde ; ceux de l'ost dînent et mangent viande rôtie. En le voyant venir, ils ne se cachèrent point, au contraire ils allèrent à lui, les princes et les prévôts. Il les salua poliment, et ils lui répondirent poliment : [605] « Soyez le bienvenu »[3].

XXVII.

En un pré au dessous (en aval) de la rivière, auprès d'un bois touffu, le comte de Toulouse a tendu son

1. L'enlèvement du sel des salines (sans doute celles de Capestang, entre Béziers et Narbonne, que mentionne Froissart, éd. Luce, IV, 169) n'est rapporté nulle autre part, et les commentaires que fait à ce propos Guillaume de Tudèle ne sont pas très-clairs. On conçoit que les croisés aient fait du bénéfice sur le sel, puisqu'ils n'avaient eu que la peine de le prendre, mais on ne voit pas comment ils auraient perdu sur le pain (S[i] el pa an perdut, 594), qui était d'un extrême bon marché. Peut-être y a-t-il une faute au premier hémistiche du v. 594. Quoi qu'il en soit, les croisés ne rentrèrent pas dans leurs frais. Et en effet nous savons par une lettre de Simon de Montfort au pape (*Innoc. III epist.*, l. XI, ep. cix) que la situation pécuniaire de l'armée était très-peu satisfaisante.

2. Voy. p. 29, n. 1.

3. Il n'est question nulle part ailleurs de cette intervention pacifique du roi d'Aragon. Le récit de G. de Tud. n'a été jusqu'à présent utilisé par les historiens que d'après la réd. en pr., ici particulièrement libre ; voy. Benoist, *Hist. des Albig.* I, 107.

riche pavillon. Là descendirent monseigneur le roi et les siens, qui sont venus de Catalogne et d'Aragon. [610] Quand ils eurent dîné et bu[1], il monte sur le palefroi qui était bai et à tous crins, et entre en la ville sans armes et sans écu ; il mena trois compagnons, les autres sont restés. Le vicomte, quand il le vit, est couru au devant de lui, [615] ainsi que tous ses chevaliers qui en ont eu grande joie, pensant être par lui alors soutenus, car ils étaient ses hommes, ses amis, ses privés ; et ils l'étaient bien : mais il n'est pas venu....[2] car il n'a pouvoir ni force ni vertu[3], [620] sinon celle de la prière, si on voulait l'en croire. Le vicomte lui a conté comment il lui est advenu du massacre de Béziers, et comme les croisés l'ont ruiné ; comme ils lui ont dévasté et confondu sa terre. Quand il l'eut bien écouté, le roi lui a répondu : [625] « Baron, par le sei-
« gneur Jésus, vous ne m'en devez blâmer, car je
« vous ai requis[4] et semons de chasser les hérétiques,
« au lieu que en cette ville (Béziers) il s'est tenu maint
« conciliabule de cette folle croyance.

XXVIII.

[630] « Vicomte, » dit le roi, « il me pèse grande-
« ment que vous soyez en tel tourment et en tel péril
« pour une folle gent et pour leur folle croyance.

---

1. On sait qu'après avoir dîné on passait un certain temps à boire du vin.
2. Voir au t. I la note sur le v. 618.
3. *Vertu* au sens de force ; c'est une locution courante de l'ancien français, qui paraît déjà plus haut, v. 373.
4. Le sens de *defendut* (616) est douteux ; voir au vocabulaire.

« Maintenant je n'y sais rien de plus sinon de faire un
« accord, si nous pouvons l'obtenir, avec les barons
« de France ; [635] car, selon Dieu et selon mon opi-
« nion, en une nouvelle bataille à l'écu et à la lance
« vous ne pourriez guère mettre votre espérance. Si
« grande est leur ost que je me prends à craindre qu'à
« la fin vous ne puissiez tenir jusqu'au bout. [640]
« Vous avez en la ville, qui est forte, grande con-
« fiance : s'il n'y avait pas tant de monde et un si
« grand excès de femmes et d'enfants, selon mon opi-
« nion, vous pourriez bien avoir encore quelque sujet
« de vous réjouir. Je suis pour vous si affligé, et
« j'éprouve une telle compassion, [645] pour l'amour
« que je vous porte et parce que je vous connais, qu'il
« n'est rien que je ne fisse pour vous, s'il n'y avait
« grand déshonneur. » Le vicomte [lui répond[1]]
qu'il fait grand cas de son accord [projeté] tant pour
lui-même que pour les barons qu'il a avec lui[2].

XXIX.

« Sire, » dit le vicomte, « ainsi comme il vous
« plaira [650] vous pouvez faire de la ville et de tout
« ce qui s'y trouve, car nous sommes tous vos
« hommes, et l'étions déjà, comme aussi du roi votre
« père qui beaucoup nous aima[3]. » A ces mots il

---

1. Voir au t. 1 la note sur le v. 647.

2. Le rapport du v. 648 avec le précédent est rendu clair par le v. 659.

3. Le vicomte Rogier II, père de Raimon Rogier, avait en effet prêté serment au roi d'Aragon à diverses reprises (Vaissète, III, 19, 51, 68). C'est pourquoi, aussitôt mis en possession des terres du vicomte de Béziers, Simon de Montfort fit tous ses efforts pour

(le roi d'Aragon) monta sur le palefroi, et retourna en l'ost. Avec les Français il parla, [655] et avec l'abbé de Cîteaux qu'on y appela ; car sans son conseil jamais rien ne sera fait[1]. Le roi leur a rapporté l'entretien qu'il a eu dans la ville avec le vicomte, et fort il les pria en faveur de ce dernier autant qu'il put, et en faveur des barons qu'il (le vicomte) y a. [660] Il eut beau s'entremettre et faire pas et démarches, en définitive, il n'aboutit à rien, sinon que pour l'amour de lui l'ost fera ceci : le vicomte, lui douzième de ceux qu'il voudra, pourra sortir avec ce qu'ils auront sur eux, [665] et tout le surplus sera à discrétion des croisés. Le roi dit entre ses dents : « Cela se fera quand « un âne volera dans le ciel. » Dépité et courroucé il retourna en la cité, et exposa l'affaire au vicomte et aux siens. [670] Et lui (le vicomte), quand il entendit cela, dit que plutôt il se laissera écorcher tout vif[2], ou que lui-même il se tuera. Jamais jour de sa vie il n'acceptera pareille convention, ni n'abandonnera le dernier de ses hommes. Il le prie de s'en retourner ;

faire accepter son hommage par le roi d'Aragon (P. de V.-C. ch. xxvi). Il n'y parvint qu'assez tard, en janvier 1211 (P. de V.-C. ch. xlvii).

1. Jusqu'au moment où Simon de Montfort eut reçu la seigneurie des pays conquis, l'abbé de Cîteaux fut bien réellement le chef de la croisade, dirigeant l'armée, selon les pouvoirs que lui avait donnés le pape (voy. v. 148). Même après l'élection du sire de Montfort, son autorité resta encore prépondérante, car au siège de Minerve c'est lui, « totius negotii Christi magister », qui traite de la reddition de la place (P. de V.-C. ch. xxxvii. Bouquet, p. 32 A).

2. Je traduis d'après la correction proposée en note; car, selon le texte du ms., il faudrait : « que plutôt il les laissera écorcher « vifs. »

pour lui, il se défendra [675] dans Carcassonne, de tout son pouvoir. Le roi monte à cheval, avec grande douleur de ce que (le vicomte) s'est ainsi ravisé.

XXX.

Le roi Pierre d'Aragon s'en est retourné mécontent, et il souffre en son cœur de ne les avoir délivrés. [680] Il s'en retourne en Aragon courroucé et attristé. Ceux de l'armée se disposent à emplir les fossés, et font abattre du bois, et faire des *chattes* et des *chats*[1]. Les chefs de l'ost vont tout le jour armés, et cherchent par quel endroit les assiégés pourront être surpris. [685] L'évêque, les prieurs, les moines, les abbés s'écrient : « Au pardon ! que tardez-vous ? » Le vicomte et les siens sont montés sur le mur : ils lancent avec des arbalètes les carreaux empennés, et de part et d'autre il périt beaucoup de monde. [690] N'eût été l'affluence du peuple qui s'était réfugié là, d'une année ils n'eussent point été pris et forcés, car les tours étaient hautes et les murs pourvus de créneaux. Mais ils (les croisés) leur ont coupé l'eau, et les puits sont desséchés [695] par la grande chaleur et par le fort été. Par la puanteur des hommes qui sont tombés malades, et du nombreux bétail qui a été écorché dans la ville, et qu'on y avait rassemblé de tout le pays, par les grands cris que poussent de toutes parts [700] femmes et petits enfants dont ils sont encombrés[2]..... Les mouches, par suite de la chaleur,

---

1. Voir au vocabulaire le mot *gata*.
2. Voy. au t. I la note du v. 700.

les ont tant tourmentés que de leur vie ils ne s'étaient trouvés en telle détresse. Il n'y avait pas huit jours que le roi était parti, lorsqu'un riche homme des croisés demanda une entrevue au vicomte, [705] et le vicomte y alla, lorsqu'il eut reçu un sauf conduit, avec un petit nombre de ses hommes.

XXXI.

Le vicomte de Béziers sortit pour aller à l'entrevue, ayant autour de lui plus de cent chevaliers, et le riche homme de l'ost en avait trente seulement. [710] « Sire, » dit celui-ci, « je suis votre parent. Puisse Dieu
« m'aider et me protéger, comme je désirerais votre
« accord [avec les croisés] et votre plus grand bien
« et celui de vos hommes ! Si vous savez avoir pro-
« chainement secours, [715] alors je vous approuve
« de vous défendre ; mais vous pouvez bien connaître
« qu'il n'en est rien. Faites avec le pape un accord
« quelconque, ainsi qu'avec les barons de l'ost ; car
« je vous le dis en vérité, s'ils vous prennent de vive
« force, votre sort [720] à tous sans exception
« sera celui qu'a eu Béziers. Sauvez seulement vos
« personnes de mort et de tourment : vous aurez
« assez d'argent, si vous vivez longuement. » Le vicomte répondit, en entendant ces paroles : « Sire,
« à votre commandement [725] et à celui du roi à qui
« France appartient. Je lui (au roi) ferais sans délai
« droit de toute chose, si je pouvais me rendre à l'ost
« avec sécurité. — Et je vous y mènerai sain et sauf,
« et vous en ramènerai, je vous le dis en toute
« loyauté, [730] ici parmi vos hommes. »

XXXII.

Le vicomte de Béziers sortit pour parlementer; il eut avec lui environ cent chevaliers, et le riche homme de l'ost trente seulement. « Sire, » lui dit celui-ci, « je suis votre parent. [735] Puisse Dieu m'aider et « me protéger comme je voudrais votre accord, et « votre plus grand bien et celui de vos hommes. » A ces paroles ils se placent dans le pavillon du comte de Nevers où se tient le parlement. [740] De toutes parts le regardent chevaliers et sergents, selon ce que rapporte un prêtre[1]; car il s'était livré en otage de son plein gré; et il agit bien en fou, par mon escient, lorsqu'il se mit en prison.

XXXIII.

[745] Le vicomte de Béziers se tenait dans le pavillon du comte de Béziers, lui et ses compagnons; il y en eut jusqu'à neuf, des meilleurs de sa maison. Là le regardèrent[2] bien Français et Bourguignons[3].... Les bourgeois de la ville et les chevaliers qui y sont, [750] et dames et damoiselles, chacun à l'envi, tellement qu'il n'y resta ni sergent ni goujat, ni homme petit ni grand, femme ni damoiseau. Tous ils sortirent nus, en grande hâte, en chemise et en braies, sans autre vêtement : [755] ils (les croisés) ne leur laissèrent de rien

---

1. Est-ce le Pons de Mela mentionné plus haut au v. 112?
2. Ou peut-être avec un faible changement au texte, « les gardèrent. »
3. Il y a ici une lacune; voir au t. I note sur le v. 749.

autre la valeur d'un bouton[1]. Les uns vont à Toulouse, les autres en Aragon, et le reste en Espagne, qui au nord, qui au sud. En la cité entrent les croisés librement, et occupent la salle, les tours et le donjon. [760] Ils mettent en un monceau tout le butin le plus précieux. Quant aux chevaux et aux mulets, dont il y a grande abondance, ils les ont distribués comme il leur a paru bon. Les crieurs vont par l'ost, criant : « Au pardon ! car l'abbé de Cîteaux vous veut faire un « sermon. » [765] Alors ils y courent tous et forment le cercle. L'abbé est monté sur un perron de marbre[2] : « Seigneurs, » leur dit-il, « entendez mes « paroles. Vous voyez quels miracles fait pour vous le « roi du ciel, car rien ne peut vous résister. [770] Je « vous commande à tous de la part de Dieu de ne rien « retenir, ne fût-ce que la valeur d'un charbon, des « biens de la ville, ou sinon nous vous mettrions sur le

---

1. « Ad consilium igitur baronum tractatum est de pace in « hunc modum : ordinatum est quod omnes egrederentur nudi, « et ita evaderent; vicecomes autem in custodia teneretur, bona « omnia remanerent illi qui futurus erat dominus dictæ terræ. » P. de V.-C., ch. xvi (Du Chesne, xvii), Bouquet, p. 21 D. Il n'est nullement question dans P. de V.-C. de l'intervention du « riche homme » de l'ost, parent du vicomte de Béziers, dont G. de Tud. nous fait connaître le rôle important aux vers 704 et suiv. Le motif pour lequel Carcassonne n'éprouva pas le sort de Béziers fut simplement que « si facerent hic sicut in Biterrensi factum fuerat « civitate, destrueretur civitas, et omnia bona quæ in ipsa erant « consumerentur, et ita ille qui præficiendus erat terræ illi non « haberet unde viveret, nec posset milites et servientes tenere ad « terram custodiendam. » P. de V.-C. l. l.

2. Ces perrons de marbre, dont il est si souvent question dans les chansons de geste, étaient sans doute des débris de ruines antiques qui devaient être plus abondantes que maintenant, surtout dans le midi.

« champ en excommunication et en malédiction. Nous
« allons donner ces biens à un riche baron [775] qui
« maintiendra le pays à la satisfaction de Dieu, de
« façon que les hérétiques félons ne le recouvrent plus
« jamais. » Finalement, ils consentirent à tout ce que
l'abbé leur dit.

XXXIV.

Carcassonne fu prise de la manière que vous avez
ouï; [780] de toute la terre on s'enfuit partout; l'ost a
mis garnison à Montréal et à Fanjaux. Il n'y resta, du
pays, homme grand ni petit. Pierre l'Aragonais, un
hardi chef d'aventuriers, en eut maint denier pour sa
part, à ce que l'on dit[1]. [785] Quant à l'abbé de
Cîteaux, ne croyez pas qu'il s'endorme : il leur chanta
la messe du Saint-Esprit, et leur prêcha comment
Jésus-Christ nacquit; puis il dit que dans le pays que
les croisés ont conquis il veut qu'on élise maintenant
un bon seigneur. [790] Il a fait cette proposition au
comte de Nevers, mais celui-ci n'y voulut rester ni
demeurer à aucun prix, non plus que le comte de
Saint-Pol[2], qu'ils ont ensuite choisi. Ils disent chacun

---

1. Un « Petrus Aragonensis » figure entre les témoins d'un
acte de Simon de Montfort du 20 juillet 1210 (Doat, LXII, 35;
Molinier, *Catalogue*, n° 40). — Voici ce que P. de V.-C. rapporte
au sujet de la même affaire : « In crastino consuluit dux comiti
« ut iret ad castrum quoddam quod dicitur Fanum Jovis; cas-
« trum siquidem illud, a militibus et hominibus suis timore
« nostrorum derelictum, intraverant quidam milites Aragonenses
« qui erant cum comite nostro et munierant. » P. de V.-C.
ch. XXI, Bouquet, p. 24 c.

2. P. de V.-C. ch. XVII; Bouquet, p. 22. Selon cet historien

qu'ils ont assez de terre, s'ils vivent assez longtemps, dans le royaume de France où leurs pères nacquirent, [795] c'est pourquoi ils n'ont cure de la dépouille d'autrui. Il n'y a personne qui ne croie se déshonorer en acceptant cette terre.

XXXV.

Là, en ce conseil et à ce parlement, il y eut un riche baron qui fut preux et vaillant, [800] hardi et belliqueux, sage et expérimenté, bon chevalier et large, preux et avenant, doux et franc, affable, et d'un bon esprit. Il avait résidé longtemps outre mer; à Zara contre les¹..... et partout également. [805] Il fut sire de Montfort, de la terre qui en dépend, et fut comte de Winchestre², si la geste ne ment. C'est lui que tous

la seconde personne à qui on offrit la terre aurait été le duc de Bourgogne, et le comte de Saint-Pol n'est pas mentionné par lui.

1. Lacune, voy. la note du v. 801. Simon de Montfort assista en 1202 au siége de Zara entrepris par les croisés pour le compte des Vénitiens. Selon Villehardouin, qui l'en blâme, il fit sa paix avec le roi de Hongrie, à qui on venait de reprendre Zara, et se rendit en Terre-Sainte (Villehardouin, éd. de Wailly, 1872, § 109; cf. l'un des continuateurs de Guill. de Tyr, *Historiens occidentaux des Croisades*, II, 255), où il resta jusqu'en 1205 ou 1206 (on a de lui un acte daté d'Anet, 1206, Molinier, *Catalogue*, n° 15). Sa conduite à Zara est au contraire présentée, comme on devait s'y attendre, sous le jour le plus favorable par P. de V.-C., ch. xix. — Zara est en latin *Jadera*, puis *Jazera*, *Jacera*, en anc. fr. *Jadres*. Il y a en Palestine Gaza, puis, au sud du lac de Tibériade, *Gadara* (Guill. de Tyr, l. XVI, ch. xiii; cf. Neubauer, *Géogr. du Talmud*, p. 243-5), mais ces villes n'apparaissent nulle part dans l'histoire en relation avec le nom de Simon de Montfort.

2. *Guinsestre* ici et v. 3718; mais c'est une erreur: Simon était comte de Leicester; voy. Pauli, *Simon von Montfort Graf von Leicester* (Tübingen, 1867), p. 21.

prient d'un commun accord de prendre toute la vicomté, et les autres terres de la gent mécréante. [810] « Sire, » dit l'abbé, « pour Dieu le tout puissant, « recevez la terre dont on vous fait présent ; car Dieu « et le pape vous la garantiront, et nous après eux, « et tous les autres; et nous vous aiderons toute « votre vie. — [815] Ainsi ferai-je, » dit le comte, « à cette condition que les princes ici présents me « feront serment, qu'en cas de besoin, pour ma défense, « ils viendront tous me secourir à mon appel. — « Nous vous l'accordons, » disent tous, « loyalement. » [820] Sur ce, sans plus tarder, il reçut résolûment la terre et le pays.

XXXVI.

Quand le comte de Montfort fut installé dans la terre, qu'on lui eut donné Carcassonne et tout le pays, il fut très-embarrassé et tout pensif, [825] car peu de ses amis consentent à rester avec lui. Le plus grand nombre veut retourner vers Paris. Les montagnes sont sauvages et les passages étroits, et ils ne veulent pas être occis dans le pays. Pourtant il en resta je ne sais si ce fut neuf ou dix [830] des plus hauts barons et des plus puissants. Avec lui resta Simon surnommé de Saissi[1],

---

1. On ne trouve la trace d'aucun Simon de Saissi dans les documents du temps. Il y a donc lieu de croire que la leçon est corrompue. On pourrait proposer avec vraisemblance « Simon de Poissi » qui est témoin en sept. 1201 à un acte passé entre Simon de Montfort et l'abbé de S. Antonin près Pamiers (Vaissète, III, pr. 217; n° 30 du *Catalogue* de M. Molinier), sans doute le même qui est appelé « Symon de *Passi* » dans un acte du 24 novembre 1209 (Vaissète, III, pr. 218; Molinier, n°ˢ 35 et 36). Il y a eu plusieurs Simon de Poissi. De celui qui était à la croisade

le normand Robert de Pequi[1], ce m'est avis, Guillaume de Contre[2], qui toujours s'efforce de monter en prix, par la foi que je dois à Saint-Denis, [835] Gui le maréchal[3], qui est preux et intré-

on a des actes depuis 1201 (voy. Delisle, *Catal. des actes de Ph. Aug.*, n°⁸ 660, 1008, 1404-5, 2191), jusqu'en juillet 1235 au moins, époque où « Symon de Pissiaco pater » confirme une donation faite au Parc aux Dames (dioc. de Senlis), dont l'original est en ma possession. Le sceau de ce chevalier (ou de son fils?) est indiqué dans Douët-d'Arcq, *Collection de sceaux*, n° 3258. — Deux autres croisés ont porté le même surnom : Guillaume de Poissi, mentionné par P. de V.-C., ch. xxvi (Bouquet, p. 26 D), et Robert de Poissi, témoin à plusieurs actes du sire de Montfort; voy. Douët-d'Arcq, ouvr. cité, n°⁸ 3251 et 3255-6.

1. G. de Tud. a probablement commis ici une double erreur. Ce Robert doit être le Robert de *Pequerni* (Piquigny) qui figure à différentes reprises dans la seconde partie du poème (v. 6912, 7211, 7775). La famille de Piquigny était picarde et non normande. Plusieurs de ses membres, et notamment un Robert qui peut avoir été le père du nôtre, ont vécu en Terre-Sainte; voy. Du Cange, *Familles d'outre-mer*, édit. Rey, p. 584-7.

2. Ce personnage dont l'éloge revient fréquemment sous la plume de G. de Tud. (voy. v. 819-55, 1110-1, etc.) n'est d'ailleurs connu que par un passage de P. de V.-C. qui sera rapporté à propos du v. 2610. Il y est nommé *Guillelmus de Contris;* et en effet, bien que la leçon *d'Encontre* du ms. ne puisse guère passer pour une faute de copie, puisqu'elle est confirmée par la réd. en prose, la vraie forme est *de Contre*. Contre est le nom d'un château et d'un hameau de la commune d'Urzy, arr. de Nevers (cf. v. 1113). Un Guillaume de Contres, de qui on connaît des actes de 1247 et 1248 (Marolles, *Invent. des titres de Nevers*, p. p. M. de Soultrait, col. 180, 490, 516) était ou le croisé ou quelqu'un des siens.

3. Le même qui en plusieurs passages de la seconde partie est appelé *Gui de Lévi* (v. 4041, 5524, 6062, 6948), où il figure aussi, du reste avec la qualification de « manescals » (v. 6105, 6270, 7213). C'était l'un des vassaux de Simon de Montfort. Il tirait son surnom du lieu actuellement appelé Lévi de Saint-Nom, arr. de Rambouillet, c. de Chevreuse. On possède de lui plusieurs chartes dans le Cartulaire de N.-D. de la Roche et dans celui de N.-D. des Vaux de Cernay, voy. A. Moutié, *Chevreuse*, dans les

pide, Robert de Forsoville[1] et Lambert de Creci[2], Rainier de Chauderon[3] et Raoul d'Agi[4], et Pons de Beaumont et Jean son cousin[5]; et grande masse d'autres,

Mémoires de la Soc. archéol. de Rambouillet, II, 199, 390, 578. Quant à son titre de maréchal, voici ce qu'en dit Du Cange (éd. Didot, III, 289 b) : « *Marescallus fidei* dictus Guido de Levis, « marescallus exercitus cruce signatorum contra Albigenses.... « sed idem in charta quam ipsemet exaravit anno 1229 .... sic « inscribitur : *Guido de Leviis marescallus D. regis Francie illus-* « *tris in partibus Albigensium.* »

1. Peut-être le même que le Robert de « Froevile » ou « Forenvile » (Flonville, Eure-et-Loir?) qui est mentionné par Villehardouin entre les seigneurs qui firent partie de la quatrième croisade (éd. de Wailly, § 6). — D'autre part il y a dans la Somme deux *Forceville*, arr. d'Amiens et arr. de Doullens.

2. Après que Lambert de Créci (de qui j'ignore l'origine) eut reçu de Simon de Montfort la ville de Limoux (ci-après v. 857), il prit le nom de Lambert de Limoux, sous lequel il paraît à diverses reprises dans la seconde partie du poème (c'est donc à tort que la table de Fauriel fait deux personnages de Lambert de Crécy et de Lambert de Limoux). Il figure, avec le même surnom, comme témoin dans plusieurs actes de Simon de Montfort ; et encore en 1229 « Lambertus de Limoso » appose son sceau à l'acte par lequel Rogier Bernart, comte de Foix, se soumet à l'Église (Teulet, *Layettes*, n° 2004).

3. Est-ce Chaudron (Maine-et-Loire), arr. Cholet, c. Montrevault, formes anciennes *Caudrun*, *Chalderun* (Port, *Diction. hist. de Maine-et-Loire*)? ou l'un des lieux du même nom qui appartiennent aux départements de l'Aisne, du Doubs ou de l'Yonne? Ce personnage, qui sera mentionné à diverses reprises dans la suite du récit, est sans doute le *R. de Chauderone* qui en 1217 eut un procès avec l'abbé de Boulbonne (Doat LXXXIII, 358 ; Molinier, *Catalogue*, n° 142 bis).

4. Aci (Aisne), arr. de Soissons, cant. de Braines? Un Raoul d'Aci, p.-ê. le fils ou le petit-fils de celui-ci, était en Terre-Sainte en 1254 ; voy. Du Cange, *Familles d'outre-mer*, p. 437.

5. Il ne peut être question de Jean de Beaumont, comte de Clermont-sur-Oise de 1209 à 1223, dont le titre eût été mentionné, et à qui d'ailleurs on ne connaît pas de cousin Pons. S'agit-il de Jean de Beaumont qui fut sous saint Louis chambrier et connétable?

dont je n'ai pas appris les noms, [840] et le vicomte de Saintonge[1] et Rogier d'Andelis[2], et Rogier de l'Issart[3], et Hugues de Laci[4]. Si j'eusse été avec eux, et les eusse connus et vus, et eusse parcouru avec eux les pays qu'ils ont conquis, plus riche en serait le livre, je vous en jure ma foi, [845] et meilleure la chanson.

XXXVII.

Quand le comte de Montfort, qu'on appelle Simon, se fut établi à Carcassonne, il appela ses compagnons : Guillaume de Contre, que Dieu bénisse ! il l'envoie en Biterrois, car il n'y avait prudhomme [850] qui mieux sût garder ni château, ni donjon, ni riche cité, ni ses alentours. Certes, si le Portugal et le royaume de Léon étaient en sa garde et en son obéissance, ils seraient gouvernés, si Jésus-Christ ne vient en aide, [855] mieux qu'ils le sont par ces fous et ces insensés qui

---

1. *El vescoms Centonges.* Comme on ne connaît aucun vicomte de Saintonge, il faut supposer que le texte est altéré. Je présume que la leçon originale était *E lo vescoms de Donges*, personnage qui paraît au v. 1972; voy. à cet endroit la note de la traduction.

2. Probablement le chevalier de ce nom, que Jean sans Terre nomma châtelain de Lavardin (Duffus Hardy, *Rotuli chartarum*, 103 *b*), et de qui nous avons une ou deux chansons ; voy. *Hist. littér.* XXIII, 754.

3. Sans doute les Essarts, arr. d'Évreux, cant. de Damville. En 1203 R. des Essarts reçut de Ph. Aug. la confirmation de certains biens (Delisle, *Catal. des actes de Ph. Aug.*, n° 766).

4. Personnage assez fréquemment cité dans l'une et l'autre partie du poème, et qu'il paraît difficile d'identifier avec l'anglais ou normand « Hugo de Lasci » qui vivait au même temps (voy. les *Rotuli litterarum patentium* et les *Rotuli litterarum clausarum*, aux tables). En juin 1214 « Hugo de Lascin (?), dominus Castrinovi et Lauriacensis (*l.* Lauriaci?) » fit une donation à l'abbaye de Prouille (Doat, XCVIII, 53 ; Molinier, *Catalogue*, n° 84).

sont rois du pays et que je n'estime un bouton¹. Il envoya Lambert de Crécy à Limous, et des autres barons qui au nord, qui au sud, pour garder la terre là où il lui parut bon. [860] Et le comte de Montfort qui a cœur de lion demeura à Carcassonne, gardant en sa prison²..... Et le vicomte mourut après de la dyssenterie ; et les mauvais vauriens et la canaille, qui ne savent rien de l'affaire, ni ce qui est ni ce qui n'est pas, [865] disent qu'on le tua de nuit en trahison³. Et le comte n'eût pas souffert, par Jésus-Christ du ciel !

1. Le roi de Portugal était alors Sanche Ier (1185-1211), et celui de Léon Alphonse IX (1188-1214). Ce dernier, au moins, n'a pas toujours été apprécié aussi sévèrement par les troubadours contemporains; voy. Mila y Fontanals, *Trovadores en España*, p. 153.

2. Voir au t. I la note sur le v. 861.

3. G. de Tud. combat ici la version populaire qui paraît avoir été courante dans le Midi, et qu'il semblait admettre précédemment, au v. 356-7 et 743-4. L'auteur de la seconde partie y croyait évidemment (v. 3361). Le biographe d'Arnaut de Marcuil (écrivant certainement avant 1250) admet le fait comme incontesté, lorsqu'il parle de la comtesse de Béziers « mère du vicomte de Béziers que les Français occirent lorsqu'ils l'eurent pris à Carcassonne » (Raynouard, *Choix*, V, 45; *Parn. occit.* 15). Je ne compte pas le *planh* du troubadour Guillem Augier de Béziers sur la mort violente d'un vicomte de Béziers (Raynouard, *Ch.* IV, 46; cf. *Hist. litt. de la France*, XVIII, 551), ce vicomte pouvant être Raimon Trenvacel († 1167, Vaissète, III, 17-8) aussi bien que Raimon Rogier; mais le témoignage d'Innocent III, écrivant au légat que le vicomte avait été « ad ultimum miserabiliter interfectus » (XV, ccxii), montre que ce qu'on peut appeler la version méridionale de la mort du vicomte avait obtenu une créance assez générale. Dans le sens opposé les témoignages en accord avec G. de Tud. sont ceux de P. de V.-C. (ch. xxvi) qui ne mentionne pas l'autre version, et de G. de Puylaurens (ch. xiv; Bouquet, XIX, 202 D) qui semble en cet endroit avoir copié G. de Tudèle. — D'après un ancien nécrologe (Vaissète, II, pr. 15), le vicomte de Béziers mourut le 10 nov. 1209.

pour rien qu'on puisse imaginer ni qui soit au monde, qu'on le tuât.

XXXVIII.

Le comte de Montfort, ainsi que je vous l'ai dit précédemment, [870] fut prié par tous les comtes, les princes et les marquis de recevoir la terre, le fief et le pays. Et il y consentit à condition, ce m'est avis, qu'ils l'aideraient si besoin lui était, et il exigea que chacun s'y engageât par serment. [875] Cependant le comte de Toulouse a envoyé chercher son fils, parce que les barons de l'armée, ceux du côté de Paris, ses amis, voulaient le voir. Raimon de Ricaud[1] l'amena un jeudi. L'enfant était très-beau et bien appris, [880] car Geoffroi de Poitiers[2] s'en était bien occupé. Le duc[3]

---

1. Probablement Ricaud, canton de Castelnaudary, Aude. Il y a un autre lieu du même nom dans les Hautes-Pyrénées et deux dans le Gers. Le personnage dont il est ici question paraît avoir été le familier des comtes de Toulouse Raimon V et Raimon VI. En 1190 il reçoit pour le premier une donation importante (Teulet, *Layettes du Trésor des chartes,* n° 372). En 1192, 1194, 1201, 1202, 1203, 1204, 1211 (Teulet, n°ˢ 399, 413, 623, 650, 699, 710, 959), il figure comme premier témoin en des transactions où le comte de Toulouse est intéressé. En 1203 Raimon VI était témoin de l'acte par lequel Guillem Saisset constituait un douaire de 3500 sous de Toulouse à sa femme Mathilde, fille de R. de Ricaud (Teulet, 695). Nous savons qu'à cette date il était bailli du comte de Toulouse, et qu'en 1210 il prenait la qualité de sénéchal (Vaissète, III, 606). D. Vaissète pense que les fonctions de bailli et de sénéchal étaient identiques, et qu'il n'y a qu'un changement de titre. Je n'ai pas réussi à saisir la portée de l'objection que M. Boutaric a faite à cette opinion de D. Vaissète, *Bibl. de l'Éc. des ch.* 4, I, 534-5, et *Saint Louis et Alphonse de Poitiers*, p. 140-1.

2. Voy. p. 2, note.

3. Quel duc? Fauriel traduit, avec vraisemblance, « le duc de Bourgogne. »

ne put s'empêcher de lui faire bon accueil, de même que le comte de Saint-Pol, qui était son cousin[1]. Les croisés redoutent de se laisser surprendre par l'hiver, et s'en sont retournés à Troyes et à Paris, [885] là bas par Montpellier.

XXXIX.

La grande ost se sépare, ne pouvant tenir plus longtemps, mais avant qu'elle se fût dissoute, les messagers s'en vont à Toulouse la grande, pour savoir si [les habitants] veulent traiter. En ce message allèrent beaucoup de bons chevaliers. [890] Les Toulousains disent qu'ils se conformeront à la décision du pape de Rome, auprès de qui ils veulent aller. Les messagers n'obtinrent rien de plus, mais s'en retournèrent par la grande route, et s'en allèrent avec leur ost tout droit à Montpellier. [895] Et le comte de Toulouse s'est apprêté, car je sais qu'il veut aler à Rome, parler avec le pape, il ne veut plus différer; et je crois qu'il y sera avant le mois de janvier. Mais il y a d'abord envoyé ses messagers: [900] Raimon de Rabastens qui en revint tout récemment [2], l'abbé de Saint-Auzart,

---

1. Je ne puis découvrir comment Gauchier de Châtillon (voy. ci-dessus, p. 15, note 3 pouvait être cousin du jeune Raimon. P.-ê. y aurait-il lieu de rétablir ici (en supposant dans le texte une omission ou une faute) le nom de Pierre de Courtenai, qui était bien réellement cousin du comte de Toulouse; voy. Du Bouchet, *Hist. de la maison de Courtenai*, p. 40. Quoi qu'il en soit, le comte de Saint-Pol ne reparaîtra plus jusqu'au siège de Marmande en 1219 (v. 9278), bien qu'il fût de retour à la croisade dès 1215, puisque l'acte par lequel le sire de Montfort prend Aimeric de Narbonne sous sa protection (22 mai 1215, Molinier, *Catalogue*, n° 101), fut passé en sa présence.

2. Cf. p. 13, note 1.

qui en eut mauvais loyer, car il fut prisonnier bien près d'un an entier [1]. On ne vit jamais plus preux abbé de son pouvoir. Tels sont ceux qui iront d'avance annoncer au pape [905] l'arrivée du comte Raimon, pour qu'il sache bien véritablement qu'il (le comte) n'y manquera pas [2].

XL.

Le preux comte de Toulouse se prépare pour le grand et lointain voyage qu'il a l'intention de faire. D'abord il s'en ira en France parler avec [le roi] son cousin, [910] et puis il ira à l'empereur, s'il le peut trouver ; après au pape ; tous il les veut sonder. L'abbé de Cîteaux lui dit qu'il n'a que faire d'y aller ; que, s'il l'en veut croire, il n'a pas besoin de se tant travailler, ni de se mettre en dépense pour ce voyage, [915] qu'il en peut faire tout autant, ici avec lui, que là bas ; mais il (le comte) ne veut pas rester.

Je veux revenir au comte de Montfort. Il tenait le vicomte prisonnier et voulait le bien garder et lui donner largement tout ce qui besoin lui était ; [920] mais ce qui doit arriver personne ne peut s'y soustraire : le mal de dyssenterie le prit alors, à ce que je crois, duquel il lui falut mourir ; mais avant il voulut communier. L'évêque de Carcassonne le fit bien administrer, et il mourut la nuit suivante vers le soir. [925]

1. Raimon Azemar, abbé de S. Audart (*S. Theodardi*, dioc. de Montauban ; voy. *Gall. Christ.* XIII, 229).

2. Il n'est question nulle part ailleurs de l'envoi de ces messagers. Tout ce passage (v. 895-905) est même omis dans la rédaction en prose.

Et le comte de Montfort se conduisit alors en homme courtois et franc : il le fit exposer publiquement, afin que les gens du pays l'alassent pleurer et honorer. Là vous auriez vu le peuple crier à haute voix. En grande procession il fit enterrer le corps. [930] Dieu pense à son âme, et lui soit miséricordieux, car ce fut un bien grand malheur !

XLI.

Quand les croisés s'en furent retournés en leurs pays, le comte de Montfort demeura fort en peine. Il ne lui resta plus guère de compagnons après leur départ[1]. [935] Il fit paix avec le comte de Foix[2] qui consentit à lui donner son fils en otage. Cet accord ne dura guère, car ils en violèrent par la suite toutes les conventions et se sont depuis lors fait guerre cruelle[3]. [940] Giraut de Pepieux[4] s'est mal conduit à son égard après avoir fait paix et accord avec lui. Pour un mauvais cas ils se divisèrent ensuite : il est véritable qu'un Français lui tua son oncle, mais le comte de Montfort en eut un vif regret, [945] car il fit enterrer vif le meurtrier : en une fosse on le jeta. Onques homme,

---

1. P. de V.-C. parle aussi de l'abandon où fut laissé S. de Montfort (ch. xxiv et xxxii), mais les renseignements les plus explicites sur les embarras où se trouva le chef de la croisade après la retraite des croisés, nous sont fournis par Simon lui-même dans sa lettre au pape (*Innoc. ep.* XII, cix).

2. Raimon Rogier, *Art de vér. les dates*, II, 309. — Pour la paix dont il est ici question, cf. P. de V.-C. ch. xxv *in fine*.

3. Nous allons voir en effet le comte de Foix répondre à l'appel de Raimon VI. v. 1422 et 1575.

4. Pepieux, canton de Peyriac-Minervois, arr. de Carcassonne.

pour tel forfait, ne fut ainsi justicié[1], et pourtant il était de France, et de haute parenté ; cette vengeance eût dû suffire à Giraut. Pour ce cas il se brouilla avec le comte, [950] qui l'honorait fort et avait fait de lui son privé ; [il se brouilla à tel point] qu'il ne le défia ni ne prit de lui congé. Il lui brûla un riche château, mais s'il y avait été pris, dans mon opinion, il l'eût payé cher[2].

Bouchart[3] tenait Saissac qu'on lui avait donné. [955] Un jour, avec cinquante Français il s'arma ; avec ceux de Cabaret il se rencontra ce jour-là, et ces derniers, qui étaient quatre-vingt-dix, tant à cheval qu'à pied, et quatorze archers, les ont environnés et durement frappés et poussés ; [960] mais nos Français vont serrés, les cris et les menaces ne les épouvantent pas, tellement que de part et d'autre il y en eut beaucoup

---

[1]. Cependant en Béarn le meurtrier était enterré sous le cadavre de sa victime ; voy. Du Cange, *speliri*. et *Fors de Béarn*, ed. Mazure et Hatoulet, p. 121. La même disposition existe dans la coutume de Gourdon.

[2]. La réd. en pr. ajoute ici : « Et parce qu'il ne s'était pas « contenté de la justice faite par le comte de Montfort sur son « homme, le comte Raimon ne voulut pas le recevoir ni accueillir, « le laissant faire du mieux, car il ne voulait pas soutenir sa que- « relle. » — P. de V.-C. (ch. xxvii) ne dit rien du motif de la querelle, mais donne plus de détails sur la lutte qui s'en suivit et notamment sur la prise du château mentionné au v. 952, qui est Puisserguier (*Podium Soriguer*), canton de Capestang, arr. de Béziers ; cf. aussi le récit de Robert d'Auxerre, Bouquet, XVIII, 277.

[3]. Ce personnage, qui parait plusieurs fois dans l'une et l'autre partie du poème, mais dont le surnom n'est donné en aucun endroit, ne peut être que Bouchart de Marly, fils de Mathieu de Montmorency. Voy. le P. Anselme, III. 657. On le voit figurer parmi les témoins de plusieurs actes concernant Simon de Montfort (Molinier, *Catalogue*, n°ˢ 45, 101, 105).

de tués. A la fin, ils furent mis en déroute ceux qui étaient avec Bouchart ; et ce fut deuil et malheur ; [965] lui-même y fut pris, et on l'emmena. Quant à ceux qui y trouvèrent la mort on n'y pensa plus : Dieu reçoive leurs âmes, à la fin du monde, en son ciel glorieux [1] !

XLII.

Le comte de Montfort fut vivement affligé [970] de la capture de Bouchart et de ses compagnons. Tout cet hiver il alla en déclinant jusqu'en carême, au temps des feuilles [2], que revint la croisade comme elle fait maintes fois. Le comte [de Toulouse] alla à Rome, comme dit la chanson, [975] ainsi que les consuls de Toulouse qui y firent de grandes dépenses [3]. D'abord il alla en France, où ils trouvèrent joyeux le riche roi Philippe [4], mais plus tard il devint soucieux ; à cause de l'empereur Othon il se montra ensuite cruel pour

1. P. de V.-C. (chap. xxvi) raconte cette affaire d'une façon un peu différente : selon lui les hommes de Cabaret se seraient mis en embuscade pour surprendre Bouchart et les siens.

2. En 1210.

3. Les consuls de Toulouse se rendaient auprès du pape afin de solliciter la levée de l'excommunication dont ils avaient été frappés par le légat Arnaut. Elle fut levée conformément à leur demande ; voy. une lettre d'Innocent III du 19 janvier 1210 (n. s.) insérée par les consuls de Toulouse dans leur lettre au roi d'Aragon (Vaissète, III. pr. 233 ; Teulet. *Layettes du Trésor*, I, 369-70). La même lettre abrégée dans *Innoc. epist.*, XII, CLVI, vers la fin.

4. Selon Pierre de V.-C. (ch. xxxiii), l'objet de la démarche de Raimon VI auprès de Philippe-Auguste aurait été d'obtenir le rétablissement des péages auxquels il avait été obligé de renoncer sous peine d'excommunication (voir l'engagement pris par le comte à Valence le 18 juin 1209, dans Migne, *Innoc. epist.*, t. III, p. 60).

eux. La comtesse de Champagne[1], qui est courtoise et sage, les reçut bien, ainsi que nombre d'autres barons, et le preux duc de Bourgogne qui lui offrit maints dons, et le duc de Nevers fut pour lui très-amical, et lui fit large hospitalité.

XLIII.

Le pape de Rome et tous les cardinaux [985] le reçurent très-bien, comme un baron de naissance. Le pape lui donna un manteau de prix et un anneau d'or fin, dont la seule pierre vaut cinquante marcs d'argent, et de plus [il lui donna] un cheval. Là ils devinrent bons amis de cœur. [990] Il (le pape) lui montra la Véronique du Père spirituel. En lui en faisant toucher la face[2] qui ressemble à celle d'un homme vivant, il l'absout de tous ses péchés. Tant ils furent d'accord tous les deux cette fois[3] !

XLIV.

[995] Quand le comte de Toulouse eut fait tout ce qu'il voulait, il prit congé du pape et se mit promptement en route[4]. A très-grandes journées il sortit de

---

1. Blanche de Navarre, régente pendant la minorité de Thibaut IV.
2. La face du Christ imprimée sur le linge de la Véronique.
3. Pour ces derniers mots je suis la traduction de Fauriel : mais le texte est corrompu au v. 993.
4. Selon P. de V.-C. (chap. xxxi) le pape aurait accablé d'injures le comte de Toulouse. D. Brial Bouquet. XIX. 29 note) révoque en doute cette assertion et renvoie aux lettres d'Innocent III. l. XII. ep. CLII. CLIV. CLVI. CLXIX. Le témoignage du moine

l'Italie, ayant grand peur d'y attraper maladie[1]. En France, à Paris, ils séjournèrent un jour[2]. [1000] Là ils trouvèrent le roi qui se montra malveillant[3]. Le comte s'en est retourné, et avec sa compagnie il entra à Toulouse, comme il avait coutume de faire. Les bourgeois de la ville eurent grande joie ce jour-là. Puis un rendez-vous fut pris cette fois [1005] avec le comte de Montfort auprès d'une abbaye; l'abbé de Cîteaux y fut et d'autres clercs. Je crus qu'ils y avaient fait paix et accord définitif, que de leur vie ils ne se feraient plus la guerre; ils s'aimaient tellement qu'ils mettaient leur confiance les uns dans les autres. [1010] Certes, de mille ans je n'aurais pas imaginé que l'abbé dût entrer à Toulouse, si on me l'avait assuré. Ils lui livrèrent le château Narbonnais. Lui et l'évêque Folquet en eurent la seigneurie et en furent les maîtres[4].

XLV.

[1015] A Toulouse entra l'abbé de Cîteaux. Tous,

---

de Vaux-Cernay n'est cependant pas à rejeter, en ce qu'il peut nous avoir conservé l'impression première manifestée par le souverain pontife. Toutefois les lettres ci-dessus indiquées sont pour l'entrevue dont il est ici question la source la plus utile, en ce qu'elles précisent les demandes du comte et les réponses du pape.

1. Les fièvres.
2. Selon P. de V.-C. (début du ch. xxxiv) le comte de Toulouse, en quittant Rome et avant sa seconde visite à Philippe-Auguste, se serait rendu auprès de l'empereur Othon.
3. « Rex autem, utpote vir discretus et providus, despexit eum « quia contemptibilis erat valde. » P. de V.-C. ch. xxxiv.
4. Il n'est question dans aucune autre source de cette entrevue du comte de Toulouse avec Simon de Montfort, non plus que de la cession aux croisés du château Narbonnais; cf. Vaissète, III, 193.

les vieux et les jeunes, les uns et les autres, même les petits enfants en furent très-étonnés. A la vue de tout le peuple il (le comte de Toulouse) leur livra le château [tel] qu'onques en terre plaine on ne vit, je pense, aussi beau. [1020] Ils ont à ce propos fait mainte charte, maint bref, mainte lettre scellée qu'il (l'abbé) envoya par le monde jusqu'à Mont Gibel[1]. Le roi d'Aragon vint trouver l'abbé devers Muret, et s'entretint avec lui en un pré à Portet[2]; et ils ne conclurent rien qui vaille un anneau [1025] de la plus méchante boucle[3].

XLVI.

L'évêque de Toulouse, Folquet de Marseille, qui n'a pas son pareil en mérite, et l'abbé de Cîteaux tiennent conseil l'un avec l'autre. Toujours ils vont prêchant le peuple, [le blâmant] de ce qu'il ne se réveille point, [1030] s'élevant l'un et l'autre contre le prêt et l'usure[4]. Par tout Agenais l'abbé parcourut le pays, à ce point qu'il chevaucha jusqu'à Sainte-Bazeille[5]. Mais à rien de ce qu'ils prêchent on ne prête l'oreille : au contraire on disait par raillerie : « Voici que rôde l'abeille. » [1034] C'est pourquoi, puisse Foi me venir en aide ! je ne m'émerveille point si on les abîme, les vole, les dépouille, si par force on les convertit.

1. L'Etna.
2. Sur la route de Toulouse à Muret.
3. La boucle figure dans plusieurs locutions proverbiales; voy. *Romania*, IV, 270.
4. On verra plus loin (v. 1395) le prêt à usure interdit par les légats; cf. la note 1 de la page suivante.
5. Arr. de Marmande.

XLVII.

Les bourgeois de Toulouse, ceux de la confrérie, et les bourgeois du Bourg[1] étaient toujours en débat, [1040] et, au bout du compte, ils n'aboutirent à rien qui valût un gland ou une pomme pourrie. — Les adhérents des hérétiques, ceux qui sont liés avec eux, vont disant que l'évêque, l'abbé [de Cîteaux] et le clergé cherchent à mettre la brouille entre eux et les bourgeois de Toulouse, afin que par cette folie [1045] l'un détruise l'autre; car s'ils faisaient cause commune, tous les croisés du monde ne pourraient leur faire dommage. Au comte ils font entendre [cela] et à son entourage, la folle gent mauvaise qui est entrée dans l'hérésie. Ils verront un jour, si Dieu me bénit, [1050] quel conseil leur ont donné ceux que Dieu puisse maudire! Par cela tout sera détruit, et la terre dévastée, et par la gent étrangère désolée et ravagée; car les Français de France [2] et les Lombards [3], et tout le

---

1. Guillaume de Puylaurens nous apprend (chap. xv) qu'il s'était formé à Toulouse, à l'instigation de l'évêque Folquet, une confrérie ayant pour but la destruction de l'hérésie et de l'usure; que par contre il s'était établi dans le *Bourg* une autre confrérie décidée à résister à la première. La confrérie à laquelle fait allusion G. de Tud. est celle de Folquet, celle qu'au dire de G. de Puylaurens on appelait confrérie blanche. Par les « bourgeois du Bourg » (v. 1039), l'auteur désigne évidemment la confrérie noire. — Le *Bourg* était la partie de la ville construite en dehors de la cité, au nord de la ville sur la rive droite de la Garonne.
2. C'est-à-dire de la France proprement dite, les pays de langue d'oui.
3. Lombards doit vraisemblablement être ici entendu au sens général d'Italiens qu'il a souvent au moyen-âge :

monde leur court sus et leur porte haine [1055] plus qu'à gent Sarrasine.

XLVIII.

Seigneurs, ce fut en été, quand l'hiver décline, que le doux temps revient et que renaît la chaleur. Le comte de Montfort se prépare à aller en expédition. Devant le château de Minerve qui est vers la mer[1], [1060] il mit le siége, car telle était sa volonté ; et il dresse ses catapultes, et fait Malevoisine[2] de ses autres pierrières dame et reine. Il détruit les murs élevés et la salle de pierre maçonnée en mortier de sable et de chaux, [1065] qui avaient coûté force bons deniers et force *masmudines*[3]. Si le roi de Maroc avec sa gent Sarrasine en faisait le siége, par sainte Catherine ! il ne leur ferait pas pour un angevin de dommage ; mais contre l'ost de Christ, qui met à fin

---

Et Italie que l'on dit Lombardie
    (*Roman de Girart de Rossillon*, éd. Mignard, v. 105.)
« ... apud *Lombardos* seu Ytalicos », Henri de Crissey (fin du xive s.) dans Thurot, *Notices et extraits des mss.* XXII, 131. On a vu ci-dessus Rome placée en « Lombardia » v. 50. Cf. Diez, *Etym. Wœrt.* II c, *Lombard*. Pour une application plus spéciale de ce nom, voir plus loin la note sur le v. 1263.

1. Par rapport au lieu où écrivait l'auteur, car Minerve (canton d'Olonzac, arrondissement de Saint-Pons, Hérault) est à près de 40 kil. de la mer. Les ruines du château subsistent encore. C'est, d'après P. de V.-C. (ch. xxxvi), aux environs de la Saint-Jean-Baptiste (24 juin) que le siége commença.

2. *Malevoisine* paraît avoir été le nom commun des machines de siége ; voy. Du Cange au mot *Malveisin*. P. de V.-C. fait aussi mention de cette pierrière dans le long chapitre qu'il a consacré au siége de Minerve (ch. xxxvii).

3. Monnaie des Almohades ; voy. le vocabulaire.

toute gent, [1070] ne peuvent tenir ni roche élevée et escarpée, ni château en montagne.

XLIX.

Le château de Minerve n'est point assis en plaine, mais, que Foi me vienne en aide ! il est sur une haute montagne : il n'y a plus fort château jusqu'aux ports d'Espagne, [1075] excepté Cabaret et Termes[1] qui est à l'entrée de la Cerdagne. Guillem de Minerve[2] se repose et se baigne. Là il s'était placé avec toute sa compagnie; mais nos Français et ceux du côté de la Champagne, Manceaux et Angevins et Bretons de Bretagne, [1080] Lorrains et Frisons et ceux d'Allemagne, les en arrachent par force, avant que vienne la grêle, et y brûlent maint hérétique félon de mauvaise engeance, et nombre de folles hérétiques qui braillent dans le feu[3]. On ne leur laissa vaillant une châtaigne. [1085] Puis on jeta les corps et les enfouit dans la boue,

1. Termes, l'ancien chef-lieu du *Termenes*, entre Narbonne et Limoux, maintenant canton de Mouthoumet, arr. de Carcassonne.

2. Nous avons quelques renseignements épars sur ce seigneur. Ainsi, en 1191, une sentence arbitrale est rendue par Bertran de Saissac sur une contestation entre « Guillelmus de Minerba » et le vicomte de Béziers. (Doat, CLXIX, 28.)

3. On trouvera des détails précis sur ces cruautés dans P. de V.-C., ch. xxxvii. Le même auteur nous apprend, ce que G. de Tud. nous laisse ignorer, que la place fut prise par capitulation, et que Simon assigna à Guillem de Minerve de nouveaux revenus sur des terres sises près de Béziers : « sed ille, non multo post, « spreta fidelitate quam Deo et comiti promiserat, recedens a « Deo et comite, se inimicis fidei sociavit. » Bouquet, p. 32 E. Nous le retrouverons en effet plus loin, au siège de Beaucaire et à celui de Toulouse (v. 4718, 4877, 9162), parmi les partisans de Raimon VI.

de peur que ces ordures infectassent notre gent étrangère[1].

L.

Quant Minerve fut prise, le comte fort se mit en route, et vint à Pennautier, là haut en Carcassais[2], [1090] et manda à la comtesse de venir l'y rejoindre[3]. Elle y vint promptement, aussitôt qu'il l'eut mandée. Jamais plus sage femme, que Dieu et Foi me viennent en aide ! ne fut vue en ce monde ni loin ni près. Le comte[4] séjourna là trois jours en l'ost qui était nombreuse. [1095] Au jeudi, de bon matin, il entra en son palais, avec des princes, avec des barons; et la résolution fut prise d'aller assiéger Termes, là haut en Termenais, un château merveilleux; mais avant qu'il soit conquis, mainte âme sortira de corps, qui mourra sans confession, [1100] et maint marc et maint tournois seront dépensés au siège, et gagnés y seront chevaux et palefrois et force d'autres richesses et quantité de beaux harnois; et de part et d'autre celui-là les aura qui n'était pas destiné à les avoir.

1. La prise de Minerve eut lieu, selon P. de V.-C., « circa festum B. Magdalenæ » (ch. xxxix; Bouquet, p. 34 D), qui tombe le 22 juillet.

2. Actuellement canton de Carcassonne.

3. P. de V.-C. place l'arrivée de la dame de Montfort bien avant le siège de Minerve, vers le commencement du carême, c'est-à-dire dans la première moitié de mars (Pâques tombant en 1210 le 18 avril); selon le même auteur ce ne serait pas à Pennautier, mais à Pézenas, que la comtesse aurait rejoint son époux (ch. xxxiv).

4. Dans le texte le sujet n'est pas exprimé; mais je pense, contrairement au sens adopté par Fauriel, que le sujet est le comte et non la comtesse, parce qu'il y a au v. 1095 *s'es mes* et non *s'es mesa*; cf. aussi le vers 1105.

LI.

[1105] Le comte de Montfort est entré au palais, et avec lui la comtesse et le reste des barons. Il s'assirent sur un tapis de soie; Robert de Mauvoisin[1] qu'on y a mandé et Gui le maréchal furent côte à côte, [1110] et Guillaume de Contre : en tout le vicomté [de Béziers] il n'y a plus riche homme ni de plus haute noblesse; il était né en Bourgogne, selon ce qui me fut conté, à deux lieues de Nevers[2]. Ceux-là ont conseillé d'assiéger promptement le château de Termes, [1115] et beaucoup d'autres sages hommes furent de cet avis. Le conseil se sépara après une courte séance. Puis, s'étant un peu reposés et ayant diné, tous ensemble sont revenus au conseil. Et le comte de Montfort est fort en

---

1. Ou plutôt Robert Mauvoisin, *Robertus Malus vicinus*, ainsi que le nomme P. de V.-C. Il était du même pays que Simon de Montfort dont il fut l'un des adhérents les plus dévoués. Il figure à diverses reprises dans les chartes relatives à l'abbaye de N.-D. des Vaux de Cernay (voy. le recueil pub. par MM. Merlet et Moutié, n°⁸ 148, 149, 150, 168, 201). Il fut chargé par Simon de remettre au pape la lettre dont il a été question plus haut (p. 50, note 1) : c'est lui en effet que Simon de Montfort appelle « dilectum et fidelem meum nobilem virum R. » On voit par P. de V.-C (ch. xxix) qu'il était revenu de cette mission avant le départ du comte de Toulouse pour son voyage en France et à Rome. L'importance de ce personnage est encore constatée par plusieurs lettres d'Innocent III en sa faveur (*Innoc. epist.* XII, cxxvii, cxxviii, cxxx, cxxxi, cxxxiv, cxxxv). Voir aussi Vaissète, III, 183; Ménard, *Hist. de Nismes*, 1, 266, et surtout A. Moutié, *Chevreuse*, 2ᵉ partie, p. 235-8, dans les Mémoires de la Société archéol. de Rambouillet, t. III (1876). — On a de lui une ou deux chansons : voy. *Histoire littéraire*, XXIII, 753.

2. Voy. ci-dessus p. 43, la note sur le v. 833.

peine [1120] de Carcassonne, [de savoir] à qui confier la cité ; mais à la fin, on lui conseilla [de la confier] à Lambert de Creci qui est fort riche et honoré, ou à Rainier de Chauderon : on s'adressa à ces deux-là, mais ils n'y resteraient pas chacun pour un royaume, [1125] tant ils voient que le pays est plein de méchanceté. Mais ensuite ils prièrent tous Guillaume de Contre, qui dit, après y avoir réfléchi, qu'il y resterait (à Carcassonne). Mais le comte de Montfort en fut très-affligé : s'il avait eu quelque autre à y mettre, il ne l'y eût pas laissé, [1130] car en toute la terre il n'y a plus sensé, ni meilleur chevalier ni plus solide, plus courtois ni plus preux ni de plus grande loyauté, Dieu me bénisse !

LII.

Guillaume de Contre dit alors, [1135] après y avoir réfléchi et entendu la proposition : « Au nom de « Jésus-Christ et de Sainte Marie, je resterai ici « dedans, puisque chacun m'en prie. » Le comte de Montfort ne le laisserait pas s'il pouvait faire autrement, mais finalement, [1140] n'ayant personne qui veuille rester, il y consent avec peine. Les barons de l'armée et la chevalerie, aussi la comtesse, tous[1] veulent qu'il en soit ainsi. Et le comte de Montfort lui a donné pour compagnons Crépin de Rochefort[2], homme

1. Traduit conformément à la note sur le v. 1142.
2. Probablement le « Crispinus de Rupeforti » de qui on a une charte (1231) dans le cartulaire de N.-D. des Vaux de Cernay, n° cccix. C'est Rochefort-en-Yveline, c. de Dourdan, arr. de Rambouillet.

très-courtois, [1145] et Simon le Saxon, que Dieu bénisse, et Gui, son frère, au visage hardi, et beaucoup d'autres barons qu'il y avait en l'ost, de Bourgogne et de France et de Normandie[1]. Là-dessus ils se séparèrent et le comte se mit en route, [1150] et ala assiéger Termes avec son grand baronage. Guillaume de Contre se sépara de lui (du comte de Montfort) ce jour-là à Pennautier, il s'en va dans la prairie et vint à Carcassonne avant le lever de la lune, avant qu'il fût tard dans la soirée.

LIII.

[1155] Alors Guillaume de Contre partit de Pennautier et vint à Carcassonne de toute la vitesse de son cheval ; il y entre comme se levaient de souper les hommes de la ville, pour s'aller coucher. Les sergents du château le courent désarmer : [1160] là sus, en la grand salle, ils ont fait du feu dans le foyer, ils font préparer en abondance de la viande de bœuf et de porc et d'autres mets pour leur repas ; puis ils firent faire les lits où ils se vont coucher, car au matin à l'aube il leur faudra se lever, [1165] cela pour les mangonneaux qu'ils devaient conduire et pour les autres pierrières qu'ils font porter en chariots là au siège de Termes pour abattre le château ; car le comte le commande ; et il les prie plus instamment d'envoyer

---

1. P. de V.-C. ne dit rien de tout cela, et ne mentionne même pas à cet endroit Guillaume de Contre. En revanche il mentionne au début du ch. XL la venue de « Guillelmus Decaicus », selon Catel, *de Caixs* selon Brial (Bouquet, XIX, 34 g), chef croisé qui annonce la prochaine venue d'une nombreuse armée de Bretons.

les mangonneaux et de garder le château [1170] que d'aucune autre chose dont il ait besoin ; et que durant trois jours ils les fassent bien surveiller¹, car, lorsqu'elles seront arrivées, il les fera dresser. Et Guillaume d'Encontre, sans plus tarder, les fait traîner hors de la ville sur le sable, [1175] et placer dans les charrettes que tirent les bêtes de somme tôt et vite.

LIV.

A Cabaret s'en va tôt et vite un espion [venant] de l'ost ; il leur² a dit aussitôt que le comte a envoyé des vilains et des gens de bas étage [1180] qui portent les pierrières ; et ne sont pas plus de cent ceux qui les doivent conduire, tant piétons que sergents. Et quant ceux-ci l'apprirent, ils en furent très-joyeux. Ils sortent de Cabaret au clair de la lune ; P. Rogier les guide, si l'histoire ne ment pas, [1185] Guillem Cat³, Raimon Mir⁴ et tous leurs parents. Ils étaient

---

1. Pendant le transport de Carcassonne à Termes.
2. Aux défenseurs de Cabaret.
3. Un de ceux que P. de V.-C. attaque le plus violemment. Il avait été pendant un temps l'allié de Simon de Montfort (ch. LVII; Bouquet, 53, 54). En 1201 un *Guiraut* Cat figure entre les témoins d'un acte de Raimon VI, avec plusieurs des familiers de ce comte (Teulet, *Layettes du Trésor*, n° 610).
4. Sans doute le *Petrus Miro* de P. de V.-C. ch. XLVIII. Il y a donc une faute (une simple faute d'initiale) dans l'un ou l'autre texte. Cet individu n'est pas mentionné dans la réd. en pr. J'ai acheté en 1862 à Carcassonne un acte passé en 1198 aux Bordes (Las Bordes, cant. de Castelnaudary), où figurent comme témoins : « R. Mir senior de Lauriaco (Laurac, anc. capit. du Lauragais, « cant. de Castelnaudary), ... Guill. Mir, Rogerius Mir, R. Mir « filius Petri Mir. »

plus de cinq cents, dont aucun n'attend son compagnon[1], mais tous vont à Carcassonne en courant à qui mieux mieux. Guillaume de Contre, qui a tant de hardiesse, fit surveiller les pierrières ainsi que les chars, [1190] et quand ils virent venir les cavaliers au galop, les guettes crient : « Aux armes ! » à haute voix. « Honni soit », dit chacun, « qui bien ne se défend ! » Quand Guillaume de Contre et les siens entendent le cri, il a dit à voix basse à sa cavalerie [1195] de courir s'armer[2], et cela promptement ; car si Jésus de gloire, le père tout-puissant, et sainte Marie

---

1. Locution fréquente dans les chansons de geste.
2. On verra plus loin que G. de Contre surveillait son convoi du haut des remparts de la cité. Il se proposait (v. 1164-7) de le suivre à distance, mais l'attaque eut lieu, paraît-il, en vue de Carcassonne, avant qu'il se fût mis en route. Cabaret étant au N.-E. et Termes au S.-E. de Carcassonne, la ligne qui réunit Cabaret à Termes passe à peu de distance à l'Est de Carcassonne. Il peut paraître surprenant que P. Rogier ait attaqué le convoi sous les murs mêmes de cette dernière ville (v. 1219-21), et que G. de Contre n'ait pas été dès ce moment à cheval à la tête de ses hommes ; mais le récit de P. de V.-C. (ch. XL), quoique fort concis (aucun des compagnons de P. Rogier n'y est nommé), explique pourquoi les assaillants n'attendirent pas que le convoi se fût éloigné de la ville. Selon P. de V.-C. c'est la nuit, avant la mise en route du convoi, que le coup de main eut lieu : « Quod audientes hostes nostri qui erant Cabareti, scilicet
« quod machinæ nostræ expositæ erant extra Carcassonam, vene-
« runt media nocte cum magna et armata multitudine, si forte
« possent eas securibus debilitare : qui cum venissent, exierunt
« nostri de civitate, qui paucissimi erant, ipsosque aggredientes
« et viriliter effugantes, fugientes circumquaque longius sunt
« secuti. Nec siquidem conquievit furor adversariorum, sed ad-
« huc imminente diluculo redierunt, si forte possent dictas
« machinas in aliquo debilitare ; quod nostri percipientes,
« exierunt ad eos, et longius et virilius quam antea fecerunt
« effugere. »

mère le veulent et y consentent, il luttera contre eux, et cela prochainement. Je ne sais pourquoi j'allongerais le récit : [1200] P. Rogier et les siens ne s'effraient point : de leurs chevaux ils descendent tous ensemble; ils brisent les mangonneaux sous leurs yeux[1], y mettent le feu avec de la paille : le feu gagne; en bien peu de temps ils auraient été brûlés s'il avait fait un peu de vent, [1205] mais Dieu ne le voulait pas.

LV.

Quand Guillaume de Contre a entendu l'alarme; il crie aussitôt : « Aux armes ! chevaliers ». Il avait bien huit vingts sergents en sa compagnie, sans compter les chevaliers. [1210] Ils font ouvrir les portes au nom de sainte Marie, et vont se lancer parmi eux en la prairie; et les autres, à cette vue, ne les dédaignent point, mais ils vont à leur rencontre comme brave gent hardie. Dieu! qu'il y eut en cette journée de bonnes lances brisées, [1215] et de bons coups frappés sur les heaumes de Pavie[2]! Guillaume de Contre pique le destrier de Hongrie; là, dans la mêlée la plus grande, Dieu me bénisse! il s'est violemment jeté, courroucé, plein de fureur; en la rivière qui a nom Aude il s'est mis. [1220] Dedans, au milieu de l'eau, il a fendu la presse; il y trouva sur son chemin un des

---

1. Sous les yeux de leurs conducteurs.
2. Les heaumes de Pavie (cf. 5015) font, comme on sait, les plus fréquentes apparitions dans nos chansons de geste, comme aussi les destriers de Hongrie dont il est question à la ligne suivante. voy. par ex. Garin, éd. P. Paris, I. 95.

hommes de Mir : si grand coup il lui donna en la targe ornée de fleurons que le haubert ne lui valut une pomme pourrie : en l'eau il l'abat, sous les yeux des barons. [1225] Puis ensuite il férit un glouton qui s'enfuyait, [il le férit] de côté, en passant, avec l'épée fourbie ; puis il en férit un autre à cette même attaque. Crépin de Rochefort ni Simon ne s'oublient : celui qu'ils peuvent atteindre n'a plus besoin d'aide [1]. [1230] C'est ainsi qu'ils les menèrent battant un bon bout de chemin, tellement que P. Rogier en fit marrie figure, et tous ses compagnons, quand ce vint à la fin ; de ce qu'il leur en est ainsi advenu, il n'en est pas un qui ne le maudisse : déconfits ils s'en retournent avec perte ce jour là. [1235] Guillaume de Contre a rallié son monde ; il entre dans la cité en laquelle il tient garnison. Des pierrières qu'ils ont sauvées ils ont grande joie, et aussi toute la troupe qui s'est réjouie de cette victoire.

LVI.

[1240] Quand le comte de Montfort qu'on appelle Simon eut mis le siége à Termes, tout à l'entour, et ouï les nouvelles, sachez qu'il fut satisfait de Guillaume de Contre et de ses compagnons [2], de ce qu'ils avaient préservé de la destruction les engins, [1245] et plus encore de ce qu'ils avaient vaincu ce baron qui a nom

1. Je traduis selon la correction proposée en note : « n'avoir besoin « d'aïe » est une locution fréquente dans la poésie française : *Rolant* 1619 ; *Renaut de Montauban*, éd. Michelant, 42/4, 98/3, etc.

2. Dans le texte « son compagnon », au sing., sans doute à cause de la rime. A la rigueur cela pourrait s'entendre de Crépin de Rochefort, qui paraît avoir été le principal des compagnons de G. de Contre. voy. 1144 et 1228.

P. Rogier, que Dieu maudisse! car je crois que si on lui eût donné tout l'or de Mâcon il n'en aurait pas été si joyeux qu'il le fut de la nouvelle qu'on lui a contée de la grande victoire [1250] remportée par Guillaume de Contre. Dieu! et comme la lui conte bien un gentil damoisel que Guillaume de Contre y envoya en hâte pour conduire les pierrières et les engins qui étaient avec[1]! Et sans mentir il le fit très-bien, [1255] jusqu'au siége de Termes où il y avait force barons, force riches draps de soie et force riches pavillons, force jupons de soie, force riches ciclatons, force hauberts maillés, force bons gonfanons, et force lances de frêne, enseignes et penons, [1260] et force bons chevaliers, et force bons damoiseaux Allemands et Bavarois et Saxons et Frisons, Manceaux et Angevins et Normands et Bretons, Longobards et Lombards [2], Pro-

---

1. Ces détails, qui semblent indiquer un témoin oculaire, manquent dans P. de V.-C. qui nous apprend que l'escorte des machines de siége était formée par les Bretons nouvellement arrivés (voy. p. 62, note).

2. *Longobart* e *Lombart*, deux formes d'un même mot, qui, isolément, ont pu être employées sans distinction pour désigner soit les Italiens, en général (voy. p. 56, note 3), soit les habitants de la Lombardie. Mais, opposées comme ici, elles ont assurément chacune son sens propre. Fauriel traduit : « Longobards et Italiens », prenant « Longobard » en son sens primitif : « Ce nom, » dit-il au glossaire, au mot *Logombart*, « désigne ici les envahisseurs ger-
« maniques de l'Italie généralement connus sous ce nom, et non
« vaguement les Italiens auxquels on avait approprié la dénomi-
« nation de *Lombards*. » Cette interprétation n'est pas soutenable, puisqu'au XIIIe siècle les anciens Longobards étaient, depuis longtemps, devenus romans. Dans ses notes sur Orderic Vital (III, 482), M. Le Prevost émet, sans la justifier, une opinion très-différente, à savoir que par *Lombards* Orderic entend « les habitants de l'Italie
« septentrionale, et par *Longobards* ceux de l'Italie méridionale

vençaux et Gascons. Le seigneur archevêque de Bordeaux y fut, [1265] [ainsi qu'] Amanieu de Lebret [1] et ceux du côté de Langon. Là font leur quarantaine tous ceux qui y sont, [en telle manière] que quand les uns viennent les autres s'en vont [2], mais Rai-

« où les Lombards avaient fondé des établissements qui durèrent « jusqu'à la domination normande. » Tel paraît être en effet le sens précis de ces deux termes, du xie siècle au xiiie environ. On voit, dans divers textes latins une partie de l'Italie méridionale désignée sous le nom de *Longobardia*, par ex. dans les annales de Bari (Pertz, *Mon.* VII, 52 a) ; et dans le poëme d'Ambroise sur la troisième croisade les *Longebart* (éd. Monod et Paris, v. 602, 607, etc.) désignent les Italiens de la Sicile. Si je ne me trompe, c'est dans le plus ancien récit de la première croisade, chez l'auteur anonyme des *Gesta Francorum*, que se trouvent pour la première fois associés les *Lombardi* et les *Longobardi* (*Historiens occidentaux des croisades*, III, 121-2), d'où ces noms ainsi groupés sont passés dans les récits dérivés (*Ibid.*, III, 11, 174; IV, 18 c F). Même association dans une pièce du troubadour Peire Cardinal, où on voit de plus que les habitants de la Pouille étaient distincts des *Lombards* et des *Longobards* :

   Per folz tenc Polhes e *Lombartz*
   E *Longobartz* et Alamans
   Si volon Frances ni Picartz
   A senhors ni a drogomans.
       (*Parn. occit.* p. 310.)

1. Amanieu V, qui reparait plus loin, v. 8950, sur lequel voy. la notice de M. Luchaire sur les origines de la maison d'Albret, dans le *Bulletin de la Société des Sciences*, etc., *de Pau*, 2e série, II, 33-4. Le pape Honorius lui écrivit en janvier 1218, en même temps qu'à plusieurs autres personnages (Bouquet, XIX, 649) pour l'encourager à continuer son appui à Simon de Montfort. Ce seigneur mourut non pas vers 1252, comme le pense M. Luchaire, mais plutôt vers 1240, selon M. A. Molinier, *Revue critique* 1873, art. 142.

2. Comme l'objet de la plupart des croisés était, non de conserver à l'armée du sire de Montfort un effectif qui lui permit de tenir sans interruption la campagne, mais de gagner les indul-

mon¹ de Termes ne les prise un bouton, car je ne pense pas qu'on ait jamais vu plus fort château. [1270] Là ils passèrent Pâques, l'Ascension, la Pentecôte, et la moitié de l'hiver, comme dit la chanson. Onques nul homme ne vit aussi solide garnison qu'il y eut en ce château, là-bas vers Aragon et vers Catalogne, qui fut en Roussillon. [1275] Il y eut mainte joute faite, maint arçon brisé, et maint chevalier tué ainsi que maint fort Brabançon²; mainte enseigne y fut perdue et maint riche gonfanon qu'ils montèrent par force là-haut dans le donjon malgré ceux de l'ost, qu'ils le voulussent ou non. [1280] Mangonneaux ni pierrières ne leur font pas pour un bouton de dommage ; ils ont abondance de vivres, de la viande fraîche et du bacon, du vin et de l'eau pour boire, et du pain à foison. Si Dieu ne leur envoie quelque plaie, comme il fit après leur donnant la dyssenterie, [1285] ils ne pourraient être pris.

gences attachées à une participation de quarante jours à la croisade, on comprend que Simon de Montfort dut se trouver plus d'une fois à la tête de troupes très-réduites. On l'a vu précé-demment (v. 932-4), et le même fait se reproduisit d'une façon inquiétante au siège de Termes ; voy. P. de V.-C., Bouquet, XIX, 37 E et 39 A (ch. XLI et XLII).

1. Roger, selon Fauriel (traduction du v. 1303, et table), sans aucune raison, car ce personnage est appelé *Raimundus* par P. de V.-C., ch. XI.-XLII, *passim*, et le ms. de la chanson n'y contredit pas, ne donnant (v. 1266 et 1303) que l'initiale de son nom.

2. Ces Brabançons (*Braiman, Braimanso*) reparaissent à diverses reprises dans le poëme, comme les auxiliaires du comte de Tou-louse et de son parti. Deux fois (v. 7995 et 8963) ils sont mention-nés avec les Allemands (*Ties*). C'étaient des troupes mercenaires qui avaient une détestable réputation. Voy. Du Cange. *Braban-ciones*.

LVII.

Seigneurs, voulez-vous ouïr comment Termes fut pris et comment Jésus Christ y manifesta sa grande puissance? L'ost demeura à l'entour jusqu'à neuf mois; Alors l'eau leur[1] a manqué, ayant tari. [1290] Ils avaient assez de vin pour deux mois ou trois, mais je ne crois pas que personne puisse vivre sans eau. Puis il tomba une grande pluie, Dieu et Foi me viennent en aide! il y eut un grand déluge dont mal leur advint : en tonnes et en vaisseaux ils recueillirent beaucoup d'eau [1295] dont ils se servirent pour pétrir et mettre dans leurs mets[2]. Telle dyssenterie les prit que nul ne savait où il en était. Ils prirent conseil entre eux de s'enfuir chacun plutôt que de mourir de la sorte sans confession[3]. Ils mirent dans le donjon les dames de la ville ; [1300] quand vint la nuit obscure, sans que l'on en sût rien, ils sortirent sans nul bagage; car je ne crois pas que personne ait rien emporté, sinon de l'argent. Alors Raimon de Termes dit qu'on l'attendît, qu'il allait retourner dans la ville et qu'on l'attendît[4]. [1305] A ce retour les Français le rencontrèrent et l'emmenèrent prisonnier où était le comte[5]. Les autres, Catalans et Aragonais, s'enfuirent pour qu'on ne les occît pas. Mais le comte de

---

1. Aux assiégés.
2. Le sens de *conres*, que je traduis avec Fauriel par *mets*, n'est pas très-certain, réd. en pr. : « o calia no far potagy e prestir lo pa » (p. 28).
3. Cf. v. 1589.
4. Pour bien entendre ce passage, voir au t. I la note sur 1303.
5. Voir la note sur 1311.

Montfort se montra plein de courtoisie, [1310] car il ne prit pas aux dames vaillant une pougeoise[1]; ni un denier monnayé[2].

LVIII.

Quand on sut par la terre qu'ils (les Croisés) avaient pris Termes, tous les meilleurs châteaux furent abandonnés. Alors fut pris Albi sans siége[3]. [1315] Les

1. Petite monnaie du Puy.
2. Le siége de Termes est raconté par P. de V.-C. (ch. XL-XLII) avec beaucoup plus de développement et de précision que par G. de Tudèle. Les deux récits diffèrent quant à la prise de la forteresse. Tous deux mentionnent la disette d'eau dont souffrirent les assiégés, et les pluies abondantes qui renouvelèrent à propos leur provision, mais P. de V.-C. ne dit rien de la maladie que l'usage des eaux pluviales aurait déterminée, au rapport de G. de Tud. : en revanche il s'étend considérablement sur les travaux d'attaque conduits avec persévérance pendant plusieurs mois par le sire de Montfort. Selon lui, ce serait frappés d'une soudaine terreur que les assiégés auraient tenté de fuir, la veille de la Saint-Clément (22 novembre). Il n'y a là du reste rien qui soit en opposition avec la version de G. de Tud., et les deux récits se complètent sans se contredire. La mention de l'archevêque de Bordeaux (v. 1264-5) et celle des dames enfermées dans le donjon (v. 1299) sont propres à G. de Tudèle.
3. Il est singulier qu'au v. 1314 le nom de la ville d'Albi soit exprimé par *Albejes*, qui partout ailleurs est employé en son sens ordinaire : Albigeois. Cependant le second hémistiche, *que non jo aseljad*, s'applique à une ville, et non à un pays. La réd. en prose ne laisse pas supposer de lacune, mais remplace *Albejes* par *Albios*, nom assez inusité pour Albi : « Et adonc, dementre que tout so
« dessus se fasia, es estat pres ung fort castel et plassa per les
« gens del C. de M., loqual s'apelava d'Albios, una forta plassa,
« car los que eran dedins, ausen dire que lo dit Termes era estat
« pres, ainsin que dit es, encontinen an layssada ladita plassa et
« relinquida, et s'en son anats ; dont lodit C. de M. es estat fort
« ben content et joyos, car adonquas tout lo pays s'es metut en

garnisons du comte [de Toulouse] qui ont abandonné ce château (Alby)¹ ne pensent pas que de leur vie les croisés y viennent. Dieu, qui est plein de miséricorde, fit alors un grand miracle : l'hiver était plus beau que ne fut jamais l'été². Je reviens à mon récit, car je me suis trop attardé. [1320] Quand le comte de Toulouse sut, ce qu'on lui a conté, que Termes était pris, il est allé vers Saint-Gilles à une grande assemblée que le clergé a réunie, l'abbé de Cîteaux et les croisés, car Milon était mort³, enseveli et enterré. [1325] Le comte y a mené monseigneur Gui Cap de porc⁴, le meilleur

---

« son poder e ma » (p. 29). Fauriel (p. xcxix) propose dubitativement *Albas*, qui est un lieu situé à l'est de Termes. — P. de V.-C. ne mentionne pas spécialement la prise d'Albi, mais l'indique implicitement dans cette phrase du ch. XLII : « Omnia « fero castra Albiensis territorii *citra Tarnum fluvium* (ce qui peut « s'appliquer à Albi) sub eodem temporis spatio recuperavit « nobilis comes Christi » (Bouquet, XIX, 40 A). — Depuis plusieurs mois déjà, à la date du 28 juin 1210, le pape avait confirmé à Simon de Montfort la possession de la cité d'Albi dont il le considérait dès lors comme maître (Toulet, *Layettes du Trésor*, n° 927).

1. J'ai imprimé v. 1315 *qu'el* selon la traduction de Fauriel : « que l'on a mise *dans le château* », mais le sens pour lequel je me décide actuellement exige *quel* (= *que lo*).

2. On ne voit pas bien en quoi consiste le miracle, ni surtout à quoi il sert. Il y a peut-être ici une lacune ; toutefois la réd. en pr. n'en laisse rien apercevoir.

3. Le légat Milon mourut à la fin de l'année 1209. Son nom est accompagné de l'épithète *bonæ memoriæ* dans des lettres d'Innocent III du 23 janvier 1210 n. s. (XII, CLIV et CLXIX ; Potthast, n° 3883).

4. Ce personnage est témoin dans un acte de 1210 ; voir la note 3 de la page suivante. — Ce nom n'est pas sans exemple, car un autre *Gui Cap de porc* figure dans un acte de 1260, *Petit Thalamus de Montpellier*, p. 154.

légiste de la chrétienté ; il est chevalier et homme de haute naissance. Ce que tous les autres savent ne vaut pas, au prix de lui, un dé : aussi s'arracheraient-ils les yeux plutôt que de souffler mot. [1330] Tel est celui qui soutient le comte en homme d'expérience[1]. L'abbé de Cîteaux s'est levé : « Seigneurs, » leur dit-il, « sa-
« chez qu'il est vérité que le comte de Toulouse m'a
« fort honoré, abandonné sa terre, dont je lui sais
« bon gré ; [1335] et je vous prie de l'avoir pour
« recommandé. » Alors furent dépliées les lettres scellées de Rome qu'on avait apportées au comte de Toulouse. Que servirait d'allonger le récit ? Ils ont tant demandé qu'à la fin[2] le comte Raimon dit [1340] qu'il ne pourrait payer tout cela avec tout son comté[3]. Il mit le pied à l'étrier, courroucé et attristé, et s'en retourna à Toulouse, en son pays, au plus vite, grand train[3].

---

1. La traduction exacte du texte, tel qu'il est imprimé, serait :
« Tel est celui qui soutient le comte en homme d'expérience,
« car il s'arracherait l'œil plutôt que de souffler mot, » phrase dont la conclusion est assez inattendue. On obtient le sens auquel je me suis arrêté en transposant les vers 1329 et 1330 (dès lors *traicheran* se rapporte tout naturellement à *Tuit li autre*, et la note du v. 1330 devient inutile), et en lisant au v. 1330, avec Fauriel (qui du reste fait ici un contre-sens), *quei* (*que i*) au lieu de *quel* que semble plutôt porter le ms.

2. J'entends au v. 1339 *er'*, à l'imparfait, « quand cela était (= fut) fini » ; mais j'ai dans le texte écrit et ponctué comme si *er* était au futur, ce qui peut aussi se défendre : « Le comte R.
« dit : Quand cela sera terminé (= quand il aura consenti à tout
« ce qu'on lui demande)... »

3. P. de V.-C. ne dit rien de ce concile dont il est difficile de se faire une idée nette à l'aide de G. de Tudèle. Mais des rensei-

LIX.

Puis le comte Raimon fut à une autre assemblée, [1345] qui eut lieu à Narbonne près de la Saint-Vincent[1]. Le roi d'Aragon y fut ainsi qu'une noblesse nombreuse. De besogne on n'y fit point pour la valeur d'une rose sauvage. Puis ils s'en furent à une autre, à Arles, à ce que je sais; là ils rédigèrent par écrit tout le jugement, [1350] qu'ils bailleront au comte qui dehors les attend, avec le roi d'Aragon, au froid et au vent. L'abbé la lui remit en main en présence de tous, assisté de maître Thédise qui l'accompagne, le meilleur clerc du monde et le plus savant[2], [1355] et

gnements plus clairs sont fournis par une lettre sans date de Hugues, évêque de Riez, et de maître Thédise, publiée par Baluze à la suite du livre XVI des lettres d'Innocent III (n° xxxix). Dans ce concile, qui eut lieu vers la fin de septembre 1210, le comte de Toulouse fut de nouveau sommé d'expulser de sa terre les routiers et les hérétiques, et de remplir ses autres engagements; voy. Vaissète, III, 560. Le même concile eut aussi à s'occuper d'une action intentée au comte de Toulouse par l'abbé de Saint-Gilles au sujet de certains droits et possessions. Nous avons : 1° les productions des parties, 10 juillet 1210 (Teulet, *Layettes*, n° 930); 2° la sentence de l'évêque de Riez et de maître Thédise condamnant par défaut le comte, 21 oct. 1210 (*Ibid.* n° 942); 3° la confirmation de cette sentence par le pape, 14 mai 1216 (*Ibid.* n° 1180). Dans la première de ces trois pièces figure comme témoin « Guido Capud porci », le conseiller du comte de Toulouse mentionné au v. 1325.

1. 22 janvier. P. de V.-C., ch. xliii et xlvii, donne des détails sur cette entrevue, dont la date n'est connue que par G. de Tudèle.

2. « Magister Theodisius *ou* Thedisius, canonicus Januensis », dans les nombreux textes latins où il est mentionné.

l'évêque d'Uzès[1] et cent autres clercs[2]. Quand le comte tint la charte, tout secrètement il appela l'écrivain, et quand il l'entend, l'écrivain la lui lisant tout tranquillement, il s'adresse, attristé et indigné, au roi d'Aragon : [1360] « Venez çà, sire roi, » lui dit-il en riant, « et oyez cette charte et l'étrange commande-
« ment que me mandent les légats pour que j'y
« obéisse. » Le roi la fait alors lire une seconde fois, et quand il l'eut ouïe, il dit avec tranquillité ces simples mots : [1365] « Voilà qui a besoin d'être
« amélioré, par le Père tout puissant ! » Le comte, tout préoccupé, au point qu'il néglige de prendre congé, la charte à la main, sans répondre un mot, s'en va vers Toulouse, courant au plus vite, et puis à Montauban, à Moissac et Agen, [1370] partout tout d'un trait[2].

1. Raimon III. « Isto Uticensis episcopus, Raimundus nomine,
« a multis diebus ardenter negotium fidei diligebat et quantum
« poterat promovebat, et illis diebus super eodem negotio cum
« abbate Cisterciensi legationis officio fungebatur. » P. de V.-C. ch. XLIII (Bouq. 40 c). — C'est à propos du concile de Narbonne que P. de V.-C. mentionne l'évêque d'Uzès et maître Thédise. Voy. la note suivante.
2. P. de V.-C. ne fait aucune mention de ce concile d'Arles ni des conditions rigoureuses qu'il aurait imposées au comte de Toulouse et dont le détail occupe la tirade qui suit. Les actes ne s'en trouvent non plus nulle part. Néanmoins, D. Vaissète (III, 561 b) admet son authenticité (naturellement sur le témoignage de la réd. en pr., puisqu'il ne connaissait pas le poëme) et en donne des raisons d'une réelle valeur : il le place vers la mi-février 1211. Il ne paraît pas impossible de concilier dans une certaine mesure les récits de P. de V.-C. et de G. de Tudèle. Le premier, à la vérité, ignore le concile d'Arles mentionné par le second, mais il place à Montpellier, à la suite de l'entrevue de Narbonne, une sorte de conférence qui offre un rapport évident avec celle d'Arles que fait connaître G. de Tudèle. Dans l'un et l'autre cas, en effet,

LX.

Le preux comte de Toulouse s'en retourne en Toulousain et entre à Toulouse et puis à Montauban, à Moissac et à Agen, sa charte à la main : partout il la fait lire, pour que la connaissent clairement [1375] chevaliers et bourgeois et prêtres qui chantent la messe. La charte dit ceci aux premiers mots : Que le comte observe la paix, et [de même] ceux qui seront avec lui, et [qu'il] renonce aux routiers aujourd'hui ou demain. Qu'il rende leurs droits aux clercs, qu'ils soient en possession [1380] de tout ce qu'ils lui demanderont ; qu'il mette hors de sa protection tous les perfides juifs ; et les adhérents des hérétiques, ceux qu'ils (les clercs) lui dénonceront, qu'il les livre tous,

on voit le comte de Toulouse partir sans prendre congé : « Nec « silendum quod, cum essent præfati viri in Montepessulano, et « multi etiam episcopi et ecclesiarum prælati, tractatum fuit ite- « rum de facto comitis Tolosani..... sed idem comes, cum promi- « sisset impleturum se in crastino quidquid dicti legati mandas- « sent, summo mane in crastino recessit a Montepessulano, *ipsis « legatis insalutatis* » (Bouq. XIX, 43 D). Je suis donc porté à croire que l'assemblée de Montpellier et celle d'Arles ne font qu'une, et, adoptant les motifs de Vaissète, qu'elle a dû, confor- mément au récit de G. de Tud., être tenue à Arles. Quoi qu'il en soit, plusieurs des conditions mentionnées dans la tirade suivante sont par elles-mêmes authentiques, en ce sens qu'elles reparaissent dans des documents incontestés. Quant à l'opinion du P. Benoist (I, 140), selon qui ces conditions auraient été supposées par le comte de Toulouse, elle est trop absurde pour mériter d'être dis- cutée. Cet auteur aurait dû tout d'abord ne point rapporter étour- diment ces conditions au concile de Saint-Gilles, quand elles sont positivement attribuées à un concile d'Arles par la réd. en pr. aussi bien que par le poëme.

et cela d'ici à un an, pour en faire à leur plaisir et volonté; [1385] et plus de deux sortes de viande ils ne mangeront, ni par la suite ne vêtiront étoffes de prix[1], mais de grossières capes brunes qui leur dureront plus longtemps. Ils détruiront entièrement les châteaux et les forteresses[2], et jamais plus chevalier ne résidera en *plan*[3], [1390] mais dehors, dans la campagne, comme les vilains. Ils ne prendront sur les chemins aucun péage illégitime, mais seulement les vieux usages anciennement établis[4]. Ils donneront chaque année quatre deniers toulouzains aux *paziers*[5] de la terre qu'ils (les clercs) établiront; [1395] tous les usuriers devront renoncer au prêt à usure, et s'ils ont pris un intérêt, tout d'abord ils le rendront. Et si le comte de Montfort et les croisés qui viendront chevauchent sur eux, comme font tant d'hommes[6], et

---

1. Mot à mot : étoffes de parage, de noblesse.
2. Ou bien selon la variante : « les châteaux et toutes les forteresses ».
3. Il faut sans doute entendre *plan* dans le sens qu'il a encore en languedocien, celui de place de ville. Par là on arrive à l'interprétation donnée par la réd. en pr. : « Item, que degun gentil-
« home del sens, ny nobles, dins aucuna vila o plassa no demou-
« raran ni habitaran, mais deforas per los camps... » (p. 30)
4. Cet article est précisé par le passage d'une lettre d'Innocent III au comte de Toulouse : « Præterea, cum pedagia, guida-
« gia et salnarias tibi legatus interdixerit memoratus (le légat
« Milon), auctoritate præsentium duximus declarandum illa esse
« pedagia, salnarias et guidagia interdicta quæ non apparent im-
« peratorum vel regum, ante Lateranense concilium, largitione
« concessa, vel ex antiqua consuetudine a tempore cujus non extat
« memoria introducta. » 23 Janv. 1210 (l. XII ep. cliv; cf. clxix).
5. Ceux qui étaient chargés de faire observer la paix décrétée par le pape ou par un concile; voy. Du Cange, *paciarii*.
6. Ou, selon la variante, « comme font prudhommes ».

leur prennent de ce qui leur appartient, ils ne s'y opposeront pas¹. [1400] En toutes choses ils se conformeront à la volonté du roi de France. Le comte devra passer la mer jusque vers le Jourdain, et y rester autant que le voudront les moines ou les cardinaux de Rome ou leur fondé de pouvoir². Enfin, qu'il entre dans un ordre, celui du Temple ou celui de Saint Jean. [1405] Et quand il aura fait cela, ils³ lui rendront ses châteaux ; et s'il ne le fait, ils le chasseront à outrance, de sorte qu'il ne lui restera rien⁴.

LXI.

Les hommes de la terre, chevaliers et bourgeois, quand ils ouïrent la charte qui leur est lue, [1410] disent qu'ils aimeraient mieux être tous tués ou pris que souffrir cela, ni de consentir à ce qui ferait d'eux des serfs, des vilains, des paysans. Les bourgeois de Moissac et ceux de l'Agenais disent que plutôt ils fuiraient en Bordelais⁵ par eau, [1415] que d'avoir pour seigneur ni barrois(?)⁶ ni français : ou ils iront s'établir,

1. Cet article spécifie un droit de gîte illimité.
2. On sait que les pèlerinages en terre sainte étaient imposés à titre de pénitence, dans les cas graves, longtemps avant les croisades; voy. L. Lalanne, *Bib. de l'Éc. des Ch.* 2, II, 12-3.
3. Les moines et les cardinaux.
4. Ces conditions ont été mises en latin d'après la réd. en pr. pour être insérées dans les collections des conciles, voy. Mansi. XXII, 815.
5. Pour être sous la protection du roi d'Angleterre.
6. *Barrau*, mot que Fauriel traduit ici par « clerc », mettant, j'ignore pourquoi, ce mot entre ( ). Il paraît (voy. *Romania*, IV, 272-3) que les *Barrau* étaient ceux qui avaient pour cri de guerre « Bar! » cri que G. de Tud. attribue (v. 1847) aux Allemands, mais qui devait être propre aux hommes du comte de Bar. Il

si le comte le permet, avec lui en une autre terre, où
il lui plaira. Et le comte, lorsqu'il entend cela, leur en
rend grand merci. Alors il a fait ses lettres scellées et
les a partout envoyées [1420] à tous ses amis, là haut
en Albigeois, et deçà en Béarn et au comte de Comminges, et au comte de Foix, et en Carcassais. Il
prie Savaric de Mauléon[1] de lui porter secours en
cette occurrence; et celui-ci lui a promis [1425] de
l'aider, qu'on le trouve bon ou non, avec ardeur et
courage.

LXII.

A l'entrée de carême, quand le froid baisse et que
commence à venir le doux temps de Pâques, les
croisés et les hommes de l'ost se mettent en mouvement, [1430] appelés qu'ils sont par nos prêcheurs.
L'évêque de Toulouse, que Dieu puisse honorer! ils
l'ont reçu en grande procession, comme un empereur.
Il les absout de l'interdit, si bien que je crus alors
[1435] qu'ils avaient fait paix pour toujours de bon
cœur[2]; mais ensuite je vis qu'ils se brouillèrent par

---

semble du reste qu'on ait été porté à grouper ceux-ci avec les
Allemands, car on lit dans P. de V.-C. ch. LV (Bouq. 48 E) :
« Fuit in obsidione illa comes de Barro et plures nobiles viri de
« Alemania. »

1. Savaric de Mauléon, alors sénéchal de Poitou (Boutaric.
Saint Louis et Alphonse de Poitiers, p. 135, note 1), riche baron
poitevin qui joue un rôle important dans la lutte entre Jean sans
Terre et Philippe-Auguste, et qui occupe un rang honorable parmi
les troubadours. Il ne manque pas de notices biographiques sur
ce personnage : voy. par ex. Diez, *Leben und Werke der Troubadours*, p. 402; *Historiens occid. des croisades*, II, 343, note *l*.

2. C'est la seconde fois que notre auteur se livre à cette illusion :
cf. v 1007 et suiv.

grand ressentiment. L'évêque alla en France prêcher chaque jour, et se croisent les princes, les barons, les comtors et les chevaliers de par delà.

LXIII.

[1440] Le comte Pierre d'Auxerre, Robert de Courtenai[1] et le chantre de Paris[2], ainsi que le rapporte le livre, vinrent par ici avec grande ost, arrivant du côté de Paris[3]. Ils entrèrent à Carcassonne, dans le pays de ce côté. Et entendez quels miracles fit Jésus, [1445] ainsi que vous le dit et raconte le livre. Ceux de Cabaret en eurent grand effroi. Le seigneur P. Rogier de bon matin s'en va à Bouchart, prisonnier, en la chambre où il couche : « Bouchart, » dit-il, « vous
« êtes, je le sais, [1450] de haute naissance, et homme
« sage et franc. Vous ne ferez, certes, rien qui ne soit
« à faire. Si je vous rendais la liberté, je ne sais si j'y
« trouverais merci et reconnaissance, mais je l'essaie-

---

1. Robert de Courtenai était le frère du comte d'Auxerre (sur ce dernier voy. le v. 267 et la note de la traduction), et non, comme l'a cru Fauriel (p. xcix de son introduction), son fils. Ces deux seigneurs étaient cousins du comte de Toulouse, comme l'atteste P. de V.-C. ch. xlix (Bouq. p. 45 c), cf. ci-dessus, p. 48, note 1. Robert prit aussi part à la seconde expédition contre les Albigeois, comme le montre une charte de mai 1226 publiée dans la *Bibl. de l'Ecole des Chartes*, XXXII, 216.

2. Robert de Vitré, chantre de l'église de Paris, étant mort dès 1209 (voir D. Morice, preuves de l'*Hist. de Bret.* I, 815), celui qui prit part à la croisade devait être Nicolas, qui figure dans les actes dès 1208 (*Gall. Christ.* VII, *Instr.* 90 E).

3. P. de V.-C. (ch. xlviii) place l'arrivée de Robert de Courtenai et de plusieurs autres barons vers la mi-carême 1211 (n. s.); selon lui le comte d'Auxerre ne serait arrivé que le siège de Lavaur étant déjà commencé (ch. xlix).

« rai. — Jamais je n'ai fait trahison ni tenté de le
« faire. — Donc, » dit P. Rogier, « vous ne serez
« pas prisonnier plus longtemps, et je vous livre pré-
« sentement et moi et mon château. » Il appela un
maître[1], le (Bouchart) fit tirer des fers, tondre et bai-
gner délicatement; et de plus lui a fait donner un beau
vêtement et un palefroi bai, [1460] sans condition.
Quand Bouchart vit cela, sachez qu'il en fut bien
heureux : jamais il n'avait eu si grande joie depuis le
temps où il naquit de mère.

LXIV.

Seigneurs, tout ainsi que je viens de vous le dire,
[1465] le sire de Cabaret ne s'oublia point : il appela
un maître, fit tirer des fers son prisonnier, et le vêtit
noblement d'un très-riche vêtement. Il lui donna à
chevaucher un palefroi amblant, tel qu'on n'avait vu
plus beau; et quand il fut bien vêtu [1470] il lui présenta, pour lui faire compagnie, trois damoiseaux
montés, et le conduisit jusqu'en dehors [du château];
mais avant de s'en aller et de se séparer il le mit en
possession de sa propre personne et du château, et lui
en fit hommage sans aucune restriction. [1475] Et Bouchart lui promit, lui jura et lui garantit que de sa part
il ne serait pas trahi, et qu'à la fin, lorsque la lutte sera
terminée, on ne le tiendra pas pour fol, et qu'il ne sera
pas tourné en dérision. Et il n'y manqua pas, car il

---

1. « Un forgeron », Fauriel; ce qui est possible et même probable, quoique cette acception de *maestre* ne se soit rencontrée
nulle autre part à ma connaissance.

observa rigoureusement [1480] ce qu'il lui avait promis[1].

LXV.

Quand le comte de Montfort et les autres barons, les uns et les autres, ont entendu la nouvelle, que messire Bouchart est délivré, et qu'il arrivait, il ne vous faut point demander s'ils furent joyeux. [1485] Tous vont alors à sa rencontre. Quand ils se sont entrebaisés, ils le prient de leur dire s'il a donné otage, et il répond que non : « Loin de là, nous avons le châ-
« teau en notre commandement, et je suis entière-
« ment libéré et quitte dans les termes que vous allez
« entendre : [1490] Monseigneur P. Rogier m'a
« donné la seigneurie de tout son château, qu'il tenait
« contre nous, et il a formé amitié et grande cama-
« raderie[2]; et je lui ai promis, Dieu me bénisse! qu'il
« s'en trouvera mieux pendant toute sa vie, [1495]
« et je lui donnerai deux fois plus de biens qu'il n'en
« a. — Alors, » dit le comte fort, « j'aurais bien grand
« tort si nos rapports avec lui n'en devenaient meil-
« leurs. Jamais personne de vous ne devrait le tenir
« à distance. — Oui Dieu ! » disent tous, « dame
« Sainte Marie! [1500] comme il a fait grande
« prouesse et grande courtoisie! Il n'y a baron en
« France, et je ne crois pas qu'il y en ait jamais, qui
« l'eût faite. »

1. La délivrance de Bouchart est racontée en quelques mots par P. de V.-C. à la fin du ch. xlviii.
2. *Paria*, le mot manque en français, c'est l'amitié existant entre deux égaux, deux *pairs*.

LXVI.

Toute cette nuit jusqu'à la matinée messire Bouchart a mené grande joie; [1505] et le lendemain, à l'aube, la plus grande partie de l'ost s'est dirigée vers Cabaret. Là fut leur accord dit et conclu. Bouchart l'a, tout d'abord, en présence de tous, proposé, si bien qu'il convient de tout point aux uns et aux autres. [1510] On a élevé sur la tour l'enseigne du comte fort; puis notre croisade mit garnison dans le château, et ainsi fut cette fois conquis Cabaret. Voyez maintenant quel miracle ce fut : si tous les hommes de ce monde [1515] s'étaient assemblés à l'entour et l'avaient assiégé, les assiégés en eussent fait moins de cas que d'une pomme pelée; mais, contre l'ost de Christ, il n'y a château qui tienne, ni cité qu'ils trouvent, si fermée qu'elle soit[1]. Et c'est pourquoi bien fol est celui qui fait la guerre aux croisés. [1520] Aucun homme ne s'en réjouit qui à la fin n'ait été abattu.

LXVII.

Aussitôt que le château de Cabaret fut rendu, le comte de Montfort et les croisés se mettent en route et se dirigent vers Lavaur, là en Toulousain. [1525] Il y ont maintenu le siège un mois et cinq semaines; avec machines et catapultes ils l'ont fortement battu. La ville était très-forte : si les assiégés s'étaient bien

---

1. Cf. ci-dessus, v. 1069-72.

défendus, et s'ils avaient été bien secourus par le comte Raimon, les assiégeants ne l'eussent pas si tôt prise, foi que je dois à Jésus, [1530] car les vivres étaient chères, d'achat et de transport, et les bourgeois de Toulouse, qui se sont irrités [contre les croisés], empêchent les convois de leur arriver[1], et ne laissent pas sortir d'armes, ni lance, ni écu. Mais, comme dit le proverbe, ils se sont avisés trop tard, [1535] car ils ont clos l'étable alors que le cheval était perdu[2]. Les croisés les combattent avec force et courage, ceux qui sont assiégés.

LXVIII.

Lavaur était une ville si forte que jamais en aucun royaume personne du monde ne vit plus forte en plaine, [1540] ni qui fût munie de meilleurs remparts, ni de fossés plus profonds. Au dedans il y a beaucoup

---

1. Les consuls de Toulouse, écrivant en juillet 1211 au roi d'Aragon, disent, contrairement à l'assertion de G. de Tudèle : « Preterea, cum exercitus [cruce]signatorum et episcopus Tolosanus essent in obsidione castri de Vauro, nos ad impugnandam et destruendam hereticam pravitatem, eis consilium et auxilium, tam in victualibus quam in armis et in aliis necessariis, prestitimus; et magna pars de nobilioribus hominibus Tolose, ad mandatum episcopi, quousque castrum de Vauro captum fuit, in armis permanserunt » (Toulet, *Layettes du Trésor des Chartes*, I, 369-70). Mais P. de V.-C. rapporte, à la fin du ch. XLIX, que le comte de Toulouse, s'étant brouillé avec Simon de Montfort, défendit aux Toulousains d'envoyer des vivres aux assiégeants; et il ajoute expressément au ch. L que ces envois eurent lieu au commencement seulement du siège, et encore étaient-ils fort restreints : « in initio obsidionis Vauri deferebantur ad exercitum victualia, sed modica, a Tolosa » (Bouquet, XIX, 45 D).

2. Cf. Le Roux de Lincy, *Le Livre des prov. franç.* I, 161. Nous disons maintenant : « fermer la cage quand l'oiseau s'est envolé. »

de chevaliers qui sont bien armés : Aimerigat y fut, le frère de dame Giraude, qui était dame de la ville[1] ; là il est entré ; il quitta le comte de Montfort sans congé. [1545] Les croisés lui ont enlevé Montréal[2] et Laurac[3] et tout le reste de sa terre, dont il est attristé. De deux cents chevaliers ils lui ont amoindri son fief. Il n'y avait plus riche chevalier dans le Toulousain ni dans le comté[4], ni plus large dépensier ni de plus grande naissance. [1550] Mal lui prit d'avoir vu les hérétiques et les *ensabatatz*[5] ! Car jamais en la chrétienté si haut baron ne fut, je crois, pendu avec tant de chevaliers à ses côtés ; car, de chevaliers seulement, on y compta bien plus de quatre vingts, à ce que me dit un clerc[6] ; [1555] et de ceux de la ville on en mit en un pré jusqu'à quatre cents qui furent brûlés, outre dame Giraude qu'on jeta en un puits[7]. Ils (les croisés) la couvrirent de pierres : ce fut deuil et péché,

---

1. « Erat in castro illo Aimericus, traditor illo qui fuerat dominus Montis Regalis, et multi alii milites inimici crucis usque ad octoginta qui castrum intravorant et munierant contra nostros. Domina siquidem castri, vidua nomine Giralda, erat pessima hœretica et soror dicti Aimerici.... » P. de V.-C. ch. XLIX, Bouq. 44 A D.

2. Ch.-l. de cant. de l'arr. de Carcassonne.

3. Arr. de Castelnaudary.

4. L'auteur distingue le Toulousain d'avec le comté qui comprenait toutes les terres relevant du comte de Toulouse.

5. Voy. p. 10, note 2.

6. C'est précisément le chiffre qu'accuse P. de V.-C. dans le passage rapporté ci-dessus à la note 1.

7. « Dominam etiam castri, quæ erat soror Aimerici et hœretica pessima, in puteum projectam Comes lapidibus obrui fecit ; innumerabiles etiam hœreticos peregrini nostri cum ingenti gaudio combusserunt. » P. de V.-C., fin du ch. LII. — On sait que la peine de l'enfouissement était plus particulièrement appliquée aux femmes ; voy. Du Cange, *fossa*.

car jamais homme du monde, sachez-le véritablement, [1560] ne l'aurait quittée sans qu'elle l'eût fait manger. Ce fut à la Sainte-Croix de mai, en été¹, que Lavaur fut détruit comme je vous ai conté. Ils (les croisés) firent avancer la chatte au fond du fossé, jetèrent les matériaux [pour le combler]² et ont tellement creusé [1565] que ceux de l'intérieur se rendirent, étant pris et forcés. Là fut fait si grand massacre que jusqu'à la fin du monde je crois qu'il en sera parlé. Seigneurs, ils³ devraient bien par suite de cela s'amender, car je l'ai vu et ouï, et ils ont eu trop à souffrir [1570] pour n'avoir pas fait ce qu'ordonnent les clercs et les croisés ; à la fin ils le feront, lorsqu'ils seront dépouillés, ainsi que firent ceux-ci, et ils n'en auront point gré de Dieu ni de ce monde.

LXIX.

Quand Lavaur fut conquis, à ce temps [1575] se mit en marche le comte de Foix avec les siens ; ayant en sa compagnie les hommes du comte Raimon,

---

1. Le 3 mai 1211. C'est aussi la date fournie par P. de V.-C. ch. LII.
2. Je rends comme je peux le mot *pertrait* ; proprement « ce « qu'on apporte » *pertractus*. L'opération dont il est ici question est assez bien illustrée par ce passage de Guillaume de Puylaurens (chap. XXX) qui se rapporte au siège de Toulouse en 1217 : « Demum fuit consilium ædificare machinam ligneam, quam « vocabant *catam*, cum qua terram et ligna *pertraherent* (le « *pertrait*) ad replenda fossata, quibus æquatis pugnam cominus « inferrent, et effractis clausulis ligneis insilirent » (Bouquet, XIX, 213 A).
3. Les hérétiques et leurs adhérents.

et sachez qu'écuyers et valets leur venaient en aide[1].
....[2] les Allemands, qui arrivaient à force d'éperons, qui étaient bien cinq mille, comme dit la chanson. [1580] Arrivés à Montgey[3], les barons[4] s'armèrent et marchèrent tous en rang comme à la procession. Mais le comte de Foix, qui a cœur de lion, et ceux qui étaient avec lui ne les ont pas interpellés : ils les assaillirent de tous côtés. [1585] Pourtant ils se défendirent bien, les Allemands et les Frisons, pendant longtemps auprès d'un petit bois ; mais, finalement sachez sans mensonge, ils se laissèrent tous vaincre misérablement. Là mourut le plus grand nombre sans confession. [1590] Les vilains de la terre et les valets truands[5] tuaient avec des pierres, avec des pieux ou des bâtons, par suite de quoi Montgey fut mis à sac. Puisse le seigneur Dieu de gloire me pardonner mes péchés! si on pendait comme larrons ces vilains [1595] qui occient les croisés, et qui leur prennent leurs biens, je le trouverais bon.

---

1. On a vu plus haut que le comte de Toulouse avait appelé le comte de Foix à son secours (v. 1422).

2. Lacune : voir au t. I la note sur le v. 1577.

3. *Monjoyre* réd. en pr., ce qui sans doute a conduit Fauriel à traduire (à la table des matières) le *Montjoi* du poëme par Montjoire, qui est un village de l'arrondissement de Toulouse près de la rive gauche du Tarn ; mais, comme il y a dans P. de V.-C., ch. L (Bouq. XIX, 44 D) « Mons Gaudii prope Podium Laurentii », il ne peut guère s'agir que de Montgey, canton de Puylaurens (Tarn).

4. C.-à-d. les Allemands.

5. J'adopte pour le mot *tafur*, qui n'est ici qu'un terme de mépris, l'équivalent vulgaire donné par Guibert de Nogent dans un passage souvent cité : voy. Du Cange-Henschel, VI, 690 a, *Trudennes*.

LXX.

Les vilains de la terre, comme je viens de vous dire, quand ils virent le comte de Foix, tous le vont aider, et les uns et les autres en eurent force bons deniers. [1600] Mais avant que l'ost se sépare ils le paieront bien cher : un damoiseau s'échappa, qui conta l'affaire à l'ost. A cette nouvelle, les Français pensèrent enrager vifs[1]. Plus de quatorze mille montèrent à cheval : tant que le jour dure ils ne font que chevaucher. [1605] Mais le preux comte de Foix ne veut pas s'attarder davantage : chacun se dépêche le plus qu'il peut. Ils s'en allèrent coucher à Montgiscard[2]. Avec le butin qu'ils ont pris ils peuvent bien se reposer trois mois et quinze jours et une année entière. [1610] Et les barons de l'ost, ne pouvant les trouver, s'en retournent dolents et courroucés, et arrivent à Lanta[3] à l'heure du coucher[4]. Quand les autres chevaliers surent les nouvelles, ils en eurent grand effroi.

LXXI.

[1615] Le comte Pierre d'Auxerre, le comte de Courtenai[5], et celui de Montfort, ne pouvant faire davan-

1. Locution fréquente en ancien français.
2. Ch.-l. de c. de l'arr. de Toulouse, au S.-E. de cette ville.
3. Ch.-l. de c. de l'arr. et à l'E. de Toulouse.
4. P. de V.-C. raconte brièvement et avec des détails assez différents, la même affaire (commencement du ch. L). Il la place, non pas, comme G. de Tud., après (voy. v. 1574), mais pendant le siège de Lavaur.
5. Robert de Courtenai, voy. v. 1410, ci-dessus, p. 80, n. 1.

tage, et voyant le comte de Foix s'en fuir et se retirer, revinrent à Lavaur où se tenait leur ost. Ils avaient pris la ville, ainsi que le rapporte le livre, [1620] et y brûlèrent bien quatre cents hérétiques du puant lignage, en un feu, et cela fit grande clarté. Là fut pendu Aimerigat avec maints autres chevaliers; on y en pendit quatre vingts, comme on fait les larrons, et on les mit aux fourches l'un ici, l'autre là. [1625] Dame Giraude fut prise, qui crie et pleure et braille ; ils la jetèrent en travers dans un puits, bien le sais-je ; ils la chargèrent de pierres : c'était horrible[1]. Quant aux autres dames, un Français courtois et aimable les fit toutes échapper, en homme preux et loyal. [1630] Ils prirent en la ville maint destrier clair et bai, et force riches armures de fer, force blé et force vin, force drap, dont ils sont joyeux, et force riches vêtements.

LXXII.

Raimon de Salvanhac [était] un riche marchand [1635] natif de Cahors[2], bourgeois puissant et riche.

1. Cf. la tirade LXVIII.
2. Ce personnage n'est point autre que le Raimon de Cahors à qui Simon donna pendant le siège de Minerve les châteaux de Pezenas et de Tourbes, dont il lui confirma le don par une charte du 14 mars 1212 (n. s.), Vaissète, III, pr. 229. On peut aussi l'identifier avec le « R. de Caturcio », qui est témoin dans plusieurs actes de Simon de Montfort. Il ressort de certaines lettres d'Innocent III (1212, nos CLXXI et CLXXIV; Migne, III, 693-4) que R. de Salvagnac était en réalité le banquier de Simon. — On sait que les usuriers ou, pour mieux dire, les bailleurs de fonds, de Cahors, ont été célèbres pendant tout le moyen-âge ; voy. Bourquelot,

Le comte de Montfort lui donna l'immense butin. Cet homme soutenait la croisade, lui prêtant des fonds, puis il prit en paiement des étoffes, du vin, du blé : on lui présenta tout le butin fait à Lavaur. [1640] Après que la ville (de Lavaur) fut prise, dès lors en un an ils (les croisés) conquirent le pays jusqu'à Montferrand[1]. Là était le comte Baudouin, preux et vaillant. Il vaut bien en armes Olivier ou Rolant ; et s'il avait suffisance de terres, comme ont d'autres princes, [1645] il en saurait bien conquérir encore en sa vie. Le comte Raimon son frère l'y mit (à Montferrand) en garnison. Si le château avait été aussi fort que le nom en était grand, Français ni Allemands ne l'eussent pris de leur vie. Quatorze chevaliers et d'autres gens je ne sais combien [1650] sont avec le comte Baudouin qui attend le siége des orgueilleux Français.

LXXIII.

Le comte Baudouin est enfermé dans le château ; avec lui un chevalier, Pierre, qui était très-vaillant, le vicomte de Montclar[2], Pons de Toulouse le roux ; [1655] le quatrième est Ugo del Brolh qui est plein de courage ; le cinquième Sanc Espada, un excellent chevalier, [et] Raimon de Périgord qui est plein de

Etudes sur les Foires de Champagne, dans les Mémoires présentés à l'Académie des Inscriptions, 2ᵉ série, t. V, 2ᵉ partie, p. 146 et suiv.

1. Arr. de Castelnaudari.
2. Tarn-et-Gar., à quelques kilom. au sud de Bruniquel où résidait ordinairement le comte Baudouin (voy. ci-dessus p. 2, note, et v. 1713). On ne connaît de vicomtes de Montclar qu'au xiiᵉ s. et après 1224 (Vaissète, II, 610, 611).

craintes : étant au nombre des routiers, il s'attend à mourir sur l'heure. Au dehors, parmi les assiégeants, était le comte d'Alos[1]. [1660] Si Jésus-Christ n'y pourvoit, qui a pouvoir sur toutes choses, tous seront tués ou pris avant le coucher du soleil, car le château est faible, dégarni et privé de toute défense.

LXXIV.

Les barons de l'ost font crier l'assemblée, [1665] que tous aillent ensemble combler les fossés ; et

1. Ce personnage reparait encore au v. 1878. On le voit alors quitter la croisade après la levée du premier siége de Toulouse. Dans le second cas Fauriel traduit, sans raison apparente, d'*Alos* par d'*Alen*. Il ne peut guère s'agir du comte d'*Alost* (Flandre orient.) Philippe, en même temps marquis de Namur (voy. Butkens, *Trophées du duché de Brabant*, II, 175), qui eût été plutôt désigné par ce dernier titre, et qui d'ailleurs ne parait pas avoir pris part à la croisade. Il faut écarter pour le même motif le comte de Los Louis II (*Art de vérif. les dates*, III, 142). Il y avait une seigneurie d'Alos qui au xve siècle appartenait à une branche de la famille des Raimon Roger de Cominges (P. Anselme, II, 657 c) ; mais les seigneurs d'Alos, assurément fort obscurs au xiiie siècle, n'avaient pas le titre de comte, et n'auraient sans doute pas marché avec les croisés. Un certain Pierre d'Alos figure, en 1200, dans la liste des croisés donnée par Robert de Clari (édition Hopf, p. 2), mais n'est pas mentionné par Villehardouin, de qui la liste correspondante (de Wailly, § 6) porte beaucoup de noms en commun avec celle de Robert de Clari. C'était probablement un personnage peu important. La difficulté d'identifier le comte d'Alos porte à croire que ce nom peut bien être corrompu. La réd. en pr. fournit une correction assez incertaine. Ici elle ne mentionne pas le comte d'Alos, mais au v. 1878 elle le remplace par le comte de Chalon. Il ne serait pas impossible que telle fût la vraie leçon, bien qu'on puisse s'étonner que le copiste ait fait deux fois la même faute.

l'ordre donné, ce n'est pas cent hommes seulement que vous auriez vus : ils sont plus de dix mille, serrés en masse. Ils dressèrent les pierrières, là dehors en un défilé; chevaliers et sergents leur[1] livrent bataille; [1670] mais le comte Baudouin, qui est preux et vaillant, se défend le plus qu'il peut avec ses chevaliers. Ils leur[2] brûlèrent les matériaux[3] dans le fossé[4] avec le feu ardent, mais les assiégeants en jettent d'autres aussitôt. Jésus le tout puissant fit pour eux un grand miracle [1675] en permettant qu'ils ne fussent pas pris tous à cet assaut. Le comte de Montfort était bien disposé en faveur du comte Baudouin, et beaucoup d'autres aussi ; à cause du bien qu'ils entendent dire de lui grand pitié leur prend[5]. Pour les autres ils n'eussent pas donné la valeur d'une noix. [1680] Mais le comte de Chalon[6] fit un acte de grande courtoisie, en envoyant un croisé qui cria à haute voix : « Sire comte « Baudouin, venez avec sécurité, car monseigneur le « comte vous attend au dehors; tous les barons « désirent un accord avec vous. » [1685] Pourquoi allongerais-je le récit? Le comte sortit à ces mots, sachant bien qu'il n'avait plus guère moyen de se

1. Aux assiégés.
2. Aux assiégeants.
3. Cf. ci-dessus, p. 86, note 2.
4. *De dins*, 1872, peut signifier ou « dans le fossé », ou « ceux du dedans (les assiégés) ».
5. La conduite de Baudouin ressemble fort à une trahison, surtout si on considère les relations qui s'établissent entre lui et le comte de Montfort (voy. la tirade LXXVI). P. de V.-C., qui naturellement accorde à Baudouin les éloges les plus enthousiastes, raconte les mêmes faits avec beaucoup moins de détails (ch. LIV).
6. Jean le Sage, comte de Chalon-sur-Saône, ou son père Étienne, comte d'Auxonne? voy. *Art de vér. les dates*, II, 530.

défendre. Finalement il leur rendit le château, les vivres qui s'y trouvaient, du pain, du vin et du blé; [1690] et tous sortirent avec leurs armes. Ils jurèrent sur les saints évangiles de ne plus faire la guerre aux croisés de leur vie, et de ne plus soutenir la misérable gent mécréante. Et là-dessus les croisés[1] abandonnèrent le château, et s'en retournèrent [1695] là d'où ils étaient venus.

LXXV.

L'ost retourne en arrière là d'où elle était venue; ils prirent Rabastens[2], Gaillac et Montégut[3], — on les leur rendait par peur, — La Garde et Puicelsi[4]; et puis sont venus [1700] ceux de Saint Antonin, sans armes et sans écu, qui firent accord avec eux, en hommes avisés. La Guépie[5] et Puicelsi se sont livrés à eux[6]. Ils ont conquis tout l'Albigeois, aussi loin qu'il s'étend. Et l'évêque [d'Albi[7]], qui est preux et bon, si Dieu me vient en aide, [1705] s'est en toutes choses bien

1. Le sujet de *gurpiron* (ils abandonnèrent) n'est pas exprimé : ce peut être « les assiégés » aussi bien que « les croisés ». Fauriel a adopté le premier sens; mais le premier vers de la tirade suivante est en faveur du second.

2. Ch.-l. de c. de l'arr. de Gaillac (Tarn).

3. Château ruiné à 4 kil. au nord de Lisle (ch.-l. de c. de l'arr. de Gaillac), sur l'histoire duquel voy. Rossignol, *Monographies communales du Tarn*, 1re partie, IV, 338-43.

4. Canton de Castelnau-de-Montmirail, arr. de Gaillac.

5. Ancien château, maintenant commune du canton de Cordes, arr. de Gaillac, dont l'histoire se trouve dans Rossignol, ouv. cité, III, 132-9.

6. La liste des *castra* conquis par les croisés est assez différente dans P. de V.-C. fin du ch. LIV.

7. Voy. au t. I la note sur 1704.

entendu avec eux. Et le comte Baudouin de qui je vous ai parlé protégea Bruniquel et l'a défendu contre les habitants[1], car ils le voulaient brûler, dans la crainte qu'ils avaient des croisés qui venaient sur eux irrités. [1710] Car le comte de Toulouse l'aurait bien voulu, si les hommes de la ville l'en eussent cru, qui étaient tristes et dolents.

LXXVI.

Le preux comte de Toulouse est dans Bruniquel. Tout le monde voulait s'enfuir du château ; [1715] mais le comte Baudouin leur a dit à voix basse de lui livrer le château, qu'il les garantira, qu'il ne veut plus être soumis à son frère (le comte de Toulouse). Sur ce, chevaliers et sergents s'écrient : « Sire[2], voulez-vous qu'il nous garantisse ? — [1720] J'en ferai, » répondit-il, « à votre volonté. » En présence de tous il les délia de leur serment, et tous s'engagent avec le comte Baudouin, et lui jurent fidélité en ce qui concerne le château, pauvres et riches. Il se rend alors auprès des croisés qui pour lui sont pleins de bon vouloir[3] [1725] et les prie de lui donner les sûretés. Ils disent qu'ils le feront, toutefois à cette condition qu'il embrassera leur cause, et les conquêtes qu'il fera avec eux seront pour lui. Ils lui concèdent tout cela d'un commun accord, [1730] à condition qu'il les veuille aider[4].

---

1. Voy. au t. I la note sur 1707.
2. S'adressant au comte de Toulouse.
3. Déjà plus haut (v. 1676) ce même bon vouloir a été constaté.
4. P. de V.-C. ne dit rien de la reddition de Bruniquel. Il rapporte au moment de la capitulation de Montferrand l'accord de Baudouin avec Simon (ch. LIV).

LXXVII.

Le bon comte Baudouin se met au retour après avoir réglé son affaire avec le comte fort, et s'en vient à Toulouse, pour parler avec son frère, qui jamais ne l'aima guères, ni ne voulut lui rien donner comme on fait à un frère, ni l'honorer en sa cour. [1735] A deux ou trois reprises il le requit de jurer sur les saints qu'il se tiendrait du côté des croisés, mais il ne put faire plus[1]. Il a pris congé de lui, n'y voulant plus séjourner, et retourne à l'ost pour garder son serment. [1740] Ce nonobstant il (Baudouin) ne lui aurait pas fait une dure guerre, s'il (Raimon) ne l'avait fait si injustement dépouiller de Bruniquel[2].

1. Cela veut dire sans doute que Baudouin ne put amener, malgré tous ses efforts, son frère Raimon à prêter serment aux croisés. Le texte est ici rédigé d'une façon fort obscure. Fauriel traduit : « Il (Raimon) lui promit, au contraire, deux fois ou trois par ser-« ment, de s'arranger avec les croisés, » interprétation forcée et invraisemblable. P. de V.-C. laisse entendre, mais d'une façon peu explicite, que Baudouin fit des efforts pour rattacher son frère à la cause des croisés : « Egressus igitur comes Balduinus « de castro (Montferrand), venit ad fratrem suum, comitem vide-« licet Tolosanum; sed post paucos dies rediit ad comitem Montis-« fortis, veniensque ad eum rogavit ut comes ipsum in hominem « recipere dignaretur, et ipse ei in omnibus et contra omnes fide-« liter deserviret » (ch. LIV, Bouq. 48 A).

2. Ceci n'est pas très-clair. On ne voit nulle part que le comte Raimon ait enlevé Bruniquel à son frère Baudouin, ni qu'il ait fait piller ce château (car *raubar* peut avoir le sens de « piller » aussi bien que celui d' « enlever »). Au contraire il semble que le comte de Toulouse aurait eu bien plutôt le droit de se plaindre de son frère, ayant été en quelque sorte contraint (voy. la tirade précédente) de lui remettre la seigneurie de Bruniquel. P.-ê. le

En ce même temps vint le comte de Bar¹, et le comte de Montfort se rendit au devant de lui ; ils se logèrent à Montgiscard où se trouvait le premier, [1745] et puis revinrent à l'ost, et alors on soupa². Tous veulent chevaucher sur Toulouse la grande, car le comte de Bar veut qu'on l'aille assiéger³. Le jeudi matin, ils lèvent le camp ; ceux qui savent le chemin se mettent à guider. [1750] Ils commencent à passer le Lers au gué. Un messager l'alla conter à Toulouse, et le comte Raimon et les siens se coururent armer, et le comte de Comminges qui est venu le secourir, et le comte de Foix et les routiers navarrais. [1755] Ils étaient cinq cents chevaliers qui vont tous s'armer. Des gens de pied on ne saurait estimer le nombre. Si vous aviez été dans la ville et les aviez vus debout, vêtir leurs ca-

---

copiste de notre unique ms. a-t-il commis dans ce qui précède (voy. au t. I la note du v. 1707) quelque omission qui nous empêche de suivre la suite des idées.

1. Selon Fauriel (table des matières) il s'agirait ici du comte de Bar-sur-Seine, Milon III ; mais ce comte est déjà mentionné expressément par P. de V.-C. au nombre de ceux qui se croisèrent en 1209 (« comes de Barro supra Sequanam », ch. XIV) et sans doute il fit partie de ceux qui se retirèrent peu après l'élection de Simon de Montfort (voy. v. 932 et la note de la trad.). Il ne peut donc guère être question présentement de son arrivée, à moins qu'il ait reparu une seconde fois à la croisade, ce qui est invraisemblable. On est par suite conduit à penser qu'il s'agit ici de Henri II, comte de Bar-le-Duc (*Art de vér. les dates*, III, 46 D). P. de V.-C. dit simplement *comes de Barro* (ch. LV, au commencement).

2. P. de V.-C. ch. LV (Bouq. 48 c) : « Misit vero comes noster ad dictum comitem milites qui eum adducerent versus Tolosam super quandam ripariam ubi ipse comes noster et exercitus ejus ei occurrere deberent, et factum est ita. »

3. Cf. P. de V.-C. ch. LV.

saques rembourrées, lacer leurs heaumes, couvrir de fer leurs chevaux et y placer leurs enseignes, [1760] vous auriez dit qu'ils allaient mettre en déroute quatre osts. Certes, s'ils avaient eu du cœur et si Dieu les avait voulu secourir, je ne crois pas que les croisés eussent pu tenir contre eux, ni soutenir leur attaque.

LXXVIII.

Au pont de Montaudran[1], lorsque les croisés eurent passé le gué, [1765] se dirigeant vers la ville, il y eut un furieux combat, et qui valut une bataille, par la foi que je vous dois, car, tant de l'une part que de l'autre, vous y verriez, je crois, de morts plus de cent quatre vingts; telle est mon estime. Par les jardins en dehors de Toulouse, il n'y a ni comte ni roi[2] [1770] qui ne chevauche par force, et ils font un tel carnage si on en voulait dire le vrai, vous croiriez que c'est hâblerie. Des vilains du pays il mourut trente-trois. Près de la barbacane, à l'issue d'un pré, Bertran, le fils du comte [de Toulouse][3], fut pris. [1775] Il donna mille sols [de rançon] et tout son harnois. Ils (les croisés) eurent son cheval et ses armes, son équipement et tous ses effets.

1. Sur le Lers, à trois kil. au S.-E. de Toulouse.
2. Il n'y avait assurément pas de roi ni dans l'une ni dans l'autre des deux armées en présence. G. de Tud. a mal à propos introduit ici une locution fréquente dans l'ancienne poésie française; cf. v. 2216.
3. Bertrand, fils cadet du comte de Toulouse, † 1242. Fauriel a cru qu'il s'agissait d'un fils du comte Simon de Montfort, qui n'eut point de fils nommé Bertrand.

LXXIX.

Seigneurs, l'ost des croisés était fière et merveilleuse, dure et superbe. [1780] Ils passent l'eau de vive force et se dirigent vers Toulouse. Ni la peur ni rien ne les empêche de l'assiéger du côté où elle est le mieux fermée[1]. Il y avait dans la ville plus de gens (que dans l'ost). Si (seulement) ils eussent été aussi vaillants ! car de toutes les cités celle-là est la fleur et la rose; [1785] mais ces gens ne sont pas si hardis, si osés que les croisés, ainsi que le rapporte l'histoire, et ils le font bien voir.

LXXX.

Quand le preux comte de Bar eut entrepris l'attaque, ainsi que le comte de Chalon et tous les autres ensemble, [1790] ils portent d'abord avec effort vers le fossé les grandes targes de cuir bouilli pour qu'elles leur servent de protection contre les carreaux; puis ils portent les matériaux[2] qu'ils jettent dedans (le fossé) en courant. A cette vue ceux de l'intérieur sont remplis de douleur : [1795] ils vont à leur rencontre et les frappent rudement, tellement que tant

---

1. La ville ne fut point investie : « Obsessa est ex una parte « civitas, non enim sufficiebant nostri ut a parte alia obsiderent, » P. de V.-C. ch. LV; mais il est bizarre que les assiégés aient précisément choisi le côté le mieux fermé. P.-ê. *plus* a-t-il été écrit au v. 1782 par anticipation (à cause du *plus* qui commence le v. 1783). On pourrait alors proposer *mens clousa*.

2. Le *pertrait*, voy. ci-dessus p. 86, note 2.

d'une part que de l'autre il y eut plus de cent tués, et bien cinq cents blessés, qui tous étaient saignants. Et le comte de Comminges, selon ce que je sais, y perdit dans la mêlée un vaillant chevalier : [1800] R. de Castelbon[1], qui fut regretté par maintes personnes. On combattit des deux parts si âprement que ceux de l'ost battirent en retraite, mais sans rien emporter. Les grandes targes de cuir, je vous dis en vérité que les bons...[2] en eurent trois. [1805] Aux logis retournent chevaliers et sergents, et ceux de Toulouse s'en reviennent également. La nuit [les croisés] firent le guet jusqu'à l'aube ; ils détruisent en masse les vignes et les blés, les arbres et tout ce que porte la terre. [1810] Ils mettent tout cela en un monceau, auprès d'un défilé ; ils comptent bien en emplir les fossés, car telle est leur intention.

LXXXI.

Les barons de l'ost, qui sont hommes preux et

1. D'après le texte « Raimon At », ou Ramonat ; l'une ou l'autre de ces leçons fausserait le vers. Ce personnage, d'ailleurs inconnu, était probablement originaire de Castelbo, ancienne vicomté située dans le diocèse d'Urgel, et dépendant du comté de Foix. C'est probablement à la mort de ce chevalier que fait allusion P. de V.-C. lorsqu'il dit (ch. LV, Bouq. p. 48 E, 49 A) : « Quodam etiam die, cum exiissent hostes, nostri audacius ipsos « redire in civitatem compellerent, in ipso insultu occiderunt « cognatum comitis Comingensis.... »

2. Il y a ici un mot, *afozenc*, que je n'entends pas. S'il n'est point corrompu, ce doit être un adj. dérivé d'un nom propre (comme *Mironenc*, v. 1221, cf. Diez, *Gram.*, trad., II, 349-50) ; et il ne serait peut-être pas impossible qu'il s'agit des hommes du comte de Foix que la réd. en pr. (voy. au t. I la note sur le v. 1798), peut-être d'après un texte plus complet, fait paraître à cette affaire.

sages, eurent peur que les assiégés leur fissent éprouver du dommage : [1815] tout le jour les hommes de parage restent armés : chacun garde de son mieux son quartier, car telle est leur coutume à tous et leur usage. Ugo d'Alfar est dedans, au courage hardi, sénéchal d'Agenais[1], homme de grande vaillance, [1820] et P. Arcès son frère et la fleur de leur lignage, et maints bons chevaliers qui sont fiers et durs; chacun s'arme en secret en sa demeure. Mais le comte de Toulouse pour un peu enragerait vif : parce qu'ils veulent faire une sortie, accomplir un acte aussi téméraire, [1825] il croit qu'ils veulent lui faire perdre sa terre, et il s'oppose à leur sortie.

LXXXII.

Les hommes de Toulouse ne le voulurent pas souffrir : malgré le comte ils ouvrent les portes, et assaillent de deux côtés ceux de l'ost, [1830] un mercredi matin, à ce que j'ai ouï dire ; il était bien

---

1. Ce personnage, qui joue à diverses reprises un rôle important dans l'histoire de la Croisade albigeoise (voy. ci-après v. 2413, 2995, 9090, 9505), était originaire de l'Aragon. Raimon VI l'avait fait sénéchal d'Agenais et lui avait donné en mariage une de ses filles naturelles (voy. ci-après la note sur le v. 2413). Je ne sais s'il y a lieu de l'identifier avec le *Hugonet d'Alfar* qui accompagna Boniface II de Montferrat à Thessalonique, et que mentionne Rambaut de Vaquieras dans sa pièce « Honratz marques » (Buchon, *Hist. des conq. et de l'établissement des Français dans les états de l'ancienne Grèce*, I, 445, 446). Un « Ugo de Alfaro » figure comme premier témoin en des actes du comte de Toulouse (*Layettes du Trésor*, nos 1948-9, 2145, 2230, 2321) aux dates de 1227, 1231, 1233. Un acte de 1234 nous le montre agissant, bien que sans qualité exprimée, comme chargé d'affaire du comte.

près de tierce¹ lorsqu'ils sortirent. Ceux de l'ost venaient de dîner quand ils les vinrent assaillir ; mais le comte de Montfort ne s'était pas désarmé, et beaucoup dans l'ost n'avaient point déposé leurs hauberts ; [1835] tôt et vite ils montent sur les destriers. Là vous eussiez vu frapper des deux parts tant de coups d'épieu sur les heaumes, les faisant retentir, mettre en pièces, fendre, rompre tant d'écus, que vous auriez dit que le monde allait périr. [1840] Eustache de Caux², sans mentir, fut tué par ceux de Toulouse — et maint homme en soupira — bien qu'il fût hardi, lorsqu'il s'en voulait revenir et retourner vers les siens.

LXXXIII.

Grand fut le combat, si Jésus-Christ me protége, [1845] lorsque les Toulousains et les Navarrais se lancèrent sur l'ost. Alors vous eussiez vu les Allemands pousser des cris. Presque tous ils criaient : Bar ! Bar ! Bar³ ! Eustache de Caux, au passage d'un pont, ils lui donnèrent un si grand coup qu'il ne put s'en relever, [1850] d'une lance de frêne au gonfanon vair, tellement que le prêtre ne put être mandé à temps pour

1. Neuf heures du matin. Cette heure paraîtra un peu matinale, si on considère que les croisés, on va le voir à la ligne d'après, venaient de dîner. P. de V.-C. (chap. LV, Bouq. 49 A) dit aussi que la sortie eut lieu « dum pransi essent nostri, et, ut mos est, « post prandium pausarent in meridie ».

2. *Eustachius de Quen* (Du Chesne) ou *de Queu* (Bouquet) dans P. de V.-C. ch. LV (Bouquet, XIX, 49 A D).

3. Je ne vois pas figurer ce cri parmi ceux qu'a mentionnés Du Cange dans ses deux dissertations (XI et XII) sur le cri d'armes.

lui donner pénitence et le faire confesser : il n'y a pas deux jours qu'il reçut la pénitence, aussi crois-je que Jésus Christ voudra lui pardonner. [1855] Quand les Français le virent, tous vont à son secours ; mais les félons mainadiers commencèrent à tourner casaque quand ils virent ceux de l'ost venir et se presser : ils savent bien en leur cœur qu'ils ne pourraient leur résister ; ce qu'ils ont conquis ils le peuvent emporter sans peine[1], [1860] sinon qu'ils ont tué un homme pour lequel bien des larmes furent versées, car c'était un homme puissant et de grande importance[2]. Ses hommes font porter son corps en sa terre, pour l'y faire enterrer avec honneur. Au matin, à l'aube, quand le jour clair parait, [1865] après avoir quinze jours durant coupé les vignes, ils se mettent à lever pavillons et tentes, car, à mon escient, ils changeront de lieu : les vivres sont trop chers, et ne peuvent leur suffire : un pain [suffisant] pour un petit dîner vaut bien deux sols. [1870] Sans les fèves, ils n'auraient eu de quoi manger, et sans les fruits des arbres, quand ils en peuvent trouver[3]. Ils se mettent à marcher contre

---

1. C'est ironique.
2. Eustache de Caux.
3. « Facta est caristia magna in exercitu, deficientibus victualibus. » P. de V.-C. ch. LV ; Bouquet, 19 D. — Nous ne savons pas exactement quand le siége fut levé, ni combien de temps il dura. Il n'est pas probable toutefois qu'il se soit prolongé beaucoup au-delà des quinze jours mentionnés par G. de Tud. Nous savons qu'il n'était pas commencé le 5 juin, car nous avons de ce jour un acte passé « in exercitu Domini juxta ripam Tarni » (Molinier, *Catalogue*, n° 44) ; et qu'il se poursuivait le 20 et le 22 juin, puisque deux actes de Simon de Montfort, datés de ces deux jours, contiennent la mention « in obsidione Tolose » (Molinier, *Catal.* n°s 45 et 46).

le comte de Foix ; là-haut à Auterive[1]. Tout cet été ils iront en ost sur ses terres, [1875] car c'est ce qu'ils ont le plus à cœur.

LXXXIV.

Sur le comte de Foix, quand paraissent l'aube et le jour, marchent le comte de Montfort et le plus grand nombre des croisés. Et le comte d'Alos[2] s'en retourne, ayant fait un long séjour. Il désirait vivement la paix avec Toulouse, [1880] n'étaient les Français, les princes, les comtes, l'évêque[3] et l'Eglise et les prêcheurs[4] qui parlent des hérétiques et de leur folle erreur. Aux Cassés[5] on en trouva, cachés en une tour bien quatre-vingt-quatorze de ces traîtres insensés, [1885] que ceux de Roqueville[6], qui leur étaient amis, y tenaient cachés malgré leur seigneur[7]. C'est ce que

1. Ch.-l. de cant. de l'arr. de Muret, sur l'Ariége.
2. Voy. la note de la trad. sur le v. 1659 ; si l'on admet, avec la réd. en pr., qu'il s'agit ici du comte de Chalon, on pourrait corriger le v. 1878 ainsi : *Quel coms de Chalo torna*, en supprimant *s'en* ; cf. v. 1911.
3. Folquet de Marseille.
4. Les Dominicains.
5. Les Cassés, Aude, arr. de Castelnaudary.
6. Comm. de Montgiscard, arr. de Villefranche.
7. La prise des Cassés, mentionnée incidemment par G. de Tud., n'est pas ici à sa place chronologique : elle eut lieu avant celle de Montferrand, racontée dans les tirades LXXII-LXXIV ; voy. P. de V.-C., fin du ch. LIII. L'historien du sire de Montfort ne fait point mention des habitants de Rocqueville, et n'évalue qu'à soixante environ le nombre des hérétiques que les croisés « cum ingenti « gaudio (cf. ci-dessus la note de la trad. sur le v. 1558) combus- « serunt ». G. de Puylaurens paraît suivre P. de V.-C. en l'abrégeant et en l'adoucissant.

me conta Izarn, qui était alors prieur de tout *Vielh Mores* et de cette terre[1].

Après avoir longuement séjourné dans le pays de Foix les hommes de l'ost, [1890] y ayant fait tout le mal qu'ils pouvaient, détruit les vivres, le blé, la culture, se séparèrent au déclin du temps chaud. Le comte de Montfort se dirige vers Rocamadour ; l'abbé de Cîteaux demeure en couvent, [1895] dans le cloître, à Cahors, ne sortant pas, par crainte ; et je ne crois pas qu'il en fût sorti avant Pâques, s'il (le comte de Montfort) ne l'en eût tiré.

LXXXV.

Les croisés partirent, comme je viens de vous dire, et le comte de Montfort s'est mis en route : [1900] il se rend à Rocamadour, car il l'avait promis[2]. L'abbé

---

1. Il est difficile de déterminer ce qu'était le *Vielh Mores*. L'identification proposée par M. Schmidt (*Hist. et doctr. des Cathares*, II, 313) avec l'abbaye de *Vielmur* (*Vetus-murus*), dioc. de Castres, se heurte à une difficulté phonétique. Fauriel traduit « Vieux-Muret », ce qui ne signifie rien. Il est plusieurs fois question dans les actes de l'inquisition de Carcassonne de l'archidiacre *Veteris Moresii* (Doat, XXI, 41 v°, 154 v°), mais sans détermination précise. Toutefois M. A. Molinier me signale dans une bulle d'Alexandre III la mention d'un archidiaconé, *Vetimorensis* (ou plutôt *Veterimorensis*), faisant partie du diocèse de Toulouse, et qui est évidemment notre *Vielh Mores*. Voici le texte : « ... archidiaconatum quoque a porta Narbonensi usque ad Carcas-
« sense territorium, et alium *Vetimorensem* et alium ultrà Garum-
« nam, et alium a Garnensi villa que Brahai cognominatur.... »
(Vaissète, II, pr. 587). La position des autres archidiaconés étant connue, on voit que celui de *Vielh Mores* était au sud ou au sud-est de Toulouse, sur la rive droite de la Garonne.

2. L'expédition faite dans le comté de Foix est plus pleinement racontée par P. de V.-C. (ch. LV). Au lever du siége de Toulouse,

de Cîteaux demeura, ce m'est avis, là dans Cahors, avec des barons du pays, et prie et requiert chacun de faire hommage au comte de Montfort, pour qu'il tienne la terre. [1905] Il fait préparer et écrire ses lettres sur parchemin, qu'il envoie en Provence à tous ses amis. Quand le comte s'en alla, il partit avec lui; en sa compagnie alla le preux comte Baudouin. Ils couchèrent à Saint Antonin, que plus tard ils ravagèrent[1], [1910] et s'en vont à Gaillac.

LXXXVI.

Le comte de Montfort s'en retourne et couche à Saint-Antonin. Il s'en va vers Lavaur et passa par Gaillac, et puis à Carcassonne qui est là du côté de Laurac[2]. L'abbé s'en va à Albi et monte à Sais-

---

Simon se rend à Auterive, où il met garnison, et de là va à Pamiers. Des routiers s'emparent d'Auterive; mais peu après Simon reprend cette place et l'incendie. — De Pamiers il se rend à Varilhes (entre Pamiers et Foix), qu'il fait occuper. Il brûle le bourg de Foix et ravage pendant huit jours les environs de cette ville. Il revient à Pamiers où une députation du Querci le prie de venir à Cahors recevoir les hommages des seigneurs du pays. Il accepte et se met en route. A Castelnaudari le comte de Bar, malgré les prières des croisés, quitte l'armée « in omnium oculis « vilis factus ». (Il n'est pas question du comte d'Alo du v. 1878.) Simon se dirigeant vers Cahors passe près de Caylus (arr. Montauban) dont il brûle le bourg. Il fait son entrée dans Cahors, et après peu de jours se rend à Rocamadour où les Allemands qui faisaient partie de l'ost le quittent pour retourner en leur pays.

1. Voy. v. 2377 et suiv.
2. Cet itinéraire n'est point indiqué dans P. de V.-C. : « Peractis « apud Caturcum comes nobilis negotiis pro quibus illuc adve- « nerat, proposuit abire in terram Albigensem. Redions igitur a « Caturco, transiensque per castella sua et visitans marchas

sac[1]. [1915] Du comte de Toulouse ils sont en grand émoi, [de ce qu'] il convoque l'ost par Toulouse, par Agen, par Moissac, et par toute sa terre, aussi loin qu'elle s'étend. Il a envoyé cent mille saluts en signe d'amitié à Savaric qui doit venir le joindre[2], et couchait à Bergerac [1920] avec sa chevalerie.

LXXXVII.

Quand le comte de Toulouse a entendu la nouvelle que le comte de Montfort avait dissous sa cour[3], il convoque sa terre, autant qu'il en avait, et mande ses amis, ceux qui lui sont alliés, [1925] pour qu'ils s'apprêtent tous, à cette fois. Le comte de Comminges, qui tenait Saint-Gaudens, et le comte de Foix avec grand nombre de barons, et beaucoup d'autres seigneurs y vinrent un même jour. Le sénéchal d'Agen, qui a la Penne[4] à gouverner [1930] et tous les routiers se mirent en route ; ainsi que les hommes de Montauban, que je n'oublie point, ni ceux de Castel-Sarrazin, puisse Dieu me bénir ! Un dimanche matin, au poindre de l'aube, ils ouïrent la nouvelle que Savaric venait : [1935] ils en eurent tous grande joie et grande allé-

« suas, versus Apamias remeavit. » De Pamiers Simon se rend à Castelnaudari, puis à Carcassonne (ch. LV, Bouq., 50-1).

1. Ch.-l. de c. de l'arr. de Carcassonne, situé dans la montagne ; déjà mentionné au v. 954.

2. Cf. v. 1423.

3. C.-à-d. que les croisés s'en sont retournés en leur pays (voy v. 1892 et 1898). *Sa ost* serait plus clair que *sa cort*.

4. Ch.-l. de canton de l'arr. de Villeneuve-d'Agen. Il s'agit d'Ugo d'Alfar ; voir ci-dessus la note sur le v. 1819.

gresse, mais ils ne savent pas comment tout cela finira. O Dieu! glorieux père, dame sainte Marie, qui vit onques si puissante troupe ni si fortement armée, que ceux de Toulouse, ni telle chevalerie ! [1940] Tous ceux de Milan, de Rome en Italie, vous eussiez dit qu'ils y étaient, et ceux de Pavie, quand ils sont dehors dans la plaine.

LXXXVIII.

Seigneurs, merveilleusement grande fut l'ost du comte de Toulouse et de ceux du Toulousain. [1945] Toulouse et Moissac y sont, et Montauban et Castel-Sarrazin et l'Ile en Jourdain[1], et tout Agenais, à tel point que personne n'est resté dans le pays. Tous ceux de Comminges et de Foix y vont ; Savaric de Mauléon, dont on se réjouit fort, [1950] et Gascons de Gascogne, et ceux du côté de Puycerda[2]. Ils sont plus de deux cent mille, lorsqu'ils s'alignent dans la campagne ; les charrettes chargées de pain et de vin et d'autres munitions sont conduites vivement par les vilains[3]. Les buffles et les grands bœufs portèrent les trébuchets[4]. [1955] Ils menacent le comte fort et ses adhérents : la plupart le traitent de traître, de fils de putain. Ils l'assiégeront de force dans Carcassonne : s'ils le peuvent prendre, ils l'écorcheront vif. Ils pren-

---

1. Ch.-l. de c. de l'arr. de Lombès (Gers).
2. Ville de Catalogne, au pied des Pyrénées.
3. En cas de guerre, on voit toujours les vilains requis ainsi que leurs bœufs, pour le service des convois ; voir par ex. le *Charroi de Nîmes*.
4. Sorte de catapulte de grande dimension ; voir Du Cange *trebuchetum*, et surtout les exemples rapportés par Carpentier.

dront, disent-ils, Montréal et Fanjaux ; [1960] jusqu'à Montpellier ils chevaucheront de force, puis ils conquerront Lavaur à leur retour, et tout Albigeois.

LXXXIX.

Grande fut l'ost de Toulouse, puissent Dieu et Foi me venir en aide! Les chevaliers français sortent de Carcassais[1] ; [1965] et il y avait [dans l'ost] de routiers Navarrais et Aspois plus de mille cinquante-trois à cheval. Il y avait des Gascons et des Caourcins et des Agenais. Bannières au vent ils s'en vont en Lauragais : ils ne pensent trouver personne jusqu'en Biterrois. [1970] Et le comte de Montfort appela aussitôt tout autant qu'il put de Français. Il a fait mander le vicomte de Donges[2], monseigneur Bouchart[3], qui est dans Lavaur et tous les autres, loin et près, [1975] et

1. Cette phrase (v. 1964) semble interpolée. Il paraît sûr, contrairement à l'interprétation de Fauriel, que le détail qui suit (1965-9) se rapporte à l'ost de Toulouse et non aux croisés.
2. C'est sans doute ce personnage que P. de V.-C. (ch. LVII; Bouquet, 54 A) appelle « vicecomitem Donges ». Le vicomte de Donges figure parmi les otages donnés à Philippe-Auguste par les seigneurs de l'Anjou et de la Touraine, vers 1203; voy. G. Dubois, *Recherches sur la vie de Guillaume des Roches*, dans la *Bibl. de l'Éc. des ch.* XXXIV, 527. On peut sans hésitation identifier ce personnage avec un *Roardus vicecomes de Ungia* ou *de Ungiis*, témoin en 1209, 1211 et 1212 à divers actes du sire de Montfort (Doat, LXXV, 4, 6, 15; Molinier, *Catalogue*, n°ˢ 35, 36, 42, 48), et avec le *Roardus de Dongiis* au sujet de qui une sentence arbitrale fut rendue en 1219 par le duc de Bretagne (Morice, *Preuves de l'Hist. de Bret.* I, 841-2). Donges est actuellement une commune importante du canton de Saint-Nazaire, Loire-Inférieure.
3. Bouchart de Marly

Martin Algai[1] ; et là-bas en Narbonnais il envoya pour Aimeric, afin que chacun vînt. Et ils viennent tous : ils n'osent s'en défendre, dès que le comte de Montfort le leur a commandé[2].

1. P. de V.-C. nous apprend (fin du ch. LVI) que ce personnage était espagnol. D'abord partisan des croisés, nous le voyons bientôt lâcher pied, probablement par trahison, dans un combat contre le comte de Foix (v. 2145). Plus tard il est décidément au service du comte de Toulouse qui lui confie la défense du château de Biron. Il y est pris et mis à mort par ordre du comte de Montfort (v. 2454 et suiv.). C'est à cet individu que fait allusion le troubadour Ugo de Saint-Cyr dans la pièce où, s'adressant au vicomte de Turenne, il lui dit qu'en sa compagnie on ne souffre pas moins qu'en celle de Martin Algai (Mahn, *Ged. d. Troub.* n° 1144; cf. Diez, *Leben u. Werke d. Troub.* p. 415). Ce Martin Algai était vraisemblablement le seul subsistant alors de quatre frères auxquels Bertran de Born fait une allusion fugitive au dernier vers de sa pièce « Al dous nou termini blanc » (Raynouard, *Choix*, IV, 172) disant que le roi Richard est plus porté à la guerre qu'aucun des *Algais*. L'exposition (la « razos ») de cette pièce nous fournit à ce propos un précieux témoignage : « Les Algais étaient quatre frères, grands brigands et gens de « proie, qui menaient à leur suite bien mille brigands à cheval et « deux mille à pied, et ne vivaient d'autre rente ni d'autre pour-« suite. » (*Choix*, V, 95.) Mathieu Paris (*Hist. major*, an. 1196, Wats, p. 182/24 ; Luard, II, 421) mentionne, comme étant à la solde de Richard Cœur de lion, les routiers « Markadeus, *Algais* « et Lupescarus, natione Provinciales ». En 1203 une lettre circulaire de Jean sans Terre le qualifie de sénéchal de Gascogne et de Périgord (*Rotuli litteratum patentium*, I, 28 b). Martin est le seul des Algais sur la fin de qui nous soyons exactement renseignés. Il est probable que le sort des trois autres ne fut guère moins misérable, car Peire Cardinal, dans une pièce qui paraît se rapporter à la mort de Baudouin frère de Raimon VI (voy. Diez, *Leben*, p. 457), prie Dieu d'abaisser et de détruire les traîtres comme il a fait à l'égard des *Algais* (Raynouard, *Choix*, IV, 362; *Parn. occit.* p. 315).

2. Ceci ne paraît pas très-exact, surtout en ce qui concerne Aimeric de Narbonne. P. de V.-C. (ch. LVI. Bouq. 53 B) nous

XC.

Le comte de Montfort convoqua ses barons. [1980] Un jour il était à Carcassonne, comme dit la chanson, autour de lui [il avait] bien cent compagnons qui étaient bons aux armes, hardis comme lions : « Seigneurs, » leur dit-il, « écoutez mes paroles : le « comte de Toulouse a mandé ses hommes, [1985] « de toutes ses terres et [ceux] de ses compagnons¹. « Ils sont plus de deux cent mille, selon ce que me « dit un damoiseau que m'envoya comme messager « le bailli de Limoux². Ils se forment à Montferrand et « là-bas vers Avignonet³, et ils veulent m'assiéger, si « grande est leur hardiesse ! [1990] en quelqu'endroit « qu'ils me trouvent, en aval, en haut ou en bas. Je « veux avoir votre avis ; quel me donnerez-vous ? « que me conseillez-vous ? »

montre Simon envoyant Gui de Levis et Mathieu de Marli à Carcassonne, à Béziers, pour avoir du secours, « sed cum per-
« versi homines et jam vacillantes nollent eos audire, etiam tunc
« Aimericum dominum Narbonæ et cives Narbonenses adierunt,
« rogantes et monentes ut ad adjuvandum comitem festinarent.
« Responderunt cives Narbonenses et dixerunt Marescallo quod si
« Aimericus, dominus eorum, iret cum eis, ipsi eum sequerentur ;
« ipso vero nullo modo, utpote vir argutissimus, potuit ad hoc
« induci. » Finalement les envoyés du sire de Montfort ne purent tirer de Narbonne plus de 300 auxiliaires, et de tout le Carcassais, plus de 500, qui bientôt refusèrent de marcher : « sed omnes statim
« ad propria refugerunt. »

1. C.-à-d. « de ses vassaux ».
2. Lambert de Créci, puis de Limoux ; voy. p. 44, n. 2.
3. *Avinhos* ; il ne peut pas être ici question d'Avignon dans le Vaucluse, quoique Fauriel n'y ait point vu de difficulté. C'est Avignonet, c. de Villefranche (Haute-Garonne).

XCI.

Quand le comte de Montfort les eut harangués, Hugues de Laci s'est levé : « [1995] Seigneurs, » leur dit-il, « puisque vous demandez conseil, laissez
« chacun dire ce qui lui plaira; mais, si vous m'en
« voulez croire, vous ne ferez rien autre [que ceci] :
« si vous vous enfermez dans Carcassonne, et qu'ils
« vous y suivent, vous serez assiégé; [2000] si
« vous vous jetez dans Fanjaux vous les y trou-
« verez. C'est ainsi qu'ils vous suivront partout,
« tant ils sont bien servis par leurs espions! et
« jusqu'à la fin du monde vous resterez déshonoré.
« Si vous voulez m'en croire, c'est dans le plus faible
« château qui soit en votre terre que vous les atten-
« drez. [2005] Et s'il vous vient du secours, vous
« leur livrerez bataille; car le cœur me dit pour cer-
« tain que vous les vaincrez. — Par foi ! » dit le comte,
« vous me conseillez bien : quoi qu'il advienne du
« procès vous n'en serez pas débouté, car il m'est
« avis que vous me donnez un bon conseil. » [2010] Il n'y eut personne qui s'avisât de le combattre, mais tous ensemble s'écrièrent à haute voix : « Sire ! il
« donne un bon conseil ; nous vous prions de l'en
« croire[1]. » Alors ils se séparèrent, et chacun s'en est

---

1. Voici ce qui dans P. de V.-C. se rapporte à ce conseil tenu par le sire de Montfort : « Audientes nostri tantam multitu-
« dinem advenire, consuluerunt quidam ex ipsis comiti ut, ali-
« quos de suis dimittens ad defensionem castri, secederet ad
« Fanum Jovis, vel etiam Carcassonam ; sed, habito saniori con-
« silio, Deo melius providente, adversariorum adventum in Castro
« Novo comes voluit expectare » (ch. LVI, Bouq. 51 c).

allé aux maisons et au campement, et ils se sont mis au lit [2015] jusqu'à la matinée.

XCII.

Au lendemain matin, quand l'aube eut point, le comte de Montfort se lève ainsi que toute sa maisnie. Vers Castelnaudari il s'en va la lance levée; là ils attendent l'ost [du comte de Toulouse] jusqu'à ce qu'elle soit campée...[1] [2020] non loin de là en un champ, à près d'une demi-lieue, un mardi matin, quand la troupe eut dîné, ils [2] viennent à Castelnaudari camper par la prairie. Là vous auriez ouï en ce jour maints cris de la gent étrangère qui y était assemblée. [2025] Vous eussiez dit que ciel et terre s'étaient réunis [3]; ô Dieu! et tant de tentes y furent ce jour piquées, qui avaient pomme d'or et aigle en métal fondu! Ils dressèrent le trébuchet en une tranchée (?); mais ils ne trouvent pierre en chemin ni en grande route [2030] qui du choc qu'il produit ne soit toute brisée [4], tellement qu'ils en apportèrent trois d'une grande lieue. D'un coup qu'ils tirèrent ils abattirent une tour; à un autre, au vu de tous, ils effondrèrent une salle [5], et à la troisième fois la pierre se fendit; [2035] sans cela, elle eût coûté bien cher à ceux qui sont dans la ville.

1. Lacune; voir au t. I la note du v. 2019.
2. Les troupes du comte de Toulouse.
3. Expression usuelle dans les chansons de geste; cf. v. 2104.
4. Parce que la pierre était trop tendre.
5. Sans doute une salle voûtée : *sala* désigne toujours une construction importante; cf. v. 759 et 1063.

XCIII.

Le comte de Montfort, ainsi que je vous ai dit ci-dessus, est entré dans Castelnaudari au vu de mainte gent, et Bouchart était à Lavaur avec je ne sais combien de monde. [Parmi eux se trouvait[1]] [2040] le fils du châtelain qui était preux et vaillant. Ils sont bien cent chevaliers, hardis combattants; Martin Algai y fut, à la tête de vingt hommes seulement. Tout droit[2] à Castelnaudari ils s'en vont au comte fort. L'évêque de Cahors[3] y était également. [2045] Ils se dirigèrent tous ensemble vers Castres et vers Carcassonne[4] d'où venait au comte de Montfort un grand convoi de vin et de froment, de pain cuit et d'avoine pour les assiégés. Mais le comte de Foix sortit[5] sur ces entrefaites [2050] avec toute sa mesnie, le long d'un défilé. Tous les routiers y sont : pas un ne reste en arrière; loin de là, ils vont à l'envi en sa compagnie. Il ne demeura chevalier en l'ost, à mon escient, qui n'y allât, ni sergent vaillant et hardi, [2055] sinon Savaric et ses barons normands qui demeurèrent avec le comte [de Toulouse] et se vont déportant. Bouchart venait

1. Lacune; voy. au t. I la note du v. 2040.
2. Non pas tout droit, comme on va le voir, mais par un chemin détourné.
3. Guillaume, fils de Bertrand de Cardaillac. Il est déjà mentionné v. 307. Cf. P. de V.-C. ch. LVII; Bouquet, 54 c D.
4. P. de V.-C. dit que Bouchart et les siens passèrent par Saissac, au sud de Castres et au N.-E. de Castelnaudari, « quia « non audebant venire recta via a Vauro ad Castrum Novum » (ch. LVII, Bouq. 53 E).
5. Sans doute de l'ost, mentionnée plus bas, qui était campée près de Castelnaudari; voy. v. 2019 et suiv., et cf. 2217.

avec sa troupe rangée sous leurs yeux. Aussitôt qu'ils le virent... [1] le comte de Foix et les siens s'alignent : ils étaient bien quatre cents, [2060] et, dit-on, plus encore [2], si le récit n'est pas mensonger ; et ceux qui étaient avec Bouchart, armés de hauberts et de heaumes [3], n'étaient pas si nombreux [4], autant que je sache. Les autres [5] sont bien deux mille, ayant coursier, haubert ou casaque rembourrée ou bon heaume resplendissant, [2065] ou bon chapeau de fer ou bon épieu tranchant, ou bonne lance de frêne ou masse capable de tout broyer. Or oyez se livrer une bataille telle que vous n'ouïtes si fière depuis le temps de Rolant, ni depuis celui de Charlemagne qui vainquit Agolant [6] [2070] et qui conquit Galienne la fille du roi Braimant, en la cour [7] de Galafre, le courtois émir de la terre d'Espagne [8].

1. Voy. au t. I la note du v. 2058.
2. P. de V.-C. ch. LVII (Bouq. 54 D) : « Comes autem Fuxensis... accepta secum de melioribus exercitus totius innumera multitudine equitum armatorum, pluribusque etiam millibus peditum electorum... » Et plus loin (Bouq. 54 E) : « Nec silendum quod, sicut Marescallus veridica relatione asseruit, contra unumquemque ex nostris erant hostes plus quam triginta. »
3. Il y avait aussi des hommes sans armes ; voy. v. 2150.
4. Ou « n'étaient pas 300, » en corrigeant *tertant* en *tres cent*.
5. *Cels*, sans doute les hommes du comte de Foix, mais le nombre ici donné est bien en désaccord avec les vers 2059-60.
6. Allusion au récit qui fait le fond de la chanson d'Aspremont et qui a pris place aussi dans la chronique de Turpin.
7. Je traduis conformément à la note du v. 2071, t. I.
8. Ici l'auteur s'embrouille : selon la légende Galienne était fille de Galafre, et Braimant la recherchait en mariage. Voir sur ce récit, qui appartient à l'histoire fabuleuse de la jeunesse de Charlemagne, G. Paris, *Hist. poét. de Charlemagne*, p. 229 et suiv., et *Romania*, IV, 306 et suiv., notamment 310-11. — Si on adoptait pour ce passage la correction proposée par M. G. Paris, le sens

XCIV.

Les Français de Paris et ceux du côté de la Champagne viennent à Castelnaudari rangés par la plaine ; [2075] mais le comte de Foix, avec sa compagnie et les routiers d'Espagne, leur barre le chemin. Ils n'estiment pas leur bravoure une châtaigne, mais disent entre eux : « Barons, qu'il n'en reste pas un qui ne « courre sus à cette gent étrangère ! [2080] tellement « qu'on en soit effrayé en France et en Allemagne, en « Poitou, en Anjou et par toute la Bretagne, et là « haut en Provence jusqu'aux ports d'Allemagne[1], « car de la sorte ils se corrigeront. »

XCV.

Quand monseigneur Bouchart et ceux qui l'accompagnent [2085] arrivent à Castelnaudari, alors se leva un hobereau blanc qui vint de la gauche vers la droite et alla s'élevant au vol de toutes ses forces[2]. Alors Martin Algai dit : « Sire, par saint Jean ! quoi qu'il arrive

---

serait : « qui conquit Galienne, *l'épouse* du roi Braimant, *la fille* « de Galafre... »

1. L'Allemagne est déjà mentionnée deux lignes plus haut : p.-ê. devrait-on corriger, au v. 2082, *tro als ports en Espanha!*

2. Jean de Salisbury, cité par Du Cange au mot *albanellus*, mentionne la même superstition. Les exemples d'augures tirés du vol des oiseaux en général sont fréquents dans la poésie du moyen-âge. Diez (*Leben und Werke der Troubadours*, p. 22, note) en a réuni quelques-uns qu'il a empruntés aux troubadours ; voy. aussi Amador de los Rios, *Historia de la Literatura española*, III, 141, note.

« nous serons vainqueurs, [2090] et vous resterez
« maître du champ de bataille, vous et ceux qui seront
« avec vous. Vous y perdrez d'abord et y éprouverez
« grande perte. — A la bonne aventure ! » dit Bouchart,
« tout cela [1], je m'en soucie moins que d'un gant : que
« seulement le champ soit nôtre ! Nous et ceux qui
« succomberont, nous serons honorés, autant que
« nous serons de morts, [2095] et les âmes de tous
« ceux qui mourront ici seront sauvées ; et si nous y
« perdons [du monde], ils y perdront aussi des meil-
« leurs de leurs barons. »

XCVI.

Le comte de Foix chevauche avec de ses compagnons vers Saint-Martin des Bordes [2] : tel était le nom
de ce lieu. [2100] Ils ont les lances dressées sur les
arçons de devant et vont criant « Toulouse ! » par la
plaine qui est belle et longue. Les arbalétriers tirent
flèches et javelots. Tels furent les cris qu'ils poussèrent et le retentissement, que vous eussiez dit que le
ciel et le firmament allaient tomber. [2105] A l'abaisser des lances grande fut la lutte : les Toulousains
crient « Toulouse ! » et les Gascons « Comminges ! » et les
autres crient « Foix ! » et « Montfort ! » et « Soissons [3] ! »

---

1. C'est-à-dire : la perte que nous pourrons éprouver.
2. « Castrum quod dicitur S. Martinus » P. de V.-C. ch. LVII;
Bouq. 53 E. Saint-Martin et les Bordes sont deux communes du
canton de Castelnaudari, sises sur la route de Carcassonne.
3. J'abandonne la correction proposée au t. I (v. 2107). J'ignore
qui pouvait parmi les Croisés crier « Soissons », car le comte de
Soissons ne se montre que beaucoup plus tard (v. 7865).

Un chevalier de là[1], Giraut de Pépieux[2], qui est avec le comte de Foix, l'un de ses meilleurs barons, [2110] pique le destrier des éperons tranchants : il trouva un compagnon de Bouchart, un Breton, au milieu du chemin, au sortir d'un petit bois : il le frappa au travers de l'écu, lui perça les fesses[3], le pourpoint et l'hauberc, tellement que derrière par les arçons [2115] il lui mit un tronçon de la lance ; le pennon en fut sanglant. Celui-là tomba mort à terre sans confession. A cette vue, les Français furent très-irrités ; ils courent à la rescousse, irrités comme des lions, et comme vaillants guerriers.

XCVII.

[2120] Les Français éperonnent comme vrais barons, poussant en avant tant qu'ils peuvent, sur le penchant d'une vallée. Monseigneur Bouchart tenait une bannière de cendal[4] où était peint un lion, et montait un cheval qui, à dire le vrai, valait plus de cent livres. [2125] Là, en cette route par où on va à Montréal, tous ensemble ils frappent sur les routiers

1. « De là » c.-à-d. du parti opposé à celui où se trouve le narrateur.
2. Cf. v. 940.
3. J'entends *brazos* au sens de l'anc. fr. *braon*; dans la seconde partie du poëme, où ce mot revient plusieurs fois (voy. le vocabulaire), il ne semble pas qu'aucun autre sens soit admissible (sauf p.-ê. au v. 7255). Toutefois, si le Breton en question est frappé *ou braon*, il est singulier que son bouclier soit d'abord percé, ce qui semble indiquer une attaque de face ou de biais. Quoi qu'il en soit du sens de *brazos*, on ne peut guères admettre « brassard », traduction de Fauriel.
4. Sorte de soie.

des épées tranchantes, tellement qu'ils leur font grand mal. Ils en laissent cent de morts qui ne verront plus la Noël, et à qui carême ni carnaval ne feront ennui. [2130] Le fils du châtelain qui tenait Lavaur[1] fut frappé là d'une flèche par le nasal[2] et par l'œillère du heaume, tellement que le coup fut mortel. Il tomba mort à terre devant le sénéchal[3] à cette attaque.

XCVIII.

[2135] Monseigneur Bouchart éperonne, comme je vous ai dit, par la route, et les Français avec lui qui attaquent dans la masse la plus épaisse de ceux de l'ost. A haute voix chacun des siens crie « Montfort! » et lui, au dessus de tous, « Dame sainte Marie[4]! » [2140] Et le comte de Foix [est] de çà avec ses barons. Là vous auriez vu alors tant de targes brisées, et tant de lances rompues par la prairie, la terre en est jonchée, et tant de bons chevaux détachés que personne ne tenait aller empêtrés [dans leurs guides] parmi la prairie[5]! [2145] Les hommes de Martin Algai, quoi qu'on vous en puisse dire, s'enfuirent avec lui à cette attaque, [et restèrent à l'écart] jusqu'à ce que la bataille fût gagnée, et [alors] il dit qu'il venait de la poursuite des routiers; ils couvraient ainsi chacun leur grande lâcheté et leur vilenie. [2150] L'évêque de Cahors et les hommes sans armes s'enfuirent vers Fanjaux, à

1. Cf. v. 2040 et 2215.
2. Partie du heaume qui protégeait le nez.
3. J'ignore qui était ce sénéchal.
4. Cf. v. 2192-3.
5. Traduit conformément à la correction proposée en note.

une grande lieue¹ ; mais des compagnons qu'il avait je ne m'en étonne pas. Ceux que Dieu puisse maudire² leur enlevèrent tout le convoi. Mais en ceci ils firent, eu égard à leur intérêt, grande folie : [2155] ils dépouillèrent le champ de bataille³ jusqu'à la fin⁴. Chacun, avec ce qu'il avait pris, s'enfuit au plus tôt. Le bon mulet amblant qu'avait Nicolas, les routiers l'emmenèrent avec son garçon ce jour-là, mais il s'échappa avec les autres clercs. [2160] J'en fus bien aise pour lui, Dieu me bénisse ! car il est très-fort mon ami et mon compère, maître Nicolas.

XCIX.

Les Français éperonnent, tout doucement et lentement, les heaumes baissés et penchés vers la terre. [2165] Ne croyez pas qu'ils fuient ni qu'ils reculent : de bien frapper de grands coups ils ne sont pas chiches. La place est belle et longue et la campagne est rase ; de part et d'autre il en mourait des maigres et des gras⁵, ainsi que le me rapporta maître Nicolas. [2170] Ceux de l'ost les regardent⁶, qui ensuite en ont grand effroi, car ils furent vaincus.

---

1. P. de V.-C. dit au contraire que l'évêque de Cahors ramena par de durs reproches Martin Algai au combat (ch. LVII, Bouq. 55 A).

2. Les routiers ; cf. 2191.

3. Le *champ* de bataille, c'est-à-dire les morts, et non le *camp*, ainsi que Fauriel traduit à tort ; voir au t. I, v. 2154, la leçon de la réd. en pr.

4. Jusqu'à ce qu'il ne restât plus rien à prendre.

5. Tout le monde, comme plus haut (p. 21) les « jeunes et les « chenus ».

6. *Los esgardan* ; pourquoi les regardent-ils ? je préférerais « les « poursuivent » (*los encausan*).

C.

Le comte de Montfort, qui était à Castelnaudari pendant qu'on combattait à force et à vertu[1], fait armer les siens qui sont venus avec lui : [2175] il leur dit que leurs compagnons, qui sont hors la ville, et monseigneur Bouchart, ont perdu leur convoi. Il sait bien en son for intérieur, que s'ils sont vaincus, il a perdu toute la terre et le château, qu'il y sera (dans le château) pris et bloqué, [2180] et que jamais il n'en sortira jusqu'à sa complète défaite. Le plus vite qu'il put il est sorti, muni de toutes ses armes, de la lance et de l'écu. Les hommes de pied qui sont dans le château le défendront jusqu'au retour du comte et des siens.

CI.

[2185] Le comte de Montfort et ceux qui étaient dans le château allèrent à la bataille leurs bannières déployées. Et ceux qui restèrent à l'intérieur fermèrent bien les portes, et, s'il leur avait été besoin, se seraient bien défendus. Quand ceux de l'ost les virent, ils furent saisis d'effroi : [2190] ils savent bien pour la plupart que dès lors ils sont vaincus. Voilà ce qu'ont fait les routiers qui ont pillé le camp[2]. Nos barons français s'écrièrent tous « Montfort ! Sainte Marie, à « l'aide ! »

---

1. Je conserve cette locution qui est si fréquente dans nos chansons de gestes ; cf. p. 33, note 3.
2. Cf. v. 2153 et suiv.

CII.

Le comte de Montfort s'applique à bien férir. [2195] Il vient éperonnant, son épée nue au poing, et entre en la bataille par le chemin battu; derrière lui ses gens qui le suivent avec ardeur : tous ceux qu'il peut trouver il les tue ou les fait prisonniers. Les infortunés routiers et la gent mécréante, [2200] quand ils les virent venir, furent si éperdus qu'ils ne savaient plus se défendre, excepté le comte de Foix, qui avait sa targe fendue. Des coups nombreux qu'il a portés son épée est brisée. Rogier Bernart son fils a rompu la presse; [2205] ainsi que le chevalier Porada qui porte une grande massue et Isart de Puylaurens[1]; ceux-là sont d'une force redoutable; eux et les autres bannis qui y sont plumant la grue[2] y ont donné tant de coups que maint homme y tombe. Si les autres avaient été comme eux [2210] la bataille n'aurait pas été si tôt gagnée ni la troupe [du comte de Foix] confondue, comme elle le fut, je crois[3].

1. *Sicart*, selon la réd. en pr., et en effet Sicart de Puylaurens paraît aux vers 7401 et 9522. Mais *Isart*, ou plutôt *Isarn*, est admissible, car dans des actes de 1178 et de 1183 figurent Sicart de Puylaurens et Isarn son frère (Teulet, *Layettes du Trésor des Chartes*, nos 287 et 317). Sicart seul paraît en plusieurs actes (*ibid.* nos 389-91, 398) de 1191 et 1192. Ces mentions sont d'une date un peu trop ancienne pour qu'on puisse avec probabilité les rapporter au Sicart et à l'Isarn du poème; d'autant plus qu'en 1226 on voit paraître un Sicart de Puylaurens (qui pourrait être celui du poème, mais difficilement celui de 1178-92) faire sa soumission au roi de France (Teulet, *Layettes*, n° 1786).
2. *Pelan la grua*, locution obscure; voy. *Romania*, IV, 273.
3. Selon P. de V.-C. l'affaire était déjà décidée en faveur de

CIII.

Seigneurs, longuement a duré la bataille et le tournoi. Des deux côtés, par la foi que je vous dois, il en mourut des uns et des autres, je vous l'assure. [2215] Le châtelain de Lavaur y perdit trois de ses fils tels que ni comte ni roi n'eut plus beaux. Cependant l'ost de Toulouse [qui] était sous Castelnaudari, dans le pré, voulait s'en aller, tant était grand son effroi; [mais] Savaric s'écrie à haute voix : « Seigneurs, « demeurez tranquilles : [2220] que personne ne « bouge et ne plie tente, car vous seriez tous morts « ou vaincus sur le champ[1]. — O sire Dieu de gloire! « par ta très-sainte loi garde-nous de déshonneur, » dit chacun à part soi, « que nous ne soyons honnis! »

CIV.

[2225] Quand le comte de Toulouse entend la nouvelle que le comte de Foix et les leurs sont déconfits, alors ils croient tous véritablement qu'ils sont trahis : ils tordent leurs poings; l'un dit à l'autre : « Sainte

---

Bouchart lorsque le comte de Montfort intervint : « Agnoscatur « igitur operata Divinitas : non enim potuit comes bello interesse, « quamvis sub festinatione maxima adveniret : jam enim suis « militibus victoriam dederat victor Christus » (ch. LVII, Bouq. 54 A). Quoi qu'il en soit, le récit de G. de Tudèle, qui émane d'un témoin oculaire (voy. v. 2157 et suiv., et 2169) et qui abonde en faits précis et en noms propres, est pour le moins d'une autorité égale à celui du panégyriste du sire de Montfort.

1. P. de V.-C. (Bouq. 55 B) mentionne également la présence de Savaric à cette affaire.

« Marie dame ! qui vit telle merveille ? [2230] Les nôtres « étaient plus de dix fois autant, je vous assure. » Raimon de Ricaud est si effrayé que jusqu'à Montferrand, au vu de tous, il s'enfuit ; puis, après quelque temps, quand il eut reconnu que le comte de Montfort ne les attaquait pas, [2235] il revint sur ses pas, mais il se garda bien de se désarmer, et cette nuit il ne se coucha ni ne se déshabilla, ni ne ferma l'œil, par foi, ni ne dormit, non plus que le jour suivant.

CV.

Seigneurs, or oyez, puisse Dieu vous bénir ! [2240] ce que fit le comte de Montfort à cette attaque. Quand la lutte fut finie, la bataille gagnée, lui et Bouchart, chacun à haute voix, s'écrient : « Barons, en avant, l'ost « est en déroute. » Alors tous ensemble firent une charge vigoureuse ; [2245] ils assaillirent l'ost dans ses tentes et ses pavillons. Sans les fossés et la tranchée que ceux de l'ost avaient faits, l'or de Pavie[1] ne les eût pas sauvés. Voyant qu'ils ne pouvaient passer outre, ces chevaliers se tinrent pour confondus, morts et trahis ; [2250] entre eux ils disaient que ce serait folie de ne point s'en retourner ; qu'ils avaient assez fait pour ce jour-là[2]. Avant de se désarmer, nos gens de

---

1. Expression assez fréquente dans notre ancienne poésie :
    Por tot l'or qu'eüst en Pavie
        (*Renart*, éd. Méon, v. 20390).
2. « Comes autem noster et qui cum eo erant, a campo, reportata « victoria, revertentes, in ipsa tentoria adversariorum irrumpere « voluerunt..... Hostes tot se repagulis concluserant et fossatis « quod nostri, nisi de equis descenderent, ad eos accedere non « valebant. » P. de V.-C. ch. LVII, Bouq. 55 c.

France reviennent au clair de la lune dépouiller le champ de bataille. Personne ne saurait dire la grande richesse [2255] qu'ils gagnèrent là ; pour tout le reste de leur vie ils en seront riches.

CVI.

Le comte de Montfort rentre dans le château (Castelnaudari) ; il est joyeux et content de la bataille. Et ceux de l'ost, une fois [leurs adversaires] rentrés, [2260] de bon matin, à l'aube, font armer leurs gens, et plient leurs tentes et leurs effets, et chargent secrètement leurs charrettes. Ils laissèrent le trébuchet à la pluie et au vent ; je ne crois pas que pour cent mille marcs d'argent ils l'eussent enlevé[1]. [2265] Les habitants de Puylaurens en furent très-effrayés, car ils avaient manqué à leur parole et fait de faux serments. Tout d'abord, dans le principe, ils avaient fait un accord avec le comte Simon à Lavaur, au nombre de bien cinq cents, et les premiers ils y manquèrent, tant ils sont enclins [2270] à la folle erreur[2] !

1. Selon P. de V.-C. (ch. LVIII, Bouq. 56 A), ils le brûlèrent.
2. L'auteur fait ici allusion à des faits qu'il n'a pas racontés ; mais que nous connaissons d'ailleurs, du moins en partie. Peu après que Lavaur eut été pris par Simon de Montfort, la ville de Puylaurens avait été abandonnée par son seigneur Sicart (sur lequel voy. ci-dessus, p. 121, note 1). Simon l'avait donnée à un des siens, Gui de Luci, vers la fin de mai 1211 (P. de V.-C. ch. LIII, Bouq. 47 D). Un peu plus tard, se trouvant à Pamiers, après son séjour à Cahors (P. de V.-C. ch. LV, ci-dessus p. 105, n. 1), le comte de Montfort apprit que Sicart de Puylaurens s'était remis en possession de sa ville. Mais le serment prêté par les habitants de Puylaurens à Simon de Montfort ne nous est connu que par ce qu'en dit G. de Tudèle.

CVII.

Le comte de Toulouse, le fils de dame Constance[1], s'en retourna avec son ost; et les barons de France ne les poursuivraient pas ce jour-là, sachez-le bien, car ils ont [déjà] trop frappé de l'épée et de la lance. [2275] Les habitants de Rabastens, qui ont grande foi aux hérétiques félons et à leur folle erreur, se renièrent alors, car ils sont bien persuadés que jamais plus les Croisés n'y viendront; au contraire, selon leur estime, ils les croient vaincus, et en cette alternative [2280] sont les gens du pays qui partagent l'espérance de ceux que je vous ai dit[2].

CVIII.

Les barons de Toulouse, comme vous avez ouï, s'en retournèrent attristés, soucieux et marris. Partout ils répandent le bruit que les Français sont déconfits [2285] et que le comte de Montfort s'est enfui nuitamment; Rabastens s'est rendu et ainsi que Gaillac; ils en ont tant conté[3]! Et le comte Baudouin, que Jésus puisse conserver et conduire! était à Montaigut[4] avec Martinet

---

1. Fille de Louis le Gros, première femme de Raimon V.
2. C'est-à-dire des habitants de Puylaurens et de Rabastens.
3. P. de V.-C. mentionne ces mêmes bruits ou d'autres analogues, et les attribue au comte de Foix (début du ch. LVIII).
4. Montaigut, hameau de la commune de Lisle (Tarn) à 7 kilomètres environ à l'ouest de Gaillac. C'était autrefois un château d'une certaine importance, voy. Rossignol, *Monographies du Tarn*, IV, 338-43.

le hardi¹. Un messager leur arriva en hâte de Gaillac [leur annonçant] que les habitants ont pris en trahison le bailli de Lagrave² [2290] et l'ont frappé à mort³, et que les bourgeois de Gaillac ont été de connivence avec eux ; et [demandant] qu'il (Baudouin) marche sur le château [de Lagrave] avant qu'il soit mis en défense⁴ ; aussitôt ils firent seller⁵ sans hésiter, et se dirigèrent vers Lagrave au point du jour [2295] tôt et vite.

CIX.

Les hommes de Gaillac et Doat Alaman⁶, quand ils virent les bannières déployées au vent, en furent très-joyeux, tous sans exception : ils croient que c'est le comte Raimon qui marche en avant [2300] à cause de la croix des Raimons qui brille au vent ; et quand ils

---

1. C'est celui qui est appelé un peu plus loin Martin Dolitz (d'Olite?). Est-ce le même que Martin Algai, sur lequel voy. p. 109, note 1.
2. Canton de Gaillac, Tarn.
3. Pons de Beaumont (cf. v. 838) : il va être nommé au v. 2306. P. de V.-C. qui raconte l'insurrection de Lagrave (ch. LVIII, Bouq. 56 D) ne donne pas le nom du bailli assassiné.
4. J'intervertis dans la traduction les v. 2291 et 2292 pour rétablir les faits dans leur ordre logique.
5. Traduit d'après la correction proposée au v. 2293.
6. Doat Alaman figure dans des actes importants : en 1194 (n. s.) il est l'un des arbitres d'un différend entre le vicomte de Béziers et l'évêque d'Albi (Doat, CV, 117). En 1197 il est témoin du serment réciproque de Raimon VI et des habitants de Moissac (Lagrèze-Fossat, *Études historiques sur Moissac*, I, 331); en 1202 il assiste à un hommage fait au même comte de Toulouse (Teulet, *Layettes du Trésor*, nº 650). C'est lui assurément qu'il faut reconnaître dans le *Duacus Alamannus* qui obtint en 1216 du pape Innocent III la restitution de biens dont il avait été dépouillé par Simon de Montfort (Molinier, *Catal.* nº 126).

reconnurent l'autre[1] ils furent tristes et dolents. Ils virent alors celle de Martin Dolitz remontant le Tarn...., dans la direction de la ville[2]. Les nôtres à cette vue éprouvèrent une grande joie, [2305] et occupèrent le château. Que vous dirais-je de plus? Pons de Beaumont, bailli, mourut au chant du coq. Ils retournèrent à Montaigut au jour au coucher du soleil, puis, tout de suite le comte [Baudouin] se rendit à Bruniquel; mais il a perdu Salvagnac[3] où il y a du beau froment, [2310] dont il est fort affligé[4].

CX.

Les barons de Toulouse s'en sont promptement retournés, et le preux comte Raimon avec tous ses barons vint à Rabastens; puis ils montèrent jusque vers Gaillac et il recouvra tout le pays : [2315] La

---

1. L'enseigne qu'ils avaient d'abord prise pour celle de Raimon était celle de Baudouin. P. de V.-C. fait mention de cette confusion : « At illi exeuntes obviam, putantes quod ipse (Balduinus) « esset comes Tolosæ, eo quod similia arma portaret, introduxe- « runt eum in castrum, et lætabundi et gaudentes, crudelitatem « quam fecerant narraverunt. Ille autem cum armata multitudine « in eos insiliens, fere omnes a minimo usque ad maximum inter- « fecit » (ch. LVIII, Bouq. 56 E).
2. La ville, c'est Lagrave, occupée par les habitants de Gaillac. Lagrave est située tout près du Tarn, à plus de 25 kilom. en amont du confluent de l'Agout avec cette rivière. Cette circonstance rend inexplicable la mention de l'Agout au v. 2303. Je suis porté à croire que le texte est corrompu à cet endroit.
3. Ch.-l. de cant. de l'arr. de Gaillac.
4. Toute la fin de cette tirade est bien obscure, et il ne serait pas surprenant qu'il y ait omission de quelques vers de la part du copiste. La mort du bailli établi par les croisés arrive ici (v. 2306) d'une façon fort inattendue. Malheureusement la réd. en pr. n'est pour ce passage d'aucun secours.

Garde, Puycelsi qu'il aimait, Saint-Marcel[1] et La Guépie; il est allé partout. Là fut pris Paris[2] que le comte assiégea. Ceux de Saint-Antonin revinrent à lui; Montaigut se rendit avant que le mois fût passé. [2320] Sauf Bruniquel, il reconquit tous les châteaux. On leur faisait croire (aux habitants), foi que je dois à Dieu, que le comte de Montfort avait été chassé du champ de bataille, et qu'il s'était enfui en sa terre natale, et que jamais croisés en toute leur vie [2325] ne viendraient en la terre, car le plus grand nombre en était tué. Mais avant une demi-année tout aura changé pour eux, car le comte de Montfort a amené des Français[3]. Bientôt à Thouels[4], qu'on lui a livré, il tua tous les vilains qu'il trouva; [2330] puis il passa le Tarn sans gué, à l'aide d'un pont qu'il y avait en la cité d'Albi. Alors il prit Cahuzac après deux jours de siége[5]. Puis il envoya chercher le comte Baudouin à Bruniquel, où il était, et celui-ci y vint de gré [2335] avec ses chevaliers.

1. Cant. de Cordes (Tarn), voy. Rossignol, *Monographies du Tarn*, III, 124.

2. Parisot, cant. de L'Isle (Tarn)? La prise de ce lieu n'est pas mentionnée par P. de V.-C.

3. C'étaient des renforts amenés par Robert Mauvoisin; voir P. de V.-C., début du ch. LIX.

4. Arr. de Saint-Affrique (Aveyron); « Castrum in Albiensi « dioecesi quod dicitur *Tudelle*, et erat patris Giraldi de Pepios « (cf. v. 940), illius pessimi traditoris. » P. de V.-C. ch. LX, Bouq. 58 A.

5. Cahuzac-sur-Vère, cant. de Castelnau de Montmiral (Tarn); Rossignol, *Monogr.* III, 304. — P. de V.-C. (ch. LX, Bouq. 58 B) dit que le siége de cette ville eut lieu « media hieme » (ce que va préciser G. de Tud. au v. 2338), et qu'elle ne fut prise que « per « multos labores et angustias ».

CXI.

Cette fois ils séjournèrent huit jours à Cahuzac, la ville étant bien garnie de vivres. Ce fut à une fête qui a nom Épiphanie, au moment le plus dur de l'hiver ; [2340] qu'ils assiégèrent Saint-Marcel[1] ; et ce fut grande folie : ils n'y firent point de besogne pour la valeur d'une pomme pourrie, sinon en fait de dépense, puisse Dieu me bénir! Si le comte [de Toulouse] l'avait voulu, qui occupait Montauban, c'eût été merveille si cette ost n'avait été mise en déroute ; [2345] mais Alain de Rouci[2] leur faisait telle peur, qu'ils n'osèrent tenter aucune attaque, lui et P. de Livron[3], que Jésus bénisse. A la veille de Pâques la grande chevalerie des croisés se met en route avant le jour, et s'en va vers Albi[4]. [2350] Car les

---

1. Simon de Montfort avait confié la garde de ce château à Giraut de Pépieux « pessimo traditori » (cf. v. 940). C'est à l'instigation de l'abbé de Cîteaux qu'il en entreprit le siége (P. de V.-C. ch. LXI, Bouq. 58 c).

2. « Alanus de Rociaco vir multae probitatis. » P. de V.-C. ch. LVIII, Bouq. 56 A. Il tirait son surnom de Rouci, arr. de Laon ; voy. sur ce personnage Longnon, *Le livre des Vassaux*, table des noms de personnes, p. 250 *b*. Indépendamment des témoignages cités par M. Longnon, on voit encore ce personnage figurer dans deux actes du Trésor des Chartes, en 1201 et en 1209 (Teulet, *Layettes du Trésor*, nos 619 et 903). Le v. 4819 donne à entendre qu'il était seigneur de Montréal (arr. de Carcassonne) ; et en effet, dans un acte de juin 1214, il prend le titre de « dominus Montisregalis et Bromi (= Bram, c. de Fanjaux), » (Doat XCVIII, 20 v° ; Molinier, *Catalogue*, n° 83).

3. Est-ce Livron, Drôme? Cependant un « Petrus de Livron » vassal du comte de Nevers prête serment au roi de France en 1219 (*Layettes du Trésor*, n° 1375). Ce nom ne figure pas dans l'*Inventaire des titres de Nevers* de l'abbé de Marolles.

4. Pâques est en 1212 le 25 mars. On trouvera dans P. de V.-C.

vivres leur manquent ; ils n'en purent avoir mie[1]. Plus d'un mois et demi ils restèrent en cette situation, et puis vint la masse et la grande compagnie des croisés d'Allemagne et de ceux d'Italie, et des barons d'Auvergne et de ceux d'Esclavonie. [2355] Qui avant, qui après, ils (les partisans de Raimon) se mettent en route : ils n'attendirent pas qu'ils fussent à la distance d'une lieue et demie quand ils les virent venir.

CXII.

L'ost [des croisés] fut merveilleusement grande, comme vous entendez dire : par toute la terre on commence à fuir. [2360] On abandonne Montferrand et les Cassés. Tous s'en vont à Toulouse : il ne reste au pays homme qui ait pu se mettre à l'abri. Au pont d'Albi, là-haut, ils (les croisés) commencent à venir. Rabastens et Gaillac ne purent faire autrement [2365] que de se livrer à leur discrétion[2], et c'est pourquoi ils s'enfuyaient, car on devait se mettre à l'abri. Ceux de Saint-Antonin firent acte de hardiesse, poussés par Azémar Jordan[3] ; mais quand

ch. LX (Bouquet, p. 58 D E) le récit des merveilles que les croisés accomplirent sans résultat au siége de Saint-Marcel. P. de V.-C. est d'accord avec G. de Tud. pour la levée du siége (Bouquet, p. 59 C), mais il n'attribue qu'un mois au siége entier (p. 58 E), tandis que G. de Tud. le fait durer de l'Épiphanie à Pâques. Une charte de Simon, donnée à Albi le 3 avril 1212, est publiée dans le *Gall. Christ.*, I, *Instr.* p. 10 (Molinier, *Catalogue*, n° 50).

1. P. de V.-C. dit la même chose, Bouq. 58 E.
2. Traduction douteuse ; *s'adobessan* n'est pas clair. P. de V.-C. (Bouq. p. 61 C) : « Dicamus breviter quod illa tria castra nobilia, « videlicet Rabastens, Mons-acutus, Galliacum.... tunc quasi uno « die, sine obsidione et difficultate aliqua, se nostro comiti reddi- « derunt. »
3. Ce personnage ne figure pas dans la liste, du reste bien

arriva le moment de la lutte, il n'y en eut pas un qui eût à s'en réjouir. [2370] Puisse Dieu me bénir, aussi vrai que jamais je ne vis prendre sans combat tant de châteaux abandonnés[1]! Ils occupent en passant La Garde et Puycelsi; vous n'y auriez trouvé aucun homme qui osât y dormir, mais tous s'enfuient de nuit.

CXIII.

[2375] En l'ost des croisés il y a grand noise et grand bruit. Ils ruinèrent et détruisirent Saint-Marcel[2], et se logèrent à Saint-Antonin. En moins de temps que ce qu'il vous eût fallu pour cuire un œuf, il s'en emparèrent cette même nuit. [2380] De morts et de noyés il y en eut bien vingt-huit, entre les bourgeois de la ville, et dix qui se sont enfuis[3]. Au moûtier se réfugièrent tous, femmes et hommes, mais on les dépouilla tous, et ils restèrent nus. Les clercs furent aussi dépouillés, et grand ennui leur font [2385] les ribauds et les valets de l'armée.

CXIV.

Saint-Antonin fut pris, comme dit la chanson, et les croisés emmennent Azémar Jourdan en prison, lui et

---

insuffisante, que le baron de Gaujal a donnée des vicomtes de Saint-Antonin, *Études histor. sur le Rouergue*, I (1858), 251.

1. J'interprète plutôt que je ne traduis. La phrase de G. de T. est assez mal écrite.
2. Cf. P. de V.-C., Bouq. 61 c D.
3. Cela ne paraît pas donner un bon sens, voir au t. I la leçon de la réd. en pr. rapportée en note.

le vicomte Pons, et je ne sais combien d'autres[1]. Que Dieu de gloire ne me pardonne pas mes péchés, [2390] si, tandis qu'on combattait, les clercs ne chantaient pas *Sancte Spiritus*[2] en grande procession, tellement que d'une demi-lieue vous en eussiez entendu le son! Que vous dirais-je, et pourquoi allonger le récit? Un jour l'ost se mit en marche à hâte d'éperon, [2395] avec le comte de Montfort et les autres barons, laissant en garnison à Saint-Antonin le comte Baudouin, mais avant il alla recevoir Moncuc et le donjon[3]. L'ost [des croisés] continuant sa marche a passé Avignon[4]; [2400] elle s'en va en Agenais, avec la bénédiction de Dieu. Arnaut de Montagut[5] et les Gascons les surent bien guider par cette région. Ils démantelèrent Moncuc, qui appartenait au comte Raimon; jusqu'à Penne d'Agen ils ne s'arrêtèrent point. [2405] En nul

---

1. Saint-Antonin fut attaqué et pris le jour de l'octave de la Pentecôte (6 mai 1212), voy. P. de V.-C., fin du ch. LXII, Bouq. 61-2. Cet historien ne nomme pas Azémar Jourdan : il dit seulement que le comte de Toulouse avait confié le château de Saint-Antonin : « cuidam militi, homini pessimo et perverso » (Bouq. p. 61 D). Simon ne fit pas massacrer les habitants, parce que « si « homines castri, utpote rudes et agricolas interfici faceret, cas-« trum illud, destructis habitatoribus, redigeretur in solitudinem » (Bouq. 62 B). C'est le même raisonnement que pour Carcassonne (ci-dessus, p. 39, n. 1). Cf. v. 3126-8.

2. P. de V.-C. rapporte aussi que pendant l'assaut de Moissac le clergé chantait le *Veni Creator* (ch. LXIII, Bouq. 68 A), et de même à l'assaut de Chasseneuil (ch. LXXIX, Bouq. 98 A).

3. Arr. de Cahors. Cf. P. de V.-C. ch. LXIII, Bouq. 62 D.

4. Arr. de Villeneuve-sur-Lot.

5. Celui à qui un peu plus tard fut confiée la garde du château de Biron. Il est sans doute différent d'un personnage du même nom qui figure au v. 6847 entre les adhérents du comte de Toulouse.

lieu ils ne trouvent résistance, sinon à Penne qui appartint au roi Richart[1]. Un mardi ils l'assiégèrent de toutes parts. Là il y eut force Français, Normands, Bretons, Allemands, Lorrains, Frisons, [2410] force barons d'Auvergne et de puissants Bourguignons; mais le château est fort et ne les prise un bouton. Mangonneaux et pierrières tirent dessus; on y lance des traits. Ugo d'Alfar est dedans, qui est originaire d'Aragon[2], Bausan le mainadier et B. Bovon, [2415] Giraud de Montfavens qui a la baillie de Moncuc, et quantité d'autres qui ne me sont pas connus. Le siége y fut mis après l'Ascension, et dura jusqu'en septembre, comme dit la chanson, jusqu'au temps où on fait la vendange [3].

CXV.

[2420] Le siége fut grand, que Jésus me protége! et le château fut fort, tellement qu'on ne le put forcer. Tant de pierres y jettent les croisés de Bar[4] avec de

---

1. Avec l'Agenais, Richard Cœur-de-Lion avait donné à Raimon V Agen et son territoire en même temps que sa sœur Jeanne. Cf. P. de V.-C. ch. LXIII, Bouq. 62 D.

2. « Castrum illud commiserat comes Tolosæ cuidam militi « senescallo suo, qui dicebatur Hugo d'Alfar, et erat Navarrus; « insuper et filiam suam, non de legitimo matrimonio, eidem « militi dederat in uxorem. » P. de V.-C. ch. LXIII, Bouq. 62-3. Cf. p. 100, n. 1.

3. Selon P. de V.-C., ch. LXIII, le siége fut mis devant Penne le 3 juin (Bouq. p. 63 D), c'est-à-dire un mois après l'Ascension qui en 1212 eut lieu le 3 mai, et la place se rendit le jour de saint Jacques, 25 juillet 1212 (Bouq. p. 65 c).

4. Probablement les mêmes que les *Barrau* du v. 1415, nom

grands mangonneaux, qu'ils le font presque effondrer. Il y a dedans nombre de chevaliers, de routiers, de Navarrais. [2425] Ugo d'Alfar le tenait pour le comte. Certes, s'ils avaient eu de quoi boire et de quoi manger, les croisés ne les auraient pas encore pris et n'y auraient pu entrer; mais la chaleur est excessive, et ils (les assiégés) ne la purent endurer. La soif les étreint tellement qu'ils en sont malades, [2430] et les puits sont séchés, ce qui les remplit d'épouvante; et ils voient l'ost s'accroître chaque jour, bien loin de diminuer, car ils y voient arriver le comte Gui[1], et Foucaut de Merli[2] sur un cheval liard, et son frère Jean avec un mantel gris et vairé, [2435] et le chantre de Paris[3] qui sait bien prêcher, et foule d'autres barons que je ne vous sais dire; tandis qu'ils ne savent trouver secours nulle part. Il leur fallut, quoi qu'il leur en coutât, rendre le château, que le comte de Montfort fit ensuite renforcer [2440] et consolider de tous côtés à l'aide de chaux et de mortier. Je ne veux pas parler des luttes qui eurent lieu là (devant Penne), car la chanson est longue et je ne veux pas me retarder; j'ai coupé mon récit et je veux y revenir.

Quand le château fut pris, ils n'y voulurent pas séjourner, [2445] sinon le moins possible; ils font démonter les tentes et les pavillons, et charger sur les chars; puis ils s'en vont à Biron qui est là-bas près de

---

sous lequel paraissent être désignés les Allemands (voy. p. 78, n. 6). On a vu plus haut (v. 2353 et 2409) que l'ost des croisés venait de recevoir des renforts d'Allemagne.

1. Le frère de Simon de Montfort.
2. Ce personnage, qui reparaît plus loin, m'est d'ailleurs inconnu.
3. Voy. p. 80, note 2.

la mer[1], que tenait Martin Algai[2], et d'où il avait coutume de guerroyer. Périgord et Saintonge sont venus s'en plaindre [2450] ici à notre croisade.

CXVI.

Le comte et les croisés s'en vont par la grande route au château de Biron, l'oriflamme levée. Ils l'eurent bientôt pris, sans retard. Ils font périr Martin Algai d'une mort honteuse[3] : [2455] ils le font traîner par un cheval, c'est vérité prouvée, puis il fut pendu à la vue de tous en un pré. Alors ils confièrent le château à A. de Montagut, ainsi que toute la contrée. Puis, le matin, ils repartirent pour Moissac. — [2460] Ils font bien trois lieues chaque jour. L'ost marche le plus qu'elle peut, formée en colonne. Le comte a mandé alors la comtesse, dame bonne et sage, qui vint par Catus[4] avec quinze mille hommes de bonne gent armée[5]. [2465]

---

1. Cant. de Montpazier, Dordogne. La leçon « près de la mer » est confirmée par la rédaction en prose. Pourtant il y a environ 180 kil. de Biron à la côte.

2. G. de Tud. ne nous a point dit, au moins dans le texte qui nous est parvenu (voir cependant la réd. en pr., à la note du v. 2448), que ce personnage eût abandonné la croisade pour le comte de Toulouse, mais nous le savons par P. de V.-C., ch. LXIII (Bouq. p. 65 E) : « Castrum illud dederat comes Tolosæ « cuidam traditori, nomine Martino Algais, quia sicut in superio- « ribus diximus, fuerat cum comite nostro; sed postea, proditione « facta, ab eo recesserat. » Cf. ci-dessus p. 109, n. 1.

3. Il fut livré par les habitants; voy. P. de V.-C. (Bouq. p. 66 A).

4. Arr. de Cahors.

5. Avec quelques croisés seulement, selon P. de V.-C., ch. LXIII (Bouq. 66 B).

Catus, où ils avaient pris logement[1], s'était rendu au comte Baudouin et à notre croisade[2]. L'ost s'est concentrée à Penne d'Agenais; le lendemain à la dînée ils arrivèrent à Moncuc, et le jour suivant à Moissac, à tierce sonnée[3]. [2470] Les routiers sont dedans, en grande compagnie, entrés dès la veille au soir.

CXVII.

Les bourgeois de Moissac virent l'ost se loger le long du Tarn, autour d'eux, sur la grève. Certes, ce n'est pas merveille s'ils furent en émoi. [2475] Ils ne demanderaient pas mieux que de traiter, ne fussent les routiers ; ils savent bien qu'à la longue ils ne pourront plus tenir. Ils pourraient bien s'échapper par les vignes, sans se soucier de leur raisin qui est prêt pour la vendange. Trois d'entre eux le firent, [2480] qui du reste ne perdirent pas la valeur d'un denier, mais, ce qui doit arriver, l'homme n'y peut rien changer[4]. Ceux de Castel-Sarrazin surent se tirer d'affaire[5] en gens sages qu'ils sont, loyaux et droituriers, et de façon à

1. Ou encore, d'après la correction proposée en note : « où *l'ost* avait pris logement ».
2. *Castus* (et non *Cascus*), au v. 2465, est le même que le Catus du v. 2463. P. de V.-C. ne mentionne pas ce lieu : il se borne à dire, sans désignation spéciale, que plusieurs châteaux des environs de Cahors furent abandonnés par les routiers et les ennemis de la foi qui les occupaient (Bouq. 66 c).
3. C'est un chemin bien peu direct : Penne, Moncuc et Moissac sont à peu près à égale distance; passer par Moncuc, c'était doubler le trajet. Selon P. de V.-C. (Bouq. 66 c) les croisés arrivèrent devant Moissac la veille de l'Assomption (14 août).
4. Le Roux de Lincy, *Livre des proverbes*, II, 259.
5. Cf. P. de V.-C., ch. LXIII (Bouq. 68 A).

éviter tout reproche. [2485] Ils savent bien que si le comte peut recouvrer sa terre et conclure un accord avec le pape, ou que si le roi d'Aragon est assez puissant pour vaincre les croisés et les repousser en champ de bataille, qu'alors il (le comte de Toulouse) les recouvrera sans nul retard. [2490] Dans ces conditions, ils ne veulent pas se faire occire et tuer. Des bourgeois d'Agen, qui les premiers se rendirent[1], ils prirent cet exemple que vous m'entendez conter. De deux maux on doit toujours choisir le moindre[2]. B. d'Esgal a dit[3] : « Si tu passes par un sentier, [2495] et que tu « voies ton compagnon tomber en la fange[4],.... et « si tu passes un gué, tu ne dois pas marcher le pre-« mier, mais tenir le milieu, de telle sorte que si tu « vois personne se noyer, tu puisses aussitôt revenir « sur tes pas. » C'est pourquoi, Dieu me pardonne ! ils ne sont point à blâmer, [2500] car leur garnison, sur laquelle ils devraient compter, Giraut de Pépieux et tous ses chevaliers, sortent du château au dehors, sur la grève : il dit qu'il n'y resterait pas pour or ni

---

1. G. de Tud. ne nous a rien dit de cette capitulation des habitants d'Agen, peu en accord avec les sentiments qui leur sont attribués au v. 1413. P. de V.-C. place cet événement avant la prise de Penne, c.-à-d. au commencement de juin 1212 : « Assu-« mens igitur de militibus exercitus secum quos voluit, perrexit « Aginnum, exercitu in loco in quo erat ejus reditum expectante, « perveniensque Aginnum honorifice est susceptus. Insuper et « cives, constituentes eum dominum suum, præstito sacramento « fidelitatis, tradiderunt ei civitatem » (ch. LXIII, Bouq. 63 A).

2. Le Roux de Lincy, *Livre des prov.* II, 281.

3. Nous ne savons rien de cet auteur, présenté ici comme moraliste.

4. Le sens reste interrompu comme s'il y avait une lacune après le v. 2495.

pour deniers......[1] et va occire et malmener ceux de Moissac, [2505] et leur ville fut prise.

CXVIII.

Je ne sais si ce fut péché qu'après la prise de Penne[2] les bourgeois de Moissac ne voulurent traiter en aucune façon, ou si l'accord n'eut pas lieu pour que justice fût faite[3] : ils ne croient point que de leur vivant la ville soit prise, [2510] eux ni les gens de Toulouse qui étaient entrés dans la place et chaque jour les exhortent et les excitent. L'archevêque de Reims[4], revêtu d'une peau de gris, était assis dans sa tente sur un coussin noir. Avec lui le comte de Montfort et le chantre de Saint-Denis ; [2515] la comtesse y était, assise en face d'eux, et maint autre baron placé à leurs côtés, et Guillaume de Contre, que Dieu aime et prise, et Pierre de Livron qui prie avec ferveur en église, et Lambert de Limoux[5] qui porte, [2520] à cause de la chaleur, une chemise faite en Frise. Ces gens-là conseillèrent d'assiéger la ville, et y firent venir l'ost.

---

1. Même observation; voy. au t. I la note du v. 2502. Il faut sans doute suppléer que l'armée croisée, quittant Castel-Sarrazin, se mit en route. P. de V.-C. ne mentionne pas la reddition de cette place.

2. Ci-dessus, v. 2415 et suiv.

3. Je paraphrase : m. à m. « si [cela, c.-à-d. l'accord] n'eut pas lieu (*remas*) pour justice.

4. Aubri Humbert de Hautvilliers, *Gall. Christ.* IX, 104. Il était arrivé à l'ost le lendemain de la prise de Penne (P. de V.-C., ch. LXIII, Bouq. 65 c).

5. Voy. p. 44, note 2.

CXIX.

A l'entrée de septembre, quand août fut passé, ils assiégèrent activement Moissac de toutes parts[1]. [2525] Le comte Baudouin y faisait grande dépense : il y mangea force oies, force chapons rôtis, ainsi que me le contèrent son bailli et le prévôt. Ils dressent les *chattes* et les engins [de siége] parmi l'armée. Il y avait grand marché de vin en cette ost, [2530] comme aussi d'autres vivres.

CXX.

Au siége de Moissac il y a souvent grande bataille, les routiers qui sont dedans font à l'ost grand dommage : bien souvent ils en tuent, de ces vilains. Au comte Baudouin (que Dieu me soit en aide !) [2535] ils tuent un damoiseau, tellement que hauberc ni ventaille ne put le protéger contre la mort, [ni faire] que dans le ventre ils ne lui missent un carreau comme dans un sac de paille. Cependant le comte de Montfort donne ordre d'aller porter le bois que force charpentiers taillent ; [2540] et il les accompagne en armes, avec tous ses compagnons, de peur qu'on les attaque.

CXXI.

Le comte Simon de Montfort et les autres barons font

---

[1]. Il est possible que le siége n'ait été poussé activement que dans les premiers jours de septembre, mais les croisés étaient devant la place dès le 14 août, voir p. 136, note 3.

dresser les pierrières, faire une *chatte* et bâtir un *bosson* [2545] qui nuit et jour bat le mur qui environne la ville. Ceux de Moissac sont marris et félons. Un jour ils s'armèrent tous sans bruit, à la dérobée, et se lancent sur l'ost au galop. Ils pensent brûler la chatte, et y apportent force tisons. [2550] « Aux armes ! » s'écrient Français et Bourguignons. Du campement s'élancent Poitevins et Gascons [1], Flamands et Lorrains, Normands et Bretons ; vêtus de hauberts et de bonnes cottes d'armes, par-dessus des pourpoints et des cisclatons [2]. [2555] Et le comte de Montfort vint éperonnant par le gravier, portant des enseignes [3] et un écu orné d'un lion. On lui tue son cheval au sortir d'un petit bois. Il eût été pris cette fois, sans Guillaume de Contre (que Dieu bénisse !), [2560] et messire Morel qui était son compagnon, un cavalier de belle mine, preux, courtois, hardi, bel et bon. A la rescousse arrivent éperonnant P. de Livron et Foucaut de Merli avec le comte Gui [de Montfort]. [2565] Ils vinrent rangés en bataille d'un tel élan qu'ils délivrèrent le comte, que [les défenseurs de Moissac] le voulussent ou non. Le comte fut un peu blessé par derrière au talon [4]. Le neveu de

---

1. « Poitevins et Gascons » sont une sorte de formule qui arrive ici pour la rime, car il ne devait pas y avoir beaucoup ni des uns ni des autres dans l'ost des croisés.

2. C'est un vêtement de soie, mais on ignore l'origine, et par suite le sens précis de ce mot.

3. Des marques distinctives pour se faire reconnaître.

4. J'adopte la traduction de Fauriel : je suis porté à croire que *tendon* qui ne figure pas dans Raynouard et dont on n'a pas d'ex. ancien en français (voy. Littré) est fautif. Rien dans la réd. en prose.

l'archevêque [de Reims] fut pris par quatre garçons[1] qui le tuèrent incontinent[2].

CXXII.

[2570] Seigneurs, le combat fut merveilleux et grand, lorsque vinrent les Français, les Bretons, les Normands. Les routiers s'enfuirent alors et rentrèrent [dans la ville], et l'archevêque fut dolent à cause de son neveu. Le lendemain matin, avant tierce sonnant, [2575] arrivaient du côté de Cahors je ne sais combien de croisés. Ceux de Montauban, qui gardent les chemins, les assaillent au passage par derrière et par devant. La nouvelle en arrive aussitôt au siège : le comte Baudouin se revêt en hâte de ses armes, [2580] et tous ses compagnons s'arment promptement : Armant de Montlanart[3], monté sur un bon cheval courant, et les fils d'Ugo del Brolh, qui sont preux et vaillants, les poursuivirent tellement de toutes parts, qu'ils y gagnèrent huit bons chevaux, dont un gris [2585] qu'eut un arbalétrier[4].

1. On sait que ce mot a toujours un sens très-méprisant au moyen-âge.
2. P. de V.-C. ch. LXIII (Bouq. 66 E) : « In illo autem conflictu « quidam de adversariis sagittam dirigens, comitem nostrum in « pede vulneravit, sed et quendam juvenem de nostris, qui erat « nepos archiepiscopi Remensis, capientes, illum post se traxe- « runt; quem occidentes et turpiter detruncantes, ad nos proje- « cerunt. »
3. Il figure plus loin (v. 6368) parmi les défenseurs de Toulouse.
4. Il n'est question nulle part ailleurs de cette affaire.

CXXIII.

Le preux comte Baudouin et tous ses chevaliers s'en retournent au campement ce soir même. Cependant les pierriers tirent tout le jour sur Moissac, effondrant les murs et les mettant en morceaux. [2590] Ce n'est pas merveille si [les habitants] prennent peur, car ils n'espèrent secours d'aucune part. Il y a bien un mois que le comte de Toulouse est allé là-bas à Bordeaux, pour s'entendre avec Savaric [de Mauléon], et il n'a rien fait qui vaille un denier, [2595] sinon qu'à grand prix il a recouvré son fils[1]. — Je reviens à mon récit que je ne veux point abandonner, et veux vous parler un peu d'un miracle que Jésus le droiturier fit à ceux de l'ost : c'est qu'un grand pan du mur se laissa choir [2600] dans les fossés, de sorte qu'on y pourrait passer[2]. Quand les bourgeois virent cela, il ne vous faut pas demander s'ils en furent épouvantés, eux et les mainadiers. Ils veulent faire accord avec le comte de Montfort ; mais il leur a juré par les saints d'Outre mer [3] [2605] qu'il ne laissera pas échapper en vie un seul d'entre eux, s'ils ne lui livrent les routiers qui lui ont fait du mal. Que servirait de faire durer le récit toute la journée ?

1. On ne nous avait point dit qu'il eût été enlevé. Il y a dans l'*Hist. des ducs de Normandie*, p. p. M. Fr. Michel pour la Soc. de l'Hist. de Fr., un passage qui éclaircit l'obscure allusion de G. de Tudèle. Nous y voyons (p. 122) que Savaric, s'étant séparé du comte de Toulouse, lui réclama « ses soldées », que ne pouvant les obtenir, il prit en otage le jeune Raimon, et ne le rendit que moyennant une rançon de dix mille livres.
2. Circonstance inconnue à P. de V.-C.
3. Formule de serment fréquente dans les chansons de geste.

Ils aiment mieux leurs propres personnes que frère ni femme ni parent ni cousin !

CXXIV.

[2610] Aux croisés fut rendu Moissac un bon matin[1]; et les routiers furent pris et traînés[2]. Ils en tuent plus de trois cents, par saint Martin ! et en eurent harnois, chevaux, roncins. Les bourgeois payèrent de rançon plus de cent marcs d'or fin[3]. [2615] Tous leurs voisins à la ronde sont frappés d'épouvante. Messire Guillaume de Contre eut Castel-Sarrazin[4]; Montech[5] fut donné au comte Baudouin, et Verdun sur Garonne[6] à Perin de Saissi[7], puis ils se mettent en route, [2620] et vont vers Montauban.

CXXV.

Le fils du comte de Foix, du côté de Puycerda, avec cent chevaliers, entre à Montauban[8]..... La ville est

1. Le 8 septembre, P. de V.-C. ch. LXIII, Bouq. 68 c.
2. « Accipientes autem peregrini nostri ruptarios, avidissime « interfecerunt. » P. de V.-C. ch. LXIII (Bouq. 68 c).
3. Cf. Marion, *Bibl. de l'Éc. des ch.* 3, I, 127-9, principalement d'après la chronique d'Aimeric de Peyrac.
4. La capitulation de Castel-Sarrazin eut lieu pendant le siège de Moissac; voir v. 2482 et suiv. P. de V.-C. ch. LXXV (Bouq. 91 B) : « Erat autem cum comite Balduino miles quidam Franci-« gena, nomine Guillelmus de Contris, cui comes Montis fortis « dederat castrum quoddam quod dicitur Castrum Sarracenum. »
5. Tarn-et-Garonne, arr. de Castel-Sarrazin.
6. Selon P. de V.-C. ch. LXIII (Bouq. 68 B) la reddition de Verdun avait eu lieu pendant le siège de Moissac; et les habitants de Moissac ne se seraient décidés à capituler qu'après avoir vu presque toutes les villes voisines se soumettre.
7. Mentionné par P. de V.-C. Voy. la note 2 de la p. 155.
8. Lacune; voy. t. I, note sur le v. 2622. Le copiste a passé

très-forte ; jamais en plaine on ne se vit si bien fortifiée, et les fossés sont grands. [2625] Les personnages de l'armée, ceux qui sont puissants, voient que l'hiver arrive, que l'été se passe, et que [les habitants de Montauban] se soucient d'eux comme d'un gland. [D'autre part] l'abbé de Pamiers, avec un sien chapelain, prêchent sans cesse qu'ils perdront la ville [de Pamiers[1]]; [2630] que ceux [des croisés] qui l'occupent[2] s'en iront tous, ou[3] se rendront si on ne vient à leur secours ; car les habitants de Saverdun leur enlèvent le pain et le vin, et ils n'ont pas vendangé, je crois, depuis plus d'un an. Pour ce motif, tous s'en vont là-bas[4]. [2635] A grandes journées ils s'acheminent le lendemain. Ils passent à Auterive où les Allemands vinrent les rejoindre, [venant] du côté de Carcassonne, avec mainte oriflamme et maint riche pennon[5].

quelques vers où il était raconté comment Simon vint assiéger Montauban.

1. Fauriel pense que « la ville » désigne Montauban, et traduit en conséquence : « *qu'ils ne peuvent prendre* Montauban » ; mais le texte porte *perdran*, et comme on ne peut perdre ce qu'on n'a pas, je crois plutôt que « la ville » est Pamiers ; voir la note suiv.

2. Les croisés occupaient en effet cette ville depuis 1209. Elle leur avait été livrée par l'abbé de Saint-Antonin près Pamiers (Molinier, *Catalogue*, n° 30; P. de V.-C. ch. xxiv et xlvi, Bouq. p. 25 cd et 42 e). Au concile de Narbonne (ci-dessus, p. 74) on proposa au comte de Foix, qui refusa, un accord dont une condition était que Pamiers resterait au pouvoir des croisés (P. de V.-C. ch. xliii).

3. *Et*, selon le texte : je traduis comme s'il y avait *o*, correction très-faible qui améliore le sens.

4. Après le 14 sept., car à cette date Simon par un acte passé à Moissac, « in Moissiacensi capitulo », partageait avec l'abbé de Moissac les biens que Raimon VI possédait dans le territoire de cette ville (Molinier, *Catal.* n°s 55 a-6).

5. Selon P. de V.-C. (Bouq. 68 c), les Allemands, ayant avec

CXXVI.

Quand ceux de Saverdun virent tant de gonfanons, [2640] ils descendent de la ville et fuient à toute bride; et avec eux le comte de Foix, qui y était venu à ce temps, pensant y trouver un refuge. Pourquoi allonger le récit ? Par toute la Gascogne ils (les croisés) entrèrent librement ; [2645] Saint-Gaudens, Muret[1], la ville et le donjon, Samatan[2], l'Isle[3] jusque là-bas à Oloron, ils ont tout conquis, et la terre de Gaston[4]. Nulle part ils

---

eux divers chevaliers français, entre autres Enguerrant de Boves à qui Simon avait donné une grande partie des terres du comté de Foix, se rendent de Carcassonne à Pamiers, où Simon de Montfort parti de Moissac vient les joindre, laissant l'armée croisée se diriger vers Saverdun déjà évacué par le comte de Toulouse et le comte de Foix. Puis, Simon prenant avec lui les Allemands fait une course vers le château de Foix (au sud de Pamiers) et, rebroussant chemin, vient retrouver l'armée qui de Saverdun était allée, plus au nord, à Auterive. Le récit de P. de V.-C. est donc plus circonstancié et plus précis que celui de G. de Tud. qui vraisemblablement se trompe lorsque tout d'abord il place à Auterive la jonction de l'armée croisée avec les Allemands.

1. L'occupation de Muret précéda celle de Saint-Gaudens. Voir la relation très-circonstanciée de P. de V.-C. ch. LXIII (Bouq. 68 E) et ch. LXIV (Bouq. 69 DC).
2. Gers, arr. de Lombez.
3. L'Isle-Jourdain, Gers, arr. de Lombez.
4. C'est la seule fois que notre auteur mentionne Gaston de Béarn (*Art de vér. les dates* II, 259). Ce seigneur figure au nombre de ceux qui avec le comte de Toulouse, le comte de Foix et Savaric de Mauléon vinrent attaquer Castelnaudari (P. de V.-C. ch. LVI, Bouq. 51 B). Plus tard, après la prise de Biron, il fait une tentative, qui n'aboutit pas, pour traiter avec Simon. P. de V.-C. l'appelle « homo pessimus, qui semper adhæserat comiti « Tolosano » (ch. LXIII, Bouq. 66 A). On peut voir dans la lettre

ne trouvèrent résistance, sinon au château de Foix; et puis, quand il leur plut, [2650] ils s'en retournèrent en leur pays, après avoir fait leur quarantaine et gagné leur pardon. L'hiver qui suivit, le comte Simon se reposa, et garda bien sa terre avec son frère Gui. Puis il fit un parlement auquel assistèrent maints barons; [2655] là il y eut maint évêque et force autres prudhommes. Tous les châtelains de sa terre y sont, mandés par lui.

CXXVII.

Au parlement de Pamiers force clercs sont assemblés ; il y eut aussi maint puissant évêque, maint baron de prix. [2660] Ils imposèrent aux pays, qui sont grands et larges, des usages et des coutumes, dans la forme ordinaire. Ils en firent faire chartes et brefs scellés, puis ils retournèrent en leurs pays [1]. Guillaume de Contre, qui est preux et sage, [2665] se trouva, à la Saint-Denis [2], à Muret, dans les prés. Il quitta en bonnes dispositions [3] le comte avec Perrin de Saissi qui s'est

---

des prélats du concile de Lavaur au roi d'Aragon (P. de V.-C. ch. LXVI, Bouq. 73 D E) quels étaient les griefs de l'Eglise contre lui.

1. Nous savons par P. de V.-C. (ch. LXV, Bouq. 71 A B) que ce parlement se tint en novembre 1212, qu'il avait pour objet de fixer les droits des seigneurs et de délimiter leurs terres. Une commission de douze membres fut chargée de rédiger les actes destinés à être la loi des pays conquis. Les originaux de ces actes, au nombre de deux, sont au Musée des Archives nationales (n° 207), cf. Molinier, *Catal.* n°s 60 et 61.

2. 9 octobre.

3. M. à m. « baus et joians et liés », selon l'expression usuelle aux chansons de geste.

joint à eux et avec B. Jordan de l'Isle¹. Celui-ci resta en sa ville ²; les autres poursuivent leur chemin, [2670] et de l'Isle, où ils avaient couché, se dirigent vers Verdun où ils ont dîné. Le lendemain les routiers se sont mis en chemin. Ils coururent jusqu'aux fossés de Castel-Sarrazin, prenant force brebis et butin. [2675] On les a estimés à plus de mille cavaliers. Le bruit ne s'en était pas plutôt répandu par le pays, que Guillaume de Contre s'est armé, ainsi que messire Morel, qui chevauche à ses côtés, et Perrin de Saissi qui s'est vite apprêté. [2680] Ils ne sont pas plus de soixante, une fois sous les armes. Si peu nombreux qu'ils aient été, ils les ont mis en déroute et poursuivis jusqu'à Montauban, tellement qu'il y en eut assez de noyés dans le Tarn. La nuit les a dérobés à la poursuite, contrariant les croisés, [2685] outre que les chevaux de ceux-ci étaient très-fatigués de courir. Ils délivrèrent les prisonniers et leur ôtèrent leurs liens, et recouvrèrent le butin³.

1. Ce seigneur paraît avoir été assez longtemps le partisan de Simon de Montfort, ou du moins avoir gardé la neutralité. En juin 1215 encore, il est présent à l'hommage prêté par le comte de Fézensac et d'Armagnac à Simon de Montfort (Molinier, *Catal.* n° 105). En décembre 1217, au siège de Toulouse, le comte de Fézensac et d'autres seigneurs se portent garants auprès de Simon, de la fidélité de B. Jourdan, dès lors suspect, paraît-il (id. n° 148). En effet, après la mort de Simon de Montfort, nous le voyons se déclarer pour le jeune comte (v. 8543, 9535). Il était neveu du comte de Foix; voir plus loin la note sur le v. 3262.

2. Le sens est que B. Jordan reste à l'Isle qui était sa ville. Le texte est mal rédigé et obscur; Fauriel rapporte le *el* du v. 2069 à Guillaume de Contre et non pas à B. Jordan, mais cette interprétation ne convient pas à la suite du récit.

3. C'est probablement à cette affaire que se rapporte le passage ci-après de P. de V.-C. (ch. LXV, Bouq. 71 D) : « Dum hæc agerentur apud Apamias, hostes fidei, a Tolosa egressi, discurrere

CXXVIII.

C'est ainsi que Guillaume de Contre les combattit cette fois et leur enleva leur proie. [2690] Il gagna sur eux, et il y eut grande mêlée ; puis il s'en retourna avec sa mesnie. De l'avoir qu'ils ont pris sa troupe est joyeuse. Ils vinrent, lance levée, à Castel-Sarrazin. Quand ils furent rentrés au logis, il était minuit passé ; [2695] et lorsqu'ils eurent fini de manger, aux approches du matin, ils dormirent, je crois bien, jusqu'à tierce sonnée. Une autre fois les routiers se mirent en campagne et coururent toute la contrée d'Agen. A peine si leur troupe pouvait aller, tant elle était chargée. [2700] Guillaume de Contre, à qui cela ne plaisait pas, s'est jeté au-devant d'eux avec toute sa mesnie. Là il y eut frappé maint coup de lance et d'épée, tellement que la terre en était tout ensanglantée et jonchée de tronçons de lances tout à l'entour. [2705] Vous en eussiez vu de ces gloutons, sanglants, la bouche béante ! Il ne leur laissa pas d'avoir la valeur d'un denier. Tous il les déconfit avec sa troupe vaillante qu'il avait amenée de Bourgogne et de France en ce pays-ci.

CXXIX.

[2710] Guillaume de Contre, ainsi que je vous l'ai dit, vainquit tous les routiers et leur enleva ce qu'ils

« ceperunt per Wasconiam, et facere mala quæcumque potuerunt.
« Venerabilis autem episcopus Convenarum, assumpti' secum
« aliquibus de militibus nostris, perrexit in Wasconiam, terramque
« illam ab hostibus fidei viriliter defendebat. »

avaient pris, et gagna sur eux chevaux et roncins. Une autre fois ils coururent le pays vers Castel-Sarrazin, mais je vous donne ma parole [2715] que du sien ils n'emportèrent pas la valeur de deux poitevines[1] : ils furent déconfits, et obligés de se jeter dans le Tarn. Guillaume de Contre eut un cheval blessé de cinq ou six dards, et fut renversé à terre sous les yeux des siens. En homme vaillant [2720] il mit la main à l'épée, et s'élançant en avant, il pousse son cri de guerre[2]: Paris ! Messire Morel pique son destrier de prix, et tous les autres ensemble y vinrent, courant à la mêlée, n'étant pas sûrs de le pouvoir délivrer, [2725] et [craignant] qu'on le leur enlevât. A haute voix il crie : « Dieu aide ! » et « saint Denis ! » Là vous auriez vu maint écuyer occis, dans la mesnie [de Guillaume], et le bailli[3] y fut blessé. Guillaume monte sur un cheval hennissant, [2730] et frappe sur les routiers, tellement qu'il les déconfit, jusqu'au Tarn ; puis il rit de sa chute.

CXXX.

Seigneurs, Dieu fait force grâces et miracles pour Guillaume de Contre, qui se donne tant de peine [2735] que tout homme qui l'a vu une fois lui veut du bien. Certes, de Bourgogne il n'est pas venu en ce pays, et il ne viendra jamais un homme plus preux, à moins d'être plus riche ou plus puissant[4]. J'en reviens à mon

---

1. Monnaie de valeur minime : Du Cange, *picta* 3; cf. *Huon de Bordeaux*, v. 4960-2.

2. M. à m. : « Il cria hautement son enseigne de Paris ». Cela n'est pas clair.

3. De Castel-Sarrazin?

4. L'auteur paraît mettre la puissance, le rang, au nombre

récit, dont je vous ai écartés. [2740] Le roi Pierre d'Aragon donna une de ses sœurs au comte de Toulouse[1], et puis en maria une autre au fils de celui-ci[2] en dépit des croisés. Voici qu'il s'est mis en guerre : il dit qu'il viendra avec bien mille chevaliers, qu'il a tous soudoyés ; [2745] et s'il rencontre les croisés, il les combattra[3]. Et nous, si nous vivons assez, nous verrons qui l'emportera ; nous mettrons en récit ce dont nous serons informés, et écrirons encore tout ce dont il nous souviendra, autant que la matière s'étendra depuis l'heure présente [2750] jusqu'à la fin de la guerre.

des éléments qui faisaient l'homme preux ; peut-être aussi y a-t-il une omission entre les vers 2737 et 2738.

1. Eléonore d'Aragon, en 1200.
2. Sancie d'Aragon, en 1211.
3. L'intervention du roi d'Aragon ne se produisit pas d'une façon aussi abrupte. Ce prince s'étant rendu à Toulouse au commencement de janvier 1213 (circa festum Dominicæ apparitionis, P. de V.-C. ch. LXVI), obtint de Simon un armistice de huit jours, et adressa le 16 janvier aux évêques réunis en concile à Lavaur une respectueuse supplique en faveur des comtes de Toulouse, de Comminges, de Foix et de Gaston de Béarn, dépouillés de leurs terres par la croisade. P. de V.-C. (ch. LXVI) nous a conservé sa lettre et la dure réponse que lui firent les évêques le 18 janvier. Peu après, en se séparant, les mêmes prélats adressèrent au pape des lettres d'une violence inouïe contre le comte de Toulouse et ses adhérents (*Innoc. epist.* l. XVI, ep. XL et XLI). Ces lettres trouvèrent le souverain pontife « aliquantulum durum, eo quod « nimis credulus fuisset falsis suggestionibus nuntiorum regis « Aragonensium » (P. de V.-C. ch. LXVI, Bouq. 76 D). Pourtant il finit par révoquer les décisions qu'il avait prises en faveur du comte de Toulouse et des siens à la prière du roi d'Aragon, et adressa à ce dernier une lettre (l. XIII, ep. XLVIII) qui opposait une fin de non-recevoir à ses demandes. C'est alors, après avoir ainsi vainement tenté toutes les voies de conciliation, que le roi d'Aragon se décida à envoyer son défi à Simon (P. de V.-C. début du ch. LXVII).

CXXXI.

Avant que la guerre s'arrête et ait pris fin, il y aura maint coup donné, mainte lance brisée ; maint gonfanon neuf sera planté par la prairie, mainte âme sera arrachée du corps, [2755] et mainte dame veuve ruinée.

Le roi Pierre d'Aragon part avec sa mesnie. Il a mandé toute la gent de sa terre, tellement qu'il en a rassemblé une belle et grande compagnie. A tous il a déclaré [2760] qu'il veut aller à Toulouse combattre la croisade qui dévaste et détruit toute la contrée. Le comte de Toulouse lui a demandé merci, que sa terre ne soit ni brûlée ni ravagée, car il n'a tort ni faute envers personne au monde. [2765] « Et comme il est
« mon beau-frère, qu'il a épousé ma sœur, et que j'ai
« marié mon autre sœur à son fils, j'irai les aider
« contre ces misérables qui veulent les déshériter. »

CXXXII.

« Les clercs et les Français veulent déshériter [2770]
« le comte mon beau-frère et le chasser de sa terre
« sans tort ni faute qu'on puisse lui imputer : parce
« que c'est leur bon plaisir, ils le veulent dépossé-
« der. Je prie mes amis, ceux qui veulent me faire
« honneur, de penser à s'apprêter et à prendre
« les armes, [2775] car d'ici à un mois je passe-
« rai les ports[1] avec toutes mes compagnies, qui
« me suivront. » Et ils répondirent : « Sire, c'est

1. Les défilés des Pyrénées.

« bien à faire; nous ne voulons faire opposition à
« aucune de vos volontés. » Là-dessus ils se séparèrent pour s'aller apprêter. [2780] Chacun se poussa au mieux qu'il put. Ils trafiquent et engagent pour s'équiper[1]. Et le roi manda à tous de charger les bêtes de somme et les chariots, car l'été approche; et ils trouveront les terres et les prés commençant à reverdir, [2785] les arbres et les vignes se couvrant de feuilles menues. — Tandis que le roi d'Aragon s'occupe de ses préparatifs, le comte de Toulouse se prend à songer qu'il peut aller à Pujols[2] recouvrer cette ville. Il a fait part de son projet aux Capitouls. [2790] Ceux-ci ont répondu : « Tâchons d'y réussir ! » Ils font aussitôt crier par la ville que tous aient à sortir par la voie Molvar. Ils les assemblent dans les prés de Montaudran. « Seigneurs, » dit le comte, « voici pourquoi je vous ai fait mander : [2795] j'ai fait
« épier de près nos ennemis qui veulent nous dé-
« truire, et nous serrer de si près que nous ne puis-
« sions cette année récolter en ce pays ; et voici qu'ils
« sont tout près, en deçà de Lanta. — Seigneur, » dit le peuple, « allons les cerner. [2800] Vous avez assez
« de compagnons, grâce à Dieu ! et nous sommes tous

---

1. P. de V.-C. ch. LXX (Bouq. 84 A) dit en effet du roi d'Aragon
« ... insuper, sicut audivimus, partem terræ suæ non modicam
« pignori obligavit, ut haberet unde conducere posset stipondia-
« rios... » assertion que le roi Jacme I confirme d'une manière indirecte, à la fin du ch. XI de sa chronique.

2. On va voir (v. 2793) que pour aller à Pujols les Toulousains passent par Montaudran. Or il y a dans le voisinage de ce village deux lieux habités du nom de *Pujol :* un château dépendant de la commune d'Escalquens à 9 kil. environ au S.-E. de Montaudran; et à la même distance, mais un peu plus au nord, un hameau de la commune de Sainte-Foy-d'Aigrefeuille.

« armés et saurons les mettre en pièces. Et le preux
« comte de Foix (que Dieu sauve et protége !) et celui
« de Comminges peuvent vous accompagner; ainsi
« que les Catalans qui sont venus à votre secours.
« [2805] Et puisque nous voilà tous armés, mettons-
« nous à l'œuvre, avant qu'ils sachent rien de nous,
« et qu'ils puissent s'en retourner, les vilains taver-
« niers ! »

CXXXIII.

Les soudoyers français sont entrés à Pujols; et le puissant comte de Toulouse les a investis, [2810] avec lui le comte de Foix et le preux Rogier Bernart, et le comte de Comminges qui y vint en bel équipage; avec eux étaient les Catalans que le roi [d'Aragon] leur a laissés, et le peuple de Toulouse qui y vint tôt et vite, nobles et bourgeois et commun peuple[1]. [2815] Le premier parla un sage homme de loi, qui faisait partie du Capitole, et savait bien parler[2]: « Sire, puissant comte
« et marquis, s'il vous plaît, écoutez, vous et tous les
« autres qui êtes ici assemblés. Nous avons chargé [sur
« des chariots] les pierriers et les engins, [2820] afin
« de combattre énergiquement les ennemis ; et j'es-
« père en Dieu qu'ils seront bientôt vaincus ; car le
« droit est pour nous, et pour eux le péché, puisque
« nous les voyons détruire nos terres. Je vous ai adressé

---

1. Ce n'est pas ici seulement que l'auteur distinguera à Toulouse ces trois classes de personnes; cf. encore v. 2925-6.

2. Il est probable que l'orateur ici désigné n'est autre que le « maitre Bernart, » qui est introduit d'une façon toute semblable aux v. 6818 et 8240.

« la parole, seigneurs, pour vous faire savoir que [2825]
« nous avons vu des lettres scellées envoyées par nos
« meilleurs amis, portant que si demain au soir nous
« n'avons pas forcé les croisés, il leur viendra secours et
« grande force de chevaliers équipés, et de sergents ar-
« més. [2830] Ils nous feront grande honte et le mal sera
« doublé si nous partons d'ici avant de les avoir mis en
« pièces. Nous avons abondance d'arbalètes et de car-
« reaux empennés ; allons donc chercher de quoi com-
« bler les fossés [1], et hâtons-nous, de façon que l'action
« suive immédiatement les paroles. [2835] Allons tous
« ensemble chercher de la ramée et du blé [2], et appor-
« tons-en jusqu'à tant que les fossés soient emplis ; car
« là-dedans est la fleur des croisés, et si nous les pou-
« vons prendre, alors sera abaissé l'orgueil de Simon
« de Montfort, notre ennemi juré. [2840] Maintenant,
« faisons voir pourquoi nous nous sommes assemblés,
« et allons charger [3]. »

CXXXIV.

L'ost va charger, tôt et vite, tellement qu'il n'y a chevalier, bourgeois, ni sergent, qui n'apporte sans tarder une charge à son col. [2845] Ils la jettent dans les fossés et les emplissent si bien que leurs avancées sont au pied du mur, qu'ils se mettent à creuser avec

1. *Pertrait* dans le texte ; voir ci-dessus la note 2 de la p. 86.
2. « Du blé (vert) », Fauriel. Vert ou sec, il n'est pas naturel d'employer le blé à combler des fossés ; *blatz* (2835) est probablement fautif.
3. M. à m. « allons au *pertrait* ».

de grandes barres de fer[1]. Mais les Français se défendent et jettent du feu ardent, de grandes pierres de taille ou autres, dru et serré ; [2850] ensuite de l'eau bouillante sur les armures. Ceux d'en bas, quand ils la sentent, s'éloignent en se secouant, et se disent l'un à l'autre : « La gale est plus douce que ces eaux bouillantes qu'ils nous jettent. » Et les archers lancent dru leurs carreaux [2855] tellement qu'aucun des Français n'ose se montrer, de peur d'être frappé par la joue ou par les dents. Et les pierriers tirent, et leur font tant de mal que personne ne peut se tenir sur les courtines sans être abattu, renversé, obligé de s'en aller saignant, [2860] ou frappé mortellement, sans espoir de guérison. Galeries ni parapets ne leur servent de rien ; si bien que les chevaliers de Toulouse se sont écriés à haute voix : « Courons-leur sus, bourgeois, voilà qu'ils en ont assez ! » Aussitôt ils envahissent la ville et toutes les places ; [2865] et il n'y reste Français, pauvre ou riche, qui ne soit pris sans distinction. Ils furent passés au fil de l'épée ou pendus. Il y avait bien parmi eux soixante chevaliers, puissants, preux, bien élevés, [2870] sans compter les écuyers et les sergents de guerre[2]. A ce moment vient un messager qui n'est

---

1. M. à m. « de grands ferrements ».
2. P. de V.-C. ne désigne pas nominativement Pujols, mais il fait un récit qui paraît bien se rapporter à la prise de ce château. Au ch. LXIX (Bouq. 80, B) il écrit que certains chevaliers croisés, « scilicet Petrus de Sissi (cf. v. 2618), Simon li Sesnes (assurément « celui que mentionne G. de Tud. au v. 1145), Rogerus de Sartis (voy. « p. 45, note 3) », obtinrent de Simon de Montfort la permission d'occuper une petite forteresse en mauvais état qui était voisine de Toulouse. Puis, au ch. LXX (Bouq. 81, D E) il expose ainsi comment cette forteresse fut prise : « Videntes autem Tolosani et alii

pas novice. Il prend les Capitouls à part et leur dit tout bas que Gui de Montfort vient, le mauvais et le cruel, qu'il est à Avignonet[1], et vient au plus vite, [2875] et se propose de leur livrer bataille, s'il les atteint. Làdessus les trompes sonnent la retraite, « car (disent- « ils) nous nous sommes bien vengés de nos ennemis. » Ils entrent tous à Toulouse allègres et joyeux de leur succès.

CXXXV.

[2880] De leur succès ils ont au cœur grand contentement, tous ceux de Toulouse et leurs auxiliaires. Gui de Montfort, lorsque la rumeur lui apprit que les Français sont morts, en eut au cœur grande tristesse, et ne put s'empêcher de verser des larmes. [2885] Il pleure, s'afflige et manifeste une grande douleur pour la honte et l'affront qu'il a reçus. Laissons-les, et parlons d'autre chose. Le bon roi d'Aragon, monté sur son destrier, est venu à Muret et y plante l'oriflamme, [2890] et assiége la ville avec maints puissants vavasseurs qu'il a

---

« hostes fidei quod comes noster pergeret cum filio suo in Vasco-
« niam, episcopi vero et qui cum ipsis erant peregrini reverte-
« rentur ad propria, nacta occasione securitatis, egressi a Tolosa
« cum exercitu magno, obsiderunt milites quondam de nostris,
« scilicet Petrum de Sissi, Simonem de Sesnes, Rogerum de
« Sartis, et alios paucos qui, sicut diximus superius, munitionem
« quandam satis debilem et immunitam tenebant prope Tolo-
« sam. » Selon P. de V.-C., qui sur ce point est en désaccord avec le poëme, la place ne fut pas prise de vive force, mais les assiégés capitulèrent à condition d'avoir la vie sauve. Conduits à Toulouse ils auraient été massacrés. Simon de Montfort qui s'était mis en marche pour venir à leur secours arriva trop tard.

1. Voy. ci-dessus, p. 110, n. 3.

amenés hors de leurs terres. De ceux de Catalogne il y amena la fleur, et d'Aragon nombre de puissants guerriers[1]. Ils pensent bien ne trouver nulle part résistance, [2895] ni champion qui s'ose mesurer à eux. Il manda à Toulouse, à son beau-frère, de venir à lui, avec ses partisans, avec l'ost et les combattants : il (le roi d'Aragon) est prêt à lui rendre sa terre, [2900] [à lui et] au comte de Comminges et à sa parenté ; puis il marchera de vive force sur Béziers, il ne laissera un croisé en château ni en tour de Montpellier jusqu'à Rocamadour, qu'il ne le fasse mourir dans les tourments. [2905] Ainsi informé, le preux comte ne différa point, mais vint droit au Capitole.

CXXXVI.

Au Capitole se rend le comte, duc et marquis[2] : il leur a dit et exposé que le roi [d'Aragon] est venu, qu'il amène une armée, et qu'il a mis le siége : [2910] devant Muret les tentes sont pressées, car avec son ost il a assiégé les Français. « [Il nous demande] de lui
« porter pierriers et arcs turcs[3] ; et quand la ville
« sera prise nous irons en Carcassais, et nous repren-
« drons ce pays, si Dieu le veut ainsi. » — [2915] Ils répondirent : « Sire comte, c'est fort bien si l'entre-
« prise peut être terminée comme elle a été commen-

---

1. D'après la Vie de Raimon de Miraval (*Parnasse occitanien*, p. 224) le nombre des chevaliers amenés par le roi d'Aragon se serait élevé à mille (cf. 2744), qui tous auraient péri, avec leur seigneur, à la bataille de Muret. Cette dernière assertion est fort contestable.
2. Comte de Toulouse, duc de Narbonne, marquis de Provence.
3. Voy. le vocabulaire du t. I, au mot *arc*.

« cée ; mais les Français sont mauvais et durs en tout ;
« ils ont dur courage et cœur de lion. Ils sont forte-
« ment irrités [2920] du malheur qui leur est arrivé
« avec ceux que nous avons maltraités et tués à Pu-
« jols. Faisons en sorte de ne pas nous compromettre. »
Alors les courtois corneurs sonnent l'assemblée, afin
que tous sortent avec leur équipement et se rendent
droit à Muret où est le roi d'Aragon. [2925] Par les
ponts sortent chevaliers, bourgeois, et le peuple de la
ville ; en toute hâte ils sont venus à Muret où ils laissèrent leur équipement, et tant de bonnes armures, et
tant d'hommes courtois. Ce fut grand péché, Dieu et
Foi me viennent en aide ! [2930] et le monde entier en
valut moins.

CXXXVII.

Le monde entier en valut moins, sachez-le en vérité,
car Parage en fut détruit et chassé, et toute la chrétienté honnie et abaissée. Or oiez, seigneurs, comme
ce fut, et écoutez : [2935] Le bon roi d'Aragon fut à
Muret tout armé, et le comte de Saint-Gilles avec tous
ses barons ; et les bourgeois de Toulouse et le commun
peuple eurent mis en position et dressé les pierriers,
et combattent Muret tout à l'entour et de tous côtés,
[2940] tellement que dans la ville neuve ils sont tous
ensemble entrés, et ont pressé les Français qui l'occupaient, de façon qu'ils durent se réfugier dans le donjon du château. A ce moment un messager est venu au
roi : « Sire roi d'Aragon ; sachez en vérité [2945]
« que les hommes de Toulouse ont si bien fait qu'ils
« ont pris la ville, si vous le voulez bien, enfoncé les

« planchers et ruiné les maisons ; et ils ont chassé les
« Français de telle sorte qu'ils se sont tous réfugiés
« dans le donjon du château. » [2950] A cette nouvelle, le roi fut peu satisfait ; il se rend aussitôt auprès des consuls de Toulouse et leur a recommandé en son nom de laisser en paix les hommes de Muret : « Si
« nous les prenions, nous ferions folie, [2955] car
« j'ai eu brefs scellés portant que Simon de Montfort
« viendra demain en armes. Et quand il sera entré et
« enserré là-dedans, que Nuno mon cousin[1] sera arrivé
« ici, alors nous assiégerons la ville de toutes parts,
« [2960] et nous prendrons les Français et tous les
« croisés de telle sorte que jamais leur perte ne sera
« réparée ; puis Parage sera partout remis en splen-
« deur, au lieu que si nous prenions maintenant ceux
« qui sont enfermés [dans le château de Muret], Simon
« s'en fuirait par les autres comtés ; [2965] et si nous
« nous mettons à sa poursuite, notre peine sera double.

1. *Nunyo* en aragonais, *Nuño* en espagnol. Il était fils de D. Sanche, comte de Roussillon et de Cerdagne, et petit-fils de Raimon Berenger IV, roi d'Aragon, le père de Pierre II ; par conséquent cousin-germain de ce dernier. L'espoir qu'exprime ici le roi fut déçu. Nunyo Sanchez avait annoncé son arrivée, mais le roi, selon ce que nous apprend la chronique de Jacme I d'Aragon, ne voulut pas l'attendre. Il arriva sans doute après la bataille de Muret, car Jacme nous le montre alors guerroyant contre les Français du côté de Narbonne (ch. IX, éd. Aguiló, p. 17). Plus tard, devenu comte de Roussillon à la mort de son père (vers 1222), Nunyo s'allia à Louis VIII contre les Albigeois (1226). L'époque la plus brillante de sa vie fut celle où il prit une part importante à la conquête des Baléares et de Valence. Il mourut en 1241 (voy. *Art de vér. les dates*, II, 335-6 ; J.-M. Quadrado, *Historia de la Conquista de Mallorca*, Palma, 1852, p. 403-4). Aimeric de Belenoi composa en son honneur une complainte : « Ailas ! per que viu lonjamen ni dura » (Diez, *Leben u. Werke d. Troubadours*, p. 557 ; Milá y Fontanals, *Trovadores en España*, p. 193-6).

« Il vaudrait donc bien mieux que nous fussions d'ac-
« cord pour les laisser entrer ; alors nous tiendrons les
« dés, et nous ne les lâcherons pas jusqu'à tant que la
« partie soit finie. Voilà ce que je veux que vous leur
« disiez. »

CXXXVIII.

[2970] Les consuls[1] vont vite dire au conseil principal[2] de faire sortir de Muret l'ost de la commune, de faire cesser la destruction des barrières et des palissades, qu'on les laisse entières et debout, et que chacun vienne retrouver son logis au camp ; [2975] car le bon roi (d'Aragon) au cœur magnanime leur fait savoir que Simon viendra à Muret avant le soir, et il aime mieux le prendre là que nulle part ailleurs. Les barons (de Toulouse), ayant reçu cet ordre, sortent tous ensemble, et s'en vont chacun vers son foyer[3]. [2980] Petits et grands se mettent à manger. Quand ils eurent

1. Dans le texte il y a contradiction en ceci qu'au v. 2951 le roi d'Aragon se rend de sa personne auprès des consuls, pour leur donner ses ordres, tandis qu'au v. 2970 ces ordres sont transmis au conseil de Toulouse par des damoiseaux (*li donzel*) dont il n'a pas été question jusque-là. Au t. I j'ai essayé de faire disparaître la contradiction en supposant une lacune après 2950 ; il me paraît actuellement qu'il vaut mieux corriger au v. 2970 *donzel* en *cossol*. De la sorte le roi va d'abord trouver les consuls, et ceux-ci transmettent ses ordres aux capitouls.

2. C.-à-d. aux Capitouls.

3. Cette tactique dut paraître bien étrange aux assiégés. P. de V.-C. le constate lorsqu'il dit (ch. LXXI, Bouq. 84 c) : « Acce-
« dentes adversarii ad castrum Murelli, statim primo incursu,
« primum castri burgum intraverunt, quia obsessi nostri non
« poterant illud munire ... ipsum tamen primum castri burgum
« hostes citius dimiserunt. » P. de V.-C. nous apprend au début du même chap. que le siège fut mis devant Muret le mardi 10 septembre.

mangé, ils virent venir par un coteau le comte de Montfort avec sa bannière, suivi de nombreux Français tous à cheval[1]. La campagne[2] resplendit des heaumes et des épées comme s'ils eussent été de cristal. [2985] Je dis, par saint Martial, que jamais, entre si peu de gens, on ne vit tant de bons vassaux. Ils entrent à Muret par le marché, et vont, montrant la contenance de vrais barons, aux logis, où ils trouvent en abondance pain, vin et viande. [2990] Le lendemain, au jour, le bon roi d'Aragon et tous ses capitaines vont tenir conseil dehors, en un pré, avec le comte de Toulouse, celui de Foix, celui de Comminges au cœur vaillant et loyal, [2995] et maints autres barons, Ugo le sénéchal[3], les bourgeois de Toulouse et tous les artisans[4]. Le roi parla le premier.

CXXXIX.

Le roi parla le premier, car il savait bien parler : « Seigneurs, » leur dit-il, « écoutez ce que je veux « vous montrer. [3000] Simon est venu dans la ville « et ne peut échapper. C'est pourquoi je veux vous « faire savoir que la bataille aura lieu avant la nuit; et « vous, soyez prêts à conduire [vos troupes]. Sachez « frapper et donner de grands coups. [3005] Seraient-« ils dix fois plus nombreux, nous les ferons battre

1. Il venait de Fanjaux, en passant par Saverdun et Boulbonne ; voy. P. de V.-C. ch. LXXI et Guill. de Puyl. ch. XXI.

2. La *ribeira* (v. 2984) désigne la campagne qui s'étend de chaque côté d'un fleuve : c'est plus que les rives, et ce peut bien n'être pas une vallée, quoique *ribeira* ait eu, et ait encore en certains pays, ce dernier sens (voy. F. Michel, *Guerre de Navarre*, p. 415) ; il n'y a plus en français d'équivalent pour ce mot, depuis que *rivière* a perdu son sens primitif.

3. Ugo d'Alfar, sur lequel voy. p. 100, note.

4. Voy. plus loin la note sur le v. 6266.

« en retraite. » Le comte de Toulouse prit la parole :
« Sire roi d'Aragon, si vous voulez m'écouter, je
« vous dirai mon sentiment, et ce qu'il est bon
« de faire. Faisons élever les barrières autour des
« tentes, [3010] de façon qu'aucun cavalier n'y puisse
« pénétrer. Et si les Français viennent nous assaillir,
« nous, avec les arbalètes, nous les atteindrons tous;
« lorsqu'ils auront la tête baissée[1], nous pourrons les
« poursuivre, et ainsi les déconfire entièrement. »
[3015] Miquel de Luzia[2] parla ainsi : « Il ne me semble
« pas bon que le roi d'Aragon commette cette indi-
« gnité; et c'est grand péché, quand vous avez la place
« pour combattre, de vous laisser dépouiller par votre
« lâcheté. — Seigneurs, » dit le comte, « je ne puis
« rien de plus. [3020] Qu'il en soit à votre volonté!
« Avant la nuit on verra bien qui sera le dernier à lever
« le camp. » Là-dessus, on crie : Aux armes! et tous
vont s'armer. Jusqu'aux portes ils vont piquant des
deux, tellement qu'ils ont forcé les Français de s'enfermer. [3025] A travers la porte ils jettent leurs
lances, si bien que ceux du dedans et ceux du dehors
se battent sur le seuil, et se jettent dards et lances, et
s'assènent de grands coups. De part et d'autre on fait

---

1. Sur le cou du cheval, pour fuir. Cf. G. de Puyl. début du ch. XXII.

2. C'était un seigneur aragonais, que Jacme I nomme en effet dans sa chronique (ch. IX) parmi les hommes de la *maynada* du roi. Il est témoin à des actes de 1191, 1197, 1215 (n. s.) (*Marca hispanica*, col. 1385, 1398, 1399; P. de Bofarull, *Los Condes de Barcelona vindicados*, II, 227). Il paraît dans la biographie de Peiro Vidal et dans une des pièces de ce troubadour (p. 32 de l'édition de M. Bartsch). Raimon Vidal le mentionne dans sa nouvelle *Abril issia* (Bartsch, *Denkmäler d. provenz. Literatur*, 166/33). Il fut tué à Muret (Bouq. XIX, 233 B). Luzia est maintenant *Luesia*, dans le nord de l'Aragon, *partido* de Sos : voy. Milá y Fontanals, *Trovadores en España*, p. 331, note 9.

jaillir le sang : vous eussiez vu la porte toute rougie. [3030] Ceux de dehors, ne pouvant pas entrer, s'en retournent droit aux tentes : les voilà assis tous ensemble au dîner. Mais Simon de Montfort fait crier par Muret, par toutes les maisons, de faire seller, [3035] et de faire jeter les couvertes sur les chevaux, afin de voir s'il sera possible de prendre ceux de dehors au dépourvu[1]. Il les dirige sur la porte de Salles[2]; et une fois dehors, les harangue ainsi : « Seigneurs barons
« de France, je n'ai rien à vous dire, [3040] sinon que
« nous sommes venus ici pour risquer notre vie. De
« toute cette nuit je n'ai fait que réfléchir, et mes yeux
« n'ont pu dormir ni reposer ; et j'ai trouvé à force
« d'étudier que par ce sentier il nous faudra passer,
« [3045] pour aller droit aux tentes comme pour livrer
« bataille ; et s'ils sortent dehors disposés à nous assail-
« lir[3],... et si nous ne pouvons les faire sortir de leurs
« tentes, il ne nous restera plus qu'à fuir tout droit à
« Autvillars[4]. » Dit le comte Baudouin : « Allons essayer!
« [3050] et s'ils sortent dehors, tâchons de bien frap-
« per, car mieux vaut mourir honorablement que vivre
« en mendiant. » Là-dessus l'évêque Folquet les bénit, Guillaume de la Barre[5] les ordonna ; il les forma en

---

1. L'auteur ne dit pas qu'avant de commencer l'attaque, Simon de Montfort fit porter des propositions de paix au roi d'Aragon (P. de V.-C. 85 B; Chronique de Jacme I, ch. IX).

2. Salles est une commune de l'arr. de Muret, à 20 kil. au sud de cette ville, sur la rive gauche de la Garonne.

3. Lacune ; voir au t. I la note sur le v. 3046.

4. Sur la rive gauche de la Garonne, arr. de Moissac.

5. P. de V.-C. (ch. LXXI, Bouq. 85 AD) : « quidam milites, circi-
« ter triginta, nuperrimo venerant a Francia, ... inter quos erat
« quidam miles juvenis et frater comitis nostri ex parte matris,

trois corps[1], [3055] toutes les enseignes au premier rang, et ils marchent droit vers les tentes.

CXL.

Tous s'en vont vers les tentes, à travers les marais[2], enseignes déployées, pennons flottants. Des écus et des heaumes garnis d'or battu, [3060] de hauberts et d'épées toute la place reluit. Le bon roi d'Aragon, lorsqu'il les aperçoit, se dirige vers eux avec un petit nombre de compagnons. Les hommes de Toulouse y sont tous accourus, sans écouter ni comte ni roi[3]. [3065] Ils ne se doutèrent de rien jusqu'à ce que les Français arrivèrent, se dirigeant vers l'endroit où le roi avait été reconnu. Il s'écrie : « Je suis le roi! » Mais on n'y prit pas garde, et il fut si durement blessé et frappé que le sang coula jusqu'à terre; [3070] alors il

« nomine Guillelmus de Barris. » Il est encore mentionné au ch. LXXVI. Ce chevalier était fils de Guillaume des Barres (le deuxième du nom et le plus célèbre), et d'Amicie de Montfort. Celle-ci, avant d'épouser Guillaume II des Barres, avait été la femme de Simon III de Montfort, comte d'Évreux († 1181), de qui elle avait eu Simon IV de Montfort, le chef de la croisade, lequel était donc, comme le dit P. de V.-C., par sa mère le frère du Guillaume des Barres de qui il s'agit ici. Voy. la notice de Grésy sur Jean des Barres, *Mémoires de la Société des Antiquaires de France*, XX, 243, et Longnon, *Livre des Vassaux*, p. 276.

1. « ... tribus aciebus dispositis, » P. de V.-C. ch. LXXII (Bouq. 87 A).

2. Ces marais, moins considérables probablement aujourd'hui qu'autrefois, ne sont marqués ni sur la carte de Cassini ni sur celle de l'État-major.

3. Locution proverbiale, cf. ci-dessus, p. 97, note 2.

tomba mort tout étendu [1]. Les autres à cette vue se tiennent pour trahis. Qui fuit çà, qui fuit là : pas un

[1]. Le roi d'Aragon aurait donc été frappé sans avoir, pour ainsi dire, combattu, en même temps que ses troupes étaient surprises et mises en déroute sans avoir eu le temps de se mettre en ligne. C'est aussi ce que fait entendre le roi Jacme Ier, son fils; lorsqu'il nous montre son père tellement épuisé des excès de la nuit précédente, qu'il pouvait à peine se tenir sur ses pieds; lorsqu'il nous apprend que l'armée royale ne sut pas se ranger en bataille ni marcher ensemble, mais que chacun combattait isolément (ch. ix). Il est donc difficile d'admettre avec P. de V.-C. que l'armée d'Aragon fût rangée sur plusieurs lignes dans la seconde desquelles se trouvait le roi : « Ipse enim, utpote superbissimus, in secunda acie « se posuerat, cum reges semper esse soleant in extrema » (Bouq. 87 b). L'historien ajoute qu'il avait changé ses armes, « armisque « se induerat alienis, » fait dont on a bien d'autres exemples (p. ex. au combat de Gisors, 1198, voy. *Récits d'un Ménestrel de Reims*, éd. de Wailly, § 112), et que mentionne aussi Baudouin d'Avesnes, voir plus bas. — Un récit fort circonstancié de la bataille de Muret se trouve dans la lettre circulaire que les prélats de l'armée adressèrent aussitôt après la victoire « ad universos Christi fideles. » Ce récit s'accorde sensiblement avec celui de P. de V.-C., ce qui est d'autant moins surprenant que ce dernier connaissait la circulaire, puisqu'il l'a insérée dans son histoire (ch. lxxii). Mathieu Paris, qui rapporte la même lettre, y a intercalé l'anecdote suivante : « Per exploratores noverat comes Simo quod rex Aragonum « se paravit. Tam securus fuit ut ad mensam sederet pransurus; « unde comes jocose dixit, super hoc certificatus, cum exiret : « Certe serviam ei de primo ferculo. » Unde primus, vel de primis « unus, rex ipse Arragonum gladio transfossus, antequam tres « buccellas panis deglutiret, interemptus occubuit » (*Chron. majus*, éd. Luard, II, 568). — Le récit de la Chronique de Baudouin d'Avesnes cité par D. Vaissète (t. III, note xvii), bien que notablement postérieur à l'événement, semble en somme assez digne de confiance. Il s'accorde, avec le poème, à dire que le roi se fit reconnaitre au moment le plus critique, mais place ce fait dans des circonstances particulièrement honorables : « ..... il virent « celui qui avoit vestu les armes le roi d'Aragone : si lui cou- « rurent sus tout ensemble ; cilz se deffendi au mieulx qu'il peut. « Mais mess. Alains se perceut bien que li rois estoit meilleurs

ne s'est défendu ; et les Français leur courent sus et les ont tous taillés en pièces, et les ont combattus de telle sorte [3075] que celui qui échappe vivant se tient pour miraculeusement sauvé. Le carnage dura jusqu'au Rivel. Et les hommes de Toulouse qui étaient restés au camp se tenaient tous ensemble terriblement éperdus[1]. Dalmatz de Creixell[2] s'est jeté à l'eau [3080] en criant : « Dieu nous aide ! grand mal nous est advenu, « car le bon roi d'Aragon est vaincu et mort. Jamais « si grande perte n'avait été éprouvée ! » Alors il sortit de la Garonne, [3085] et le peuple de Toulouse, le

« chevaliers de trop ; si s'écria ... : « Ce n'est il mie ! » Quant li
« rois d'Arragone, qui estoit assez près du chevalier, oï ces
« paroles, il feri des esperons, et ne se volt plus celer, ains hucha
« à haute voix : « Voirement, ce n'est-il mie, mais voés le ci ! »
Et c'est alors qu'il fut tué en combattant.

1. La chronique de Jacme ne s'occupe pas des Toulousains ; mais P. de V.-C. dit positivement qu'ils ne furent attaqués qu'après la déroute des Aragonais. Pendant la bataille, dont ils ignoraient entièrement les péripéties, l'évêque de Toulouse les engagea à déposer les armes, afin d'échapper à un désastre imminent, mais ils méprisèrent ses avis, et furent à leur tour taillés en pièces.

2. D'Enteisehl, dans le texte, mais il y a là une faute de copiste, car ce personnage ne peut être différent du catalan Dalmatz (en catalan Dalmau) de Creiseilh ou Creissil, qui figurera plus loin (v. 6735, 6789 et 7134), entre les défenseurs de Toulouse. C'est le même encore, selon toute apparence, qui est désigné par le seul nom de Dalmatz aux vers 6658, 7491, 8294. Jacme mentionne « en « Dalmau de Crexel » parmi ceux qui prirent la fuite à Muret (ch. ix). Dalmatz de Crcizell est témoin à plusieurs actes importants : en 1208 (Marca hispanica, col. 1393) ; en 1209 (Publications de la Soc. archéol. de Montpellier, n° 17, p. 54). Le 18 avril 1214 il assista à la profession de foi catholique du comte de Comminges (Doat, LXXV, 44 v°), et à celle du comte de Foix (Doat, CLXIX, 182 d). — Creixell est un village situé près de la mer, dans la province de Tarragone, partido de Vendrell.

grand comme le menu, s'est, comme un seul homme, mis à courir vers l'eau; passe qui peut, mais il en est resté bon nombre : l'eau qui est rapide en a emporté et noyé [beaucoup]¹, et dans le camp reste tout leur bagage. [3090] Alors retentit par le monde la nouvelle de ce grand désastre, car il y resta maint homme étendu mort, dont le dommage fut grand.

CXLI.

Grand fut le dommage et le deuil et la perte, quand le roi d'Aragon demeura mort et sanglant, [3095] avec beaucoup d'autres barons, et ce fut grande honte pour la chrétienté, pour tout le monde. Et les hommes de Toulouse, tristes et dolents, ceux qui ont échappé, qui ne sont pas restés [sur le champ de bataille], rentrent à Toulouse dans les retranchements : [3100] tandis que Simon de Montfort, allègre et joyeux, reste maître du champ de bataille, où il recueille quantité d'équipements, et fait le partage du butin. Le comte de Toulouse est triste et dolent, et dit au Capitole, et cela secrètement, [3105] de traiter dans les meilleures conditions qu'ils pourront; que pour lui il ira porter sa plainte au pape, [lui remontrant] que Simon de Montfort, par ses menées coupables, l'a chassé de sa terre en lui infligeant de cruels tourments. Puis il quitta son pays avec son fils². [3110] Les hommes de Toulouse,

1. P. de V.-C. p. 87 E : « .....et de hostibus fidei tam *submer-*
« *sione* quam gladio circiter viginti millibus interfectis. »
2. Il se rendit en Angleterre (Raoul de Coggeshale, dans Bouquet XVIII, 106 c; Bernard Itier, *ibid.* 232 c; éd. de la Soc. de

misérables et dolents, s'accordent avec Simon, lui prêtent serment, et se soumettent sans réserve à l'Église[1]. Le cardinal[2] envoya à Paris aussitôt vers le fils du roi de France pour qu'il vienne en hâte; [3115] et il y vint avec empressement et allégresse[3]. Les croisés entrent en masse dans Toulouse, en occupent la ville et les logis, et s'installent avec joie dans les maisons. Et les hommes de la ville disent : « Prenons patience; « [3120] souffrons avec résignation ce que Dieu veut : « Dieu, qui est notre protecteur, peut nous secourir. » Et le fils du roi de France, qui consent au mal, Simon et le cardinal et Folquet, d'un commun accord, ont proposé en leur conseil secret [3125] de détruire toute la ville, et puis d'y mettre le feu. Et Simon, homme mauvais et cruel, réfléchit que, s'il détruit la ville, il n'agira pas à son avantage ; qu'il vaut mieux que tout

---

l'Hist. de Fr. p. 90). Il aurait même, au dire de Raoul de Coggeshale (*l. l.*), dont le témoignage est isolé, fait hommage au roi Jean, et lui aurait rendu la ville de Toulouse.

1. Voir la note 2 de la page suivante.

2. Ce cardinal, que le poète met souvent en évidence, principalement dans les événements qui précédèrent et qui suivirent la mort de Simon de Montfort, mais qu'il ne nomme jamais, n'est pas, comme l'a cru Fauriel (à la table), « Bertrand, cardinal du « titre de S. Jean et S. Paul, » qui n'arriva sur le théâtre de la guerre qu'en 1217 (P. de V.-C. dans Bouq. 108 c), mais Pierre de Bénévent, cardinal du titre de Sainte Marie *in Aquiro*, légat dans le Midi de la France depuis le commencement de l'année 1214; voy. Innoc. epist. l. XVI, ep. CLXVII, CLXX à CLXXII; P. de V.-C. ch. LXXXII, Bouq. 100 c, 101 E ; cf. Vaissète III, 256.

3. C'est à Pâques 1215 que Louis, fils de Philippe-Auguste, se rendit dans le Midi, à la tête de nombreux seigneurs. Leur quarantaine faite, ils retournèrent en France. P. de V.-C. (ch. LXXXII) raconte longuement les circonstances de ce voyage et fait connaître les craintes qu'inspira d'abord la venue du prince.

l'or et l'argent soient à lui¹. Ils résolurent donc [3130] de combler les fossés, de façon qu'aucun défenseur ne s'y puisse défendre, si bien armé qu'il soit ; et de ruiner de fond en comble les tours, les murs, les défenses. Telle fut la sentence qui fut agréée et prononcée². [3135] Simon de Montfort resta en possession de toutes les terres qui relevaient du comte de Toulouse et de ses adhérents, celui-ci étant déshérité par l'effet de prédications déloyales³. Et le roi⁴ s'en retourne en France.

1. Tel est en effet le raisonnement que lui prête à diverses reprises P. de V.-C. ; voy. ci-dessus p. 39 n. 1, et 132 n. 1.
2. P. de V.-C. expose avec détail (ch. LXXIV) les négociations qui eurent lieu entre les Toulousains et les évêques. Il dit que ceux-là, après avoir promis d'abord 200 otages, puis 60, finirent par répondre « quod nullo modo obsides darent ». D'autre part, nous savons qu'en février 1215, douze des consuls furent pris comme otages et envoyés à Arles (Du Mège, *Hist. des instit. de Toulouse*, I, 316 et 422 ; Clos, *Rech. sur le régime municipal dans le Midi de la France*, dans les Mém. présentés à l'Ac. des Inscr., 2, III, 348-9, ou p. 124-5 du tiré à part). Quant à la destruction des murs de Toulouse, elle eut lieu en vertu d'une décision qui concernait aussi Narbonne et d'autres places fortifiées ; voy. P. de V.-C. ch. LXXXII, Bouq. 103 c, 104 A. Il est douteux que le démantèlement ait été exécuté complètement, car on verra plus loin la ville remise assez promptement en état de défense.
3. Cette assertion a besoin d'être précisée. Depuis le moment de la conquête (après Muret), les terres du comte de Toulouse furent tenues par le légat (Pierre de Bénévent), jusqu'en janvier 1215 (n. s.), alors que le concile de Montpellier, à la suggestion du légat, les attribua à Simon de Montfort (P. de V.-C. ch. LXXXI). Cette décision n'eût pas été valable, ainsi que le remarque P. de V.-C. (Bouq. 101 A), sans la confirmation pontificale. Le pape intervint en effet, et par une lettre du 2 avril 1215 (P. de V.-C. ch. LXXXII, Potthast, nº 4967) confia à Simon les dites terres à titre de commende. Ce n'est qu'à la suite du concile de Latran que ce titre devint définitif.
4. Il faudrait « le fils du roi. »

CXLII.

[3140] Le fils du roi de France fut très-bien accueilli, désiré et fêté par son père et par les autres. Il est venu en France sur son cheval arabe, et conte à son père comme Simon de Montfort a su se pousser et s'enrichir. [3145] Le roi ne répond mot et ne dit rien[1]. Moi, je crois que pour cette terre périront Simon et son frère Gui, si habiles qu'ils soient. — Maintenant, revenons au preux comte qui s'en est allé banni[2]. Par terre et par mer grandes ont été ses peines, [3150] mais néanmoins Dieu et le Saint-Esprit ont fait pour lui tant de miracles qu'il est arrivé à bon port : lui et son jeune fils, sans cortége, sont entrés en Rome, se félicitant mutuellement et se souhaitant l'un à l'autre l'aide de Dieu. [3155] Là est le comte de Foix, qui

---

1. Ce trait est au moins dans la vraisemblance. Philippe-Auguste ne pouvait voir avec satisfaction adjuger au sire de Montfort les terres du comte de Toulouse. Nous avons en effet de lui une lettre au pape, écrite en réponse à la notification de l'assassinat de Pierre de Castelnau, où il fait d'avance valoir ses droits sur le comté de Toulouse, ou le cas où Raimon VI serait dépossédé de ses terres pour crime d'hérésie (Delisle, *Catal. des actes de Ph.-Aug.* n° 1085, et appendice, p. 512-3). P. de V.-C. le blâme de s'être tenu à l'écart, bien qu'il eût été souvent requis d'y prendre part (Bouq. 102 A D). L'une des expressions dont se sert l'historien « ipse vero « non *apposuerat consilium* » se retrouve dans la lettre précitée du roi.

2. Voy. page 167, note 2. — Le poète passe sous silence diverses circonstances importantes, telles que la chevauchée de Simon dans le comté de Foix (P. de V.-C. fin du ch. LXXIV) et sa course à travers le Languedoc, et jusqu'à Romans (P. de V.-C. ch. LXXV).

n'est pas embarrassé de parler, Arnaut de Villemur[1], au cœur vaillant ; Pierre Raimon de Rabastens[2] s'y trouve, le hardi, avec beaucoup d'autres, puissants et prompts, qui soutiendront leur droit si on le leur désire, [3160] quand la cour sera complète[3].

CXLIII.

Quant fut complète la cour du seigneur pape, vrai religieux, grand fut le retentissement. Là fut tenu le concile et l'assemblée des prélats de l'Église qui là furent convoqués, [3165] cardinaux et évêques, abbés et prieurs, comtes et vicomtes de maints pays. Là fut le comte de Toulouse et son fils bel et bon, qui est venu d'Angleterre avec un petit nombre de compagnons, à travers la France par maints lieux dangereux, [3170] sous la conduite habile et discrète d'Arnaut Topina[4]. Il est venu à Rome, où est le saint-siége,

1. Nous avons de ce personnage, qui reparait à diverses reprises dans la chanson, un acte d'hommage à Raimon VI (1201) pour le château de Saverdun dont il était seigneur en partie (Teulet, *Layettes du Trésor*, n° 612). Il était hérétique, car on lit dans une déposition faite en 1236 (Doat, XXI, 53) : « Item, apud Savardu, « in sotulario (*Doat :* sotulo) salo quo tunc erat *Arnaldi, domini de* « *Vilamur*, vidit Arnaldum de Colomber et Willelmum clericum et « socios ejus hereticos ; et sunt .xviii. anni ... » Cela se passait donc vers 1218.
2. Il reparaîtra plus loin, entre les partisans les plus en vue du jeune comte. Serait-ce le même que l'évêque déposé de Toulouse Raimon de Rabastens sur lequel voy. p. 13, n. 1 ?
3. Le concile dont il s'agit (4° de Latran) fut convoqué pour le 1er novembre 1215 (Innoc. epist. l. XVI, ep. xxx ; Migne III, 824 D ; P. de V.-C. Bouq. 102 c). Il dura du 11 au 30 de ce mois.
4. G. de Puyl. ch. xxv : « cui [concilio] interfuerunt comes et

et le pape ordonna qu'il fût réconcilié [avec l'Église] : car onques ne naquit plus aimable jeune homme : il est adroit, sage, de noble contenance [3175] et du meilleur lignage qui soit ni qui fût, [car il est allié aux maisons] de France[1], d'Angleterre[2] et du comte Alphonse[3]. Là aussi fut le comte de Foix, avenant et preux. Ils se jettent aux pieds du pape pour recouvrer les terres qui appartinrent à leurs pères. [3180] Le pape regarde l'enfant et sa contenance, il connaît la noblesse de son lignage et sait les torts de l'Église et des clercs malveillants : de tristesse et de pitié il en a le cœur si affecté qu'il en soupire et pleure de ses yeux. [3185] Là rien ne valurent au comte ni droit, ni foi, ni raison. — Cependant le pape, sage et habile, en présence de toute la cour et des barons, montre par des textes et par loyales paroles que le comte de Toulouse ne tombe sous le coup d'aucune accusation [3190] qui doive lui faire perdre sa terre, ni le faire passer pour mécréant ; qu'au contraire il le tient pour catholique en faits et en paroles. Mais qu'en raison de l'accord existant entre eux deux[4] et par crainte du clergé qu'il redoute, il lui enleva sa terre, la prit en son pouvoir [3195], et voulut que Simon la tînt en

* filius ejus Tolosanus, qui de Anglia venit cum quodam mercatore sub specie servientis. »

1. Par sa grand'mère Constance, fille de Louis le Gros, épouse de Raimond V.
2. Alphonse Jourdain († 1148), son bisaïeul.
3. Par sa femme Sancie d'Aragon (ci-dessus v. 2742).
4. Qui sont ces deux ? le pape et le comte de Toulouse, selon la construction grammaticale (et c'est ainsi qu'entend Fauriel), mais le sens s'accommoderait mieux de Simon, nommé deux lignes plus bas.

commande; car le don ne lui en fut pas fait à autre titre. Les comtes en furent aigris, car celui qui perd sa terre a l'angoisse au cœur[1]. — Mais devant le pape, car il en est temps et saison, [3200] se lève le comte de Foix; les raisons lui viennent en abondance, et il sait bien les dire.

CXLIV.

Et il sait bien les dire avec sens et connaissance. Quand le comte parle, debout sur le pavement, toute la cour l'écoute, le regarde, lui prête attention. [3205] Il a le teint frais, il est bien de sa personne; il s'approcha du pape et lui dit : « Sire pape droiturier, de
« qui le monde entier relève, qui tiens le siége de saint
« Pierre et gouvernes à sa place, auprès de qui tous
« pécheurs doivent trouver protection, [3210] qui
« dois maintenir la droiture, la paix, la justice, car tu
« as été placé pour notre salut, seigneur, écoute mes
« paroles et rends-moi tout ce qui m'est dû; car je
« puis me justifier et faire vrai serment que onques je
« n'aimai les hérétiques ni nul mécréant, [3215] que je
« repousse leur société, que je ne leur donne aucun
« appui. Et puisque la sainte Église me trouve obéis-
« sant, je suis venu en ta cour pour obtenir un loyal
« jugement, moi et le puissant comte mon seigneur,
« et son fils également, qui est bon et sage et de
« tendre jeunesse, [3220] et ne s'est rendu coupable
« d'aucune tromperie, d'aucune mauvaise action. Et

---

1. Ces favorables dispositions du pape à l'égard du comte de Toulouse n'ont pas été ignorées de P. de V.-C. qui paraît près de s'en irriter; voy le passage du ch. LXXVI cité p. 150, n. 3.

« puisque le droit ni raison ne trouvent faute en lui,
« dès qu'il n'a tort ni coulpe envers personne vivante,
« j'admire pourquoi et comment aucun prudhomme
« peut consentir à sa spoliation. [3225] Le puissant
« comte mon seigneur, de qui relèvent grandes terres,
« s'est mis à ta discrétion, lui-même et sa terre, te
« rendant Provence, Toulouse, Montauban ; [dont les
« habitants] ont ensuite été livrés aux tourments et à
« la mort, au pire ennemi, au plus acharné : [3230] à
« Simon de Montfort, qui les enchaîne, les pend, les
« extermine, les outrage sans merci. C'est ainsi qu'a-
« près s'être mis sous ta protection ils sont venus à la
« mort ou tombés en péril. Et moi-même, puissant
« seigneur, par ton ordre [3235] j'ai rendu le château
« de Foix et ses puissants remparts. Le château est si
« fort qu'il se défend par lui-même ; j'y avais pain et
« vin, abondance de viande et de froment, eau claire
« et douce sous la roche, et mes braves compagnons,
« et force luisantes armures ; [3240] je ne craignais
« pas de le perdre (mon château) par aucun assaut.
« Le cardinal le sait et peut se porter garant de mes
« paroles. Si tel que je l'ai livré on ne me le rend pas,
« c'en est fait de la foi aux traités ! » Le cardinal se
lève et répond brièvement ; [3245] s'approchant du
pape, il lui dit doucement : « Sire, ce que dit le comte
« est la pure vérité : j'ai réellement reçu le château et
« l'ai livré ; en ma présence s'y établit l'abbé de Saint-
« Tibéri[1].

---

1. Ce fait est attesté par une lettre d'Innocent III, qui est perdue, mais dont on a le sommaire dans le fragment d'index connu sous le nom de *Rubricella*; Migne, *Innoc. opera*, III, 992 :
« Comiti Montis fortis [mandat] quod castrum Fuxense po-

CXLV.

« [3250] L'abbé de Saint-Tibéri est preux et bon, et
« le château est très-fort et bien pourvu, et le comte a
« loyalement accompli les volontés de Dieu et les vôtres. »
Alors se leva l'évêque de Toulouse, prêt à répondre :
[3255] « Seigneurs, » dit-il, « vous entendez tous le
« comte dire qu'il s'est délivré et éloigné de l'hérésie : je
« dis que sa terre en nourrit la plus forte racine. Il les a
« aimés, désirés, accueillis, et tout son comté en était
« plein et farci. [3260] Le Puy de Montségur[1] n'a pas

« nat in manibus abbatis Sancti Tiberii, nomine ecclesiæ et ad
« utilitatem comitis Fuxi tenendum, donec aliud (aliter?) fuerit or-
« dinatum. » Cette remise du château de Foix n'avait pas encore eu
lieu à l'automne de l'année 1212, car on a vu, v. 2649, ce château
résister aux croisés. Elle aurait été effectuée en 1214, selon Guill.
de Puylaurens (ch. xxv). Toutefois, en janvier 1213, le roi d'Aragon demandait au concile de Lavaur (ci-dessus p. 150, n. 3) que
le comte de Foix « restituatur ad sua, satisfaciendo nichilominus
« Ecclesiæ in his et pro his quibus clementiæ matris Ecclesiæ
« eum apparuerit deliquisse » (P. de V.-C. ch. LXXVI, Bouq. 72 E).
C'est probablement afin de présenter lui-même ses réclamations
qu'en 1215, peu avant l'ouverture du concile, le comte de Foix
vint trouver le légat, alors à Pamiers avec le sire de Montfort. Sa
démarche n'eut pas de succès : « Comes autem noster (= Simon)
« noluit illum videre. Ibi commendavit legatus comiti nostro cas-
« trum Fuxi, quod diu in manu sua tenuerat; comes autem nos-
« ter statim misit milites et castrum Fuxi munivit (P. de V.-C.
« ch. LXX, XII, Bouq. 103 E). » Ce n'est qu'au commencement de
l'année 1217 que le comte de Foix rentra en possession de son
château, voy. Vaissète, III, 295-6. — L'abbé de Saint-Tibéri ici
mentionné est Bérenger III, sur lequel on peut voir la nouvelle
édition de D. Vaissète, IV, 558 b.

1. Montségur près Mirepoix (Ariége). En 1241 Raimon VII s'engagea à ruiner ce château (Teulet, *Layettes*, n° 2898), pour lequel
Gui de Lévis prête hommage à St Louis en 1245 (Teulet, n° 3370).

« été bâti pour un autre motif que pour les défendre,
« et il les y a admis. Sa sœur[1] est devenue hérétique
« à la mort de son mari, et séjourna depuis lors plus
« de trois ans à Pamiers. Avec sa mauvaise doctrine
« elle a fait nombre de conversions. [3265] Et tes
« pèlerins, serviteurs de Dieu, qui chassaient les héré-
« tiques, les routiers, les *faidits*, il en a tant tués,
« mutilés, mis en pièces, que le champ de Montgei[2]
« en est resté tout hérissé, que France en pleure
« encore et que tu en es honni. [3270] Là dehors, à la
« porte, quelle douleur, quel cri, des aveugles, des
« bannis, des mutilés (?) qui ne peuvent plus marcher
« sans qu'on les guide! Celui qui les a tués, mutilés,
« estropiés, ne doit plus tenir terre : voilà ce qu'il
« mérite. » [3275] Arnaut de Villemur s'est levé; il
fut regardé de tous, et attentivement écouté : aussi
parlait-il bien et sans peur : « Seigneurs, si j'avais su
« que ce méfait dût être mis en avant, et qu'en la
« cour de Rome on dût en faire tant de bruit, [3280]
« il y en aurait davantage, je vous assure, sans yeux
« et sans narines! — Par Dieu! » se dit-on l'un à
l'autre, « celui-là est fol et hardi! — Sire, » dit le
comte [de Foix], « je proteste en faveur de mon
« grand droit, de ma loyale droiture, de mes sincères

---

1. Raimon Rogier out deux sœurs, l'une et l'autre hérétiques, selon P. de V.-C. (ch. vi). L'une, Esclarmonde, fut témoin, en 1198, à une donation faite par son frère à Boulbonne (*Gall. Christ.* XIII, 231 n; cf. Vaissète, III, 109). Elle avait épousé Jordan II, seigneur de l'Isle, qui mourut après 1200 (Vaissète, III, 74, 112, 601). Elle était mère de Bernart Jordan, sur lequel voy. ci-dessus p. 147, note 1. C'est probablement d'elle qu'il s'agit ici. Sa sœur, dont on ignore le nom, avait épousé Rogier de Comminges, vicomte de Couserans (Vaissète, III, 74).

2. Voy. ci-dessus, p. 87, n. 3.

« sentiments ; et si on me juge selon le droit, je suis
« sauf et absous. [3285] Jamais je n'ai aimé les héré-
« tiques, ni les croyants, ni les hommes noirs[1]. Loin
« de là, je me suis rendu, offert, donné à Bolbone[2],
« où je me suis bien trouvé, où tout mon lignage s'est
« rendu et fait ensevelir. Quant au Puy de Montségur,
« la vérité est [3290] que je n'en ai jamais été, même
« un jour, seigneur en possession. Et si ma sœur a
« été mauvaise femme et pécheresse, je ne dois pas,
« pour son péché, être exterminé. Si elle séjourna
« dans le pays, c'était par droit déterminé, car le
« comte mon père ordonna, avant de mourir, [3295]
« que s'il avait enfant qui ne pût s'établir en aucun
« lieu[3], il n'avait qu'à revenir en la terre de son
« enfance pour y avoir son nécessaire et y être bien
« accueilli. Et je vous jure par le Seigneur qui fut
« mis en croix que onques bon pèlerin ni aucun *rou-*
« *mieu*[4] [3300] faisant un saint pèlerinage établi par

1. J'interprète le texte qui dit simplement les « vêtus » ; voy. le vocab. du t. I au mot *vestits*.

2. Abbaye cistercienne du diocèse de Mirepoix, *Gall. christ.* XIII, 288.

3. *Qu'a nulh loc fos marritz* veut dire proprement « qui fût « errant (c.-à-d. sans établissement fixe) en quelque lieu. » Il est sans doute fait ici allusion à la situation des cadets, qui allaient chercher fortune au dehors.

4. Ici *peregris* et *romeus* sont à peu près synonymes. Cependant chacun de ces deux termes avait son sens propre qu'un passage de la *Vita nuova* (§ XLI) définit ainsi : « *Peregrini* si possono in-
« tendere in due modi, in uno largo ed in uno stretto. In largo, in
« quanto è peregrino chiunque è fuori della patria sua ; in modo
« stretto non s'intende peregrino se non chi va verso la casa di
« Santo Jacopo o riede. E però è da sapere che in tre modi si
« chiamano propriamente le genti che vanno al servigio dell' Altis-
« simo. Chiamansi *palmieri* (anc. fr. *paumier*) in quanto vanno

« Dieu n'a été par moi maltraité, ni dépouillé ni mis
« à mort; que jamais la voie de telles gens n'a été
« envahie par mes hommes. Mais de ces brigands,
« faux traîtres et parjures qui portaient la croix pour
« ma perte, [3305] aucun n'a été pris par moi ni par
« les miens qu'il n'ait perdu les yeux, les pieds, les
« poings, les doigts. Et je me réjouis de ceux que j'ai
« mis à mort, comme je regrette ceux qui m'ont
« échappé. Quant à l'évêque, qui montre tant de véhé-
« mence, [3310] je vous dis qu'en sa personne Dieu
« et nous sommes trahis: qu'avec ses chansons men-
« songères[1], ses dits insinuants, qui sont la perte
« de tout homme qui les chante ou les récite, et avec
« ses satires[2] aiguisées et polies, avec nos dons, grâce
« auxquels il s'est maintenu en l'état de jongleur,
« [3315] avec sa doctrine mauvaise, il s'est élevé si

« oltremare, là onde molte volte recano la palma; chiamansi *pere-*
« *grini* in quanto vanno alla casa di Galizia....; chiamansi *romei*
« in quanto vanno à Roma. »

1. On sait que l'évêque Folquet de Marseille avait été troubadour et des plus célèbres.

2. « Satires » est évidemment impropre, puisque c'est un mot antique; mais je ne trouve pas d'équivalent moins mauvais pour *reproverbis*. Ce mot peut signifier (par ex. v. 5410) un dicton, une sentence, comme dans l'ex. cité par Raynouard, V, 505 *a*; d'autres fois c'est un mot vif et mordant (6380, 8290), une répartie (5456); mais le voisinage de *cansos* et de *motz* (3311), qui désignent sûrement des compositions littéraires, donne à croire que *reproverbis* doit être entendu en un sens analogue. C'étaient probablement des *sirventes*. *Proverbium* se trouve au même sens en latin. Dans la chronique du Bec une pièce française de 16 vers est précédée de ces mots : « Unde illud proverbium gallice » (Bouquet, XXIII, 456 E). — On ne possède de Folquet que des chansons amoureuses, antérieures, sans doute, à son entrée en religion, et une ou deux poésies pieuses.

« haut qu'on n'ose rien dire pour défendre ce qu'il
« attaque. Et par suite, alors qu'il fut devenu moine et
« abbé[1], la lumière fut si fort obscurcie en son abbaye,
« qu'il n'y eut bien ni repos jusqu'à ce qu'il en fût
« sorti. [3320] Et quand il a été élu évêque de Tou-
« louse, un tel incendie embrasa toute la terre que
« jamais il n'y aura assez d'eau pour l'éteindre.
« A plus de cinq cent mille, grands et petits, il y a
« fait perdre la vie, le corps et l'âme. [3325] Par la
« foi que je vous dois, à ses actes, à ses paroles, à
« son maintien, il semble être plutôt l'Antechrist
« qu'un légat de Rome !

CXLVI.

« Car le légat de Rome m'a dit et octroyé que le sei-
« gneur pape me rendra mon héritage. [3330] Et que
« personne ne me tienne pour sot ni pour fou, si je
« désire recouvrer le château de Foix ; Dieu sait com-
« bien je l'aurais (le pape) en estime[2] [s'il me rendait
« mon château]. Monseigneur le cardinal sait ce qu'il
« en est, comme je l'ai rendu de bonne foi, sagement

---

1. Du Toronet, diocèse de Fréjus, de 1201 (au plus tôt) à 1205, époque à laquelle il fut nommé à l'évêché de Toulouse; voy. *Gall. christ.*, I, 450 et 648-9, et Vaissète, nouv. édit., IV, 354.

2. *Col tendria membrat* est malaisé à entendre, à cause du sens vague et étendu de *membrat*, qui signifie non-seulement « ce dont « on se souvient », mais encore « connu favorablement, réputé, « digne d'une haute estime » (cf. 3352, 4254, etc.; voir le vocab.). — Si on adoptait la correction *tenia*, proposée dubitativement en note, le sens serait « Dieu sait combien je le tenais (mon château) « présent à l'esprit (= combien je l'aimais) », ce qui est assez faible. L'interprétation de Fauriel « que je le garderai (mon « château) loyalement », exigerait *membratz*. La faute ne serait pas extraordinaire dans ce texte-ci, mais il est difficile d'attribuer à *membrat* le sens de « loyal ».

« et de bonne grâce. [3335] Celui qui retient un dépôt,
« au nom du droit comme de la raison, il encourt le
« blâme. — Comte, » dit le pape, « tu as bien exposé
« ton droit, mais tu as un peu amoindri le nôtre. Je
« saurai quel est ton droit et ce que tu vaux ; [3340] et
« si tu as bon droit, quand je l'aurai vérifié, tu recou-
« vreras ton château tel que tu l'as livré. Si l'Église te
« reçoit à titre de condamné, tu dois trouver merci,
« pourvu que tu sois dans la voie de Dieu. Tout
« pécheur mauvais, perdu, enchaîné [dans le
« péché], [3345] l'Église doit le recevoir lors-
« qu'elle le voit en danger, pourvu qu'il se repente
« sincèrement et se soumette à sa volonté. » Puis il
dit aux autres : « Entendez cette parole, car à tous je
« veux répéter ce que j'ai ordonné : que tous mes dis-
« ciples marchent illuminés [de la lumière céleste?],
« [3350] portant feu et eau et pardon et clarté, et
« douce pénitence, et humilité ; qu'ils portent croix
« et glaive, signe de la justice, et bonne paix en terre ;
« qu'ils observent la chasteté ; qu'ils fassent régner
« droiture et vraie charité ; [3355] qu'ils s'abstiennent
« de rien faire qui ait été défendu par Dieu. Quiconque
« en dit plus, ou prêche autre chose, ne le fait pas
« d'après mon ordre ni avec mon assentiment. » Raimon
de Roquefeuil[1] s'est écrié : « Sire droit pape, aie merci
« et pitié [3360] d'un enfant orphelin, banni malgré sa
« jeunesse, fils du vicomte honoré qui a été mis à mort

---

1. Les ruines du château de Roquefeuil existent encore sur le mont Saint-Guiral, aux limites des communes de Dourbie, d'Arrigas et d'Alzon (G. Durand, *Dict. topogr. du dép. du Gard*). Raimon de Roquefeuil fit, en termes très-humbles, sa soumission entre les mains de l'archevêque de Narbonne, le 16 mars 1226 (n. s.), Teulet, *Layettes du Trésor*, n° 1747.

« par les croisés et par Simon de Montfort lorsqu'on le
« lui eut livré[1]. Et quand il reçut le martyre à tort et à
« péché, alors Parage baissa du tiers ou de la moitié[2].
« [3365] Tu n'as pas en ta cour cardinal ni abbé qui
« ait été chrétien plus croyant. Et puisque le père est
« mort, sire, rends au fils déshérité sa terre, et sauve
« ton honneur! Et si tu refuses de la lui rendre, puisse
« Dieu t'en récompenser [3370] en chargeant ton âme
« de cette iniquité! Si tu ne la lui livres à terme bref
« et fixe, je te réclame la terre, le droit et l'héritage au
« jour du Jugement, où tous nous serons jugés! —
« Barons, » se dit-on l'un à l'autre, « il a bien pré-
« senté sa revendication. — [3375] Ami, » dit le pape,
« justice sera faite. » Il entre en son palais, avec lui
ses privés, tandis que les comtes demeurent sur le
pavé de marbre historié. Arnaut de Comminges[3] dit :
« Nous avons bien travaillé ; maintenant nous pouvons
« nous en aller, car on a expédié tant de besogne
« [3380] que le pape rentre. »

CXLVII.

Le pape se rend du palais en un jardin pour cacher

1. Voy. p. 46, n. 3. Le jeune Raimon Trencavel II, dont il est ici question, était né en 1207. Il était alors, et fut encore pendant plusieurs années, sous la tutelle du comte de Foix (Vaissète, III, 184).

2. J'opère, en traduisant, la transposition proposée à la note des vers 3363-4.

3. Figure, avec Bernart de Comminges son cousin, parmi les défenseurs de Toulouse, en 1218 (v. 9507). On possède de lui un *sirventes* imprimé dans l'*Archiv für d. Studium d. neueren Sprachen*, XXXIV, 197, et que l'*Hist. litt.* a, par mégarde, analysé deux fois, XVIII, 557, et XIX, 615.

son affliction et se distraire. Les prélats de l'Église viennent, prononçant des paroles discordantes[1], par devant le pape pour faire une démarche[2], [3385] et ils accusent les comtes avec dureté et violence : « Sire, si tu « leur rends leur terre, nous sommes tous demi-« morts ; si tu la donnes à Simon, nous sommes sauvés.
« —Barons, » dit le pape, « ne vous déplaise que je me « consulte. » Il a ouvert un livre, et reconnu par un sort[3] [3390] que le comte de Toulouse peut arriver à bon port. — « Seigneurs, » dit le pape, « en cette « affaire, je suis en désaccord avec vous. Contre droit « et raison, comment aurais-je l'injustice de déshé-« riter à tort le comte qui est vrai catholique, de lui « enlever sa terre, de transporter son droit [à autrui]. « [3395] Il ne me semble pas que ce soit raison ; mais « je consens à ceci : Que Simon ait toute la terre! car « je la lui confirme en ces termes : toute celle des « hérétiques du Puy jusqu'à Niort[4], et du Rhône jus-« qu'au Port[5], moins celle des orphelins et des

---

1. C.-à-d., si j'entends bien *vengro a un descort*, parlant sans ordre, tous à la fois, de façon que leurs paroles ne formaient point un ensemble harmonique, un *accord*.

2. *Per traire .j. bel conort* est bien obscur ; p.-ê. obtiendrait-on un sens un peu meilleur en corrigeant *.j. bel* en *ab el*, « pour prendre conseil avec lui » ?

3. Allusion à une superstition, venue de l'antiquité, restée très-vivace au moyen âge, et sur laquelle on a une infinité de témoignages ; voy. Du Cange, SORTES SANCTORUM, VI, 304 ; *Hist. littéraire*, III, 11 et suiv. ; *Flamenca*, v. 2300, etc. On sait par P. de V.-C. (fin du ch. XVII) que Simon de Montfort avait ainsi, en ouvrant au hasard un psautier, pressenti l'avenir avant de se croiser.

4. Niort, qui est une limite beaucoup trop septentrionale, a sans doute été suggéré par la rime.

5. Saint-Jean-Pied-de-Port, ou le Port de Venasque ?

« veuves. » Il n'y a prélat ou évêque qui ne se récrie. [3400] C'est dans ces termes que [le pape] a octroyé la terre au comte de Montfort. Plus tard, pour cette terre, il a trouvé la mort à Toulouse; dont le monde resplandit et Parage est sauvé, et, par la foi que je vous dois, don Pelfort[1] s'en réjouit plus que l'évêque Folquet.

1. Personnage qui figure à diverses reprises dans le poëme, avec le rôle d'un homme d'action et de bon conseil (voy. 7153, 7440, 7491, 7617, 9357). Ce Pelfort, dont le poëte ne nous fait nulle part connaître la qualité ni l'origine, est selon toute vraisemblance le même qu'un certain « Pilusfortis » ou « Pelfort » de Rabastens sur lequel les renseignements ne nous manquent pas. En 1202, il traite au nom de la ville de Rabastens avec Toulouse (Vaissète, III, 115; Clos, *Recherches sur le régime municipal dans le Midi de la France au moyen-âge*, dans les *Mémoires présentés à l'Académie des Inscriptions*, 2e série, III, 346, et p. 122 du tiré à part). En février 1211 (n. s.), il figure le premier parmi les seigneurs et nobles de Rabastens, dans une transaction, garantie par le comte de Toulouse, entre ceux-ci et les bourgeois de Rabastens (Teulet, *Layettes du Trésor*, n° 959). En 1234 et 1237 il est témoin ou partie en des actes concernant à la fois Rabastens et le comte de Toulouse (Teulet, n°s 1680, 1681, 2483). Pelfort était plus que suspect d'hérésie, comme le montre la déposition suivante, que nous a conservée Doat (t. XXII, fol. 30) : « A. D. M. CC. XLIV., .ij. kal.
« martii, Peregrina uxor quondam Willelmi Gasc, que fuit domi-
« cella uxoris comitis Tholose, sororis regis Aragonum, jurata
« dixit quod in presencia sua vidit apud Rabastenx matrem *d'en*
« *Pelfort*, domini de Rabastenx, et duas sorores ipsius Pelfort
« hereticas in domo ipsarum hereticarum, et vidit ibi cum eis
« dominam Orbriam, uxorem dicti *Pelfort*, et duas domicellas
« ipsius Orbrie, de nominibus quarum non recolit; sed ipsa que
« loquitur non adoravit nec vidit alias adorantes. Dixit etiam
« quod fuit ibi per tres dies; et fuerunt .XL. anni, vel circa. »
En 1243 nous trouvons à Rabastens un *Jordanus Pilusfortis* qui était vraisemblablement son fils (Rossignol, *Monographies du Tarn*, IV, 255).

CXLVIII.

[3405] Folquet notre évêque, en présence de tous, parle doucement au pape, faisant tous ses efforts : « Sire, pape véritable, cher père Innocent, comment
« peux-tu déposséder de cette façon déguisée le comte
« de Montfort qui est fidèle serviteur [3410] et fils
« de sainte Eglise, et ton partisan ; qui supporte les
« peines, les fatigues, les luttes, et chasse l'hérésie,
« les mainadiers et les sergents [1]? Tu lui enlèves la
« terre, avec villes et fortifications, qui a été conquise
« par les croix et par les luisantes épées, [3415]
« Montauban et Toulouse ; [tu les lui enlèves] par ces
« conditions, sauf la terre des hérétiques ; et celle
« des vrais croyants, des orphelins et des veuves est
« réservée ! Mais onques ne fut dit ni fait si cruel so-
« phisme, si astucieux jugement, ni si énorme outrage
« au bon sens ; [3420] et ce que tu lui octroies (à
« Simon) équivaut à une spoliation, car tu commences
« par favoriser le comte Raimon. Tu le tiens pour
« catholique, homme de bien et pieux ; et de même
« les comtes de Comminges et de Foix. Or donc, s'ils
« sont catholiques et si tu les prends pour tels, [3425] la
« terre que tu octroies à Simon, tu la lui reprends au
« même moment [2]; car ce que tu lui donnes, ce n'est

---

1. Les troupes mercenaires du comte de Toulouse.
2. *Aisso es lai reprens* (3425) n'a aucun sens : *reprens* ne peut être un subst. comme je l'ai marqué à tort au vocab. Je corrige *aissi* (ou *aici*) *eis la i* (pour *la li*) *reprens.* Le raisonnement de Folquet, raisonnement parfaitement logique, est celui-ci : « Donner à Simon de Montfort des terres en apparence très-considérables, en

« rien, c'est néant. Mais livre-lui la terre tout entière
« à lui et à sa lignée, sans réserve. Et si tu ne la lui
« donnes pas toute en propriété, [3430] je demande [1]
« que partout passe glaive et feu dévorant. Si tu la lui
« enlèves à lui catholique, et la lui interdis à cause
« d'eux, moi ton évêque, je te jure en vérité que pas
« un d'eux n'est catholique ni ne tient son serment [2].
« Et si tel est le motif pour lequel tu le condamnes,
« tu fais bien voir [3435] que tu ne veux pas de son
« alliance et que tu oublies toute discrétion. » L'archevêque d'Auch [3] parle ainsi : « Cher et puissant sei-
« gneur [écoutez [4]] ce que dit l'évêque qui est sage et
« savant. Si Simon perd la terre, ce sera une injustice
« et un désastre. » Plus de trois cents cardinaux et
évêques [3440] disent au pape : « Sire, tu nous donnes
« à tous un démenti. Nous avons prêché et exposé au
« peuple que le comte Raimon est mauvais, que mau-
« vaise est sa conduite, et que pour cela il ne convien-
« drait pas qu'il eût terre à gouverner. » L'archidiacre
de Lyon sur le Rhône, qui se tenait assis, se lève
[3445] et leur dit sévèrement : « Seigneurs, cette

en retranchant ce qui appartient aux vrais catholiques, c'est ne lui rien donner du tout, dès l'instant qu'on admet au nombre des catholiques le comte Raimon et les comtes de Foix et de Comminges. C'est reprendre d'une main ce qu'on donne de l'autre. »
— Fauriel n'a pas compris cette partie du discours de Folquet.

1. M. à m. « je veux », mais ici comme bien souvent en anc. fr. et en prov. « vouloir » exprime le désir plutôt que la volonté.

2. Ces derniers mots paraissent faire allusion aux professions de foi qu'on avait exigées de ces personnages. Voy. ci-dessus, p. 166, n. 2.

3. Garsias II (*Gall. Chr.* I, 990), le successeur de celui qui est mentionné au v. 226.

4. Il paraît manquer ici un vers, voy. la note sur le v. 3436.

« accusation ne plaît point à Dieu, car le comte Rai-
« mon a pris la croix tout d'abord, a défendu l'Eglise
« et exécuté ses ordres; et si l'Eglise l'accuse, elle
« qui devrait le protéger, [3450] elle en aura la faute,
« et notre crédit baissera. Et vous, sire évêque, vous
« êtes si mauvais et si plein de fiel, que, par l'effet de
« votre prédication et de vos dures paroles, qui nous
« compromettent tous, et vous plus que personne,
« plus de cinq cent mille personnes[1] ont été réduites à
« une vie misérable, [3455] l'esprit dans l'affliction
« et le corps saignant. Et alors même que nous[2]
« serions tous liés par serment prêté sur reliques,
« nous et tous ces autres qui font tant pour nuire au
« comte Raimon, pourvu seulement que le seigneur
« pape se montre équitable et clément, le fils honoré
« du comte est de si haute race [3460] qu'il ne sera
« pas longtemps déshérité sans revendication. — Sei-
« gneurs, » dit le pape, « vos cruels sentiments, vos
« prédications pressantes et brûlantes, auxquelles
« vous vous livrez contre mon gré, je ne sais rien de
« tout cela; et je ne dois pas consentir à vos désirs;
« [3465] car jamais, par la foi que je vous dois, il ne
« m'est sorti de la bouche que le comte Raimon dût
« être condamné ni ruiné. Seigneurs, l'Eglise reçoit
« les pécheurs pénitents; et s'il est accusé par les
« sots et les ignorants, si jamais il a fait chose qui soit
« déplaisante à Dieu, [3470] il s'est rendu à moi, sou-
« pirant et gémissant, pour accomplir nos décisions

---

1. Le même chiffre, assurément exagéré, que plus haut v. 3323.
2. Dans le texte « vos o aviam », « si nous vous *vous* avions juré »; mais on obtient un meilleur sens en corrigeant *nos*, « si *nous* avions juré ».

« et mes ordres. » Vient ensuite l'archevêque de Narbonne, disant : « Sire, puissant et digne père, le sens
« abonde en vous; jugez et gouvernez sans crainte,
« [3475] et que ni la peur ni l'argent[1] ne vous éloi-
« gnent de Dieu[2]! — Barons, » dit le pape, « la cause
« est jugée : le comte est catholique et se comporte
« loyalement, mais que Simon tienne la terre ! »

CXLIX.

« Que Simon tienne la terre, si c'est la volonté de
« Dieu ! [3480] et nous, jugeons selon le droit, comme
« nous avons commencé[3]. » — Et il prononce et juge,
de façon que tous l'ont écouté : « Barons, je dis que le
« comte est un vrai catholique. Et si le corps est
« pécheur et sous le coup d'aucune faute, mais que
« l'esprit en soit contrit, en fasse l'aveu et s'en
« repente, [3485] la faute retombe sur le corps, et le
« pénitent doit être sauvé[4]. C'est pour moi grande

---

1. Il l'engage à ne pas se laisser corrompre par des présents.
2. Traduit conformément à la correction proposée au v. 3475. — Il n'est pas invraisemblable que l'archevêque Arnaut Amalric, autrefois le chef véritable de la croisade, ait parlé dans un sens peu favorable à Simon de Montfort. Il était alors en lutte avec lui au sujet de ses droits sur le duché de Narbonne, et la lutte dura jusqu'à la mort de celui-ci. Les pièces relatives à cette querelle sont analysées dans la nouvelle édition de l'*Histoire de Languedoc*, V, 1569-72.
3. Ou p.-ê., « comme il (le droit) est fixé »; *empres* peut admettre cette interprétation.
4. Cette distinction un peu subtile fait penser aux débats du corps et de l'âme si fréquents au moyen-âge; sur lesquels on peut voir Th. Wright, *Latin poems attributed to W. Mapes*, p. 95 et ss. 321 ss., Du Méril, *Poésies lat. ant. au XII*e *siècle* (1843), p. 217 ; *Germania* III, 396 ss., etc. L'idée consiste à attribuer la faute au corps afin de décharger l'âme.

« merveille que vous m'ayez mis en demeure d'assi-
« gner le pays au comte de Montfort, car je ne vois
« pas de juste raison pour le faire. » Maître Thédise
parla ainsi : « Sire, la fidélité [3490] du comte de
« Montfort, qui s'est acquis un si grand mérite en
« chassant les hérétiques et en défendant l'Eglise, lui
« devrait valoir la possession de la terre. — Maître, »
dit le pape, « il y a bien compensation, puisqu'il dé-
« truit les catholiques à l'égal des hérétiques[1]. [3495]
« Grande plainte et grandes réclamations m'en vien-
« nent chaque mois, tellement que le bien baisse tandis
« que le mal monte. » Par la cour se lèvent [les évê-
ques] par groupe de deux ou de trois; tous vont au
pape et l'interrogent : « Sire, puissant pape, sais-tu
« où en sont les choses? [3500] Le comte de Montfort
« est resté en Carcassais pour détruire le mal et y in-
« troduire le bien, et chasser les hérétiques, les rou-
« tiers, les Vaudois[2] et peupler [le pays] de catholiques,
« de Normands, de Français. Et puisque sous le signe
« de la croix il a conquis tout ce pays, [3505] Age-
« nais et Quercy, Toulousain et Albigeois, Foix la
« ville forte, Toulouse et Montauban, qu'il a mis en la
« main de la sainte Eglise, et que l'Eglise a pris;
« puisqu'il a donné et reçu tant de coups, répandu

---

1. On lit dans les chroniques de S. Aubin d'Angers, à l'année 1210 : « Franci et alii innumeri populi cruce-signantur in pectore, « contra Albigenses vadunt..... facientes immanissimam stragem « hæreticorum et catholicorum *quos non potuerunt discernere.* » (*Chron. des églises d'Anjou*, p. p. Marchegay et Mabille, p. 56).

2. Les Vaudois sont toujours distingués des hérétiques proprement dits ou Albigeois, et considérés, selon les paroles de P. de V.- C. (ch. II, Bouq. 6 E), comme « longe minus perversi »; voy. la dissertation de P. Jas *De Valdensium secta ab Albigensibus bene distinguenda*, Lugd. Batav. 1834, in-4°.

« tant de sang avec de mortels glaives, [3510] que de
« tant de façons il s'est appliqué à cette œuvre, ce n'est
« point droit ni raison qu'on lui enlève maintenant la
« terre ; et on ne voit pas comment on pourrait la lui
« enlever ; et contre quiconque la lui enlèverait nous
« prendrions sa défense. — Barons, » dit le pape,
« je ne puis que m'affliger, [3515] quand orgueil et
« malice ont pris place entre nous. Nous devrions
« gouverner toute chose par bon droit, et voilà que
« nous accueillons le mal et détruisons le bien. Et si
« le comte était condamné, ce qu'il n'est pas, son fils
« pourquoi perdrait-il la terre et l'héritage ? [3520]
« Jésus-Christ, roi et seigneur, a dit que le péché du père
« ne retombe pas sur le fils[1] ; et s'il a dit non, oserons-
« nous dire oui ? Il n'y a cardinal ni prélat, pour tant
« qu'il puisse dire, qui ne soit convaincu d'erreur s'il
« condamne cette parole. [3525] Il y a encore un fait
« dont il ne vous souvient plus : c'est que lorsque les
« premiers croisés vinrent en Biterrois, pour ravager
« la terre, alors que Béziers fut pris, l'enfant était si
« jeune[2] et si innocent qu'il ne savait pas distinguer le
« mal du bien ; [3530] il eût mieux aimé un oisillon,
« un arc ou un piége[3], que la terre d'un duc ou d'un
« marquis. Et qui d'entre vous oserait prétendre
« que, sans avoir péché, il doit perdre terre, rente ni
« cens ? Pour lui encore il a son lignage, [3535] du
« sang le plus élevé qui puisse être. Et puisqu'il y a en
« lui un esprit courtois, puisque écriture ni rien ne le

1. Je ne crois pas qu'il y ait rien de pareil dans aucun des quatre évangiles.
2. A l'époque du sac de Béziers (juillet 1209), le jeune Raimon accomplissait sa douzième année.
3. Un piége à prendre les oiseaux.

« condamne ni le juge, quelle bouche oserait pro-
« noncer sa perte, le condamner à vivre des secours
« d'autrui? [3540] Sera-t-il donc à ce point abandonné
« de Dieu, de raison, de merci, lui qui devrait donner,
« qu'il lui faudra recevoir[1]? Car celui qui va de maison
« en maison pour obtenir les secours d'autrui, mieux
« lui vaudrait la mort, ou qu'il ne fût pas né. » De
toutes parts les assistants lui disent : « Sire, ne
« craignez point; [3545] que le père et le fils aillent à
« leur destinée, et adjugez le pays au comte Simon, et
« qu'il tienne la terre !

CL.

« Que Simon tienne la terre et la gouverne ! —
« Barons, » dit le pape, « puisque je ne puis la lui
« enlever, [3550] qu'il la garde bien, s'il peut, et ne
« se la laisse pas rogner, car jamais, de mon vouloir,
« il ne sera prêché pour venir à son secours. » Alors
l'archevêque d'Obezin[2] prend la parole : « Sire, puis-

---

1. Cf. p. 194, n. 2, et v. 3625 et 3710. N'avoir rien à donner était, dans les idées du moyen âge, le dernier degré de l'abaissement. Déjà dans *Boëce* (v. 89) :

> Non al que prenga ne no posg re donar.

2. « L'archevêque Obicin », Fauriel, traduction, « l'archevêque d'Obicin », le même, table. Il est superflu de faire remarquer qu'il n'existe pas d'archevêché de ce nom. La réd. en pr. porte « l'avesque d'Osma », ce qui ne saurait convenir à la mesure du vers. Nous avons la liste des personnes qui furent convoquées au Concile de Latran (*Innoc. epist.* l. XVI, ep. xxx), mais aucun des noms qui y figurent ne me met sur la voie de la correction. Le nom le moins improbable est p.-ê. Embrun, *Ebreun* dans *Girart de Roussillon*, ms. d'Oxford fol. 27 v°, ms. de Paris fol. 14 (v. 973 de l'édition de M. Hofmann, qui commet la faute d'imprimer E

« sant pape, juste et vrai sauveur, bien que le comte
« de Montfort t'ait ici envoyé son frère, [3555] et
« l'évêque Folquet, qui se fait son avocat, malgré tout
« Simon de Montfort ne recueillera pas un fort héri-
« tage, car l'honoré neveu du roi[1] a bien le droit de
« lui en rogner ; et s'il perd, à tort, la terre de son
« père, par droit et par raison il la tiendra de sa
« mère, [3560] car j'ai vu l'acte où le notaire a écrit
« que la cour de Rome a confirmé le douaire[2]. Et
« puisque tu es chef et gardien du mariage, l'enfant
« n'est pas condamné, ni perdu, ni coupable. Et
« puisqu'il est fils légitime, noble, de bonne origine
« [3565] et du meilleur lignage qu'on puisse dire, lui
« faudra-t-il donc aller par le monde, abandonné,
« comme un mauvais larron ? Alors Parage sera mort,
« et Merci sans force. — Non, » dit le pape, « car ce
« n'est pas à faire, et je lui donnerai terre comme il

Breugap, au lieu d'*Ebreu*, *Gap*). La forme qui conviendrait à la langue du poëme serait *Ebrezun*, lequel, écrit *eb'zun*, aurait pu aisément être transcrit *obezin*. La difficulté est ailleurs. Elle consiste en ceci que l'archevêque d'Embrun, Bernart Chabert, qui assista en effet au concile de Latran, fut chargé de porter à Rome la lettre par laquelle les prélats réunis en concile à Montpellier (ci-dessus, p. 169, note 3), priaient le pape de transporter à Simon de Montfort les terres du comte de Toulouse (P. de V.-C. ch. LXXXI, Bouq. 101 AD) ; ce qui semblerait indiquer chez cet archevêque des dispositions toutes différentes de celles que lui prête le poëte.

1. Le jeune Raimon était petit-fils de Henri II par sa mère Jeanne, et par conséquent neveu du roi régnant Jean Sans-Terre. Cf. v. 3583, et ci-dessus v. 3176. (Dans la traduction, p. 172, une erreur de l'imprimerie a rendu les notes inintelligibles. Voir aux *Additions et corrections*.)

2. Le douaire constitué en faveur de la comtesse Jeanne. Nous n'avons plus cet acte.

« me conviendra : [3570] le Venaissin, et la terre qui
« appartenait à l'empereur[1]. Et s'il se montre dévoué
« à Dieu et à l'Eglise sa mère, s'il n'est envers eux ni
« orgueilleux ni traître, Dieu lui rendra Toulouse et
« Agen et Beaucaire. » L'abbé de Beaulieu[2] parla ainsi :
« Sire, toi qui nous éclaires, [3575] ton fils le roi d'An-
« gleterre, ton fidèle ami, qui s'est fait ton homme, et
« t'aime d'un cœur sincère, t'a envoyé son sceau, et
« un messager chargé de ses paroles, pour qu'il te
« souvienne de Merci, et du jugement de Darius[3]. Que
« ta réponse le comble d'une joie dont son cœur
« s'illumine ! — [3580] Abbé, » dit le pape, « je n'y
« puis rien faire : chacun de mes prélats opine contre
« moi; c'est pourquoi en mon cœur je dissimule,
« [voyant] que le neveu du roi ne trouve ami ni dé-
« fenseur ; mais j'ai souvent ouï dire [3585] qu'homme
« jeune au cœur vaillant, quand il sait donner et
« endurer, et qu'il a de l'énergie, recouvre son héri-
« tage. Et si l'enfant est preux, il saura ce qu'il doit
« faire ; car certes le comte de Montfort ne l'aimera
« guère, et ne le tient pas pour son fils, ni l'enfant lui
« pour son père. [3590] Merlin, qui fut bon devin, l'a
« prédit : qu'encore viendra la pierre et celui qui la

---

1. A l'empereur d'Allemagne, c.-à-d. la rive gauche du Rhône.

2. Beaulieu (ou, selon la prononciation actuelle, *Bewley*) dans le New-Forest, Hants; abbaye fondée par Jean Sans-Terre. Nous savons par Roger de Wendover, éd. Coxe, III, 344 (reproduit par Mathieu Paris, *Hist. Minor*, éd. Madden, II, 168, *Chron. maj.*, éd. Luard, II, 633; cf. Mansi, *Concilia*, XXII, 1070) que le roi d'Angleterre avait envoyé au Concile de Latran trois « procuratores », au nombre desquels l'abbé de Beaulieu, pour soutenir sa querelle contre l'archevêque de Canterbury, Etienne de Langton.

3. Allusion à I Esdras, vi ?

« sait lancer, tellement que de toutes parts vous ouïrez
« crier : Qu'elle tombe sur le pécheur[1] ! »

CLI.

Qu'elle tombe sur le pécheur ! et Dieu garde celui [3595] qui doit tenir la terre, et délaisse l'autre !

Le seigneur pape revient de prononcer son arrêt, lui et les évêques qui l'ont amené à se décider [en leur sens], et il confirme la terre au comte de Montfort[2].

---

1. Je ne vois rien qui puisse s'appliquer ici dans les prophéties de Merlin telles qu'elles se trouvent dans Geoffroi de Monmouth. Mais, dans une rédaction très-différente et beaucoup plus longue, il y a un chapitre ayant pour rubrique « De une pierre qui tuera « le geant devant Iherusalem », où on lit qu'un géant viendra attaquer Jérusalem et en abattra les murs avec une massue de fer. « Mais le miracle de la vertu de Dieu le tuera, et ce sera « une pierre qui sortira d'une perrière qui parmy le chief le frap- « pera, et par celluy coup mourra celluy geant payen » (*Les prophécies de Merlin*, édit. A. Vérart, 1498, fol. lxxxiiij v°; éd. de la veuve J. Trepperel, fol. lxviij v°).

2. Voici tout ce que P. de V.-C. (début du ch. LXXXIII) nous dit des scènes qui occupent ici environ 500 vers : « Anno Verbi incar- « nati .MCCXV., mense Novembri, dominus papa Innocentius III, « convocatis patriarchis, archiepiscopis, episcopis, abbatibus et « aliis ecclesiarum prelatis, in Lateranensi ecclesia celebravit, in « urbe Roma, generale concilium et solemne. Inter alia quæ « ordinata fuerunt in concilio et statuta, tractatum fuit de negotio « fidei contra hæreticos Albigenses. Venerant enim ad conci- « lium Raimundus, quondam comes Tolosanus, et filius ejus « Raimundus, comes etiam Fuxi, pacis et fidei manifestissimi « turbatores, supplicaturi concilio pro recuperatione terræ « suæ quam perdiderant divina disponente censura, suffragante « auxilio signatorum. Comes vero nobilis Montisfortis misit illuc « fratrem suum germanum, Guidonem de Monteforti aliosque « fideles nuncios et discretos. Verum quidem est quod fuerunt ibi « aliqui, etiam quod est gravius de prælatis, qui negotio fidei

Et quand il eut congédié la cour assemblée, [3600] le comte de Toulouse va prendre congé, menant avec lui le comte de Foix qui sait bien dire et agir. Ils trouvent le pape disposé à écouter. Le comte [de Toulouse] s'incline et prend la parole : « Sire, droit pape, que Dieu aime
« et tient cher, [3605] c'est pour moi grande mer-
« veille qu'il y ait une bouche pour dire qu'aucun
« homme ait droit de m'enlever mon héritage. Je n'ai
« en moi tort ni faute pourquoi tu doives me condamner.
« Je me suis mis en ton pouvoir pour recouvrer ma
« terre[1] : je suis entré dans une eau sans bords,
« [3610] je ne sais plus où me diriger, par terre, ni
« par mer. Certes! jamais on n'a vu ni ouï, ce me
« semble, que mon sort serait de quêter et de mendier à
« travers le monde[2]. C'est maintenant que l'on pourra

« adversi, pro restitutione dictorum comitum laborabant (*l'ar-
« chidiacre de Lyon*, 3443; *l'archevêque d'Oberin* (?), 3552; *l'abbé
« de Beaulieu*, 3574), sed non praevaluit consilium Architopel,
« frustratum est desiderium malignorum. Dominus enim papa,
« approbante pro majori parte et saniori sacrosancto concilio, in
« hunc modum ordinavit de eos negotio memorato. Statuit siqui-
« dem et providit quod Tolosa civitas, et alia terrae a cruce-signa-
« tis obtenta, concederentur comiti Montisfortis... terram vero
« quam comes Tolosanus habuit in Provincia custodiri voluit
« summus pontifex, ut de illa fieret provisio in parte vel in toto
« filio dicti comitis Tolosani, si tamen per certa fidelitatis et bonæ
« conversationis indicia ostenderes se misericordia dignum esse
« (*cf.* 3568-70). » Le texte même de la sentence a été publié par D'Achery, *Spicil.* éd. in-fol. I, 707, et reproduit dans les collections des Conciles (Mansi, XXII, 1069).

1. L'acte de cession, daté d'un mercredi du mois d'avril 1214 (p.-ê. 1215, n. s.), et adressé au légat Pierre, est dans Bouquet, XIX, 210, note *a*.

2. Ce n'était sans doute pas la première fois que Raimon VI parlait ainsi au pape. En effet, le 4 février 1215, bien .avant l'ouverture du concile, Innocent ordonnait au légat Pierre de pour-

« s'étonner à bon droit, quand le comte de Toulouse
« est réduit à la misère, [3615] puisque je n'ai bourg
« ni ville pour me réfugier. Quand je te rendis
« Toulouse, je crus trouver merci, et si je l'avais
« obtenue[1], je ne me plaindrais pas. Et parce que je
« te l'ai rendue, parce que je ne l'ai pas refusée,
« me voilà dans la misère, réduit à implorer ta merci !
« [3620] Je n'aurais jamais cru, et je ne le devais pas
« supposer, qu'avec la sainte Eglise je serais ainsi
« déçu ! Tes paroles et ma confiance m'ont fait faire
« telle folie que maintenant je ne sais où aller, ni où
« me tourner. J'ai grande raison d'être affligé, quand
« je viens à penser [3625] qu'il me faudra demander
« à autrui, moi qui avais coutume de donner[2] ! Et
« l'enfant qui ne sait ce que c'est que faute ni péché[3],
« tu ordonnes que sa terre lui soit enlevée, tu veux
« le proscrire ! Toi qui dois régir Parage et Merci,
« qu'il te souvienne de Dieu et de Parage, et ne me
« laisse pas succomber, [3630], car la faute en sera à
« toi, si je n'ai où poser les pieds ! » Le pape l'écoute
et le regarde ; il se prit à gémir en son cœur et à
s'accuser. « Comte, » dit le pape, « tu n'as pas lieu

voir, sur les revenus du comté de Toulouse, aux dépenses du
comte, et la lettre, assurément écrite à la prière de Raimon (et
qui peut par conséquent servir à fixer approximativement la date
de son arrivée à Rome à janvier 1215), contient l'idée même qui
est ici exprimée (cf. d'ailleurs v. 3540 et suiv.) : « Verum ... sup-
« plicavit ad ultimum, ut, *ne mendicare cogatur*, ipsi faceremus in
« expensis interim provideri » (Teulet, *Layettes du Trésor*,
n° 1099 ; Potthast, n° 4950).

1. *E si ieu la tengues*, le sens est douteux : on peut rapporter
la à *Toulouse* aussi bien qu'à *merci*.

2. Voy. ci-dessus, v. 3541.

3. Cf. v. 3529.

« de te désoler ; je sais bien ce qu'en tout cela j'ai à
« faire. [3635] Laisse-moi un peu me remettre et
« réfléchir, je ferai amender ton droit et mon tort. Si
« je t'ai dépouillé, Dieu peut t'enrichir ; si tu as
« grande affliction, Dieu peut te remplir d'allégresse,
« et ce que tu as perdu Dieu peut te le restituer ;
« [3640] si tu vas dans les ténèbres, Dieu peut t'inonder
« de lumière. Et puisque Dieu a pouvoir d'ôter et de
« donner, garde-toi de désespérer en rien de lui. Si
« Dieu me laisse assez vivre pour que je puisse gouver-
« ner selon la justice, je ferai monter ton droit si haut
« [3645] que tu n'auras plus cause de t'en plaindre à
« Dieu ni à moi. Et quant aux hommes cruels qui
« m'accusent, je te dis qu'avant peu tu m'en verras
« prendre vengeance. Donc, en te retirant, emporte
« ce souhait que, si tu as bon droit, Dieu te vienne en
« aide ! [3650] Tu me laisseras ton fils, car je veux
« chercher par quel moyen je pourrai lui donner un
« héritage. — Sire, » dit le comte, « en ta sainte garde
« je laisse et mon fils et mon sort. » Le pape le bénit
en lui donnant congé. [3655] Le comte de Foix resta
pour faire valoir ses droits, et le pape ordonne que son
château lui soit rendu. Alors le père et le fils se prirent
à soupirer, le fils parce qu'il restait, le père parce
qu'il partait. Le comte sortit de Rome au point du
jour, [3660] et se trouva rendu à Viterbe, pour la
fête. Le comte de Foix y vint à la nuit tombante, et ils
y séjournèrent pour y célébrer ce jour. Puis le comte
s'en va veiller à Saint-Marc[1] et vénérer le saint corps ;

1. Saint-Marc est à Venise, qui n'est guère sur le chemin de
Viterbe à Gênes. La mention de S. Marc a été omise par la rédaction en prose.

[3665] puis il se rend à Gênes pour y attendre son fils qu'il a laissé à Rome.

CLII.

L'enfant reste à Rome, non pour son plaisir, car il n'y voit rien qui lui doive plaire : au contraire, il y voit ses ennemis sans pouvoir leur nuire. [3670] Mais il a tant de sens, de savoir et de jugement qu'il sait dissimuler ce qui lui cause le plus de peine. Il demeura, sans mentir, quarante jours à la cour pour regarder et apprendre, pour voir et ouïr comment le pape voudra se comporter avec lui. [3675] Mais P. R. de Rabastens[1] lui dit : « Sire, puisque nous ne pouvons « rien faire d'autre à la cour, je crois que plus nous y « resterons et plus nous aurons d'ennui. » Guillem Porcellet[2] dit : « Sire, allons auprès du seigneur « pape, pour voir comment nous pourrons nous « arranger. — [3680] Je veux bien, » dit l'enfant, « que nous allions l'interroger. » Quand le pape le vit, d'un air affligé, il le prit par la main et le fit asseoir, et l'enfant commence à exposer son affaire : « Sire « pape droiturier, voilà le moment de s'en aller, « [3685] et puisque je ne puis séjourner ici, et que

1. Cf. ci-dessus, p. 171 n. 2.
2. Il est question de ce Guillem Porcellet dans une lettre écrite par le légat Milon au pape en 1210. Il y est dit que ce seigneur était le frère du meurtrier du légat Pierre de Castelnau, et qu'après le meurtre, le comte de Toulouse l'eut toujours comme commensal (*Innoc. epist.*, l. XII, ep. cvi; Mansi, *Concilia*, XXII, 798). Il figure à côté de Bertran Porcellet, qui sera mentionné plus loin (v. 3861) comme témoin en divers actes (p. ex. Papon, *Hist. de Prov.* II, pr. n° xxxvi).

« tu ne veux me dire rien autre, j'ai besoin que Dieu
« et toi et Merci me viennent en aide; je n'ai pas de
« terre autant que j'en pourrais franchir d'un saut ; et
« comme tu es mon père, celui qui me dois instruire,
« je te prie de me montrer la voie du salut. — [3690]
« Fils, » dit le pape, « ton intention est bonne. Si tu
« suis les règles que je vais te prescrire, tu ne risques
« point de faillir, ni en ce monde, ni en l'autre. Sache
« aimer Dieu, l'honorer et lui rendre grâces, obéir
« aux mandements de l'Eglise et à ses saints, [3695]
« ouïr messe, matines et vêpres, honorer le corps de
« Jésus-Christ, faire des offrandes, chasser l'hérésie
« et vivre en paix. Garde-toi d'assaillir les maisons
« religieuses, d'infester les chemins, de prendre l'avoir
« d'autrui pour accroître le tien, [3700] de détruire
« tes barons, de mal gouverner ton peuple ; laisse-toi
« vaincre et dominer par Merci. Mais, si on veut te
« déshériter et t'abaisser, sache te bien défendre et
« maintenir ton droit. — Sire, » répond l'enfant, « j'ai
« bien raison de m'affliger. [3705] Je ne puis en même
« temps poursuivre et fuir. La pauvreté et le besoin
« sont durs à supporter. N'ayant plus de terre, ne
« sachant où me tourner, il me faudra prendre à
« autrui de quoi me maintenir. En cela, je ne crois rien
« dire d'excessif, [3710] car j'aime mieux donner et
« prendre, que recevoir et demander. — Ne fais
« rien, » dit le pape, « qui puisse t'attirer la haine de
« Dieu : il te donnera assez de terre si tu le veux
« servir. Je t'ai fait réserver le Venaissin, la terre
« d'Argence et Beaucaire ; tu pourras t'en arranger,
« [3715] et le comte de Montfort aura le reste à gou-
« verner jusqu'à ce que l'Eglise voie si ton sort peut

« être amélioré. — Sire, » dit l'enfant, « il m'est dur
« d'entendre qu'un homme de Winchester[1] a droit de
« partager avec moi. A Jésus ne plaise [3720] que
« jamais Simon se prenne à partager terre avec
« moi ! la mort ou la terre, voilà ce que je lui ferai
« prendre, de sorte que l'un de nous aura le pays
« entier jusqu'à sa mort. Et puisque je vois qu'il en
« faudra venir à la guerre, sire, je ne te demande
« qu'une chose : [3725] c'est de me laisser la terre si
« je la puis conquérir. » Le pape le regarda, et jeta
un soupir, puis le baise et le bénit : « Veille à ce que
« tu feras, et retiens mes paroles : tout ce qui s'obs-
« curcit, ensuite s'éclaircit. [3730] Puisse Dieu Jésus-
« Christ te laisser bien commencer et finir, et bonne
« chance ! » — Le comte sortit de Rome pour accomplir son voyage, et arriva à Gênes ; et je puis bien
vous garantir que lorsque son père le vit, il n'alla point
le battre. [3735] Ils ne tardèrent pas à se mettre en
route, et chevauchèrent gaiement pensant à l'arrivée,
jusqu'à tant qu'ils furent à Marseille.

CLIII.

Arrivés à Marseille, ils descendirent sur la rive et
furent accueillis avec joie et allégresse. [3740] Le
comte prit logis au château de Toneu[2]. Mais, au qua-

1. Voy. p. 41, n. 2.
2. Probablement la tour de la douane (anc. fr. *tonlieu*), anciennement *Palatium Tholonei*, ou *Tholoneum*, qui était placée à
l'entrée du port; voy. Méry et Guindon, *Hist. de la commune de
Marseille*, II, 147 et 152.

trième jour, voici venir un messager, qui salua le comte et lui dit : « Seigneur comte, demain matin ne
« faites pas long séjour, car l'élite d'Avignon vous
« attend sur la rive, [3745] et ils sont plus de trois
« cents qui vous feront hommage. » Le comte à ces mots fut rempli de joie. Le matin, lui et son fils se mettent en route, et quand ils furent si près qu'ils se rencontrèrent [avec la députation] sur le rivage, le comte descendit du bon mulet arabe, [3750] et les trouva à genoux sur la verdure. Le comte les reçut et eux lui avec allégresse. Arnaut Audegier, homme sage et vaillant, né d'Avignon, d'une noble famille, parla le premier, sachant quel est l'usage : [3755] « Sei-
« gneur comte de Saint-Gilles, recevez un gage hono-
« rable, vous et votre cher fils de légitime lignée.
« Tout Avignon se met en votre seigneurie; chacun
« se livre à vous corps et biens, [vous offre] les clefs
« de la ville, les jardins et l'entrée. [3760] Ce que
« nous vous disons, ne le tenez point pour chose
« vaine, car il n'y a en ceci ni défaillance, ni orgueil,
« ni excès. Mille chevaliers vaillants, guerriers accom-
« plis, et cent mille hommes pleins de courage[1]... et
« ont fait serment et garanti par otages [3765] qu'ils
« poursuivront désormais la réparation de votre
« dommage. Vous aurez en Provence tous vos droits,
« rentes, cens, tribut, péages; personne ne voyagera
« sans payer le droit de sauf-conduit. Nous garderons
« les passages du Rhône, [3770] et mettrons le pays
« à sang jusqu'à ce que vous ayez recouvré Toulouse
« et votre juste héritage. Les chevaliers bannis sorti-

---

1. Voir au t. I la note sur le v. 3764.

« rout des bois et n'auront plus à redouter tempête
« ni orage. Et vous n'avez au monde ennemi si sau-
« vage [3775] qui n'en soit pour sa honte, s'il vous
« fait mal ou tort. — Seigneur, » dit le comte, « vous
« faites preuve de bon jugement et de vaillance, en
« prenant ma défense, et vous aurez l'appui de toute
« la chrétienté et de votre patrie, car vous relevez les
« preux, et joie et Parage. » [3780] Le lendemain,
sans perdre de temps, ils chevauchèrent; ils entrèrent
dans Marseille, où ils ne firent pas long séjour, et
arrivèrent à Salon à la nuit tombante, et prirent avec
plaisir leurs logements.

CLIV.

Avec grande joie ils prirent leurs logements, et le
matin, au moment de la rosée, [3785] quand la douce
aube apparaît, que se fait entendre le chant des
oisillons, que s'épanouit la feuille et la fleur sortant du bouton, les barons se mirent à chevaucher,
deux à deux, par les plaines herbues, s'occupant
d'armes et d'armures. Gui de Cavaillon[1], monté sur un
cheval roux, [3790] dit au jeune comte : « Voici le
« temps où Parage a grand besoin que vous soyez

1. Seigneur qui, jusqu'à présent, n'est guère connu que comme
troubadour. En 1204 il fut, avec le comte de Provence, Guillem
du Baus et quelques autres, témoin de Pierre d'Aragon lors de
son mariage avec Marie de Montpellier (Teulet, *Layettes du Trésor*, n° 717), en 1209 à la cession du comté de Forcalquier faite à
son fils R. Bérenger (Papon, *Hist. de Prov.* II, pr. n° XXXVI).
Nous avons de lui plusieurs poésies qui se rapportent aux événements du temps, notamment une tenson avec Guillem du Baus
(voy. ci-après p. 204, note). Il a une notice dans l'*Hist. littér.*
XVII, 542.

« mauvais et bon[1]. Car le comte de Montfort qui
« détruit les barons, l'Eglise de Rome, la prédication,
« font que Parage reste honni et vergogneux. [3795]
« Ils l'ont tellement renversé de haut en bas, que s'il
« n'est relevé par vous il est éclipsé à tout jamais.
« Si Prix et Parage ne sont restaurés par vous,
« Parage est mort et tout le monde en vous. Et
« puisque vous êtes le véritable espoir de tout Parage,
« [3800] ou Parage entier mourra, ou, vous, montrez-
« vous preux. — Gui, » dit le jeune comte, « j'ai le
« cœur joyeux de ce que vous m'avez dit, et je vous
« ferai brève réponse : Si Jésus me sauve moi et
« mes compagnons, et me rend Toulouse, que je
« désire, [3805] jamais Parage ne sera besoigneux
« ni honni ; car il n'y a en ce monde aucun homme
« assez puissant pour me détruire, si n'était l'Eglise[2].
« Et si grand est mon droit et ma raison que si
« j'ai ennemis mauvais et orgueilleux, [3810] à
« celui qui me sera léopard, moi je serai lion ! »
Ils vont ainsi devisant d'armes, d'amours, de dons,
jusqu'à tant que la nuit tombe et qu'Avignon les
reçoit. Et lorsque par la ville s'est répandue la
rumeur [de leur arrivée], il n'y a vieux ni jeune
qui n'aille volontiers [3815] par toutes les rues et
devant les maisons. Celui qui court le mieux se
tient pour fortuné. Les uns crient « Toulouse ! »
pour le père et pour le fils, et les autres « la joie !
« car désormais Dieu sera avec nous ! » Le cœur plein
de force, les yeux en larmes, [3820] tous devant le

---

1. Mauvais pour vos ennemis, bon pour vos partisans.
2. Voy., au t. I, la note des vers 3806-7.

comte viennent à genoux, et disent ensemble : « Jésus-
« Christ glorieux, donnez-nous pouvoir et force pour
« que nous leur rendions à tous deux leur héritage. »
Et si grande est la presse et la procession, qu'il y
faut employer les menaces, les verges, les bâtons.
[3825] Ils entrèrent au moûtier pour faire leurs
prières, puis on servit un repas accompli et savou-
reux. Il y eut mainte sorte de ragoûts et de pois-
sons, des vins blancs, rouges, giroflés et roux; il
y eut des jongleurs avec leurs vielles, des danses,
des chansons. [3830] Le dimanche matin eut lieu
la cérémonie du serment et des engagements [en-
vers le comte]. Puis tous disent : « Sire légitime
« et bien aimé, ne craignez point de donner ni de
« dépenser, nous fournirons l'argent et nos per-
« sonnes [3835] jusqu'à ce que vous recouvriez la
« terre ou que nous mourions avec vous. — Sei-
« gneurs, » dit le comte, « belle en sera la récom-
« pense, car, de par Dieu et de par moi, vous
« gagnerez en puissance. » Et le comte prend conseil, et avec quelques-uns de ses barons il[1] se rendit
à Orange, vaillant et affable. [3840] Entre le comte
et le prince [d'Orange][2] fut fait et conclu un traité

1. Je corrige, avec M. Chabaneau, *El* au v. 3839.
2. Guillem du Baus, dit *del Cornas*, prince d'Orange de 1182 à 1218, et qu'un privilège impérial, resté sans effet, fit un moment roi de Vienne et d'Arles (*Rev. des Soc. sav.* 6, II, 436-40). Nous n'avons d'ailleurs aucune mention d'une alliance à ce moment entre lui et le comte de Toulouse. Si réellement cette alliance eut lieu, elle ne dura pas longtemps, car il est impossible de ne pas reconnaitre le prince d'Orange dans le « Baus » qui parait au v. 3848, parmi les ennemis du comte de Toulouse, avec Orange et Courtheson. La contradiction entre ces deux mentions si rapprochées et si différentes peut n'être qu'apparente, car il se peut que le

d'alliance et de pairie. Et le jeune comte entra en Venaissin, désireux de prendre l'hommage de Pernes, de Malaucène, de Baumes et de maints châteaux qui lui appartiennent, et d'y mettre garnison. [3845] Mais dans peu commencera le mal, le dommage, la lutte, car les clercs et l'évêque[1] lui sont

copiste ait omis quelques vers qui l'expliqueraient ou l'atténueraient. — Cette guerre fut fatale au prince d'Orange. En 1218 il fut pris par les Avignonais, partisans du comte de Toulouse, et misérablement mis à mort (« ...non solum occisus sit, sed etiam in frusta « concisus », lettre du pape Honorius, Teulet, *Layettes du Trésor*, I, 467 a; cf. Vaissète III, 307). — Voici ce que nous savons des rapports de Guillem du Baus avec le comte de Toulouse : 1210, juillet 10, accord à la suite duquel Guillaume se reconnaît l'homme du comte pour certaines terres (Teulet, *Layettes*, n° 931). — A une époque indéterminée, selon toute apparence peu avant le concile de 1215, il se rendit à Rome avec l'évêque Folquet et l'abbé de Cîteaux, « per mal del coms de Tolosa, e per adordenar « crozada, e per desceretar lo bon comte R. » (Vie de Perdigon, *Parn. occ.* p. 114.) — 1215, février 4, une lettre d'Innocent III nous apprend que Guillem du Baus avait usurpé les terres de Provence que le comte de Toulouse tenait de l'Empire, et prétendait agir selon mandement spécial du Siége apostolique. Le pape ordonne au légat de prendre sous sa garde ces terres « ut in deli- « beratione finali, de ipsa possimus libere ordinari » (Teulet, n° 1099). Ces terres d'Empire sont précisément celles que le pape réserva au jeune comte, et sur lesquelles celui-ci s'appuya pour recommencer la guerre contre Simon de Montfort. Il est donc évident qu'à ce moment aucun accord durable ne put s'établir entre le comte de Toulouse ou son fils et le prince d'Orange. — Guillem du Baus protégeait les troubadours et *trouvait* lui-même. Nous avons de lui une tenson avec Raimbaut de Vaqueiras (voy. Diez, *Leben u. Werke d. Troubadours*), quelques couplets, relatifs à des faits de guerre, échangés avec Gui de Cavaillon qui tenait, comme on l'a vu plus haut, p. 201, pour le comte de Toulouse (*Parn. occit.* p. 272), et un couplet en réponse à Ugo de Saint Circ (*Archiv. f. d. Stud. d. neueren Sprachen*, XXXIV, 410).

1. *L'avesques* dans le texte, v. 3847. Si c'est l'évêque, au sing., il s'agit de l'évêque de Toulouse, mais il se peut que cette forme soit employée avec le sens du plur., les évêques en général.

hostiles; le prince du Baus lui fait la guerre, et le glouton et avare R. Pelet[1], et Nîmes, Orange et Courtheson[2], [3850] Reiambaut de la Calm[3], Joan de Semic le Bon[4], Lambert de Montélimar[5] et Lambert

1. Seigneur d'Alais. Il fit hommage à Simon de Montfort le 14 juillet 1217, par acte passé au Pont-Saint-Esprit (Molinier, *Catalogue*, n° 145; cf. n° 179). Il prétendait avoir des droits sur le comté de Mauguio, et les fit valoir auprès d'Innocent III, qui, par une lettre du 23 mai 1213 (l. XVI, epist. LV; Potthast, n° 4734), le renvoya devant son légat.

2. Ch.-l. de c. de l'arr. d'Avignon. Courtheson appartenait au prince d'Orange.

3. Un « Raymbaudus de Calma » (Lachau, cant. de Séderon, arr. de Nyons), descendant de celui-ci, paraît en différents actes du commencement du XIV° siècle: voy. l'*Inventaire des archives des Dauphins de Viennois*... en 1346, p. p. M. l'abbé C.-U.-J. Chevalier, n°ˢ 1321, 1327, 1369, 1403.

4. *Johan de Semic bos*. L'épithète *bos*, qui apparaît de même accolée à un nom propre, au v. 7191, est de pur ornement. Elle était pour ainsi dire inséparable de certains noms. Ainsi M. Curie-Seimbres nous apprend que les chefs de la famille d'Antin s'appelaient tous indistinctement *Bo*, et que le même surnom était usité dans d'autres familles du Bigorre (*Bulletin de la Société académique des Hautes-Pyrénées*, 10° année, 1867, p. 101, note 2); cf. « Pons Bo », dans R. Vidal, Bartsch, *Denkmæler*, 167, 4; *gens* est employé de même au v. 9159.

5. La biographie de Perdigon nous apprend qu'il était gendre de Guillem du Baus, ci-dessus mentionné. Il avait eu des démêlés avec les légats à cause de diverses exactions : voy. une lettre du légat Milon dans Migne, *Innoc. III opera*, III, 132; cf. Bréquigny et Pardessus, *Table chron.*, IV, 453; et une lettre d'Innocent du 15 avril 1211 (Potthast, n° 4229), l. XIV, ep. XXXIX. En 1198 un « Lambertus » (celui-ci ou son père) paraît comme co-seigneur de Montélimar, avec Guiraut Adémar (*Cart. municipal de Montélimar*, p. p. l'abbé C.-U.-J. Chevalier, n° IX). — On va voir que son co-seigneur Guiraut Adémar (ci-après p. 206, n. 5) appartenait au parti opposé; ce que confirme P. de V.-C. (Bouq. 109 D) : « Guiraldus autem Ademari, qui erat dominus
« Montilii pro majori parte, erat cum adversariis comitis ..... sed ho-
« mines de castro (*Montélimar*) receperunt comitem. Quidam enim

de Limoux, et maints autres au cœur méchant et faux. Mais de ce côté s'élèvent contre eux Marseille et Tarascon, l'Isle, Pierrelate et Gui de Cavaillon, [3855] Adémar de Poitiers[1] et son fils Guilhamos[2]; Guillaume Arnaut de Die[3], homme puissant et courageux, Bernis de Murens[4] avec d'habiles compagnons, Guiraut Adémar[5] et son fils Guiraudet[6], Raimon de

« miles nomine Lambertus, consanguineus dicti Guiraldi, qui erat
« alter dominus Montilii, adhærebat et semper adhæserat comiti. »

1. Adémar II, comte de Valentinois et de Diois, qui en 1209 marchait avec la croisade (voy. v. 269), mais qui depuis avait naturellement suivi le parti du comte de Toulouse son suzerain (Du Chesne, *Hist. généal. des comtes de Valentinois et de Diois*, p. 7). P. de V.-C. revient à plusieurs fois sur l'hostilité de ce personnage à l'égard de Simon de Montfort; voy. Bouquet, p. 91 A, 109 A, et, ci-après, la note sur le v. 5688.

2. « Willelmus » dans les chartes (p. ex. *Cart. de N.-D. de Léoncel*, p. p. l'abbé Chevalier, n° xciv). Il mourut, avant son père, en 1226.

3. Bien que *Arnaut* soit la forme donnée en toutes lettres par la réd. en pr., et par le ms. du poëme au v. 5697 (au v. 3856 il y a simplement *W. Ar'*), ce personnage est peut-être le *Willelmus Artaudi* qui figure dans le cartulaire de l'église de Die, n° xxxiii de l'édition de M. l'abbé Chevalier.

4. *Bernard de Murens* dans la rédaction en prose. Il reparaît plus loin (v. 5697) sous le nom de *Berbo de Murel*. Dans ce second cas la réd. en prose ne le mentionne pas.

5. Seigneur de Montélimar, et vicomte de Marseille en partie; voy. les extraits du cartulaire de S. Chaffre publiés par l'abbé Chevalier, p. 38-9 (dans le t. II des *Documents inédits relatifs au Dauphiné* publiés par l'Académie Delphinale, 1868). C'est lui (« G. Ademari ») qui est mentionné, en 1210, dans un accord entre l'évêque de Die et Adémar, comte de Valentinois (*Cartul. de l'église de Die*, p. p. l'abbé Chevalier dans le même volume, n° xxi). On a des chartes données conjointement par ce personnage et par son fils « Geraldetus » en 1222 et 1228 dans le *Cartul. de Montélimar*, p. p. l'abbé Chevalier, n°⁵ xii et xv. Le sceau de Guiraut Adémar est décrit par l'abbé Chevalier, *Cart. de Montél.*, p. 26, et par M. Douët d'Arcq, *Invent. des sceaux*, n° 1133.

6. Dans le texte *Guiraudos* à cause de la rime, mais plus bas

Montauban[1], Dragonet le preux[2], [3860] Eleazar

(v. 3871) *Guiraudet*, et *Geraldetus* en diverses chartes. C'était en effet l'usage au Midi, principalement en Provence, de donner à l'aîné des enfants le nom du père avec la terminaison diminutive. J'en ai donné plusieurs exemples dans la *Revue des Sociétés savantes*, 5ᵉ série, II, 366. Nous allons voir le fils de Raimon VI appelé *Ramondet*.

1. Ce personnage n'a rien de commun avec la ville de Montauban, comme l'a cru M. Devals, *Hist. de Montauban*, 359-60. Il s'agit de Montauban, commune du cant. de Sederon, arr. de Nyons. Raimon de Montauban figure dans l'acte de partage des enfants de Dragonet, mentionné à la note suivante. Il paraît que plus tard la seigneurie de Montauban fut unie à celle de Mondragon, car nous rencontrons en 1250 (*Cartul. de S. Victor*, nᵒ 1128) et en 1264 (Douët d'Arcq, *Invent. des sceaux*, t. I, nᵒ 2868) un « Dragonetus, dominus Montis Albani » qui est probablement le « Dragonet riches hom de Provence » qui prit part à la première croisade de saint Louis (Joinville, éd. de Wailly, § CXXIX).

2. Dragonet et Pons de Mondragon, celui-ci mentionné deux vers plus bas, étaient frères. Leur père, qui s'appelait Dragonet (nom qui paraît avoir été réservé au chef de la famille), mourut vers la fin du XIIᵉ siècle, après avoir partagé ses terres entre ses enfants. L'acte de partage, qui n'est point daté, nous est parvenu en deux exemplaires : l'un, auquel manquent trois ou quatre lignes à la fin, a été communiqué au Comité des Travaux historiques par M. l'abbé C.-U.-J. Chevalier, et publié à la suite d'un rapport de moi dans la *Revue des Sociétés savantes*, 5ᵉ série, t. II (1871), p. 368; l'autre, qui est entier, a été mis au jour par M. l'abbé Albanès, dans les notes de son édition de *la Vie de saint Bénézet*, p. 37. Dans cet acte Pons de Mondragon est qualifié de *tos*, ce qui veut dire qu'il était alors un enfant. Entre Dragonet et Pons on voit figurer dans le même acte un autre frère, Raimon de Mondragon, qui ne paraît pas dans le poëme de la croisade. — Notre Dragonet fut un personnage important. En 1210 il est témoin de l'accord conclu entre Raimon VI et Guillem du Baus (voy. ci-dessus, n. 1): plus loin, v. 4954 et suiv., nous allons le voir négocier la capitulation du château de Beaucaire. En 1217 (P. de V.-C. ch. LXXXIV, Bouq. 109 A) Simon de Montfort détruit son château situé sur le bord du Rhône, et peu après (Bouquet, *ibid.* D) il se soumet au chef de la croisade. Je ne sais s'il doit être identifié

d'Uzès[1] ; puis Albaron, Bertran Porcellet[2], Pons de Mondragon, Ricau de Carro[3], Pons de Saint-Just[4] le Bon. Désormais c'est la guerre pour Simon, pour son fils Amauri et pour son frère Gui, [3865] car le comte duc et marquis, du lignage d'Alphonse[5], lui dispute sa terre.

CLV.

Il lui dispute sa terre, le comte-duc encore enfant ; il se défend et lutte contre les injustices et les spolia-

avec un Dragonet qui, de 1224 à 1227, était podestat d'Arles (Anibert, *Mémoires sur la républ. d'Arles*, III, 247-8; cf. *Cartulaires des Hospitaliers et des Templiers en Dauphiné*, publiés par l'abbé Chevalier, nº 172). — Dans l'*Inventaire des Archives des Dauphins de Viennois* ... en 1346, publié par le même savant, diverses chartes donnent à notre Dragonet le surnom de « de Monte Albano » ; comme je n'ai vu nulle part ce surnom appliqué au Dragonet des premières années du xiiiº siècle, je suppose que *de Monte Albano* est une addition du rédacteur de l'inventaire, qui savait que plus tard (voir p. 207, n. 1) les Dragonet avaient pris ce surnom.

1. « Elisiarius Usecie » est témoin en 1218 et 1220 (n. s.) à des actes concernant Nîmes (Ménard, *Histoire de Nîmes*, II, pr. 64 *a*, 68 *b*).

2. L'un des plus anciens membres connus de la célèbre famille arlésienne des Porcellets, dont le mausolée est encore maintenant l'un des ornements des Aliscamps. *Bertrandus Porcelletus* figure dans plusieurs chartes : en 1209 (Papon, *Hist. de Prov.* II, pr. nº xxxvi), en 1228 (*Ibid.*, nº xlvii). On a vu plus haut, v. 3678, un autre Porcellet au nombre des compagnons du jeune comte.

3. Le même qui est appelé plus loin (v. 4434) « Ricartz de Carro ».

4. Saint-Juste, commune de Saint-Paul-Trois-Châteaux, Drôme. Un « Pontius de S. Juste », probablement fils ou petit-fils de celui-ci, fait hommage en 1278 à Dragonet seigneur de Montauban pour le château de Pierrelate (*Invent. des arch. des Dauphins de Viennois*, nº 1443).

5. Alphonse-Jourdain, son bisaïeul ; cf. v. 3176.

tions, et prend villes fortes, grandes et petites, villages et bourgs[1]. [3870] Mais le comte [Raimon le vieux], le jeune comte, Gui [de Cavaillon], Dragonet, Guiraut Adémar et son fils Guiraudet, eurent ensemble, à loisir, un entretien : « Seigneurs, » dit le comte, « je vais
« vous dire ce que vous ferez. Je pars pour l'Espagne[2]
« et vous tous resterez, [3875] et en votre garde
« demeurera Raimondet. Lorsque besoin sera, vous
« le conseillerez; et s'il recouvre sa terre, il vous en
« reviendra beaucoup d'honneur; mais s'il la perdait
« vous en souffririez tous. — Raimon, » dit-il ensuite,
« vous vous fierez en ces barons : [3880] mal, bien, joie,
« peine, succès, vous supporterez tout en commun
« avec eux. Vous aimerez à tout jamais les barons
« d'Avignon et leur donnerez largement terre[3] et
« avoir, car si vous avez [jamais] la Provence, c'est
« avec eux que vous la conquerrez. [3885] Montrez-
« vous plein de reconnaissance envers les Marseillais,
« récompensez-les en biens et en terre, et ce qu'ils
« vous offrent vous le prendrez simplement; ainsi
« vous obtiendrez le secours d'Ancelmet. Pour
« ceux de Tarascon vous serez toujours dévoué,
« [3890] prêt à donner et attentif [à leurs désirs];
« et chérissez-les, car si vous recouvrez Beaucaire,
« ce sera grâce à eux. Au pied de la roche[4] sera

1. D'après la réd. en pr., c'est Simon qui aurait fait ces conquêtes (voir la note sur les vers 3868-9), ce qui est probablement une erreur de traduction, et en tout cas n'est pas conforme à la réalité.
2. Pour y chercher du secours; cf. P. de V.-C. ch. LXXXIII (Bouq. p. 106 E).
3. Je traduis conformément à la correction proposée dans la note sur le vers 3883, cf. 3886.
4. Sur laquelle est construit le château. Elle était en effet au-

« la flottille, et si vous leur¹ enlevez l'eau, vous pour-
« rez les réduire à la dernière extrémité. Qu'il n'y
« reste (dans le château) mur ni porte ni paroi ; [3895]
« et s'ils cherchent à se défendre, point de quartier
« pour eux ! Ainsi, de gré ou de force, vous êtes sûr de
« les prendre. » Les barons répondent : « Vos con-
« seils seront suivis. — Sire, » dit le jeune comte,
« puisque vous allez en Espagne, vous ferez valoir
« vos droits auprès des rois et des comtes, [3900] qui
« devront se montrer sensibles à votre spoliation.
« Vous vous plaindrez hautement de la cour de Rome,
« de ce que Dieu ni foi ni considération ni loi ne vous
« viennent en aide. De tous vos actes, de toutes vos pa-
« roles, de tous vos desseins tenez-moi informé ; [3905]
« vous manderez [aussi] message droit à Toulouse,
« là où bien souvent on soupire pour vous et pour
« moi. Ils sont si preux (les Toulousains) que vous les
« recouvrerez un jour, et avec eux réparerez toute
« votre perte. — Raimon, » dit le comte, « c'est
« maintenant que vous allez connaître [3910] qui vous
« veut du bien et qui vous aime ; et nous verrons ce
« que vous ferez. » Là-dessus le comte prend congé
et s'en va en toute hâte là-bas droit en Espagne, au
chaud et au froid. Cependant le jeune comte expédie
ses lettres scellées, afin que tous ses amis viennent en
secret et sans bruit [3915] au siège de Beaucaire.

---

trefois baignée par le fleuve, qui depuis a porté son cours un peu
plus à l'est. Maintenant un terrain d'alluvion, ayant environ de
deux à trois cents mètres de largeur, s'étend entre la roche où est
situé le château, et le fleuve. C'est le champ de foire.

1. Aux défenseurs du château.

CLVI.

Au siége de Beaucaire vint le comte légitime, droit aux portails, à travers la Condamine[1]. Sur la délibération du conseil de la ville, formé des principaux habitants, les portes lui furent livrées et les clefs rendues. [3920] Il se montrait plein de joie, lui et ses amis. Le peuple d'Avignon vint par le Rhône en bateaux ; ceux de Tarascon sortent de la ville, accourant aussitôt[2] ; ils passent l'eau et entrent dans les jardins[3], criant par la ville : « Notre seigneur bien aimé [3925] « entre dans la ville, et avec lui la joie suprême, « car désormais il n'y restera plus ni Français ni « Barrois[4]. » Là-dessus ils se logent et occupent les maisons, proclamant par leurs cris la joie et le repos. Mais sous peu recommencera la guerre meurtrière, [3930] car Lambert de Limoux, un habile sénéchal[5],

---

1. C'est encore le nom d'un des quartiers de Beaucaire, à l'ouest de la ville, entre la Charité et Notre-Dame-des-Pommiers. Ce n'est donc pas, comme il a été dit au vocabulaire, le pré de Beaucaire (où se tient la foire), pré qui alors était sous le Rhône. La Condamine était au moyen âge en dehors de la ville ; voy. Eyssette, *Histoire de Beaucaire*, II, 253-4. La porte par où le comte a dû faire son entrée est celle de la Croix, sur laquelle voy. plus loin, note sur le v. 4852.

2. L'explication proposée au vocab. pour *estraus* me satisfait peu : je traduis comme s'il y avait *a estros* modifié en vue de la rime (?).

3. Fort douteux ; voy. au t. I la note du v. 3923.

4. Ou encore « allemand » ? voy. p. 78, note 6.

5. On verra que Lambert de Limoux (sur lequel voy. p. 44, n. 2) avait le commandement du château. C'est la première fois qu'il est qualifié de sénéchal, titre qu'il reçoit encore au v. 4827, mais qu'il ne prend jamais dans les actes où il figure comme témoin. P. de V.-C., sans nommer aucun des défenseurs du château, dit cependant que parmi eux se trouvait le sénéchal de Simon (Bouq. 105 c).

Guillaume de la Motte¹, le faux Bernart Adalbert², font armer leurs compagnies, hommes et chevaux, et sortent par la porte du château³. Ils entrent dans les rues et viennent au galop, [3935] criant : « Montfort! Montfort! » Voilà du nouveau, car c'est la ruine et la destruction qui recommencent. Par la ville s'élèvent le cri et le tumulte. Toute la population court aux armes, et grande est la presse des barons provençaux : [3940] les trompes sonnent, on déploie les enseignes, on crie « Toulouse! » la chasse va commencer. On frappe de dards et de lances et de pierres à main, de carreaux, de flèches, de haches, de cognées, de lances, d'épées, de bâtons, de massues. [3945] Du haut des fenêtres ils⁴ les pressent si vivement de toute façon avec des pierres massives qui brisent les boucles des écus et les *poitraux*⁵, qu'ils les mènent battant et leur donnent coups mortels, et sans merci les ont forcés à se renfermer dans le château. [3950] Mais ils se défendirent en vaillants guerriers, et munirent les tours, les murs et les échafauds⁶. Le comte cependant

1. Neveu de Lambert de Limoux; voy. v. 4634-5. « Willelmus de « Mota » est témoin en 1214 à un acte d'hommage rendu à Simon de Montfort (Molinier, *Catalogue*, n° 93).

2. Fauriel : « Bernard et Adalbert Faulx. » Il me semble plus probable que les deux noms appartiennent au même personnage, et que *faus* n'est autre chose qu'une épithète défavorable appliquée à un ennemi, comme *bos* l'est parfois à un ami; voy. p. 205, n. 4.

3. Le poète ajoute *e dels vaus* (Fauriel lit *e dels naus* qu'il traduit par « et du port »). Je ne me rends pas compte de la valeur de cette dénomination qui n'est peut-être motivée que par la rime.

4. Les partisans du comte de Toulouse.

5. Je fais revivre l'ancien mot français qui correspondait au prov. *peitral*. C'est la cuirasse qui protégeait le poitrail des chevaux; voy. le vocab. et, pour d'autres emplois de *poitraus*, le Ménestrel de Reims, éd. de Wailly, 101, 126.

6. Voir le vocab. au mot *cadafalc*.

fait des barricades palissadées, et poste à Sainte-Pâque[1] les contingents comtaux. Au pied de la roche est la flottille, tellement [3955] qu'ils ont tout en abondance, l'eau et le chrême (?). Puis ils s'écrient : « Avant toute chose, attaquons la Redorte[2]. »

CLVII.

« Attaquons la Redorte, car nous allons pouvoir « l'enlever. » Là vous auriez vu sauter, courir, se précipiter[3], [3960] l'un contre l'autre crier et lutter; le père n'attendait pas fils ni gendre[4]. Ils brisent et

---

1. En ce temps l'église principale de Beaucaire, déjà mentionnée dans un texte de 1070 (Vaissète, II, pr. n° CCLII), et démolie après 1268 (Eyssette, *Histoire de Beaucaire*, II, 232). Elle était située entre l'église, actuellement subsistante (mais refaite), de Notre-Dame des Pommiers, et le château, auquel elle confinait du côté du Nord.

2. La *Redorte* était une fortification établie sur le prolongement de la colline où est construit le château de Beaucaire, au nord-est du château, à l'endroit où se trouvent maintenant des moulins à vent. Actuellement cette position, qui est presque au même niveau que le château, en est séparée par une tranchée qui a conservé le nom de « chemin de la Redoute; » mais cette tranchée est de date récente. La « munitio de Redorta » est mentionnée dans l'hommage rendu à l'église d'Arles en janvier 1215 par Simon de Montfort pour le fief de Beaucaire (Doat, LXV, 59). Au même lieu se rapporte l'exemple de *redorta* cité par Raynouard, *Lex. rom.* V, 386, d'après la chronique de Montpellier (*Thalamus*, Bibl. nat. fr. 11795, fol. LXVII; cf. *Le petit Thalamus de Montpellier*, p. 331) : « .....et en aquel an (1206) lo coms R. pres en Pons de Montlaur, « o l'endeman de l'Assension hom lo gitet de la redorta de Bel- « cayre en avall, en R. de Belluoc ab el. » C'est donc à tort qu'au vocabul. *Redorta* a été considéré comme un nom commun.

3. *Desendre*, v. 3959, mais je crois qu'il faut corriger *des[t]endre*.

4. Cf. une locution analogue au v. 1186; de même dans la Relation de la Prise de Damiette (*Recueil d'anc. textes*, partie

enfoncent murs et portes, ils apportent le feu, et commencent à incendier. Là vous auriez pu voir tendre tant d'arbalètes, [3965] tant de carreaux s'élever en l'air, tant de moellons jetés de haut en bas, lancer tant de pierres, détendre tant d'arcs, les Provençaux combattre, les Français se défendre ! A haute voix les uns s'écrient : « Vous êtes pris ! » et les autres répondent : « Nous vous entendons bien, [3970] « mais avant que vous nous preniez, nous nous « vendrons chèrement. » Mais la fumée, le feu, la flamme, la chaleur[1], les ont mis en une telle détresse qu'ils ont peine à se défendre[2]. Et l'un dit à l'autre : « Nous ne pouvons leur résister davantage ; rendons-« nous à merci avant de nous laisser brûler. » [3975] Pierre de Saint-Prais est entré en négociation pour qu'on le laisse sortir et se rendre vers le comte [de Toulouse][3]. De toutes parts vous eussiez entendu disputer et rivaliser d'efforts, les uns montant, les autres descendant. A haute voix ils s'écrient : « Désormais il « ne peut nous mésarriver. [3980] Jésus-Christ glo-

---

provenç. *34*, 86) : « ol filh non agardava lo payre, nil payres lo « filh. »

1. P.-ê. *la cendre*, en faisant au v. 3971 une légère modification.

2. Le vers 3972 est corrompu, voy. *Romania*, IV, 276, et *Revue des langues romanes*, 2, I, 197-8.

3. Lacune ici ? voy. au t. I la note du v. 3976. D'après la réd. en prose, qui confond l'attaque de la Redorte avec celle du château proprement dit, les assiégés proposaient de rendre la place à condition d'avoir la vie sauve, condition qui alors fut repoussée, mais que les assiégeants acceptèrent plus tard. — Quant à Pierre de Saint-Prais (dont l'origine m'est inconnue), il faut croire qu'il réussit à se ménager une petite capitulation particulière, s'il doit être identifié avec le « Peire de Saint Praiss » qu'on trouve en 1230 bailli de Lavaur pour le comte de Toulouse (Teulet, *Layettes du Trésor*, n° 2078).

« rieux qui mourut un vendredi nous rétablit Pa-
« rage[1] ! »

CLVIII.

« Dieu, restaurez Parage et observez raison ; main-
« tenez droiture et abaissez trahison ! » Ensuite ils
s'écrient tous d'une voix : [3985] « Combattons le
« château, la grande porte et le perron ! — Seigneurs, »
dit R. Gaucelm[2], « je vous donnerai bon conseil : le
« château sera vôtre, et ceux qui y sont, mais d'abord
« faisons un mur de pierres sèches avec de doubles
« échafauds et de solides escaliers. [3990] Qu'il y ait
« à chacun des portails, et pour le défendre, un pier-
« rier braqué de façon à tirer à grande comme à
« petite distance[3]. Nous avons à faire à un homme

---

1. Il y a plusieurs corrections à faire aux vers 3980-1. Voy. aux *Additions et corrections*.

2. Ce personnage paraît encore au v. 4371. Dans les deux passages son nom est abrégé. Il s'appelait *Raimon* ou *Rostanh*. C'était un Tarasconais. En 1199 les habitants de Tarascon choisirent comme arbitres d'un débat existant entre les nobles et les bourgeois de la ville « Raimundum Gaucelmum (*ou* Ganc-) et Rostagnum fratrem « ejus » (Arch. de Tarascon, *Livre rouge*). En 1209 (n. s.) « Ray-« mundus Gaucolm » est témoin à un acte d'Alphonse II, comte de Provence, que j'ai publié dans la *Romania*, II, 431.

3. Ce mur devait empêcher les sorties de la garnison du château, comme on le verra plus loin par le discours de Lambert de Limoux (v. 4085 et s.). On a vu plus haut, p. 212, que de ce côté la ville n'avait d'autre défense que le château lui-même. Mais il est moins facile de déterminer l'emplacement des *portals* du v. 3990. La réd. en pr. entend qu'il s'agit des *portals* du château, contre chacun desquels étaient dirigés quatre pierriers : « a cada portal *deld. castel* « a faict adressar quatre (l'auteur a lu *.iiij.* au lieu de *un*) peyrie-« ras per tirar contra lod. castel » (p. 67). Cette interprétation est

« mauvais et dur, sans merci, au cœur de lion ; et s'il
« amène des forces contre nous, nous aurons une
« défense, [3995] et désormais ne craindrons plus
« aucun assaut. » Ils répondirent : « Nous tenons le
« conseil pour bon. » Arbert le prêtre leur a fait un
bref sermon : « Seigneurs, je vous semons au nom de
« Dieu et du comte : celui qui travaillera au mur de
« pierres sèches et y mettra du sien, [4000] en aura
« bonne récompense de Dieu et du comte, et, je le
« jure par l'ordination que j'ai reçue, son salut est
« assuré. » Tous s'écrient ensemble : « Allons tous
« ensemble au pardon[1] ! » — Mais la nuit approche
avec le ciel resplendissant ; sergents et damoiseaux ont
fait le guet, [4005] et même les chevaliers, tout à l'entour du château. A l'aube du jour on crie que tous
sortent en masse : personne ne s'y refuse, et ils commencent le mur, le terrassement et la construction. Onques en nulle œuvre vous ne vîtes si riches maçons,
[4010] car les chevaliers et les dames apportent le
blocage, et damoiseaux et damoiselles les matériaux et
le charbon, chacun disant ballade, vers ou chanson.
Ils eurent bientôt fait tant d'ouvrage, qu'ils n'eurent
plus à redouter Français ni Bourguignons. [4015] En
dedans de ce mur furent les tentes et les pavillons.
Ils fortifièrent Sainte-Pâque. Puis ils délibérèrent de
construire un *bosson* pour battre le donjon et tirer à

douteuse : il n'est guère probable que le château ait eu plusieurs
grandes portes ; il s'agit donc plus vraisemblablement de celles de
la ville. — Je proposerais volontiers de corriger au v. 3991 : *e que[x]
defendal so*, « et que chacun [des pierriers] défende son *portal*. »

1. Par *perdo*, comme aux vers 686 et 763, on entend une œuvre
à laquelle est attachée une indulgence.

ses défenseurs[1], et d'en confier la garde à Gui de Cavaillon [4020] et à ceux de Valabrègue qui sont loyaux et bons. Ils occupèrent le rivage à l'entour du donjon, de sorte que personne n'en sorte ou n'y entre en cachette, qu'on ne puisse y abreuver les chevaux, ni leur aller chercher de l'eau. Par le pays viennent denrées et fournitures, [4025] bœufs et vaches, porcs et moutons, oies et poules, perdrix et chapons, blé et farine et venaison, et le vin de Genestet[2] qui coule avec tant d'abondance qu'on eût dit une terre promise.

[4030] Le comte Simon ne tarde pas à apprendre qu'il a perdu Beaucaire, que cette ville ne sera plus rien pour lui; que Lambert de Limoux, Rainier de Chauderon[3] sont au haut du château avec le reste de la garnison. Et quand il apprit ces nouvelles, il en fut

---

1. P. de V.-C. (Bouq. 106 c) : « Fecerant autem hostes circa « munitionem, a parte exteriori, murum et fossatum, ne nostri ad « munitionem accedere possent*; ipsam præterea munitionem « cum machinis quæ dicuntur petrariæ acriter infestabant, crebros « præterea et duros insultus nostris qui erant in munitione facie- « bant; sed nostri se viriliter ac mirabiliter defendebant, et ex eis « plurimos occidebant. Fecerunt etiam hostes arietem (c'est le « *bosso* du v. 4017) miræ magnitudinis, quem applicantes ad mu- « rum munitionis, ipsum murum fortiter concutiebant. Nostri « vero, per miræ probitatis et subtilitatis artificia, ita impe- « diebant ictus arietis quod in nullo vel in modico debilitaverunt « murum. »

2. Le *Genestet* est un quartier du territoire de Beaucaire, situé sur la gauche de la route de Nîmes (section H du cadastre de la commune), qui, jusqu'aux ravages des phylloxéras, a été cultivé en vigne. Voy. Eyssette, *Hist. de Beaucaire*, II, 273-4.

3. Voy. p. 44, n. 3.

* Ces derniers mots (*ne nostri ... possent*) ne sont pas clairs ; l'ancienne traduction française porte : « et li ennemi Dieu avoient fait par dehors « murs et fossez, si que li pelerin ne les pooient atouchier » (Ms. Noblet de la Clayette, p. 724 d).

frappé [4035] tout autant que si on lui avait tué Amauri[1] ou Gui[2]. Plein de tristesse et de colère il accourut. Gui de Montfort mande, prie, semond tous ses amis de venir le retrouver. Et quand il eut été rejoint par ses compagnons[3], [4040] et son neveu Amauri et Alain[4] et Hugues[5], Gui de Lévi[6], Foucaut[7] et Salomon, ils chevauchent à toute bride avec leurs belles compagnies droit sur Beaucaire, se déploient par les champs, et se forment en bataille en dehors sur la grève. [4045] Ceux de la ville se comportent en barons, et crient : Toulouse! Beaucaire! Avignon! Valabrègue! Eldessan[8]! Malaucène[9]! Caron! Ceux de Tarascon traversent le fleuve; chevaliers et gens des communes occupent les vergers. [4050] D'aucune des deux parts on

1. Son fils.
2. Son frère.
3. Je traduis en supposant les vers 4038-9 ainsi écrits :

> Que tuit sei amic vengan per aqui on el *fo*.
> E cant foron ensems *el* el seu companho.....

On va voir (v. 4114) que Simon n'arrive que plus tard, après une première démonstration contre les assiégeants du château de Beaucaire, ce qui est du reste conforme au récit de P. de V.-C.

4. Alain de Rouci, voy. p. 129, n. 2.
5. Probablement Hugues de Laci; voy. p. 45, n. 2, et cf. v. 4789.
6. Voy. p. 43, n. 3.
7. *Folcaus de Bersi* 4327, *de Bersis* 7128, *de Bresi* 9097, 9127, personnage qui reparaîtra désormais à de fréquents intervalles. Il figure (*Fulcaudus de Berzrio*) parmi les témoins d'un acte passé à Béziers en 1214 (Molinier, *Catal.* n° 79). Jean de *Bersi* 4840, ou de *Bresi* 9152, était son frère (voy. v. 9113). Berzi-le-Sec (Aisne)?
8. « Audessan, château en Provence, » dit Fauriel. Je ne découvre aucun lieu de ce nom ni en Provence ni ailleurs. Probablement *Redessan*, à mi-chemin entre Beaucaire et Nîmes.
9. Ch.-l. de c. de l'arr. d'Orange.

ne chargea, sinon que R. Belarot[1] avec Aimon de Caron allèrent, en avant des lignes, frapper chacun son homme. Les lances se brisent et les éclats en volent. Sauf eux, personne ne reçut ni ne donna coup. [4055] La nuit s'approchant, on dresse les gonfanons, et chacun à l'envi se rend aux cantonnements, tout droit à Bellegarde[2].

CLIX.

Tout droit à Bellegarde ils se logent volontiers et occupent les étables et les maisons, [4060] et touchent les distributions nécessaires. Ils font faire le guet par tous les écuyers, car ils craignaient leurs ennemis acharnés : Marseille ne les aime pas, Montpellier les repousse, Avignon et Beaucaire les ont les premiers attaqués. [4065] Dans Beaucaire, tant est grande l'allé-

---

1. Ms. *R. Belarots*. Si *R.* était une faute de copie au lieu de *P.*, on pourrait identifier notre personnage avec un *Petrus Beleroti* qui paraît comme témoin dans des actes de 1209 (Papon, *Hist. de Prov.* II, pr. n° xxxvi) et 1210 (Teulet, *Layettes du Trésor* n°ˢ 930, 931). Ce surnom est d'ailleurs peu commun. Cependant on trouve en 1068, probablement à Montpellier, un *Guillelmus Belarot* (Teulet, *Layettes du Trésor*, n° 18 bis, p. 565).

2. A 10 kil. S.-O. de Beaucaire. Voici d'après P. de V.-C. le récit, en tout conforme à ce qu'on vient de lire, des mêmes événements : « Venientes autem nostri ante castrum Bellicadri, inve-
« nimus infinitam hostium multitudinem, qui milites et servientes
« nostros in castri munitione obsessos tenebant; sed cum essent
« infiniti hostes, nostri vero respectu eorum pauci, non tamen ausi
« sunt exire inferiores muros castri, licet nostri, ante muros diu-
« tissime stantes eos ad prælium invitarent. Videntes nostri quod
« non exirent hostes ad dimicandum contra eos, postquam diu ex-
« pectaverunt eos et invitaverant ad exeundum, reversi sunt ad
« castrum Bellægardæ, unde venerant, die tertio reversari Belli-
« cadrum » (ch. LXXXIII, Bouq. 106 AB).

gresse que chacun rit et plaisante, car leurs affaires s'améliorent. Les maîtres et les charpentiers leur élevèrent des murs, des parapets[1], des barrières, des palissades, des traverses à hauteur de poitrine, [4070] des mangonneaux, des *chiennes*[2], des engins en masse. Au pied du château ils ont les milices communales qui postent des gardes, des sentinelles, des portiers revêtus de doubles garnements et armés de lames tranchantes, de façon qu'il n'entre ni ne sorte aucun homme, si rusé soit-il. [4075] En bas de la roche ils ont des mariniers choisis qui leur ont coupé l'eau et sapé le rocher[3]. Le jeune comte envoie lettres et messagers aux barons de sa terre et à ses tenanciers, et par tous les pays où il sait qu'il y a des soudoyers. [4080] Qui veut or ou argent ou bon cheval courant, au siége de Beaucaire aura dons et loyer.

Lambert de Limoux, plein d'inquiétude, est entré en conférence avec ses compagnons; il expose la situation et dit de justes paroles : [4085] « Seigneurs,
« nous sommes enfermés dans les tours et dans les ha-
« bitations ; ils ont fortifié contre nous[4] les portails et les
« tourelles[5] de sorte qu'il n'y a pas moyen de sortir, à
« moins de se changer en épervier. Je vois venir les
« pierres des machines meurtrières[6] avec lesquelles ils

---

1. J'ai traduit *amban* au vocab. et ci-dessus v. 540 et 2861 par « galerie, » mais c'est plus probablement le parapet derrière lequel régnait la galerie, sur le haut du rempart.

2. *Goussas*, voir ce mot au vocabulaire.

3. *E fondutz lo[s] rochers* ne donne pas un sens vraisemblable; p.-ê. *fondutz los escaliers?* cf. v. 4093.

4. Voir ci-dessus p. 215, n. 3.

5. Je pense que *torrers* désigne ici et au v. 4125, comme *torrès* au v. 8964, une sorte de tour.

6. Traduit d'après la correction proposée au vocabulaire.

« veulent nous combattre de toutes parts [4090] et il
« est grandement besoin que nous nous mettions tous
« à l'œuvre, que nous fassions des guérites par les
« courtines. Mais voilà qu'en peu de temps nous est
« survenu un contre-temps : ils nous ont enlevé l'eau,
« les ponts[1], les escaliers. En revanche nous avons
« assez de vivres pour deux mois entiers; [4095]
« puis, si nous sommes à court, nous mangerons les
« destriers. Le jeune comte est l'héritier légitime de
« ce château, et s'il peut nous surprendre et nous faire
« prisonniers, il saura bien nous faire voir qu'il ne
« veut pas de nous pour co-seigneurs ; mieux vaut
« donc la mort que tomber vivants entre ses mains[2].
« [4100] Le comte de Montfort est un excellent guer-
« rier, et quand il saura les nouvelles il s'empressera de
« venir ; il est aussi énergique en actions que persuasif
« en paroles, et saura déjouer les plans les plus habiles.
« C'est là notre chance de salut. » [4105] Rainier de
Chauderon a parlé le dernier : « Seigneurs, qu'il vous
« souvienne de Guillaume au court nez, combien au
« siége d'Orange il souffrit de peines[3] : pour la mort
« ou pour la vie soyons tous d'accord, et que Mont-
« fort ni France n'aient reproche de nous. [4110]
« Si le comte peut nous prendre, notre affaire est
« réglée, et le plus heureux sera celui qui mourra

1. Il doit s'agir de ponts mettant le château en communication avec le Rhône.

2. P.-ê. *estiers* (4099) est-il une faute, pour *entiers* ?

3. Allusion à un récit épique perdu, mais sur lequel on a divers témoignages. Il n'est guère probable qu'on ait voulu rappeler ici le passage de la *Prise d'Orange* (poëme assez peu ancien, au moins dans la rédaction qui nous est parvenue), où Guillaume soutient un siége très-héroïque, mais très-court, dans Orange, dont il s'était emparé par surprise.

« le premier. — Il est bien droit et raison, » dit
« maître Ferrier[1], que l'on suive vos exhortations. »

Le comte de Montfort passe chemins et sentiers, [4115] et appelle ses partisans et tous les soudoyers de partout où il y en a. Ils chevauchent jour et nuit, malgré l'intempérie, jusqu'à ce qu'il soit arrivé à Beaucaire, où il descend sur la grève[2]. Gui et Amauri[3], Alain et Rogier[4] [4120] y sont venus les premiers avec leurs belles compagnies. Les trompes sonnent pour appeler les derniers. Le comte de Montfort regarda entre les murs et les clochers, et vit ceux de dedans hardis et dispos, et sur le donjon du château est son gonfanon, [4125] et l'enseigne au lion, qui flotte sur les tours. De dépit et de colère il en devint tout noir, et dit à ses hommes de décharger les bêtes de somme, de piquer les tentes et de couper

---

1. Peut-être l'inquisiteur Ferrier qui, par la violence de sa persécution, excita une sédition dans Narbonne en 1234 (Ménard, *Hist. de Nîmes*, II, 305, et pr. 73; cf. Teulet, *Layettes du Trésor*, n° 2456), et qui en 1242 excommunia Raimon VII (Teulet, n° 2976²).

2. Probablement au sud de Beaucaire, sur le bord du Rhône, là où aboutit actuellement le canal. C'est dans cette direction, mais assez loin de la ville, que s'étaient établis, comme on l'a vu plus haut (p. 219, n. 2), Gui de Montfort et les siens. — Simon, qui venait de France, dut arriver vers la mi-juillet. Il était le 2 à Pont-sur-Yonne, et le 19 devant Beaucaire; voy. Molinier, *Catal.* n°ˢ 128 et 129.

3. « Aimiric » dans le texte, mais bien qu'on voie plus loin (v. 4696) paraître un « Aimeric », parmi les croisés, ce n'est qu'Amauri de Montfort qui a pu être mentionné ici immédiatement à côté de Gui de Montfort.

4. Rogier d'Andelis, mentionné par G. de Tudèle au v. 840 et par le poète toulousain au v. 7007? Ce ne peut pas être Rogier de l'Issart qui avait été pris à Pujols et mis à mort (voy. ci-dessus p. 154, n. 2, et cf. Guill. de Puyl. ch. xx).

les oliviers. Ils campèrent ainsi par les jardins et les vergers. [4130] Désormais au dedans comme au dehors le siége sera dans son plein, dès que Montfort et Beaucaire se font tête. Mais Dieu sait connaître de quel côté est le droit, afin d'aider et de soutenir les plus légitimes héritiers; car fausseté[1] et droiture[2] ont pris le gouvernement [4135] de toute cette guerre.

CXL.

Toute cette guerre semble tourner de façon que Dieu rende la terre à ceux qui l'aiment fidèlement; car orgueil et droiture, loyauté et fausseté sont arrivés à l'extrême limite, car le jour de la revendication est proche; [4140] car une fleur nouvelle s'épanouit de tous côtés, par quoi Prix et Parage reviendront; car le vaillant comte jeune, habile et vaillant, demande raison de la spoliation et des pertes [qu'il a souffertes]; par quoi la croix [de Toulouse] gagne et le lion [de Montfort] perd du terrain.

[4145] Le comte de Montfort mande les barons les plus sages, car il veut prendre conseil au sujet des difficultés qui lui sont survenues. Il furent bien trente avec lui dans un verger ombragé. Le comte expose ses idées en redressant ses gants; il était bien élevé, sage, habile et vaillant : [4150] « Seigneurs, je me
« plains à vous tous et à Dieu, des barons de la terre
« qui sont faux et truands. Je me lamente, je trouve
« dur de me voir ainsi déshériter par un gamin de
« quinze ans : sans puissance, sans force, sans argent

---

1. Du côté de Simon.
2. Du côté du comte de Toulouse.

« à distribuer [4155] il m'a chassé de Provence et me
« tient tête. Et par dessus tout, ce qui doit m'étonner
« c'est que l'Église m'ayant octroyé Toulouse, comme
« aussi mon oriflamme[1], ils me crient Toulouse !
« quand on en vient aux mains ; et pourtant j'accom-
« plis les œuvres, les paroles, les ordres de l'Église.
« [4160] Et puisqu'il est pécheur et que je suis bien
« méritant, ce m'est grande merveille comment Dieu
« peut vouloir son avantage. » Avant tous les autres lui
répondit Alain : « Sire comte, tes paroles, ton orgueil,
« ton ambition nous feront demeurer ici, à court de
« tout ; [4165] car vous serez vieux et chenu avant
« d'avoir la ville, la tour ni les parapets. Et il me
« semble, et aux autres également, que Jésus-Christ
« ne veut pas que fausseté ait plus longtemps le
« dessus. Avec cela, si le comte est jeune et enfant,
« [4170] il est de bonne nature, bon, bel et grand ;
« il a pouvoir et force et bons défenseurs, il nous
« détruit, nous abaisse, et fait pencher la balance de
« son côté (?). Et il est bien d'une race à se grandir et
« à se pousser en avant, car Richart fut son oncle[2] et
« Bertran[3] son parent. [4175] Prétendre qu'il est mal-
« heureux[4], je dis que c'est un enfantillage, quand, du

1. Ceci est assez elliptique. Je pense qu'il veut dire que son oriflamme, en conformité avec la décision de l'Église, porte les armes de Toulouse; par suite, ce qui l'irrite particulièrement c'est que ses adversaires ont pour cri de ralliement Toulouse!

2. Voir ci-dessus, p. 191, note 1.

3. J'ai lu, v. 4174, R. d'après la réd. en pr. qui fait intervenir ici Rolant. Mais la lettre est peu distincte, et on pourrait lire aussi bien B. Bertran, fils de Raimon de Saint-Gilles (l'un des chefs de la première croisade) était le grand-oncle de Raimon VI, père du jeune prince de qui il est ici question.

4. Je rapporte *pecaire* à *fassa* (4175), ce qui, pour être correct, exigerait la forme du régime, *pecador*, mais on peut admettre ici

« premier coup, a amené le six[1]. Et puisque tu
« demandes un conseil, il n'est pas droit que tu le
« repousses : envoie-lui deux messagers qui sachent
« bien parler, afin qu'il te rende tes hommes et
« tous les chevaux : [4180] ne pouvant les secou-
« rir, si tu faisais une si grosse perte, grande serait
« la honte et le dommage. S'il veut te les rendre,
« fais-lui dire que tu lui abandonneras la Provence,
« sans pensée de revendication; car avec ce qui te
« reste de terre tu peux encore te faire une belle
« situation. — [4185] Alain, je doute que ce conseil
« soit à propos et convenable. Mon poing et ton épée[2]
« seront sanglants avant que le jeune comte et moi
« fassions accord ni pour bien ni pour mal. S'il m'a
« tué du monde, je lui en ai tué deux fois autant,
« [4190] et s'il m'en prend de vive force, je n'en
« aurai pas le blâme, car, puissent Dieu et saint Jean
« m'aider, aussi vrai que je resterais sept ans à ce
« siége jusqu'à tant que j'aie la ville et puisse la
« traiter à ma volonté! » Cela dit, il commande aux
siens [4195] de casser des branches et d'apporter
du feuillage pour faire des barrières et des palissades
par les champs, pour qu'on ne puisse les surprendre
ni dormants ni veillants. A la tombée de la nuit se

---

une irrégularité, *pecaire*, forme du sujet, étant resté en usage
jusqu'à nos jours; j'entends *pecaire* au sens de « malheureux »,
de même que *pecat* signifie bien souvent « malheur, infortune »,
par ex. v. 931, 3370.

1. C.-à-d. qui, pour son début, a obtenu un grand succès. Voir
au vocab. (*senas*) d'autres exemples de cette locution empruntée
au jeu de dés. J'ai quelque doute sur *enfans*, 4175.

2. Ou « son épée » (l'épée du jeune comte), selon la correction
proposée en note.

fait entendre le bruit des avant-postes qu'on place et des trompes qui sonnent, [4200] car au dedans comme au dehors on est acharné et ardent à pousser la guerre.

CLXI.

A pousser la guerre ils sont tellement animés que toute la nuit ils demeurèrent prêts, les chevaux sellés, de façon qu'aucune des deux armées ne pût surprendre l'autre. [4205] A l'aube du jour, lorsque le temps s'éclaircit, des deux côtés ils ont revêtu les hauberts et les heaumes au cercle d'or bruni; des écus et des lances tout le camp resplandit. Le comte prit la parole, et parla assez haut pour être entendu de tous : [4210] « Barons, nous devons être valeu-
« reux et avisés, car la chrétienté nous a choisis
« comme l'élite de tous ; et après un tel choix, si
« vous me laissez perdre la terre, vous en serez tous
« honnis. Tout ce que j'ai gagné et conquis avec vous
« [4215] je vous l'ai largement donné et distribué,
« et personne ne peut dire que je lui aie fait tort. Eh
« bien! après que je vous ai tant donné et tant fait
« profiter, si je perdais la terre, vous m'auriez fait
« pauvre service. Du château de Beaucaire j'ai été
« dépossédé, [4220] et si je n'en prends vengeance,
« mes exploits sont minces. Puisque j'en avais été
« saisi par l'archevêque d'Arles[1], j'ai bien raison
« d'être dépité quand on me l'enlève. Et dedans sont

---

1. L'acte existe et a été imprimé (Molinier, *Catal.* n° 95). Il est daté de Beaucaire, 30 janv. 1215 (n. s.).

« mes hommes, pris et marris ; ils me font signe
« qu'ils vont périr [4225] et le cœur me fend de ne
« les pouvoir secourir. Mais, je vous le dis pour cer-
« tain, puisqu'ils (mes ennemis) m'ont fait échec, si
« je les trouve en bataille, ce sera vite décidé, car
« j'aime mieux livrer bataille que me laisser hon-
« nir de la sorte. » Et les barons répondent :
« Nous sommes tous engagés envers vous : [4230]
« nous devons donc obéir à vos ordres. »

Cependant le vaillant jeune comte a fortifié le portail[1], avec les barons de la terre, les chevaliers bannis, les sergents, les archers, bien armés et couverts. Rostan de Carbonières[2] leur dit : [4235] « Barons, nous avons
« tous pris un engagement : c'est que tout fuyard
« sera regardé comme traître à son seigneur. Donc,
« que l'on prenne garde d'avoir revêtu le mauvais
« chapeau[3]. » Bertran d'Avignon dit : « En bref

---

1. Le portail de la Vigne ou celui de la Croix ; voy. p. 244 n. 4 et 255 n. 4.

2. Ce personnage figure dans une charte datée de Tarascon, février 1209 (n. s.), comme bailli du comte de Provence pour l'*Autavès*, territoire voisin de Tarascon ; voyez le texte de cette charte, *Romania*, II, 431. Il paraît encore dans un acte de la même année publié par Papon, *Hist. de Prov.* II, pr. n° XXXVI.

3. Fauriel traduit : « que chacun prenne garde à ne point se « couvrir de mauvais heaume, » mais je pense que *mal capel* est pris en un sens métaphorique, par allusion à l'usage de faire porter un chapeau ou guirlande d'une certaine nature à certains condamnés ; on voit, par ex., dans le *Registre criminel du Châtelet* p. p. M. Duplès-Agier (I, 305), des voleurs de raisins exposés au pilori « ayans environ leurs testes chappeaulx de vignes. » C'est ainsi qu'on disait « avoir acquis un mauvais chapeau » (Le Roux de Lincy, *Livre des Proverbes*, II, 160), pour « avoir une mauvaise « réputation » ; (l'expression « faire porter le chapeau rouge » (*ibid.*),

« temps sera décidé [4240] qui doit avoir la terre et
« désormais commander, car nous avons connu le
« mal, et nous avons éprouvé que les clercs men-
« taient quand ils disaient qu'en mettant tout à feu
« et à sang, qu'en forçant notre seigneur à fuir exilé,
« [4245] nous obéissions à Jésus-Christ. Désormais
« nous suivrons une voie par laquelle chacun pourra
« faire le salut de son âme. Pensez à vous servir de
« toutes vos armes; tenez-les prêtes pour en bien
« frapper. [4250] Celui qui se comportera en homme
« vaillant en aura bonne récompense de Dieu et du
« comte, et son lignage sera à tout jamais enrichi. »
Guiraut Adémar leur a dit : « Barons, soyons vail-
« lants, solides et prêts à bien faire, [4255] car
« nous allons recevoir l'attaque : je connais leur har-
« diesse. Si à la première attaque nous pouvons tenir,
« à nous sera l'honneur de les avoir déconfits. » A ce
moment commence l'attaque, le bruit, le cri ; et les
cornes, les trompes, les clairons retentissants [4260]
ont mis en rumeur toute la rive et le camp. Ils[1]

---

signifie « être décapité », voy. Cotgrave). Cf. aussi ces vers du sirventès de G. Figueira (Bartsch, *Chrest. provenç.* 203-4) :

> Car *de mal capel*
> Etz vos e Cistel,
> C'a Bezers fezetz faire
> Mout estranh mazel.

Marcabrun, parlant de la décadence de Jeunesse (*Jovens*), dit : *Capel a vestit d'avols crits* (Mahn, *Ged. d. Troub.* n° 306); et on lit dans une pièce de P. Vidal (édit. Bartsch, p. 59) :

> Liatz a la coa d'un taur
> Degr'esser frustatz pel mazel
> D'Ast, on vesti l'orre *capel*
> De traclon...

1. Simon et les siens.

chargent ensemble, et se sont tellement avancés qu'ils ont pénétré dans la foule la plus épaisse. Mais ils furent bien accueillis par ceux de Beaucaire. Les lames de Cologne, les aciers recuits, [4265] les rondes massues, les clavains[1] trempés, les haches émoulues, les écus fourbis, les dards, les flèches, les carreaux polis, les pierres[2] et les traits, les épieux à lames de fer, avec eux[3] les chevaliers vaillants et dispos, [4270] les sergents, les archers, qui viennent pleins de hardiesse, et les compagnies disposées à bien frapper, ont de toutes parts commencé un tel carnage, que le camp et la rive et la terre en retentissent. Mais le comte [de Montfort] et Alain et Foucaut, [4275] Gui [de Montfort], P. Mir[4] ont soutenu la lutte. Là vous auriez pu voir tant de hauberts

---

1. *Clavel* (v. 4265, 4579, 4900, oublié au vocabul.). Ce mot existe aussi en ancien français, à côté de *clavain*, qui a le même sens, et paraît avoir vécu un peu plus longtemps. Le *clavel* ou *clavain* n'était pas un haubert comme l'entendent à tort Henschel (Du Cange-Henschel, t. VII) et Gachet (Glossaire du *Cheval. au Cygne*, au mot *fremillon*), moins encore « une sorte de clou » (Littré, à l'étym. de *claveau*), mais de pèlerine de mailles ou de lames de fer qui couvrait le col et les épaules, et était attachée au haubert, comme on le voit par cet exemple : *Et trés qu'il est armés del haubert a clavel* (Musée brit. Add. 10289, f. 93; voy. d'ailleurs Viollet le Duc, *Dict. du mobilier*, V, au mot *clavain*.

2. Je traduis d'après la correction proposée au v. 4268.

3. P.-ê. manque-t-il ici un vers. On ne voit pas bien à quoi se réfère « avec eux »; cf. au t. I la note du v. 4269 (par erreur 4279).

4. *Peire Mir* est un nom et un surnom trop commun pour qu'on puisse proposer une identification bien probable. Un personnage ainsi nommé paraît en 1201 en deux chartes. Doat, CLXIX, 89 v° et 93 v°. — Il y avait eu dans le parti opposé un *Petrus Miro* (P. de V.-C. ch. XLVIII) qui paraît être identique au *R. Mirs* mentionné par G. de Tud. au v. 1185; voy. ci-dessus p. 63, n. 4.

démaillés, tant de bons écus fendus ou brisés par le milieu, tant de poings, tant de bras, tant de pieds coupés, tant de sang versé, tant de cervelles écrasées, [4280] qu'il n'y a être si stupide qui n'en soit ému. Cependant ceux de Beaucaire ont fait de tels efforts qu'ils les mènent battant par le chemin uni. Toutefois ils (les partisans de Simon) se défendaient si bien qu'ils ne furent pas poursuivis bien loin.[1]. C'est là que vous auriez pu en voir des chevaux couverts de fer [4285] dont les maîtres avaient été démontés et tués! Gui de Cavaillon, monté sur un cheval arabe, abattit en cette journée Guillaume de Berlit[2], qu'on pendit ensuite à un olivier fleuri. Et quand la mêlée se rompt et que les combattants abandonnent le champ de bataille, [4290] alors vous pourriez voir qui a subi la plus forte perte, quand la bataille fut finie.

1. P. de V.-C. nie qu'aucun engagement ait eu lieu entre les deux armées pendant le siège du château de Beaucaire. Parlant des difficultés contre lesquelles se débattait le comte de Montfort alors qu'il cherchait à secourir les défenseurs du château, il s'exprime ainsi : « Oportebat insuper quod sine intermissione, tam die « quam nocte, tertia pars militum exercitus armata esset, tum quia « timebatur ne hostis subito in exercitum irruerent insperati, *quod* « *tamen nunquam ausi sunt attentare*, tum propter machinas custo-« diendas » (Bouq. 106 D).

2. Est-ce à ce personnage que fait allusion sans le nommer P. de V.-C. dans ce passage : « Quadam die ceperunt quemdam « militem de nostris, captum occiderunt, occisum suspenderunt, « suspenso manus et pedes abstulerunt » (Bouq. 106 E)? — Le nom le moins éloigné que je rencontre est celui d'un « Guillaume de « Berti, seigneur de la châtellenie d'Épernai », qui vivait au commencement du XIIIe siècle (Longnon, *Livre des vassaux*, p. 215, n° 2844).

CLXII.

La bataille finie, le péril cesse; beaucoup étaient dans l'allégresse, beaucoup aussi pleins de colère et de dépit. Ceux du siége, au cœur généreux, rentrèrent, [4295] et ceux de l'ost retournèrent en hâte à leurs tentes. Le comte de Montfort confère avec ses amis privés; il y avait trois évêques et je ne sais combien d'abbés. Aux uns et aux autres il a conté avec véhémence ses plaintes : « Seigneurs, » dit-il, « entendez et voyez [4300] comme je suis sorti de « Provence dépouillé, voyant mes hommes perdus ou « en danger. Le jeune comte me combat, ne doutant « de rien, et depuis qu'il a quitté Rome il s'est poussé « en avant au point de m'enlever ma terre et de « prendre mes domaines; [4305] et si maintenant il « m'enlève Beaucaire, je me sens tant abaissé que « tout ce qui me restera de terre me semble mi-« sère. Et puisque l'affaire a été mise en train par « sainte Église, si l'Église m'oublie, je suis si fort dé-« chu que je ne pourrai défendre ni mes rentes ni mes « conquêtes. [4310] Et quiconque éprouve un échec, « ayant le bon droit pour soi, peut [impunément] être « accusé contre droit et raison. Et puisque me voilà « troublé en tant de façons, je veux savoir de vous « quel conseil vous me donnez. » L'évêque de Nîmes[1] [4315] parla le premier et fut bien écouté. « Sire « comte, » dit l'évêque, « adorez Jésus-Christ, et du

---

1. Arnaut, ancien abbé de Saint-Ruf, *Gall. christ.* VI, 444; Vaissète, nouv. édit., IV, 278.

« mal comme du bien, rendez-lui grâces entières.
« Vous avez été placé dans ce monde pour souffrir
« patiemment les peines et les pertes. [4320] Toutefois,
« si on cherche à vous dépouiller, défendez-vous de
« votre mieux[1]; car, puisque le mal et le bien sont
« abandonnés à votre choix, si vous perdez en ce
« monde, vous gagnerez en l'autre. Quant au cheva-
« lier qui est pendu à l'olivier, je vous dis qu'il est mort
« martyr du Christ, [4325] qui lui pardonne ses péchés[2],
« à lui et aux autres morts et blessés. » Mais Foucaut de Berzi a le premier dit son sentiment : « Par
« Dieu, sire évêque, vous jugez de manière à faire
« baisser le bien et à doubler le mal. [4330] C'est
« grande merveille comme vous autres lettrés, vous dé-
« liez et absolvez sans pénitence. Pourtant, si le mal
« devenait le bien, si mensonge était vérité, là où est
« orgueil serait humilité. Je ne croirai pas, à moins
« de meilleures preuves, [4335] qu'aucun homme
« soit digne s'il meurt sans confession. — Foucaut, »
dit l'évêque, « il m'est pénible de vous en voir douter,
« car tout homme, quel qu'il soit, fût-il en état de

---

1. C'est ce que précédemment (v. 3702-3) le pape disait au jeune comte de Toulouse.

2. Ces mots semblent répondre à une plainte de Simon de Montfort au sujet de la mort de Guillaume de Berlit (v. 4288). Cependant le discours de Simon, tel qu'on vient de le lire, ne contient aucune allusion précise à cet événement. Il se pourrait donc qu'il n'eût pas été transcrit en entier, hypothèse qui pourrait s'appuyer dans une certaine mesure sur le témoignage de la rédaction en prose, où ce discours est ainsi analysé (p. 71) :
« Adonc a assemblat son conseilh, ... als quals a tot demonstrat
« son affar, com lodit comte jove an sas gens l'an gectat vilena-
« ment del camp, *et que ly avian tuat et pendut son home*, o
« d'autra part ly te dedins lodit castel sas gens assetiats... »

« péché mortel, pourvu seulement qu'il combatte les
« hérétiques, a sa pénitence faite. — Par Dieu! sire
« évêque, pour rien que vous me disiez [4340] vous
« ne me ferez croire, sauf votre respect, que pour
« votre prédication et pour nos péchés Jésus-Christ
« ne soit irrité contre nous. Ce que j'ai vu me fait
« craindre que la hardiesse et la fortune nous aient
« abandonnés sans espoir, [4345] car si la chrétienté
« entière s'était trouvée d'un côté armée en champ
« de bataille et nous de l'autre, je n'aurais jamais
« cru qu'entre eux tous ils eussent été capables de
« nous honnir et de nous faire reculer. » Puis il dit
au comte : « Rappelez à l'ost entière qu'aucun homme,
« vieux ni jeune, ne doit se désarmer. [4350] On
« pourra bien dire que Merci a été accomplie et le
« Tort redressé, si nous et vous trouvons[1] le droit
« que vous poursuivez. » Puis, des deux parts, jusqu'au jour, ils firent le guet avec les chevaux armés, les épées ceintes, les heaumes lacés; [4355] car au dedans comme au dehors si grande est la fureur qu'ils préfèrent la guerre au repos et à la paix. Dans la ville ils ont abondance de tous les vivres qu'ils peuvent désirer, et au sommet du château règnent l'affliction et la misère[2] : [4360] aucun bien n'y abonde, ni pain, ni vin, ni blé. Quant aux assiégeants du dehors[3], ils souffrent à ce point que personne d'entre eux ne peut se reposer ni se déshabiller pour dormir, ni se désarmer pour boire ni manger; et bien souvent il leur faut combattre quand ils n'en ont point envie,

1. Ou encore « si nous trouvons *en* vous (e[n] vos?). » Il doit y avoir ici quelque chose d'ironique que je ne saisis pas.
2. Il y a dans le texte *tempestatz* qui ne signifie rien ici.
3. Ceux de Simon.

[4365] car le vaillant jeune comte a dressé les pierriers pour attaquer le donjon et le battre de toutes parts, pour ruiner les abris et les murs crénelés. Raoul du Gua parla ainsi : « Comte, je vous dirai ce « qu'il faut faire : L'ost entière sera réduite à l'ex« trémité si vous leur interdisez le Rhône. » [4370] Le jeune comte dit : « R. Gaucelm, ordonnez qu'on « défende l'eau avec tous les bateaux armés. — « Sire, » dit Albeta[1], « la flottille est passée, et nous « tenons les passes[2] gardées et défendues; d'ici à « Arles nous les avons toutes fermées. [4375] Sous « le château, là où est le quai, sont ceux de Vala« brègue avec les bateaux légers, de sorte que per« sonne n'y vienne abreuver qu'il ne s'en retourne « frappé. » — Tandis que le comte se consulte avec ses amis privés, le puissant comte de Montfort a mandé les charpentiers, [4380] tous ceux du pays, et ceux de ses terres, et sur la belle place, entre les murs et les fossés, il bâtit un château et une chatte bien ouvrés et munis, et garnis de fer, de bois et de cuir. Nuit et jour ils furent bien gardés. [4385] Par devant tout auprès, il y eut une catapulte qui tout le jour tirait sur le portail de la ville, aux créneaux carrés, brisant les grandes pierres de taille. — Au dedans et au dehors la rumeur s'élève que les puis-

---

1. Albeta figure en 1226 dans l'énumération des nobles tarasconais qui traitèrent avec le comte de Provence au sujet de divers droits (Archives de Tarascon, *Livre rouge*; cf. Papon, *Hist. de Prov.* II, pr. n° xlv).

2. Il s'agit, je pense, des passes formées par les îles du Rhône, entre Beaucaire et Arles, cf. ci-dessus v. 3769. On pouvait les intercepter avec des chaines, comme on le voit par la chronique de Bertran Boysset, à l'année 1411.

sants viennent au secours de la ville : [4390] R. de Montauban, habile et renommé, Isoart de Die[1], Guillem de Bel-afar armé et équipé, Cotinhac[2], P. Bonassa, et assez d'autres, et Peire de Lambesc[3] bien accompagné, [4395] et Guigue de Galbert y sont entrés avec joie pour défendre la ville.

CLXIII.

Pour défendre la ville vinrent maints auxiliaires, et pour combattre ceux de dedans[4] tels combattants à qui cette guerre ne plaît point et qui voudraient être ailleurs[5]. [4400] Dragonet adresse la parole au comte son seigneur, dans un conseil auquel assistaient les principaux barons : « Sire, » dit Dragonet, « il paraît « que Dieu vous protége, car depuis que vous êtes

---

1. J'ai été conduit à corriger en *Isoartz* la leçon *Iscartz* du ms., qui d'ailleurs fausse le vers, parce que le nom d'Isoart a été porté dans la seconde moitié du xiie siècle par deux comtes de Die (voy. p. ex. le cartul. de l'église de Die, p. p. l'abbé Chevalier, pièces ix et xvii).
2. Cotignac (*Quintiniacum*) est un ch.-l. de c. de l'arr. de Brignolles.
3. Un « Petrus de Lambisco » figure avec un rôle important, en 1193, dans un accord entre Alphonse d'Aragon, comte de Provence, et Guillem, comte de Forcalquier (Papon, *Hist. de Provence*, II, pr. n° xxix). Un témoin des mêmes nom et surnom paraît en 1239 dans un acte d'hommage rendu par Adémar III de Valentinois au comte de Toulouse (Du Chesne, *Hist. généal. des Comtes de Valentinois*, pr. p. 8; Teulet, *Layettes du Trésor*, n° 2787).
4. Ceux de Beaucaire, les partisans du comte de Toulouse.
5. C'est ce que confirme P. de V.-C. quand il remarque que les chevaliers du pays (*milites indigenæ*) qui se rendirent à l'appel de Simon « tepidi erant et trepidi, et in modico vel in nullo exerci- « tui proficientes » (Bouq. 106 F).

« venu de Rome, il vous a remonté, voulant que vous
« recouvriez la terre que tinrent vos ancêtres, [4405]
« tandis que vos plus grands ennemis ne cessent de
« perdre du terrain. Tromperie et fausseté aboutissent
« à déshonneur, car je n'ai jamais vu sermon de faux
« prédicateur qui finalement n'aboutisse à l'erreur;
« et les sages nous apprennent [4410] que mieux
« valent les trahis que les traîtres. Par le corps de
« sainte Marie, que je prie et adore, si vous ne vous
« montrez preu et sage, nous ne savons rien plus
« sinon que Prix et Parage perdent la graine et la
« fleur. Le comte de Montfort, de son côté, a prouesse
« et valeur, [4415] hardiesse et courage et bons con-
« seillers. Il construit château et chatte, croyant
« nous faire peur; mais [la chatte] ne se lève ni ne
« s'abaisse plus que si elle était un fantôme produit par
« enchantement[1], car c'est œuvre d'araignée, et
« argent perdu. Pourtant sa catapulte a tant de force
« [4420] qu'elle tranche et brise tout le portail et le
« jette bas. Mais nous porterons de ce côté nos forces
« principales, et ceux qui tirent la catapulte y seront
« pris, les plus hardis, les plus vaillants et les plus
« habiles. — Dragonet, » dit le comte, « nous ferons
« pour le mieux : [4425] Guiraudet Adémar aura
« l'honneur de garder la porte, lui et les siens, Joan
« de Nagor, Datils, Austor; R. de Montauban et vous
« serez avec eux jour et nuit, ainsi que les chevaliers
« bannis, [4430] qui sont vaillants guerriers et bons
« combattants. Et dans les moments critiques, en

---

1. Je paraphrase un peu pour mieux faire ressortir le sens que je crois devoir attribuer à ce passage.

« homme qui sait venir à l'aide, j'y serai moi-même
« partageant le péril, et désireux de savoir s'il y a
« des lâches. » Richart de Caron dit : « Francs cheva-
« liers, [4435] si le comte Simon avait l'audace de venir
« assaillir la porte, défendons-nous contre lui et les
« siens; que de sang et de cervelles, de chair et de
« sueur, il y ait telle effusion que les survivants en
« pleurent. — Seigneurs, » dit P. R. de Rabastens,
« c'est une faveur [4440] que nous fait le comte de
« Montfort, de ne vouloir point aller ailleurs, car ici
« il perdra bonheur, sens et puissance. Nous sommes
« ici dans la joie et l'abondance; nous avons repos,
« tranquillité, ombre et fraîcheur et le vin de Genes-
« tet qui nous adoucit le tempérament. [4445] Nous
« mangeons bien et nous buvons de même. Eux, au
« contraire, sont là dehors, misérables pécheurs,
« n'ayant ni bon temps ni repos, mais tristesse et
« langueur. Ils peinent à la poussière et à la chaleur;
« nuit et jour ils sont en guerre, [4450] par suite de
« quoi leurs troupes ne cessent de perdre des che-
« vaux, ce qui leur vaut la compagnie des corbeaux
« et des vautours. Avec cela les morts et les blessés
« répandent une telle puanteur qu'il n'y a [parmi
« eux] beau garçon qui ne perde ses couleurs. »

Ceux du donjon montent à la guette, [4455] et du haut de la tour ils montrent au comte de Montfort une enseigne noire en faisant des signes de douleur. Par tous les logis les corneurs de trompes crient[1] que

1. Faute de sonneries spéciales ayant chacune leur signification précise, on avait sans doute recours au procédé très-primitif qui consiste à appeler l'attention par un son quelconque, puis, les hommes avertis, le corneur proclamait les ordres.

tous prennent les armes et se garnissent eux et leurs chevaux, [4460] car voici que ceux de Marseille arrivent avec allégresse. Au milieu du Rhône chantent les rameurs; à l'avant sont les pilotes, qui dirigent la manœuvre des voiles, les archers, les matelots. Les cors, les trompes, les cymbales, les tambours [4465] font retentir et résonner la rive et l'aube du jour. Les écus et les lances, l'onde qui fuit, l'azur, le vermeil, le vert et blanc[1], l'or fin et l'argent se mêlent à l'éclat du soleil et de l'eau, la brume s'étant dissipée. [4470] Par terre Ancelmet[2] et ses cavaliers chevauchent avec allégresse, à la lumière du jour, leurs chevaux garnis de housses, et l'oriflamme en avant. De toutes parts les meilleurs s'écrient Toulouse! en l'honneur du révéré fils du comte qui reconquiert sa terre, [4475] et ils entrent à Beaucaire.

CLXIV.

L'entrée à Beaucaire [de ces renforts] leur[3] causa une telle joie que chacun se réjouit et se tient pour sauvé; et par les tentes[4] on se répète qu'un renfort est venu à ceux de Beaucaire. [4480] Là-dessus ils s'apprêtent et se tiennent en état. S'armer et combattre est leur joie et leur salut. Le retentissement

---

1. Sans doute les diverses couleurs qui ornaient les écus.
2. Il venait de Marseille (voy. 3888), ayant sans doute, avec ses cavaliers, suivi depuis un certain point la voie de terre, sur la rive droite du Rhône, tandis que le gros de la troupe marseillaise remontait le fleuve en bateau.
3. Aux habitants.
4. C.-à-d. parmi les assiégeants qui vivaient sous la tente.

des clairons, le son des trompes, les réjouit et les amuse jusqu'à l'aube du jour.

Cependant ceux de la ville leur¹ opposent de tels engins [4485] et combattent le donjon et la guette de telle sorte que le bois, la pierre, le plomb, sont consumés. A Sainte-Pâque est tendu le *bosson*, qui est long et droit et muni d'un fer aigu. Il frappe, tranche, brise jusqu'à tant que le mur s'écroule² [4490], les pierres de taille étant en maintes manières portées à terre. Ceux du château n'en furent pas découragés : ils firent un lacet de corde qui, lancé par leur engin, saisit la tête du *bosson*³, au grand dépit de ceux de Beaucaire. [4495] Mais l'ingénieur qui avait tendu le *bosson* arriva, et [lui et d'autres] entrèrent en cachette dans la roche, pensant fendre le mur avec des pics émoulus. Ceux du

---

1. On ne voit pas à quoi se rapporte ce « leur ». Il est possible qu'avant cette phrase un vers ou deux aient été omis, dans lesquels il était question des croisés renfermés dans le château; il se peut aussi que *lor* signifie non pas « leur », mais « alors » (*l'or*).

2. C'est une expression bien exagérée, puisqu'on va voir par la suite que la brèche n'était pas encore praticable. On pourrait sans doute, au lieu de *fondutz*, ruiné, écroulé, que porte le v. 4489, proposer *fendutz*, qui serait moins fort, mais le vers suivant et la réd. en pr. confirment le texte que nous avons.

3. C'est à peu près le procédé du *loup*, décrit par Gilles de Rome dans son traité *de re militari veterum*; ch. XXII : « Contra
« hanc autem [trabem ferratam = *bélier*] constituitur quoddam
« ferrum curvum, dentatum dentibus fortissimis et acutis, et
« ligatum funibus, cum quo capitur caput arietis, vel caput illius
« trabis ferratæ; quo capto perditus omnino aries est, ad supe-
« riora trahitur vel ita suspenditur ut magis nocere non possit.
« Unde est quod bellatores antiqui hujusmodi ferrum vocaverunt
« lupum, eo quod acutis dentibus arietem caperet » (Hahn, *Collectio monum. veter. et recent*. I, 64).

donjon, ayant remarqué leur présence, enfermèrent du feu, du soufre et de l'étoupe dans un drap, [4500] et les descendirent avec une chaîne le long du mur. Et lorsque le soufre fut enflammé et liquéfié, l'odeur et la flamme ont tellement suffoqué les mineurs, qu'aucun d'eux ne put y rester et n'y resta. Alors ils se défendent avec les pierriers [4505], brisant et tranchant barrières et palissades. Sur la haute tour, au-dessus des créneaux, le lion[1] s'est pris à lutter avec la flamme, de telle sorte que peu s'en est fallu qu'il ne fût rompu. Et le tourrier crie : « Montfort nous a « perdus, [4510] mais ce n'est point sa faute puis- « qu'il ne peut nous entendre[2], car le vaillant jeune « comte nous a tous surpris. » Et il montra les serviettes et la bouteille qui luit, pour signifier que leur pain est mangé et leur vin bu. [4515] Le comte de Montfort, apercevant leurs signaux, s'assit à terre, plein de dépit et de fureur. A haute voix il s'écrie, plein de colère : « Chevaliers, aux armes ! » et il fut si bien obéi que par le camp s'élève le cri et la rumeur, [4520] qu'aucun homme valide, jeune ou chenu, ne resta en arrière. Tous s'arment à la fois et montent à cheval. Les trompes et les clairons résonnent, et ils montent au Puy des Pendus[3]. « Seigneurs, » dit le

---

1. L'enseigne de Simon, qui portait un lion. Il faut supposer que les assiégeants avaient réussi à lancer du feu jusqu'au sommet de la tour. C'est ainsi qu'a entendu la rédaction en prose.

2. Fort douteux, la fin du v. 4510 étant corrompue.

3. Sans doute la colline de Margailler, au nord-ouest de Beaucaire, qui aura reçu ce nom pour avoir été un lieu réservé aux exécutions capitales. La carte du cours du Rhône levée par les soins de l'administration des ponts-et-chaussées (1/10,000), et exécutée pour cette partie en 1872-3, lui donne le nom de « Haute

comte, « je me tiens pour perdu. [4525] Mon lion se
« plaint : les vivres lui manquent, la faim le presse et
« il s'avoue vaincu. Mais, par la sainte Croix, voici
« venu le jour où il sera abreuvé et repu de sang et de
« cervelles. — Beau frère, » dit Gui, « béni soit-il[1] !
« [4530] car si nous perdons Beaucaire, le lion sera
« muet, et notre prix comme le vôtre abaissé à tout
« jamais. Chevauchons en bataille jusqu'à ce que nous
« les ayons vaincus. » Ceux de la ville[2], lorsqu'ils les
virent venir, prirent les armures, les armes, les chapeaux [de fer], les écus, [4535] les haches aiguisées[3],
les épées émoulues, les dards, les masses, les bons
arcs tendus, et sur la belle place où est le chemin
battu, des deux côtés on se frappe, et la lutte commence.

CLXV.

[4540] Quand la lutte commença, le jour était clair
et beau, et au milieu des tentes[4] eut lieu la mêlée ;
mais d'abord ils font des voltes et des passes d'armes.

---

justice », et marque vers le milieu du plateau, à 250 mètres
environ du Séminaire, l'emplacement d'une potence.

1. Je corrige, au v. 4529, *be si' a[pa]regutz*, qui se rapporte à
jorn du v. 4527.

2. *Castel*, mais c'est la ville de Beaucaire qui est ainsi désignée,
bien que la même dénomination soit plus souvent appliquée au
château proprement dit, à la forteresse dans laquelle étaient
assiégés les croisés (v. 3933, 3949, 4560). Toutefois, dans ce dernier cas, l'auteur se sert plus ordinairement de *cap del castel*
(4033, 4124, cf. 2942, 2949, pour le château de Muret) ou de
capdolh (voir ce mot au vocab.).

3. M. à m. « préparées, en état ».

4. Les tentes de l'armée du jeune comte.

Ceux de la ville arrivent par masses : aucun, adolescent ni homme jeune, ne veut rester au dedans. [4545] Plus de quinze mille sortirent par les portails, braves et habiles, combattants et rapides à la course et légers[1]. Guiraudet Adémar, habile et sûr, P. de Lambesc, Alfan Romieu[2], Ugo de la Balasta[3] se sont partagé le commandement. [4550] Mais le cri et la noise et le frémissement des enseignes, et l'agitation de l'air font trembler les rameaux. Tel est le bruit des cors et des trompes que la terre en retentit et que tout le ciel en frémit. Mais Foucaut, Alain, Gautier de Préaux, [4555] Gui, P. Mir et Aimon de Corneil, avant tous les autres franchissent les barrières (?), avec le comte de Montfort, méchant, dur et cruel, emporté tout droit par son cheval noir. A haute voix il s'écrie : « Saint « Pierre et saint Michel, [4560] rendez-moi la ville « avant que le château soit perdu, et donnez-moi « vengeance de mes ennemis! » Il entre dans la mêlée, et le carnage commence ; sergents et damoiseaux en abattirent à force. Mais de ceux de la ville est si grande la masse, [4565] qu'en peu d'instants se forma une résistance qui arrêta l'attaque. Cependant Imbert de

1. J'adopte la correction proposée par M. Chabaneau (*Rev. des l. rom.* 2, I, 359), *leus* au lieu de *beus*. Cf. cependant 4566, où *beus* est employé avec bien peu de propriété.

2. Témoin à un acte de 1209, Papon, *Hist. de Prov.* II, pr. n° xxxvi.

3. En 1219 « Ugo de Balasta » est témoin à une donation faite par Adémar II, comte de Valentinois, à l'Hôpital de St-Jean de Jérusalem. En 1235 « Ugo de Banasta » (probablement le même) paraît en la même qualité dans un diplôme de l'empereur Frédéric II en faveur du comte de Toulouse (Teulet, *Layettes du Trésor*, n° 2413), et en 1239 dans l'hommage d'Adémar comte de Valentinois qui a été mentionné p. 235, n. 2.

Laie, vaillant et rapide, frappa en la presse Gaucelin de Portels, lui brisant écu, haubert et garniture; [4570] il l'abat et renverse dans son sang[1]. Avec lances, masses, épées et couteaux recommence la guerre, le péril et le carnage. Pierres, dards et lances, flèches et carreaux, guisarmes, piques, haches, [4575] pleuvent de toutes parts comme la neige tombant à flocons, brisant boucles (des écus), cristaux (des heaumes), les hauberts, les mailles, les heaumes, les chapeaux (de fer), les écus, les bandes[2], les freins, les grelots. Le craquement des lances et le froissement des clavains[3] [4580] produisent un bruit semblable à la tempête, ou à des marteaux frappant sur l'enclume. Si acharnée est la lutte, si périlleuse et si dure, qu'ils (les croisés) tournent la bride à leurs chevaux arabes. Ceux de la ville les poursuivent, frappant et criant; ils les frappent et blessent, eux et leurs chevaux. [4585] Là vous eussiez vu rester sur la place, ou s'en aller en morceaux, jambes et pieds et bras, courées et poumons, têtes et mâchoires, cheveux et cervelles! Si terribles sont la guerre, le péril, la boucherie, qu'ils (ceux de Beaucaire) les mènent battant et leur enlèvent les

---

1. Traduction hasardée. M. Chabaneau (*Rev. des l. rom.* 2, I, 199) pense que *saureus* est l'équivalent du fr. *sorel*, et par conséquent désigne le cheval de Gaucelin, explication très-satisfaisante pour la forme, mais moins pour le sens.

2. J'avais conjecturé, au vocab., à cause du voisinage de « freins », qu'il s'agissait de bandes ou courroies faisant partie du harnachement du cheval, mais il se peut bien aussi, selon l'opinion de M. R. de Lasteyrie (*Bibl. de l'Éc. des ch.* XXXVII, 113, note 2), que l'auteur ait voulu désigner les bandes ou lames de fer qui renforçaient l'écu.

3. Voir ci-dessus p. 229, n. 1.

chemins, [4590] les collines, les places, les prés, les bas-fonds[1]. Lorsque la lutte cessa, le relief en fut tel qu'il resta abondante pâture pour les chiens et les oiseaux de proie. La mêlée se sépara et les deux partis se retirèrent, l'un avec joie, l'autre avec tristesse.

CLXVI.

[4595] Les deux partis sont ainsi partagés que l'un reste plein de dépit et l'autre plein de joie. Le comte se désarme sous un olivier; damoiseaux et écuyers lui enlevèrent son armure; mais Alain de Rouci lui dit une parole cuisante : [4600] « Par Dieu, sire comte, « nous pouvons faire provision de viande. Nous avons « tant gagné au tranchant de l'acier que les corps pour « la nourriture de la chatte ne nous[2] coûteront pas un « denier : nous en avons plus encore qu'hier. » Mais le comte a le cœur si fier et si sombre [4605] qu'il ne répond rien, et Alain se garde d'insister. Tout ce jour fut passé dans la même situation, puis les meilleurs guerriers firent la grand-garde, tandis que les sergents et archers combattent, que les ouvriers réparent le château[3] et la chatte, [4610] et disposent au devant une catapulte qui frappe, tranche et brise le portail de la Vigne[4] et le mur crénelé. A l'intérieur les assiégés font

1. M. à m. « les roseaux ».
2. J'ai imprimé *nous* avec Fauriel, mais le ms. porte plutôt *nons*.
3. La machine de guerre ainsi appelée; voy. le vocab. au mot *castel*.
4. Le portail de la Vigne, plus tard appelé « portale vetus », se trouvait au S.-O. de la ville, à l'endroit appelé le « Coin de Régis »,

des barricades maçonnées dont les passages et les ouvertures sont disposés de biais¹. Là s'assemblent en force les meilleurs chevaliers.

[4615] Dans le donjon si grande est la préoccupation que Lambert de Limoux monte à l'un des étages avec toute sa compagnie, et prend conseil avec eux : « Seigneurs, » dit Lambert, « nous
« sommes tous compagnons, et dans le bien comme
« dans le mal nous prendrons tous notre part. [4620]
« Dieu nous a plongés en une telle misère, que nous
« souffrons pire peine qu'âme d'usurier². Nuit et jour
« les pierriers et les arbalétriers nous combattent de
« toutes parts. Arches et greniers sont vides à ce point
« [4625] que nous n'avons pas un setier de blé, et nos
« chevaux sont tellement affamés qu'ils dévorent le
« bois et l'écorce. Le comte de Montfort ne peut nous
« porter secours, le jeune comte refuse de nous
« admettre à capituler, [4630] et nous ne savons
« route, voie ni sentier pour sortir de ce mortel péril,
« de cette profonde affliction, de ce terrible embarras³.
« Je demande conseil d'abord à Dieu, puis à vous. »
Guillaume de La Motte répondit le premier : [4635]

---

c.-à-d. à l'angle formé par la rencontre de la rue Basse et de la rue de Régis (Eyssette, *Hist. de Beaucaire*, II, 188, 201-2). — Le nom de portail de la Vigne ne paraît se trouver dans aucun autre document, mais il ne faut pas oublier qu'après la Chanson de la croisade, les plus anciens documents que nous possédions sur la topographie de Beaucaire ne sont que du xiv° siècle.

1. Sens douteux. Il se peut qu'un vers ait été omis après 4613.

2. On sait que Dante place les usuriers près du fond de son enfer, au bas du septième cercle.

3. On pourrait, en coupant la phrase après le v. 4631, traduire : « Et de cette profonde affliction ..... je demande ..... »

« Par Dieu! beau sire oncle, puisque la faim nous
« presse, je ne sais autre conseil, pour notre avantage
« sinon de manger les roussins et les destriers, car
« bonne fut la viande du mulet que nous mangeâmes
« hier[1]; nous nous accommoderons à chaque jour d'un
« quartier pour cinquante. [4640] Quand nous serons
« à la fin, que nous aurons mangé le dernier, dès lors
« que chacun mange son compagnon. Celui qui est le
« plus mou à la défense et le plus prompt à s'effrayer,
« c'est droit et raison que nous commencions par lui. »
R. de Roquemaure[2] frappe ses mains l'une contre
l'autre : [4645] « Seigneurs, moi qui l'autre jour ai
« abandonné mon seigneur pour le comte de Mont-
« fort, c'est la récompense que je recevrai. Il est bien
« droit que je le paie puisque je me reconnais cou-
« pable. » Après tous les autres, Rainier [de Chau-
deron] répondit ainsi : « Par Dieu! sire Lambert, nous
« en ferons autrement. [4650] Guillaume de la Motte
« donne un conseil diabolique : jamais je n'ai trouvé
« bon goût à la chair humaine. Mais, lorsque les cour-
« siers arabes seront mangés, nous avons un pain et
« force vin dans le cellier : au nom de Jésus-Christ, le
« droiturier seigneur, [4655] recevons son saint corps
« véritable, et puis, garnis du haubert doublier, sor-

1. Le mulet a une chair tendre et délicate, mais il en est tout
autrement de celle du cheval.
2. Un « R. de Rocamaura, de la seigneurie de Villemur (Haute-
Garonne), et par conséquent homme du comte de Toulouse, paraît
dans une charte de la fin du xiie siècle (Teulet, *Layettes du Trésor*,
n° 543); mais il est bien douteux qu'il soit le même que celui de
la chanson. Il y a plus de probabilité en faveur d'un « R. de Ro-
« camaura, » témoin le 30 janvier 1215 à l'hommage rendu par
Simon de Montfort à l'archevêque d'Arles (Molinier, *Catal.* n° 95).

« tons par la porte, descendons l'escalier, et commen-
« çons la lutte et le carnage, de telle sorte que le pavé
« et la place en soient teints de sang. [4660] Mieux
« vaut mourir ensemble par le fer que mener une vie
« honnie et être faits prisonniers! — Voilà le conseil
« que nous suivrons, » dit maître Ferrier[1], « car mieux
« vaut mort glorieuse que vivre en captivité; et pen-
« sons à nous défendre!

CLXVII.

[4665] « Pensons à nous défendre, qu'aucun ne
« montre de faiblesse, car tout le jour nous combat-
« tent nos mortels ennemis! nous avons perdu nos
« forces quand les vivres nous ont manqué; et nous
« n'avons seigneur, ni parent ni ami qui jamais nous
« puisse aider dans notre détresse. [4670] Mieux vaut
« donc la mort que d'être crucifiés tout vifs[2]? » Là
dessus, voici qu'entre dans la salle un mendiant, qui
s'écrie : « Seigneurs, armez-vous! je vous dis en
« vérité que je vois la chatte si près d'ici, que je crois
« qu'elle s'attaque au mur. » Le conseil se sépare et
le tumulte commence; [4675] chacun de son côté se
rend à son poste. Là dessus, voici la chatte, pensant
faire sortir un pic : mais l'habile ingénieur, au cœur
sûr et antique[3], prit du goudron enflammé, en remplit
un pot et le lança sur la chatte : [4680] le brandon

1. Cf. p. 222 n. 1.
2. Le vers (4670) que je traduis ainsi est d'une construction qui laisse à désirer; aussi ne serait-il pas impossible qu'il y eût une lacune entre les deux hémistiches dont il est composé. Ou p.-ê. corr. *que* en *qu'om*?
3. « Antique » n'a guère de sens ici; il y aurait p.-ê. lieu de corriger *et ab rig*, cf. 4717.

s'enflamme, le feu se répand en maintes manières, et s'éteint à grand'peine. Sur la belle place où la chatte se trouvait, des deux parts, les troupes se présentèrent en armes, et trompes et clairons commencent telles sonneries [4685] que la rive et le château en retentissent. Le premier entre tous Philippot[1] se porta en avant, la tête baissée sous le heaume et brandissant l'épieu : ceux avec qui il se mesure, il les abat honteusement et les tue. Guillem de Bel-afar sortit au devant de lui, [4690] et lui donna un tel coup qu'il lui brisa l'écu, lui perça le haubert, et le porta à terre si violemment que le cœur lui creva. Frappé de toutes parts, il ne se releva plus : il perdit la vie, et son cheval y fut tué. [4695] Voici que viennent le comte, Gui, Amauri, Alain, Foucaut, Hugues et Aimeri[2]; et des tentes sortit si grande foule que la rive et la plaine en sont couvertes. Lorsqu'ils s'avancent ensemble, la terre tremble sous leurs pas. [4700] Les habitants de la ville sortent à l'envi. Le vaillant jeune comte se précipite par la rue. Dragonet le rencontre, et lui saisissant la rêne, il s'écrie à haute voix : « Le « courage qui vous anime est bien fait pour garder « Parage et Merci, alliés ensemble! » [4705] Alors, le portail ayant été ouvert, ils sortent ensemble, avec les chevaliers bannis, chacun se poussant en avant. « Sei- « gneurs, » dit P. R. de Rabastens, « je vous dis

---

1. P.-ê. le « Philippus de Goloen, » ou « Guoloen, » qui est témoin à plusieurs chartes concernant Simon de Montfort (Molinier, *Catal.* 93, 95), et qui est sans doute le même que « Philip- « pus Goulavanni, » châtelain de Carcassonne, témoin en mars 1212 (Molinier, *Catal.* n° 49). Les chartes où j'ai rencontré ce personnage sont antérieures au siège de Beaucaire.

2. Aimeri de Blèves, qui paraît au v. 8030?

« bien que jamais la crainte n'a aidé homme à con-
« quérir bonne renommée. Défendons notre cause
« pour n'être pas écrasés. — [4710] Seigneurs, »
dit Arnaut Feda[1], « notre salut est à ce prix. » Et il se
mit à combattre pour lui et pour les autres. Là où ils
se heurtèrent, il y eut grand carnage, heaumes enfon-
cés, lances rompues, poings, pieds et bras coupés,
[4715] sang répandu, cervelles jaillissant au dehors.
Bertran de Roquefort[2], qui avait fortifié le passage, et
P. de Mèze[3] au cœur sûr et vaillant[4], et Guillem de
Minerve[5] perdu dans la mêlée, frappe, tranche, brise,
fait couler le sang, et [4720] reçut si grièvc blessure
qu'il eut peine à en guérir. La lutte dura jusqu'au soir,
et la nuit sépara les combattants. On emporte Philippot, et Gui le fit ensevelir. Puis ils firent le guet jusqu'au lever du jour. [4725] Le comte de Montfort
manda les barons qu'il choisit; ils se réunirent avec
lui au nombre de quinze, tous ses fidèles amis, pour
prendre conseil.

1. Figure au v. 9464 entre les défenseurs de Toulouse. En 1224 il fut témoin à l'hommage de Raimon d'Anduze au comte de Toulouse (Teulet, *Layettes du Trésor*, n° 1658); en 1237 à une vente faite au même comte par Pelfort de Rabastens (*Ibid.* n° 2483).

2. « B. de Rupeforti » est témoin à l'acte mentionné dans la note suivante.

3. *Mesoa* est Mèze, arr. de Montpellier. Un « Petrus de Mesoa, » agissant en son nom et en celui de ses frères et de ses enfants, reconnaît, en 1204, tenir du vicomte de Béziers un certain nombre de biens et de droits qu'il avait à Mèze (Doat, CLXIX, 115), et est témoin en 1206 à un autre acte (*ibid.* 134); en 1219 (n. s.). « P. de Mesoa » reçut du jeune comte de Toulouse le fief de Loupian (cant. de Mèze); voy. Vaissète, III, 255.

4. Lacune? voy. la note sur le v. 4717.

5. Voir plus haut, p. 58, n. 2 et 3.

CLXVIII.

Pour prendre conseil le comte s'est tiré à part, et, prenant la parole, il expose la situation, soupire et gémit : [4730] « Seigneurs, avec vous tous, en raison de l'affec-
« tion et de la déférence que je vous porte, je veux délibé-
« rer de ce que nous ferons désormais, si nous lèverons
« le siége ou si nous y resterons plus longtemps. Si nous
« nous retirons présentement, c'est la honte et le blâme ;
« si nous restons, c'est doubler la honte et le dom-
« mage. [4735] Car, telle est mon opinion, je crains
« que jamais nous ne recouvrions par force le donjon,
« et que nous perdions les hommes, les armes et les
« chevaux. Les perdre sans combat me navre le cœur.
« Pourtant, des deux maux je désire que nous choi-
« sissions le moindre. » [4740] Les barons l'écoutent tous, et se poussent l'un l'autre. « Seigneurs, » dit Foucaut, « entendez ce que je vais dire. Quitter le
« siége, ce serait vraiment faillir ; y rester c'est nous
« exposer à un tel désastre que votre réputation et
« la nôtre en seront abaissées à tout jamais. [4745] Si
« vous voulez m'en croire, je vous dirai ce que nous
« ferons. Nous resterons tranquillement et en paix,
« nous abstenant de toute hostilité à l'égard de la ville
« et de ses défenseurs ; et s'ils viennent nous attaquer,
« nous nous défendrons. Au bout de peu de temps
« nous fixerons un jour. [4750] Par la vierge Marie mère,
« nous sommes déshonorés, si, leur offrant la bataille,
« nous n'entrons pas avec eux [dans la ville] ! Nous choi-
« sirons cent de nos meilleurs chevaliers, guerriers
« accomplis, et les placerons en embuscade derrière la

« chatte, [4755] et au devant d'eux nous disposerons
« le château et le bélier[1]. A la méridienne, quand nous
« saurons que là dedans ils reposent, nous nous arme-
« rons. Tous ensemble nous assaudrons le portail de
« la Lice[2]. De toutes manières nous les provoquerons
« [4760] jusqu'à tant qu'ils nous frappent, et nous les
« frapperons à notre tour. Nous ferons tant de bruit
« et de tumulte que les défenseurs de la ville vien-
« dront tous de ce côté; en plein combat nous tour-
« nerons bride, et viendrons, nous et notre embus-
« cade, à la porte[3]. [4765] Si nous la trouvons non
« gardée, nous y entrerons avec eux. Et quand nous
« serons mêlés dans la ville, avec l'épée ou la masse
« nous ferons un tel abattage que nous les tuerons tous,
« ou tous nous y périrons. Et si de ce coup nous
« échouons, il n'y a plus rien à faire, [4770] sinon
« d'abandonner la Provence et Beaucaire, ou de con-
« clure un accord avec eux pour la délivrance des
« nôtres[4]. — Foucaut, » dit le comte, « c'est ce que
« nous ferons; et si nous échouons, ce qui n'arrivera
« pas, nous enverrons un message droit au jeune
« comte, [4775] lui demandant de nous rendre nos

1. Qui étaient placés, comme on l'a vu plus haut (v. 4609-11),
en face le portail de la Vigne.

2. Le portail de la Lice, qui eut successivement les noms de
Porte du Cancel et de Porte Neuve, était situé au nord de la ville,
au pied du château (Eyssette, *Hist. de Beaucaire*, II, 205). Il
devait être difficilement accessible pour les assiégeants, dès l'instant que les assiégés occupaient la Redorte qui le domine (voy.
p. 213). Aussi, comme on le verra plus loin (v. 4852), ce n'est pas
contre ce portail que fut dirigée la fausse attaque des croisés, mais
contre celui de la Croix, situé au sud-ouest de la Lice.

3. La porte de la Vigne, voir p. 245, n. 1.

4. Ceux qui sont assiégés dans le donjon.

« hommes, et après nous partirons. S'il refuse, nous
« donnerons tant à ses officiers que nous les gagne-
« rons. De cette façon nous recouvrerons nos hommes,
« et plus tard nous réparerons nos pertes. [4780] Nous
« chevaucherons droit à Toulouse ; l'avoir que nous y
« trouverons nous le partagerons équitablement entre
« nous, et prendrons des otages pour ce que nous
« laisserons[1]. Avec ces richesses nous viendrons en
« Provence, nous prendrons Avignon, Marseille et
« Tarascon [4785], et recouvrerons Beaucaire.

CLXIX.

« Nous recouvrerons Beaucaire, le donjon couronné
« de créneaux, et les traîtres qui ont rendu la ville, je les
« ferai pendre à la palissade ; et si je ne les prends par
« force, il n'y a plus rien à faire ! » Mais Hugues de
Laci lui répondit sévèrement : [4790] « Par Dieu,
« beau sire comte, vous en jugez à votre aise, mais il
« vous y faudra mettre du sel et du poivre[2], avant
« d'avoir recouvré Beaucaire et le donjon. C'est grave
« chose d'enlever un château à son seigneur légitime.
« Ils aiment le jeune comte du fond de leur cœur
« [4795] et le préféreraient à Jésus-Christ. Et s'ils
« furent onques traîtres, maintenant ils veulent être

---

1. P.-ê. le sens serait-il meilleur si on corrigeait (v. 4782) cel(s)
que remanha[n], « pour ceux (de nous) qui resteront » ? C'est ainsi
qu'a entendu Fauriel.

2. Se disait d'une entreprise laissée incomplète ; ainsi G. de
Bergadan (*Talans m'es pres;* Milá, *Trov. en Esp.* p. 305) :

Pero non ai tant apres
Qu'encar no i agues obs sal.

« loyaux ; car lorsqu'ils jurèrent sur le missel, ils
« chantèrent[1] par force, et ne pouvaient s'y soustraire ;
« car c'est bien le tort et la force qui règnent là où le
« droit n'est rien, [4800] et serment extorqué n'a point
« de valeur en droit. Celui qui s'empare de la terre ou
« de la demeure d'autrui, qui abaisse droiture et a
« recours à la tromperie et au mal, celui-là perd la
« terre qu'il a conquise, rente et capital. Et si vous
« m'en voulez croire, nous passerons à autre chose.
« [4805] Jamais je n'ai vu siège si extraordinaire : les
« assiégés ont joie, repos, ombre, bon pain, eau claire,
« bons lits, logis, et le vin de Genestet qui leur vient
« à flots. Cependant nous demeurons dehors, exposés
« aux dangers, [4810] avec la poussière, la sueur, la
« chaleur, n'ayant que du vin tourné, de l'eau et du
« pain dur sans sel ; et jour et nuit nous sommes sous
« les armes, attendant le moment où ils viendront
« nous combattre et nous chanter une autre chanson.
« [4815]. Et pour peu que cet infernal péril dure nous
« aurons plus souffert qu'un ardent de saint Martial[2].
« — Par Dieu, Hugues, » dit le comte, « ne vous
« plaignez pas : ce n'est pas encore le moment, car,
« par la sainte hostie qu'on consacre dans le corporal,
« vous ne verrez pas Castelnaudari ni Alain Montréal[3],
« [4820] jusqu'à tant que j'aie recouvré Beaucaire avec
« les revenus qui en dépendent. — Sire comte, » dit

1. Le sens est un peu forcé; *torneron*, au lieu de *corneron*, ne serait guère meilleur. M. Chabaneau propose (*Rev. des l. rom.* 2, I, 200) *El cor n'eron*, « ils étaient dans le cœur forcés. »
2. On sait que le « mal des ardents » était une sorte d'érésipèle gangréneux ; voir Du Cange, *ardentes*.
3. On a vu plus haut Hugues de Laci qualifié de seigneur de Castelnaudari (p. 45 n. 4), et Alain qualifié de seigneur de Montréal (p. 129 n. 2).

Alain, « vous avez, puisse Dieu me venir en aide ! un
« vrai cœur de roi. Je vous donnerai un conseil qui
« vous fera gagner[1] à tout jamais en prix et en puis-
« sance. Pensez à nous procurer en abondance du pain,
« du vin, de la viande, [4825] et aussi des chevaux et
« des roussins, puisque ceux que nous avons dépéris-
« sent ; car nous passerons bien ici Pâques, la Pente-
« côte et Noël avant que vous ayez recouvré Beaucaire
« ni le sénéchal Lambert. » Gui de Lévi dit : « Sire
« comte, il nous faut penser à autre chose : puisqu'ils
« ne veulent pas nous attendre en bataille, [4830] ils
« peuvent à leur gré entrer, sortir et se mettre à l'abri. »

Ils passèrent ainsi le temps en paroles et en conseils jusqu'à la fête annuelle de la Vierge Marie, mère de Dieu[2]. Alors le comte et les autres, barons et capitaines, ses fils et son frère dans le pavillon comtal, [4835] et l'ost tout entière, s'armèrent en secret, chacun en son logis. Ils étaient là cent chevaliers, puissants, vaillants et durs à la guerre, expérimentés, adroits et courageux, n'ayant pas leurs maîtres pour les armes ; [4840] parmi eux Jean de Berzi[3], Robert[4], Tibaut[5], P. Mir, Aimon[6] et le sénéchal[7] ; derrière la chatte et dans

---

1. Traduit d'après la correction proposée au t. I, v. 4823. On pourrait aussi, ce qui conduirait au même sens, remplacer *Don* par *Non*.

2. 15 août.

3. Voy. ci-dessus p. 218, n. 7.

4. Robert Mauvoisin (ci-dessus, p. 60 n. 1) ? Robert de Piquigni (p. 43 n. 1) ? Robert de Forsoville (p. 44 n. 1) ? ou l'un des trois Roberts des vers 7774-5 ?

5. Tibaut de Neuville, v. 5911 ; Tibaut de Blazon, v. 7767 ; Tibaut d'Orion, v. 7772 ?

6. Aimon de Corneil, cf. v. 4555.

7. Gui de Lévi ? voy. p. 43 n. 3.

l'Hôpital¹ ils placèrent leur embuscade, entre le mur et la porte, à la méridienne, quand le soleil chasse l'ombre². [4845] Les hommes de la ville ne sont pas sur leurs gardes. A ce moment les Français chargent, tous en ligne, et les trompes, les clairons, les cors font trembler la rive, la ville et le rempart³. En tête de tous, venaient éperonnant [4850] le comte, Amauri, Alain, Foucaut, suivis des compagnies qui occupent les jardins. Ils chevauchent vers le portail de la Croix⁴ et par les lices ; ceux de l'échafaud⁵ s'écrient : « Sainte Marie, aide-« nous, [4855] et défends ton peuple de douleur et de « mal ! » Les Français entrent par le courtil⁶. Les Provençaux courent aux armes. Tous s'apprêtent sur la place du Marché⁷, tremblant et soupirant, et tellement effrayés [4860] que beaucoup d'entre eux s'enfuirent jusqu'au fleuve. Mais les meilleurs, les plus vaillants,

---

1. L'hôpital Saint-Lazare se trouvait alors en dehors de la ville, près de la porte de la Vigne ; voy. Eyssette, *Hist. de Beaucaire*, II, 247-8.

2. Quand les rayons du soleil tombent perpendiculairement, de façon à réduire l'ombre.

3. *Costal*, voir ci-dessous, n. 6.

4. Le portail de la Croix, dont le nom est resté à l'un des quartiers de Beaucaire, était situé au N.-O. de la ville, à l'extrémité occidentale de la rue Haute, dans l'axe de la route de Nîmes (Eyssette, *Hist. de Beaucaire*, II, 203-4).

5. Les défenseurs, montés sur les échafauds dont on avait muni les murs.

6. *Cortal* signifie sûrement « enclos » (voir *Lex. rom.* II, 498, et Du Cange, *cortale*) ; il est possible qu'il s'agisse d'un enclos situé en dehors du mur, mais ce peut être aussi le même que *costal*, qui paraît, sauf au v. 2981, désigner une partie de la fortification.

7. La place du marché, ou Place Vieille, est située à l'extrémité orientale de la rue Haute, par conséquent entre le portail de la Croix, où avait lieu l'attaque, et le fleuve.

les...¹, sergents, archers, soudoyers s'en viennent à la porte, occupent la position et défendent le passage, le mur et le rocher². [4865] Derrière eux vient la grande foule du peuple. Et quand les Français virent l'inutilité de leur ruse, ils tournèrent bride : entre le mur et les tentes, par le bord du fossé, ils se dirigent à force d'éperons vers l'autre portail³. [4870] Les hommes de l'embuscade et ceux de l'Hôpital sortent de l'aguet et occupent les bas-fonds⁴, brisent les barrières, les abbatis, les palissades ; ils viennent tous ensemble courant et habiles, et à l'entrée de la porte agitent leur enseigne. [4875] Mais Ugo de Laens (?), Imbert, Ricau, Ugo de la Balasta et Rostanh du Pugal⁵, Guillem de Minerve, les hommes et les chefs, défendent le passage et l'entrée du débouché. Raoul du Gua crie : « Francs chevaliers loyaux, [4880] allons à l'autre « porte supporter l'attaque, car voici que les Français « occupent les abords du rempart. » Aussitôt accourent les barons du pays, tellement qu'en un instant les

1. Ici un mot, *girval*, que je ne sais comment traduire.

2. « Le rocher » est sans doute la base de la colline que borde maintenant le boulevard Saint-Laurent, au nord du portail de la Croix.

3. Indubitablement le portail de la Vigne, comme le montre la mention de l'Hôpital au vers suivant, cf. p. 255, n. 1.

4. Je traduis *rozal* de la même manière que *rauzeus* au v. 4590. Le sens est douteux, mais il ne peut guère s'agir des bords du Rhône, comme je l'ai conjecturé au vocab., le portail de la Croix étant relativement éloigné du fleuve. Il y avait peut-être autrefois à cet endroit des bas-fonds où croissaient des roseaux. Actuellement c'est près de là que passe le canal.

5. Probablement le même qu'un « Rostagnus de Podio alto » qui est témoin en 1230 à la concession de la cité vicomtale de Marseille au comte de Toulouse (Teulet, *Layettes du Trésor*, n° 2079).

murs, les meurtrières, les créneaux, les fronts de la ville sont garnis d'hommes et d'armes. [4885] Cependant les braves compagnies et les archers se tiennent aux fenêtres avec des arbalètes à tour. Quand ceux du dedans et ceux du dehors se trouvèrent face à face, la mêlée de la guerre mortelle recommença, avec lances, épées, écus de chêne, [4890] et les dards, les masses, les couteaux, les cognées, les guisarmes, les pics, les tisons, les bâtons, les haches fourbies, les moellons, les pieux aigus, les perches, les pierres à main, les faussarts, les flèches, les traits d'arc à main, [4895] l'eau et la chaux bouillante qu'on jette du mur dans le fossé, viennent de tant de parts, de côté et de face, qu'on voit se briser heaumes, camails, nasaux[1], hauberts, mailles, garnitures, cristaux [des heaumes], écus, selles, freins, poitraux[2], [4900] clavains, boucles d'écus[3], orfrois[4], têtes, mâchoires, bras, crânes. Il se fait à l'entrée de la porte un si extraordinaire carnage[5] que de sang et de cervelles sont rougies les enseignes. [4905] Ils se combattent et se frappent avec telle ardeur que de blessures et de mal chacun d'eux disait avoir sa large part. Quand les Français virent qu'ils n'avaient rien de plus à gagner, ils revinrent à leurs tentes, et ceux de la ville à leurs demeures. Des deux côtés les médecins et les maréchaux [4910] demandent des œufs, de l'eau, de

1. Le *nasal* était la partie du heaume qui recouvrait le nez.
2. Cf. p. 212, n. 5.
3. La proéminence du centre de l'écu, voy. *bocla* au vocabulaire.
4. Traduit d'après la correction proposée à la note du v. 4900.
5. Le v. 4902, assemblage incohérent de mots, n'est pas traduisible.

l'étoupe, du sel, des onguents, des emplâtres, des bandes d'étoffe[1] pour les coups et les blessures douloureuses. Mais que Beaucaire soit sans crainte : il n'en doit plus avoir, car le comte de Montfort et les autres chefs [4915] ne reprendront pas la ville!

CLXX.

Ils ne la reprendront pas; car voici qu'ils se mettent à considérer dans leur conseil les périls, les tourments, les fatigues, les guerres, les maux, les luttes, les pertes, les souffrances; car le comte de Montfort est dépité et dolent, [4920] et convoque ses hommes et ses parents. Dans la tente de soie, où l'aigle resplandit, ils parlent et délibèrent en secret : « Seigneurs, » dit le comte, « Dieu me fait connaître par des signes
« apparents que je suis hors du sens; [4925] car
« j'étais puissant, preux et vaillant, et maintenant ma
« situation est réduite à rien. Ni la force, ni la ruse,
« ni l'audace ne me donnent moyen de recouvrer mes
« barons et de les tirer de là dedans. Et pourtant, si
« je quitte ainsi honteusement le siége, on dira par le
« monde que je m'avoue vaincu. — [4930] Beau
« frère, » dit Gui, « je vous dis en vérité que Dieu
« ne veut plus souffrir que vous teniez plus longtemps
« la ville de Beaucaire ni le reste. Il regarde et pèse
« votre conduite : [4935] pourvu que toute la
« richesse, tout l'argent soient à vous, peu vous im-
« porte la mort des hommes ! » Là dessus, voici un messager qui vient précipitamment tout droit au

---

1. Voir *sarsnal* au vocabulaire.

pavillon du comte, et lui dit avec tristesse : « Sire
« comte de Montfort, votre énergie, [4940] votre
« dureté, votre audace sont vaine chose et néant :
« vous perdez vos hommes d'une façon si cruelle
« qu'ils ont l'esprit et l'âme sur les dents. Je suis
« sorti du château, et tel y est l'effroi [4945] que,
« pour l'Allemagne entière et tout l'argent du
« monde, je ne resterais pas là dedans, tant y est
« grande la souffrance. Voilà trois semaines, je vous
« le dis en vérité, que leur manquent l'eau, le vin, le
« blé. J'ai eu telle peur, puissent Dieu et les saints me
« protéger ! [4950] que tout le corps me tremble et
« que les dents me claquent. » Quand le comte l'entend, dépité, furieux, noir de colère, de l'avis de ses hommes et avec leur adhésion, il envoie ses lettres là dedans[1], en secret, à Dragonet, qui est sage, fin et prudent [4955], afin qu'il entre en pourparlers avec le comte : que lui (Simon) s'engagera à lever immédiatement le siége, à condition que ses hommes[2] lui soient rendus jusqu'au dernier. Et Dragonet qui est preux, adroit, homme de valeur, a tant parlé d'un côté et de l'autre [4960] que le comte de Montfort recouvre ses hommes, mais rien de plus, le comte de Toulouse retenant en totalité les chevaux, les harnais et tout l'équipement. Et au retour du jour, dès que luit le soleil, le comte lève le siége[3].

1. C.-à-d. dans la ville de Beaucaire, où se trouvait Dragonet, comme on le voit au v. 4702.
2. Ceux qui sont enfermés dans le château.
3. P. de V.-C. ch. LXXXIII (Bouq. 107 A B) montre que Simon de Montfort fut amené à accepter ces conditions non-seulement par le désir de sauver d'une perte imminente les défenseurs du

CLXXI.

[4905] Le comte lève le siége plein de colère, ayant recouvré ses hommes et perdu leurs harnais. De plus, il y a tant perdu de chevaux, de roussins, de mulets arabes, sans compter les autres pertes, qu'il y reste abondante pâture aux oiseaux et aux chiens. [4970] Et le château de Beaucaire reste au comte, duc et marquis, parce qu'il est vaillant et sage, habile et courtois, du plus haut lignage, apparenté à la maison de France et à celle du bon roi d'Angleterre[1].

château, mais aussi par la nouvelle que Toulouse était sur le point de se révolter : « Quid plura? loquuntur nostri per interpositas « personas cum hostibus; fit talis dispositio, ne compositionem dica- « mus : ordinatur quod obsessi nostri dimitterent hostibus muni- « tionem Bellicadri, ita quod dimitterent eos adversarii exire « cum supellectili sua tota, factumque est ita. Si quis autem « consideret hujus obsidionis circumstantias, licet nobilis comes « de captione Bellicadri non habuerit victoriam, tamen fidelis « nobilitatis et nobilissimæ fidelitatis insignia reportavit. » Et en effet, des contemporains pensèrent que le jeune comte était en situation d'obtenir un succès plus complet. C'est l'opinion que manifeste Bertran d'Avignon (non pas Bertran de Lamanon, comme le dit par erreur Raynouard, *Choix des poésies des troub.* V, 71, 392) dans une tenson avec Raimon de las Salas. Le débat porte sur la valeur comparative des Provençaux et des Italiens. Bertran, qui prend parti pour ceux-ci, dit : « Raimon, vous leur « (aux Provençaux) faites trop d'honneur, car à Beaucaire, sur « leur terrain, Simon leur a fait une telle peur — et pourtant ils « étaient deux fois plus de monde — qu'ils ont fini par lui rendre « sa garnison. » Deux extraits de cette pièce se trouvent dans Raynouard, ouvrage cité, et le texte complet dans Mahn, *Gedichte der Troubadours*, n° 1066 et 1067. Bertran d'Avignon est très-probablement identique au personnage du même nom qui paraît dans le poëme au v. 4289.

1. Cf. p. 191, note 1.

Le comte de Montfort convoque le Toulousain et le Carcassais [4975] et beaucoup de pays, et les gens du Razès, que personne ne reste en arrière, ni sergent ni paysan : que tous viennent à Toulouse, et ceux aussi du Lauragais. Et le comte, avec sa compagnie, chevauche si vite que des cinq journées il n'en a fait que trois[1]. [4980] Il se loge à Montgiscard et par le pays environnant. A l'aube du jour, quand brille le ciel serein, le comte de Montfort et les autres Français s'arment. Ils chevauchent aussitôt en bataille tout droit vers Toulouse par les beaux chemins unis. [4985] De la ville sortent, par deux ou par trois, des meilleurs chevaliers et des plus riches bourgeois. Là où ils virent le comte, ils lui adressèrent la parole, lui disant avec douceur : « Sire comte, avec votre permission,
« nous nous étonnons [4990] de vous voir venir avec
« glaive et fer mortel : on ne gagne rien à faire tort
« à son propre bien. Et s'il nous arrivait malheur par
« votre fait, nous aurions bien mal réussi, car entre
« vous et nous il ne devrait rien se produire qui fût
« une cause de mal, de dommage, de peine. [4995]
« Vous aviez bien voulu nous octroyer et promettre
« que de votre part jamais mal ne nous arriverait ;
« mais actuellement il ne nous paraît pas et il ne se
« peut pas que ce soit pour aucun bien que vous ayez

---

1. Cinq journées pour le trajet de Beaucaire à Toulouse supposent des étapes distantes d'au moins 55 kil., ce qui est énorme pour une armée, même peu nombreuse. Trois journées mettent les étapes à plus de 90 kil., ce qui ne peut être admis que pour un très-petit nombre de cavaliers avec relais. Cette interprétation est confirmée par P. de V.-C. : « Recedens nobilis comes cum suis ab
« obsidione Bellicadri, venit Nemausum, *ibique dimittens equites*
« ..... ipse properavit Tolosam » (Bouq. 107 n).

« pris les armes contre la ville. Vous y dussiez faire
« votre entrée avec vos palefrois, [5000] sans hau-
« bert ni armes, vêtu de jupes d'orfrois, chantant,
« couronné de guirlandes[1], comme il convient au
« seigneur de la ville. Ce que vous ordonneriez, per-
« sonne n'y contredirait. Mais voici que vous nous
« apportez l'effroi et un cœur de lion. — Barons, »
dit le comte, « qu'il vous plaise ou non, [5005] en
« armes ou sans armes, en long ou en large, j'entre-
« rai dans la ville, et je verrai ce qu'on y fait. Cette
« fois vous m'avez provoqué à tort. Vous m'avez
« enlevé Beaucaire, car c'est par votre faute que je
« n'ai pu le prendre ; de même le Venaissin, la Pro-
« vence et tout le Valentinois, [5010] car en un mois
« j'ai appris par plus de vingt messages que vous
« vous étiez unis par serment contre moi[2], et que
« vous aviez des intelligences avec le comte Raimon
« pour qu'il reprît Toulouse, et qu'elle fût perdue pour
« moi. Par la vraie croix où Jésus-Christ a été mis,
« [5015] je n'ôterai pas mon haubert ni le heaume
« de Pavie jusqu'à ce que j'aie des otages choisis dans
« ce qu'il y a de mieux parmi vous ; et je verrai bien
« si on m'en empêchera ! » Ils répondent : « Sire,
« ayez pitié de nous, de la ville et de ses habitants.
« [5020] Nous ne vous avons pas fait tort pour un
« denier de Mauguio, et personne de nous n'a fait de

---

1. Ce passage est pleinement illustré par un article de l'*Ordo ad benedicendum ducem Aquitaniae* cité par Du Cange au mot *Garlanda*: « Princeps debet venire baronum comitatus caterva, et capite suo « garlanda redimitus aurea, cujusmodi circulus aureus a capite « ejus, cum ibi advenerit, amovebitur. »
2. Cf. p. 259 n. 4.

« serment contre vous; et quiconque vous le fait croire
« cherche à vous faire perdre le pays. Jésus-Christ,
« Dieu vrai, sait bien de tout point ce qu'il en est;
« puisse-t-il nous protéger, lui et notre bonne foi ! —
« [5025] Barons, » dit le comte, « vous m'êtes hos-
« tiles et faites trop de discours. Jamais, à aucun
« moment, depuis que je vous ai conquis vous
« n'avez eu souci de mon honneur ni de mon bien. »
Puis il appelle Gui, Hugues de Laci, Alain, Foucaut,
et Audri le Flamant[1] : [5030] « Sire comte, » dit
Alain, « il vous faudra un frein pour contenir votre
« rancune et votre colère, car si vous abaissez Tou-
« louse, vous tomberez si bas que jamais vous ne
« reprendrez votre niveau. — Seigneurs, » dit le
comte, « je suis ruiné au point [5035] d'avoir engagé
« tous mes revenus et tous mes cens, et les hommes
« de ma compagnie m'ont remontré que la misère et la
« disette les pressent si fort que, si je manquais l'occa-
« sion présente, je ne saurais plus que faire. Je veux
« donc qu'on saisisse sur-le-champ ceux qui viennent
« ici, [5040] et que sans retard on les mette au
« Château Narbonnais. Les richesses et l'argent en
« lingot seront appliqués à notre usage, jusqu'à ce
« que nous soyons devenus plus forts et plus riches,
« pour retourner en Provence.

CLXXII.

« Nous irons en Provence quand nous serons
« riches, [5045] mais avant nous ruinerons Toulouse
« de telle sorte que nous n'y laisserons rien qui ait

---

1. *Lo Flames?* Il paraît encore au v. 8029.

« valeur : puisqu'elle m'enlève la Provence, je repren-
« drai la Provence à ses frais. — Sire frère, » dit
Gui, « un bon conseil : bornez-vous à prendre de toute
« la richesse de Toulouse le quart ou le cinquième,
« [5050] les nouvelles pousses donneront de plus
« belles espérances[1] ; au lieu que si vous la détruisez
« sans pitié, par toute la chrétienté vous en aurez
« mauvais renom, et vous vous attirerez la colère
« de Jésus-Christ et les reproches de l'Eglise. —
« Frère, » dit le comte, « tous mes compagnons
« [5055] veulent me quitter, parce que je n'ai rien à
« leur donner, et si je détruis Toulouse, je ne le ferai
« pas sans cause : ils me veulent du mal ; moi je ne
« leur voudrai pas de bien. Avec l'argent que je tirerai
« d'eux j'ai l'espoir que je reprendrai Beaucaire et que
« j'aurai Avignon. » [5060] Maitre Robert[2] s'exprima
ainsi : « Sire comte, je vais vous faire un sermon bon
« à entendre[3]. Depuis que le pape vous a élu, vous
« eussiez dû observer droit et raison, et ne pas causer
« d'embarras à l'Église. [5065] Puisqu'ils n'ont point
« commis de trahison envers vous, vous ne devriez
« pas les ruiner, sinon après jugement. Et si vous
« observez la justice dans votre poursuite, ils ne doi-

---

1. C.-à-d., je pense, « il y aura plus de chances pour que la
« richesse de la ville se refasse. »

2. Qualifié de « sage légiste » au v. 5222. Il ne figure que dans
les négociations actuelles entre Simon de Montfort et les Toulousains. Il est visiblement avec Simon, s'efforçant toutefois de
jouer le rôle d'un conciliateur. Les circonstances dans lesquelles il
paraît, l'avis prudent qu'il donne à un Toulousain compromis
(voy. v. 5275), portent à croire qu'il était de Toulouse.

3. Je ne traduis pas *ab bela enquestio* qui ici et v. 5090, comme
souvent *enques*, est employé sans propriété, en vue de la rime.

« vent rien perdre de leurs biens ni souffrir tour-
« ment. » Parlant ainsi, ils arrivèrent près de la
ville. [5070] A ce moment voici l'évêque, piquant
des deux : il entre par les rues, donnant sa bénédiction ; puis, usant de prière et de commandement,
il leur dit : « Barons, sortez de la ville, allez près
« du bon comte; car puisque Dieu et l'Église et
« moi vous l'avons donné, [5075] c'est un devoir pour
« vous de le recevoir en grande procession. Si vous
« l'aimez bien, vous en serez récompensés en ce
« monde, et vous aurez, dans l'autre, la place
« des confesseurs[1]. Il ne veut rien du vôtre :
« loin de là, il vous donnera du sien, et en sa
« garde vous prospérerez de plus en plus. —
« [5080] Seigneurs, » dit l'abbé de Saint-Cernin[2],
« monseigneur l'évêque dit vrai, et vous perdez
« le pardon. Allez donc jusqu'au comte, pour rece-
« voir son lion[3]. Faites que sa mesnie se loge libre-
« ment dans vos maisons, et ne le refusez pas.
« [5085] Vendez-leur honnêtement : ils ne vous feront
« pas tort pour la valeur d'un bouton. » Là-dessus ils
se rendirent au dehors, dans les champs; celui qui
n'avait pas de cheval s'y rendit à pied. Mais voici que
par toute la ville se répand une rumeur [5090] qui dit:
« Barons, rebroussez chemin tout doucement et
« secrètement : le comte demande des otages et veut

---

1. *Confessio* désigne ici, comme on beaucoup d'autres textes, la gloire réservée aux « confesseurs », c.-à-d. à ceux qui, sans pourtant avoir subi le martyre, avaient mené une vie sainte; voy. Du Cange, *confessio* 2, et *confessor* 1.

2. Jordan, abbé de 1212 à 1232 ou 1233, *Gall. Christ.* XII. 95.

3. Son enseigne où il y avait un lion.

« qu'on les lui livre, et vous serez bien sots si vous vous laissez prendre là dehors. » Et eux de s'en aller à la course ! [5095] Mais tandis que les Toulousains se consultent dans la ville, la mesnie du comte, sergents et damoiseaux, enfoncent les coffres et pillent l'argent ; et ils disaient à leurs hôtes, les écuyers et les valets : « Aujourd'hui vous recevrez le martyre, ou vous donnerez rançon, [5100] car vous avez excité la colère de monseigneur Simon. » Et ils répondirent tout bas, entre leurs dents : « Dieu ! comme vous nous avez livrés à Pharaon ! » Par les rues pleurent dames et enfançons ; mais cependant par toute la ville s'élève le cri : [5105] « Barons, aux armes ; voici le moment où nous aurons à nous défendre contre le fer et le lion, car mieux vaut une mort honorable que vivre en prison ! » De toutes parts accourent en grande hâte chevaliers, bourgeois, sergents, troupes communales, [5110] chacun apportant un armement complet : écu ou chapeau, pourpoint ou gambeson, et hache émoulue, faucille ou pilon (?), arc à main ou arbalète, ou bonne lame emmanchée, ou couteau[1] ou gorgerin, camail ou hoqueton. [5115] Et quand ils furent ensemble, les fils et les pères, dames et demoiselles, tous à l'envi placent les barrières, chacun devant sa maison. Les huches, les coffres, les bâtons, les pilons (?), les tonneaux qui roulent, les poutres, les chevrons [5120] sont appuyés d'un côté sur la terre, de l'autre sur des tables, et du bas sur les

---

1. *Cotel*; comme d'ailleurs le v. 5114 ne mentionne que des armes défensives, il se pourrait que *cotel* eût été écrit ici par erreur au lieu de *clavel*, voy. p. 229, n. 1.

perrons[1]. Par toute la ville la défense se prépare, tellement que les cris, le vacarme, les trompes font retentir les rues et le ciel. Montfort! leur crièrent Français et Bourguignons, [5125] et ceux de la ville : Toulouse! Beaucaire! Avignon! Là où ils se rencontrèrent, se précipitant à l'envi, ils se frappèrent avec fureur et acharnement[2]. Lances et épées, piques, tronçons, traits, pierres, masses, tisons, [5130], flèches, guisarmes, lames, penons, pics, barrières et pierres, planches, moellons, viennent de toutes parts, de face et de côté, de sorte qu'on voit se briser heaumes, écus, arçons, têtes, cervelles, poitrines, mentons, [5135]bras, jambes, poings, fesses (?). Si acharnée est la lutte qu'ils (les Toulousains) les mènent battant, eux et le comte Gui. Et lorsque les croisés se virent à bout de ressources, le comte de Montfort s'écria : « Flambez « tout! » [5140] Alors s'allumèrent les torches et les brandons. Mais à Saint-Remezi[3], en haut de Jouzaigues[4] et au plan de Saint-Étienne on se bat. Les Français sont retranchés dans l'église, dans la tour Mascaron et dans le palais de l'évêque; [5145] et les nôtres luttent contre le feu, et font des abattis de toutes parts pour faire face aux attaques.

1. Sens fort douteux : le v. 5120 est probablement corrompu.

2. La comparaison avec la réd. en pr. fait supposer ici une lacune; voir au t. I la note sur le v. 5128.

3. L'église Saint-Remezi (Saint-Remi), dont le nom est conservé par une rue de Toulouse, appartenait depuis le commencement du xiie siècle à l'ordre de Saint-Jean de Jérusalem; voy. *Mémoires de la Société archéologique du Midi de la France*, IV, 367; cf. Du Mège, *Histoire des institutions de Toulouse*, IV, 470-1.

4. *Jusaigas*; la rue Jousaigues est perpendiculaire à la rue des Paradous, qui fait suite à la rue Saint-Remezi.

CLXXIII.

Pour faire face aux attaques et pour augmenter leur force[1], et pour défendre leur droit et pour détruire leurs ennemis [5150] parmi le feu et la flamme ils vont s'entreférir, et ils fortifient les barrières par des abattis. Les uns se battent, les autres éteignent l'incendie, tandis que d'autres vont vite saisir les Français qui tout d'abord s'étaient installés dans la ville. [5155] Ces derniers étaient en grand effroi et en danger de mort. Les Toulousains vont les bloquer dans l'hôtel du comte de Comminges[2], en sorte qu'ils n'en purent sortir. Le comte de Montfort crie, de façon à se faire entendre : « Barons, allons les tâter « d'un autre côté, [5160] tout droit à Saint-Étienne, « pour voir si nous pourrons leur faire du mal. » Et le comte s'élance avec eux, chargeant avec telle vigueur qu'à l'orme[3] de Saintes-Carbes ils font trembler la terre. Ils débouchent par le plan de l'église[4], mais sans pouvoir atteindre personne de la ville. [5165] Les hauberts, les heaumes, les enseignes qu'on agite, les sonneries des cors et des trompes, font retentir le ciel, la terre et l'air. Par la rue droite, juste en venant vers[5] la Croix Baragnon, ils les char-

1. *Per lor enantir;* corr. *pel lor?* car *per lor* est encore employé deux fois dans le vers suivant.
2. Cette habitation paraît avoir été située près du Château Narbonnais, voy. Du Mège, *Hist. des instit. de Toulouse*, IV, 238-9.
3. « Au long » dans la réd. on pr., mais l'*ulmus Sanctarum Carbarum* est mentionné en d'anciens titres, selon Du Mège, ouvrage cité, IV, 426.
4. Saint-Étienne.
5. *Dreitament al venir* | *De la crotz Baranho*. Il faut entendre *al*

gent si vigoureusement [5170] qu'ils brisent et enfoncent les barrières. De toutes parts viennent, pour soutenir la lutte, chevaliers, bourgeois, sergents, pleins d'ardeur, qui, armés d'épées et de masses, les serrent de si près, que des deux côtés on se prend à se frapper, [5175] et à mettre en mouvement dards, lances, flèches, couteaux, épieux, traits, faucilles. Ils viennent en rang si pressés qu'on ne sait plus où se retourner. Là vous eussiez vu se faire un tel abattis, rompre tant de camails, trouer tant de hauberts, [5180] fendre tant de poitrines, fausser tant de heaumes, abattre tant de barons, tuer tant de chevaux, et le sang et les cervelles se répandre par la place! Ceux de la ville font une résistance si opiniâtre

venir de au sens de « à l'approcher de..... » c.-à-d. « en venant « vers..... » Si on traduisait « en venant de..... » le mouvement de Simon deviendrait inexplicable. La charge, partant sans doute du Château Narbonnais, au sud de la ville, près de la Garonne, se dirige d'abord vers Saint-Étienne (v. 5160) en passant par la place Saintes-Carbes (v. 5162), c.-à-d. en suivant les rues appelées maintenant Grande rue Nazaret et Saintes-Carbes. Sur la place Saint-Étienne les assaillants ne rencontrent pas d'adversaires, et sont, selon la rédaction en prose (voy. t. I, p. 220), ralliés par les Français établis dans l'église Saint-Étienne et dans le palais épiscopal, qui est tout auprès (v. 5143-4). Alors la charge, faisant un quart de tour à gauche, se lance vers la Croix Baragnon, en suivant les rues qui portent actuellement les noms de rue Saint-Étienne et rue Croix-Baragnon, probablement avec l'intention de pousser à fonds dans la direction de l'ouest, jusqu'à la Garonne. Mais la défense opposée par les Toulousains à la Croix Baragnon est trop forte, et on va voir Simon reprendre la direction du nord pour aller attaquer le bourg (v. 5189); mais de ce côté encore, après un combat acharné, les croisés sont repoussés, et reviennent au Château Narbonnais (v. 5195-6), probablement par le chemin qu'ils avaient suivi en venant, les milices toulousaines, peu propres à l'attaque, n'ayant pas eu l'idée de leur couper la retraite.

qu'ils leur font abandonner la lutte. [5185] « Sei-
« gneurs, » dit le comte, « je vous dis en vérité que
« jamais nous n'en viendrons à bout de ce côté; mais,
« si vous voulez me suivre, je vais les tromper. »
Tous, sans en excepter un, éperonnent ensemble : ils
pensèrent aller dans le Bourg par la porte Cerdane[1],
[5190] mais ceux qui étaient là les reçurent si bien
que la lutte s'engagea dans les rues. Par l'effort des
massues, des pierres, des épées, des coignées, des
guisarmes, qui rendaient le carnage terrible, ils (les
Toulousains) leur firent vider la rue et la place.

[5195] La bataille dura jusqu'au soir; alors le
comte se retira, affligé et soucieux, au château Narbonnais où on poussa maint soupir. Puis, il fit venir
les barons de la ville qu'il retenait comme otages,
et les interpella avec colère et dureté : [5200]
« Barons, » dit le comte, « vous ne pouvez vous
« échapper; et, par la sainte mort que Dieu a bien
« voulu souffrir, toute la richesse du monde ne pourra
« m'empêcher de vous faire couper la tête ou sauter
« du haut en bas du Château[2]. » Quand ils l'entendent
jurer et parler avec fureur, [5205] il n'y en a pas un
qui ne tremble par crainte de la mort. Mais l'évêque
réfléchit et met toute sa pensée à chercher le moyen
de ramener la ville et ses habitants[3]. La nuit il fit
aller et venir les messagers, pour presser et conseiller

1. *Cerdana*, « la porte Sardane », Fauriel, j'ignore d'après quelle autorité.
2. Réd. en pr. : « Le comte a fait venir tous ceux qui étaient
« prisonniers au château, leur disant que, s'ils ne lui rendaient la
« ville, il les ferait tous mourir..... »
3. Le récit de la réd. en pr. est fort différent; voy. au t. I la note sur le v. 5206.

[les Toulousains], [5210] qui crurent trouver le salut dans ses conseils et se laissèrent endoctriner par lui. Le matin, à l'aube, lorsque le jour parut, l'évêque les convoqua hors la ville, à Villeneuve[1], dès l'aube du jour.

CLXXIV.

[5215] Dès l'aube du jour, quand parut la clarté, dans la maison commune se réunirent en grand nombre les notables de la ville, hommes riches et honorés, les chevaliers, les bourgeois, les gens du commun. Et quand ils furent ensemble et que le silence se fut établi, [5220] l'abbé de Saint-Cernin leur a le premier adressé la parole, ayant à ses côtés le prieur, le prévôt et maître Robert, un sage légiste : « Seigneurs
« barons, » dit l'abbé, « Dieu, vraie Trinité, et la
« vierge Marie de qui il naquit [5225] et monseigneur
« l'évêque nous ont envoyés ici. L'évêque est triste,
« marri, dolent et chagrin de voir la ville en si mau-
« vaise passe; et puisque de part et d'autre le carnage
« est commencé, veuille le Saint Esprit intervenir avec
« sa clarté, [5230] et entre vous et le comte mettre
« l'amitié et la paix, en sorte que personne ne soit
« perdu ni trompé! Et si vous y consentez, s'il vous
« plaît et agrée, votre accord est traité et convenu ;
« car monseigneur l'évêque a tant parlé pour vous
« [5235] que lui et charité sont venus à bout du

---

1. Où se trouvait la Maison commune, appelée, depuis le xvie siècle, le Capitole; voy. Du Mège, *Hist. des instit. de Toulouse*, I, 237 et 328, et IV, 586-7. La rue Lafayette, qui longe le Capitole, s'appelait autrefois rue Villeneuve.

« comte. L'évêque vous défend à ce point que le
« comte en est irrité. Par suite de l'accord qui s'est
« établi entre eux deux, l'évêque vous mande de vous
« mettre à la merci du comte; lui-même vous jure
« Dieu et ses mérites [5240] et ceux du pape et de
« tous les clercs, que vous serez saufs de corps et de
« biens, que vous n'aurez à supporter ni abaissement
« de la ville, ni perte de vos héritages. Si maintenant
« vous vous humiliez envers le comte, vous êtes
« doublement assurés de rencontrer en lui amour et
« reconnaissance. [5245] Et s'il est aucun homme,
« étranger ou de la ville, qui n'accepte pas sa sei-
« gneurie, il peut s'en aller librement avec congé en
« règle, sans redouter d'être pris ni contraint par le
« comte ni par les siens. » Les barons répondent :
« Sire abbé, s'il vous plaît, [5250] votre loyauté nous
« inspire de grandes craintes. Vous, le comte et l'évêque,
« vous nous avez appris à être prudents, car de maintes
« manières vous avez fait sur nous des tentatives sans
« jamais en rien nous tenir parole. Et le comte est si
« cruel et si outrecuidé [5255] qu'il ne nous tiendrait
« aucune promesse, quand il nous aurait dans sa main.
« — Seigneurs barons, » dit l'abbé, « écoutez ce que
« je vais vous dire. Dès l'instant que la sainte Église
« vous aura donné garantie, le comte n'est pas
« assez imprudent, assez outrecuidé, pour vous rien
« faire qui puisse le compromettre. [5260] Et s'il vous
« faisait chose qui fût tort ou péché, l'Église pousse-
« rait vers toutes parts un tel cri, qu'il succombe-
« rait sous les coups de Rome et de la chrétienté.
« Ne redoutez donc aucune conséquence de rien que
« vous fassiez présentement; et, si vous honorez le

« comte, vous irez emportant le miel et la cire[1].
« — [5265] Seigneurs, écoutez-moi, » dit maître
Robert : « Le comte de Montfort ne vous tient pas
« pour condamnés ; il ne veut pas que vous ni la
« ville éprouviez aucun dommage, à part un seul
« d'entre vous qui est puissant et estimé, et qui est
« plus que personne autre compromis envers lui. —
« [5270] Seigneurs, » dit Aimiric[2], « je suis celui qu'on
« menace : j'aime mieux quitter la ville qu'y rester, et
« me voici prêt. Moi, et certains des plus notables de
« la ville et des mieux nés, nous partirons, sire abbé,
« si vous nous donnez un sauf-conduit. — Ne faites
« pas cela, » dit maître Robert ; [5275] puis il lui dit
à l'oreille : « Vous ferez sagement, car entre le comte
« et vous il n'y aura pas amitié sincère. » C'est
ainsi que l'entretien fut tenu et conclu, et après ils se
rendirent tout droit à Villeneuve où se trouvait le
conseil choisi. [5280] Mais tel s'y rendit libre qui en
reviendra enchaîné, si Dieu ne leur vient en aide.

1. Locution dont je ne connais pas d'autre ex., et qui par conséquent m'est obscure ; Fauriel : « Tout sera pour vous cire et miel
« si vous honorez le comte. » Le sens est probablement : « Vous
« ne perdrez rien de la récolte, ni le miel ni la cire. »
2. Sans doute le même qu'on voit figurer parmi les partisans
du comte de Toulouse, v. 5770, 8979, 9182. Il est à croire qu'il
avait joué un rôle important dans l'administration de la ville.
De 1190 à 1225 les listes des capitouls qui nous sont parvenues
(il manque celles de 1191, 1195, 1206, 1208 à 1211, 1213, 1215 à
1218, 1224), ne portent que deux Aimerics : en 1219 Aimeric Anguier (?), et en 1221 Aimeric de Saint-Romain ; voy. Du Mège,
Hist. des instit. de Toulouse, I, 346 et 348. En outre, un « Aime-
« ricus de Castro-novo » est mentionné au nombre des consuls ou
capitouls de Toulouse en des actes de 1203 (Catel, *Hist. des Comtes
de Tolose*, p. 236), 1214 (Vaissète, III, pr. 241), et reparaît encore en
1221 et 1222 avec la qualité de « probus homo » (*ibid.*, 271-1).

CLXXV.

Si Dieu ne leur vient en aide et ne leur apporte un secours complet, ils sont arrivés au piége et à l'endroit fatal; car le comte et l'évêque ont un projet caché [5285] pour abaisser Prix et Parage. Et lorsque le jour brille et apparaît dans sa splendeur, l'évêque est sorti pour se rendre à la réunion; chevaliers et bourgeois et les principaux hommes y vinrent de la ville et se rendent à la guette, [5290] et l'évêque et l'abbé, le prévôt, le prieur et maître Robert se tenaient au devant d'eux. L'évêque commence à parler avec douceur; il sermonne en poussant des soupirs, la larme à l'œil : « Seigneurs, » dit-il, « j'ai grande douleur au
« cœur, [5295] lorsque je vous vois agités et
« excités. Je prie Jésus-Christ, l'adorant du fond du
« cœur, de jeter hors de vous la mauvaise sève et la
« mauvaise humeur, de vous donner bonne volonté et
« de vous ramener à la raison, de façon qu'entre vous
« et le comte règne bon amour. [5300] Et puisque
« Dieu m'a élu maître et docteur, qu'il m'a donné
« comme pasteur à ses ouailles, pourvu qu'elles me
« veuillent croire et ne se détournent pas de moi, je les
« défendrai du loup et du mauvais ravisseur, puis je
« leur ferai paître des herbes de bonne odeur, [5305]
« et elles conquerront Dieu et la gloire suprême. Si
« j'en perdais une ou la rejetais, quand j'aurais à
« rendre mes comptes au saint maître, le meilleur
« avocat ne l'empêcherait pas de me la faire chercher,
« et je ne saurais où. [5310] Celui qui agite l'arbre et
« en fait perdre la fleur est sûr de ne point récolter de

« bon fruit cette année-là. Et donc, si je vous perdais
« ou vous induisais en erreur, je perdrais le fruit et
« l'arbre et le saint travail (que j'y aurais consacré), et
« Jésus-Christ me tiendrait pour un trompeur. [5315]
« Je consentirais volontiers à me laisser manger la
« chair et le sang[1] par les bêtes et les vautours, pour
« vous soustraire à toute violence et à toute perte,
« et pour vous mettre en la grande splendeur où
« vivent les apôtres et les saints confesseurs. [5320]
« Et si vous voulez recevoir la lumière spirituelle, je
« vous montrerai la voie qui vous conduira à la per-
« fection. Je vous demande que vous me donniez le pou-
« voir, que vous m'accordiez l'honneur de rétablir la
« paix et l'amour entre vous et le comte; sans perte
« d'avoir, de terre, de vie, [5325] et sans crainte,
« mettez-vous en son pouvoir; qu'il vous accorde
« pardon et amour, et tenez-le pour seigneur. S'il était
« parmi vous aucun homme au cœur mobile, à qui la
« personne et le gouvernement du comte causât
« quelque effroi, il peut sans aucune crainte se retirer
« ailleurs. » [5330] Et ils répondirent : « Sire, par
« bon amour, parce que nous vous avons pour père
« et pour gouverneur, nous vous prenons pour garant
« et pour conseiller. Nous vous en prions au nom de
« la justice et du Rédempteur, est-ce un bon conseil
« que vous nous donnez, ou ferions-nous folie en le sui-
« vant? — [5335] Barons, » dit l'évêque, « je prends
« Dieu à témoin, et le corps du saint Sauveur, et
« les ordres dont je suis revêtu, et l'abbé et le prieur,

---

1. Le texte ajoute cette mauvaise cheville : « la force et la
« vigueur. »

« que je vous donne bon conseil, le meilleur que j'aie
« jamais donné. Et si le comte vous faisait rien dont la
« plainte vînt jusqu'à moi, [5340] vous en auriez Dieu
« et moi pour défenseurs. » Telles furent les paroles
échangées entre eux ; mais, tant de gré que de force,
les voilà dans le nœud coulant, car aussitôt l'évêque et
Gui se rendent avec eux droit au comte.

CLXXVI.

[5345] Quand ils furent auprès du comte, l'affliction
et l'émoi recommencent. « Sire comte, » dit l'évêque,
« vous prendrez ces otages, et des citoyens de la ville
« autant qu'il vous plaira : nous saurons bien vous dire
« qui choisir. Et si vous m'en voulez croire, vous y
« enverrez dès maintenant. [5350] — Barons, » dit
le comte[1], « vous allez me rendre tous ceux des miens
« que vous avez prisonniers. » Et ils répondirent :
« Vous allez les ravoir. » Et on les lui amena, sans qu'il
leur manquât seulement une courroie[2]. Ensuite le
comte envoie des messagers, tenant de petits bâtons,
qui parcourent rapidement toutes les rues, [5355]
disant aux prudhommes : « Désormais, il n'y a pas à
« se cacher : Monseigneur le comte vous mande d'aller
« joindre les otages au château Narbonnais, et de vous
« y rendre présentement, sans prendre congé de
« vos amis. Et si vous n'y allez immédiatement, vous
« y gagnerez [5360] de ne plus pouvoir séjourner en

---

1. S'adressant aux otages.
2. Loc. popul. pour dire qu'aucun objet, même de la plus mince valeur, ne leur avait été pris.

« la ville avec l'assentiment du comte[1]. » C'est là que vous auriez vu pleurer les dames et les enfants qui disent à leurs pères : « Sire, quand reviendrez-vous ? » Et ils[2] s'en remontèrent les uns deux par deux, les autres seuls. Le comte prit d'otages autant que le château en pouvait tenir ; [5365] puis il fait appeler ses barons sans délai et sans bruit. « Sire comte, » dit l'évêque, « nous vous écoutons. — Barons, » dit le comte, « j'ai besoin de vos conseils : je veux détruire
« la ville ; je ne sais si tel sera votre avis. Mais, l'avoir
« qu'on y trouvera vous vous le partagerez, [5370] et
« réparerez ainsi vos pertes. — Frère, » dit Gui,
« par la foi que je vous dois, vous ne ferez pas cela :
« détruire Toulouse, c'est vous détruire vous-même,
« et si vous tenez la ville, vous tiendrez en même
« temps le reste du pays. Si vous la perdez, vous per-
« drez l'appui du monde et l'honneur ; [5375] car
« raison et droit, coutume et honneur veulent que si
« elle s'humilie[3] envers vous, vous soyez humble envers
« elle ; puisqu'elle ne se montre point hautaine, que
« vous ne soyez pas hautain. Et je sais bien vous dire
« comment vous la gagnerez : vous assemblerez leur
« cour et la vôtre, [5380] vous transigerez au sujet
« des méfaits, des réclamations, des dommages ; vous

---

1. Ce qui revient à dire : « Vous serez exilés. » On pourrait entendre aussi : « Vous perdrez l'amour du comte, » mais ce second sens me paraît moins probable.

2. Les enfants ou les pères ? probablement les premiers. Fauriel, qui a fait à cet endroit une faute de lecture (*E cel* pour *El el*), entend qu'il s'agit des pères.

3. *Humiliar* est en prov. un peu moins fort que le fr. actuel « s'humilier, » c'est plutôt montrer de la modération, de la douceur.

« vous pardonnerez vos torts réciproques. Vous livre-
« rez à leur merci nous, vous, la ville ; vous leur ren-
« drez leurs fiefs et leurs terres, vous confirmerez
« leurs bonnes coutumes et leurs droits; [5385] s'ils
« vous demandent davantage, vous leur donnerez
« davantage. Vous vous abstiendrez de leur imposer
« aucune taille, de les contraindre en quoi que ce
« soit. Cela fait, vous leur exposerez les dommages
« que vous avez subis, et l'argent qu'ils vous donne-
« ront, vous le prendrez de bonne grâce ; car mieux
« vaut petit avoir qu'on ne vous fait pas payer, [5390]
« que grand amas qui devient ensuite une cause de
« soupirs. Et si vous m'en voulez croire, c'est ainsi que
« vous conquerrez Toulouse. — Sire comte, » dit
Alain, « vous croirez le comte Gui ; et si vous le voulez
« croire, sachez que vous ne ferez pas fausse route.
« Ils se comportent noblement, vous devrez donc les
« honorer. [5395] S'ils trouvent [en vous] des senti-
« ments de merci, vous les trouverez plus forts encore
« [chez eux], et les déshériter ne vous servirait de
« rien. — Par Dieu ! sire comte, » dit Foulcaut[1],
« nous verrons cette fois si vous êtes preux et sage,
« ou si vous ferez folie, car si vous détruisez Tou-
« louse, vous ne saurez vous élever si haut [5400]
« que Dieu, l'honneur et le monde ne vous puissent
« abaisser. — Barons, » dit Lucas[2], « avec vos mau-

---

1. F. de Berzi? voy. p. 218, note 7 ; ou F. de Morli? voy. p. 134, n. 2.

2. Lucas est témoin à un acte de Simon de Montfort, Nîmes, 25 août 1216 (Molinier, *Catal.* n° 131). P.-ê. faut-il l'identifier avec un certain Lucas fils de Jean, que Simon de Montfort chargea, peu après le siége de Beaucaire, d'une négociation avec le

« vaises finesses, si le comte vous en croyait, vous lui
« feriez perdre sa terre. — Lucas, » dit le comte,
« vous me conseillerez, vous et monseigneur l'évêque;
« vous jugerez selon le droit, [5405] vous qui ne vou-
« lez que mon bien et êtes incapables de mentir. » Ils
se tirèrent à l'écart et parlèrent entre eux seuls.
« Sire comte, » dit Lucas, « écoutez-moi : si vous
« abaissez Toulouse, vous vous honorerez, et si vous
« l'honorez, vous nous abaisserez, et vous en même
« temps. [5410] Le proverbe le dit et la loi le con-
« firme : « A qui tu fis mal ne te fie; » donc, gar-
« dez-vous d'eux. Vous avez tué les pères, les fils, les
« parents : jamais vous n'ôterez de leurs cœurs le
« ressentiment. Et puisqu'ils ne vous aiment point, ce
« n'est pas droit que vous les aimiez. [5415] Ils ont
« pour l'autre comte tant d'affection secrète que vous
« ne serez pas longtemps en possession de la ville, si
« vous ne prenez le parti de l'abaisser toujours. —
« Sire comte, » dit l'évêque, « voici comme vous
« commencerez; je vais vous montrer la façon d'en
« venir à bout : [5420] je les ai reçus à merci afin que
« vous les preniez à l'improviste, et, si on vous conseil-
« lait un parti meilleur, afin que vous puissiez les mettre
« hors de ma garantie, hors de l'Église, hors de merci.
« Vous démolirez toutes les clôtures et les palissades[1];
« vous leur prendrez armures et armes, [5425] punis-

---

comte de Foix, et qui le 9 sept. 1216 reçut de ce dernier un sauf-
conduit, dont P. de Marca (*Hist. de Béarn*, p. 746) nous a conservé la traduction (Molinier, *Catal.* n° 132).

1. « Et leurs échafauds, » Fauriel; *plancatz*, voy. Du Cange;
plancatum, signifie ordinairement « plancher, » sens qui convient
peu ici.

« sant de mort toùt homme qui les cacherait. Vous
« disperserez les otages par vos terres. Tout l'avoir
« qu'ils nous ou vous leur saurons, d'une façon ou
« d'une autre, vous vous en emparerez ; à l'aide de
« cet argent vous confondrez vos ennemis [5430] et
« enrichirez vous et votre lignage. Vous prendrez la
« Provence, la Catalogne, la Gascogne, et recouvre-
« rez Beaucaire.

CLXXVII.

« Vous recouvrerez Beaucaire, sachez-le vraiment ! »
Le comte de Montfort dit : « Je prendrai vengeance
« [5435] des Provençaux et de l'affront que j'ai reçu. »
Puis, plein d'orgueil, il dit aux barons : « Je tiens ce
« conseil pour bon et valable ; j'anéantirai la ville.
— Sire comte, » dit Tibaut, « vous avez du juge-
« ment, [5440] et vous pouvez bien connaître qui
« vous dit vrai ou vous ment : si vous abaissez Tou-
« louse et ce qui en dépend, vous tiendrez en paix le
« reste du pays. — Tibaut, » dit le comte Gui, « vous
« parlez follement, lorsque vous conseillez au comte
« de commettre une faute ; [5445] car il aura beau
« livrer Toulouse aux flammes, n'y restât-il que le
« tiers de la population, il ne les tiendra pas longtemps
« sans trouble. — Sire comte, » dit Ferri[1], « je vous
« dirai ce que j'en pense : si vous laissez Toulouse
« en tel état [5450] que ses habitants demeurent, sans
« perte, puissants et riches, il leur souviendra de leurs

1. « Ferricus » ou « Ferrinus » de Isseio est témoin, de 1214 à
1249, à diverses chartes concernant Simon ou Amauri de Montfort (Molinier, Catal. n°ˢ 49, 79, 101, 110, 167, 168, 183).

« fils, de leurs pères, de leurs parents, que vous leur
« avez tués et dont ils ont le cœur dolent. Quand ils
« auront l'autre comte dans le vieux bâtiment[1], leur
« amour pour lui leur rendra l'énergie [5455] à ce
« point qu'ils vous ruineront, vous et le reste du
« pays. Rappelez-vous la réponse du cruel serpent,
« celui qui dit au vilain qui lui proposait un accord :
« Tant que je verrai la brèche [faite par la hache] et
« que tu verras le berceau [de ton enfant], nous nous
« garderons rancune ; et c'est pourquoi je me sauve[2].

1. *En lo velh fondament.* S'agit-il ici de l'habitation des comtes de Toulouse en cette ville? ou n'est-il pas préférable de faire dépendre ces mots de *pendran afortiment,* du vers suivant? En ce cas on entendrait par *velh fondament.* l'ancienneté de la race des comtes de Toulouse. Fauriel : « avec leurs anciens usages ».

2. Allusion à une fable dont il existe d'assez nombreuses rédactions, et qui offre un rapport éloigné avec la *Poule aux œufs d'or* de La Fontaine. Celle de ces rédactions qui convient le mieux ici est la fable 63 de Marie de France : *La compaignie dou vilain et dou serpent.* Un vilain était devenu très-riche grâce aux conseils et aux dons d'un serpent auquel il portait du lait deux fois le jour. Obéissant à une suggestion de sa femme, il voulut, un jour, tuer son bienfaiteur, mais le serpent échappa à la hache qui allait le frapper, et, pour se venger, fit périr les troupeaux du vilain, et même son enfant. Le vilain essaya de faire sa paix, mais le serpent, toujours en défiance, ne voulut y consentir qu'à la condition que jamais le vilain ne l'approcherait :

> Ne sai cument ge te krerole
> Tant cum en ceste pierre vole
> Le cop que ta hache i fert; (= *la osca* du v. 5458)
> Et si resai trés bien de fi
> Quant le bers veiras devant tei
> Ou tes anfez fu morz par mei,
> Que de mei t'estovra mambrer. (Cf. v. 5459.)

Il n'est aucunement probable que l'auteur du poëme de la Croisade ait connu cette fable par Marie de France. Il l'avait, selon toute vraisemblance, lue dans le texte latin d'où Marie l'aura tirée.

— [5460] Seigneurs, » dit Foucaut, « laissons cet « entretien : quiconque cherche à persuader au comte « de détruire Toulouse pour en tirer de l'or et de l'ar-« gent, de démolir la ville et ses imposantes construc-« tions, celui-là veut son affliction et sa perte; [5465] « car en perdant Toulouse il perdra sa meilleure dent; « et s'il la protége et l'honore, de façon à l'avoir tout « entière à sa dévotion, il serait assez fort pour tenir « tête à tous les rois d'Espagne. »

Sur ces entrefaites Aimiric[1] et maints autres notables, [5470] et les bannis, avec sauf-conduit, sortent de la ville tôt et vite. Les autres cependant restent en tel danger que bien des fils de dignes pères en furent dolents, et en poussèrent maints soupirs pleins d'angoisse. [5475] C'est que le comte de Montfort ordonne que les sergents aillent par toutes les rues prenant des otages. Ils les emmènent, menaçant et battant, dans la Borde du comte[2], jusqu'à ce qu'il y en eût quatre cents, qui toute la nuit demeu-

---

Mais ce texte latin n'a pas été retrouvé. La fable de Romulus que M. Œsterley lui assigne comme origine, et dont il a publié deux rédactions fort incorrectes l'une et l'autre (*Romulus*, 1870, p. 57-8), se distingue de la fable française par des traits importants : ainsi le serpent est blessé, ce qui n'a pas lieu dans Marie, non plus que dans le texte qu'avait lu notre poëte, et il n'est pas question de l'enfant tué dans son berceau.

1. Cf. v. 5270.

2. La correction proposée au v. 5478, par laquelle sont sup-primés les mots *del comte* après *boaria*, est douteuse, parce qu'il existait bien à Toulouse un lieu appelé *Boria* ou *Borda del comte*, mentionné dans le cadastre de 1478 (Du Mège, *Hist. des instit. de Toulouse*, IV, 93, n. 1) : « Autro melo de las pos-sessios de la « *Boria del Comte*..... » *Boaria* et *boria*, distingués à tort par Du Cange et par Raynouard, sont un même mot dont le sens est « métairie ». Dans le cadastre de 1570 ce lieu reparait

rèrent à la pluie et au vent, [5480] tristes, sans pouvoir se dévêtir. A l'aube, le jour étant en pleine lumière, le comte et l'évêque leur mandent de se rendre à la réunion, à Saint-Pierre de Cuisines¹, tous sans exception. Et quand ils furent réunis, [5485] un des meilleurs légistes ² prit la parole de façon à être entendu de tous : « Seigneurs, le comte, mon seigneur,
« vous ordonne de renoncer au pardon et à toute la
« convention que vous a proposée l'évêque dans le
« principe; vous n'avez plus à invoquer la garantie de
« l'Église ni du clergé, [5490] et devez vous mettre
« entièrement à sa discrétion, sans avoir à craindre
« dure prison ni mort. [Donc], ou bien faites-lui droit,
« et il prononcera le jugement en sa cour même, tel
« que bon lui semblera, ou bien sortez de sa terre et
« vous en allez seuls [5495] déclarés libres et quittes
« à son égard par charte scellée. — Seigneurs, » se disent-ils les uns aux autres, « nous sommes livrés

---

sous le nom de *Borde del comte Ramon* : « Lo moulon de la Poincte
« de Madron, dans lequel est contenu la borde ancienne nommée la
« *Borde del comte Ramon*, que a present appartient a Hugues de la
« Cipierre, confrontant icelluy moulon avec ledict chemin de
« S. Michel à S. Simon, et avec deux chemins publics par lesquels
« l'on va de Plaisance à Thoulouze, et l'un desquels est nommé
« le chemin des Arcs. » (Du Mège, *ouvr. cité*, IV, 100.) « Ces
« confronts, » dit M. du Mège (p. 116), « conviennent encore au
« domaine de la Cipierre. » Le château de la Cipierre est situé au
S. O. de Toulouse, à 3 kil. du Pont-Neuf. On peut donc, ou considérer *del comte* comme une glose, ou remplacer *boaria* par *borda*, en corrigeant : *En la borda del comte*.

1. Cette église, qui existe encore (à l'ouest de la ville, près du fleuve), paraît avoir fréquemment servi aux réunions publiques. Des actes importants y ont été passés. Voy. Catel, *Comtes de Tolose*, p. 219; Du Mège, *Hist. des instit. de Toulouse*, I, 417, 418.

2. Maître Robert? cf. ci-dessus p. 264, n. 2.

« au martyre. C'est notre mort qu'on nous demande
« actuellement. Quel cœur peut imaginer une con-
« vention aussi étrange, aussi dure, aussi cruelle,
« une telle trahison! » [5500] Un de ceux de la ville
leur crie à haute voix : « Seigneurs, je veux m'en
« aller; je vous tiens quittes du reste, mais donnez-
« moi un sauf-conduit qui me mène en lieu sûr. »
Ils répondirent : « Vous allez l'avoir, et sans retard! »
Et ils le mettent en prison, brutalement, [5505] dans
des chaînes qui n'étaient pas d'argent[1], jusqu'à ce
que Dieu et sa bonne fortune le délivrèrent. Les
autres, à cette vue, eurent telle frayeur qu'onques
puis ils ne demandèrent garantie ni serment : affligés, tristes, marris, pensifs et souffrants, [5510] ils
sont en la merci du comte.

CLXXVIII.

En la merci du comte il leur vient un surcroît de
douleur et d'affliction....[2] et de la mort cruelle et des
mauvais parleurs. Le comte de Montfort mande ses
bourreaux qui vont trottant par les rues, [5515]
ramassant les armes et les principales pièces d'armure. Puis il fait dire par les corneurs de trompe que
tout chevalier, ou dame, ou homme notable étant de

---

1. C'est là une expression proverbiale qui peut venir de ce qu'en
effet il arrivait que certains prisonniers de marque étaient tenus
en chaînes d'argent. Ainsi dans *Girart de Roussillon* nous voyons
qu'Aupais, la fille du duc Thierri, tenait Girart son prisonnier
en chaînes d'argent :

    Fet li buies d'argent, non de lelton.

(Ms. d'Oxford, fol. 139 v°; ms. de Paris, éd. C. Hofman, v. 7083.)

2. Lacune, voir la note sur le v. 5511.

parage, ou personne considérable qui viendrait à sortir de la ville, et se réfugier au dehors....[1] [5520] « Sire comte, puisque Dieu vous a élevé et poussé, « comment ne prenez-vous point vengeance de vos « pires ennemis? car personne n'en eut jamais de « plus méchants. C'est pourquoi, que ceux qui reste- « ront soient mis à mort ou emprisonnés. » Gui de Lévi dit : « Cela me paraît une folie : [5525] mettez « par la ville vos destructeurs. — Toutefois, » dit le comte, « je ferai autrement[2]. » Puis il leur envoya dire par ses parlementaires, habiles discoureurs, de lui donner force argent, pour racheter leur faute, et de payer avant la Toussaint. [5530] Et ils promirent, bien à contre-cœur. Puis il ordonne qu'on les enlève sans délai [de leurs habitations][3]. Ils sortirent de la ville : c'était l'élite, la fleur, chevaliers, bourgeois, changeurs, escortés de [croisés] malveillants, en armes, qui les frappaient et les menaçaient, [5535] joignant aux menaces des injures et des insultes ; les

1. Voir, t. I, la note sur les vers 5519-20. Il est à supposer que l'ordonnance proclamée par les corneurs contenait une pénalité sévère, par exemple la confiscation des biens, à l'encontre des personnes notables qui s'expatrieraient de Toulouse. Le discours qui suit est celui d'un chef croisé qui conseille à Simon d'user avec toute rigueur de ses avantages, en punissant de mort ou de confiscation (*sia mortz o encors*) ceux de ses ennemis qui voudraient rester dans la ville.

2. Les vers 5525-6 sont obscurs, et p.-ê. corrompus. On pourrait encore traduire: « Vous mettez par la ville ceux qui vous « détruisent, » c.-à-d. « vous vous faites tort à vous-même, » mais la suite (v. 5549 et suiv.) montre que *destruzedors* doit s'entendre de démolisseurs chargés de ruiner la ville.

3. Cette interprétation n'est pas très-sûre. Cependant je la préfère à celle de Fauriel : « il donne un second ordre de payer la « somme tout de suite. »

menant au trot[1]. Mais la peine, l'affliction, la poussière, la chaleur, la fatigue, l'angoisse, le péril, la colère, font que sur leurs visages les larmes se mêlent à la sueur, [5540] et que, de douleur, leur cœur se fend dans leur poitrine, et que leurs forces diminuent en même temps que croît leur dépit. Par la ville s'élèvent le cri, le deuil, les pleurs des maris, des dames, des enfants, des fils, des pères, des mères, des sœurs, [5545] des oncles, des frères, et de tant de personnes considérables qui pleuraient. « Eh Dieu ! » se disaient-ils l'un à l'autre, « quels maîtres cruels! Seigneur, « comme vous nous avez livrés aux mains de bri-« gands ! Ou donnez-nous la mort, ou rendez-nous à « nos seigneurs légitimes ! » Le comte de Montfort envoie ses ordres par tout le pays [5550] pour qu'il n'y reste ni homme, ni pioche, ni hoyau, ni pic, ni .....[2], ni bon coin à fendre : que tous viennent au comte et lui apportent leur concours pour détruire Toulouse qui est sans défense. Et il fait dire par tous ses agents [5555] que les démolisseurs aillent par toute la ville, et la ruinent de telle sorte qu'on y puisse entrer sans obstacle. Alors vous auriez vu abattre maisons à étages, tours, murs, salles, larges créneaux ! on ruine toits, ouvroirs, [5560] parapets et chambres richement peintes, portails, voûtes, piliers élevés. De toutes parts sont si grands la rumeur, la poussière, le fracas, la fatigue, l'agitation, que tout en est confondu[3], et [5565] qu'il semble que ce soit

1. Ou « comme des *trotte à pied*, » voy. plus loin la note du v. 5956.
2. *Palagrilh*, mot que je n'entends pas ; voir le vocab.
3. Je ne traduis pas exactement le v. 5564, qui n'est qu'une vaine accumulation de mots.

un tremblement de terre, un roulement de tonnerre ou de tambours. Par toutes les rues il y a tant de malheureux se lamentant, que les soupirs et l'angoisse rappellent sans cesse la terreur[1], et qu'une noire douleur abat les corps et les cœurs; car Toulouse et Parage sont entre les mains de traîtres; [5570] et on le vit bien à l'œuvre.

CLXXIX.

Et on le vit bien à l'œuvre, à la conduite qui fut tenue, aux riches et admirables palais, aux somptueux bâtiments, aux tours antiques et aux nouvelles constructions(?), aux murs, aux clôtures, aux édifices, [5575] qu'ils ruinent et rasent partout de même, au point qu'homme ou bête y pourrait entrer à la course.

Cependant on emmenait les otages, avec menaces, en les couvrant d'insultes, d'injures, de mauvais traitements. Destinés à se voir dispersés en des terres étrangères, [5580] ils allaient chargés de lourds fers et de chaînes, souffrant les maux, les angoisses, les dangers; morts et vivants étant liés ensemble[2].

Le comte de Montfort mande promptement son conseil; l'évêque, le prévôt, les hommes et les membres de la famille du comte [5585] s'entretiennent secrètement dans la tour antique. « Seigneurs, » dit

---

1. Je traduis comme s'il y avait: *Quel sospir e l'angoicha remembran la tremor.*

2. Cela paraît vouloir dire que lorsqu'un des prisonniers succombait à la fatigue, on ne prenait pas la peine de le détacher de ses compagnons de chaîne.

le comte, « mon cœur et ma pensée me disent de
« livrer la ville au pillage, puis au fer et à la flamme
« ardente. Car on ne peut voir si orgueilleuses créa-
« tures; [5590] car sans l'évêque, qui est subtil et
« savant, qui les a joués avec des paroles et des con-
« ventions, toute ma mesnie était perdue, ma per-
« sonne honnie et ma valeur anéantie. Et si je n'en
« tire pas vengeance, j'en serai triste et dolent. —
« [5595] Sire comte, » dit Tibaut, « c'est chose jugée
« que tout homme, quel qu'il soit, lorsqu'il se révolte
« contre son seigneur, doit recevoir la mort par le
« glaive. — Tibaut, » dit Alain, « voilà un conseil
« qui coûtera cher au comte si Dieu ne l'en défend.
« [5600] Est-ce que monseigneur le comte ne leur a
« pas juré sur les reliques d'être pour eux bon et
« loyal, et de les gouverner honnêtement, de même
« qu'ils se sont engagés envers lui par serment? Et
« puisque l'engagement est réciproque, il faut voir
« laquelle des deux parties y a manqué la première.
« [5605] Je suis votre homme, je me comporte loya-
« lement, je vous aime de bon cœur et vous obéis,
« vous n'avez tort ni faute à me reprocher, ni rien en
« quoi j'aie démérité ; vous, au contraire, vous êtes
« un mauvais seigneur, vous ne tenez pas vos ser-
« ments, et venez me ruiner par le fer tranchant :
« [5610] est-ce que je ne dois pas me défendre? Mais
« si vraiment, je le dois! le privilége du seigneur est
« simplement que son homme n'a pas le droit de
« l'attaquer le premier. — Frère, » dit le comte Gui,
« vous êtes si preux et vaillant, que chez vous le
« sens doit triompher du ressentiment, [5615] et vous
« amener à avoir pour eux égards et merci, de façon

« que ni eux ni la ville ne soient détruits ; mais faites
« payer à la ville une contribution. — Sire comte, »
dit l'évêque, « soyez envers eux si sévère que vous
« ne leur laissiez que leur peau. [5620] Que toute la
« richesse, deniers et argent, soit à vous : je suis
« d'avis que d'une Toussaint à l'autre ils doivent vous
« payer 30,000 marcs, rien de moins. Ce sera pour
« commencer; ce qui leur restera ne sera pas grand
« chose. [5625] Et tenez-les toujours comme on tient
« des serfs qu'on a obligés à se rendre, de façon à ce
« qu'ils ne soient plus en état de vous montrer les
« dents avec colère. — Sire, » dit Tibaut, « prêtez-
« moi un instant d'attention : tels sont leur présomp-
« tion et leur énergie, leur malice et leur penchant
« naturel, [5630] que vous et nous devons être sur
« nos gardes; car si vous ne les tenez pas abaissés et
« faibles, nous et vous et l'Église y trouverons encore
« à lutter. » Telles furent les conditions auxquelles
on s'arrêta. Le comte de Montfort envoya ses sergents
cruels [5635] qui commencent à imposer des tailles et
à faire toute sorte de vexations, d'insultes, de dommages, d'affronts, et vont par la ville, menaçant et
frappant, demandant et recevant partout. Alors vous
auriez vu par toutes les rues les dames et les barons
dolents, [5640] marris, pleins de tristesse, pleurant
et souffrant, les yeux remplis de larmes cuisantes,
le cœur de soupirs, ceux du dehors prenant, ceux du
dedans donnant[1], car il ne leur est laissé ni farine, ni
froment, [5645] ni ciclaton, ni pourpre, ni aucun

---

1. M. à m. « ceux du dehors *achetant*, ceux du dehors *vendant* »,
mais c'est une expression proverbiale qu'il ne faut pas prendre à
la lettre; voy. au gloss. *comprar*.

bon vêtement. Ah! noble Toulouse, vous voilà les os brisés! Comme Dieu vous a livrés aux mains de brigands!

Le comte de Montfort séjourna longuement à Toulouse pour la détruire et pour en faire sa volonté[1]; [5650] puis il passa la Garonne et se rendit à Saint-Gaudens, tout droit en Gascogne.

CLXXX.

Le comte alla en Gascogne, rempli d'allégresse, après avoir fait sa volonté de Toulouse, où il fit paraître grande colère et grande méchanceté, [5655] détruisant, massacrant et chassant l'arage, par suite de quoi les personnes les plus notables s'expatrièrent en grand péril, tandis que les bourgeois restaient dans la douleur. Le comte passa en Bigorre, où il maria son fils[2], et lui donna la terre, mais non pas

---

1. « Anno .M CC XVI. mes lo foc lo coms de Montfort a Tholosa, « e setembre. » Chronique de Toulouse, dans Vaissète, II, pr., 14.

2. Son second fils, appelé Gui. P. de V.-C., fin du ch. LXXXIII (Bouq. 107 c) : « Peractis comes nobilis apud Tolosam aliquantis « diebus, ivit in Vasconiam, ibique contractum est matrimonium « inter Guidonem, filium ipsius comitis, qui erat secundus natu, « et comitissam Bigorræ, et post paucos dies comes rediit Tolo- « sam. » Le contrat de mariage (imprimé dans Martène, *Thesaurus anecdot.* I, 856 ; Molinier, *Catal.* n° 136) est des 6 et 7 nov. 1216. La comtesse de Bigorre, qu'épousa le fils de Simon de Montfort, était Pétronille, fille de Bernard IV, comte de Comminges (sur lequel voy. ci-après v. 5743), et de Stéphanie, comtesse de Bigorre. Elle avait épousé vers 1193 Gaston de Béarn (mentionné ci-dessus p. 145) et, devenue veuve en 1215, elle s'était remariée à Nunyo Sanchez (voy. la note de la p. 159), mais Simon fit rompre aussitôt ce mariage par l'Église, afin d'assurer à son fils le riche héritage de la comtesse. Gui de Montfort fut tué

tout le comté, [5660] car du côté du Gave[1] on le lui a écorné en telle manière qu'il ne reçut pas la seigneurie du château de Lourdes. Puis il revint à Toulouse, où il a doublé le mal, faisant payer ses pertes aux justes comme aux coupables. Il réclama les contributions de ceux qui avaient quitté la ville, [5665] et ceux qui ne payèrent point, il les fit souffrir en leurs personnes, en leur avoir, en leur héritage[2]. Puis il rassemble ses hommes : il assiége Montgranier[3], le cœur plein de ressentiment et de colère. Il y trouva l'habile Rogier Bernart[4], [5670] et maint bon chevalier, bien garni et armé, des damoiseaux de bonne naissance, et force sergents choisis. Mais un malheur et un dom-

au siége de Castelnaudari en 1220, et sa veuve épousa successivement Aimar de Rancon (1221) et Boson de Matas, seigneur de Cognac (1228), et mourut en 1239 (Vaissète, III, 295 ; d'Avezac. *Essais histor. sur le Bigorre*, I, 253-73).

1. Le Gave de Pau passe au pied de Lourdes, du côté du sud.
2. *Aver* désigne les biens meubles, *heretatz* les biens immobiliers, originairement transmis par héritage.
3. Olhagaray (*Hist. de Foix, Béarn et Navarre*, p. 359), Marca (*Hist. de Béarn*, p. 747), Vaissète (III, 295), et ceux qui les ont suivis (par ex. M. Castillon, *Hist. du comté de Foix*, I, 281), mentionnent ce château sans en déterminer la position. D'après M. Garrigou (*Études historiques sur l'ancien pays de Foix*, 1846, I, 160), Montgranier serait identique à Montgaillard, commune du canton de Foix située à 5 kil. au S.-S.-O. de cette ville, sur la rive droite de l'Ariège, et près de laquelle existent encore les ruines d'un ancien château. Montgranier et Lordat paraissent avoir été les deux principaux châteaux du comte de Foix ; voy. Teulet, *Layettes*, nos 2003 et 2019. — Le siège de Montgranier est raconté avec détails par P. de V.-C. ch. LXXXIV. Il dura du 6 février au 24 mars. Les défenseurs du château, manquant d'eau, furent obligés de capituler, et Simon, qui ne se rendait pas compte, au témoignage de P. de V.-C., de l'extrémité où ils étaient réduits, leur accorda la vie sauve.
4. Fils du comte de Foix ; il succéda à son père en 1223.

mage qui jamais ne seront réparés, ce fut la perte de Baset de Montpezat[1], l'un des défenseurs, homme de puissant lignage, et de haute parenté, [5675] de belle apparence, et de toutes façons accompli. Le comte maintint le siége jusqu'à tant que les assiégés capitulèrent, contraints par le manque d'eau à se rendre. Il conquit les terres en long et en large. Ensuite il se rendit à Posquières, où il accomplit sa mission[2]. [5680] Puis il détruisit Berniz[3], à grand tort, où il tua force bonnes gens accomplis en vérité[4], faisant l'aumône et cultivant la terre, et force bons chevaliers qui n'avaient pas été condamnés[5]. Puis il prit la Bastide[6] et maint damoisel d'élite, [5685] à la suite

---

1. Des villages de ce nom existent dans les Basses-Pyrénées, le Gard, le Gers, le Lot-et-Garonne, le Tarn-et-Garonne, mais il s'agit plus probablement du château de Montpezat dont les ruines se voient encore sur la rive gauche de la Garonne, entre le pont de Saint-Martory et Mancioux, arr. de Saint-Gaudens; voy. Du Mége, *Hist. des inst. de Toulouse*, IV, 28-30.

2. *On complit so mandat.* Cela veut dire qu'il prit ce château. P. de V.-C. : « Comes obsedit quoddam castrum prope villam « Sancti Ægidii quod Postquariæ nuncupatur : quo capto in brevi, « obsedit aliud castrum quod Brinicium appellatur; quod viriliter « impugnans, potenter expugnavit, multosque de hominibus cas- « tri pro meritis patibulis suspendit » (Bouq. 108 D). Posquières était une seigneurie qui pendant une grande partie du xiie siècle fut unie à celle d'Uzès (Vaissète, II, note 52). Le nom de Posquières a disparu, remplacé par celui de Vauvert, maintenant ch.-l. de c. du Gard.

3. Canton de Vauvert; voir la note précédente.

4. C.-à-d. bons catholiques.

5. C.-à-d. « sans jugement ». — Voir le texte de P. de V.-C. à la note 2.

6. Ce lieu est d'autant plus malaisé à déterminer que les *Bastides* sont plus nombreuses dans le Midi. P. de V.-C., qui garde le silence sur la prise de la Bastide, nous fait par compensation connaître un séjour de Simon de Montfort à Pont-Saint-Esprit et

de quoi lui et Dragonet ont conclu un accord[1]. Puis le comte manda à l'évêque de Viviers (car il s'était brouillé avec Adémar) de lui envoyer sans bruit des bateaux par le Rhône[2]. Puis ils passèrent sur l'autre

sa rencontre en ce lieu avec le cardinal légat, circonstances dont la chanson ne dit rien. C'est sans doute bien peu après la prise de la Bastide que Simon arriva à Pont-Saint-Esprit. Son séjour en cette ville est daté par un acte passé le 14 juillet 1217 « in exer-« citu Domini, juxta Portum Sancti Saturnini » (Molinier, *Catal.* n° 145). C'est donc entre Vauvert ou Bernis et le Pont-Saint-Esprit qu'il faut chercher notre Bastide, ce qui conduit à l'identifier soit avec la Bastide d'Engras, cant. de Lussan, arr. d'Uzès, soit avec la Bastide d'Orgnols, com. de Goudargues, cant. du Pont-Saint-Esprit. Ces deux localités, sur lesquelles on possède des mentions anciennes (voy. G. Durand, *Dict. topogr. du Gard*), sont situées à 13 kil. l'une de l'autre, sur une même ligne, la première au sud, la seconde au nord.

1. L'enchaînement des faits n'est pas très-facile à saisir. Il ne semble pas cependant que le texte offre ici une lacune, et il est probable que le petit développement que contient à cet endroit la réd. en pr. (voy. t. I, note sur les vers 5684-5) a pour objet de donner plus de clarté au récit : le fait est qu'après s'être emparé de la Bastide, le comte de Montfort prit et détruisit « turrem Draconeti « fortissimam super ripam Rhodani sitam. » P. de V.-C. p. 100 A. Il est fâcheux que l'histoire ne nous dise pas sur quelle rive. *A priori* on serait porté à placer la tour en question à Mondragon, sur la rive gauche, mais la suite, tant chez P. de V.-C. que dans le poëme, montre que Simon de Montfort n'avait pas encore passé le Rhône. Il faut croire qu'après avoir subi cet échec, Dragonet, que nous avons vu plus haut au nombre des partisans du comte de Toulouse (v. 3859, 3870, 4400, 4702), crut de son intérêt de traiter avec Simon, et c'est peut-être là ce qu'aura voulu dire le poëte au v. 5685. Mais il reste une difficulté. Nous avons vu ci-dessus (v. 4951) Dragonet prêter ses bons offices au chef de la croisade en une circonstance difficile ; il est donc malaisé de s'expliquer la destruction de son château telle que la rapporte P. de V.-C.

2. La brouille de Simon avec Adémar de Poitiers (sur lequel voy. p. 206, n. 1) et les circonstances du passage du Rhône nous

rive. [5690] Le vaillant jeune comte en eut le cœur affligé : on[1] avait coupé le vignoble de Valence[2], et volontiers il eût résisté, si on l'avait écouté. Puis [Simon] entre à Monteil[3], où Lambert[4] le conduisit. Il se dirigea vers le Crest Arnaud, et l'assiégea, [5695] et en eut par capitulation maint bon baron prisé : Guillem Arnaut de Die[5] au cœur généreux, et Berbon de Murel[6], avec sa suite[7]. L'évêque de Die commit une bien mauvaise action, lorsqu'il lui rendit le château qu'il tenait. [5700] Ce fut pour les Proven-

sont connues par P. de V.-C. Cet historien nous apprend que le légat pria le comte de passer en Provence pour faire rentrer dans l'ordre ceux qui troublaient la paix : « Raimundus enim filius « quondam comitis Tolosani, et Ademarus Pictavensis, et com- « plices eorumdem negotium pacis et fidei in partibus illis totis « viribus perturbabant. Obedivit comes nobilis voluntati cardi- « nalis, et fecit sibi parari apud Vivariam naviculas, ut Rhoda- « num transiret; quod audientes adversarii ipsius, convenerunt « in unum per terram ut eis transitum impedirent; sed et Ave- « nionenses, venientes per Rhodanum cum navibus valde munitis, « proposuerunt comiti transitum prohibere; sed, cum paucissimos « de militibus comitis transire viderent, divino miraculo versi in « timorem, fugæ præsidia quæsierunt » (p. 109 AB).

1. Les croisés. Le texte, peut-être corrompu, ne donne pas très-clairement le sens que j'adopte en forçant un peu. Il y aurait p.-ê. lieu de transposer les vers 5691 et 5692.

2. Pour nuire à Adémar, qui était comte de Valentinois.

3. Plus tard Montélimart.

4. Voir sur ce personnage p. 205, n. 5.

5. Voy. p. 206, n. 3.

6. Voy. p. 206, n. 4.

7. Selon P. de V.-C. un accord intervint entre Simon et Adémar de Poitiers pendant le siége de Crest, celui-ci livrant à titre de garantie divers châteaux, et Simon s'engageant à donner sa fille en mariage au fils d'Adémar; cf. ci-après v. 6209-13. C'est à ce moment que P. de V.-C. place la soumission de Dragonet au comte de Montfort (p. 109 D).

çaux un grave échec, lorsque Dieu y envoya une douce clarté qui vint du côté de Toulouse et illumina le monde, rétablissant Parage et rendant à Prix son éclat : c'est que le comte leur seigneur, après maints périls, [5705] déshérité à tort et sans faute [de son côté] par le puissant pape et les autres clercs, est venu en la terre fidèle de Rogier de Comminges[1].

CLXXXI.

Rogier de Comminges est preux et sage, [5710] accompli en largesse et en toutes qualités. En sa terre est venu se réfugier le comte [de Toulouse]; il s'entretient et délibère avec ses intimes : « Seigneurs, » dit

---

[1]. C'est le même qui en avril 1211, pendant le siège de Lavaur, avait fait hommage à Simon de Montfort, « mansitque in ejus « servitio diebus multis; sed postea a fidelitate quam ei fecerat « miser et miserabilis resilvit » (P. de V.-C., ch. LII, p. 47 A). Le même auteur (p. 46 E) le qualifie de « consanguineus comitis Fuxi », d'accord avec le poëme qui fait de Rogier un neveu du comte de Foix (vv. 6731 et 6887). Il était parent aussi, probablement cousin-germain, de Bernard IV comte de Comminges. Vaissète pense que c'est par une erreur de copiste que dans l'acte d'hommage à Simon il est qualifié de « comes Convenarum » (p.-ê. faut-il lire « Rogerius « Convenarum, comes... » ?). Il paraît avoir été à la fois seigneur du Savez (pays situé sur la rive gauche de la Garonne) et vicomte du Couserans (vallée du Salat, affluent de la rive droite de la Garonne). Le poëme ne nomme pas cette terre de R. de Comminges, où se rendit le comte de Toulouse à son retour d'Espagne, mais on peut conjecturer que c'était le Couserans; car plus loin nous verrons Raimon VI et les siens passer deux fois la Garonne pour arriver à Toulouse (v. 5791 et 5858), ce qui suppose qu'ils étaient partis d'un point situé sur la rive droite du fleuve, voy. plus loin, p. 209 n. 2. Raimon VI avait pu aisément se rendre d'Espagne en Couserans par un passage très-fréquenté, le port de Salau, qui met en communication la vallée de la Noguera Pallaresa et celle du Salat.

le comte, « conseillez-moi. Vous savez bien, vous,
« que c'est par violence et injustice [5715] que je
« reste si longtemps dépossédé. Mais l'orgueil est
« abaissé et l'humilité élevée; et c'est pourquoi sainte
« Marie et la vraie Trinité ne veulent pas que je
« demeure longtemps honni et abaissé. J'ai envoyé à
« Toulouse des messagers, [5720] aux barons de la
« ville les plus puissants et les plus honorés, à ceux
« qui m'aiment de cœur et que j'aime, [pour savoir]
« s'ils voudront m'accueillir, et quelle est leur inten-
« tion. Et ils m'ont répondu par leurs belles lettres
« scellées que le comte de Montfort a pris parmi eux
« des otages; [5725] mais tels sont l'amour, le bon
« vouloir, le sentiment de justice et la loyauté qui
« règnent entre eux et moi, qu'ils aiment mieux
« perdre ces otages que me voir ruiné; et ils me ren-
« dront la ville si j'y puis aller en secret. Et puisque
« je les trouve dévoués à mon service, [5730] je veux
« savoir quel conseil vous me donnez. — Sire, » dit
le comte de Comminges, « écoutez-moi : si vous
« recouvrez Toulouse et pouvez vous y maintenir,
« Parage est relevé et demeure en son éclat, et vous
« aurez mis en splendeur et nous et vous-même;
« [5735] nous aurons assez de terre, tous tant que
« nous sommes, si vous rentrez dans votre héritage. »
Après le comte honoré, Rogier Bernart prit la parole :
« Sire comte, je puis bien dire que si vous recouvrez
« Toulouse, vous tenez les clés de tout votre lignage,
« vous avez les dés dans la main, et Prix et Parage
« peuvent être relevés [5740] et suffiraient à la
« défendre (Toulouse), pourvu que vous y alliez.
« Mieux vaut pour vous y mourir, seigneur, qu'aller

« par le monde honni et en péril. — Croyez-m'en, » dit Bernart de Comminges[1], « mon cœur me dit, et c'est mon désir, [5745] de me conformer en actions et en paroles à votre volonté. Je ne voudrais ni bien ni terre, si vous n'en aviez votre part. Et si vous avez le bonheur de recouvrer Toulouse, il est urgent que vous la défendiez de façon à n'en être jamais dépouillé par personne. [5750] — Beau neveu, » dit le comte, « ainsi ferons-nous s'il plaît à Dieu. » Rogier de Comminges dit : « Sire comte, en avant ! j'y serai (à Toulouse) aussitôt que vous ; [mais d'abord] ayant beaucoup d'ennemis, je mettrai ma terre en défense, pour n'être pas de ce côté surpris ni envahi. » [5755] Rogier de Montaut[2] dit : « Bonne entreprise, une fois résolue, devient fardeau et dommage quand elle ne s'achève pas ; bien commencée, elle se laisse mieux conduire. — Sire

---

1. Le fils du comte de Comminges Bernart IV. Il succéda à son père en 1226. On va voir qu'il est appelé « beau neveu » par le comte de Toulouse. Il l'était en ce sens que son père avait pour mère une sœur de Raimon V, comte de Toulouse, père de Raimon VI (voy. *Art de vér. les dates*, II, 265). Il est difficile de savoir si c'est lui ou son père que Raimon Vidal de Besalu mentionne honorablement dans sa pièce *Abril issia*, Bartsch, *Denkmæler der provenzalischen Literatur*, p. 168, v. 24.

2. Sans doute le même qui figure comme témoin de l'hommage rendu en 1201 par Arnaut de Villemur (voir ci-dessus p. 171 n. 1) au comte de Toulouse, pour le château de Saverdun, et comme juge (avec plusieurs autres) dans un procès entre le comte de Toulouse et le comte de Foix au sujet du même Saverdun, vers 1201, Teulet, *Layettes*, n° 623. En mai 1208 l'abbé de Boulbone s'engage à recevoir Rogier de Montaut en qualité de convers lorsqu'il conviendra à ce dernier (Doat, LXXXIII, 235). Ce R. de Montaut tirait probablement son nom de Montaut de Crieu, entre Saverdun et Pamiers.

« comte, » dit l'Abbé de Montaut[1], « soyez sans
« crainte, et ne faites point demi-tour jusqu'à tant
« que vous voyez Toulouse : [5760] n'eussiez-vous
« que nous à vos côtés et les Toulousains en qui vous
« avez tant de confiance, nous la pourrions bien dé-
« fendre si vous y entrez sans crainte. » G. Guiraut dit :
« Sire comte, sachez bien que vous recouvrerez Tou-
« louse et nous nos héritages, [5765] et nous y met-
« trons tout notre argent, notre force et nos bras,
« afin que vous la puissiez défendre et demeuriez en
« paix. » Guillem Unaut[2] dit : « Si vous y trouvez des
« Français, la ville vous aime et vous y êtes désiré à
« ce point que rien ne pourra vous empêcher de les
« capturer tous. — [5770] Sire, » dit Aimiric[3],
« choisissez des messagers pour faire connaître vos
« volontés, afin que dans la ville vous trouviez à votre
« arrivée les habitants prêts à vous défendre. — Ai-
« miric, » dit le comte, « chargez-vous de cette mis-
« sion. » [5775] Ceux qui représentent Toulouse,
les mieux apparentés, qui étaient avec le comte,
lui disent tous d'une voix : « Pour Dieu, notre

---

1. Cela ne veut pas dire, je pense, que ce personnage fût abbé de Montaut (abbaye au diocèse d'Aire) : « Abbé » était le surnom d'un frère de Rogier de Montaut. En effet, dans la sentence qui termina le procès mentionné à la note précédente, figurent au nombre des juges : « Bernardus de Montald (B. de Montaut qui paraît
« aux vers 7616 et 9531) et fratres ejus Roggerius et Isarnus qui
« vocatur *Abbas*. »

2. Il était neveu d'Arnaut de Villemur (voir la note 1 de la p. 171) comme on le voit par le v. 9478. Parmi les juges qui rendent la sentence mentionnée dans les deux notes précédentes, figurent *R. Unaldus* et *Geraldus Unaldus* (qui paraît aux vers 8997 et 9518) et *Willelmus Unaldus*.

3. Voy. p. 273, n. 2.

« cher seigneur, entrez à Toulouse, car n'y mettriez-
« vous que ces barons armés, que vous ne trouveriez
« homme qui vous résistât. [5780] Celui qui court le
« monde, en quête de dons, sollicitant les bontés
« d'autrui, mieux lui vaudrait la mort ou n'être jamais
« né¹. — Barons, » dit le comte, « Dieu soit loué de
« ce que je trouve vos cœurs fidèles et purs. Je vous
« vois désireux d'entrer dans Toulouse : [5785] allons
« donc la recevoir, puis c'est votre avis à tous. »

Ainsi fut conduite et conclue la délibération, et par suite le feu s'allume et la clarté resplendit ; car le comte puissant chevauche rapidement, droit vers Toulouse, par monts et vallées : [5790] traversant les combes et les grands bois sombres, il vint à la Garonne et la traversa². Rogier Bernart, qui s'est porté en avant des autres, chevauche avec une faible troupe des hommes les mieux montés, avec trois autres Rogiers³, gonfanons déployés, [5795] et s'en va droit vers la Salvetat⁴, et se rencontre avec Joris⁵.

1. Des idées analogues ont déjà été exprimées v. 3625 et 3710.
2. Parti vraisemblablement de Saint-Lizier, l'ancienne capitale du Couscrans (la terre de Rogier de Comminges, voy. p. 295 n. 1), le comte de Toulouse et les siens auraient pu, en faisant un détour vers l'ouest, trouver dans la vallée du Salat un chemin assez facile. Ils préférèrent aller en droite ligne par les montagnes et durent traverser la Garonne à Muret ou un peu plus bas, p.-ê. à Pinsaguel. A quelques kilomètres de là, sur la rive gauche se trouve un lieu appelé la Salvetat.
3. Probablement Rogier de Comminges, Rogier de Montaut et Rogier d'Aspet (5801).
4. Il existe un lieu de ce nom dans l'arr. de Toulouse, cant. de Leguevin; une autre Salvetat, cant. de Caraman, n'est pas dans la direction indiquée. Toutefois, il est bien possible qu'ici il soit question d'une partie de la banlieue de Toulouse, connue en ce temps sous le nom de *Salvetat*; voy. Catel, *Comtes de Tolose*, p. 194.
5. Quoique du parti des croisés, ce Joris devait être méridional,

CLXXXII.

A la rencontre avec Joris s'élève la rumeur et le cri, et il y en eut beaucoup parmi les nôtres qui furent ébahis ; mais Rogier de Montaut les a vivement poussés, [5800] les arrêtant, leur faisant obstacle, l'épée à la main. Rogier d'Aspet[1] s'est porté en avant : il frappe Ainart de la Becha[2] sur le haubert treslis, et l'abat et le renverse à terre le cœur brisé. Là vint Rogier Bernart, au bruit de la lutte, [5805] porté par le rapide coursier arabe. Il frappe Ricart de Tournedos[3], lui brise l'écu, lui perce le haubert, et l'abat à terre, lui faisant jaillir la cervelle. La mêlée s'engage entre les autres : [5810] on se frappe, on se tranche là où on s'atteint, et maints demeurent brisés et meurtris. Joris prit peur, quand il sentit l'effort des assaillants, et, se dégageant de la mêlée, il s'éloigna. On le pour-

---

à en juger par la forme de son nom (= Georges). Il y eut un troubadour nommé *Joris* (var. *Jozis*) dont il nous reste deux tensons. Un *R. Joris* est témoin à un acte de 1245 (ce ne peut guère être le nôtre), analysé par Teulet, *Layettes du Trésor*, n° 3373.

1. Aspet, ch.-l. de c. de l'arr. de S. Gaudens. En sept. 1226 Rogier d'Aspet fit sa soumission à l'Église (Teulet, *Layettes du Trésor*, n° 1797 ; Vaissète, III, pr. 317).

2. P.-ê. La Bége, cant. de Castanet (Haute-Garonne) ? « Artaud de la Brua » dans la rédaction en prose.

3. *Ricart de Cornados* dans le poëme, *Sicart de Tornados* selon la réd. en pr. Il y a un *Tournadous* dans l'Aveyron et un autre dans le Gard, et *Tournedos* se rencontre dans l'Eure et dans le Doubs. Un « Ricardus filius Seree de Tornedos » fit une donation à la commanderie de Renneville (Eure) vers 1205 ; voy. Le Prevost, *Notes sur les communes de l'Eure*, III, 289. Le sceau de ce chevalier, appendu à une charte de 1209, est décrit dans Douët d'Arcq, *Collection de sceaux*, n° 4371.

suivit bien, mais il sut fuir mieux encore. [5815] A ce moment, voici le comte [de Toulouse] galopant, les rênes lâchées¹, et voyant ses adversaires morts, il en eut grande joie. Bernart de Comminges, homme plein de sens, dit : « Sire, il me semble « que Dieu sera avec nous, puisque déjà, au passage « de la rivière², nous les avons déconfits. [5820] « Nous recouvrerons Toulouse, en voilà l'heureux « présage ! — Beau neveu, » dit le comte, « nous « ne serons pas trompés dans notre attente³. »

Tout le jour ils chevauchèrent par les chemins unis jusqu'à la tombée de la nuit; alors le comte choisit ses bons et fidèles messagers, et leur donna brièvement l'ordre [5825] d'aller à Toulouse dire à ses amis jurés qu'il est arrivé là dehors de la ville avec les bannis, et qu'il les prie de venir le recevoir, sans y manquer. Mais à l'aube, quand le jour brilla, le comte, à la vue du jour, fut effrayé, [5830] craignant d'être aperçu, et que par toute la terre se répandit le bruit et la rumeur. Mais Dieu fit pour lui un miracle : le temps s'obscurcit et le brouillard vint assombrir l'air, permettant au comte de se retirer dans les bois où il fut bientôt caché. [5835] Le premier de tous Ugo Joan⁴ sortit de la ville, avec Raimon Bernier qui était bien capable de remplir un message. Ils trouvèrent le comte tout seul, et quand ils se montrèrent, ce fut

---

1. Traduction très-hasardée de *esbailitz*.
2. La Garonne, ou l'Aussonnelle ? cette dernière est la petite rivière qui passe à la Salvetat, cant. de Leguevin.
3. Il n'est rien dit de ce combat dans P. de V.-C.
4. « Hugo Johannis » est capitoul de Toulouse en 1203 (Du Mège, *Hist. des inst. de Toul.* I, 282), et viguier de Toulouse en 1224 (Teulet, *Layettes du Trésor*, n° 1660).

une grande joie. « Sire, » dit Ugo Joan, « Dieu soit « loué ! [5840] venez recouvrer Toulouse, puisque « vous l'avez si belle de le faire ; tout votre lignage « est sûr d'y être obéi, au point que, dussiez-vous n'y « mettre que ces barons armés[1], vos ennemis sont « détruits, et vous et nous tous devenons puissants à « tout jamais. [5845] N'entrons pas par les ponts, « car si on nous voyait, il ne faudrait pas longtemps « pour les mettre en défense. » Raimon Bernier dit : « Sire, il vous dit la vérité : on vous attend comme le « Saint-Esprit. Vous nous trouverez si vaillants et « hardis [5850] que jamais plus vous ne serez dépos-« sédé de votre seigneurie. » Là-dessus Raimon et les siens chevauchèrent vers la ville, questionnant les Toulousains ; et quand ils aperçurent Toulouse, il n'y eut si vaillant qui des larmes du cœur n'eût les yeux emplis. Chacun se dit intérieurement : « Vierge impé-« ratrice ! rendez-moi le lieu où j'ai été élevé ! Mieux « vaut y vivre et y mourir qu'aller par le monde en « péril et honni ! » Au sortir de l'eau[2] ils entrèrent dans le pré, bannières déployées et gonfanons au vent. [5860] Et quand les habitants virent les signaux, ils vinrent au comte comme s'il était ressuscité. Et quand le comte entra par les portails voûtés, là vint le peuple, grands et petits, les barons et les dames, les épouses et les maris, [5865] s'agenouillant devant lui et baisant ses vêtements, ses pieds, ses jambes, ses bras, ses doigts. Il est reçu avec des larmes de joie, car c'est le bonheur qui revient, verdissant et fleuri !

---

1. La petite escorte du comte.
2. La Garonne ; on vient de voir qu'ils firent un détour pour ne pas passer par les ponts.

Et l'un dit à l'autre : « Maintenant nous avons [pour « nous] Jésus-Christ; [5870] c'est l'étoile du matin « qui brille sur nous; c'est notre seigneur qui était « perdu. Désormais Prix et Parage, qui étaient morts, « sont vivants, relevés et guéris, et tout notre lignage « est à jamais puissant. » [5875] Ils se sentent le cœur si vaillant et si fort qu'ils prennent bâtons ou pierres, lance ou dard poli, et vont par les rues, avec couteaux fourbis, et tranchent et taillent, et font un massacre des Français qu'ils atteignent dans la ville; et poussent leur cri : « Toulouse! voici le jour arrivé « que sera chassé le seigneur postiche, et toute son « engeance et sa mauvaise souche; car Dieu protége « droiture : et le comte qui était trahi est devenu si « fort, qu'avec petite compagnie [5885] il a recouvré « Toulouse! »

CLXXXIII.

Le comte a reçu Toulouse dont il avait grand désir, mais il n'y a plus tour ni salle ni parapet ni étage ni haut mur ni bretèche ni créneau ni portail ni clôture ni guette ni portier [5890] ni haubert ni armes ni armure entière. Néanmoins ils le reçurent avec telle allégresse que chacun en son cœur pense avoir Olivier[1]. Et ils s'écrient : « Toulouse! désormais nous serons vain- « queurs, puisque Dieu nous a rendu notre seigneur « droiturier. [5895] Et encore que les armes et l'ar- « gent nous manquent, nous saurons pourtant recou-

1. C.-à-d. se croit aussi vaillant qu'Ollivier, le célèbre compagnon de Rolant.

« vrer la terre et celui qui en est le légitime héritier[1],
« car l'audace, la fortune, le courage exigent que
« chacun fasse tête à l'attaque. » Et on prend masse,
pique ou bâton de pommier; [5900] les crieurs et les
porte-bannières remplissent les rues; on massacre
tous les Français qu'on trouve, et les autres cherchent
un refuge au Château[2], poursuivis par les cris et les
coups. Alors du Château sortirent maints vaillants
chevaliers [5905] armés de toutes armes et vêtus du
haubert double; mais les habitants leur inspirèrent
une telle crainte qu'aucun n'ose pousser son cheval en
avant, ni échanger des coups.

La comtesse cependant se tenait pleine d'anxiété,
sous la voûte, au balcon de la riche et large salle;
[5910] elle s'adresse à Gervais, à Lucas[3], à
Garnier, à Tibaut de Neuville[4], et brièvement
les interroge : « Barons, » dit-elle, « quels sont ces
« routiers qui m'ont enlevé la ville, et qui faut-il en
« accuser?—Dame, » répond Gervais, « il n'y a pas à
« en douter, [5915] c'est le comte Raimon qui reven-
« dique Toulouse, avec Bernart de Comminges que je

---

1. « Héritier » au sens du moyen-âge : celui qui possède une *eretat* (anc. fr. *erité*), propriétaire.

2. Le château Narbonnais.

3. Voy. p. 278 n. 2.

4. Ce personnage, dont le surnom ne reparaît en nul autre endroit du poème, peut bien être le même que le Tibaut des vers 4840, 5439, etc. Il faisait sans doute partie de la *mesnie* de Simon de Montfort, car dans les actes de ce dernier on le voit figurer très-fréquemment (*Theobaldus de Nova-villa*) au nombre des témoins. Le premier acte où je l'aie rencontré est du 20 juin 1211 et le dernier (qui concerne Amauri de Montfort) est du 8 juillet 1218 (Molinier, *Catal.* nos 45, 79, 93, 95, 101, 105, 110, 111, 112, 151, 163).

« vois venir en tête ; je reconnais son enseigne et son
« gonfanonnier. Il y a Rogier Bernart, fils de Raimon
« Rogier, et Ramonet d'Aspet[1], fils de Fortaner, et les
« chevaliers bannis, [5920] et les légitimes héritiers ;
« et il y en a tant d'autres qu'ils sont plus d'un millier.
« Et puisque Toulouse les aime, les désire et les
« soutient, ils mettront en révolution tout le pays ;
« et pour les avoir tenus en misérable état [5925]
« nous allons recevoir notre récompense et notre
« salaire ! » La comtesse à ces mots frappe ses mains
l'une contre l'autre : « Hélas ! » dit-elle, « tout allait
« si bien hier ! — Dame, » dit Lucas, « ne perdons
« pas de temps : envoyons au comte des lettres scel-
« lées et un messager [5930] qui sache lui exposer
« notre embarras mortel : que le comte fasse, s'il peut,
« un accord avec la Provence et vienne nous secourir
« lui et ses compagnons, ramassant à tout prix des
« sergents et des soudoyers ; et, s'il tarde guère, tout
« est perdu sans espoir, [5935] car ici est venu depuis
« peu un nouvel héritier qui de toute la terre ne lui
« laissera pas un quartier. » La comtesse appelle un
sergent latinier[2] qui va le pas, l'amble et le trot plus
vite qu'un diable : « Ami, dites au comte une parole
« cuisante : [5940] qu'il a perdu Toulouse, et ses fils
« et sa femme ; et s'il tarde guère à passer Mont-
« pellier, il ne trouvera plus vivants ni moi ni fils. Et
« si d'un côté il perd Toulouse et de l'autre tâche de

---

1. Au v. 8833 *Ramonal* ou *Ramon At*.
2. Proprement un homme qui sait plusieurs « latins », c.-à-d. plusieurs langages. A une époque où, en France, aucun idiome n'était encore devenu d'un usage général, il fallait bien que les messagers fussent en état de se faire entendre en plusieurs pays.

« conquérir Provence, il fait un travail d'araignée qui « ne vaut pas un denier. » [5945] Le messager recueille les paroles [de la comtesse] et se met en route.

Cependant les hommes de la ville restent sur le terre-plein, et sur la belle place, près du rempart, ils font des lices, des barrières, un puissant mur de traverse, des échafauds, des archères, une tranchée de côté [5950] pour se faire des abris en arrière, à cause des carreaux que lançaient du château les archers. Et onques en aucune ville on ne vit si riches ouvriers[1], car là travaillaient des comtes et tous les chevaliers, des bourgeois, des bourgeoises, des marchands, [5955] les hommes et les femmes, les courtois monnayeurs, les garçons et les filles, les sergents et les trotteurs[2]; chacun porte, ou pic ou pelle, ou léger ....[3], chacun a le cœur à la besogne. La nuit tous sont au guet; [5960] les lumières et les flambeaux sont placés par les rues, tambours, timbres[4] et clairons font tapage. Les filles et les femmes témoignent de la joie générale par des ballades et des danses[5] chantées sur un air joyeux.

Cependant le comte prend conseil avec les autres chefs. [5965] Ils ont formé un chapitre, dont il y avait

---

1. Cf. la même idée, v. 4009.
2. Ou, comme on disait autrefois en français, des *trote à pié*, gens de basse condition que l'on voit accompagner les personnes à cheval, pour tenir, le cas échéant, leurs montures.
3. *Palayrilh?*
4. Je conserve un mot de l'anc. fr. (*tympanum*).
5. Il ne faut pas perdre de vue que *baluda* et *dansa* peuvent signifier : 1° des danses, 2° les poésies qu'on chantait en dansant pour marquer la mesure.

grand besoin, pour gouverner la ville et veiller à ses intérêts; pour défendre les droits du comte, ils ont choisi un viguier bon, homme de valeur et de science, habile et agréable. L'abbé[1] et le prévôt rendent chacun son église, [5970] dont le sommet[2] et le clocher furent mis en état de défense. Et le comte se tient à Toulouse, son chef-lieu seigneurial; mais ses pires ennemis chevauchent en bataille, Guiot et Gui son oncle[3], et les autres chefs, de bon matin, le vendredi, armés du fer et de l'acier. [5975] Dieu veuille le défendre!

CLXXXIV.

Dieu veuille le défendre! car le temps est arrivé où le comte est reçu avec amour dans Toulouse; et dès lors Prix et Parage sont à jamais restaurés. Mais Guiot et Gui y viennent pleins de fureur, [5980] avec leurs belles compagnies, et suivis de leur convoi. Alain et Foucaut, sur les chevaux crenus, enseignes déployées et les gonfanons dressés, chevauchent vers

---

1. L'abbé de Saint-Sernin? Il s'appelait Jordan, voy. *Gall. Christ.*, XIII, 95.

2. *Pena* peut s'entendre en ce sens; voy. Du Cange, *pinna*. Il ne serait cependant pas impossible que le copiste eût écrit *pena*, au lieu de *porta*.

3. Guyot, fils (voy. p. 290, n. 1), et Gui frère de Simon de Montfort. P. de V.-C. p. 109 E : « Audito nuntio de prodi-
« tione Tolosæ, Guido de Monteforti frater comitis, et Guido filius
« ejusdem comitis, et plures milites cum eis quos comes dimiserat
« in partibus Carcassonæ ut custodirent terram, cum festinatione
« perrexerunt Tolosam, et miserunt se in munitionem prædictam
« (*le château Narbonnais*) ubi erat comitissa, et in domibus forin-
« secis, ne adversarii a parte exteriori obsiderent munitionem. »

Toulouse par les chemins qu'ils connaissent bien. Des écus et des heaumes où brille l'or battu, [5985] il en vint tant à la fois qu'on eût dit qu'il en pleuvait; d'oriflammes (?) et d'enseignes toute la place reluit. Au val de Montoulieu[1], là où était le mur ruiné, Gui de Montfort leur crie, et il fut bien entendu : « Francs « chevaliers à terre! » On obéit, [5990] et au son des trompes chacun est descendu. Formés en bataille, l'épée nue, ils se lancent vigoureusement par les rues, forçant le passage et brisant les obstacles. Les hommes de la ville, jeunes et vieux, [5995] chevaliers et bourgeois ont soutenu leur effort. La brave et habile population a tenu tête en combattant avec acharnement; sergents et archers ont tendu leurs arcs, qui ont reçu et donné les coups. [6000] Mais les assaillants, de plus en plus hardis, leur ont tout d'abord enlevé barrières et palissades, et se sont mêlés avec eux dans les rues, tellement que bientôt un incendie fut allumé; mais les habitants l'éteignirent avant qu'il se fût étendu. [6005] A travers la foule est venu Rogier Bernart avec la compagnie qu'il commande et conduit, et sa présence, lorsqu'il eut été reconnu, raffermit les courages. Pierre de Durban[2], à qui appartient Mon-

---

1. La porte de Montoulieu est à l'est de Toulouse.
2. Nous avons un hommage rendu au comte de Toulouse Raimon VII, le 1ᵉʳ avril 1244 (N. S.) par « Petrus de Durbanno de « Monteacuto » (Teulet, *Layettes du Trésor des chartes*, n° 3175). Est-ce Durban, canton de La Bastide de Sérou, arr. de Foix, ou Durban, canton d'Auch? C'est très-probablement le premier, puisqu'il s'agit d'un homme du comte de Foix. Le même « Petrus de « Durbanno » figure au nombre des témoins de deux hommages respectivement rendus en 1241 par la comtesse d'Astarac et Arnaud de Comminges à Raimon VII (Teulet, *Layettes du Trésor*,

tagut[1], portait son enseigne, ce qui leur a relevé le moral. [6010] Il[2] descend à terre et se porte en avant, aux cris de Foix! et de Toulouse! Là où ils se montrent on se cogne : dards et masses, brans émoulus, pierres, flèches et menus carreaux [6015] se pressent drus comme la pluie. Du haut des maisons, avec les pierres anguleuses les habitants brisent les heaumes, le cristal[3], les écus, les poings et les jambes, les bras et les corps. De mainte façon ils ont vigoureusement combattu. [6020] Coups et horions, clameurs et vacarme leur[4] ont mis au cœur le trouble et la crainte, et [les défenseurs] ont enfoncé et enlevé les débouchés et les passages. Ils les poussèrent, se défendant, perdant du terrain, fuyant, vaincus; [6025] puis, leur force et leur courage croissant, ils les rejetèrent hors de la ville. Alors ils[5] remontèrent et coururent tous droit au jardin Saint-Jacques[6], où ils sont arrivés par derrière. Mais à l'intérieur de la ville il en resta de morts et d'étendus. [6030] Des chevaux et des cadavres qui restèrent en leur possession, la terre et le

---

n°s 3205 et 3222). Il est aussi témoin à un acte d'hommage au comte de Foix Rogier Bernart, par conséquent entre 1223 et 1241 (la copie de cet acte, Doat, CLXIX, 152, porte la date impossible 1210). En outre il existe une tenson d'un « Peire de Durban » avec le troubadour Peironet (voy. *Archiv für das Studium der neueren Sprachen*, XXXIV, 193).

1. Probablement Montégut, cant. de Varilles, arr. de Pamiers, à une dizaine de kil. au N.-O. de Durban (Ariège).
2. Sans doute Rogier Bernart.
3. Qui ornait les heaumes.
4. Aux Français.
5. Les Français.
6. La rue Saint-Jacques est tout auprès de la porte de Montoulieu, dans la direction du nord.

marais furent ensanglantés. Bernart de Comminges s'y est bien comporté, qui, avec sa brave compagnie, vaillant et attentif, du côté du Château où étaient leurs équipages, [6035] a fortifié et gardé les débouchés et les passages, en quoi il mérite louange et estime. — « Seigneurs, » dit Alain, « je vous vois tous rendus; « chevaliers, qui peut nous avoir surpris? Comme « voilà France honnie et notre prix perdu, [6040] « quand une troupe méprisable nous a vaincus et mis « en pièces! Mieux vaudrait être tous morts ou n'être « pas nés, puisque des hommes sans armes nous « ont tous abattus. » Les Français se retirent, mais à l'intérieur il en est resté qui furent par la ville traînés et pendus. [6045] Et les vainqueurs s'écrient : « Tou- « louse! le salut est venu! » Désormais le bien commence et le mal s'accroît entre les deux partis [1].

CLXXXV.

Entre les deux partis s'est accru le tumulte. Hors de Toulouse est tout l'orgueil, toute la hauteur. [6050] C'est le comte qui gouverne Toulouse et la tient debout, car lui et son lignage y ont vécu de longues années. Dieu la lui a rendue, et il le fait bien paraître, puisque avec une faible compagnie et sans auxiliaires étrangers[2], dépourvu de tout, sans armes, rien qu'en agissant sur les cœurs [6055] il a chassé de là Français et Normands. Et le Seigneur miséricordieux envers les pécheurs qui pardonnent à autrui, maintenant

---

1. Le bien pour les Toulousains, le mal pour les Croisés.
2. Soudoyers.

qu'il lui a rendu Toulouse, que le comte y a planté son oriflamme, puisse-t-il avoir l'œil sur raison et droiture, sur les torts et les tromperies, et entendre les plaintes de ses fidèles suppliants ! [6060] puisse-t-il défendre Toulouse et diriger ceux qui l'aiment ; car voilà que Gui [de Montfort] et Guiot[1] délibèrent, avec Foucaut, Alain, Hugues, Gui de Lévi, et je ne sais combien d'autres. Foucaut prend la parole le premier : « Sei-
« gneurs, je ne suis ni breton ni anglais ni allemand,
« [6065] et je vous parle roman d'une façon intelli-
« gible[2], écoutez-moi donc. Chacun de nous doit
« gémir et soupirer, considérant que nous avons
« perdu notre gloire et notre honneur, et honni nos
« parents et nos enfants, et la France entière, qui n'a
« pas éprouvé pire honte depuis la mort de Rolant.
« [6070] En effet, nous avons force armes, couteaux,
« épées, hauberts, armures, heaumes flamboyants,
« bons écus, masses, chevaux rapides ; et voilà qu'une
« gent vaincue, à moitié morte, ébranlée, sans armes
« défensives ni offensives, a réussi, en se défendant
« et en criant, [6075] à l'aide de bâtons, de masses
« et de pierres, à nous jeter dehors ; même que Jean,
« le meilleur homme d'armes de ma compagnie[3], y
« est resté. Mon cœur en sera à tout jamais ébranlé
« et soucieux jusqu'à ce que j'en aie pris vengeance
« avec mon tranchant épieu. [6080] Tout le monde

1. Le neveu de Gui de Montfort.
2. P. Cardinal disait de même (*Las amairitz qui encolpar las vol*) : « Les gens comprennent aussi peu ce que je dis que le chant du « rossignol ; et pourtant ma langue n'est ni frisonne ni bretonne, « et je ne sais parler ni flamand ni angevin. »
3. C'est la première fois qu'il est question de cet individu.

« peut bien s'émerveiller de ce qu'une ville sans
« défense peut ainsi nous résister. — Alain[1], » dit le
comte Gui, « vous vous rappelez bien comment les
« Toulousains nous vinrent implorant, et il paraît que
« Dieu prête l'oreille aux réclamations et aux plaintes,
« [6085] car onques le comte mon frère (tant il est
« dur et tyran!) n'a voulu leur rendre sa bienveil-
« lance, ce qui met le droit de leur côté. Et si son
« mauvais vouloir s'était modifié, nous ne perdrions
« pas Toulouse, et n'éprouverions pas un revers, car
« quiconque fait tort à ce qui lui appartient, [6090]
« son droit c'est de rester en perte[2]. Et, je ne croi-
« rais jamais, dût-on me le jurer sur les saints, que
« ce ne soit pas à cause de nos tromperies que Dieu
« s'est détourné de nous. Et il y a toute apparence
« que le mal s'accroît, car leur situation s'améliore,
« tandis que la nôtre se gâte; [6095] car tout ce que
« nous avions gagné en dix ans peut se perdre de ce
« coup, si Dieu ne nous vient en aide. » Après,
s'adressant à ses messagers: « Vous irez, » dit-il, « en
« Gascogne, y porter mes ordres au seigneur arche-
« vêque, à Auch, qu'il se mette en route, et aussi à
« Guiraut d'Armagnac et à *Salto* (?)[3], [6100] qu'ils nous

---

1. Il est singulier que la réponse de Gui de Montfort soit adressée à Alain de Rouci, quand l'interlocuteur est Foucaut. Faut-il supposer une lacune?

2. Même idée qu'au vers 4991.

3. J'ajoute ces deux noms d'après la rédaction en prose; voy. la note sur le v. 6099. Je ne sais rien de *Salto*, nom qui peut bien être corrompu; mais Guiraut d'Armagnac (Guiraut IV, selon l'*Art de vér. les dates*, I, 273) répondit en effet à l'appel de Gui de Montfort. A la vérité il ne paraît pas dans la suite du poëme, mais nous avons un acte par lequel il se porte caution, lui et plusieurs autres,

« viennent secourir, et qu'ils amènent assez de monde,
« des leurs et des étrangers[1], pour que nous puissions
« cerner la ville et la combattre de tous les côtés.
« S'ils n'y venaient pas, qu'ils se tiennent pour assurés
« qu'il ne tiendront plus désormais de terre pour la
« valeur d'une paire de gants. »

[6105] Cependant le comte de Toulouse, qui est habile et sait bien parler, rappelle à ses hommes les souffrances et les fatigues, les travaux, les veilles, les impôts de guerre, les bans ; et il envoie en Provence ses lettres scellées et ses mandements, voulant faire savoir à son fils ses honneurs et ses succès. [6110] Au secours de la ville arrivèrent, à force d'éperons, le puissant comte de Comminges, homme honoré et habile parleur, Esparg de la Barta, vaillant et solide, Rogier de Comminges, qui redresse les torts, Bertran Jordan[2]

---

envers Simon de Montfort, de la fidélité de Bernart Jordan de l'Isle ; *in obsidione Tolose*, 18 déc. 1217 (Teulet, *Layettes du Trésor*, n° 1271, voy. ci-dessous, n. 2).

1. C'est-à-dire des hommes de leurs fiefs et des soudoyers.
2. Fauriel distingue, dans la table des noms, *Bernard Jordan*, *Bertrand Jornand* (faute de lecture, le texte, v. 8996, porte « Bertrans Jordanes »), *Bertrand de l'Isle*, et *Bertrand Jordan*. Je crois que ces personnages doivent se réduire à deux : Bernart Jordan, seigneur de l'Isle, et Bertran Jordan, qui figurent à côté l'un de l'autre aux vers 9535 et 9536. Le premier, le seigneur de l'Isle, paraît aux vers 2668, 8543, 9535 ; c'est pour lui que Guiraut d'Armagnac et d'autres se portèrent caution, le 18 décembre 1217 (voy. ci-dessus p. 147 n. 1 et 312 n. 3). Il était fils de Jordan II de l'Isle et d'une sœur de Raimon Rogier, comte de Foix (voy. ci-dessus p. 176, n. 1) et avait épousé une fille naturelle de Raimon V. Le second est toujours appelé Bertran Jordan tout court ; c'est celui qui est ici mentionné, et qui reparaît encore aux vers 7135, 8996, 9091, 9536. Il était frère du précédent. Dans le testament de leur père, en 1200 (Vaissète, III, pr. 189), il est appelé

et Ot[1] pour revendiquer leurs droits, [6115] Guiraut de Gourdon à qui est Caraman[2], Bernart de

« Jordanus » tout court, mais ailleurs (par ex. dans Vaissète, III, pr. n° CLXVIII, dans Teulet, n° 1799) il est appelé « Bertrandus « Jordanus ». On peut voir sur l'histoire de cette famille, Vaissète, III, note XLII, et Tamizey de Larroque, *Documents pour l'Hist. de l'Agenais*, 1875, p. 27.

1. Ot paraît encore, comme ici, en compagnie de Bertran Jordan, aux vers 7135 et 9536. C'était son frère. Il ne paraît pas différent de l'Ot de Terride sur lequel voy. ci-après, p. 377 n. 2.

2. Caraman est un ch.-l. de c. de la Haute-Garonne, à l'est de Toulouse. Dans une charte de 1174 (n. st.), figure un *Guiraldus de Gordono* en compagnie de *P. de Caraman* et de *Donatus de Caraman* (Teulet, *Layettes*, n° 258). C'est probablement le même qui dans un acte de 1177 (n. st.), passé à Saint-Antonin, est appelé *Guiraldus de Gordone de Monteacuto* (*ibid.* n° 273). Le personnage désigné dans ces deux documents était, sinon le G. de Gourdon du poëme, du moins l'un de ses ascendants. D'une déposition faite devant l'inquisiteur Ferrier (voy. ci-dessus p. 222 n. 1), il résulte que notre G. de Gourdon était hérétique et qu'il s'était antérieurement trouvé en rapport avec le comte Raimon VI :

« Anno nativitatis Domini M° CC° XL° IIIJ°, IX° kal. Martii, Pon-
« cius Carbonelli de Faget*, diocesis Thol., requisitus de veritate
« dicenda de se et aliis, tam vivis quam mortuis, super crimine
« heresis et Valdensium, testis juratus, dixit quod Ramundus
« comes Thol., pater istius, mandavit eidem testi quadam vice
« albergam, scilicet quod volebat comedere apud ipsum testem
« in castro de Fayeto; et tunc ipse testis, hoc audito, venit in
« domum suam ad preparandum et ad recipiendum ipsum comi-
« tem; et cum ipse testis esset prope domum ipsius testis apud
« Fayetum, invenit ipse testis ante domum ipsius testis GUIRAU-
« DUM DE GORDONE et Bonum Filium, hereticos, tergentes sotulares
« suos. Et quando ipse testis cognovit dictos hereticos, dixit eis
« quid faciebant ibi, et quare venerant in castrum illud? et tunc
« heretici respondentes dixerunt eidem testi : « Bene videbitis. »
« Et tunc ipse testis dixit eisdem hereticis quod recederent a loco
« illo, quia ipse testis timebat de capellano ville. Et heretici dixe-

* Le Faget (Haute-Garonne), canton de Caraman.

Montagut et son frère Bertran avec toute leur mesnie,
Gaillart, Arman, Esteve Savaleta qui sait prendre
et bien donner, Raiamfres et son frère qui fait tête
aux attaques, [6420] W. Amaneu[1], jeune homme
plein d'espérances[2], Amalvis, Ugo de la Mote

« runt eidem testi quod nunquam recederent a loco illo : imo
« preceperunt eidem testi quod prepararet eisdem hereticis alber-
« gam et ad comedendum. Quo audito, ipse testis dixit quod nun-
« quam repelleret ipsos hereticos a prandio si volebant comedere
« cum ipso teste ; et tunc intraverunt domum ipsius testis, et rece-
« perunt in camera domus ipsius testis, et postmodum in mane
« venit prefatus comes Thol. pater istius, cum magno comitatu
« equitum, et intraverunt domum ipsius testis et comederunt in
« domo ipsius testis ; et statim post comestionem, idem comes et
« alii qui venerant cum eo in domum ipsius testis, exierunt inde,
« et convenerunt in plano Castri, et ibi ostenderunt equos suos ;
« et Ramundus de Ricaut[*], bajulus comitis Tholosani, tradidit
« cuilibet ipsorum hereticorum qui venerant ibi in plateam ipsius
« castri, singulos palafredos, et fecit ipsos hereticos ascendere in
« eisdem palafredis ; et statim comes et milites omnes et alii omnes
« qui venerant cum eo, et heretici predicti simul exierunt cas-
« trum, et tenuerunt viam suam versus Vaurum, quod erat tunc
« temporis obsessum. » (Doat, XXIV, 35 ss.)

Le siége de Lavaur auquel font allusion les derniers mots de
cette déposition est, ou celui de 1211, alors que cette ville fut prise
par Simon de Montfort (ci-dessus, p. 84-6), ou celui de 1220, quand
la ville fut reprise sur Amauri de Montfort (Vaissète, III, 314). —
« Geraldus de Gordo » est encore mentionné, avec la qualification
d' « heresiarcha », dans une enquête qui paraît avoir été faite
entre 1231 et 1236, le fait à propos duquel il est mentionné se rap-
portant à 1223 (Doat, XXI, 42 v°).

1. W. Amaneu reparaîtra au siége de Marmande (v. 8961). Je
ne sais s'il faut l'identifier, ou son père, avec un « Guillelmus
Ameñ. » dont la terre avait été confisquée par Simon de Montfort, et concédée par le même à Pons Amaneu (Molinier, Catal.
n° 78).

2. La réd. en pr. offre pour ces noms des variantes dont quel-

[*] Doat, Rocaut, mais voy. la note 1 de la p. 57.

le vaillant, Bertran de Pestillac[1] qui soutient les revendications, W. Arnaut[2], qu'accompagnent la joie et l'éclat, [tous], avec bonne compagnie et au son des trompes. [6125] Par toute la ville s'élèvent la joie, le bruit, le tumulte; petits et grands y prennent part.

Cependant la comtesse se tenait pensive et soucieuse dans le château, sur la galerie de la tour, contre le parapet, regardant et considérant les allants et venants, [6130] les hommes et les dames qui travaillent à la défense; elle entendit les ballades, la rumeur, les chants[3]; elle soupira et trembla et dit en pleurant : « Je « vois bien que mon bonheur baisse et que le deuil et « la ruine croissent; et j'ai grand peur pour mes en- « fants et pour moi. » [6135] Néanmoins, son messager a pris tant d'avance qu'en faisant pleines journées et en forçant la marche, il est arrivé auprès du comte, et lui parle en roman. Il s'agenouille devant lui, et soupire en lui donnant la lettre scellée.

ques-unes offrent p.-ê. la bonne leçon : « Arnaut de Montagut et « son père Gailhart Bertran, et Guilhalt (?) de Marmant et Estefe « de la Valeta, Azémar son frère et Guiraud de la Mota (*Ucs de la* « *Mota* manque) ». Arnaut de Montagut notamment, qui paraît au v. 6817, n'est pas improbable.

1. Pestillac, Lot, arr. de Cahors, com. de Montcabrier?
2. Personnage qui reparaît à plusieurs reprises et dont le nom est ordinairement accompagné de quelques mots d'éloge. Il est toujours appelé « Guiraut Arnaudos » dans la réd. en prose. Guiraut Arnaut et Willem Arnaut se rencontrent dans les chartes (Teulet, *Layettes du Trésor*, n°ˢ 395, 830-1), mais ces noms étant fort communs il n'y a rien de sûr à induire de là. — Un « Willelmus Arnaldi » fit entre les mains du pape profession de foi catholique, et fut réconcilié avec l'Eglise par une lettre pontificale du 14 juin 1210 (Migne, *Innoc. ep.* l. III, ep. xcıv; Potthast, n° 4014).
3. Cf. v. 4012.

CLXXXVI.

[6140] En lui donnant la lettre scellée il commence à soupirer, et le comte le regarde, et lui demande : « Ami, dites-moi des nouvelles, comment vont mes « affaires? — Sire, » dit le messager, « elles sont « pénibles à conter. — J'ai perdu la ville? — Oui, « sire, sans doute; [6145] mais avant qu'ils aient le « temps de se fortifier et de s'armer, si vous y allez « dès ce moment, vous pourrez la recouvrer. — Ami, « qui me l'a enlevée? — Sire, il me semble que pour « moi comme pour tout autre, c'est facile à imaginer : « j'ai vu l'autre comte y faire son entrée au milieu de « la joie de tous, [6150] introduit par les hommes de « la ville. — Ami, a-t-il nombreuse compagnie? — « Sire, je ne saurais en faire le compte, mais ceux qui « vinrent avant lui ne paraissent pas vous chérir, car « les Français qu'ils y trouvèrent ils se mirent aussitôt « à les massacrer, et à poursuivre ceux qui s'enfuirent. « — [6155] Que font les habitants? — Sire, de la « bonne besogne; ils font des remparts, des abattis, « ils élèvent des échafauds; autant que je puis croire « ils ont l'intention d'assiéger le Château Narbonnais. « — Les comtesses y sont-elles[1]? — Sire, oui, elles

---

1. Comtesses *by courtesy*, tout au plus, sauf l'épouse du comte de Leicester. Avec elle étaient renfermées sa belle-sœur et ses deux brus : « Nobilis autem comitissa, uxor comitis Montis-fortis, « et uxores Guidonis fratris sui et Amalrici et Guidonis filiorum « ipsius comitis et multi filii et filiæ tam comitis quam fratris sui « erant in munitione Tolosæ quæ dicitur Castrum Narbonense. » (Bouq. 109 E.)

« y sont, [6160] tristes, affligées, pleurant, sans
« cesse; craignant la mort et les supplices. — Où
« était Gui mon frère? — Sire, j'ai ouï dire qu'avec
« une bonne troupe, que vous conduisez d'ordinaire,
« il voulait marcher droit sur Toulouse [6165] pour
« combattre la ville, la prendre et la forcer, mais il ne
« me paraît pas qu'il y puisse réussir. — Mon ami, »
dit le comte, « tâche de garder le secret : car si per-
« sonne te voyait faire autre chose que rire et plai-
« santer, je te ferais brûler, pendre ou couper en mor-
« ceaux. [6170] Et si on te demande des nouvelles,
« sache te bien expliquer : dis que personne n'ose
« envahir ma terre. — Sire, » dit le messager, « point
« n'est besoin de me le recommander. »

Quand le comte reparut, après avoir ouï la lettre,
à lui vinrent les princes et tous les pairs. [6175] Mais
le comte est si sage et si habile à dissimuler, à cacher
ses pertes, à faire valoir ses avantages, que sa bouche
riait, tandis que son cœur soupirait. Ils lui demandent
des nouvelles; et lui de plaisanter : « Seigneurs, » dit
le comte, « je vous puis bien dire et prouver [6180]
« que j'ai bien raison de révérer et de remercier
« Jésus-Christ, car onques il ne me donna tant de
« bonheur, ce me semble. Mon frère m'envoie des
« lettres dont j'ai tout lieu de me réjouir, à savoir que
« nulle part on ne peut me résister, et que le comte
« Raimon est allé à l'aventure [6185] par les
« royaumes d'Espagne, n'ayant où s'établir, et que
« les bannis s'enfuient par Bordeaux jusqu'à la mer,
« et qu'en toute ma terre on n'en trouve plus un
« seul; et que le roi d'Angleterre veut conclure un
« accord avec moi, et augmenter ma terre pour que

« je le laisse en paix. [6190] Lui-même (Gui) est
« entré à Toulouse pour réclamer et percevoir les
« taxes qui me sont dues; et nous nous ferons adres-
« ser tout cet argent, pour que j'aie à suffisance de
« quoi dépenser, gouverner et donner. Et il me dit
« de ne rien faire sinon bien guerroyer, [6195] con-
« quérir la terre et abaisser les ennemis. Mais pour-
« tant, si je pouvais conclure un bon traité[1], aussitôt
« revenu dans ma terre[2], on me livrerait le puissant
« château de Lourdes et j'aurais à gouverner le Béarn
« et le Bigorre [6200] dans toute leur étendue jus-
« qu'à la Navarre. Et puisque Dieu veut accroître ma
« terre et améliorer ainsi ma position, si je trouvais
« moyen de conclure un bon accord, sans perte, sans
« désavantage, je l'accepterais volontiers pour gou-
« verner selon le droit; puis j'irais prendre posses-
« sion de Lourdes et de la terre adjacente [6205] dans
« toute son étendue jusqu'à la côte. » Les barons qui
l'aimaient furent pleins de joie, mais il y en eut qui
se prirent à trembler en leur cœur, redoutant d'être
dépouillés[3]. Ensuite on traita des conditions du traité
qui dut être conclu [6210] entre les mains de l'évêque
et sur les reliques de l'autel. Entre Simon et Adémar
fut conclu un accord par lequel le fils de l'un et la fille
de l'autre furent engagés, afin d'empêcher toute trahison entre eux[4].

1. Avec Adémar, cf. plus loin v. 6211.
2. Il ne faut pas perdre de vue qu'à ce moment Simon est sur la rive gauche du Rhône.
3. Les alliés méridionaux de Simon, qui étaient avec lui par crainte plus que par gré.
4. Traduit conformément à la correction proposée à la note du v. 6213. — Pour ces transactions cf. ci-dessus, p. 294 n. 7.

Le comte s'apprête et a donné ordre de seller. [6215] Toute la cour, sans exception, s'étonna qu'il eût dit si peu de paroles en prenant congé. Il y en eut beaucoup qui le suivirent quand il s'en alla. Mais lorsque arrivèrent les nouvelles qu'il était impossible de cacher, que le comte est entré à Toulouse pour la relever, [6220] et pour détruire les Français et pour faire grandir Prix, par tout le pays on a recouvré la parole, et on s'écrie : « Toulouse! Dieu la conduise et « la protége! qu'il l'aide et la secoure et la garde et « la défende, et lui donne pouvoir et force de dédom- « mager le perdant, [6225] de relever Parage et de « faire briller la joie! » C'est que le comte Simon chevauche la nuit et le jour, plein de courroux, pour rétablir les torts, pour abattre les droits, pour faire triompher le mal. Il a envoyé messagers et lettres scellées [6230] dans toutes les directions, afin d'appeler à son secours l'archevêque[1] et le cardinal[2]. A force de journées, à force de chevaucher, le dimanche d'après, à l'heure de prendre logis, il est arrivé à Baziége[3], mais non pas pour s'y reposer; [6235] et à l'aube, le jour luisant bel et clair, il fait prendre les armes à sa mesnie, sonner les trompes, dresser les étendards, armer les chevaux, [et se dirige] droit sur Toulouse, plein de menaces. « Comte, » dit le car-

---

1. L'archevêché d'Auch, qui était tout à la dévotion du comte de Leicester ; cf. v. 3136-8, 6099. Plus loin (v. 6575) nous le retrouverons parmi les croisés.

2. Ce cardinal n'est plus, comme précédemment (voy. p. 168 n. 2), Pierre de Bénévent, mais Bertrand, cardinal du titre de S. Jean et de S. Paul, arrivé dans le Midi depuis le commencement de l'année (P. de V.-C., Bouq. 108 c).

3. Cant. de Montgiscard, Haute-Garonne.

dinal, « vous avez toute raison de vous réjouir
« [6240] car voici qu'il est venu le moment de
« triompher de nos ennemis, car vous prendrez la
« ville; et aussitôt entré, faites pendre les barons,
« et livrer aux tourments le comte[1]; et veillez à ce
« que nul homme ne vous puisse échapper. —
« Sire, » dit l'évêque, [6245] « tous ceux qui seront
« dans une église et verront l'autel, doivent être
« épargnés. — Non, » dit le cardinal, tout prêt à
prononcer la sentence (?), « comte, ne craignez pas,
« dès l'instant où je les abandonne, que Dieu vous
« en demande compte ni qu'il les veuille amender. »
Mais le cardinal perdit son conseil[2], [6250] car le
roi qui gouverne tout et embrasse tout d'un regard
juste et clair, et donna son sang précieux pour nous
sauver du péché, veut défendre Toulouse!

CLXXXVII.

Il veut défendre Toulouse, le roi des cieux, qui juge
et gouverne et pèse le bien et le mal. [6255] Cependant le comte Simon chevauche, avec son enseigne
au lion surmontée d'une boule de cristal[3], occupant
la rive, les combes et les vallons, droit vers Tou-

---

1. Ms. *pendre els coms*; je pense maintenant, avec M. Chabaneau, qu'il faut simplement corriger *els* en *el*.
2. Traduit d'après la correction proposée au v. 6249.
3. Traduction fort aventurée; p.-ê. cristal désigne-t-il, non l'enseigne mais le heaume de Simon. P.-ê. encore pourrait-on songer au « lion crêté » dont il est souvent fait mention comme terme de comparaison dans les chansons de geste. Il n'y a rien à tirer de Fauriel : « chevauchant Lion, son bon cheval » (!).

louse. Ils arrivèrent aux prés. Son frère vint à sa rencontre avec maint autre personnage, et là où ils se présentèrent règne un cordial amour. [6260] « Frère, » dit le comte, « comment se fait-il que vous « n'ayez pas fait pendre les traîtres déloyaux, con- « fondre la ville et incendier les maisons? — Frère, » dit le comte Gui, « nous ne pûmes faire autre chose « [que ce que nous avons fait]. Nous attaquâmes la « ville, et pénétrâmes dans ses murs, [6265] de façon « à engager le combat avec eux dans les rues, et là « nous trouvâmes des chevaliers, des bourgeois, des « artisans[1] qui avec masses, avec piques, avec coi- « gnées tranchantes, en poussant des cris, en nous « portant des coups mortels, vous ont par notre in- « termédiaire transmis vos cens. [6270] Gui[2], votre « maréchal, peut bien vous dire quels marcs d'argent « ils nous donnaient du haut en bas des fossés[3] ! Par

1. La distinction des citoyens de Toulouse en chevaliers (ou nobles), bourgeois et artisans, déjà indiquée au v. 2996 (où toutefois les chevaliers ne sont pas mentionnés), ne figure pas dans les chartes toulousaines, mais n'en est pas moins très-réelle. Ces trois ordres formaient *l'universitas* ou communauté : « la com- « mune, l'université, comprend trois classes de citoyens, savoir : « 1° les *milites*, ou hommes de guerre ; 2° les *burgenses* ou les « *cives* ; 3° les *populares*, menu peuple. » (Clos, *Recherches sur le régime municipal dans le midi de la France*, dans les *Mémoires présentés à l'Acad. des Inscr.*, 2ᵉ série, III, 288 ; et p. 64 du tiré à part.) On retrouve aussi à Perpignan la division des citoyens en trois classes ou *mains* ; voy. Henry, *Rech. sur la constit. munic. de Perpignan*, dans les Mémoires précités, 2ᵉ série, I, 235 et suiv.

2. Voy. p. 43 n. 3.

3. Le sens de « fossé » est hypothétique. P.-ê. faudrait-il traduire *canal*, dans tous les cas où il se rencontre dans le poème (voy. le vocab.) par « chemin » ; voy. Du Cange, *canalis*. La trad. de Fauriel « de dessus les toits » est un peu libre.

« la foi que je vous dois, il n'y a si vaillant qui,
« lorsqu'ils nous jetèrent dehors par les portes de la
« ville, n'eût préféré la fièvre ou bataille en champ !
« — [6275] Frère, » dit le comte, « c'est une hon-
« teuse affaire, quand des hommes sans armes nous
« ont tenu tête. Que je perde à tout jamais l'aide de
« Dieu et le secours de saint Martial, si je laisse dé-
« charger sommier ni harnois ni tonneau, jusqu'à [ce
« qu'on puisse le faire] dans la ville même, sur la place
« du marché ! — [6280] Sire comte, » dit Alain,
« n'allez pas si loin ! votre serment vaut autant
« que rosée[1], car, par la foi que je vous dois,
« il va nous falloir parler sur un autre ton. Et si
« vous comptez franchir les murs, les sommiers ne
« seront pas déchargés jusqu'à Noël, [6285] car, par
« le corps saint Pierre ! n'était qu'ils se montrent
« faux à notre égard, je dirais que vous n'avez jamais
« vu hommes plus solides au combat. »

Ensuite vint la foule des riches barons, par dessus
tous le seigneur cardinal, l'archevêque[2] et l'évêque[3],
avec la mitre et l'anneau, [6290] avec la croix et la
crosse et les missels. Il (le cardinal) parle et sermonne,
et dit avec autorité : « Seigneurs, le roi spirituel vous
« fait savoir à tous qu'en cette ville est le feu de
« l'enfer, qu'elle est comble de péchés criminels,
« [6295] car entre ses habitants séjourne leur sei-
« gneur ; et quiconque la combattra sera sauvé devant
« Dieu. Vous reprendrez la ville, occuperez les mai-
« sons ; que nul, homme ni femme, n'ait la vie sauve ;

---

1. Comparaison proverbiale qui reparait au v. 6588 et qui existait en anc. fr. : voy. l'ex. de Rutebeuf que cite M. Littré, *rosée*.
2. D'Auch. — 3. De Toulouse.

« qu'ils n'aient aucune protection à espérer ni d'église,
« ni de reliques, ni d'hôpital[1] ! Le jugement est rendu,
« [6300] la sentence a été prononcée à Rome, por-
« tant que le fer tranchant doit passer sur eux. Et
« aussi vrai que je suis saint et digne, bon et loyal,
« tandis que là dedans ils sont mauvais, parjures et
« coupables, que sur eux tous descende le glaive
« meurtrier ! » [6305] Le sermon fini, ils descendent
de cheval, et jamais plus belle troupe ne fut vue. Des
hauberts et des heaumes où resplendit le cristal, des
insignes vermeils et .....[2], des clochettes, de l'or
qui orne les poitraux[3] [6310] retentit la campagne
et le mur d'œuvre sarrazine. On range les batail-
lons en bon ordre par les jardins; dans le Château
on munit les remparts et les meurtrières d'arbalètes à tour qui lancent des traits à pointes d'acier.
De leur côté les barons de la ville et leur seigneur
légitime [6315] fortifièrent les barrières et occupèrent
les terre-pleins. En mainte manière ils montrent leurs
insignes : les deux croix vermeilles[4] et l'enseigne comtale; et le long des courtines, sur les échafauds se
tiennent les hommes vaillants, forts et sûrs, [6320]
portant les guizarmes, les grosses pierres; et en bas,
sur le sol, il en est resté, qui, armés de lances et
d'épieux à sanglier, défendront les lisses, et empê-

---

1. Cf. v. 6243 et suiv.

2. Je n'entends pas *corplaus*, que Fauriel lit *corpals* et traduit par « bardes des chevaux. »

3. Voy. p. 212 n. 5. Voir encore sur cette pièce du harnache-ment les *Éléments de sigillographie* de M. Douët d'Arcq, en tête de sa *Collection de sceaux*, p. XLVI D.

4. Les armes de Toulouse et celles du comte de Toulouse conte-naient une croix.

cheront qu'on aborde les palissades. Par les archères et les fenêtres [6325] on voit les archers qui défendent les parapets et les flancs avec des arcs de tout genre, arbalètes et arcs à main; de carreaux et de flèches il y a de pleines cuves. Partout à la ronde, la foule du peuple, armée de haches, de masses, de bâtons, [6330] les dames et les femmes portant dans des vases des pierres toutes prêtes, soit grosses soit petites. La ville est bien garnie sur ses faces, et les assaillants rangés en bon ordre, munis de feu, d'échelles, de pierres.....[1] [6335] occupent en mainte manière les tranchées. Gui, Amauri, Sicart[2], Folcaut, couverts de toutes armes, marchent en tête, avec leurs belles compagnies jusqu'au pied des fossés. La ligne d'attaque s'approche, et aussi la journée périlleuse. [6340] Que Dieu veille sur le droit!

CLXXXVIII.

Que Dieu veille sur le droit, lui qui connaît la vérité! car le cardinal et les évêques et le légat éminent, et l'abbé et le prévôt, l'évêque [de Toulouse] et les clercs prient sainte Marie et la vraie Trinité [6345] de défendre la ville comme le mérite une ville condamnée[3], et de protéger leur droit et leur loyauté, et le comte de Montfort et son noble baronage, et son enseigne au lion découpé. Mais l'agitation de l'air, les gonfanons qui frétillent, [6350] le

---

1. *Faichals?* De *lourdes* pierres, selon M. Chabaneau.
2. Sicart de Montaut? voy. plus loin la note du v. 7815.
3. C.-à-d. qu'ils prient Dieu de *ne pas* défendre la ville.

tintement des clochettes, le brillant des écus dorés raffermissent les cœurs et les remplissent d'ardeur. Les défenseurs de la ville sont tout prêts à frapper et à résister de pied ferme. Par les rues courent les chevaux armés. [6355] Là dehors, au château [Narbonnais], sur les murs crénelés et au dedans des lices, les archers courageux qui lancent maint trait acéré ont rallumé la fureur entre les deux partis. Mais le cri et les trompes et les cors qui mêlent leurs sons [6360] font retentir la Garonne, le Château et la prairie, et on entend crier Montfort! Narbonne![1] Et Français et Bourguignons[2] se sont approchés de si près qu'il n'y a plus d'autre ligne de défense que les lices et le fossé, d'où maintenant on leur envoie des pierres dans les flancs. [6365] Imbert de la Volp[3] s'est tellement avancé qu'il a jeté du remblai jusqu'au milieu du fossé. Mais quand il s'en revint arrière vers le gonfanon flottant, Armand de Montlanart[4] lui a asséné un tel coup qu'il lui met dans le côté un demi-pied d'acier. [6370] Au dedans de la ville on a dressé un pierrier

---

1. Le cri « Narbonne! » est assez inattendu; on remplacerait volontiers *Narbona* par *Tolosa*.

2. J'imagine que *Francis e Berzis* est l'équivalent de *Frances e Bergonho* qu'on trouve au v. 5124. Fauriel traduit *Berzis* par « Toulousains. »

3. « Imbert du Goupil, » Fauriel; ce n'est guère un surnom probable. P.-ê. est-ce l' « Imbert de Laia » du v. 4567? L'un et l'autre manquent dans la réd. en prose.

4. Montlanart est maintenant Mondenard, hameau de la comm. de Cazes-Mondenard, cant. de Lauzerte, arr. de Moissac. La forme « Montdenart » se trouve dès 1243 (Teulet, *Layettes du Trésor*, n° 3087). Armand de Montlanart s'est déjà montré au v. 2581. En 1241 « Arcmannus de Montelanardo » est témoin à un hommage prêté au comte de Toulouse (Teulet, *Layettes*, n° 2938).

qui taille, tranche et brise en travers et en large. De son côté, le puissant comte de Comminges au cœur sans tache a fait tendre une arbalète qu'on lui a apportée ; il y place un trait de fin acier aiguisé, [6375] vise, ajuste et tire en homme qui s'y entend, et frappe Gui de Montfort qu'il vit au premier rang, lui donnant un tel coup sur le haubert safré[1] que par le milieu des côtes et par le pan du vêtement de soie, il lui a fait passer l'acier d'outre en outre. [6380] Il tombe à la renverse, et on le relève. Le comte de Comminges lui dit une parole cuisante : « Je crois vous avoir bien piqué. « Pourtant, comme vous êtes mon gendre[2], je vous « donnerai le comté [de Comminges]. » Puis on crie : Toulouse ! en voyant l'orgueil abaissé ; et Comminges ! pour le comte ; Foix ! pour Rogier Bernart ; [6385] La Barta ! pour Espare ; Saint Béat ! pour Ot[3] ;

---

1. Coloré en bleu avec du safre ; voy. ce mot dans Cotgrave et Littré. L'explication que j'ai donnée au vocab. est à rejeter.

2. Gui de Montfort gendre du comte de Comminges ne peut être que le second fils de Simon de Montfort (voy. p. 200, note). Mais ce personnage ne figure dans le poème que sous le nom de Guiot (vv. 5973, 5979, 6961), et la suite du récit donnerait plutôt à croire qu'il s'agit de Gui de Montfort, le frère de Simon (ainsi qu'ont entendu un ancien lecteur du poème et la réd. en pr., voy. au t. I les notes des vers 6380 et 6433). Ce qui complique la difficulté c'est que le frère et le fils de Simon furent blessés, comme on le verra un peu plus loin (p. 328 n. 6) dans la même affaire, et pourtant le poème ne spécifie les circonstances de cet événement que pour un seul Gui de Montfort, celui, frère ou fils de Simon, dont il est ici question.

3. Ot de Saint-Béat (H.-Gar., arr. de S.-Gaudens) n'a pas été mentionné jusqu'ici à moins qu'il faille le reconnaître dans l'Ot du v. 6114, ce qui n'est que probable. Il paraît, en nom et surnom, aux v. 8830, 8834, en compagnie du comte de Comminges. En 1203 « Petrus S. Beati et Petrus Guillelmus et Oddo » (probable-

Montagut[1] ! et L'Isle[2] ! Montaut[3] ! et Montpezat[4] ! En montrant leurs insignes, ils ont engagé la mêlée ; mais les dards et les lances, les carreaux empennés, les pierres à main, les épieux niellés, [6390] les flèches, les traits, les bâtons carrés, les tronçons de lances, les grosses pierres précipitées de haut en bas, viennent serrés des deux parts, se mêlant comme une pluie fine, au point qu'à peine pourrait-on voir la clarté du ciel. [6395] Là vous eussiez vu tomber maint chevalier armé, fendre maint bon écu, ouvrir maint côté, et les jambes rompues, les bras tranchés, les poitrines ouvertes, les heaumes brisés, les chairs déchirées, les têtes fendues, [6400] le sang répandu, les fesses (?) coupées ; et les barons combattre ou occupés à emporter ceux qu'ils voient à terre. En mainte manière ils se sont frappés et blessés et ont coloré le champ en blanc et en rouge[5]. [6405] Gui le maréchal dit en secret au comte : « Sire, c'est pour votre malheur que « vous avez vu Toulouse et le reste du pays, car voici « votre frère mort et votre fils blessé[6] et tant d'autres

---

mert notre Ot de S.-Beat), concèdent un privilége au prieuré de S.-Béat, voy. Vaissète, IV, éd. Privat, 771 *b* n. 1.

1. Pour Bernart et Bertran de Montagut, voy. v. 6116.
2. Pour Bertran Jordan de l'Isle, voy. p. 313 n. 2.
3. Pour Rogier de Montaut, voy. p. 297 n. 2.
4. Il n'y a dans le poème d'autre personnage portant ce surnom que le Baset de Montpezat dont la mort a été rapportée au v. 5673.
5. Le rouge, c'est la couleur du sang ; mais le blanc ? s'agit-il de la couleur des hauberts, si souvent qualifiés de « blancs » dans nos vieux poèmes ?
6. Voilà qui est étrange. Il a été question plus haut de la blessure reçue par un Gui de Montfort, frère ou fils de Simon (voy. p. 327, n. 2), mais il n'a pas été dit que deux membres de la

« barons qu'on en pleurera toujours. — A la grâce
« de Dieu! Gui, » dit le comte, « c'est aujourd'hui
« que tout se décidera! — [6410] Comte; » dit
Hugues de Laci, « nous sommes en si mauvais point
« que nous recevrons ici le martyre : c'est ainsi que
« tout finira, car il me semble que nous sommes
« réduits d'un tiers. Renonçons à la lutte, ou nous
« sommes perdus, car si elle se prolonge guère, nous
« sommes massacrés! »

[6415] La bataille fut grande et fort le péril jusqu'à tant que des assaillants les meilleurs furent épuisés, tellement qu'ils firent demi-tour, eux et leurs enseignes. Et ceux de la ville crient : « Toulouse! qui
« a maté les orgueilleux[1]. Car la croix isolée[2] vient
« d'abreuver le lion [6420] de sang et de cer-
« velles; le rayon de l'étoile[3] a illuminé l'obscurité,
« et Prix et Parage recouvrent leur splendeur. »

famille de Simon, son frère et son fils aient été, l'un tué, l'autre blessé. Gui de Montfort, le frère, fut si peu tué qu'il reparaît encore plus loin à diverses reprises. Si on supposait que par ces mots : « Vous mort vostre fraire, » le poète a voulu indiquer seulement une blessure pouvant devenir mortelle, et qu'il a pris le G. de Montfort blessé pour le frère de Simon (comme la réd. en pr.), on aurait encore à se demander qui peut être ce fils blessé dont il n'a rien été dit jusqu'ici. Est-ce Amauri, le fils aîné, ou Gui le cadet? En somme le poète nous rappelle ici, et rappellera de nouveau plus loin (v. 6463-6), que le frère et le fils de Simon ont été frappés, et le récit qui précède ne fait mention que de l'un des deux. Il se peut donc qu'il y ait une lacune en quelque endroit de ce récit.

1. Ici un jeu de mots intraduisible : *que los matz a matatz*.
2. La croix de Toulouse.
3. Les armes des comtes de Toulouse portaient, outre la croix, une étoile et un croissant; voy. Douët d'Arcq, *Collection de sceaux*, n° 744.

.....[1] Puis ils disent au comte [de Montfort] : « Nous « n'avons pas fait un grand exploit : votre merci est « morte en péché[2], [6425] et avec votre présomption, « votre outrecuidance, avec votre dureté vous les « avez tellement fait souffrir[3] qu'aucun changeur n'a « jamais tant perdu au change, car vous avez donné « les toulousains pour des pougeoises à la croix[4]. « Et maintenant qu'ils ont recouvré leur bon et « légitime seigneur, [6430] voici que le lièvre a pour « toujours le champ libre[5]. » Et le comte s'en revient, le cœur triste et plein de dépit, tremblant de colère sous son heaume baissé. Les barons de Gascogne qui avaient été mandés au siége, et s'étaient rendus auprès du comte tristement et à contre-cœur [6435] qui qu'en pleure ou s'en plaigne, rient et se réjouissent. On se dit l'un à l'autre : « Ah ! la noble Tou-

1. Lacune, voy. au t. I la note du v. 6422.
2. Cela n'a guère de sens en français et n'en a pas beaucoup plus en provençal. Il faut savoir cependant que la puissance de Merci (merci ayant un sens plus général que miséricorde, et désignant en général la bonté), est un des lieux communs de la poésie des troubadours; être dépourvu de merci c'est manquer d'une des principales qualités qu'on prisait chez un seigneur aussi bien que chez une dame.
3. Fort douteux; voy. au t. I, la note du v. 6426.
4. La pougeoise, originairement denier du Puy, était une monnaie de très-peu de valeur. D'après une charte d'Alphonse de Poitiers (1253) il en fallait quatre pour faire un toulousain (Du Cange, IV, 530 *a* et V, 328 *a*). « A la croix » est une traduction hasardée de *de creis*.
5. Cette interprétation, qui est celle de Fauriel et de M. Chabaneau (*Revue des langues romanes*, 2, I, 204), sans être très-sûre, a sur celle à laquelle je m'étais d'abord arrêté (voy. au t. I la note du v. 6430) l'avantage de n'exiger qu'une très-légère correction : *a* pour *e*.

« louse, accomplie en tous biens, chez qui règne
« Parage, s'accordant avec Merci, comme vous avez
« bien, à l'aide de droiture, chassé orgueil! » [6440]
Les Français s'en retournent tristes, furieux et dépités, et les barons de la ville sont restés glorieux, car c'est Dieu et droit qui règnent.

CLXXXIX.

C'est Dieu et droit qui règnent en réalité comme en apparence; orgueil et démesure, tromperie et mauvaise foi [6445] ont été vaincus avec l'aide de droiture, car loyauté a triomphé. C'est que le comte de Toulouse avec son peu de monde, avec heureuse fortune, et avec peu d'armes, a recouvré Toulouse et reçu les serments; et les hommes de la ville, travaillant avec allégresse à la défense [6450] se sont retrouvés, pleins de joie, sous leur seigneur légitime.

Cependant le comte de Montfort mande les médecins savants pour faire des emplâtres et des onguents, et ramener à la vie les blessés; et le cardinal appelle les prêtres [6455] pour veiller à l'enterrement des morts. La nuit entière se passa pour eux en soucis croissants, et, au lever du jour le conseil se tint au château Narbonnais, dans la tour antique, en la salle pavée, [6460] devant Gui de Montfort grièvement blessé. Le comte et les ducs et les principaux barons, avec eux la comtesse, parlent en secret : « Seigneurs, » dit le comte, « j'ai bien raison d'être affligé, quand
« en peu d'instants je vois blessés mes parents, [6465]
« et ma vaillante compagnie, et jusqu'à mon fils. Si

« je perds ici mon frère[1] et demeure seul, ce sera
« pour toute ma vie un double tourment. Je défends
« la sainte Église et ses mandements, la Provence
« était mienne, avec tout ce qui en dépend, [6470] et
« c'est pour moi un sujet d'étonnement comment Dieu
« peut permettre, comment il peut lui plaire que je
« sois honni, moi, son serviteur obéissant, comment
« il m'a laissé détruire par ses adversaires. — Comte, »
dit le cardinal, « n'ayez crainte : [6475] votre esprit
« est saint et patient, et pour cela vous recouvrerez
« la ville, et bientôt. Et qu'il n'y ait église, hôpital
« ni saint[2] qui puisse leur donner asile, et les empê-
« cher de recevoir la mort, tous ceux de là-dedans!
« Et si aucuns des nôtres y trouvaient la mort en
« combattant, [6480] moi et le saint pape nous leur
« garantissons qu'ils porteront couronne à l'égal des
« saints Innocents. — Sire comte, » dit Alain, « vous
« paraissez fait pour vaincre, mais dans le cas pré-
« sent vous n'avez pas réussi, car Dieu prend en
« considération les cœurs et la conduite; [6485] c'est
« l'orgueil, la fierté, l'outrecuidance qui ont changé les
« anges en serpents. Et c'est parce qu'orgueil et
« dureté se sont emparés de vous, parce que merci
« vous est indifférente, et que discrétion vous ennuie,
« que vous aimez ce qui est triste et ce qui est lâche,
« [6490] à cause de tout cela vous est poussée une si
« grosse surdent qu'il y aura de quoi rogner pour
« vous comme pour nous. Et le Seigneur qui gouverne
« et rend de justes arrêts, ne trouve pas bon, ne peut

---

1. Voy. ci-dessus p. 328 n. 6.
2. Cf. v. 6299.

« pas permettre, que le peuple de Toulouse souffre la
« mort ni la ruine. [6495] Monseigneur le cardinal
« nous exhorte à nous montrer durs, féroces, impla-
« cables : sans doute, puisqu'il nous affirme qu'il sera
« notre garant, nous pouvons combattre avec sécu-
« rité, et nous n'avons qu'à le remercier de ce qu'il
« fait de nous des saints. [6500] Et puisqu'il se montre
« si désireux de notre salut, chacun peut connaître
« où est l'endroit sensible[1] : c'est qu'il gardera l'argent
« des hommes qui mourront. Aussi, puissé-je perdre
« l'aide de Dieu et de saint Vincent, si cette fois
« j'attaque le premier ! — [6505] Sire comte, » dit
Gervais, « je vous en dirai mon sentiment......[2] Pour-
« tant, les attaques contre la ville ne servent de rien,
« car du côté de la ville s'est accrue la vaillance et la
« hardiesse, et du nôtre la fatigue et la perte. Nous
« n'avons plus maintenant à guerroyer avec des
« hommes novices, [6510] car lorsque nous les allons
« combattre ils se défendent énergiquement, et leur
« défense est dure et sauvage. Et comme nous leur
« avons fait saigner le cœur, ils préfèrent une mort
« honorable à une vie honteuse. Foi que je vous dois,
« ils nous font bien voir [6515] quelle amitié ils nous
« portent et ce qu'ils nous veulent ; et nous les avons
« trouvés si acharnés combattants que notre troupe
« est diminuée de cent soixante hommes qui de cette
« quarantaine[3] ne porteront plus les armes. — Sire
« comte, » dit Foucaut, « mon opinion est [6520]

---

1. Mot à mot « où lui branle la dent. »
2. On peut croire qu'il manque ici un vers ou deux ; voy. au t. I la note du v. 6505.
3. Espace de temps auquel se limitait l'engagement de la plupart des croisés.

« que jamais vous n'avez eu plus grand besoin de bon
« conseil. Afin que le ravage et la guerre acharnée
« recommencent, que nous puissions les détruire et
« les massacrer dans la ville, qu'il soit fait de tels
« exploits qu'après notre mort on en parle. [6525]
« Construisons une nouvelle ville avec de nouveaux
« bâtiments, nouvellement munis de fortifications
« neuves, avec clôtures neuves formées d'abattis (?)
« neufs, nous installant à nouveau en de nouvelles
« habitations. Une nouvelle population y viendra,
« [6530] et formera une nouvelle Toulouse avec une
« nouvelle constitution. Et jamais n'aura été faite si
« riche opération, car peau et glaive, sang et cuirasse,
« se battront de leur ville à la nôtre, de telle façon
« que l'une portera le feu chez l'autre. [6535] Celle
« qui subsistera tiendra la terre. Mais de notre côté
« sera l'avantage, car il nous viendra de tout le pays
« hommes, munitions, pain, viande, vin, blé, deniers,
« rentes, étoffes, vêtements, [6540] matériaux de
« remblai, denrées de toutes sortes, avec la faculté
« d'acheter ou de vendre, et, de gré ou de force, les
« riches dons, les présents, le poivre, la cire, le
« girofle, le piment. Organisons-nous pour un long
« siége, afin de détruire la ville et d'en tirer vengeance,
« [6545] car jamais par force vous ne parviendriez
« à la gouverner; et jamais n'aura été fait siége si
« solidement établi. Faisons des courses par les envi-
« rons, pour que ceux de la ville soient privés de
« blé, de semence, d'arbres, de vignes, de fruits, de
« sarments[1], [6550] de sel, de bois, et de tous autres
« objets de nécessité. De cette façon vous les amè-

1. Pour servir de combustible ? le mot n'est là que pour la rime.

« nerez à se rendre. Et si vous arrivez à les détruire,
« vous en recueillerez tant d'honneur que vous
« ne penserez plus aux pertes que vous avez éprou-
« vées. — Seigneurs, » dit le comte, « voilà un con-
« seil qui me plaît, [6555] un bon conseil, plein de
« force et de sagesse, et tel qu'il nous le faut. —
« Sire comte, » dit l'évêque, « il ne vaut pas tout à
« fait autant : si au delà du fleuve[1] ils ont leurs
« coudées franches, qu'ils ne soient de ce côté, ni
« assiégés ni inquiétés, devers la Gascogne il leur
« viendra assez de secours [6560] pour les tenir dans
« l'abondance pendant toute votre vie. — Par Dieu!
« sire évêque, » dit le comte, « j'irai en vérité moi-
« même, avec une troupe vaillante, et je garderai la
« rivière et les passages, de telle sorte que du côté
« de l'eau il n'entrera dans la ville que du vent;
« [6565] et mon fils et mon frère feront de même sur
« l'autre rive. » C'est ainsi qu'on décida qu'il y aurait
deux siéges.

CXC.

On fut donc d'accord entre les barons et le comte,
pour établir deux siéges; [6570] puis, pour envoyer le
cardinal, le plus savant des clercs, l'abbé, l'évêque,
le prieur, le légat, prêcher la paix par toutes les terres,
chasser les hérétiques et les *ensabatatz*[2], et amener
en même temps les croisés. [6575] L'archevêque
d'Auch dit : « Sire, écoutez-moi : quand vous tiendrez

---

1. Sur la rive gauche.
2. Voy. p. 10 n. 2.

« l'autre siége, sachez en vérité que de la Gascogne
« viendra le vin et le blé, et que nous vous enver-
« rons hommes et vivres en abondance. — Sire, »
dit le comte, « merci mille fois ; [6580] mais ce n'est
« pas merveille si je suis affligé, quand, en si peu de
« temps, j'éprouve de tels revers ; car je vois tant de
« mes hommes tués et blessés que j'en perds le sens,
« le courage, l'énergie. Je me croyais arrivé au port,
« [6585] et me voilà égaré sur les ondes, en grand
« péril. Je me demande à quel moment[1] a été fixée
« ma destinée, pour qu'en si peu de temps la chance
« ait tourné contre moi au point que mes espérances
« ne sont que rosée et vanité ; [6590] car une troupe
« de vaincus nous a repoussés, et c'est là ce qui
« redouble ma colère et me fait croire que je suis
« enchanté ! — Sire, » dit Alain, « cuider est vanité[2]
« et pauvreté est vergogne, et vergogne est une
« vertu. Et celui qui cause la perte ou le dommage
« d'autrui, qui se montre présomptueux, avec sa
« science qui n'est qu'erreur [3], est lui-même déçu
« et perdu. [6595] Merci voit bien que la discrétion
« n'est pas de votre goût, et voilà pourquoi Merci et
« droiture veulent que vous ayez affaire à elles. Et
« tout prince possédant terre qui ne sait point garder
« mesure, dès que Jésus-Christ s'irrite contre lui, est

1. Sous quel astre.
2. C'est un proverbe :

    Mais on dit : Cuidiers fu uns sos.

(Vers du *Cléomadès* cité dans le *Livre des Proverbes* de Le Roux de Lincy, II, 489). On ne voit pas bien le rapport de cette maxime et des deux qui viennent après, avec la suite du discours.

3. Sens douteux. Il n'est pas sûr que le v. 6594 soit correct.

« abandonné par la fortune : il perd l'affection du
« monde et reste avec sa faute. [6600] Moi qui vous
« aime de cœur et souffre le dommage avec vous, je
« dois vous avertir quand vous faites erreur et
« péché. Si vous avilissez Toulouse, vous serez vous-
« même abaissé, car si fortune perd, loyauté gagnera,
« et là¹ est Parage, et cœur et richesse, [6605] et force
« et seigneurie² et ville capitale. Je ne dis pas pour cela
« que vous ne la prendrez pas : elle sera bientôt con-
« quise, si vous continuez aussi bien que vous com-
« mencez; et puisque la chrétienté entière vous vient
« en aide, ce n'est pas merveille si vous en venez à
« bout. [6610] Mais, par sainte Marie toute resplen-
« dissante, avant que Toulouse soit à vous, que vous
« la teniez, paradis et enfer seront de nouveau peu-
« plés, et mainte âme sera orpheline et à l'abandon.
« — Alain, » dit le comte, « c'est trop de remon-
« trances. [6615] Si je perds, si je m'affaiblis, vous
« n'y gagnez rien. Si j'ai perdu Toulouse, je tiens
« encore les dés³; et, par le saint chrême de mon
« baptême, tout le temps qui me reste à vivre je les
« tiendrai assiégés jusqu'à ce que j'y perde la vie ou
« que je les aie soumis. — [6620] Sire comte, » dit
l'évêque béni et sacré, « que le Seigneur qui vous
« fit naitre, s'il veut être honoré, considère votre droit
« et voie leurs péchés! — Avec cela, » dit le comte,
« je me tiendrai pour satisfait. » Et là-dessus il donne
ses ordres aux messagers : « Allez [6625] par toutes

---

1. Dans Toulouse.
2. Je suis maintenant porté à proposer pour le v. 6605 *E fors'e senhoria*.
3. C.-à-d. la partie n'est pas finie.

« mes terres, et dites et faites savoir que ceux qui ne
« viendront pas à moi doivent se tenir pour défiés. »
Puis il fit construire la ville [1], la faisant fortifier sur toutes
ses faces, de pieux, de clôtures, de terrassements, de
fossés, de meurtrières, de portes, d'angles [2], de
chaînes. [6630] A l'intérieur, droit d'établissement est
accordé, et de tous pays, par tous les chemins ferrés, [arrivent [3]] les marchandises, les vivres, les denrées,
la soie, la pourpre, le vermeil, le taffetas, les changeurs, les comptoirs, l'argent monnayé [4]. [6635] Le
château Narbonnais, bien muni, est gardé par des
hommes de toutes sortes, pourvus de carreaux empennés. Le comte de Montfort a partagé son armée en
deux moitiés : avec l'une il a passé l'eau [5] et est venu
suivant la rive, en bon ordre, [6640] avec sa troupe [6],
avec ses enseignes et son lion peint. De l'éclat des

1. La nouvelle ville établie devant Toulouse pour loger les
assaillants. C'était sans doute une construction en bois. Je force
un peu le sens de *garnir*.
2. « Coins, » Fauriel; je pense que *conhs* désigne les angles
qu'on ménageait dans la fortification : « Urbes et municiones sunt
« difficiliores ad impugnandum ex angularitate murorum, » dit
Gilles de Rome dans son *De re militari veterum*, Hahn, *Collectio monumentorum*, I, 56.
3. Voy., t. I, la note sur le v. 6634.
4. P. de V.-C. ne donne aucun de ces détails. Il y a sans doute
quelque exagération dans cette description de la ville que les assiégeants avaient construite pour s'y loger durant le siége.
5. Sur la rive gauche, comme on va le voir.
6. Fauriel traduit *bans* par « bannières », ce qui n'est guère
admissible; mais le sens de « troupe bannie », c.-à-d. formée de
contingents astreints au service militaire (voy. Du Cange, I, 570 *c*,
571 *a*) est, dans le cas présent, fort douteux. P.-ê. faut-il entendre par *ban* les services administratifs et judiciaires par lesquels
s'exerçait l'autorité du chef des croisés.

heaumes et des écus¹, des insignes doubles, des fourreaux niellés, des écus beaux à voir, des bordures dorées, resplendissent la rive, l'eau et le pré. [6645] Le comte est entré dans le village de Saint-Subran²; avec ses belles compagnies il a pris partout ses logis. Tandis qu'il se loge et occupe les terrasses, un chevalier s'avance jusque dans l'eau, mais ce fut folie : [6650] avant qu'il eût pu revenir vers les siens il fut tué et mis en pièces, car les hommes de la ville, le bourg et la cité, bien armés et appareillés, passent les ponts et occupent les barbacanes³; et les sergents et les archers, bien choisis et bien postés, [6655] ont de telle façon frappé et inquiété les deux sièges qu'on n'y avait repos ni la nuit ni le jour.

Voilà qu'à la tombée de la nuit, lorsque les étoiles commencent à briller, entrent dans la ville le comte de Foix et Dalmatz⁴ : il est homme preux, sage et de

---

1. Voir au vocab. *tems*; le *teint* (anc. fr. *tainz*, *teinz*, *toinz*, voy. p. ex. *Erec*, v. 3960) était un vernis ou p.-ê. une étoffe appliquée sur le bois de l'écu.

2. Saint-Cyprien, sur la rive gauche de la Garonne. P. de V.-C. est d'accord avec le poème : « Sed cum Tolosa obsideri cum
« effectu non posset nisi ultra fluvium Garumnæ, qui a parte
« Vasconiæ Tolosam vallabat, esset exercitus qui exitum Tolosa-
« nis defenderet, qui per duos pontes super ipsum fluvium eisdem
« patebat, transivit ultra comes cum multis, multis etiam citra
« dimissis cum filio suo Amalrico. Fuit illic nobilis comes ali-
« quantis diebus in burgo S. Cubrani, qui dictis pontibus con-
« jungitur. Tandem intelligens quod exercitus Amalrici non esset
« sufficiens ad resistendum inimicis, retransivit fluvium (cf.
« v. 6705 et suiv.), ut de duobus invalidis unus fieret exercitus
« validus et securus » (ch. LXXXV, Bouq. 110 A B).

3. Qui défendaient les têtes de ponts du côté de la rive gauche.

4. Dalmatz, ou Dalmau, de Creixell; voy. ci-dessus p. 166 n. 2.

bon conseil ; [6660] pour son arrivée et pour celle du comte la confiance s'est doublée [dans Toulouse]. Alors vous auriez vu maints cierges allumés, des brandons, des chandelles où la clarté brille ; les timbres, les trompes, les tambours bien accordés font retentir la ville et l'allégresse s'en accroît. [6665] Au siége, là dehors, la rumeur s'est élevée, et tel cri et telle noise qu'il semble que ce soit une tempête ; l'ost en retentit et le comte s'est armé, et a dit aux autres : « N'ayez « crainte ! » Puis il demande quelle est la cause de l'allégresse [6670] à laquelle se livrent les habitants, qui est venu à eux ? Robert de Beaumont[1] dit : « Sire « comte, sachez que c'est, ce me semble, le comte de « Foix qui est venu à leur secours ; et voulez-vous « savoir qui il a en sa compagnie ? Maints chevaliers « catalans, [6675] maints Aragonnais, et nombre « d'autres encore. Dans la ville les citoyens prennent « les armes ; et il vient d'arriver ainsi en secret pour « vous livrer bataille, si vous les attendez ici. — « Attendre ! » dit le comte, « vous m'estimez bien « peu ! » [6680] Et en homme dur, habile, intrépide, prudent, il leur a dit à tous ensemble : « Écoutez « ceci : Voici qu'est venu le terme, que le jour est ar-« rivé, où je reprendrai Toulouse et reconquerrai mon « honneur ; et si l'Espagne venait tout entière à un « seul cri, [6685] ils auraient aussitôt bataille, si vous

---

1. Le seul Robert de Beaumont sur lequel je rencontre une mention au commencement du XIIIe siècle, est Robert, vicomte de Beaumont et de Sainte-Suzanne, qui en 1231 fait hommage au comte de Champagne. D. Villevieille, *Trésor généalogique*, Bibl. nat., Cabinet des titres, 114 bis. Faut-il l'identifier avec un « Robertus de Bello monte » qui, en 1231, servait dans l'armée du roi (Bouquet, XXI, 224 A) ?

« n'aviez pas peur. Car pour moi, j'aime mieux com-
« battre qu'être dépouillé. — Sire, » dit Manassès[1],
« tout au contraire, n'en faites rien, et, si vous m'en
« voulez croire, vous agirez plus sagement. Le comte
« de Toulouse a la chance pour lui, [6690] le comte
« de Comminges est un chevalier d'élite, le comte de
« Foix est brave, comme aussi son fils Rogier Bernart,
« de même B. de Comminges[2], et tant de seigneurs
« dont vous avez fait périr les parents; avec eux sont
« les Toulousains, tous unanimes. [6695] Quand il
« leur souvient du glaive avec lequel vous les avez
« saignés, ils se sentent disposés à tout risquer pour
« vous tuer, ou pour mettre en déroute le siége de
« l'autre rive. Voilà pourquoi personne ne vous
« demande ni ne désire le combat. — Seigneurs, »
dit le comte, [6700] « je ne puis combattre seul, et il
« ne me plait pas de reculer. C'est ma destinée. Mon
« cœur est triste et glacé, de ce que je n'ai pas le
« pouvoir comme j'ai la volonté, car vous attisez mon
« dépit (?), car vous me jetez dans le désespoir, car
« enfin je quitte le siége honteux et contraint. » [6705]
Et là dessus ils sortirent pêle-mêle de la ville[3], chevaliers et bourgeois et maints d'autres en armes, et le
siége est levé, et tellement vite abandonné que l'un
n'attend pas l'autre[4], mais lui dit : « Marchez! » Celui-
là se tient pour sauvé qui est le plus en avant. [6710]
Le comte bat en retraite en colonne serrée, formant
l'arrière-garde avec les mieux montés de ses hommes.

1. Probablement le même que « Manassès de Cortit », v. 7006.
2. Fils du comte de Comminges, voy. p. 297 n. 1.
3. La ville temporaire décrite ci-dessus, v. 6627 et suiv.
4. Cf. p. 213 n. 4.

La flottille était toute prête sur la rive, et lorsqu'ils en approchèrent tous ensemble, chacun s'est pressé au point qu'on se bouscule pour arriver le premier. [6715] Le comte, pour les retenir, vint d'un tel train qu'il tomba dans l'eau et faillit se noyer; mais celui qui se trouvait le plus près de lui le sauva[1]. Toutefois son cheval, avec sa housse, se noya, ...[2] et eut par la suite la housse, la fleur et le fruit et l'honneur, [6720] et ainsi la joie brille de nouveau et l'orgueil est abaissé. Le comte de Montfort entra à Muret, et [de là] vint à l'autre siége, étonné d'être aussi malheureux.

Cependant le comte de Toulouse a mandé ses barons, [6725] et veut prendre conseil avec ses amis privés sur la défense de la ville.

CXCI.

Pour défendre la ville et résister à l'ennemi, le comte de Toulouse délibère avec ses alliés : le comte de Comminges de mérite accompli, [6730] le riche comte de Foix, fleur de courtoisie, Rogier de Comminges le fils de sa sœur[3], Rogier Bernart, plein de sens et de valeur, Bernart de Comminges qui porte l'oriflamme de prix, de largesse, de joie, d'honneur, [6735] Dalmatz de Creixell[4], vaillant vavasseur catalan, né d'une noble famille, et maint haut baron et maints conseillers ; avec

---

1. Cet accident est aussi raconté par P. de V.-C. (ch. LXXXV, Bouq. 110 B) qui présente le sauvetage de Simon comme un fait miraculeux.
2. Voir au t. 1 la note du v. 6719.
3. De la sœur du comte de Foix, voy. p. 295 n.
4. Voy. p. 166 n. 2.

eux les plus notables de la ville, chevaliers et bourgeois, et les capitouls. [6740] Ce conseil fut tenu au petit Saint-Sernin[1]. Le comte de Toulouse fit faire silence ; il rassemble ses idées, et leur dit : « Seigneurs, « j'adore Dieu Jésus-Christ, rendons-lui grâces de ce « qu'il nous aide et se range de notre côté; [6745] de « ce qu'il nous a tirés de peine, de tristesse, de lan- « gueur. Il nous a envoyé ici une grande splendeur « qui nous a remontés, moi et vous tous. Lui qui est « saint et digne et plein de bonté, qu'il entende ma « plainte et prête l'oreille à ma prière ; [6750] qu'il con- « sidère mon droit, à moi pécheur qui lui appartiens ; « qu'il nous donne le pouvoir et la force, le courage « et la vigueur de défendre honorablement cette ville. « Et il est grandement temps qu'il nous défende de « mal. Par sainte Marie et par le saint Sauveur, [6755] « il n'y a baron ni comte, chevalier ni comtor[2], qui ait, « pour faire un exploit ou pour s'enrichir, causé « dommage à une maison religieuse, ou à des pèlerins, « que je ne le fasse brûler ou pendre, ou sauter en « bas d'une tour[3]. Et puisque Dieu m'a rendu la capi- « tale de ma terre, [6760] qu'il me prenne, s'il le veut « bien, désormais pour son serviteur ! » Le comte de Comminges dit : « Ce conseil me plaît : Dieu et le « monde nous en sauront gré. Et si la sainte Église « et ses prédicateurs nous font mal ou dommage, « gardons-nous de leur en faire, [6765] mais prions

---

1. Ainsi traduit Fauriel. Je ne vois pas qu'il y ait eu deux Saint-Sernins, un grand et un petit. P.-è. faut-il rapporter *menor* à *parlament* ?

2. Voy. le vocabulaire.

3. Pour ce dernier genre de supplice, cf. p. 213 fin de la note 2.

« Jésus, le père rédempteur, de nous donner auprès
« du pape un avocat par qui nous puissions avoir paix
« et amour avec la sainte Église. Du mal et du bien
« qu'il y a entre nous et nos adversaires, nous nous
« en remettrons à la connaissance et au jugement de
« Jésus-Christ. » [6770] Les plus notables barons
approuvèrent ce conseil. Le puissant comte de Foix,
au teint frais, prit la parole après le comte [de Toulouse], et dit : « Barons toulousains, écoutez mes
« paroles : vous devez avoir grande joie, car tous vos
« ancêtres [6775] ont été bons et loyaux envers Dieu
« et leur seigneur. Vous avez honoré vous-mêmes et
« eux, en faisant récemment épanouir une fleur qui
« fait resplendir l'obscurité et paraître la clarté. Vous
« avez ramené à la lumière Prix et Parage, [6780] qui
« s'en allaient errant sans but par le monde. Eh bien !
« vous qui êtes vaillants, vous qui avez souffert, s'il
« existe parmi vous un arbre mauvais, déracinez-le
« et jetez-le au loin. Vous entendez bien où tend cette
« parole : [6785] à ce qu'il n'y ait jamais entre vous
« faux visage ni traître. Et puisque le comte Simon
« nous menace et nous harcèle de ses coureurs, vous
« avez besoin de chevaliers, et il vous en faut cher-
« cher au dehors, avec qui nous puissions anéantir l'or-
« gueilleuse attaque qui nous menace[1]. » Dalmatz de
Creixell dit : A bon entendeur [6790] on doit donner
« de bons conseils, afin qu'il en choisisse le meilleur.
« Maintenant que Dieu nous a rendu notre chef

---

1. Le but de ce discours, s'il y a lieu, ce qui n'est pas sûr, de serrer de près ces paroles un peu vagues, est de montrer aux Toulousains qu'ils ne peuvent se passer du secours des chevaliers du dehors, et par conséquent de prévenir des jalousies intestines.

« suprême¹, il est bien raison que vous nous aimiez
« de bon amour, car désormais vous pouvez être sans
« crainte au sujet de cette ville-ci, car nous sommes
« hommes à la défendre contre tous assaillants. [6795]
« Je suis venu de ma terre pour venger mon sei-
« gneur², et je me tiendrai dans la ville, sans aller
« ailleurs, jusqu'à ce que vous ayez cessé d'en faire
« la capitale ou que vous en ayez acquis une meil-
« leure. » Roger Bernart dit : « Puisque d'un côté
« comme de l'autre nous sommes tous bien véritable-
« ment dans l'ardeur [de la guerre], [6800] que per-
« sonne ici ne tienne ouverts boutique ni atelier,
« mais soyons tout le jour là dehors, au .....³ et fai-
« sons des abattis et telles défenses que les sergents,
« les archers et les frondeurs, quand ils seront pressés
« de trop près, aient une retraite assurée. [6805] Les
« assiégeants sont durs à l'attaque, et quand leurs
« troupes d'assaut se présenteront, les dards et les
« flèches et les carreaux pointus leur tueront tant de
« monde, tant de bons chevaux que les corbeaux et
« les vautours s'en donneront à cœur joie. [6810] Et
« s'il nous vient des amis, des auxiliaires, nous irons
« combattre les assiégeants jusque dans leur camp,
« mais avec si peu d'armes⁴ il n'y a pas lieu d'attaquer. »
Bernart de Comminges dit : « Par peur de nous,
« [6815] les Français, quoique vaillants guerriers et

---

1. Le comte de Toulouse.
2. Le roi d'Aragon, tué à Muret.
3. Voir le vocab. au mot *trepador*.
4. Il ne pouvait plus rester beaucoup d'armes dans la ville, après les perquisitions ordonnées par Simon (v. 5515). Cette pénurie d'armes est exprimée aux vers 5899, 6073-4, 6447.

« durs combattants, ont perdu le tiers de leur valeur,
« en levant le siége si honteusement que jamais le
« comte de Montfort n'a éprouvé échec plus désho-
« norant. » Entre les vaillants comtes se leva un bon
et sage légiste, bien parlant et savant; [6820] on
l'appelle maître Bernart[1], c'est un enfant de Toulouse.
Il parle avec douceur : « Seigneurs, grâces vous soient
« rendues pour le bien et pour l'honneur que vous
« dites de la ville. Nous portons à Dieu notre plainte
« contre monseigneur l'évêque qu'il nous a donné
« pour pasteur, [6825] car il a mené ses ouailles à
« perdition, voulant les conduire en tel lieu où pour
« chaque brebis il y avait mille ravisseurs. Et puisque
« nous avons pour défenseur Dieu Jésus-Christ, tels
« nous pensent occire et nous assaillent [6830] que
« nous occirons par l'épée et qui périront douloureu-
« sement. Ce qui doit nous encourager à la vaillance
« et à l'endurance, c'est que nous avons une bonne
« ville et nous la rendrons meilleure encore. Faisons
« bonne garde le jour et la nuit jusqu'à l'aube; faisons
« des pierriers et des calabres tout à l'entour des

---

1. Ce personnage, qui reparait plus loin avec la situation d'un homme d'autorité et de bon conseil, est probablement identique au *magister Bernardus* qui figure comme témoin dans un acte toulousain de 1199, Arch. nat. JJ 21, fol. 35 v°. Il était consul, ou capitoul, cette même année et le fut de nouveau en 1207. Il l'était encore au moment du siége, d'après le vers 8244, mais on n'en a pas la preuve d'ailleurs, parce que les listes des magistrats municipaux manquent pour les années 1215-8; voy. Du Mège, *Histoire des institutions de Toulouse*, I, 345. « Magister Bernardus » est témoin dans un acte de 1213, Vaissète, III, pr. 292. Enfin, dans un acte de 1226 contenant la délimitation de la banlieue de Toulouse, est mentionnée la « Batista (*bastide*) magistri Bernardi », Du Mège, *ibid.*, p. 429. Voir encore ci-dessus p. 153, n. 2.

« remparts [6835] et que le trébuchet brise le mur
« sarrazin[1], le château Narbonnais, la guette et la
« tour. Au nom du chapitre, composé d'hommes
« honnêtes et bons administrateurs, moi, qui suis
« l'un d'eux, je déclare pour moi et pour eux et
« pour tout le reste de la population, grands et petits,
« [6840] que nous risquerons tout, chair et sang,
« force et vigueur, avoir, pouvoir, sens, valeur, pour
« le comte monseigneur, afin qu'il conserve Toulouse
« et tout le reste de la terre. Et nous voulons vous
« faire savoir, et que cela reste entre nous, [6845]
« que nos compagnons s'en iront à la Toussaint pour
« louer des chevaliers, et nous savons bien où. »
Arnaut de Montagut[2] leur dit : « Je vais avec eux, et
« les mènerai en sécurité jusqu'à Rocamadour. Ber-
« nart de Casnac[3] les recevra au retour, [6850] et

---

1. C.-à-d. « antique », plus particulièrement « romain ».
2. Ce nom et ce surnom étant assez fréquents (cf. vv. 2101 et 2458), il est difficile d'identifier le personnage qui les porte ici. Un Arnaut de Montagut figure en 1201 dans une charte de R. Rogier, vicomte de Béziers (Doat, CLXIX, 93); un autre en 1224 dans un acte d'échange entre Matfre de Rabastens et le comte de Toulouse (Teulet, *Layettes du Trésor* n° 1680); en 1227 dans une charte de Guill. Peire, évêque d'Albi (Doat, CV, 278); en 1231, avec la qualification d' « Albiensis miles », dans une transaction entre l'abbaye de S.-Audart (Montauban) et le comte de Toulouse.
3. En septembre 1214, Raimon, vicomte de Turenne, fait hommage à Simon de Montfort pour les biens de « B. de Casnac » et de son épouse « Helvis ». Ces biens avaient été confisqués au profit de Simon « propter gravia et enormia delicta que adversus Deum
« et sanctam matrem Ecclesiam et dominum nostrum S. comitem
« de Monteforti in pluribus commiserant », et par Simon concédés au vicomte de Turenne. L'acte paraît être une restitution déguisée, parce que le vicomte s'y porte garant de la fidélité de B. de Casnac (Doat, LXXV, 55; Molinier, *Catal.* n° 88). On y voit

« vous nous verrez venir, s'il plaît à Dieu, à Pâques.
« Et vous, travaillez à fortifier la ville, tandis que
« vous en avez le loisir. » Le conseil se sépare dans
la joie et l'allégresse, et on le vit bien à l'œuvre.

CXCII.

Et on le vit bien à l'œuvre et à tous les métiers[1],
[6855] tant il y eut, au dedans comme au dehors,
d'ouvriers qui fortifièrent la ville, les portes, les terrasses, les murs, les bretèches, les échafauds à double
étage, les fossés, les lices, les ponts, les escaliers. A
l'intérieur de la ville de nombreux charpentiers [6860]
font des trébuchets doubles[2] au tir rapide, de sorte

mentionné, comme ayant appartenu à « B. de Casnac » un
château « de Allac » qui est maintenant Aillac, cant. de Carlus,
arr. de Sarlat, sur la r. d. de la Dordogne. *Casnac* est Cazenac
(manque sous cette forme dans le Dict. des Postes), cant. de Sarlat, à 8 kil. environ au S.-O. de cette ville; voir De Gourgues, *Dict.
topogr. de la Dordogne*. Le pays de Bernart de Casnac étant ainsi
déterminé, on peut selon toute vraisemblance identifier ce personnage avec un Bernart que mentionne P. de V.-C. (Bouquet, 98 D
et 104 c) et qui est surnommé « de Casnacio » dans l'édition de
Du Chesne, « de Causacio » dans celle de D. Brial, « Bernart de
« Canac » dans l'ancienne traduction française du ms. Noblet de la
Clayette, la vraie forme devant être en latin « de Casnaco ». En
effet, ce Bernart, qualifié par P. de V.-C. de « homo crudelissimus
« et omnium pessimus », était selon le même historien beau-frère
du vicomte de Turenne, et occupait un château de Montfort, qui,
d'après le contexte, est indubitablement Montfort, com. de Vitrac,
sur la rive droite de la Dordogne, entre Cazenac et Aillac.

1. Il semble que ce soit le mot *obra* qui ait amené *mestiers*, qui
n'a guère de signification ici.

2. Je ne vois pas ce que signifie « double », sinon peut-être que
ces trébuchets étaient d'une dimension extraordinaire.

que le château Narbonnais, qui leur fait face, n'a plus ni tour, ni salle, ni créneaux, ni murs, qui soient entiers. Le champ de Montoulieu[1] est partagé par moitié entre les sergents et les archers des deux partis ; [6865] alors commencent les combats et les périls de la guerre ; le glaive, le sang et l'acier ont là maille à partir ensemble ; l'herbe verte en devient vermeille comme rosier, car on n'y fait pas de prisonniers.

Le riche comte bien aimé sortit de Toulouse [6870] et alla recevoir Foix[2] pour améliorer encore la situation. Pour rehausser Parage, Berengier le lui rendit[3]. Arsin de Montesquieu[4], un vaillant chevalier, natif de Gascogne, homme sûr et honnête, en qui valeur et toutes bonnes qualités abondent, [6875] est venu de son plein gré défendre Toulouse et le comte.

De son côté le comte de Montfort, habile discoureur, homme dur, puissant et adroit en affaires, a convoqué ses meilleurs conseillers. Il s'exprime en bons

---

1. Voy. ci-dessus p. 308 n. 1.
2. Je ne vois pas comment le comte de Toulouse pouvait à ce moment quitter Toulouse pour aller se mettre en possession du château de Foix, et j'ignore qui était ce Bérengier qui, d'après le vers suivant, le lui rendit. Cependant le fait n'est pas impossible, parce que ce fut effectivement au commencement de l'année 1217 que le comte de Foix rentra en possession de son château (Vaissète, III, 295-6).
3. Ne pas tenir compte de la correction proposée pour le v. 6871.
4. Un « Arssinus de Monte-esquivo », sinon le nôtre, p.-ê. son fils, est témoin en 1246 à la cession du comté de Fézenzac à Raimon VII (Teulet, *Layettes du Trésor*, n° 3467). Il tirait probablement son nom de Montesquiou-sur-Losse, arr. de Mirande (Gers). — Il ne faut pas tenir compte de la correction proposée au v. 6872.

termes devant les chefs de l'armée : [6880] « Sei-
« gneurs, » dit le comte, « grand est mon souci, car
« il m'est venu de nouveaux sujets de tristesse, de
« douleur et d'embarras. Moi qui croyais avoir pris le
« dessus sur mes ennemis, conquérir Provence, et
« devenir pacificateur, maintenant je suis forcé de
« reprendre les armes, [6885] car le comte Raimon
« est venu comme un ouragan, avec le comte de
« Comminges, le comte Raimon Rogier[1], son fils
« Rogier Bernart, son cousin Rogier[2], Bernart de
« Comminges, et maints autres guerriers, les hommes
« de Toulouse, les sergents, les routiers, [6890] qui
« m'ont enlevé la ville, massacré mes compagnons;
« et c'est là ce qui irrite ma colère, ma douleur et
« mon désir. Et ce n'est point merveille si mon allé-
« gresse s'en va, quand je vois les lièvres tenir tête
« aux levriers. — Sire comte, » dit l'évêque, « quel
« est donc le proverbe [6895] qui dit[3] : « qui aime
« bien châtie bien[4]? » Il ne vous sied point d'être
« irrité ni effrayé, car en peu les points de l'échiquier[5]
« seront doublés pour vous. Monseigneur le cardinal,
« qui est à la fois lumière et chandelier, a envoyé
« par les terres des clercs et des latiniers[6] [6900]

---

1. Comte de Foix.
2. Rogier de Comminges, voy. ci-dessus p. 295 n.
3. C'est l'interprétation de Fauriel; mais un autre sens est également possible : « Que veulent dire ces paroles amères (reproviers)? « car ..... »
4. HEBR. XII, 6.
5. M. à m. « se doublera le tablier » de même qu'on a dit en français « doubler l'échiquier » (Roman de la Violette, v. 5195), mais l'expression est elliptique; voy. le v. 7943.
6. Messagers parlant diverses langues, voy. p. 305 n.

« chargés de prêcher par les royaumes, les comtés,
« les empires; aux abbayes il a adressé d'autres mes-
« sagers, pour qu'on nous envoie de l'argent, et alors
« nous aurons des mainadiers. Et quand janvier sera
« passé, vous verrez venir de toutes parts tant de
« croisés et de mainadiers, [6905] par centaines et
« par milliers, que si Toulouse était aussi haute que le
« clocher, il n'y resterait clôture, ni mur, ni traverse,
« qui ne soit enfoncée ou brisée en morceaux. Les
« hommes et les femmes et les enfants à la mamelle
« [6910] seront tous passés au fil de l'épée, s'ils ne
« sont dans les moutiers; et puis par tout le pays sera
« faite la paix. » Robert de Piquigni[1], un vaillant
soudoyer, homme preux et sage, riche et plaisant,
venu de France, a répondu sagement : [6915] « Ah
« Dieu! sire évêque, c'est à tort que vous nous re-
« prenez, car depuis que le comte Raimon s'est
« mis en aventure, il me paraît que l'incendie gagne.
« Celui qui, tant que son cœur reste bon, conquiert
« des terres, perd ce qu'il a conquis dès qu'il se montre
« présomptueux. [6920] Dès que le cœur lui manque,
« l'héritier [légitime] reprend son bien. Il est dans la
« nature du Français que tout d'abord il gagne[2]; il
« gagne tant qu'il monte plus haut qu'un épervier, et
« quand il est au sommet de la roue, il est si pré-
« somptueux que son orgueil éclate et se brise,

---

1. Cf. ci-dessus p. 43 n. 1.
2. La même idée se retrouve dans une suite de dictons relatifs à diverses nations qui nous sont parvenus par différentes sources, et se rencontrent sous la forme d'hexamètres dès le XIIe siècle. On y lit :

Vincere Francigenis mos est, non sponto nocere.

« l'échelle manque, [6925] il tombe à la renverse et
« reste à terre ; n'étant pas bon seigneur, il perd ce
« qu'il gagne. C'est par l'orgueil français et pour de petits
« exploits[1] que périrent en Espagne Rolant et Olivier.
« Le comte perd la terre parce qu'il est mauvais sei-
« gneur : [6930] il l'a conquise par la croix et le fer,
« du port de la Réole jusque là-haut à Viviers, sans
« qu'il en manque rien sinon Montpellier[2] ; il en prend
« les rentes, les marcs et les deniers, et ensuite il l'a
« livrée à des diables [6935] qui ne pensent qu'à mal-
« traiter et à détruire le peuple. Et Dieu qui est saint,
« qui est digne, simple et vrai, entend bien les plaintes,
« et voit les actes qui se répètent ; et voilà pourquoi
« il nous a envoyé des compagnons qui nous font
« naître un suros dont nous n'avions guère besoin.
« [6940] Et puisque Toulouse a souffert maint mortel
« tourment, il n'y a pas lieu de s'étonner si elle a eu
« sa revanche. Et pour l'avoir soumise à des goujats
« et à des mendiants, le comte et nous tous en serons
« récompensés en ce que les nôtres auront leur affaire
« par les sentiers[3] ; — [6945] car celui qui dépouille,
« qui détruit, qui massacre les maîtres du sol, est

(Bodleienne, Digby 53, fol. 16, publ. dans mes Rapports au ministre, p. 179 ; Musée Brit. Cott. Vesp. D XIII, publ. dans les *Reliquiæ
antiquæ* de Th. Wright et J. O. Halliwell, I, 5). — Et dans les
Leys d'amors, II, 70 : *Li Frances sobrancejo.* — La même idée se
retrouve dans une homélie de Raoul Ardent : « Si Gallus es, stude
Gallis innatam superbiam superare. » (Migne, CLV, 1949).

1. Allusion à Rolant refusant de sonner du cor.
2. Qui relevait du roi d'Aragon.
3. Allusion, et ce n'est pas la première (cf. v. 827-8), aux dangers qui menaçaient les croisés retournant chez eux ; voir encore
v. 7130.

« condamné à porter [partout] le feu et la fureur, et
« à souffrir jusqu'au bout[1]; et voilà pourquoi notre
« succès est bien aventuré. — Comte, » dit Gui de
Lévi, « il est facile de dire ce qui en est : plus la
« perte s'accroit, et plus le trésor diminue. [6950] Ce
« siége ne fait que trainer en longueur. Vous ne
« sauriez tant entreprendre avec le secours de vos
« prêtres que vous n'y trouviez à faire pour dix ans.
« Mais, si vous m'en voulez croire, nous en finirons
« promptement. De grand matin, à l'heure où le
« tourrier sonne l'aube, [6955] ayez fait préparer
« tous vos chevaliers, et les vaillantes compagnies et
« tous les écuyers, les cors et les trompes et les porte-
« enseigne. L'hiver[2] est vif, dur, froid et noir, et les
« hommes [de la ville] seront au lit avec leurs femmes;
« [6960] et tandis qu'ils demanderont leurs vêtements
« et leurs chausses, nous nous risquerons, nous et nos
« chevaux. Franchissons les passages, occupons les
« chemins, [allons] droit à la porte, tuons les portiers;
« que par toute la ville commencent la lutte, [6965]
« le cri et la noise, l'incendie et le carnage, la mort et
« le glaive, le sang et la flamme, et que de nous ou
« d'eux ce soit le dernier jour, car une mort honorable
« vaut mieux que la misère[3]! — Par Dieu! Gui, » dit

---

1. On pourrait aussi entendre *portar* (v. 6946) au sens de « sup-
« porter », mais cela serait en contradiction avec *portar foc el aiga*
du v. 3350.

2. P. de V.-C. dit que le lendemain de la Saint-Jean (25 juin)
1218, le siége durait depuis neuf mois environ (Bouq. 111 E, 112 A);
il s'était donc prolongé pendant tout l'hiver de 1217 à 1218.

3. Même idée qu'au v. 4663, où j'ai p.-ê. eu tort de traduire
caitivier, au sens étymologique, par « captivité ». Cf. *Mais val*

Alain, « comme vous êtes plein de bonté, [6970] et
« bon ami du comte, je veux que vous entriez
« le premier; et si le comte y est le second, moi je
« serai le troisième. — Alain, » dit le comte, « il
« n'en sera point fait autrement, pour cette fois.

CXCIII.

« Pour cette fois il sera fait ainsi : [6975] à l'aube
« du jour nous serons tous armés de toutes armes,
« et montés sur nos bons arabes. Nous aurons établi
« notre embuscade bien à couvert, et les meilleurs
« troupes et les plus habiles engageront la lutte jus-
« qu'à ce que ceux de Toulouse soient sortis. [6980]
« Et quand ils seront dehors, répandus par le champ,
« nous viendrons tous ensemble, en grande force,
« éperonnant, combattant, frappant, disposés à
« bien faire, si bien que, partagés entre l'acier et le
« glaive, avant qu'ils aient pu se reconnaître, [6985]
« nous entrerons avec eux, en telle force que nous
« aurons la ville, ou nous y trouverons notre fin. Mieux
« vaut courir la chance de succomber ou de nous sauver
« ensemble, que de tenir si longtemps un siége hon-
« teux ! — Sire, » dit Amauri, « vous avez bien dit,
« [6990] et moi avec ma troupe j'engagerai l'af-
« faire. »

Le conseil fini, ils allèrent manger et dormir, et,
au point du jour, les uns établirent l'aguet, tandis que
les autres font force d'éperons par la plaine unie. Ce

---

prous mortz qu'aols vidoira (= *vida*), Bartsch, *Denkmæler der prov.
Liter.* p. 137, 1, et la note de l'éditeur.

que les défenseurs de la ville ayant vu et ouï, [6995] le cri et la noise s'élevèrent de toutes parts. Aussitôt éveillés, ils prennent les armes en telle hâte, qu'ils laissent de côté braies et chemises[1]; et la place et le champ sont bientôt occupés par les cors, les enseignes, les trompes, et les cris de guerre retentissent. [7000] Tandis que les Français se précipitent ensemble par le champ, Bernart de Comminges prend le commandement des hommes de la ville, pour qu'ils ne se fassent pas exterminer, et leur crie que l'ennemi ne tiendra pas contre eux[2]. Le comte, Amaury, Alain tout dispos, [7005] Foucaut, Robert[3], Pierre de Voisins[4], Robert de Beaumont, Manassès de Cortit, Hugues de Laci[5], Rogier d'Andelis[6], éperonnent ensemble. Ils furent si bien suivis, et là où ils abordèrent [l'ennemi] il y eut si beaux

1. C'est ce qui s'appelait, au xvie siècle, s'armer à cru.
2. C'est le sens donné par Fauriel, mais les mots du texte *no serian sofrit* ne sont pas clairs.
3. Robert de Piquigni; cf. v. 6912.
4. *Peire de Vezit*, pour la rime, ailleurs *Vezis*; dans P. de V., qui mentionne ses exploits au siège de Toulouse (Bouq. 110 x, 111 A) « Petrus de Vicinis ». Il tirait son surnom de Voisins, lieu dépendant de la commune de Saint-Hilarion, cant. de Rambouillet; voy. *Cartul. de N.-D. des Vaux de Cernay* (au Dict. topogr. II, 401 A). Il était donc à peu près du même pays que Simon de Montfort; aussi n'est-on pas surpris de le voir (v. 7129) escorter la comtesse de Leicester se rendant en France. Il figure dans des actes relatifs à l'abbaye de N.-D. des Vaux de Cernay en 1208, 1210 et 1225 (*Cartul.* n[os] CLIV, CLXIX et CCLVII). Il est témoin d'actes passés dans le Midi en 1228 et 1229 (Teulet, *Layettes du Trésor*, n°s 1980 et 2004) et 1240 (*Bibl. de l'Ec. des ch.* 2, II, 375). Enfin, on le voit sénéchal de Toulouse sous Alphonse de Poitiers jusqu'en 1251 (Boutaric, *Saint Louis et Alphonse de Poitiers*, p. 169). Son sceau est décrit dans Douët d'Arcq, *Collection de sceaux*, n° 5106.
5. Voy. ci-dessus p. 43 n. 4, et p. 253 n. 3.
6. Voy. p. 45 n. 2.

coups férus, [7010] que ceux de la ville trébuchent et tombent les uns après les autres ; nombre d'entre eux tombèrent dans l'eau tout habillés. Les Français ont fait une attaque si furieuse qu'ils ont passé le fossé et l'eau. Cependant ceux de la ville, grands et petits, s'écrient : [7015] « Sainte Marie, sauve-nous, que « nous ne soyons pas anéantis ! » Rogier Bernart éperonne et vient défendre le passage ; il résiste énergiquement et rétablit le combat. De leur côté, les hommes de la ville et les bannis réunis ensemble, [7020] chevaliers, bourgeois et hardis sergents, supportent l'effort de l'attaque. De part et d'autre ils se sont frappés de telle sorte que le Château, la ville et le champ en retentissent. Mais les dards et les lances, les épieux acérés, [7025] les masses fourbies, les écus brunis, les haches aiguisées et les aciers trempés, les pierres, les carreaux fourbis, les lames et les flèches, les moellons préparés d'avance, tombent si serrés des deux parts [7030] que les hauberts et les heaumes sont brisés et fendus. A force de résister et de frapper, ils (ceux de la ville) les ont tellement pressés[1] qu'ils les ramènent battant, et les repoussent en désordre, tombant abattus et blessés dans le fossé. [7035] Se défendant et battant en retraite, les barons [croisés][2] sortent de la ville, et leurs chevaux sont ensevelis sous la glace. Insignes et couvertures, bons chevaux arabes, garnements doubles, écus peints à

---

1. D'après la correction proposée au v. 7031 ; on pourrait aussi supposer une lacune entre *vencen* et *adaptit*.

2. *Li baro*, 7035 ; Fauriel entend les barons de Toulouse. Le texte est ici fort confus. Je ne cherche pas à traduire exactement les vers 7034-5.

fleurs, freins et selles, poitraux[1] brisés, [7040] y restent engagés en mainte manière. Au moment où la mêlée se rompit, ils se refrappèrent de telle sorte qu'il n'y a corps ni membre qui ne s'en soit ressenti. Et lorsque, tant du dedans que du dehors[2], on eut abandonné la lutte, [les assiégés] entrent joyeux et triomphants dans la ville, [7045] tandis que les Français s'en reviennent le cœur plein de douleur.

Et quand le comte fut rentré, et qu'on se fut désarmé, le cardinal et l'évêque se présentèrent revêtus des habits sacerdotaux, et saluèrent le comte, lui donnant leur bénédiction. « Sire comte, » dit l'évêque, « ces hommes réprouvés, [7050] si Jésus n'en pense, « seront difficiles à convertir. — Évêque, » dit le comte, « Dieu m'a bien protégé, mais je crois que « vous et le clergé m'avez trahi, car la place que « j'avais conquise la croix à la main, glaive et « mauvaise fortune m'en ont dépouillé. — [7055] « Comte, » dit le cardinal, « priez le Saint Esprit qu'il « n'ait point entendu votre plainte ni votre blas-« phème, car celui qui se laisse aller à la colère, re-« nonce[3] à merci, à droiture, à sagesse; et là où merci « décline, où le bien est oublié, [7060] merci y perd « son nom, le gouvernement et la direction. — « Sire, » dit le comte, « pardonnez-moi cette faute, « je suis si dépité et si furieux que je ne sais plus ce « que j'ai dit. J'ai bien droit d'avoir le dépit au cœur,

---

1. Armure de cheval, voy. pp. 212 n. 5 et 321 n. 3.
2. Assiégés et assiégeants.
3. Je traduis d'après la correction proposée à la note du v. 7058. On pourrait aussi supposer une lacune, avant ou après ce vers, ou encore après *e bon sen*.

« et d'être hors du sens, quand une gent perdue m'a
« dépouillé, à ce point que [7065] jamais, si long-
« temps que je vive, je ne m'en serai assez vengé.
« Mais, par sainte Marie qui a nourri son fils, si je ne
« puis trouver moyen de les déconfire, je vois mes
« affaires et les vôtres compromises et à l'aven-
« ture. »

CXCIV.

« [7070] Nos affaires sont à l'aventure, et je me
« croyais si assuré de n'avoir plus à souffrir mal ni
« guerre, ni peine, sinon du côté de la Provence; et
« encore pensais-je bien la conquérir, et abaisser et
« détruire tous mes ennemis, gouverner mes terres,
« acquérir assez de puissance [7075] pour me faire
« obéir de tous par gré ou par force, aimer sainte
« Église et servir Jésus-Christ! Maintenant je ne sais
« plus que dire ni qui m'a ensorcelé : les merveilles
« que raconte Merlin me semblent se réaliser[1]. [7080]
« Jamais je n'aurais cru m'abuser à ce point[2] : je
« croyais être bien sûr et certain que le comte Rai-
« mon s'était réfugié chez les Sarrazins, ou dans
« quelque terre étrangère, que jamais plus je ne le
« reverrais ici : maintenant je le vois briller d'un
« nouvel éclat et enflammer maint cœur[3]. [7085] Car

---

1. Voir la note 1 de la p. 193. Je ne sais à quelle prophétie il est fait ici allusion.

2. M. à m. « que mon sens se serait tard ».

3. Ou, selon une autre lecture proposée à la note du v. 7081. « que je m'étais trompé », mais *mesprendre*, construit avec *ares*, signifie ordinairement « faire tort »

« avec une petite troupe il s'est installé dans la capi-
« tale¹, et là il résiste, fait tête, et se maintient avec
« l'aide de la gent réprouvée qui me détruit et me
« déshonore. Mais par la Sainte Vierge en qui Jésus
« s'incarna, me donnerait-on l'Espagne avec les ma-
« ravédis [7090] et toute la terre du roi de Maroc, je
« ne bougerais pas d'ici jusqu'à ce que j'aie pris la
« place, détruit la ville et mis le comte à mal ! —
« Comte, » dit le cardinal, « Dieu m'a envoyé à vous,
« pour vous conduire, vous gouverner, et que vous
« soyez docile envers moi. [7095] Puisqu'il n'y a pas
« moyen de les battre ni de les vaincre, si vous m'en
« voulez croire, nous prendrons un autre moyen :
« c'est d'envoyer l'évêque² tout droit à Paris, au sei-
« gneur roi de France, pour lui demander d'avoir
« pitié de nous, et de nous tenir sa promesse³.
« [7100] Avec lui iront la comtesse et maître Garin⁴ ;
« elle priera son frère⁵, ses parents, ses cousins, de
« nous venir secourir, et le Quercy sera pour eux.
« Moi, j'écrirai à Rome, ainsi qu'il est convenu, pour
« qu'on envoie par le monde des appels à la croi-
« sade et des lettres. [7105] Si nous ne pouvons
« l'obtenir pour cette fois, nous ferons tant que l'an
« prochain viendra Louis⁶ pour détruire la ville qui

1. *Capdolh* veut dire donjon, réduit d'une forteresse, mais ici ce mot est employé au fig.
2. Voir au t. I la note du v. 7097.
3. Il n'a point été dit jusqu'ici que Philippe-Auguste eût promis aucun secours à la croisade, bien au contraire : voy. v. 3115.
4. Ce Garin m'est inconnu ; p.-ê. s'agit-il de *Clarin*, le chancelier du comte de Leicester?
5. Mathieu de Montmorency, le héros de Bouvines, qui en effet accompagna à la croisade le fils du roi de France, en 1218.
6. Le fils de Philippe-Auguste, plus tard Louis VIII

« est la source du mal. Mais s'il arrivait que le roi ne
« pût les conquérir, je ne sais plus quel conseil pren-
« dre, sinon de renoncer. [7110] Ce que Dieu décide,
« saint George l'exécute. — Sire, » dit l'évêque,
« puisque vous m'en avez requis, je ferai le message
« tout droit à Saint-Denis; et à la Pentecôte, quand
« la saison reverdit, je vous amènerai un tel nombre
« de croisés et de pèlerins, [7115] qui apporteront de
« l'argent, des marcs et des esterlins, Allemands et
« Français, Bretons et Poitevins, Normands et Cham-
« penois, Flamands et Angevins; et il y en aura tant
« d'autres entre riches et pauvres, et le siége sera
« tel, par eau et par terre, [7120] que dans la Ga-
« ronne il ne restera pas un moulin. Nous ne parti-
« rons pas jusqu'à tant que nous les ayons pris, et la
« ville et le pays seront à nous. — Seigneurs, je ne
« sais que dire, » dit Hugues de Laci, « car il me
« paraît que saint Sernin est avec eux, [7125] les
« protégeant, les dirigeant, à ce qu'il semble, ainsi
« que leur pays. » Ils parlèrent ainsi jusqu'à la tombée de la nuit; et, à l'aube du jour, lorsque le jour
brilla, l'évêque partit, accompagné de Foucaut de
Berzi, de la comtesse et de Pierre de Voisins, [7130]
passant par les bois par crainte des bannis.

Dans Toulouse restèrent le puissant comte palatin[1],
Bernart de Comminges, Bernart Moltadis[2], le preux

---

1. Ce titre, qui n'est sans doute ici qu'une épithète d'ornement, amenée par la rime, comme en d'autres poëmes (voy. G. Anelier, 2800), a été porté par les plus anciens comtes de Toulouse; voy. Du Cange, Dissertation xiv (*Gloss.* VII, 63).

2. Est-ce une faute, pour *Montaldis* ? En ce cas le personnage ici mentionné pourrait être identifié avec le Bernart de Montaut qui figure aux vers 7616 et 9531.

Rogier Bernart qui me dore et me met en splendeur, Dalmatz de Creixell, qui grandit et prospère, [7135] Bertran Jordan et Ot, et l'habile Amalvis, le bon Ugo de la Mote, en qui Prix a sa demeure, W. Arnaudon, homme sûr et fidèle. Bernart de Comminges a pris congé d'eux, et se rend en Gascogne contre les ennemis, [7140] pour mener la guerre plus vivement et courir sus à Jori[1].

Cependant les barons de la ville, au cœur entier, chevauchent par le pays, parcourent les chemins, les châteaux, les villes, les bois, les voies, faisant entrer chaque jour en la ville la viande, le pain, le vin. [7145] Dans le champ de Montoulieu est planté un jardin qui, chaque jour, bourgeonne et fleurit, et est planté de lys, mais le blanc et le vermeil qui y graine et fleurit est chair et sang et carnage et cervelles ; selon péché ou selon miséricorde, [7150] enfer et paradis se peuplent de nouvelles âmes[2].

La ville entière est en allégresse et en triomphe, et l'un dit à l'autre : « Voici un surcroît de joie et de « plaisir, puisque don Pelfort[3] entre, le preux, le « sage, notre ami chéri ! » [7155] Au dedans et au dehors chacun se fortifie ; mais telles sont les pertes, le mal, le fracas, qu'ils demeurèrent de longs jours sans s'attaquer, jusqu'à Pâques.

---

1. Le partisan des Français dont il a été question plus haut, p. 300.

2. Si on traduisait exactement on aurait ceci : « esprits et âmes (distinction dont le but est simplement d'arriver à compléter l'hémistiche), péché et merci peuplent à nouveau enfer et paradis. »

3. Voy. plus haut, p. 183.

CXCV.

Avec Pâques vint la douce saison. [7160] De l'ost sortirent Amauri, Gui, le comte, le cardinal, et maints autres barons, délibérant ensemble et parlant secrètement : « Seigneurs, » dit le comte, « grande est la
« dépense que je fais à ce siége, et j'y perds mes
« compagnons. [7165] Jour et nuit je suis pensif et
« soucieux, car je ne puis tenir mes promesses ni
« distribuer mes dons¹. La Chrétienté entière est
« déshonorée, quand des hommes sans armes nous
« tiennent tête². — Comte, » dit le cardinal, « ne
« craignez point : [7170] j'ai fait partir les appels à
« la croisade et les sermons; et à la Pentecôte, au
« temps amoureux, la chrétienté viendra, la prédi-
« cation se fera, et des terres étrangères il arrivera
« si grande procession que de seules guisarmes, de
« beaux chaperons, [7175] de chapeaux de feutre, de
« gants, de bourdons de pèlerins, nous leur emplirons
« les lisses, les fossés, les bas-fonds. Nous prendrons la
« ville, et vous en recevrez la seigneurie, et les hommes
« et les femmes et les maisons nobles passeront par le
« feu et deviendront charbon. » [7180] Tous les barons l'écoutent en silence, mais Robert de Beaumont lui fait une réponse mordante : « Par Dieu, notre cher
« père, ce succès-là il ne vous convient pas de nous
« en parler, ni de nous promettre de pardon : car,
« par Sainte Marie, mère du glorieux Jésus, [7185]

---

1. Voy. p. 190 n. 1.
2. Cf. v. 6590.

« avant que paroles et sermons aient fait tomber la
« ville entre nos mains, coups, horions, plaies et
« luttes auront appris à Dieu et au diable quelles
« âmes sont bonnes. »

Tandis qu'ils parlent et déduisent leurs raisons, viennent par les places, piquant des éperons, [7190] les barons de Toulouse battant et courageux : Guillem Unaut[1], Guiraut[2], Ugo Bos, l'habile Amalvis, W. Arnaudon, le preux Ugo de la Mote et son enseigne au lion vermeil, et les bonnes compagnies, tous jeunes et beaux à voir. [7195] Leur enseigne était portée par l'habile Ugo de Ponton ; à la porte du siège[3] flotte son pennon. Dans le camp, l'alarme et le tumulte retentissent ; toute l'ost en tremble d'un bout à l'autre. Ils crient à haute voix : « Sainte Marie, à l'aide ! » [7200] et ils courent prendre les armes et leur équipement. Tandis que le comte de Montfort s'arme avec les siens, par le champ, en dehors, commence le carnage; on tranche, on taille Normands et Bretons, si bien qu'Arman Chabreus y fut mis en pièces, [7205] et la chair, le carnage, les membres, les os, les bras, les jambes, les cheveux et les mentons, les poitrines, les corées, les foies, les reins, sont épars sur la place, par tronçons et quartiers. A ce moment sort par la porte le vaillant comte Simon, [7210] ainsi que Hugues de

---

1. Voy. p. 298, n. 2.
2. Très-probablement Guiraut Unaut, qui paraît, avec son nom et son surnom, aux vers 8997 et 9518. Il était sans doute parent de Guillem Unaut, à côté de qui il figure, non-seulement ici, mais aussi dans un acte cité plus haut, p. 298 n. 2; par suite il serait possible de compléter le vers trop court où il est ici mentionné (7191), en restituant par ex. [sos fraire] avant en Guiraut.
3. C.-à-d. à l'entrée du camp retranché des assiégeants.

Laci, Lambert de Limoux, Robert de Piquigni, Evrart de Villepreux[1], Pierre de Voisins, Rainier de Chauderon[2], Gui le maréchal, Gautier le Breton, Simon Galoer[3], Rainaut le Frison, [7215] tandis que par les autres portes sortait le peuple. « Montfort ! Montfort ! » s'écrient-ils, « francs chevaliers, chargeons-les ! » De tant de côtés vinrent Français et Bourguignons, que les hommes de Toulouse s'en retournèrent en hâte, suivis par les Français acharnés. [7220] Tout en fuyant, Ugo de la Mote leur crie : « Doucement, che-« valiers; seigneurs, défendons-nous ! Mieux vaut « mort honorable qu'une prison honteuse. » Et de sa lance il frappe si juste le premier [des poursuivants], qu'il l'abat à la terre où il resta tout poudreux. [7225] Il se retourne, frappe un des garçons [de l'ost], tellement que son blanc gonfanon en devint rouge. Amalvis, de son côté, s'écrie : « Cavaliers, demi-tour! » Il reçoit et donne des coups merveilleux, résiste et tient tête, lui et ses compagnons. [7230] Guil-

---

1. Villepreux, cant. de Marly-le-Roi (Seine-et-Oise). En 1209 « Evrardus de Villa-pirorum » fit une donation à Marmoutier (copie faite sur l'original pour Gaignières, dans le ms. Bibl. nat. lat. 5441, p. 437). « Evrardus de Villaperor » figure, avec Gui le maréchal, Lambert de Limoux et quelques autres, parmi les témoins de deux actes de février et mai 1218 passés « in obsidione Toloso » (Molinier, *Catalogue*, n⁰ˢ 151 et 154). Il est encore témoin à un acte d'Amauri de Montfort en septembre 1218 (Molinier, n° 167). Son sceau est dessiné au bas de la copie de l'acte précité de 1209. On y lit *Sigill. Ebrardus de Villapereor*. Voir, sur la famille à laquelle il appartenait, A. Moutié, *Chevreuse*, dans les Mémoires p. p. la Société archéol. de Rambouillet, III, 102, n. 4.

2. Voy. p. 44 n. 3.

3. Il serait fils de Gui de Lévis, d'après les vers 7257-8, s'il n'y avait à cet endroit quelque omission.

lem Unaut pique son cheval vigoureux, frappe un chevalier et lui fausse le hoqueton ; la lance se brisa, et le tronçon y resta, Robert de Beaumont et Guillaume le bon...[1] et frappa de sa masse, comme un vaillant chevalier. [7235] A ce moment, ceux de la ville, désireux de sortir, s'écrient à haute voix : « Barons, « poursuivons-les ! » Chevaliers, sergents, bourgeois, piétons, sortent des abattis et occupent la prairie, tandis que des deux parts la défense s'anime. [7240] Les cors, les trompes, les clairons, la rumeur, font retentir le fleuve et la ville, le Château et le ciel ; et là où les deux partis se rencontrent, la lutte s'engage. On crie Beaucaire ! Toulouse ! Avignon ! les épées et les guisarmes, les carreaux et les brandons, [7245] les lances et les masses, les pierres et les moellons, les dards et les haches, les piques et les bâtons, les flèches doubles[2], les petits carreaux des enfants, viennent de tant de côtés[3], qu'il n'y a si courageux qui ne soit dans la crainte. [7250] Pierre de Voisins les frappe de bon cœur, et eux le frappèrent et l'abattirent à terre ; il laissa son cheval et revint aux siens. Pierre[4] saisit le cheval par les deux rênes, s'écriant : « Toulouse ! barons, en avant ! » [7255] Il frappe un chevalier, lui fausse les enarmes[5], et l'abat et le couche à terre si violem-

1. Lacune, voy. t. I, note sur 7233-4.
2. *Sic*, nous avons déjà vu plus haut (v. 6860) des trébuchets doubles.
3. Le poète a de plus, pour la rime, *a present et a rescos*.
4. J'ignore qui est ce Pierre ; il se pourrait que le copiste eût répété à tort le nom qu'il venait d'écrire au v. 7250.
5. Mot de l'ancien français qui désigne une garniture de cuir fixée à l'intérieur de l'écu et dans laquelle on passait le bras. Cette garniture se composait probablement de deux anneaux placés à distance convenable, d'où l'usage extrêmement fréquent de dire *les enarmes* au pluriel. L'interprétation de *brazos* par *enarmes* ici, et

ment que le champ en frémit. Mais Simon Galoer, beau et preux chevalier, le fils du vaillant maréchal[1], s'écrie : « Montfort ! Montfort ! » et les frappe avec force, [7260] abattant sergents et damoiseaux. Il est frappé de tant de côtés dans cette forêt de glaives[2], qu'il resta sur la place, mis en pièces. Bertran de Pestillac, désireux de frapper un bon coup, frappa un archer de telle sorte qu'il lui fendit les reins, [7265] car il lui mit l'enseigne dans le corps, la lance et le pennon : le sang rougit l'herbe et le sable. Le comte de Montfort, dur et superbe, frappe dans le tas et en abattit deux. De tant de côtés on le presse, [7270] que son cheval s'abat, et que l'arçon se brise. Le comte tombe à terre sur ses pieds ; il résiste, se retourne et remonte en selle. Au milieu de la presse est W. Arnaudon, pris et retenu de force, mais il est si rusé, [7275] qu'il se laisse choir à terre à genoux ; ceux de la ville étant venus à la rescousse, il revint aux siens, ayant perdu son cheval. Au partir de la mêlée maints furent dans l'angoisse,

---

probablement aussi au v. 2113, est rendue probable, sinon certaine, par les considérations suivantes : 1° dans ces deux cas le contexte montre qu'il s'agit d'une pièce d'armure, non pas d'une partie du corps (comme dans les autres exemples relevés au glossaire) ; 2° cette pièce d'armure ne peut être un brassard, ainsi que traduit Fauriel, car au xiii° siècle le brassard n'existait pas encore : les manches de la cotte de mailles en tenaient lieu ; et de plus on ne conçoit pas comment, ici et au v. 2113, un seul coup aurait pu atteindre les deux brassards (*los brazos*), tandis qu'il est très-admissible qu'un coup violent sur le bouclier arrache les deux enarmes. La note 3 de la p. 117 et l'art. *brazo* du vocab. sont donc à modifier.

1. Gui de Lévi (ci-dessus p. 43 n. 3). Toutefois je ne vois pas que ce personnage ait eu aucun fils du nom de Simon ; voy. le P. Anselme, IV, 12.

2. « Dans cette forêt de glaives » est emprunté à Fauriel, mais je soupçonne que *el ostal glazios* est corrompu.

car les Toulousains perdirent W. P. de Mauros[1], [7280] et Loup de Foix[2] fut blessé et bien d'autres barons, dans le champ de Montoulieu, dans le verger périlleux où chaque jour renaissent le blanc et le rouge[3] ; mais le sang, les cervelles, la chair, les membres[4], en sont les fleurs et les feuilles et les fruits douloureux, [7285] dont maints beaux yeux sont restés en pleurs.

Le comte s'en retourna triste, dépité, furieux. De colère il disait : « Jésus-Christ glorieux, seigneur, où « est mon étoile, d'ordinaire si favorable, si pré- « cieuse, si brillante et si propice, [7290] que par « mer et par terre s'en répandait le renom? Jamais « je ne croyais me voir réduit à ce point de misère (?) « que ni armes, ni saint, ni prière, ne me valussent « rien! Et puisque la sainte Eglise ne défend ni moi ni « elle-même, c'est sa valeur, c'est son précieux nom « qui y perdent. [7295] Cher Seigneur, je vous en « prie, plaintif et inquiet, ou faites-moi mourir, ou « donnez-moi la grâce de vaincre la ville et de m'en « rendre maître[5]! » Là-dessus le comte rentre, dépité et courroucé, tandis que les barons [de Toulouse] s'en reviennent joyeux, [7300] se disant l'un à l'autre :

---

1. La forme actuelle serait *Mauroux*. Il y a des Mauroux dans la Dordogne, le Gers, le Lot et le Tarn-et-Garonne.

2. Fils, probablement illégitime, du comte de Foix; il figure dans les actes jusqu'en 1213 (Vaissète, III, 572 *b*).

3. C'est de nouveau l'idée exprimée plus haut v. 7115 et suiv.

4. Ici *brazos* est non plus, comme au v. 7255, une pièce ou un accessoire de l'armure, mais une partie du corps; c'est proprement la partie charnue d'un membre, non pas seulement des fesses, comme j'ai interprété, en un sens trop restreint, au vocabulaire.

5. G. de Puylaurens (Bouquet, XIX, 213 b) : « ..... unde, ut « dicebatur, orabat Dominum ut sibi mortis remedio daret pa- « cem. »

« Jésus-Christ est avec nous, qui nous garde et nous
« gouverne[1] ! »

CXCVI.

« Jésus-Christ nous gouverne, et nous devons pren-
« dre en gré le mal et le bien qu'il nous donne, et les
« supporter avec douceur. Il nous soutiendra, [7305]
« à la condition que nous vivrons et mourrons en sa
« croyance, car nous croyons en ce Dieu qui nous
« garde de péché, qui créa le ciel et la terre, qui fait
« germer et fleurir, qui fit le soleil et la lune pour
« éclairer le monde, qui forma l'homme et la femme
« et les âmes, [7310] qui entra en la Vierge pour
« accomplir la loi, et reçut le martyre en chair pour
« sauver les pécheurs, qui donna son sang précieux
« pour chasser l'obscurité, et s'offrit en sacrifice à
« son père et au Saint Esprit. En recevant le saint
« baptême, et en l'accomplissant[2], [7315] en aimant
« la Sainte Église et en lui obéissant, nous avons droit
« de conquérir Jésus-Christ et son amour. Et le sei-
« gneur pape, qui devrait nous protéger, les prélats
« de l'Église qui nous condamnent à mort, puisse
« Dieu leur donner sagesse, cœur, science, discerne-
« ment, [7320] afin qu'ils apprennent à connaître
« droiture, et leur permettre de se repentir ! Car ils
« nous font perdre et détruire par un homme dans
« l'obéissance de qui nous ne voulons pas rester ; par
« une gent étrangère et ennemie de la lumière, qui,
« si Dieu et Toulouse l'avaient permis, [7325] auraient

---

1. Cette sortie des Toulousains est racontée, mais avec très-peu de détails, par P. de V.-C. (Bouq. 110 E, 111 A).

2. C.-à-d. en accomplissant les promesses faites au baptême.

« déjà mis au tombeau Prix et Parage. Et que le Sei-
« gneur suprême, ennemi du mensonge, qui abattit
« l'orgueil des anges révoltés et les précipita du ciel,
« nous donne pouvoir et force de défendre notre sei-
« gneur. Car il a sagesse et discernement : [7330] il
« saura aimer l'Église et tenir la terre. »

Au commencement de mai, quand le temps commence à se faire beau, le cardinal et le comte font venir des charpentiers pour commencer la chatte[1] qui devra détruire la ville, et préparer les châteaux[2], les calabres, les pierriers. [7335] Sur ces entrefaites, voici venir un messager qui leur rend la joie : doucement il dit au comte : « Allez bien vite recevoir l'évêque et la
« comtesse qui viennent pleins d'ardeur, avec Michel
« de Harnes[3] qui enflamme l'ost, Gautier de la Betone

---

1. C'est ici que se rapporte le passage de G. de Puylaurens cité ci-dessus, p. 86 n. 2.

2. Machine de guerre, ou plutôt fortification mobile; voy. le vocabulaire, *castels*.

3. *Dels armes*, ici et au v. 7505. P. de V.-C. (Bouquet, 111 A B) : « Cum, jam elapsis septem mensibus in obsidione Tolosæ,
« dictus cardinalis et comes perseverassent inter multas angustias
« et labores, ecce comitissa, non dissimilis viro comiti Montis-
« fortis, et episcopus Tolosanus venerunt de Francia cum magna
« multitudine peregrinorum, inter quos Michel de *Amiens*, et
« postea Amalricus de Craone, viri potentes et nobiles affuerunt. »
Amiens est aussi bien à rejeter que *armes*. Aucun seigneur du temps n'a porté de tels surnoms. D'autre part le texte du poëme et celui de P. de V.-C. ont ici aussi peu d'autorité l'un que l'autre, le premier parce que le personnage en question ne figurant pas dans le texte en prose, nous sommes réduits à l'unique ms. du poëme; le second parce que la fin du récit de P. de V., depuis le siége de Toulouse (Bouquet, 110 A), manque dans le meilleur ms. (B. N. lat. 2601) et a été publiée par D. Brial d'après un seul ms. (lat. 18334, venant des Minimes; le ms. de S. Germain, actuellement 12714, qu'indique aussi D. Brial, en est une copie). — Selon toute vraisemblance le personnage ici mentionné est Michel

« et Guillaume Melir¹. [7340] Désormais Toulouse ne
« peut nous résister ni nous échapper, et vous pou-
« vez lui faire payer cher toutes vos pertes, car
« voici venir une croisade qui fera du bruit (?); car ils
« sont bien cent mille qui vont la secouer. — Dès
« lors, » dit le comte, « rien ne peut plus me nuire. »
[7345] Et il alla les recevoir et se mettre à leur disposition, et ils menèrent grande joie quand ils se rencontrèrent. « Seigneurs, » dit le comte, « vous aurez
« tout, car si vous prenez Toulouse, je ne sais
« mieux vous dire, vous boirez à la fontaine qui ne
« peut tarir. » [7350] Et ils répondirent : « Ils ne
« peuvent plus tenir contre nous. » Ils allèrent aussitôt renforcer et compléter le siége. Mais bientôt
arrive le moment de combattre; et toute l'ost
ensemble est dans la joie, car le comte de Montfort
va accueillir Amauri de Craon², [7355] Gillebert des

de *Harnes* (Harnes, Pas-de-Calais, arr. de Béthune, cant. de
Lens). C'est un personnage bien connu de l'histoire de ce temps-
là. On a beaucoup d'actes de lui ou le concernant : 1212 (Teulet,
Layettes du Trésor des chartes, nᵒˢ 982, 1011 = Delisle, *Cat. des
actes de Ph.-Aug.* nᵒˢ 1355, 1378); 1215 (Teulet, 1106, 1122, 1134 =
Delisle, 1539, 1580, 1612); 1217 (Teulet, 1215, 1222, 1259 = Delisle
1722, 1729, 1771); 1226 (Teulet 1906); 1229 (Teulet, 2007). Son
sceau dans Douët-d'Arcq, n° 2375. Il fut blessé à Bouvines (Bouquet, XVII, 97 A, 259 A). Il fut l'un des partisans du jeune roi
Louis durant son expédition en Angleterre (*Hist. des ducs de
Normandie et des rois d'Angleterre*, p. p. Fr. Michel, pp. 169,
193, 201). C'est pour lui enfin qu'en 1207 aurait été exécutée, selon
le témoignage de divers mss., une version française de la chronique
du faux Turpin ; mais il y a lieu, d'accord avec d'autres mss., de
remplacer le nom de Michel de Harnes par celui du comte Renaut
de Boulogne; voy. G. Paris, *De Pseudo-Turpino*, p. 56-7.

1. Nom probablement corrompu.
2. Amauri de Craon était gendre de Guillaume des Roches (sur
lequel voyez plus loin, v. 9234), et lui succéda, en 1222, dans la
dignité de sénéchal d'Anjou (Bouquet, XVIII, 302 E). Il combattit

Roches[1] et Aubert de Senlis avec plus belle troupe que je ne saurais dire.

Les barons de Toulouse sont allés s'armer, l'un n'attendant pas l'autre ; ils allèrent occuper les lices et les fossés, [7360] tandis que sergents et archers sortent par les vergers. Et quand l'ost se prit à revenir [vers la ville], la terre tremblait sous ses pas. Là, vous auriez vu resplendir tant de hauberts, luire tant d'admirables écus et tant de heaumes, [7365] flotter au vent tant de belles enseignes et tant de pennons ! Il n'y en a pas un qui ne tourne ses regards vers la ville ; et ils se disent l'un à l'autre : « Ma foi, je vous « dis bien qu'ils n'ont pas l'air de vouloir fuir. »

à Bouvines, et à cette occasion Guillaume le Breton fait de lui un pompeux éloge (Bouquet, XVII, 246 A). Il figure dans un grand nombre d'actes, depuis juillet 1210 jusqu'en janvier 1226 : Delisle, *Catal. des actes de Ph.-Aug.*, n° 1223, 1319-17, 1885, 2167; Teulet, *Layettes du Trésor*, n°s 1082, 1591, 1610, 1713, 1731; 1742. Le dernier de ces actes est la lettre par laquelle une trentaine de seigneurs demandèrent à Louis VIII de reprendre la guerre contre les Albigeois, lui promettant leur concours. La mort l'empêcha de prendre part à cette expédition (15 mai 1226). Un chroniqueur contemporain l'apprécie en ces termes : « Erat « œtate juvenis, forma decens, nitore mirabilis, militia singularis; « qui, nisi senescalliam, per quam opprimebat ecclesias et pau- « peres, habuisset, si dici fas est, super omnes militia floruis- set » (*Chron. Turon.* Bouquet, XVIII, 314 A). Le chansonnier de Berne lui attribue quatre chansons (n°s 174, 247, 289, 428), que d'autres mss. placent sous des noms différents La notice qu'Amaury Duval a consacrée à Amauri de Craon, *Hist. littér.* XVIII, 844-5, est insignifiante.

1. Ce personnage, qui reparaît plus loin (vv. 7768, 8031), toujours en compagnie d'Amauri de Craon, appartenait vraisemblablement à la famille du sénéchal d'Anjou Guillaume des Roches, et par conséquent était parent par alliance d'Amauri. Je ne l'ai rencontré dans aucun document.

Le comte de Montfort fit commander par l'ost [7370] que tous vinssent entendre la proclamation. Le comte était beau et sachant, et sut leur inspirer hardiesse. Ayant délacé son heaume, il leur parla ainsi : « Seigneurs, vous êtes venus pour servir
« l'Église, pour prendre la ville et pour assurer mon
« succès. [7375] Actuellement vous devez diriger
« vos attaques de manière à établir un autre siége au
« bas de la ville, pour mieux les tenir, en sorte que
« d'aucune part ils ne puissent sortir sur nous; puis
« nous les ferons jeûner là-dedans et languir. [7380]
« Et si je puis avoir la ville et ses défenseurs, tout
« l'avoir, toute la terre sera à vous, quand on fera
« le partage, car de tout ce qu'il peut y avoir je ne
« veux rien me réserver, sinon la ville seule et l'ex-
« termination de ses défenseurs. » — Tous l'écoutent, et se prennent à murmurer. [7385] Amauri de Craon lui répond quand il eut fini : « Par Dieu, beau sire
« comte, on vous doit fort remercier de ce que si
« vite vous voulez nous pousser au succès. Mais
« avant que cela se fasse, nous voulons vous deman-
« der autre chose : c'est de ne pas nous tromper, ni
« nous honnir; [7390] car qui trop se hâte tard se
« repent! Nous et nos chevaux sommes tous las du
« voyage; nous ne saurions donc supporter la fatigue :
« un homme affaibli ne sait se retourner. Mais, puis-
« que vous nous aimez et voulez notre bien à ce
« point, [7395] abandonnez-nous la ville que vous
« avez fait fortifier[1], afin que nous puissions nous y

---

1. La ville temporaire (cf. v. 7115) où se tenaient les assiégeants. J'ai dit, ci-dessus, p. 338 note 4, qu'il y avait sans doute quelque

« reposer, manger et dormir, sans être dérangés par
« ceux de la ville : vous au contraire, qui connaissez
« la ville, les entrées et les issues, et en quelles ma-
« nières on peut la serrer de près, [7400] tenez ce
« siége où vous voulez nous envoyer. Et, par Sainte
« Marie ! j'entends dire que les hommes de Toulouse
« ne se laissent pas facilement honnir; que si on veut
« les attaquer, les avilir, ils savent bien se défendre
« et frapper de bons coups. [7405] C'est pourquoi
« nous vous prions, beau sire, de nous laisser respi-
« rer, et puis nous et vous ensemble irons les assaillir,
« les recevoir si droit de tant de manières que nous
« en emplirons les lices et les fossés. Et si nous par-
« venons à conquérir la ville et ses défenseurs, [7410]
« que tout soit à vous, et laissez-nous partir : il n'y a
« rien autre à faire. » Quand le comte entend qu'il ne
peut les détacher [de lui], il tremble et soupire et se
dépite. Ils chevauchent ensemble et vont s'établir
[7415] dans la nouvelle ville.

CXCVII.

Dans la nouvelle ville ils se logent aussitôt, et

exagération dans la description que le poëte fait de cette ville où de toutes parts venaient affluer les marchands. Toutefois il n'est pas hors de propos de remarquer que, lorsque Édouard III assiégea Calais, il fit construire, pour loger son armée, une ville de bois dans laquelle, selon Froissart, il y avait « toutes coses neces-
« saires apportenans a une host, et plus encores, et place ordonnée
« pour tenir marchiet le mercredi et le samedi. Et la estoient mer-
« ceries, bouceries, halles de draps et de pain et de toutes autres
« nécessités » (éd. Luce, IV, 2 ; cf. Jean le Bel, I, 95).

[dressent¹] leurs pavillons et leurs tentes sur le sol. Cependant les barons de Toulouse tiennent un conseil composé des hommes les plus sages. [7420] Rogier Bernart parle doucement, car il est homme noble et sage ; il a valeur et sens, et c'est le fils du bon comte qui tient Foix et le défend. Il dispose ses idées, et leur dit d'un air riant : « Seigneurs, il n'y a pas d'autre « conseil que de se défendre, [7425] car nous ne « trouverons en eux ni merci ni discrétion. Et n'ayez « point de crainte, éloignez toute terreur : nous devons « être courageux et vaillants parce que nous avons « bonne ville, et aussi bon droit; nous avons loyal « seigneur et Jésus-Christ pour protecteur, [7430] « Jésus qui nous guide et nous gouverne, et nous le « fait bien paraître. Et pour qu'on connaisse notre puis- « sance, pour que nous leur soyons nuit et jour sur le « dos², nous accroîtrons la ville de nouveaux ouvrages « et rendrons plus forts les anciens ; [7435] et le tout « sera fortifié de telle façon que nous n'aurons plus à « craindre, et que ce sera à eux d'avoir peur. » Dalmatz de Creixell dit : « Vous avez bien parlé ; par « ces nouveaux ouvrages nos forces seront centu- « plées : nous serons plus à l'aise et combattrons « avec plus d'avantages. — [7440] Seigneurs, » dit Pelfort, « assurément nous et la ville entière y gagne- « rons ; nous nous en trouverons mieux et plus en « sûreté. Il n'y a pas de meilleure défense : au nom « de Jésus-Christ, mettons-nous à l'œuvre. » [7445] Aussitôt ils vont au travail avec tant d'ensemble, que

---

1. Lacune? voy. t. I, note sur le v. 7417, et cf. v. 7555.
2. M. à m. « sur la dont ».

pères, ni mères, ni fils, ni parents, ne s'attendent l'un l'autre[1], ni le pauvre le riche. Ce fut Rogier Bernart qui commença l'œuvre ; on fit les clôtures, le mur, le fondement, [7450] les fossés, les lices, les créneaux servant à la défense. Mais voilà que par toute la ville s'élève un cri d'allégresse, et on se dit l'un à l'autre : « Réjouissons-nous, car le vaillant Arnaut de Villemur[2] « est entré, l'homme courageux et fort, valeureux et « sage ! »

[7455] Le comte de Montfort réunit son monde : ils étaient bien cent mille, tous attentifs à ses ordres. Il leur montra Toulouse et ses dépendances : « Sei- « gneurs, » dit le comte, « voici la surdent de toute « la Chrétienté, de tout salut. [7460] Ils sont si mau- « vais, si fiers, si braves, si peu regardant à la « dépense, qu'ils sont prêts à batailler et à lutter « contre le monde entier. Je suis si irrité, si dépité, « que mon cœur se déchire et se fend : plus je deviens « fort, plus ils deviennent audacieux. Voici que pour « leur gloire et pour mon abaissement, [7465] ils ont « tout nouvellement accru la ville. Si je ne puis trou- « ver moyen de les confondre, je prise peu ma valeur « et votre concours. Mais pourtant, si vous m'en vou- « lez croire, ils sont à leur fin. Pour détruire la ville « et en prendre vengeance, [7470] nous ferons un « autre siége outre le fleuve rapide[3], de façon qu'au- « cun d'eux ne puisse seulement entrer ni sortir ; et

---

1. Voy. p. 213 n. 4, et cf. le proverbe cité par Cotgrave au mot *attendre* (et Le Roux de Lincy, II, 427) : « Tout est fait negligemment | La ou l'un a l'autre s'attend. »

2. Voy. p. 171 n. 1.

3. C'est-à-dire sur la rive gauche.

« nous tiendrons ces deux siéges si longtemps que
« nous les prendrons par force ou qu'ils se ren-
« dront. » L'ost entière, d'une commune voix,
approuve ce parti. [7475] On laissa au siége[1] une
solide garnison, et les autres passèrent l'eau à Muret,
bien pourvus de vivres et de munitions.

Le comte se leva à l'aube, fit sonner les trompes
et armer son monde; [7480] lui et les siens occupent
la place et tous les alentours. Les hauberts et leurs
couvertures[2], les beaux écus peints, la clarté des
heaumes, les boucles d'argent[3], les chevaux d'Espagne,
les chapeaux luisants, les enseignes de soie, les gonfanons teints, [7485] les cors, les grêles[4], les trompettes, le vent, font retentir la rivière, l'eau et l'air.
Ils chevauchent fièrement ensemble, sous les yeux des
barons de Toulouse. Ceux-ci se partagèrent en deux
troupes : [7490] le comte de Comminges qui sait
bien se conduire, Dalmatz, Pelfort, Sicart de Puylaurens[5], avec les belles compagnies pleines de jeu-

---

1. Sur la rive droite.
2. Par là l'auteur entend la cotte d'arme, qui dès les premières
années du XIIIe siècle se portait par dessus le haubert; voy. Qui-
cherat, *Histoire du costume en France*, p. 207; Douët-d'Arcq,
Collection de sceaux, I, XLV a.
3. Les boucles des écus.
4. Voy. *graile* au vocabulaire.
5. Ce nom se rencontre dans des actes de 1178, 1183, 1191,
1192 mentionnés ci-dessus, p. 121 n. 1. Sicart de Puylaurens est
encore témoin, en 1201, à un acte du vicomte de Béziers en faveur
de l'église d'Albi (Doat, CV, fol. 129), et on le voit faire sa soumission au roi de France et à l'Église en 1226 (Teulet, *Layettes*,
n° 1786). Évidemment ces actes, qui couvrent un espace de près
d'un demi-siècle, doivent être répartis entre deux personnages, le
père et le fils. — Le Puylaurens dont les Sicarts étaient sei-

nesse, occupèrent les lices et les défenses ; les autres traversent les ponts en courant. [7495] Chevaliers, bourgeois, archers, sergents, et tous passèrent l'eau, personne n'attendant l'autre. C'est Rogier Bernart qui commande, dirige et lutte, avec Rogier de Montaut[1] qui marchait au premier rang, avec le preux Ot de Terride[2] et les vaillants défenseurs. [7500] Ils occupent la grève, les jardins et les maisons.

Cependant le comte de Montfort avec tous les siens s'avance à travers le village de Saint-Cyprien. Ils franchissent les abattis avec une telle vigueur qu'ils arri-

gneurs n'était point, comme l'a cru Teulet (note sur le n° 1786), celui du dép. de l'Aude, mais un ch.-l. de c. de l'arr. de Lavaur (déjà mentionné au v. 2265).

1. Voy. p. 297 n. 2.

2. « La vicomté de Terride s'étendoit dans le pays de Gimoez,
« ainsi appelé de la rivière de Gimone qui l'arrose, et comprenoit
« la portion la plus occidentale du diocèse de Toulouse, à la
« gauche de la Garonne, vers le confluent de ce fleuve avec le
« Tarn... Ses vicomtes se qualifioient indifféremment vicomtes de
« Gimoez ou de Terride, château qui étoit le chef lieu de leur
« domaine. » (Vaissète, II, 427). L'Ot de Terride mentionné ici et au v. 7791 était l'un des fils de Jourdain de l'Isle et d'Esclarmonde, sœur du comte de Foix Raimon Rogier (P. Anselme, II, 704; Vaissète, III, 599 a). Il était donc frère de Bertran Jordan seigneur de l'Isle, et oncle du fils de celui-ci, également nommé Bertran Jordan, sur lesquels voy. p. 313 n. 2. C'est probablement lui qui figure, sans surnom, au v. 6114, à côté de l'un des Bertrans Jordan. En septembre 1226 il fut témoin au traité entre le comte de Foix et celui de Toulouse (Vaissète, III, 360-1) ; au printemps de 1228, il fut pris à Montech par les Français (ibid. 368) ; bientôt délivré, paraît-il, il est témoin, le 6 juin de la même année, à un hommage prêté à Raimon VII (ibid. 369). Il mourut vraisemblablement en 1241, puisque le 29 sept. de cette année, son fils Raimon Jordan fait hommage au comte de Toulouse pour tout ce qu'il tenait du chef de son père dans le diocèse de Toulouse (Teulet, n° 2939).

vèrent droit à la grève et aux jardins. [7505] Michel de Harnes s'est lancé en avant : Gautier de la Betone et Philippe d'Aiguilent chevauchent à l'envi en tête des autres. Arnaut de Villemur, au cœur fin et vaillant, est sur ses gardes, qui les attend : [7510] il pousse son cri, baisse la lance, part au galop, et frappe un cavalier qu'il abat sanglant. Assiégés et assiégeants se précipitent d'un commun accord (?)[1], criant les uns Toulouse! les autres Montfort! et lorsqu'ils se rencontrèrent ils firent un massacre. [7515] Mais les lances polies, les lames brillantes, les dards, les pics, les aciers tranchants(?), les pierres rondes, les épieux à lames de fer, les fines flèches, les carreaux aigus, viennent si dru du côté de la ville, [7520] que les écus, les heaumes, les armures sont brisés, et que les assiégeants se replièrent. En quittant la mêlée, les Français se retirèrent du côté de l'eau, poursuivis l'épée dans les reins [7525] par ceux de la ville qui poussent leur succès, et les forcent à se jeter dans le fleuve, où cavaliers et chevaux trébuchent et tombent. Le comte de Montfort, avec son lion menaçant, se tourne, se retourne, et frappe si fièrement [7530] qu'il tient tête et protége les siens quoique ayant le dessous. Enfin ils passèrent, frappant et combattant, la Garonne[2] et la

1. La correction que j'ai proposée pour le v. 7512, au t. I, est bien douteuse; p.-ê. *feron l'acordament* indique-t-il le fait d'engager la mêlée, de s'aborder, par opposition à *ferol departiment* du v. 7521.
2. M. à m. « un bras de la Garonne », mais il faut entendre toute la largeur du fleuve, parce que les croisés ayant repassé le fleuve, non pas à Muret, comme ils avaient fait en venant (v. 7476), mais entre cette ville et Toulouse, ils ont dû traverser, non pas seulement un des deux bras que forment les îlots situés

rive. Le comte s'en revient, plein de dépit; et quand ils furent tous réunis, il dit aux siens avec colère : [7535] « Barons, je ne sais que dire ni pourquoi je
« suis ainsi châtié : point n'est merveille si j'éprouve
« une peine amère, quand une gent faillie, qui m'avait
« prêté serment, m'inflige chaque jour de nouvelles
« hontes, de nouveaux déshonneurs. Pour nous ven-
« ger d'eux et refaire mon honneur, [7540] rentrons
« nous loger dans Saint-Cyprien, et ne fuyons plus
« d'aucune part ! » Gautier de la Betone lui répond aussitôt : « Par Dieu, beau sire comte, ils nous l'ont
« bien fait voir : vous n'avez jamais vu meilleurs hom-
« mes ni de meilleure graine; [7545] car ils sont bons
« guerriers et pleins d'énergie. Ils sont si durs, si
« sauvages, si féroces, qu'ils ont mis le serpent aux
« prises avec votre lion. Si vous n'êtes pas Golfier[1]

en amont de Toulouse, mais les deux bras, afin de se retrouver sur la rive droite, dans le voisinage de leur camp. P. de V.-C. (Bouquet, 111 n) raconte brièvement, mais avec netteté, l'insuccès des croisés : « Quos (*ceux qui ont été nommés dans le passage cité* « *ci-dessus, p.* 369 *n.* 3) cum comes nobilis duxisset ultra Garum-
« nam fluvium, ut Tolosa ultra citraque obsideretur, venerunt ad
« burgum Sancti Cubrani, ut ibi exercitus permaneret. Sed Tolo-
« sani, in manu valida exeuntes, dictum exercitum prohibuerunt
« intrare. Nostri etenim cum equis armatis venire non poterant
« propter fossata quæ Tolosani fecerant infinita. Unde nostri,
« licet multi, cum rubore et verecundia abierunt retrorsum, sua
« figentes tentoria in ripa Garumnæ, longe aliquantulum a dicto
« burgo. »

1. Cette allusion trouve son explication dans le passage ci-après de la chronique du prieur du Vigeois : « ... Gulpherius de Tur-
« ribus, ejusdem (Lemovicensis) diœcesis, vir memoria dignus,
« qui, cum crebros concursus exerceret in hostes et multa damna
« de die in diem inferret, accidit una die quod rugitum cujusdam
« leonis a serpento circumligati audivit, et audacter accedens
« leonem liberat. Qui, quod admirabile dictu est, memor accepti

« pour le délivrer, nous, vous, les autres nous sommes
« perdus. [7550] C'est pourquoi je redoute fort qu'il
« nous arrive malheur si nous nous logeons aussi
« près de la ville. » Le parti auquel s'arrêtèrent les
barons fut que, laissant bien un cent de loges et de
chaudières, ils reculèrent d'une demi-lieue, [7555]
et plantèrent leurs tentes sur le terrain battu[1]. Les
barons de Toulouse allègres et joyeux rentrent en la
ville.

CXCVIII.

Rentrés en la ville, ils font prévenir Bernart Paraire[2]

« beneficii cum sequitur, sicut unus leporarius; qui quamdiu fuit
« in terra illa, nunquam recedens, multa commoda illi tulit, tam
« in venationibus quem in bellis, *etc.* » (Labbe, *Nova Bibliotheca*,
II, 293; Bouquet, XII, 428; reproduit littéralement, sinon d'après
le prieur du Vigeois, du moins d'après une source commune, dans
le *Magnum Chronicon belgicum*, Pistorius, *Rerum Germanicarum
Scriptores*, III, 129-30; M. Delisle me signale le même récit
dans le traité à l'usage des prédicateurs attribué à Étienne
de Bourbon, et dans les *Flores Chronicorum* de Bernart
Gui). — On reconnaît dans ce récit une fable qui forme
l'un des épisodes du *Chevalier au lion* de Chrestien de Troyes
(éd. Holland, v. 3335 et suiv.) et de *Gilles de Chin* (éd. de Reiffenberg, p. 130-1), cf. Holland, *Crestien von Troies*, Tübingen,
1854, p. 161. — Le personnage, parfaitement historique, à qui le
prieur du Vigeois fait honneur de cette aventure, est Golfier de
Las Tours, seigneur périgourdin, aïeul de Bertran de Born. Il se
distingua à la première croisade. Les historiens célèbrent son
intrépidité à l'assaut de Marrah (1098) où il monta le premier. Son
nom et ses exploits paraissent être restés longtemps dans la mémoire, car un troubadour du commencement du XIIIe siècle, Ugo
de Pena, fait allusion à une autre de ses aventures (*Cora quem
desplagues amors*).

1. *Paziment;* il s'agit probablement du terrain, sinon pavé, du moins aplani et battu, où était le siège.

2. Un « W. Bernardus Parator » est, en avril 1215 (n. st.), témoin

et maître Garnier [7560] d'aller tendre les trébuchets et de commencer la lutte. Ils furent bien dix mille à tendre les cordes. Dans les frondes ils mirent de grosses belles pierres, et les voilà abattant et mettant en pièces le château Narbonnais et ses grandes portes, les murs, les bretèches, les parapets qui les rejoignent, [7565] et les meurtrières de la tour Ferrande[1]. Et ils crient : « Toulouse! voilà que le feu de la guerre « gagne! et maintenant est venu[2] l'objet de nos « désirs, le vaillant jeune comte, notre droit sei- « gneur! » [7570]. Mais en peu de temps diminua leur joie, car le vent, le tonnerre, l'orage, la tempête, firent tomber pendant trois nuits et trois jours entiers une telle pluie que la Garonne déborda et envahit la grève, [7575] les chemins, les places, les jardins, les vergers, et, jusqu'au milieu de la ville, pénétra dans les celliers, à ce point que sur l'eau il ne resta pont entier, ni levée, ni moulin[3]. Au milieu de la Garonne,

à un acte passé à Toulouse (Teulet, *Layettes*, n° 1117); *paraire* signifie « apprêteur d'étoffes », voy. Du Cange, *parator*.

1. Catel mentionne plusieurs anciennes tours de Toulouse (*Mémoires de l'hist. de Languedoc*, p. 136), mais non celle-ci qui appartenait sans doute au château Narbonnais.

2. Traduit d'après la correction proposée à la note du v. 7568. Il n'est pas douteux qu'il s'agit bien ici de l'entrée du jeune comte, car la même idée est exprimée et développée au même endroit dans la rédaction en prose.

3. *Ni pals ni alabers*, v. 7578; *pals* et *alabers* désignent, selon M. Chabaneau, *Rev. des langues rom*. 2, I. 205 et 361, le premier l'arbre vertical engagé dans la meule courante d'un moulin, le second l'arbre horizontal de la roue motrice. Ces deux pièces importantes ne peuvent avoir été enlevées par les eaux qu'avec le moulin où elles se trouvaient, ce qui m'autorise à mettre « moulin » à la place de deux mots dont la traduction exigerait une

où est le courant qui descend des montagnes, [7580] il y avait deux tours en état de défense, munies de créneaux et occupées par des hommes de la ville braves et actifs[1]; et quand l'eau eut baissé, et que le fleuve fut rentré dans son lit, le puissant comte de Montfort, dur et superbe, avec sa grande croisade et ses grandes troupes de mainadiers, [7585] occupa la rive, la grève et les prés, et fit entrer dans l'Hôpital[2] les vaillants soudoyers, les bonnes compagnies et les arbalétriers, et fit de bonnes clôtures, des fossés dans le sol (?) des murs, des archères dans les étages supérieurs, [7590] où se tient le lion malfaisant avec son gonfanonier; il y place des munitions et des vivres à muids et à setiers. Il mande par messagers actifs et diligents qu'on fasse venir par l'Agenais les bateaux rapides[3]; et sur la belle place sablonneuse [7595] il construit les calabres sur lesquels on place des targes[4],

---

longue périphrase.—*Alabrum* est traduit dans un ancien glossaire par « traoul » (treuil), Du Cange, *alabrare*.

1. L'enchaînement des idées est meilleur dans la réd. en pr. qui, après avoir décrit les ravages exercés par l'inondation, poursuit ainsi : « et au pont de Saint-Cyprien il ne resta que les deux « tours esquelles il y avait bonne garnison de ceux de la ville. » Peut-être manque-t-il un vers ou deux au texte du poëme.

2. Sans doute l'hospice Saint-Joseph de la Grave, sur la rive gauche de la Garonne, près du fleuve, qui est appelé « Hospitale de Grava » dans un document de 1197 cité par Catel, *Mémoires de l'histoire du Languedoc*, p. 150.

3. Pour apporter des vivres.

4. *Targiers*, ici et au v. 8107, paraît signifier, non pas comme l'entend Fauriel, « des hommes armés de targes », mais plutôt un appareil défensif formé de targes jointes. Nous savons qu'à l'attaque des places les sergents plaçaient en ligne les grands boucliers appelés targes, le long du fossé; voy. les ex. cités dans Du Cange, VI, 509, col. 3, et cf. la *Mort de Garin*, éd. Du Méril, p. 144.

car il veut abattre la tour et prendre ses défenseurs. Grandes sont dans Toulouse l'émotion, la peine, la tristesse, la douleur, l'affliction, la peur, l'effroi des hommes et des femmes. [7600] On se dit l'un à l'autre : « Jésus-Christ miséricordieux, veillez sur le droit de vos fidèles ! » Et les dames vont pieds nus prier aux moutiers, portant les offrandes, les beaux pains, les deniers, les cierges, les chandelles, pour placer sur les chandeliers; [7605] elles prient la Vierge en qui fleurit la rose, et de qui naquit le digne fils, qui est glorieux et véridique, de ne pas permettre qu'ils soient confondus par les ennemis superbes.

Cependant on convoque les chefs principaux, et Dalmatz de Creixell qui sait bien parler [7610] parle comme il convient, donnant de sages conseils : « Sei-
« gneurs, si les circonstances sont dures et con-
« traires, gardez-vous cependant de vous abandon-
« ner à la tristesse et à l'effroi : bien souvent une
« perte est l'occasion d'un grand bien[1]. »

Pour la défense de la ville il fut convenu [7615] que le comte de Comminges avec ses compagnons, Bernart de Montaut[2], l'Abbé[3], Rogier[4], Guiraut[5], Pelfort, tous à cheval, et le peuple de Toulouse belliqueux et actif, occuperaient les tranchées, les fossés et les portes, [7620] et de l'autre côté Rogier Bernart,

---

1. Le discours semble incomplet.
2. Paraît dans un acte de 1201 environ; voy. p. 298 n. 1, et dans l'acte de 1208 indiqué p. 297, n. 2.
3. Frère du précédent et du suivant; voy. p. 298 n. 1.
4. Rogier de Montaut; voy. p. 297 n. 2.
5. Guiraut de Gourdon? voy. p. 344 n. 2, ou Guiraut Unaut? voy. p. 363 n. 2.

qui est bon et **agréable**, manda au Chapitre et aux conseillers de la **commune** et aux autres prudhommes, bourgeois et **marchands**, de réunir les ingénieurs, les mariniers, les **manœuvres**, les bonnes compagnies, les sergents loués, [7625] pour secourir les tours, car il y a presse. Ils **répondirent** : « Nous le ferons volon- « tiers. » Parmi **la** ville ils choisissent les ouvriers, et à la tête du pont[1] ils placent les charpentiers. Mais ceux-ci redoutèrent de passer, car la voie est périlleuse, [7630] le pont étant écroulé par morceaux dans le fleuve. Cependant Pedro Domingo, un vaillant écuyer d'Aragon, se risqua, et fit pour fixer la corde deux voyages complets (?) [7635] Du dedans comme du dehors cent **mille** hommes le regardent, se disant l'un à l'autre : « Voilà un homme leste! » Puis ils firent un pont **de** cordes, avec claies transversales[2], et par ce moyen la voie fut établie jusqu'à la vieille tour. Mais pour **secourir** l'autre tour, la difficulté est plus grande, [7640] car il n'y a ni passage, ni pont, ni escalier. D'une **tour** à l'autre, avec de longues cordelettes doubles, ils font passer, en un panier de roseau[3] qui ressemblait à une carnassière, les vivres et les carreaux acérés. Pourtant Ugo de la Mote, un vaillant chevalier, [7645] accompli dans les armes et dans tout autre métier, se **mit** à l'eau le premier avec une bonne

---

1. Du côté de Toulouse, sur la rive droite. On a vu, v. 7577, que le pont avait été enlevé par les eaux.

2. C'est le sens le plus naturel, quoiqu'il oblige de rapporter *traversers*, qui est masculin, à *cledas*, qui est féminin.

3. J'avais traduit, au vocabulaire, *cesca* par glaïeul, d'après le *Glossaire botanique* de M. Azais; M. J. Bauquier fait remarquer (*Romania*, VI, 453) que ce mot désigne proprement les plantes du genre typha, notamment le roseau des étangs.

compagnie, pour aller défendre la tour avec les membres du Chapitre. Mais si fortes étaient les ondes, si rapide le courant, qu'il ne put y arriver et passa de côté, [7650] tandis qu'à l'autre pont[1] on se battait, recevant et donnant de grands coups mortels. Mais voici que le Chapitre, vaillant et actif, se risque dans l'eau profonde : ils fortifient la tour et la ravitaillent. [7655] Le comte de Montfort, guerrier intrépide, veut ruiner la tour et ses créneaux ; nuit et jour, à coups pressés de pierres de taille, de pierres rondes, le calabre la bat, le pierrier la démolit, [7660] si bien que tout le mur est brisé, avec portes, voûtes, pierres d'arêtes, et que le mortier tombe. Ceux du dedans voyant qu'il n'y a rien à faire, le cœur intrépide, l'imprécation à la bouche, reçoivent tant de blessures, [7665] que leurs braies sont tachées de sang. Pleins de dépit, cédant à la force, le cœur noir, ils abandonnent la tour, où monte le héraut du comte de Montfort et de ses pèlerins qui poussent des clameurs joyeuses.

CXCIX.

[7670] Ils poussent des clameurs joyeuses et crient Montfort! « Car le terme est venu où nous recouvre« rons la terre et vous ferons déguerpir! » Mais ceux de l'autre tour répondirent : « C'est ce qui sera « décidé par le fer au milieu des larmes ; [7675] et « si vous êtes mauvais, méchants, vantards, nous

---

1. Le sens probable est « à l'autre bout du pont » ; la lutte avait lieu entre les assaillants établis sur la rive gauche, et les défenseurs de celle des deux tours qui était la plus rapprochée de cette rive.

« avons pour nous le droit, la ville, courage et notre
« seigneur. » Mais ce n'est point merveille s'ils se
donnèrent peur, n'ayant ni roi ni comte[1] ni personne
pour les protéger, sinon Dieu Jésus-Christ qui les
aime et les secourt. [7680] Le comte de Montfort et
ses adhérents ont planté l'oriflamme sur la tour entourée d'eau. Si fort s'approchèrent les nôtres et les
leurs, qu'au milieu du fleuve archers et mariniers se
battent ensemble nuit et jour, [7685] et qu'ils se
blessent leurs chevaux à l'abreuvoir. Sur ces entrefaites une grande splendeur luit par la ville, les protége, les fait renaître et leur donne du cœur : Bernart
de Casnac[2] est venu.....[3] avec bonne compagnie et
cœur vaillant, [7690] pour défendre la ville et combattre pour eux. Jamais vous ne vîtes son pareil pour
la droiture, ni chevalier d'un mérite plus accompli :
il a sens et largesse et cœur d'empereur; il gouverne
Parage et guide Valeur. [7695] Pour rétablir le droit,
pour écraser le mal, il est venu par zèle défendre
Toulouse et le comte; avec lui Raimon de Vals qui
est de sa parenté, et Vezian de Lomagne[4], un vaillant
vavasseur. Les membres du Chapitre, gouverneurs
de la ville, [7700] entrèrent avec joie[5] accompagnés

1. Voy. p. 97 n. 2. — 2. Voy. p. 347 n. 3.

3. Je n'entends pas *al santor* que Fauriel traduit, de la façon la plus aventurée, par « vers la Pentecôte ».

4. C'est le vicomte de Lomagne qui paraît encore au v. 8959. En 1221 il fit à son fils Espan, mentionné ci-après v. 9483, donation de tous les biens qu'il avait dans les diocèses d'Agen, de Lectoure et de Toulouse (Teulet, *Layettes du Trésor*, n° 1472). Un acte mentionné par Vaissète, III, 294, montre qu'en 1216 encore il reconnaissait Simon de Montfort pour seigneur.

5. Ils étaient sans doute sortis pour aller au-devant de B. de Casnac.

des Brabançons; et les hommes de Toulouse, y compris le petit peuple, allèrent les recevoir avec joie et allégresse. Les cris, les enseignes, les cors, les trompes, font retentir la ville et dissipent la brume.

[7705] Le comte de Montfort, lorsqu'il entendit la rumeur, passa l'eau[1] avec peu de monde pour se rendre du côté des arrivants, laissant bien garnis l'Hôpital et la tour[2]; il arriva au siége et s'entretint avec les siens : « Seigneurs, » dit le comte, « vos pires « ennemis [7710] abandonnent l'eau, la ville et les « ponts[3], et j'ai ouï là dedans un tumulte qui indique « qu'ils veulent s'en aller, sachez-le bien, ou c'est un « secours ami qui leur vient. » Survient un messager qui lui a dit la vérité : « Sire comte, il est entré du « renfort à Toulouse : cinq cents chevaliers [7715] « avec Bernart de Casnac qui défendront la ville, et « vous, vous aurez à les combattre. — Ami, « dit le « comte, ils ont fait une folie : quand j'entrerai, les « traîtres sortiront, et jamais, tant que je vivrai, des « bannis vagabonds [7720] n'effraieront ni moi ni « l'Église ! » Le comte, le cardinal, les conseillers, Amauri[4], l'évêque de Toulouse et les autres personnages délibérèrent secrètement entre eux : « Sei-« gneurs, » dit le comte, « je me plains à vous « [7725] de ce que tous mes soudoyers veulent me « quitter, parce que je n'ai pas de quoi les payer et « ne sais que leur dire. Sachez-le, cette ville m'a mis

---

1. Il était sur la rive gauche et se rendit au siége vers Montoulieu.
2. La tour qu'il avait enlevée aux Toulousains.
3. Le texte ajoute *e la valor*, simple cheville.
4. Le fils de Simon.

« en tel état que chaque jour je vois baisser mon
« prix et ma valeur. Il n'y a que deux alternatives,
« Dieu m'accorde la meilleure ! [7730] c'est, par
« Sainte Marie de Rocamadour, que la ville me tuera,
« ou c'est moi qui les tuerai ! — Comte, » dit le
cardinal, « le Dieu que j'adore sait bien où est le
« droit et qui sont les pécheurs. »

La veille du dimanche, fête sacrée [7735] où Dieu donna aux apôtres clarté et splendeur, le comte Simon se lève de bon matin, à l'aube, avec sa belle compagnie et ses éclaireurs, pour détruire les vignes et les autres cultures, et occupe les champs du côté de l'orme de l'Oratoire[1]. [7740] Les barons de la ville, grands et petits, qui sont exercés aux armes et bons combattants, courent à l'envi garnir les abattis et tout le tour de la ville. Chevaliers et bourgeois, Brabançons bons guerriers [7745] et le vaillant peuple prêt au combat, sergents solides, dardiers et frondeurs, occupent les jardins et les vignes, les chemins et les places, et le beau champ de bataille. De part et d'autre on se rapproche ; [7750] les cris, les trompes, les cors, les tambours, l'éclat des heaumes, l'or s'alliant au blanc, affermissent les cœurs et accroissent la hardiesse : on voit venir ensemble, comme les feuilles avec les fleurs, l'orgueil, la cruauté, en même temps que les cavaliers ; [7755] et le ciel et la terre, l'air et la brume, frémissent et retentissent au son de l'acier. Les barons de Toulouse, témoins de

---

1. P.-ê. l'oratoire du crucifix de la porte de Montoulieu, qui selon Catel (*Mémoires de l'hist. du Languedoc*, p. 193) se trouvait, encore au XVIe siècle, « dans le fossé de la ville, joignant la porte de Montolieu qui est du costé des fauxbourgs. »

ce tumulte, commencèrent la lutte, pour se défendre, pour repousser l'assaillant, [7760] et sur la belle place, devant Saint-Sauveur[1], entre les deux partis recommence la guerre.

CC.

La guerre recommence, avec cris et lutte; la compagnie de Simon vient par les places, des deux côtés on joue de l'éperon; en tête Amauri de Craon, Gautier de Cambrai, Tibaut de Blaison[2], Gillebert des Roches, Dreu de Mello[3], Raoul de

---

1. La chapelle et le cimetière Saint-Sauveur étaient situés en dehors des murs près la porte Saint-Étienne, à l'est de la ville. On lit dans Catel (*Mémoires*, p. 171) : « Le cimetiere Sainct « Sauveur estoit le grand cimetiere, et l'eglise qui y est aujour-« d'huy bastie, la façon de la porte de l'eglise, ensemble les sepul-« chres que l'on voict sur icelle..... témoignent assez leur anti-« quité. »

2. Canton des Ponts-de-Cé, arrrond. d'Angers. Tibaut était d'une famille sur laquelle on a des témoignages suivis du xie au xiiie siècle, et où le nom de Tibaut semble avoir été héréditaire. Il paraît dans l'histoire depuis 1206 jusqu'à 1229, époque de sa mort. Il est l'auteur de quelques chansons qui lui assignent un rang parmi les trouvères de second ordre. M. A. Longnon a publié sur ce personnage des recherches (*Annuaire-Bulletin de la Société de l'Histoire de France*, 1870, p. 85-90) auxquelles il y a lieu d'ajouter le témoignage du poëme, le seul qui constate la présence de Tibaut à la croisade contre les Albigeois.

3. Mello, canton de Creil (Oise). Dreu de Mello, seigneur de Loches, fils de Dreu de Mello, connétable de France de 1193 à 1218 (Delisle, *Cat. des actes de Ph.-Aug.* p. lxxxiv), paraît dans l'histoire en 1205, époque où il reçoit de Philippe-Auguste les châteaux et châtellenies de Loches et de Châtillon-sur-Indro (Delisle, *Cat.* n°s 929 et 930). Il prit part non-seulement à la croisade albigeoise, fait qui n'est connu que par cette mention du poëme, mais encore, en 1219, à celle de Damiette (*Recueil de*

Nesle[1], Aubert de Chauderon, [7770] Jofroi de la Trene (?), Rainier d'Aubusson, Jean de Berzi[2], Rainier de Rancon[3], Pierre d'Escorailles[4], Tibaut d'Orion[5], Gervais le Ventru, Gillebert Maubuisson, Robert de Beaumont[6], Robert de Chalon, [7775] Robert de Piquigni, Robert de Chinon, Raoul de Poitiers, Giraut de Lansson[7], Raimbaut de Trie[8],

pièces pour faire suite au cartulaire général de l'Yonne, publié par la Société de l'Yonne, sous la direction de M. Quantin, Sens, 1873, charte 177). En 1234 il faisait partie du conseil qui, sous Thibaut le Chansonnier, administrait la Champagne (D'Arbois de Jubainville, *Hist. des comtes de Champagne*, IV, 568). Le dernier acte connu de lui est de mars 1240 (Teulet, *Layettes*, n° 2861). Peu auparavant il avait manifesté l'intention de se rendre en Terre-Sainte (D'Arbois de Jubainville, *Hist. des comtes de Champagne*, V, 365-6, n° 2479, acte du 6 oct. 1238). Son sceau dans Douët d'Arcq, *Collection de sceaux*, n° 2777.

1. Arr. de Péronne. On sait, par un acte de 1215, que R. de Nesle était frère de Jean, sire de Nesle et châtelain de Bruges, et gendre de Barthélemi de Roie, chambrier de France (Delisle, *Cat. des actes de Ph.-Aug.* n° 1515). Il fit partie de l'expédition du jeune roi Louis en Angleterre (*Hist. des ducs de Normandie et des rois d'Angleterre*, p. p. Fr. Michel, p. 166).

2. Frère de Foucaut de Berzi, ci-dessus, p. 218 n. 7.

3. Haute-Vienne, cant. de Châteauponsat, arr. de Bellac? On connaît, en 1191, un Jofroi de Rancon (Delisle, *Cat. des actes de Ph.-Aug.* n° 413).

4. Cantal, cant. de Pleaux, arr. de Mauriac.

5. *Orion* est un nom bien peu probable; p.-ê. *de Riom?*

6. Le même qui est déjà mentionné au v. 6671? Voy. la note de la p. 340.

7. Lançon (Ardennes), arr. de Vouziers, cant. de Grandpré? ou Lançon (B.-du-Rhône), arr. d'Aix, cant. de Salon? Le premier est historiquement plus probable, puisqu'il s'agit d'un croisé, mais d'autre part le nom *Giraut* est bien rare dans le nord de la France.

8. *Trias*, Trie, cant. de Chaumont, arr. de Beauvais? On connaît un *Renaut* de Trie en 1237 (Douët d'Arq, *Collection de sceaux*, n° 3777).

Jean de Bollon[1], Gui de Mortagne, Rainier le Frison[2], Amauri de Luset, Bertran de Courson, [7780] et les autres, tous fiers et farouches. Français et Bourguignons viennent ensemble d'une telle allure que la terre, l'herbe et le sable en sont écrasés. Ceux du dedans, l'habile Rogier Bernart et les autres barons, [7785] chevaliers et bourgeois, le peuple de la ville, les sergents, les gens de pied reçoivent avec énergie leur attaque, ferment la barrière et placent au-dessus l'enseigne de Mont-Aigon[3]. Élie d'Auberoche[4], un vaillant brabançon, [7790] lui, B. Navarra et leurs compagnons, Ot de Terride, Guiraut de Gourdon[5], le vaillant Amalvis, Ugo de la Mote, B. de Saint-Martin[6], R. de Roussillon. Pierre de l'Isle, qui frappa de sa lance [7795] le premier qui venait à l'attaque, vit la hampe se briser et resta le tronçon dans la main, tous ceux-là soutinrent le premier effort. Et on entendait crier : Toulouse ! Montfort ! Craon ! et trompes et grêles font retentir le ciel, [7800] lances, dards,

1. Bouillon ?
2. Le même probablement que le « Rainaut lo frisos » du v. 7214.
3. Peut-être pour « Montagut », car au v. 9511 sont mentionnés les chevaliers de « Montaigo », et à l'endroit correspondant la rédaction en prose porte « Montagut ».
4. Lieux de ce nom dans le Cantal et la Dordogne.
5. Voy. p. 314 n. 2.
6. Nom (Bernart, Bertran?) et surnom trop fréquents pour qu'on puisse proposer une identification bien probable. « Bernardus de Sancto Martino » est poursuivi, entre 1244 et 1247, pour avoir donné des aliments à deux femmes vaudoises (Registre de l'inquisition de Toulouse cité par Belhomne, *Mém. de la Soc. archéol. du midi de la France*, VI, 129).

piques, masses, brandons, guizarmes, pierres, haches, javelots, flèches, carreaux, massues pleuvent de toutes parts, de sorte que les hauberts, les heaumes, les écus, les arçons, [7805] les insignes admirables, les bordures, les boutons, les chevaux, les tresses, l'or, le ciclaton, étaient rouges de sang. Tels furent la noise, le bruit, le tumulte, que beaucoup de ceux de la ville rentrèrent à la dérobée, [7810] traversant les fossés de la ville avec de l'eau jusqu'au menton ; les autres, cependant, combattent au dehors dans le champ, habitants de la cité ou du bourg, archers et gens de pied, et tuèrent dans la vigne Guillaume Chauderon[1]. Des deux côtés on se bat sur son corps. [7815] Sicart de Montaut[2] résiste avec énergie : carreaux, lances, écus, heaumes, chevaux, épieux, sont plus serrés que piquants de hérisson. Pourtant les assiégeants enlèvent de vive force le corps [de Guillaume]. [7820] Mais une gent étrangère, Blaventins[3] et Bre-

---

1. Ce personnage m'est d'ailleurs inconnu ; je ne sais s'il était de la famille de Jean Chauderon qui fut, dans la seconde moitié du XIIIe siècle, connétable de la principauté d'Achaïe ; voyez Buchon, *Recherches historiques sur la Principauté française de Morée*, I, 152 n. 3, et l'index onomastique du même volume.

2. On a vu paraître, aux vers 5755 (voy. p. 297, n. 2), entre les partisans du comte de Toulouse, un Rogier de Montaut ; je ne saurais décider s'il y a lieu de rattacher à la même famille le Sicart de Montaut, partisan de Simon de Montfort, qui figure ici et plus loin, v. 9011. Un « Sicardus de Monte alto » est témoin en 1230 à un acte de Raimon VII (Teulet, *Layettes*, n° 2079) ; en 1245 il est chargé par ce prince d'une mission importante et qualifié à cette occasion de « dilectus ac fidelis noster » (*Bibl. de l'École des chartes*, 2, II, 191-2).

3. Les « Blaventi » du v. 7820 ne paraissent pas différents des « Blauotini » ou « Bloetini », Flamands du pays de Furnes, sur

tons, viennent par le champ, sans armures et féroces, portant feu et paille et torches et tisons, ils courent vers la ville en criant Craon ! Du côté de la ville, sergents et damoiseaux les reçurent [7825] à grands coups, et le comte s'en retourna avec la foule.

Le jour de Pentecôte[1], lorsque les bourgeons percent, le comte ouït la messe et puis entra en un pavillon, [7830] avec le cardinal et l'abbé et l'évêque plein de malice, avec Amauri [de Montfort] et Bouchart[2] et son frère Gui[3], Alain, Foucaut et les autres barons. « Seigneurs, » dit le comte, « j'ai bien droit et raison
« de vous mettre en demeure, vous et tous les
« autres, [7835] afin d'arriver à reprendre Toulouse
« et les barons qui y sont, et je prie Dieu de me la
« rendre ou de me donner la mort, car ils m'ont mis
« au cœur tristesse et anxiété, tellement que je ne
« les puis combattre et ne sais où j'en suis. Et je ne
« puis supporter la grande dépense, [7840] car mes
« soudoyers m'ont dit non, ainsi que les compagnies,
« parce que je n'ai pas de quoi leur donner. Mais, si
« vous m'en voulez croire, je vous donnerai bon
« conseil. Je fais faire une chatte telle qu'on n'en a
« pas fait d'aussi bonne depuis le temps de Salomon :
« [7845] elle ne craint trébuchet, pierrier ni pierre
« taillée, car les plates-formes, les ailes, la maîtresse

---

lesquels voy. Du Cange, BLAVOTINI. Ils sont bien distincts des Brabançons (Braiman, Braimanso), lesquels sont à la solde des Toulousains; voy. ci-dessus, p. 59 n. 2.

1. Le lendemain de l'attaque qui vient d'être contée; cf. v. 7734-5.

2. Bouchart de Marli ; voy. p. 51 n. 3.

3. Sans doute, malgré l'intercalation de Bouchart, Gui de Montfort, le frère d'Amauri.

« poutre, les chevrons, les portes, les voûtes, les
« liens et les supports sont de tous côtés renforcés de
« fer et d'acier. Quatre cents de nos meilleurs cheva-
« liers, [7850] cent cinquante archers bien armés,
« seront placés par moi dans la chatte, et nous tous
« à pied nous les pousserons dans le fond du fossé
« de la ville; et quand fils et pères[1] seront réunis, à
« coups d'épée et de masses nous ferons un tel abat-
« tage [7855] que nous baignerons mon lion dans le
« sang et les cervelles. Je mettrai Toulouse en feu et
« en charbon, ou je recevrai la mort et le martyre!
« — Comte, » dit le cardinal, « sainte Église vous
« ordonne de n'avoir crainte ni doute mauvais,
« [7860] car elle a pouvoir de vous dépouiller et de
« vous donner, pouvoir de vous défendre, pouvoir
« de vous pardonner, et si vous la servez bien, vous
« en serez récompensé. Combattez donc Toulouse, car
« il le faut. »

Sur ces entrefaites vient un messager qui leur dit
ces paroles : [7865] « Seigneurs, voici venir le puis-
« sant comte de Soissons[2], avec une si belle troupe
« de croisés que vous aurez désormais assez de monde.
« — Ami, » dit le comte, « ce m'est bel et bon ; allons
« les recevoir. »

CCI.

« Allons les recevoir, car ils nous arrivent bien à

---

1. C'est-à-dire tout le monde; cf. des expressions analogues,
vv. 370 et 2168.
2. Raoul III de Neslo, comte de Soissons. Voir *Art. de vér. les
dates*, II, 929. — Sa participation à la croisade n'est connue que
par ce texte.

« point. » [7870] Le comte s'y rend avec joie, suivi de ses compagnons : Amauri, Bouchart, Guyot, Rainier[1], et lorsqu'ils s'abordèrent, le comte de Montfort lui adresse de gracieuses paroles, et l'interpelle doucement : « Sire comte de Soissons, je souhaite et désire
« votre amour, [7875] et vous pouvez bien connaître
« combien j'en ai grande envie : je vous ai donné
« une plus grande preuve d'affection qu'à nul autre
« chevalier, car depuis que j'ai vu vos lettres et votre
« messager, m'annonçant que vous veniez à mon
« secours avec Oton d'Angelier[2], j'ai fait construire
« une chatte, un château, un pierrier, [7880] et pour
« que vous en eussiez tout le renom et toute la gloire,
« je n'ai pas voulu prendre Toulouse jusqu'à votre
« arrivée. Vous aurez du butin le cinquième ou le
« quart ; les meilleurs destriers seront pour vous,
« et vous en donnerez à ceux qui en auront le plus
« besoin. [7885] Et par le pays les messagers étrangers diront que le puissant comte de Soissons vient
« de prendre Toulouse. » Le comte se prit à rire et lui fit cette répartie : « Sire comte de Montfort, cent
« fois merci de ce qu'en si peu de temps vous m'avez
« fait trésorier [7890] de la richesse de Toulouse que
« vous me donnez si libéralement. Eh bien ! que vous
« preniez la ville, ou que moi je m'en rende maître,
« je veux que tout le butin soit vôtre, et je ne vous
« en réclame aucune part. Et si vous m'en voulez
« croire, vous ferez autrement : n'en donnez pas un

---

1. Rainier de Chauderon (voy. p. 44 n. 3) ? — Rainier d'Aubusson, v. 7770 ? Rainier de Rancon, v. 7771 ? Rainier le Frison, v. 7778 ?

2. Saint-Jean-d'Angely ?

« denier ni à moi ni aux autres [7895] jusqu'à ce que
« vos soudoyers soient tous payés. Mais, pour ne pas
« être en reste avec vous, je vous ferai en retour un
« beau présent : si vous prenez Toulouse d'ici un an,
« quand vous l'aurez conquise, je vous donnerai
« Montpellier. C'est que, par Sainte Marie, on m'a
« conté ces jours-ci [7900] qu'ils ont dans la ville
« tout ce qui leur est besoin, et bon courage, et
« nombreuses forces, et droit seigneur. Et ils sont si
« vaillants combattants, si bons guerriers, que pour
« un coup que vous leur donnez ils vous rendent un
« massacre. Nous venons de pays étrangers, comme
« nouveaux pénitenciers, [7905] et nous servirons
« l'Église de bonne grâce toute la quarantaine, jus-
« qu'au dernier jour, et puis nous nous en retour-
« nerons par le même chemin. » Ils parlèrent
ensemble jusqu'au quartier général où le comte de
Montfort tient le siége en face de la ville.

[7910] Cependant à Toulouse les habitants sont en
souci, voyant l'ennemi se montrer de maintes parts,
et toute la chrétienté les menacer et les frapper. Mais
le fils de la Vierge, pour les relever, leur envoya un
bonheur, un rameau d'olivier, [7915] une claire
étoile, l'étoile du matin sur la montagne : le vaillant
jeune comte, clarté et légitime héritier, entre par la
ville, avec la croix[1] et l'acier[2]. Mais Dieu fit pour lui
un miracle et montra par un signe éclatant qu'il
enchaînerait le lion sanguinaire. [7920] De la tour du

---

1. La croix de Toulouse.
2. L'auteur paraît oublier qu'il a déjà annoncé l'entrée du jeune comte, vv. 7568-9.

pont, que les Français avaient conquise d'abord, du plus haut créneau, l'enseigne tomba dans l'eau, et le lion tomba sur la grève, dont tous ceux de la ville furent remplis de joie. Pour recevoir le comte sortirent les chevaliers, [7925] les barons de la ville, les bourgeois, le viguier, les dames, les bourgeoises, brûlant du désir de le voir : il ne resta pas une fillette à la maison. Le peuple de la ville, tous, grands et petits, regardent le comte comme fleur de rosier. [7930] On pleure de joie et d'allégresse par les places, les salles, les vergers. Au milieu de la joie générale, le comte descendit au moutier de saint Sernin, qui est vertueux et miséricordieux. Jamais il n'aima ni ne rechercha la compagnie des Français[1]. [7935] Les trompes, les cors, les cris des hérauts, les cloches, les sonnettes, qu'agitent les sonneurs, font retentir la ville, l'eau et la grève. Et au milieu de cette joie cinq mille hommes sortirent ; sergents et écuyers occupent la place ; [7940] légers à la course, ils s'élancent vers le siége criant à haute voix : « Ici Robin, ici Gautier[2] ! A mort, à
« mort les Français et les porteurs de bourdons ! Nous
« avons doublé les points de l'échiquier[3], puisque Dieu

1. Le texte ne permet guère de décider si cette phrase s'applique au comte ou à saint Sernin. Fauriel a choisi la seconde alternative : la première paraît plus probable.

2. Ce sont des noms français employés ici par dérision.

3. Expression proverbiale qui est fréquente au moyen âge ; voyez-en l'explication et des exemples dans Raynouard, *Lexique roman*, III, 143. Il y a à la Bibl. nat., fr. 2000, fol. 50, un petit traité écrit à Tours en 1493 qui a pour titre : « Le compte des .lxiiij. poins de l'escequier doublé, par lequel compte on peut savoir combien il faudra de grains de fourment pour iceulx emplir, lequel traictié a translaté de latin en françois .... Robert du Herlin. »

« nous a rendu le chef, le légitime héritier [de la
« terre], [7945] le vaillant jeune comte qui apporte
« la flamme avec lui ! »

Le comte de Montfort, entendant ces cuisantes paroles, passa l'eau et vint à la grève[1] ; ses barons allèrent le recevoir. Le comte, riant, leur parle : [7950] « Sire comte, » dit Jori, « vous avez mainte-
« nant un compagnon qui apporte avec lui sang et
« glaive, flamme et tempête, et nous aurons à nous
« défendre au fer et à l'acier. — Jori, » dit le comte,
« ne m'épouvantez pas : que celui qui ne sait se déci-
« der au moment critique, [7955] ne se hasarde pas
« à prendre l'épervier à la cour du Puy[2] ! Toulouse et

---

1. Sur la rive gauche, comme on va le voir par la mention de l'Hôpital.

2. Parce qu'il manquerait de décision, de hardiesse. C'était un usage qui du reste n'est guère attesté, jusqu'ici, que par des romans d'aventures, de proposer, dans les fêtes, un épervier comme prix de la beauté. L'oiseau, posé sur un perchoir, était à la disposition de toute demoiselle à qui son chevalier voulait l'offrir, pourvu que celui-ci fût prêt à soutenir les armes à la main la supériorité de sa belle. Ainsi dans l'*Érec* de Chrestien de Troyes (v. 559 et suiv.) :

... devant trestoute la gent	S'il y a chevalier tant os
Iert sor une perche d'argent	Qui vuille le pris et le los
Uns espreviers molt bien assis,	De la plus belle desrainier,
Ou de .v. meues ou de sis,	S'amie fera l'esprevier
Li mieudres c'on porra savoir.	Devant touz a la perche prendre,
Qui l'esprevier voudra avoir,	S'autres ne li ose desfendre.
Avoir li covendra amie	Iceste costume en maintiennent,
Bele et sage, sans vilenie :	Por ce tuit chascun an i vienent.

Le même usage est mentionné dans le *Bel inconnu* (v. 1568-1804), dans *Durmart le Galois* (v. 2015-36), dans *Meraugis* (p. 8-9), et dans le récit de la quête des règles d'amour, tel qu'il est conté, probablement d'après un poëme français perdu, dans le Traité de l'art d'aimer d'André le Chapelain (éd. Detmar Müller, 1610,

« le comte m'auront à tout jamais pour adversaire;
« pas de trêve, pas d'accord jusqu'à tant que je l'aie
« prise ou qu'elle me prenne. Pour ma défense et
« pour leur tourment, [7960] de cet hôpital je
« ferai un château complet, avec créneaux, lices et
« mur bastillé, et au dehors une palissade de gros
« madriers; partout à la ronde un grand fossé trans-

ff. O 5 à P 3; ms. Bibl. nat. lat. 8758, fol. 98-103). Par suite on disait d'une dame très-belle qu'elle avait enlevé l'épervier : *Li bella Hellenborca enlevet l'esparvier* (Féraut, *Vie de S. Honorat*, éd. Sardou, p. 29).

Quant à la cour du Puy, dont il est ici question, elle nous est connue principalement par deux témoignages qu'on a souvent rapprochés. L'un est emprunté à la vie du Moine de Montaudon; il y est dit que ce religieux, ayant obtenu de son abbé (l'abbé d'Aurillac) la permission de mener la vie mondaine, fut fait seigneur de la cour du Puy et conserva ce titre tant que cette cour dura : « o fo fait seigner de la cort del Puoi Sainta Maria, e de dar l'espar-
« vier. Lonc temps ac la seignoria de la cort del Puoi, tro que la
« cort se perdet. » L'autre témoignage est la soixante-quatrième des *Cento novelle antiche* (texte de l'éd. de 1525). Dans cette nouvelle, qui, selon la remarque de Diez (*Leben u. Werke d. Troub.* p. 532), semble être l'exposé, la *razos*, de la chanson *Atressi com l'orifans*, il est dit que qui se sentait riche de biens et de cœur, prenait l'épervier sur le poing et avait, par suite, à faire les frais de la cour tenue cette année. En outre, quatre *approvatori* étaient institués pour examiner les chansons qui leur étaient soumises, signalant les bonnes, et rendant les autres à leurs auteurs pour être corrigées. La célèbre chanson de Guiraut de Calanson (commencement du xiii° siècle) sur le « menor ters d'amors » fut, selon Guiraut Riquier, qui l'a longuement commentée, présentée à la cour du Puy (Mahn, *Werke d. Troub.* IV, 199). Le moine de Montaudon « seigner de la cort del Puoi », comme tel chargé de décerner l'épervier au plus digne, en cas de concurrence, était probablement aussi l'un des quatre examinateurs. — Bertran de Born le fils et son frère Itier furent armés chevaliers à une cour tenue au Puy (Cartul. de Dalon, Biblioth. nat. lat. 17120, ancien Gaignières 200, fol. 6 v°).

« versal, et en deçà, vers l'eau, un beau mur sur un
« terre-plein élevé; [7965] du côté de la Gascogne le
« pont avec le débarcadère; et j'aurai les rives, et des
« vivres[1]. »

Là-dessus viennent par l'eau bourgeois et nautonniers, les cris de guerre, les enseignes[2], les sergents, les archers. Ils s'écrient : Toulouse! et débarquent sur la grève. [7970] Mais les assiégeants, sergents et arbalétriers recommencent la guerre, le péril, l'abattage; sur l'eau les défenseurs des tours se battent toute la nuit et le jour.

CCII.

Toute la nuit et le jour se battent sans relâche [7975] les assiégeants, le comte et les Français. Ceux de la ville se sont énergiquement défendus. Le comte de Montfort, dur en toutes choses, entre dans l'eau avec une belle troupe, et par habileté et par force les a tellement poussés [7980] qu'il a enlevé l'autre tour et endommagé le pont; il y plaça son enseigne et le lion orné d'orfrois. Les hommes de la ville les ont vivement attaqués, par eau et par terre, chevaliers et bourgeois; et le peuple et les sergents ont réussi à grands [7985] efforts à établir un pierrier à la tête du pont, et avec des pierres rondes et des carreaux turcs[3], ils les blessent, les écrasent, dru et serré. En

1. *Condug* et *vivier* (voy. Du Cange, VIVARIUM) sont ici synonymes, comme au v. 7994 *viandas* et *condutz*.
2. Il faut entendre les crieurs, ou hérauts, et les porte-enseignes.
3. C'est-à-dire lancés avec des arcs turcs, ou *turcois*, comme on

tant de manières ils les ont relancés, qu'à contre-cœur, de force, les Français sont descendus de la tour [7990] et l'ont abandonnée en y mettant le feu. Les mariniers de la ville, qui sont bons et courtois, courent par toute la rivière, en long et en large, fouillant les rives, occupant le pays, apportant des vivres, des biens de tous genres¹. [7995] Aussitôt les hommes de la ville, les Brabançons, les Tiois prennent les épées, les masses, les bons arcs turcs, et passent l'eau au nombre de 163. Ceux de l'ost les regardent, chevaliers et paysans. Alors Joris s'écrie, des tentes où il est : [8000] « Sire « Pierre de Voisins, cela va mal! les hommes de la « ville se sont levés contre nous! » Et les voilà courant aux armes et aux chevaux noirs et s'armant des hauberts et des heaumes de Pavie. Ils passent l'eau, accourent en toute hâte, [8005] et sur le gravier com-

disait autrefois; voy. le vocabulaire, *arc*, et Viollet Le Duc, *Dict. du mobilier*, V, 53, note.

1. Cette phrase (vv. 7991-4) interrompt la suite des idées. L'auteur vient de dire que les Français avaient abandonné la tour, qui pour eux n'était plus tenable, en y mettant le feu. Ce qui doit suivre naturellement c'est le récit des efforts faits par les défenseurs de Toulouse afin d'occuper cette tour. C'est ainsi que les faits sont présentés dans la réd. en pr., qui ne tient aucun compte des vers 7991-4, et ajoute, p.-ê. d'après un texte plus complet — il y aurait en ce cas une lacune après le v. 7997 — que l'effort des Toulousains avait pour but d'éteindre l'incendie allumé par les Français: « Ceux de la ville, pour recouvrer la dite tour, firent dresser une « pierrière, et tirèrent de telle sorte qu'ils obligèrent ceux qui « l'occupaient à l'abandonner; mais ceux-ci y mirent le feu avant « de partir. Et quand ceux de la ville virent ainsi brûler la tour, « ils s'armèrent au nombre de bien cent cinquante des plus hardis, « se mirent dans des barques et allèrent droit à la tour pour « éteindre le feu » (p. 99). — On pourrait placer les quatre vers qui interrompent le sens après le v. 7976.

mence la lutte[1]. D'épées, de masses, de fers meurtriers on se frappe aussitôt de part et d'autre ; pierres, dards, flèches, viennent si dru que se brisent les boucles [des écus], les cristaux [des heaumes], les orfrois, [8010] les écus, les selles, les poitraux, les freins. Ceux de la ville les ont tellement attaqués qu'ils les mènent battant, vaincus et maltraités, tombant dans l'eau par deux et par trois ; et là ils abattirent Raoulin le Champenois. [8015] Qui sait nager nage, qui ne le sait est mort. Chapeaux, dards, lances, gonfanons, freins, dérivent au fil de l'eau, saisis par l'onde. Quand la mêlée se sépara il en resta d'étendus.

Les Français reviennent pleins de dépit. [8020] Et le comte de Montfort les prend durement à partie :
« Seigneurs, vous méritez bien qu'on vous donne
« chevaux et palefrois. Nous devons tous être dans
« la joie, en voyant votre succès sur les Toulousains,
« et comme vous les avez vaincus et pris ! Loin de là,
« ils sont si preux et courtois [8025] que vous leur
« avez laissé des prisonniers[2] et des effets d'équipe-

---

1. L'opération n'est pas expliquée d'une manière très-claire. On voit ici les Français passer l'eau pour aller de la rive gauche où ils étaient sur la rive droite, et on vient de voir les Toulousains en faire autant de leur côté en partant de Toulouse, sur la rive droite, de sorte qu'il paraît y avoir eu un chassé-croisé par suite duquel on ne voit pas à quel endroit les deux partis ont pu se rencontrer. Mais si on considère que l'objectif des Toulousains était la tour que les Français venaient d'abandonner, on est amené à croire que la rencontre a dû avoir lieu dans le fleuve même, dont les eaux étaient sans doute très-basses à ce moment.

2. Traduit d'après la correction proposée à la note (v. 8025). M. Chabaneau (*Rev. des langues rom.* 2, I, 362) entend *pretz*, ici et v. 8042, au sens d' « argent ».

« ment. » Et le comte passe l'eau[1] avec Lambert de Caux[2], et parle et délibère dans le château Narbonnais. Là furent présents le cardinal, l'évêque, le comte de Soissons, Audri le Flamand, [8030] Amauri de Craon, Aimeri de Blèves[3], Gillebert des Roches, Richart de Forez, Bouchart, Alain, Hugues de Laci. « Seigneurs, » dit le comte, « vous savez que c'est
« vérité, le pape m'a livré le Carcassais, [8035] à
« gouverner et à tenir légitimement, avec garan-
« tie de n'en être pas dépossédé. Je l'ai conquis,
« avec la croix et la foi. Or me voici en telle détresse
« que si je ne prends la ville avant un mois, [8040]
« il me vaudrait mieux mourir ou n'être jamais né,
« car, par sainte Marie, je suis si fort ruiné que je
« n'ai plus ni argent, ni de quoi donner[4], ni honneur,
« ni rente. Et pourtant, si je lève le siége sans les
« avoir pris, l'Eglise y perdra et la foi périra. » [8045]
Le comte de Soissons lui répond sur-le-champ : « Sire
« comte de Montfort, s'il plaisait à Jésus-Christ qu'or-
« gueil fût droiture, que péché fût merci, la ville
« serait à vous, et la richesse et le matériel [qui s'y
« trouvent]. Mais il ne me paraît pas qu'elle doive
« être bientôt prise, [8050] car le comte Raimon,

---

1. Il était donc sur la rive gauche.

2. *De Cales*; p.-ê. de Calais? ou de Chalais?

3. Sans doute le « Haimericus de Bleu (Blèves, arr. Mamers) dont le Trésor des chartes (Teulet n° 2036) contient une charte de janvier 1230, et qui figure encore dans un document de 1216 (Teulet 3521).

4. *Nil dos*; je l'entends au sens actif, mais on peut l'entendre au sens passif; non pas les dons qu'on fait, mais ceux qu'on reçoit.

« duc et marquis, la réclame par droit de nais-
« sance, et nous savons que son droit est véritable,
« et avec lui son fils, le jeune comte, neveu du roi
« d'Angleterre[1]. Avec eux sont Rogier Bernart et le
« comte de Comminges et les hommes de la ville qui
« témoignent assez de leur ressentiment [8055] de ce
« que vous les avez tués, détruits, maltraités. Toute-
« fois, si le pape et l'Eglise voulaient qu'entre vous
« et eux fussent rétablis accord et paix, à condition
« pour vous de lui[2] abandonner la terre et son héri-
« tage, Rome et la chrétienté y gagneraient, [8060] et
« vous garderiez la terre du vicomte[3]. Mais un fruit y
« pousse qui prétend y avoir droit, et voudra la
« recouvrer, envers et contre tous[4]. » — Le comte de
Montfort : « Seigneurs, tout cela n'est rien : j'ai déjà
« conquis le Toulousain, l'Agenais, [8065] Cahors, le
« Bigorre[5], Comminges, l'Albigeois, et si je prends
« Toulouse et son seigneur, l'Eglise et moi verrons
« nos affaires remonter. Et demain matin, à l'aube,
« quand brillera le jour, nous conduirons la chatte par
« le mur sarrazin, [8070] jusqu'au dedans de Tou-
« louse : la chose est ainsi décidée, et par toute la ville
« nous mettrons le feu grégeois : ou nous mourrons
« tous ensemble, ou nous en viendrons à bout; et
« cela ne tardera guère ! »

1. Voy. p. 191 n. 1.
2. Au comte de Toulouse.
3. Le vicomte de Béziers, celui qui mourut en 1209; voyez p. 46 n. 3.
4. Allusion aux droits du jeune Raimon Trencavel II; cf. vv. 3359-62 et p. 181 n. 1.
5. Voy. p. 290-1.

CCIII.

« Cela ne tardera guère, vous tous le verrez, [8075]
« que je reprendrai Toulouse et que vous l'occuperez,
« et vous protégerez également la richesse et la terre.
— « Sire, » dit Amauri de Craon, « pas de plaisante-
« ries, car il nous reste encore à raser le plus grand
« bout de la peau[1]. Qu'il ne vous déplaise si je vous
« demande comment vous reprendrez la ville? [8080]
« Ils ne sont point en détresse, ne souffrent ni de la
« faim ni de la soif. Vous ne sauriez les attaquer si
« souvent en un même jour que vous ne les trouviez
« hors des lices, dans le champ; et vous n'arriverez
« jamais à les enfermer dans la ville. » Le cardinal
répond : « Tant que vous les défendrez, [8085]
« Amauri, c'est que vous n'aimerez ni la sainte Eglise
« ni la justice. Je vous donne pour pénitence de jeû-
« ner demain au pain et à l'eau. C'est l'amour que
« j'ai pour vous qui me fait vous prier de ne pécher
« plus; c'est Jésus-Christ qui vous mande, [8090] à
« vous et au comte de Soissons, de ne plus recommen-
« cer, de cesser de les défendre. — Sire, » dit Amauri,
« lisez et vous trouverez que vous ne devez pas m'im-
« puter à faute ce que j'ai dit : l'Ecriture ne vous
« dit pas, la loi ne vous prescrit point de dépouiller
« à tort aucun prince temporel. [8095] Et si le comte
« Raimon perd actuellement son héritage, loyauté et

---

1. On disait autrefois dans un sens analogue : « A l'escorcher la queue est pire, » ou « en la queue est li encombriers souvent », Le Roux de Lincy, *Livre des proverbes*, I, 175, 198.

« droit le lui rendront en autre temps. Et c'est grand
« merveille quand, par la déloyauté d'autrui, Parage
« est abaissé, mis en péril, brisé. Si j'avais su, en ma
« terre, que telle fût l'intention secrète, [8100] ni
« moi ni ma compagnie ne serions ici. — Amauri, »
dit le comte de Montfort, « vous aurez tort toutes les
« fois que vous disputerez avec le cardinal mon sei-
« gneur : ce n'est ni droit ni raison que vous le con-
« trariiez en rien, et en lui obéissant vous ferez acte
« d'amour envers l'Eglise. » [8105] Ils parlèrent ensemble jusqu'à la tombée de la nuit. A l'aube, quand
le jour commence à poindre, le comte de Montfort
donne ses ordres : « Mes amis, vous allez venir; et
« jamais vous ne m'aurez rendu ni ne me rendrez
« service plus à propos. Maintenant, mettez-vous à
« la chatte, et vous prendrez Toulouse, [8110] et
« détruirez mes ennemis et les vôtres. Et si vous pre-
« nez Toulouse vous honorerez Jésus-Christ et répa-
« rerez vos pertes et les miennes. » Alors sonnent les
trompettes, les cors, les clairons, et ils se mettent à
la chatte avec des cris et des sifflements. [8115] Entre
le mur et le château [Narbonnais] elle vint à petits
sauts : mais, telle que l'épervier qui chasse les oise-
lets, la pierre vint tout droit, lancée par le trébuchet,
et la frappa d'un tel coup, à l'étage supérieur, qu'elle
trancha et brisa cuirs et courroies[1]. [8120] Et le comte
de Montfort s'écrie : « Jésus-Christ, qu'allez-vous

---

1. Il est bien possible que cette scène entre la *chatte* de Simon et le trébuchet des Toulousains ait donné lieu à la pièce de Rai- mon Escrivan où est racontée la lutte, entrecoupée de paroles de défi, d'une chatte et d'un trébuchet; Bartsch, *Chrest. prov.*, 3ᵉ éd., p. 315.

« faire? Si peu que me durent encore la douleur et
« l'angoisse, vous aurez abattu moi, sainte Eglise et
« la croix. » Et les barons lui répondent : « Sire,
« calmez-vous; si vous déplacez la chatte, du coup
« vous la garantirez. — [8125] Par Dieu ! » dit
le comte, « vous allez bien voir ! » Et comme la
chatte se tournait et faisait ses petits pas, le trébuchet ajuste et lance avec force, et frappe tel coup,
pour la seconde fois, qu'il tranche et brise le fer et
l'acier, les bois et les clous, [8130] la colle et la
poix, laissant morts et froids nombre de ceux qui la
conduisent. Tous s'enfuient et le comte reste seul.
A haute voix il s'écrie : « Par Dieu! vous resterez ici ;
« vous conduirez la chatte ou tous vous y mourrez. »
[8135] Et ils lui répondirent : « Ceux que vous y
« mettrez, mieux leur vaudrait plaie, fièvre ou ma-
« ladie ! »

Cependant le comte de Toulouse et ses barons privés parlent avec le chapitre, comme vous allez entendre ; tous disent : « Jésus-Christ, [8140] cette fois
« nous avons grand besoin que vous nous inspiriez. »
Le comte de Comminges dit : « Seigneurs, entendez-
« moi : s'il y a des gens qui perdent avec cette chatte,
« pour vous, vous y gagnerez : elle vous sauve vos
« vignes et vos blés, car tandis qu'ils veillent sur
« elle, ils n'ont pas le loisir de les dévaster. [8145]
« Cessez donc de vous affliger et de vous épouvanter,
« car rien ne peut vous empêcher de la faire entrer
« en ville avec vous. — Seigneurs, » dit Rogier
Bernart, « n'ayez crainte, car ce n'est pas une chatte
« qui jamais nous fera perdre la ville; et s'ils l'amè-
« nent ici, ici vous la détruirez ; [8150] car entre

« nous et eux sera tel le martelage des épées, des
« masses et des fers tranchants, que du sang et des
« cervelles nous aurons des gants aux doigts. » —
Bernart de Casnac dit : « Seigneurs, voici ce que
« vous ferez, sans vous effrayer de rien que vous
« vous voyiez : [8155] voici que vient la chatte avec
« le château et tout son charroi : plus ils la pousse-
« ront près, et plus vous l'aurez belle de la leur enle-
« ver; et si elle vient à la lice, vous la brûlerez et eux
« avec. » Estout de Linars[1] dit : « Seigneurs, croyez-
« m'en, et vous vous en trouverez bien. [8160] A
« l'intérieur de cette lice nous ferons de bonnes pa-
« rois, grandes et hautes, avec de grands créneaux qui
« puissent battre d'en haut les fossés et les palissades.
« Ainsi de toutes parts vous vous défendrez contre
« eux et ne craindrez aucun engin qu'ils puissent
« imaginer; [8165] et s'ils vous viennent assaillir,
« vous les tuerez tous. » Dalmatz de Creixell dit :
« Vous vous en tiendrez à ce conseil, car il est bon
« et sage et ne vous trompera point, et il y a grande
« presse que vous vous mettiez tous à la besogne. »
— Là-dessus les clairons et les cors font entendre
plusieurs sonneries; [8170] ils courent aux cordes et
tendent les trébuchets. Les membres du chapitre,
portant de petits bâtons[2], distribuent les vivres, les
dons, les largesses; le peuple apporte des pics, des

---

1. « Astorg del Mas », réd. en pr.; voy. au t. I la note sur le
v. 8158; mais la leçon du poème paraît assurée, au moins quant
au surnom, par une seconde mention du même personnage qui au
v. 8338 est appelé « Escotz de Linars ». Il y a dans le Midi plusieurs lieux du nom de Linas.

2. Comme insigne de leur autorité.

pelles, des outils, et il ne reste ni levier (?)[1], ni coin, ni marteau, [8175] ni chaudière, ni cuve, ni pieu. On se met aux travaux, aux portes, aux guichets; nobles et bourgeois se passent les pierres taillées; ainsi font les dames, les damoiselles[2], les fillettes, les garçons, les pucelles, les grands et les petits, [8180] chantant ballades, chansons et vers[3]. Maintes fois les pierres des assiégeants tirent sur eux, et les arcs, les frondes leur lancent des pierres, des carreaux qui leur abattent les vases et les cruches qu'ils portent sur la tête[4], et leur rompent manches[5] et ronds[6], [8185] leur frappent les jambes, les mains, les doigts; mais ils ont si bon courage qu'aucun ne s'en épouvante.

CCIV.

Aucun ne s'en épouvante : au contraire, il leur agrée et leur plaît de faire des abris pour défendre les fossés, [8190] et toute la communauté y travailla avec grande joie. Mais les pierriers du dehors, les arcs bandés, leur jettent tant de pierres et de carreaux empennés, qui tombent dans la foule et les frappent de côté, leur percent jambes, poitrines, bras, [8195]

1. *Auts?*
2. Femmes mariées non nobles.
3. Cf. 4012, 5963, 9432.
4. Les vases où les habitants portaient des matériaux de construction ou des munitions.
5. Probablement les perches qui servaient à porter des paniers.
6. Les ronds ou bourrelets sur lesquels étaient posés les fardeaux qu'on portait sur la tête; voy. Chabaneau, *Rev. des l. rom.* 2, I, 362. L'art. *cabessaletz* du vocab. est à rectifier en ce sens.

que banquettes, poutres et lices sont brisées. Mais le fils de la Vierge les protége, car dans la ville même peu furent atteints.

Le comte de Montfort manda ses chevaliers les plus vaillants du siége et les mieux éprouvés; [8200] et fit de bons abris avec des fronts garnis de claies, et y mit des compagnies et des chevaliers armés, bien couverts de leurs armes, les heaumes lacés; et ils amènent la chatte sans fracas et vite. Et ceux de la ville sont habiles : [8205] ils tendent et ajustent les trébuchets, et mettent dans la fronde de belles pierres taillées; ils lâchent les cordes : les cailloux partent à toute vitesse et frappent tellement la chatte sur la face et sur les flancs, sur les portes, sur les courbures, sur les flancs entaillés, [8210] que de toutes parts en volent les éclats, et que des conducteurs plusieurs sont renversés à terre. Par toute la ville on s'écrie à la fois : « Par dieu, dame chatte, traîtresse, vous ne prendrez « plus de rats! » Le comte de Montfort, plein de colère et de dépit, [8215] s'écrie : « Dieu, pourquoi me « haïssez-vous? » Puis il dit aux siens : « Seigneurs « chevaliers, voyez quelle male chance, et comme je « suis ensorcelé! l'Eglise, la science des lettrés ne « me servent de rien; l'évêque ni le légat ne me pro- « curent aucun avantage; [8220] ma valeur, ma « prouesse, sont vaines; les armes, l'intelligence, les « largesses, tout cela ne m'empêche pas d'être refoulé « par le bois ou la pierre. J'espérais avoir assez de « bonheur pour prendre la cité à l'aide de cette chatte; « [8225] maintenant je ne sais plus que dire ni que « faire. — Sire comte, » dit Foucaut, « tâchez de « vous retourner d'un autre côté, parce que cette

« chatte ne [vous] vaudra pas trois dés. Et je ne
« trouve pas que vous soyez sage de la pousser comme
« vous faites : avant qu'elle revienne en arrière je
« crois bien que vous l'aurez perdue. — [8230] Fou-
« caut, » dit le comte, « croyez bien ce que je vais
« vous dire : Par Sainte Marie de qui est né Jésus-
« Christ, ou j'aurai pris Toulouse avant huit jours, ou
« j'y mourrai de la mort des martyrs[1]. — Non, vous
« n'y mourrez pas, s'il plaît à Dieu, » dit Hugues
de Lévi[2].

[8235] Cependant à Toulouse le conseil a été formé
parmi les personnes notables de la ville; il s'y trouve
des chevaliers et des bourgeois entendus et discrets;
et chacun se disait : « Il est désormais bien temps que
« la terre soit à eux ou à nous. » [8240] Mais entre
les assistants parle et discourt maître Bernart[3], car il
est beau parleur. Il est natif de Toulouse et homme
savant : « Seigneurs francs chevaliers, » dit-il, « écou-
« tez-moi, je vous prie. Je suis membre du chapitre, et
« notre consulat [8245] est la nuit et le jour attentif et
« disposé à exécuter vos ordres. Et puisque croissent
« et fleurissent l'amour et la concorde, puisque vous
« défendez et nous et vous-mêmes et le comte et Parage,
« je veux vous dire, afin que vous y appliquiez [8250]
« votre esprit, où tendent mes paroles. Acre fut

1 Cf. plus haut, p. 367 n. 5.

2. Personnage qui a déjà paru au v. 6062 en compagnie de Gui
de Lévi, le maréchal de la foi.

3. Cf. ci-dessus la note de la p. 316. Le discours de ce citoyen
de Toulouse est principalement adressé aux chevaliers du dehors
qui avaient apporté leur concours au comte de Toulouse; voy.
surtout vv. 8315 et suiv., et 8312-4.

« assiégée de toutes parts, et nos chrétiens la tenaient
« bloquée. Au bout de peu de temps le vin et le blé
« manquèrent aux assiégés. Et le roi Saladin, qui était
« fort tenace, [8255] bloquait par dehors les barons
« du siége. Ce fut le plaisir du saint Roi en qui s'ac-
« complit la Trinité que le roi de France, le premier
« des princes couronnés[1], apporta des vivres pour
« rétablir l'abondance et arriva heureusement au
« siége d'Acre. [8260] Par toutes les tentes l'allégresse
« est telle qu'on y allume force chandelles et cierges;
« et sur mer et sur terre la clarté est si grande que
« Saladin demande à ses interprètes pourquoi l'ost
« des chrétiens est dans l'allégresse. [8265] Et ils lui
« répondirent : Sire roi, en vérité, c'est parce que
« le puissant roi de France est entré au siége. Là-
« dessus Saladin a gagné de vive force tant de terrain
« qu'il s'est logé à moins de trois lieues[2] des chrétiens.
« Peu de temps après, nouveau bonheur, [8270]
« lorsque le roi d'Angleterre, plein d'allégresse,
« arriva heureusement au siége d'Acre; et par tout le
« camp la joie redouble. Alors le roi Saladin s'est
« tellement approché qu'il s'est établi à un trait d'ar-
« balète, [8275] à ce point que les sentinelles[3] en-

---

1. On sait que c'était une idée généralement admise au moyen-âge que le roi de France était le plus grand, le plus noble des rois de la chrétienté; voy. les textes rassemblés par Du Cange dans sa dissertation xxvii sur Joinville : *De la prééminence des rois de France au dessus des autres rois de la terre.*

2. « Un tiers de lieue », Fauriel, traduction qui convient mieux au sens général, mais à laquelle le texte se prête difficilement.

3. S'agit-il des sentinelles sarrazines ou des chrétiennes? le texte ne le dit pas.

« tendent parler et causer. A l'aube du jour, les
« barons de France, d'Angleterre et des autres
« pays étant rassemblés, chacun fut bien étonné en
« voyant le roi Saladin si voisin. [8280] Cependant un
« archevêque, savant et lettré, montre par des textes
« et des arguments théologiques....[1] Robert de Sal-
« ventine[2], un chevalier prisé, oyant tous les barons,
« s'écria à haute voix : Beau sire archevêque, changez
« de discours, [8285] et prions Jésus-Christ de nous
« garder, s'il lui plaît, qu'il nous arrive un autre roi
« ou un autre puissant personnage, car s'il nous vient
« encore un roi, sachez en vérité que le roi mé-
« créant viendra loger chez nous avec toutes ses
« troupes et les émirs. [8290] Seigneurs, faites
« attention à cette repartie : le siège d'Acre est com-
« parable à notre situation : plus nous recevons de
« renforts, et plus nos ennemis nous pressent :
« lorsque le comte mon seigneur, le seigneur Rogier
« Bernart, le comte de Comminges et monseigneur
« Dalmatz [8295] étaient avec nous dans cette ville,
« le puissant comte de Montfort, qui est outrecuidant,
« restait dans son camp, tellement enfermé que si
« nous le laissions tranquille, il nous laissait en paix.
« Mais quand est arrivé monseigneur Bernart de
« Casnac[3], [8300] avec sens et largesse et bonne com-
« pagnie, le comte de Montfort s'est avancé au point
« de faire contre nous tant d'abris que nuit et jour il
« nous tient occupés. Et quand est venu le jeune

1. Il y a probablement ici omission de quelques vers.
2. Ce personnage est complètement inconnu ; du reste tout ce récit paraît peu historique.
3. Ci-dessus vv. 7688-7715.

« comte, qui est notre lumière¹, [8305] [Simon] nous
« a fait une bastide que voici sous nos yeux, et puis,
« à la faveur de ses abris, il s'est tant approché, qu'il
« n'a qu'un saut à faire pour être dans les fossés :
« vienne maintenant un autre comte, et Simon les
« franchira et logera chez nous avec ses croisés.
« [8310] Francs chevaliers, prenez une résolution
« commune : puisque la partie est engagée des deux
« côtés, elle ne peut s'arrêter tant que l'un des deux
« ne sera pas maté, car par la Vierge sainte en qui
« fleurit chasteté, il faut que maintenant la terre et
« le comté soient à eux ou à nous ; [8315] car par la
« très-sainte croix, ou soit sens ou folie, nous mar-
« cherons sur la chatte, si vous commencez l'affaire.
« Et si vous ne le faites, le Bourg et la Cité sont tel-
« lement décidés à y aller en masse, que sur la chatte
« il sera frappé tant de coups, [8320] que le champ sera
« jonché de sang et de cervelles. Mieux vaut mort
« honorable que vie honteuse². » Et les barons répondent : « Vous nous voyez tout prêts ; puisse la fortune
« favoriser notre entreprise ! [8325] Nous et vous en-
« semble, s'il plait à Jésus-Christ, nous irons brûler
« la chatte ! »

CCV.

« Nous marcherons sur la chatte, car c'est bien à
« faire, et nous et vous ensemble la prendrons en
« joignant nos efforts ; et Toulouse et Parage seront à

---

1. Ci-dessus vv. 7913-45.
2. Idée plus d'une fois exprimée dans le poëme, voyez par ex.
v. 6513.

« jamais unis. A l'aube du jour nous sortirons par les
« escaliers[1]. »

[8330] Toute la nuit leur ardeur croît. Arnaut de Villemur, dur guerrier, fait armer les meilleurs chevaliers, les bonnes compagnies, les vaillants soudoyers ; [8335] ils garnirent les lisses, les fossés, les plates-formes, d'arbalètes à tour, de bons arcs à main, de carreaux, de flèches, de pointes de fer (?). Au dehors, à la gauche, Estout de Linars, attentif et industrieux, [8340] fit occuper les escaliers, fortifier les sentiers, les débouchés, les chemins de traverse. Et lorsqu'ils furent assemblés, il fut convenu que les hommes de la ville et les seigneurs concourraient ensemble à la prise de la chatte. [8345] Bernart de Casnac, qui sait bien parler, les exhorte et les éclaire par de sages paroles : « Barons toulousains, voici vos
« ennemis, qui vous ont tué fils et frères, qui vous
« ont causé maints soucis. Si donc vous les pouvez
« occire, ce sera pour vous tout avantage. [8350] Je
« connais la manière des Français fanfarons[2] : ils ont
« le corps bien garni de hauberts doubles, mais en
« bas, aux jambes, ils n'ont que les chausses. Et si
« vous visez aux jarrets et frappez dru, quand la
« chasse cessera, il y restera du carnage. » [8355] Et ils répondent : « C'est la récompense qu'ils auront. » Et on se dit l'un à l'autre : « Avons-nous assez de
« compagnons ? » — Ugo de la Mote répond : « Ici il

---

1. Les escaliers qui conduisaient des remparts au fossé ; cf. v. 8340. Je place le v. 8331 avant le v. 8330 et corrige *ostaliers* en *escaliers* ; cf. 8359.

2. *Bobanciers*, cf. ci-dessus, p. 351 n. 2, et *Aiol*, vv. 1157, 1781.

« y en a de reste ; mais c'est quand on en sera aux
« coups qu'on pourra faire le compte des combat-
« tants ! » Et là-dessus, ils sortent par les escaliers,
[8360] s'avancent par la plaine et occupent le terrain,
en criant : « Toulouse ! voici que le brasier s'allume.
« A mort ! à mort ! ils n'y échapperont pas ! » — Et
du côté opposé, Français et Berruyers les reçoivent,
criant : « Montfort ! Montfort ! nous vous ferons men-
« tir ! » [8365] Et là où ils se rencontrent le carnage
est complet : des épées, des lances, des aciers tranchants, ils se frappent et se portent des coups sur les
heaumes de Bavière. Mais Arnaut de Lomagne leur dit
deux mots pour les exciter : « Frappez, chère troupe,
« songez à la délivrance : [8370] c'est aujourd'hui que
« Parage sera affranchi d'une tyrannie maudite. » Et
ils répondirent : « Vos paroles se vérifieront. » Et le
tumulte, les cris, l'abattage, redoublent de la part des
bourgeois et des hommes du chapitre, [avec eux] Raimon
de Las Bordes, vaillant et actif, [8375] Bernart de Saint
Martin, pressant et vif, W. P. de Montlaur[1], combattant
acharné, Peire de l'Isle, solide et actif[2], B. de Comminges[3], hardi et toujours prêt ; aussi W. Br. de Luzenac[4],

1. « Est-ce le « Pontius de Montelauro » contre lequel, au rapport de P. du V.-C. (ch. LXXXV, Bouq. 91 D E), Simon de Montfort
marcha, vers 1214, parce que ce seigneur « episcopos terræ, pacem
et ecclesiam, in quantum poterat, perturbabat » ? D'après P. de
V.-C. il vivait du côté de l'Argentière (Ardèche), et se soumit à
Simon aussitôt qu'il apprit qu'il allait être attaqué.

2. Témoin à un acte de 1235 (Teulet, n° 2358)?

3. Voy. p. 297 n. 1.

4. Un acte de Roger Bernart comte de Foix, en faveur de la
ville de Foix (1244-5), est passé en présence « Guillelmi Ber'di
de Luzenacho » (Doat, LXXXVI, 2 v°). Il y a dans l'Ariége deux
communes du nom de Luzenac.

rapide, [8380] Gaudin, Ferrando[1], courageux et vifs, Godafres, Arbois, Henri Campanier, et les hommes de la ville qui frappent de bon cœur. Raimon Izarn s'écrie : « Sus à ces taverniers! Chevaliers, aux armes ! souvienne « vous du conseil [que vous avez reçu[2]]. » [8385] Avec les épées, les lances, les forts carreaux, recommence la lutte, la peine, l'abattage; mais ceux de la ville firent une si vive résistance que derrière les claies ils maintiennent leur position, et leur abattent à grands coups les cristaux et les ors [des heaumes]. [8390] Ceux du dehors ne peuvent supporter plus longtemps le combat, et abandonnent les abris ; mais alors sur les destriers recommence le carnage si sanglant que pieds et poings et bras volent par morceaux, [8395] et que le terrain est rouge de sang et de cervelles. Sur l'eau combattent sergents et mariniers. Au dehors, à Montoulieu, la lutte est ardente, et Barlas éperonne jusqu'au débouché des portes. Sur ces entrefaites voici que vient vers le comte[3] un écuyer, criant : « [8400] Sire « comte de Montfort, vous vous montrez trop .....[4]. « Aujourd'hui vous éprouverez un grand échec parce « que vous êtes si dévot[5]. Les hommes de Toulouse ont

1. La forme « Ferrandos » (que j'aurais dû conserver dans le texte puisque, venant à l'hémistiche, elle ne trouble pas la mesure) indique un nom aragonais.
2. Cf. v. 8345-54.
3. D'après P. de V.-C. (Bouq. 112 B c), le comte était en ce moment à la messe, et attendit jusqu'après le moment de l'élévation pour aller au secours des siens.
4. *Tenhs e ners*, que j'ai substitué à la leçon corrompue *talieners*, donne un sens assez faible; il faudrait un mot signifiant lent, paresseux.
5. *Senlorers*, formé probablement sur *santor*. Cette parole semble se rapporter au fait signalé à la note 3.

« tué vos chevaliers, vos mainadiers[1], les meilleurs
« soudoyers, et là sont morts Guillaume et Thomas et
« Garnier,[8405]et Simon du Caire; Gautier a été blessé.
« Pierre de Voisins, Aimon[2], Rainier[3] font tête à l'at-
« taque et défendent les targes[4]. Et pour peu que
« l'embarras où nous sommes et la tuerie durent
« encore, jamais vous ne serez maître de cette
« terre. » [8410] Le comte tremble et soupire ; il
devient triste et sombre, et dit : « Au sacrifice!
« Jésus droiturier, donnez-moi aujourd'hui la mort
« corporelle ou la victoire[5]! » Et ensuite il fait dire
aux mainadiers, aux barons français et à ses soudoyers
[8415] d'accourir ensemble sur les coursiers arabes.
Il en arrive bien soixante mille[6], et le comte galope
à leur tête, avec Sicart de Montaut et son porte-fanion,
et Jean de Berzi, Foucaut, Riquier, [8420] et derrière
eux la grande masse des pèlerins. Les cris, les
trompes, les cors, les hérauts, le ravage des frondes,
les coups des pierriers, semblent vent, orage, tonnerre,
tempête, si bien que la ville et la grève en tremblent.
[8425] Ceux de Toulouse furent saisis d'un tel effroi,
que maints d'entre eux en tombèrent dans les fossés…[7].

---

1. *Mainadas* ne désigne pas ici les hommes de la *mesnie* d'un seigneur, mais des hommes (en général chevaliers) loués, comme l'espagnol *mesnadero*.

2. Aimon de Corneil, v. 4555 ?

3. Cf. p. 395 n. 1.

4. Voy. p. 382 n. 4, et cf. v. 1790-2.

5. Cf. ci-dessus v. 7295-7 et 8232-3.

6. Ce chiffre, dont l'exagération n'a pas besoin d'être démontrée, n'est point le résultat d'une erreur de copiste : la rédaction en prose le donne aussi.

7. *Vianders*, voy. le vocabulaire.

Mais bien vite ils se remettent, s'élancent au dehors entre les jardins et les vergers, et sergents et dardiers occupent la place. [8430] De menues flèches, de carreaux doubles, de pierres rondes, de grands coups portés sans relâche (?), la fureur est telle des deux côtés, qu'il semble que ce soit vent, pluie ou torrent. Mais du parapet de gauche un archer tire [8435] et frappe le comte Gui sur le chef du destrier : le carreau s'enfonce dans la cervelle [du cheval]; et au moment où le cheval tourne, un autre arbalétrier lui décoche en flanc d'une arbalète à tour, et frappe Gui de telle sorte au côté gauche, [8440] que dans la chair nue est resté l'acier, et que le côté et les braies sont rouges de sang. Le comte [Simon] vient à son frère qui lui était cher, descend à terre et prononce des paroles impies : « Beau « frère, » dit-il, « [8445] Dieu a pris en haine mes com- « pagnons et moi et protége les routiers : pour cette « blessure je me ferai hospitalier[1]. » Tandis que Gui parle et gémit, il y a dans la ville une pierrière que fit un charpentier; la pierre est lancée du haut de Saint-Sernin, [8450] et c'étaient des dames, des femmes mariées, des jeunes filles qui servaient l'engin. Et la pierre vint tout droit là où il fallait, et frappa si juste le comte sur le heaume d'acier qu'elle lui mit en morceaux les yeux, la cervelle, les dents, le front, la mâchoire; [8455] et le comte tomba à terre mort, sanglant et noir[2]. Gaucelin et Rainier

---

1. Moine hospitalier, non pas frère de l'ordre de Saint-Jean de Jérusalem.

2. Le récit de la mort de Simon est orné de circonstances légendaires dans P. de V.-C. (Bouq. 112 D E) : « Dum staret

accourent au galop, et vite, en hommes prudents, le couvrent d'une chape bleue, et l'épouvante se répand. Là vous auriez entendu gémir tant de barons chevaliers, [8460] qui pleurent sous le heaume, et disent des paroles amères! A haute voix ils s'écrient :

« comes fortissimus ... cum suis ante machinas suas, ne hostes
« denuo exirent ad sæpedictas machinas diruendas, ecce lapis
« mangonello adversariorum projectus percussit in capite militem
« Jesu-Christi, qui, ictu lethali accepto, pectus suum bis percutiens,
« Deoque et beatæ Virgini se commendans, morte imitatus bea-
« tum Stephanum, et ipsius lapidatus in urbe*, cum ipso in
« Domino obdormivit. Nec silendum quod.... priusquam ex ictu
« lapidis vulnus excepisset mortale, quinque a sagittariis vulnera
« receperat ad similitudinem Salvatoris. » Ces circonstances sont inconnues à Guill. de Puylaurens, qui est d'accord avec le poëme pour affirmer que Simon mourut sur le coup, « cominus exspiravit » (Bouq. 213 D).

Jean de Garlande a consacré l'un des paragraphes de son Dictionnaire à l'énumération de machines de guerre et d'armes qu'il dit avoir vues à Toulouse au temps de la guerre. Il ajoute qu'à l'occasion de la mort de Simon furent faits ces deux vers (il ne nomme pas l'auteur) où, comme dans P. de V.-C., Simon est comparé à saint Étienne :

Ille qui per lapidem Stephano celestia pridem
Contulit, illud idem Simoni comiti dedit idem.

(Scheler, *Iahrb. f. roman. Liter.* VI, 310; Hauréau, *Notice sur les œuvres de Jean de Garlande*, dans les *Notices et extraits des mss.* XVII, II, 46.)

Le même J. de Garlande confirme l'assertion du poëme, que la pierrière qui frappa Simon était servie par des femmes : « ... ut
« audivi dici, Tholosane matrone traxerunt perrariam cum qua
« interfectus fuit comes Montisfortis » (Scheler, *l. l.* p. 312; Hauréau, p. 47). Il dit la même chose en mauvais vers dans son poëme *de Triumphis Ecclesie*, livre V, p. 87 de l'édition publiée par Th. Wright pour le Roxburghe Club, cf. *Hist. litt.* XXII, 86.

---

* La cathédrale de Toulouse est dédiée à saint Étienne.

« Dieu, tu n'es pas droiturier, puisque tu souffres
« la mort du comte et notre perte : bien est fou
« qui te soutient et se fait ton homme, quand le
« comte, qui était juste et soutenait la bonne cause,
« [8465] est mort d'un coup de pierre, comme un
« mécréant. Et puisque tu fais périr même les tiens,
« jamais plus en cette terre nous n'aurons affaire. »
Ils portent alors le comte aux clercs lisants, et le cardinal, l'abbé, l'évêque Folquet, [8470] le reçurent
dolents avec croix et encensoirs.

Cependant à Toulouse entra un messager qui conta
les nouvelles : telle est l'allégresse que par toute la
ville on court aux moûtiers, on allume les cierges sur
les chandeliers, [8475] on pousse des cris de joie[1],
car Dieu est miséricordieux, car Paragc resplendit et
désormais est sûr du triomphe, tandis que le comte,
qui était méchant et homicide, est mort sans avoir fait
pénitence, en punition de sa cruauté. Mais les cors
et les trompes et la joie générale, [8480] les carillons,
les volées, les sonneries des cloches, les tambours,
les timbres, les menus clairons, font retentir la ville et le
sol pavé. Alors par toutes les routes on lève le siège qui
était outre l'eau et occupait la grève[2], [8485] mais ils
abandonnèrent les troupeaux(?) et les bêtes de somme,
les pavillons, les tentes, les harnais et l'argent ; et les

---

1. Il est possible que l'expression « cridar » ou « escridar la
joia » (vv. 3819, 3928, 7669-70) ait quelque chose de spécial ; elle
indique peut-être un cri particulier usité dans des circonstances
heureuses.

2. Selon la réd. en pr. (voy. t. I, p. 343 n.), le siége aurait été
levé de ce côté par les croisés à la suite d'une attaque heureuse
des Toulousains.

hommes de la ville firent de nombreux prisonniers. Mais ceux de Toulouse perdirent tel qui leur fit bien faute : Aimeriguet [1] le jeune, courtois et agréable, [8490] ce qui fut un grand dommage et une perte bien sensible à tous ceux de la ville.

CCVI.

Pour tous ceux de la ville la mort de Simon fut une bonne fortune qui mit la lumière à la place de l'obscurité, qui fit briller la clarté d'un plus vif éclat, [8495] qui releva Parage et mit orgueil en terre. Les trompes, les clairons, les cors, les carillons, la joie de la pierre qui avait frappé le comte, raniment les forces, les courages et l'ardeur : chacun sort en armes [8500] et on va incendier la chatte, sans que personne vînt éteindre le feu. Toute la nuit et le jour la ville fut dans l'allégresse, tandis qu'au dehors les assiégeants soupiraient et frémissaient. Quand le jour brilla, le cardinal de Rome et les autres puissants barons, [8505] l'évêque et l'abbé qui porte le crucifix délibérèrent ensemble sur l'antique pavement [2]. Le cardinal parle de façon à être entendu de tous : « Seigneurs barons de France,
« écoutez mes paroles : grand est le mal et le dommage,
« grande est la douleur et la détresse [8510] que
« nous ont causés cette ville et nos ennemis. Par
« suite de la mort du comte nous sommes en telle dé-
« tresse que nous en perdons la force, et le grain et la

1. *Aimeriguet* c'est le fils d'Aimeric, nom fréquent à Toulouse; voy. p. 273 n. 1.
2. Probablement une vieille salle du Château Narbonnais.

« paille[1]. Et je m'étonne que Dieu y ait consenti, et ne
« l'ait point laissé vivre pour la sainte Église et pour
« nous. [8515] Et puisque le comte est mort, faisons
« sans perte de temps un comte de son fils Amauri :
« il est prudhomme et sage et a bon cœur et vaillant,
« et donnons-lui la terre que son père a conquise.
« Que par les pays aillent les sermons et les prédica-
« tions, [8520] et mourons ensemble ici comme le
« comte y est mort ! Nous adresserons des messagers
« en France, au bon roi notre ami, afin que l'an pro-
« chain il nous envoie son fils Louis pour détruire la
« ville et qu'elle ne soit plus réédifiée. — Sire[2], »
dit l'évêque, « je ne vous contredis en rien ; [8525] et
« le seigneur pape qui l'aimait et le choisit, le mettra
« dans le lieu où il a enseveli saint Pierre[3] ; et qu'il
« en fasse un saint ! car c'était un obéissant serviteur
« de l'Église, car il est saint et martyr, et je me porte
« garant que jamais comte en ce monde n'a failli moins
« que lui ; [8530] car, depuis que Dieu reçut martyre
« et fut mis en croix, il n'a permis aucune perte
« plus grave que celle du comte ; et [pourtant] lui
« ni la sainte Église n'ont eu ami meilleur. —
« Seigneurs, » dit le comte de Soissons, « je vous
« reprends : afin que la sainte Église n'en ait pas
« mauvais renom, [8535] cessez de l'appeler saint ;
« car jamais on ne mentit si bien qu'en lui don-

---

1. Expression figurée qui équivaut à : « nous perdons tout ».

2. Il y a *senhors* dans le texte : je traduis comme s'il y avait *senher*.

3. Ce lieu, que le texte qualifie de *consistori*, est la basilique de Saint-Laurent : cf. les Bollandistes, 29 juin, *Analecta de SS. Petro et Paulo*, n° 59.

« nant ce nom, puisqu'il est mort sans confession[1].
« Mais, s'il a aimé et servi la sainte Église, priez Dieu
« Jésus-Christ d'épargner son âme. »

Chacun en son cœur approuva la décision [du cardinal], [8540] et Amauri posséda la terre entière. Le cardinal la lui livra et puis le bénit[2].

Le vaillant jeune comte sortit de Toulouse, car Bertran Jourdain manda ses hommes et tout d'abord fit un acte d'énergie, car il se montra l'ami du jeune comte et dévoué à ses intérêts, au point [8545] qu'il lui rendit l'Isle[3], et la fortifia pour lui.

Les barons du siége, le cœur plein de rancune, restèrent encore quatre jours sans se mouvoir, jusqu'au dimanche[4].

CCVII.

Le dimanche, le temps se gâta; [8550] le vent, la tempête, l'ouragan s'étendirent par le pays, dispersant les semences(?). Les hommes de Toulouse et le peuple joyeux placent les sentinelles sur les remparts et rentrent tous dans la ville pour manger. [8555] Au dehors les assiégeants tiennent conseil, et s'imaginent prendre la ville à coup sûr. Ils ne sont pas longs à se mettre à

1. Cf. vv. 8465 et 8478.
2. Il se peut qu'il y ait ici une lacune, car la réd. en pr. prête à Amauri un discours dont il n'y a pas trace dans le poëme; voy. au t. I la note du v. 8539.
3. L'Isle-en-Jourdain, Gers, arr. de Lombez.
4. L'auteur compte les quatre jours du surlendemain de la mort de Simon de Montfort, qui fut tué le lundi 25 juin (« in crastino Beati Joannis Baptistæ », P. de V.-C. Bouq. p. 112 A); le dimanche suivant était donc le 1er juillet.

l'œuvre : ils chargent sur les charrettes les sarments, le feu, le bois, les torches ardentes, [8560] et conduisent en courant les charrettes vers la ville : on s'arrête au fossé, la paille est allumée et le feu s'étend. Les sentinelles poussent de tels cris d'angoisse, que l'alarme se répand par toute la ville : [8565] tous courent aux armes; il ne reste fils, ni père, ni homme en état de combattre, ni chevalier, ni comte, ni cousin, ni parent; tous franchissent les portes par centaines et par milliers, et occupent la place et les attenances. [8570] Les dames et les femmes et les gracieuses jeunes filles portent l'eau et la pierre, disant : « Sainte « Marie Dame, en ce jour secourez-nous! » Les conducteurs des charrettes s'en retournèrent fuyant; mais les Toulousains trouvèrent en armes et de pied ferme [8575] assiégeants et Français. Entre les deux partis la lutte s'engagea : de lances et d'épées, de lames tranchantes, de dards, de pierres, de moellons, ils se frappent et se combattent de loin et de près, [8580] et carreaux et flèches volent aussi serrés qu'une pluie fine. A Montoulieu est le péril, l'action, la bataille, la lutte sans trêve. La fumée, la flamme, la poussière, poussées par le vent, [8585] pénètrent confondues parmi toutes les défenses[1].

Cependant, d'un commun accord, les assiégeants s'arment, montent à cheval, et s'avancent sur l'esplanade menaçants et audacieux, [8590] criant leur cri de guerre et aussi Montfort! Ils crient à pleine voix :

---

1. Ici et au v. 8623 j'entends *batalhas* au sens de défenses, retranchements, non indiqué au vocabulaire.

Soissons[1] ! et Bretagne ! Ceux de la ville sont tellement déterminés que la lutte les passionne et redouble leur hardiesse ; pas un ne bouge, mais ils tiennent bon, [8595] observant et attendant de pied ferme les lignes qui accourent vers eux. Ils crient : « Toulouse ! la res- « tauratrice et la victorieuse ! Comminges ! pour le comte « preux et vaillant, Casnac ! Creixell ! Villemur le bon « combattant ! [8600] car son enseigne[2] leur est sur « les dents. » Mais l'éclat des heaumes, l'or fin, l'argent, le blanc et le rouge, les couleurs, le vernis [des boucliers], les enseignes de soie brillantes et flottantes, les clairons retentissants, les trompettes éclatantes, [8605] excitent l'ardeur et raffermissent les courages. Là où ils se rencontrèrent il y eut carnage : de faucilles, de haches, de piques aiguës, de guisarmes, de flèches, de carreaux pointus, d'écus beaux à voir, de couteaux luisants, [8610] ils se frappent et se combattent si fièrement qu'ils tranchent et taillent dans la chair et dans les armures. Il y a de tels amas de pieds, de jambes, de bras ; sur le sol il y a tant de sang et de cervelles, que les chemins et l'esplanade sont rouges et sanglants. [8615] Si féroce est la lutte, que, les deux partis subissant des pertes, on se heurte avec les armes, on se prend avec les dents. Tant de la part des assiégés que de celle des assaillants, il n'y a corps ni membre qui ne souffre. [8620] Pourtant ceux de la ville, ayant le dessus, le fer à la

---

1. *Saisunha* « Saxe », Fauriel ; mais cette interprétation paraît ici bien peu vraisemblable.

2. Celle d'Arnaut de Villemur, dont le cri vient d'être mentionné.

main, mènent battant leurs adversaires par toutes les voies. Ils détruisent les retranchements et les approches de telle façon que la défense [des assiégés] se concentre à l'entrée même du siége. [8625] La lutte et le carnage durèrent jusqu'à la nuit obscure, qui sépara les combattants affaiblis. Jamais, depuis que Dieu reçut martyre, on ne vit bataille aussi acharnée entre troupes si peu nombreuses. Au partir de la mêlée, [8630] les uns se retirent pleins de tristesse, les autres pleins de joie. Alors vous eussiez entendu gémir les blessés, réclamer les médecins, chercher les onguents, et crier « Dieu aide! » à cause des cuisantes douleurs.

Puis les deux partis demeurèrent de longs jours en paix [8635] sans s'attaquer l'un l'autre[1]. Ensuite le cardinal de Rome, l'évêque prisé et les autres personnages se réunirent en conseil secret. Là Gui de Montfort parle et leur dit à huis-clos : [8640] « Seigneurs
« barons, ce siége n'est que perte, et cette façon de
« faire nos affaires ne me plaît pas, car nous perdons
« nos personnes, nos parents, nos chevaux, et main-
« tenant que mon frère est mort, qui les tenait dans

---

1. Ni P. de V.-C. ni Guill. de Puylaurens ne font mention de la sortie qui vient d'être contée avec tant de détails, et le premier de ces historiens dit expressément que le siége fut levé peu après la mort de Simon (Bouq. 112 E, 113 A) : « Post paucos autem dies,
« videns comes novus quod non posset diutius in Tolosa obsidio-
« nem tenere... dolens plurimum et invitus ab obsidione recessit. »
Post paucos dies est bien court, si le siège fut levé le 25 juillet, un mois après la mort de Simon, comme le relate le poëme (v. 8673). Il ne faut pas perdre de vue que la fin du récit de P. de V.-C., à partir de l'endroit où s'arrête le plus ancien ms. (Bouq. 110 E), est très-écourtée.

« la crainte, si nous ne quittons le siége, nous som-
« mes fous. — [8645] Seigneurs, » dit Amauri [de
Montfort], « ayez égard à ma position : vous m'avez
« fait comte tout nouvellement, et si je quitte le siége
« d'une façon aussi honteuse, l'Église y perdra
« et je serai annihilé; et par le pays on dira que je
« me suis rendu tout vif [8650] et que la mort de
« mon père m'est sortie de l'esprit. — Amauri, »
dit Alain, « votre savoir vous fait défaut. Pour tous
« vos barons, il est évident que plus vous tiendrez le
« siége et plus vous accroîtrez votre honte. Et vous
« pouvez bien connaître que celui qui est vaincu
« vainc, [8655] car jamais on n'a vu une ville gagner
« alors qu'elle perd, et chaque jour ils font des dépenses
« de blé, de froment, de viande, de bois, ce qui les
« maintient dispos et d'attaque, tandis que de notre
« côté croissent le dépit, le péril, le tourment. Et je
« ne crois pas que vous soyez assez riche [8660]
« pour pouvoir tenir le siége et rester longtemps
« ici. — Seigneurs, » dit l'évêque[1], « je suis si affligé
« que de ma vie je ne pourrai recouvrer la joie. » Et
le cardinal répond avec colère et dépit : « Seigneurs,
« levons le siége, et je vous promets bien [8665] que
« par le monde entier ira la prédication, si bien qu'à
« la Pentecôte, viendra, je vous le dis en vérité, le
« fils du roi de France; et nous aurons tant de monde
« que les fruits et les feuilles, les herbes qui pous-
« sent.....[2] et l'eau de la Garonne leur paraîtra du
« piment. [8670] Nous détruirons la ville, et ses

1. De Toulouse.
2. Lacune, voy. la note du v. 8669.

« habitants seront tous passés au fil de l'épée : tel est
« le jugement. » Alors le siége fut levé si vite que le
jour de saint Jacques[1], qui est clair et bon et saint, ils
mettent le feu à toutes leurs constructions [8675] et
au château merveilleux[2], mais il fut aussitôt éteint par
les hommes de la ville. Les Français partirent, mais
laissèrent en gage maints morts et maints prisonniers,
et leur comte qui n'est plus. Faute d'autres présents
ils emportèrent son corps [8680] tout droit à Carcassonne.

CCVIII.

Tout droit à Carcassonne ils le portent pour l'ensevelir, pour célébrer le service au moûtier Saint-Nazaire. Et on lit sur l'épitaphe[3], celui qui sait lire :
qu'il est saint, qu'il est martyr, qu'il doit ressusciter,
[8685] avoir part à l'héritage [céleste] et fleurir dans

1. 25 juillet.
2. Le château Narbonnais.
3. Simon avait fait une fondation à Saint-Nazaire de Carcassonne. On possède un acte d'octobre 1219 par lequel la comtesse de Montfort et ses fils Amauri et Gui assignent à l'église Saint-Nazaire une rente de cinq sous de Mauguio, sur le salin de cette ville, pour le paiement du chapelain fondé par le comte Simon et l'entretien d'une lampe perpétuelle dans la chapelle Sainte-Croix. Vaissète, édit. Privat, V, 1466. — Du Méga pensait avoir retrouvé un bas-relief provenant du tombeau de Simon, mais son hypothèse, qu'il n'émet du reste qu'avec réserve, est très-douteuse; voy. ses *Conjectures sur un bas-relief de l'église de Saint-Nazaire à Carcassonne*, dans les *Mémoires de la Société archéologique du Midi de la France*, I (1834), 269-81, avec une planche représentant ce bas-relief; le tiré à part est daté de 1833. La planche et une partie de la dissertation sont reproduites par Du Méga dans son édition de D. Vaissète, V, *additions et notes*, 83-5.

la félicité sans égale, porter la couronne et siéger dans le royaume [de Dieu]. Et moi j'ai ouï dire qu'il en doit être ainsi : si, pour tuer des hommes et répandre le sang, pour perdre des âmes, pour consentir à des meurtres, [8690] pour croire des conseils pervers, pour allumer des incendies, pour détruire des barons, pour honnir Parage, pour prendre des terres par violence, pour faire triompher orgueil, pour attiser le mal et éteindre le bien, pour tuer des femmes, égorger des enfants, [8695] on peut en ce monde conquérir Jésus-Christ, il doit porter couronne et resplendir dans le ciel! Et veuille le fils de la Vierge, qui fait briller le droit, qui a donné sa chair et son sang précieux pour détruire orgueil, veiller sur raison et droiture, qui sont en passe de périr, [8700] et qu'entre les deux partis il fasse luire le droit! Car Montfort et Toulouse recommencent la lutte. Pour la mort de son père le fils veut faire acte d'énergie. Il a fait convoquer les barons terriers, et tient cour plénière, pour exposer son droit [1]. [8705] Il parle, consulte et s'exprime ainsi : « Seigneurs, mon père est mort, qui vous

---

1. Nous ignorons où ce parlement fut tenu. Mais les résolutions qui y furent prises sont attestées par P. de V.-C. (Bouq. 113 A B) : « Nec silendum quod, statim post mortem comitis, dominus car-
« dinalis et novus comes miserunt in Franciam episcopos Tolosa-
« num, Bigorrensem, et Convenarum et cum eis nobilem comi-
« tissam, ut a rege et regno pro ea auxilium flagitarent. Dominus
« etiam papa Honorius, audita morte comitis, scripsit regi Fran-
« corum, diligenter et bono monens et consulens, et in remissio-
« nem peccatorum injungens, ut negotium fidei contra hæreticos
« Tolosanos, ad honorem Dei et exaltationem Ecclesiæ consum-
« maret; omnibus etiam qui ad hoc negotium se accingerent ple-
« nam fecit indulgentiam, sicut illis qui ad partes proficiscerentur
« transmarinas. »

« avait chers ; et comme je ne puis faire aboutir le
« siége de Toulouse, aidez-moi [au moins] à défendre
« et à conserver la terre. — Comte, » dit le cardinal,
« écoutez ce que je vais vous demander : [8710]
« c'est de faire mettre en défense vos villes et vos châ-
« teaux, et d'y placer telles garnisons qui sachent les
« bien défendre. Et vous, sire évêque, allez tôt requé-
« rir le seigneur roi de France de ne pas nous laisser
« dessécher (?) ; et à la calende de mai, sans faute,
« [8715] qu'il vienne en ce pays pour rendre à l'Église
« sa seigneurie, qu'il nous confie la couronne[1] et son
« fils pour nous aider à confondre et à détruire Tou-
« louse qui nous a tué le comte et nous plonge dans
« le souci. Et moi j'enverrai [8720] au seigneur pape,
« pour qu'il les lise, des lettres scellées portant que
« c'est maintenant qu'il doit se mettre en avant pour
« défendre l'Église et croître en puissance ; car main-
« tenant est morte l'étoile qui brillait naguère. Et je
« lui dirai de Toulouse, pour lui inspirer d'elle une
« haine plus profonde, que ni l'Église ni rien
« qui soit ne la peut adoucir. [8725] Elle est
« si dure, si sauvage, si rebelle à la conver-
« sion, que feu, carnage, massacre ne sauraient
« la réduire. Que par la prédication il appelle les
« populations, qu'il fasse contribuer les prélats de
« l'Église aux frais de la guerre ; qu'il échauffe les
« cœurs, aiguise les langues ; [8730] qu'on aille
« répandre par le monde la prédication, enflammer
« et remuer toute la chrétienté. Soulevons ainsi les

---

1. « [L'appui de] sa couronne », Fauriel. La couronne paraît symboliser ici l'autorité royale. Toutefois le sens est peu clair.

« peuples, inspirons-leur la hardiesse, de sorte qu'au-
« cun homme capable de porter les armes ne reste en
« arrière ; qu'armés de la croix et du glaive tous mar-
« chent à la suite du roi. [8735] Et je vous dis bien
« sans mentir qu'à la Pentecôte vous verrez venir tant
« de croisés, tant de monde, que la terre aura assez à
« faire de les soutenir. Avec eux nous subjuguerons
« entièrement Toulouse. Et avant de nous en aller
« nous prendrons telles mesures [8740] que personne
« n'osera nous opposer résistance ni murmurer.
— Sire, » dit l'évêque[1], « j'irai de grand cœur
« accomplir ce message. Il est dur, cruel, étrange à
« ouïr, et c'est pour moi une chose incompréhensible
« que Dieu puisse consentir [8745] à la mort de son
« digne fils[2], si dévoué pour lui. Tandis que tout
« autre père, ce me semble, par l'effet de la nature,
« s'affligerait en voyant mourir son fils, lui, Dieu,
« il ne fait pas semblant que cette perte lui soit
« pénible ni douloureuse, car alors qu'il les devrait
« tuer, c'est nous qu'il abaisse. [8750] Et puisque
« Toulouse nous fait peiner et languir, allons chercher
« un médecin capable de nous guérir. Et puisque
« Dieu nous oublie, tâchons de faire compensation ;
« car, si en aucune façon ils peuvent se défendre de
« nous, échapper et fuir par air ou par terre, [8755]
« jamais nous ni l'Église ne pourrons réparer notre
« perte. » Le comte Amauri dit : « Je ne puis que
« vous rendre grâces, quand vous voulez faire payer
« si cher la mort de mon père. — Seigneurs, » dit le
comte de Soissons, « je veux m'en aller avec toute ma

---

1. Folquet.   2. Simon.

« compagnie, et je puis vous dire, [8760] si vous
« voulez m'en croire, comment, en accomplissant le
« droit, vous pourriez sortir de grand embarras. Si
« l'Église voulait se laisser adoucir par Merci, la Merci
« et la ville peuvent s'accorder. Si au contraire
« l'Église se montre hautaine là où elle doit être con-
« ciliante, [8765] Merci se sent froissée, et regrette
« sa condescendance. Et si vous ne faites pas que
« l'Église se réconcilie avec Toulouse, beaucoup
« d'âmes se perdront qui auraient pu se sauver. —
Comte, » dit le cardinal, « il en sera autrement quand
« on se séparera; car nous nous laisserions briser,
« écraser plutôt [8770] que de ne les pas faire repen-
« tir de la mort du comte. Car, par la foi que je vous
« dois, je puis vous garantir une chose : c'est qu'ils
« ne sont pas tellement habiles aux armes ni vaillants
« dans les combats qu'à la Pentecôte nous n'ayons
« une telle lutte, que les archanges même en pousse-
« ront des soupirs! — [8775] Seigneurs, » dit le
comte, « puisse alors Dieu donner la victoire à ceux
« qui soutiennent droiture, et faire repentir les autres! »

La croisade se sépare pleine de haine, car le moment est venu de frapper, car Toulouse se lève, qui
voudra protéger [8780] tout Prix et tout Parage, les
empêchant de périr; car le vaillant jeune comte qui
fait refleurir le monde, qui rend la couleur et l'éclat à ce
qui se ternissait, se met en marche pour recevoir et gouverner les terres, pour attaquer Condom, Marmande[1],

---

1. C'est la première fois que Marmande est mentionnée dans
le poëme. Cette ville avait été, en 1212, occupée par Robert Mauvoisin (sur lequel voy. ci-dessus, p. 60 n. 1) pour Simon de Montfort, mais peu après elle s'était rendue au roi d'Angleterre.

Clairac[1], [8785] combattre Aiguillon[2] et s'en saisir, mettre en déroute les Français, les détruire, les massacrer. Et pour B. de Comminges le moment est venu de se montrer, car Joris chevauche sur lui, le fait défier et lui dévaste sa terre.

CCIX.

[8790] Joris dévaste la terre et fait le seigneur. Il fouille le pays, chevauche, menace les bannis. Il entre à Saint-Gaudens, dont il s'était fait seigneur, avec de belles armures et de bons chevaux arabes. B. de Comminges, beau, vaillant, aimé de tous, [8795] [est[3]] dans le château de Salies[4] avec peu de monde. À la vue des enseignes[5] [de Joris] leurs cœurs s'assombrirent. Il envoie ses messagers rapides et dispos aux hommes de Toulouse et aux plus vaillants, et au comte son père, homme accompli, [8800] de lui envoyer du secours, ce que celui-ci pouvait faire aisément. Joris, plein d'entrain, est sorti de la terre ; il vint par la rivière, enseignes déployées. B. de Comminges a

---

Simon la reprit en 1214; voy. Vaissète, III, 268, Tamizey de Larroque, *Notice sur Marmande* (1872), p. 15-6.

1. Arr. de Marmande, cant. de Tonneins.
2. Arr. d'Agen, cant. de Port Sainte-Marie.
3. Il manque probablement ici un vers.
4. *Salinas*, dans le texte. Du Mège (D. Vaissète, V, *Additions et notes*, p. 86) identifie, selon toute vraisemblance, ce nom avec Salies, ch.-l. de cant. de l'arr. de Saint-Gaudens. C'est le château que le comte de Comminges s'était engagé à livrer au légat à titre de garantie, lors de sa soumission à l'église (Teulet, *Layettes*, n° 1069).
5. P.-ê. faut-il, avec Fauriel, entendre *entresenhas* au sens de « nouvelles » ?

choisi les hommes les plus vaillants, les plus prudents, les plus solides, [8805] pourvus de toutes leurs armes, et bien équipés ; et au retour du jour, par un beau temps, les bannières levées et gonfanons déployés, ils se sont mis à la poursuite des hommes de Joris. Quand ils arrivèrent à Martres[1], Joris en était sorti ; [8810] et ne l'ayant pas trouvé à Saint-Felix[2], ils tinrent conseil sur la belle place, se disant l'un à l'autre : « Voilà notre poursuite finie ! » Là-dessus Inart de Pointis[3], qui est preux et clairvoyant, prend la parole devant tous et les interpelle : « Sire
« B. [de Comminges], si nous les laissons ainsi,
« m'est avis que vous nous enterrez tout vifs, vous et
« nous. Mais, si vous voulez suivre mon conseil, vous
« vous en trouverez bien. Chevauchons tout le jour
« jusqu'à tant que nous les ayons atteints ; et s'ils
« veulent nous attendre, il y aura un rude choc
« [8820], jusqu'à ce que d'un côté ou de l'autre on
« quitte la place. Dans le cas où nous ne les attein-
« drions pas, il suffit qu'ils apprennent que vous leur
« avez donné la chasse étant prêt à leur offrir la ba-
« taille, pour les rendre à l'avenir plus circonspects,
« et ainsi vous nous aurez rendu bon service. — Seigneurs, dit Marestanh[4], « suivons l'avis de mon neveu. »

1. Cant. de Cazères, arr. de Muret, sur la route de Saint-Gaudens à Toulouse.
2. Saint-Elix (Dict. des Postes), cant. du Fousseret, à 15 kilom. au N. E. de Martres, sur la même route.
3. On va voir qu'il était neveu de Marestanh (v. 8824). Son nom est resté au bourg de Pointis-Inard, cant. de Saint-Gaudens.
4. C'est un surnom : « Marestaing ou Marestang, » (ainsi dans le Dictionnaire des Postes), est une commune du cant. de l'Isle-en-Jourdain, Haute-Garonne. Le personnage qui prend ici la

[8825] Et là-dessus ils se mettent en route par les chemins unis. Quand ils furent à Palmers[1], un homme du pays leur dit : « Seigneurs, voici que Joris sort « d'ici ; si vous n'allez au secours, il aura bientôt pris, « tué, détruit les hommes de Meilhan[2]. — [8830] Dieu « soit loué ! » dit Ot de Saint-Béat[3]. « Joris se vante « toujours de nous avoir [en vain] assigné jour de « bataille ; mais si vous voulez m'en croire il en aura « aujourd'hui le démenti. » Raimon Aton d'Aspet[4] dit : « Avant qu'ils aient vent de notre approche, enten- « dons-nous sur le plan de notre attaque ; [8835] car « s'ils s'en allaient sans être battus, nous et notre « lignage en serions à tout jamais humiliés. — Sei- « gneurs, » dit Espanel[5], « quand l'affaire sera finie, « quoi qu'il arrive des autres, il faut que Joris soit « retenu prisonnier, pour que Rogier d'Aspet[6] soit

parole et qui reparaitra plus loin (v. 9514) entre les défenseurs de Toulouse, est sans doute identique au « B. de Marestan » qui, en 1226, fit sa soumission à l'Eglise (Teulet, *Layettes*, n° 1796).

1. « A. G. de Palmers » figure comme témoin dans l'acte men- tionné à la note précédente. Est-ce La Bastide-Paumès, cant. de l'Isle-en-Dodon, arr. de Saint-Gaudens?

2. Arr. de Lombez, cant. de Simorre, Gers. Ce lieu est un peu éloigné de La Bastide-Paumès (22 kil. environ) et de Martres, mais je ne trouve dans un voisinage plus rapproché aucun nom qui convienne au *Melha* du texte.

3. Voy. p. 327 n. 3.

4. Aspet est un ch.-l. de c. de l'arr. de Saint-Gaudens. C'est sans doute le même personnage qui, v. 5919, est appelé « Ramo- net ». « Raimundus Ato de Spel », qui vers 1059 fit une donation à S. Pierre de Lézat, était probablement son ancêtre (Vaissète, éd. Privat, V, 493).

5. P.-ê. le même que l' « Espan » de Lomagne du v. 9483, qui était fils de Vezian, vicomte de Lomagne ; voy. ci-dessus p. 386 n. 4.

6. Mentionné plus haut, voy. p. 300 n. 1. Il parait qu'il avait

« délivré et sauvé. » [8840] Et comme ils étaient ensemble réunis en conseil, B. de Comminges harangua les barons. Il parle bien et leur a inspiré l'enthousiasme : « Seigneurs francs chevaliers, le vrai Dieu
« Jésus-Christ nous aime et nous dirige. [8845] Nos
« ennemis, qui nous ont écrasés, il nous les a livrés
« et mis dans la main tous à la fois. Nous aurons la
« bataille, sans nul doute, et nous la gagnerons ; le
« cœur me le dit. Seigneurs, qu'il vous souvienne
« comme ils nous tiennent opprimés, [8850] comme
« toutes nos terres sont au pouvoir de seigneurs pos-
« tiches ; comment ils ont tué les pères et les jeunes
« enfants, tué les dames et leurs époux, tué Parage ;
« comment ils se sont enrichis, tandis qu'ils nous
« faisaient errer par le monde en péril et à l'aventure,
« [8855] nous pourchassant sans trêve à travers les
« bois[1] ! Par sainte Marie la vierge reine ! mieux vaut
« périr par les armes, par l'acier fourbi, que d'être
« toujours par eux écrasés et anéantis ! Et si aujour-
« d'hui ils nous trouvent vaillants et solides, [8860]
« Parage sera à tout jamais honoré et obéi. Et si vous
« m'en voulez croire, puisque nous les trouvons à
« portée, leur affaire et la nôtre seront réglées en
« telle manière qu'enfer et paradis recevront des
« âmes[1]. Mieux vaut mort glorieuse que vivre ici
« dans la honte[2] ! [8865] Quant à l'avoir que nous
« conquerrons, il sera équitablement réparti entre
« nous. » Tous ensemble s'écrient : « Bien parlé !

été fait prisonnier, puis qu'on cherchait à prendre Joris pour faire un échange.

1. C'était le sort des *faiditz*, des bannis, cf. v. 9348.
2. Même idée qu'aux vers 7149-50.

« bien parlé ! Chevauchons en ligne, et Dieu sera notre
« guide ! » Et ils chevauchent ensemble jusqu'à ce
qu'ils les [1] ont vus et entendus.

[8870] Le Châtelain [2], Joris, Anselme, toujours
prêts, et avec eux les Français au cœur intrépide,
combattaient la ville [3], le donjon et le réduit [4], quand
ils [5] fondent sur eux en faisant retentir leurs cris. Et
lorsque les Français virent briller leurs bannières,
[8875] la croix, le peigne, le taureau, la brebis [6] et
les autres enseignes des hardis barons, et les bonnes
compagnies qui leur donnent la chasse, point n'est
merveille s'ils furent ébahis. Ils se réfugient tous
ensemble dans la barbacane [8880] et fortifient les
passages et les entrées [7]. B. de Comminges, pour les en
empêcher, les attaque le premier ; lui et Inart de
Pointis les ont rudement poussés, avec Ot de Saint-
Béat qui n'est pas resté en arrière. [8885] Anselme

1. C.-à-d. leurs ennemis, Joris et sa troupe.
2. J'ignore qui était ce châtelain. On va voir qu'il fut fait prisonnier.
3. Meilhan.
4. *Lo cap et la cervitz;* le dernier mot n'a ici par lui-même
aucun sens ; il a été amené par le voisinage de *cap*, qui veut dire
non-seulement tête, mais aussi château, donjon, comme aux vers
2649, 2912, 2919, 4033, 4359. Cf. Du Cange, CAPUT CASTRI.
5. La troupe de Bernart de Comminges.
6. La croix est probablement celle de Toulouse ou celle du
comte de Comminges ; le peigne est un type bien invraisemblable ;
p.-ê. s'agit-il d'un lambel, ce qui ne fournit pas un indice précis ;
le taureau et la vache figurent dans nombre d'armoiries du Midi ;
on peut citer les deux vaches passantes de Béarn. Pour la brebis,
je ne trouve rien. Mais il faut se rappeler que les sceaux de la
plupart des petits seigneurs du Midi nous sont inconnus.
7. Ils s'étaient donc déjà rendus maîtres des défenses extérieures
de la place.

fut frappé de telle manière par Bernart de Seisses[1] qu'il fut renversé à terre, mais il se tira de danger, Rogier de Montaut[2] a mis pied à terre, et les combat, leur en donne, les frappe avec énergie. Cependant W. de Seisses[3], qui est vaillant et hardi, [8890] charge sur eux : en retour il est frappé de telle sorte que son cheval s'abat, mais lui se relève. Rogier de Montaut leur crie : « Frappez sans relâche sur ces « mauvais (?)! » Alors ils éperonnent les destriers arabes, [8895] et de toutes parts les ont vigoureusement attaqués. Eux, de leur côté, se défendirent avec les épées tranchantes. De part et d'autre la mêlée s'engage : pierres, dards, lances, épieux à la pointe de

1. Fauriel corrige, sans en avertir, *Saisches* (v. 8885) en *Saischac*, faisant de plus un énorme contre-sens au vers suivant, et traduit « Br. de Saischac » par « Bertrand de Saissy ». Ce serait au moins « de Saissac », et le fait est qu'il y eut à la fin du xiie siècle et au commencement du xiiie un seigneur de ce nom, qui était partisan des hérétiques (voy. P. de V.-C. ch. ii, Bouq. 6 D) et qui paraît avoir été dépouillé de ses biens par Simon (Molinier, *Catal.* n° 43). Mais il n'y a pas lieu de faire ici une correction qui, si elle était légitime, devrait s'étendre au v. 8889, où figure un « W. de Saiches » non corrigé par Fauriel. Un « Bernardus de Saisses » figure en divers actes comme possesseur ou comme vendeur des châteaux du Fousseret et de Sana, tous deux situés dans l'arrondissement de Muret, sur la rive gauche de la Garonne, Teulet, *Layettes*, n°s 1739 (1226 n. s.), 2925 (1241), 3362, 3400 (1245). Seisses est un village du cant. de Muret.

2. Voy. p. 297 n. 2.

3. *W.* signifie ordinairement *Guillem*, nom qui ne paraît pas, joint au surnom de *Saisses*, dans les chartes citées ci-dessus à la note 1 ; mais dans la première d'entre elles figure un « Guimascius de Saisses » (« Guimasinus » dans la table de Teulet, au nom Saisses) qui peut bien être notre homme. Fauriel, quoiqu'il ne corrige pas ici *Saiches* comme il l'avait corrigé au v. 8885, continue à traduire ce nom par « Saissy ».

fer, flèches, **saiettes**[1], carreaux d'acier recuit [8900] les frappent et les blessent à travers les hauberts de maille, et le sang rougit les cotes et les vêtements de samit[2]. Ceux de la ville[3], quand ils les eurent aperçus, les frappent avec des pierres, avec des carreaux courts. Le Châtelain est comme un furieux : [8905] il se tourne, il s'**agite** comme un sanglier blessé qui fracasse, qui tranche, qui brise tout ce qu'il atteint ; de tronçons de lances il fait aux siens un rempart. Anselme et Joris se **sont escrimés**, eux et Rogier de Linières, jusqu'à n'en pouvoir plus. [8910] Inart leur crie : « C'est maintenant qu'on vous fera payer tout « le mal et le dommage que vous nous avez faits. Ren- « dez-vous, la vie sauve, avant qu'on vous ait mis en « pièces ! » Et ils répondirent : « Qui nous prendrait « sous sa sauvegarde[4] ? » Là-dessus ils chevauchent tous ensemble à l'envi [8915] et de tous côtés ils ont envahi les débouchés [de la place], et se sont logés avec eux dans la barbacane. Alors commencent la noise, l'abattage, les cris ; avec les épées, les masses, les lames fourbies, on brise, on taille les verts heaumes brunis[5] ; [8920] mais ce n'est point merveille s'ils[6] ont eu le dessus, car ils ont reçu et donné de tels coups que les os leur en craquent sous les armures. Joris remonte [à cheval] et est sorti au dehors, puis il tombe à terre sous les coups. [8925] Tout autour ils

1. *Flecas e sagetas*, l'équivalent manque en français moderne pour le second de ces deux mots.
2. Voy. le vocab. à ce mot.
3. Les habitants de Meilhan.
4. Il manque peut-être ici un vers ou deux.
5. On pourrait intervertir l'ordre des vers 8918 et 8919.
6. Les hommes de B. de Comminges.

ont en maintes manières brisé et mis en pièces ceux qu'ils ont atteint, de sorte que pieds, poings, bras, cervelles, doigts, têtes, mâchoires, cheveux, crânes, et autres membres, sont en grand nombre étendus par le champ [8930] à ce point que le sol en est hérissé. Certes, avant qu'on eut enlevé les morts et les blessés, c'était bien un vrai champ de bataille.

CCX.

C'était bien un vrai champ de bataille quand la mêlée se sépara : de sang et de cervelles, d'yeux, de membres, [8931] de pieds, de jambes, de bras étendus, les chemins et les places sont couverts et remplis. Le Châtelain, Joris et Anselme sont pris, et les autres perdirent la vie et leurs armes, avec de grandes souffrances en ce lieu mortel. [8940] Et B. de Comminges et Guillem de Tougès[1]…. Et quand le puissant comte de

1. J'ai proposé au t. I de corriger en *W. de Toges* (v. 8939) en *an*… faisant ainsi de « W. de Toges » le régime du *lierat* qui commence le vers suivant. C'est le sens adopté par Fauriel. « Don « B. de Comminges a mis (*lierat*) Guillaume de Toges en grande « souffrance… » Mais je m'aperçois qu'un « Willelmus de Toges », selon toutes les vraisemblances identique au « W. de Toges » du poëme, est mentionné dans l'acte de 1226 (n. s.) où Bernart de Seisses (ci-dessus, p. 439 n. 1) figure comme l'une des parties contractantes (Teulet, *Layettes*, n° 1739, p. 66 a). *Toges* est Pouy de Tougès, arr. de Muret, cant. du Fousseret. Il n'y a aucune apparence que ce Guillem ait été du parti des Français, et il est au contraire de toute vraisemblance qu'il était avec Bernart de Comminges et Bernart de Seisses. Étant donc impossible qu'il ait été mis à mort par B. de Comminges, il faut supposer une lacune après le vers où il figure, et quant au v. 8940 qui se trouve isolé, il prendrait la place assez facilement après le v. 8938 ; ainsi :

E li autre perderon las vidas els arnes.

Comminges¹ apprit les nouvelles [de cette affaire], je ne pense pas qu'il ait dû s'en affliger.

Ensuite, le vaillant jeune comte vint à Toulouse pour défendre la terre et recouvrer son héritage. [8945] Le comte Amauri, de son côté, se dirige vers l'Agenais², ayant en sa compagnie des chevaliers et des clercs, les barons de sa terre, les croisés, les Français. L'abbé de Rocamadour³ y vint avec les hommes du Querci et ceux de Clermont, [8950] Amanieu de Lebret⁴, de la maison d'Armagnac, riche, vaillant et bien élevé, l'un des meilleurs du Bazadais, homme plein de libéralité, et le seigneur de *Saishes*⁵. [Avec ceux-là⁶], avec

> Livrat a grant martire et en loc mortales.
> En Br. de Cumenge en W. de Toges (*lacune*)
> E cant auzic la novas...

A l'endroit où j'indique une lacune l'auteur disait probablement que B. de Comminges, Guillem de Tougès et les autres rentrèrent chacun chez soi.

1. Le père de Bernart.
2. Amauri était à Albi le 22 sept., à Moissac le 26, à Gontaut (arr. de Marmande) le 8 octobre (Molinier, *Catalogue*, nᵒˢ 166-8).
3. Mentionné par G. de Tudèle, à l'occasion du siége de Termes en 1210; voy. ci-dessus p. 68 n. 1.
4. Amanieu V d'Albret, voy. p. 68 n. 1.
5. Je ne suis pas en état d'identifier ce nom; il ne peut s'agir, bien entendu, ni de Bernart ni de Guillem de *Seisses*, mentionnés ci-dessus, vv. 8885 et 8889, au nombre des partisans du comte de Toulouse.
6. La construction du texte est embarrassée, ce qui m'oblige à suppléer ces mots; p.-ê. y a-t-il une lacune. — Il est bien établi par ce passage que le siége avait été mis devant Marmande avant l'arrivée du prince, que le poète place bien plus tard (voy. v. 9239 et suiv.), lorsque le siége avait déjà duré un temps indéterminé et les croisés ayant reçu dans cet intervalle des renforts (v. 9231 et suiv.). Guill. de Puylaurens, au contraire, suivi par D. Vaissète (III, 310), donne à entendre que le siége fut mis devant Marmande par

beaucoup d'autres barons, avec aussi les hommes du pays, le comte Amauri a mis le siége devant Marmande[1], [8955] mais il s'en repentirait si le roi[2] n'était venu, car il y avait dans la ville pour la défendre Centule d'Astarac[3], un riche vaillant jeune comte,

le jeune roi. Mais son récit, qui débute par une grosse erreur historique, ne peut tenir devant le témoignage du poëme. Voici ses paroles (ch. xxxii ; Bouq. XIX, 213 e, 214 a) : « Anno autem « sequenti ab incarnatione Domini m cc xix, dominus Ludovicus, « illustris regis Philippi filius, cum in deditionem cepisset Ru- « pellam (*D. Brial fait remarquer que la prise de la Rochelle est* « *de* 1224), quam expugnaverat contra regem Angliæ, cum exer- « citu suo venire adversus Tolosam disposuit peregrinus : cui « venienti obvium fuit obsidere castrum quod dicitur Marmanda, « quod erat comitis Tolosani, quod, ejus[dem] comitis mandato, « comes Astariaci, Centullus nomine, et magnates Arnaldus de « Blancaforti et Guillelmus Arnaldi de Tartalcer et milites multi « susceperunt defendendum ; et cum per dies aliquos eos dominus « Ludovicus expugnari fecisset, cognoscentes obsessi quod diu « ferre non possent belli instantiam, data eis belli securitate, ejus « se carceri reddiderunt et villam, ductique sunt capti apud « Podium-Laurentium, servandi donec qui capti tenebantur a « parte altera redderentur. »

Des trois défenseurs de Marmande que nomme G. de Puylaurens, deux seulement sont mentionnés par le poëme : Centullo et A. de Blancafort; quant au nom que D. Brial a lu « Arnaldi de Tartalcer », D. Vaissète (III, 310) le modifie en « Guillaume Arnaud de Tantalon », l'identifiant ainsi avec un personnage qu'on voit plus tard paraître avec le titre de sénéchal d'Agenais (Teulet, *Layettes*, 2487, 2739, 2874-5, etc.).

1. Amauri était devant Marmande le 22 mai 1219 (Molinier, *Catalogue*, n° 171). On a vu plus haut (v. 8784) que le jeune comte avait repris possession de cette ville.

2. Le fils du roi, ou le jeune roi, plus tard Louis VIII. On a déjà rencontré plus haut la même expression; voy. p. 169 n. 4.

3. Il s'était détaché depuis peu du parti des croisés, car le 23 déc. 1216 encore il se portait garant d'un hommage fait à Simon de Montfort (Molinier, *Catalogue*, n° 138). Il fit hommage au roi de France lors du traité de Meaux (Teulet, *Layettes*, n° 1999). Il

hardi et bien enseigné, lui et le preux Amaneu et le vaillant Azamfres[1], Arnaut de Blanchafort[2], Vezian de Lomagne[3], [8960] Amaneu de Bouglon[4], Gaston[5], Guillem Amaneu[6] et les deux [seigneurs] de Pampelonne[7]. Les hommes de la ville, les sergents, le peuple, les damoiseaux, les archers, les Brabançons, les Tiois, munirent la ville, les fossés et les tours [8965] d'épées et de lances et de bons arcs turcs. Et le comte Amauri les a si vivement poussés que par eau[8] et par terre le carnage s'est étendu. Et les hommes de la ville se sont si bien défendus; ceux du dedans comme ceux du dehors ont reçu et donné tant de coups [8970] avec les épées, les masses, les lames de Cologne[9], que le sol est couvert de sang et de cadavres, pâture abondante pour les oiseaux et les chiens.

est encore témoin à un acte de 1230 (Teulet, n° 2077). — Voy. sur ce personnage l'*Art de vérifier les dates*, II, 282-3.

1. Serait-ce le « Raiamfres » du v. 6119?

2. Voir le passage de G. de Puylaurens cité à la page précédente. « Amalvinus » (*Amalunium*, dans l'édition, est fautif) de « Blancafort » et « Ato de Blancafort » figurent dans l'acte de 1226 mentionné plus haut, p. 439 n. 1. Blanquefort, Gers ou Lot-et-Gar.?

3. Voy. p. 386 n. 4.

4. Ch.-l. de cant. de l'arr. de Marmande. Il y a dans la *Guyenne historique et monumentale*, I (1842), 2ᵉ partie, p. 5-15, une notice de M. J. Delpit sur la ville et les seigneurs de Bouglon; voy. notamment, sur Amaneu, p. 6-7.

5. Ce ne peut être Gaston VI, de Béarn, mentionné plus haut, p. 145, qui mourut en 1215.

6. Déjà mentionné au v. 6120; voy. ci-dessus, p. 315 n. 1.

7. Du Mége (Vaissète, V, additions, p. 89 n. 1) pense avec raison qu'il s'agit ici de Pampelonne, ch.-l. de c. de l'arr. d'Albi, et non, comme l'a cru Fauriel, de Pampelune.

8. Marmande est sur la Garonne.

9. Cf. v. 4264. Les épées de Cologne étaient proverbiales au moyen-âge, voy. Le Roux de Lincy, *Livre des proverbes*, I, 284.

Or laissons le siége pénible et meurtrier et parlons du bon comte seigneur de Savartès[1], [8975] avec lui Rogier Bernart et Loup de Foix. Il y avait aussi Bernart Amiel, seigneur de Palharès [2], Guillem B. d'Arnave[3], Izarn Jordan, Robert de Tinhes avec ceux du Carcas-

1. Le comte de Foix, Raimon Rogier : ses deux fils sont nommés au vers d'après. Le Savartès ou Sabartès faisait partie du comté de Foix. Sabart est un hameau voisin de Tarascon-sur-Ariége.

2. Le pays de Pailhès, arr. de Pamiers, cant. du Fossat. Ce nom, porté successivement, selon les apparences, par deux personnes (le père et le fils), se rencontre dans les chartes pendant environ un demi-siècle. « B. Amelius de Palleriis » est témoin en 1201 à un acte mentionné ci-dessus, p. 171 n. 1 (Teulet, n° 612); « Bernardus Amelius » est témoin en 1204 (Teulet, n° 722), en 1205 (Teulet, n° 756), en 1214 (Teulet, n° 1072). En 1237 (n. st.) « Bernardus Amelii de Paleriis » cède au comte de Toulouse le domaine du château de Sainte-Gabelle (qu'on écrit maintenant Cintegabelle, arr. de Muret) et de la forteresse de Grazac (cant. de Cintegabelle) (Teulet, *Layettes*, n° 2487); en 1243 (n. st.) le même reconnaît tenir du comte de Toulouse certains fiefs énumérés dans l'acte (Teulet, n° 3028); la même année (février) il jure d'observer la paix de Paris (Teulet, n° 3036). Il faut encore reconnaître le même personnage dans un « B. Ameil de Pal. » qui figure comme seigneur du château d'Alzen (arr. de Foix, cant. La Bastide de Sérou) dans une lettre de Sicart de Belfort et de son frère à Berenguier de Promilhac, viguier de Toulouse (P. Meyer, *Recueil d'anciens textes*, provençal, n° 53). Teulet, qui a imprimé le premier cette pièce, *Layettes*, n° 1562, lit à tort *de Pala*. Il a tort aussi de la placer vers 1222; elle doit être plus récente d'une vingtaine d'années, car Berenguier de Promilhac, viguier de Toulouse, paraît dans les actes de 1243 à 1246 (Teulet, 3132, 3186-7, 3192, 3104-5, 3227, 3241, 3341, 3343, 3359, 3362, 3365, 3370, 3379, 3467-8-9, 3514, 3561). Le château d'Alzen qui y est mentionné comme étant du domaine de Bernart Amiel est aussi l'un des fiefs qu'il reconnaît tenir du comte de Toulouse dans l'acte de 1243.

3. Arnave, arr. de Foix, cant. de Tarascon. En janvier 1226 (n. st.), « Guillelmus Bernardus de Asnava » est témoin à l'hommage prêté à Rogier Bernart comte de Foix par « Haycardus de Miramonte » (Doat, CLXIX, 151 v°).

sais, Raimon[1] A. del Puch, et Aimeric[2], [8980] Guillem de Niort[3], Jordan de Cabaret[4]. Avec le comte de Foix, ils entrent en Lauragais, enlèvent bœufs et vaches, vilains,

1. Ms. *Br.*, mais il n'est guère douteux que ce personnage est identique au « Ramon A. del Pog » du v. 9093.

2. Celui qui paraît aux vers 5270 et 5770 ? Voy. p. 273 n. 2.

3. Niort, Aude, arr. de Limoux, cant. de Belcaire. Guillem de Niort et les siens étaient hérétiques et luttèrent avec une extrême énergie contre les envahisseurs. Il est mentionné comme hérétique dans l'enquête faite vers 1236 contre Bernart Oton et ses frères, citée ci-dessus à la fin de la note 2 de la p. 314 (Doat XXI, 48). Il était l'un des frères de ce Bernart Oton (Doat, XXI, 164 v°, 165). En 1233 le pape enjoignit au comte de Toulouse de venger les injures faites à l'archevêque de Narbonne par « Willelmus et « G. de Niorto, fratres, G. Bernardi (*p.-ê. le W. B. d'Arnave du v.* « 8977 ?) et Bertrandus filius B. Ottonis, de genere hereticorum » (Teulet, *Layettes*, n° 2241). En 1236 l'inquisition ordonna à Raimon VII, sous peine d'excommunication, de saisir leurs biens (Boutaric, *Alphonse de Poitiers*, p. 449, note). La même année, « Guiraudus de Aniorto », qualifié de « famosus raptor » et de « impugnator fidei, » est encore l'objet des plaintes de l'archevêque de Narbonne (Teulet, n° 2456, p. 323 *a*). Le 2 mars 1237 (n. st.) une sentence fut rendue par l'inquisition contre « Guillelmum « Bernardi et Geraldum de Aniorto fratres, et Esclarmondam, « matrem ipsorum, absentes et nolentes interesse » (Doat, XXI, 167). En 1240, Guillem de Niort était prisonnier du roi, et son frère Geraut s'engageait, dans le cas où il viendrait à s'échapper, à le rendre dans le délai de quinze jours (Teulet, n° 2886 [2], p. 658). Au mois d'octobre de la même année, « G. de Aniorto » (Guillem ou Geraut?) accompagne Raimon Trencavel au siége de Carcassonne (rapport du sénéchal de Carcassonne, p. p. M. Douët d'Arcq, *Bibl. de l'Éc. des ch.* 2, II, 372).

4. Les ruines du château de Cabaret, déjà mentionné plus d'une fois dans la première partie du poëme, sont sur le territoire de la commune de Lastours, cant. de Mas-Cabardès, arr. de Carcassonne; voy. Mahul, *Cartulaire et Archives des communes de l'arr. de Carcassonne*, III, 28-56. « Jordanus de Cabaret » (le nôtre ou son père?) est témoin en 1193 au testament de Rogier, vicomte de Béziers (Baluze, *Maison d'Auvergne*, II, 501) à côté de « Petrus Rogerii », (le « Pierre Rogier » des vers 552, 1184, 1455). Jor-

gens du pays, et viennent à Baziége¹ et y prennent leurs logis. Mais Foucaut de Berzi² avec les hommes de sa parenté, [8985] lui, homme dur, vaillant, habile, entreprenant, puis Jean, Tibaut³, le vicomte de Lautrec⁴, Jean de Bouillon⁵, Amauri de Luset⁶, Ebrart de Torletz, Albaric, Jacques, Joan de Mozencs⁷, Joan de Lomagne⁸, [8990] avec bonnes armures et cœurs de lion, chevauchent en bataille contre le comte de Foix. Et quand le jour revient avec le temps clair, est sorti de Toulouse le jeune comte et marquis, du lignage de France et d'Angle-

dan de Cabaret est encore témoin à des actes de 1224 (Vaissète, III, pr. 290) et de 1226 (ibid. 301, et Teulet, n° 1775).

1. Cant. de Mongiscard, arr. de Villefranche.

2. *Merli* dans le texte. Il y a bien un Foucaut de Merli, mentionné par Guill. de Tudèle, vv. 2433, 2564, et qui a, comme ici, un frère appelé Jean (2434). Mais ici il ne peut être question que de Foucaut de Berzi, et de son frère Jean de Berzi, sur lesquels voy. ci-dessus, p. 218 n. 7. Ils sont désignés nominativement dans le récit de G. de Puylaurens qui sera rapporté ci-après (p. 457 n.), et d'ailleurs Foucaut de Berzi reprend son véritable nom plus loin (9097, 9127).

3. Il y a plusieurs Tibauts dans le poëme ; voy. p. 254 n. 5.

4. *Lautragües* 8986, évidemment le « vescoms de Lautrec » des vers 9116 et 9180 (Fauriel : « le vicomte de *Lauraguais* » !). Selon Vaissète (III, 566 *b*) « ce vicomte est sans doute le même « que *Sicard vicomte de Lautrec*, qui reçut chez lui en 1220 les « croisés qui avoient échappé de la garnison de Lavaur après la « prise de cette ville par le jeune comte de Toulouse (Guill. de « Puyl. ch. xxxIII) ».

5. Celui du v. 7777 ?   6. Déjà au v. 7779.

7. Mouzens, Dordogne, cant. de Saint-Cyprien, arr. de Sarlat, ou Tarn, cant. de Cuq-Toulza, arr. de Lavaur? D'autre part, il ne serait pas impossible qu'il y eût lieu de corriger *Mozencs* en *Monceus*, car en 1212 un « Johannes de Monceus » (Monceaux) est témoin d'une donation faite par un croisé à l'abbaye de Prouille (Molinier, *Catalogue*, n° 48).

8. Si le surnom est correct, cet individu aurait combattu contre son seigneur, Vezian de Lomagne, mentionné au v. 8959.

terre. [8995] Il avait en sa compagnie maints barons toulousains : Arnaut de Villemur, Bertran Jordan[1], Guiraut Unaut[2], Rodrigo, Ugo[3], Bertran de Gourdon[4], l'Abbé de Montaut[5], Guillem Unaut[6], R. Unaut[7], [9000] Amalvis, Ugo de la Mote, homme entreprenant, Garcias Sabolera, P. le Navarrais, et de Toulouse maints chevaliers et bourgeois qui, avec nombre d'autres barons hommes de cœur, sont venus au comte selon qu'il était convenu. [9005] Et quand ils furent réunis, sans attendre qu'il y en eût d'autres, le puissant comte de Foix s'est adressé au jeune comte [de Toulouse] : « Seigneur comte, maintenant honneur
« et bien vous arrivent, car nous sommes sûrs
« d'avoir bataille avec les Français, je reconnais les
« bannières, les insignes, les orfrois, [9010] Fou-
« caut, Alain, Hugues de Laci, Sicart de Montaut
« avec les autres de ce pays[8] semblent décidés à

1. Voy. p. 313 n. 2.   2. Voy. p. 363 n. 2.
3. Ugo d'Alfar, cf. v. 9090.
4. Sans doute différent du croisé mentionné par Guill. de Tudèle au v. 308; p.-ê. faudrait-il *Guiraut*, cf. v. 9090.
5. L'*abas Montalbes* (que Fauriel traduit par « l'abbé de Montalbe » !) ne signifie rien ; la correction est, selon toute apparence, *Montaldes*. C'est le frère de Rogier de Montaut, voy. p: 298 n. 1. Nous avons vu aussi *Moltadis* pour *Montaldis*, adjectif dérivé de *Montaut*, p. 360 n. 2.
6. Voy. p. 298 n. 2.
7. « R. Unaldus » est, avec « Geraldus Unaldus » et « Willelmus Unaldus », au nombre des juges du procès entre les comtes de Toulouse et de Foix qui a été mentionné ci-dessus p. 297 n. 2 (Teulet, n° 623, vers 1201). Ce peut être encore « Ramundus Hunaldi » témoin en 1240 à l'hommage de Bernart et Fortaner de Comminges au comte de Toulouse (Teulet, n° 2875), et qui, dans un acte de 1243, est qualifié de « filius quondam Geraldi Hunaldi » (Teulet, n° 3079).
8. C.-à-d. avec les hommes du Midi qui se sont alliés à la croi-

« nous combattre, et onques je ne vis bataille qui
« me plût si fort. Car, depuis que je porte les armes
« je ne pense pas [9015] avoir jamais vu si bonne
« troupe que celle que nous avons; tellement qu'à
« mon jugement, s'il y a bataille aujourd'hui, orgueil
« et déloyauté perdront leur puissance. » Rogier
Bernart, de tout point accompli, parla ainsi : « Sei-
« gneurs francs chevaliers, on verra aujourd'hui qui
« est preux. [9020] Le cœur me tressaut à voir ici
« réunie la fleur de cette terre et de tout le Carcas-
« sais. » Le comte se prit à rire et dit courtoisement :
« Puisse Dieu me garder ma dame et le château
« Narbonnais, comme je suis décidé à ne pas faire
« faire demi-tour à mon enseigne jusqu'à ce que je les
« aie morts ou pris ! [9025]. Quand la France entière y
« serait avec tous les Montforts, ils auront la bataille
« jusqu'à tant que l'un des deux partis soit abattu. »
Puis il s'écrie de façon à être entendu de tous :
« Chevaliers, aux armes ! c'est le moment, et faisons-
« le si bien que nous n'y ayons pas reproche ! [9030]
« Par sainte Marie, en qui Jésus-Christ est descendu,
« s'ils veulent nous attendre, qu'il leur plaise ou
« non, aujourd'hui ils auront la bataille ! »

CCXI.

« Aujourd'hui ils auront la bataille, en vérité, s'il
« plaît à Dieu, et au départir nous verrons qui tien-

sade. Sur ce Sicart de Montaut, voy. ci-dessus p. 392 n. 2. Il est
mentionné par Guill. de Puylaurens à propos du combat de
Baziége; voir plus loin, p. 457 n.

« dra les dés. [9035] Nous voyons nos ennemis si
« près que nous pouvons leur faire payer cher nos
« terres. Et vous pouvez bien connaître à quel point
« Dieu les a pris en haine, puisqu'il nous les a ame-
« nés pour être mis à mort et à martyre. — Sire
« comte, » dit Arnaut de Villemur, « un mot : [9040]
« en cette bataille il n'y a point pour vous d'honneur
« à gagner. Il ne convient pas qu'un homme de votre
« rang combatte avec eux, dès qu'Amauri n'y est
« pas, ni comte ni grand personnage. Foucaut est
« preux et sage, mais il n'est pas homme d'assez
« haute condition pour que vous risquiez votre per-
« sonne en cette affaire. [9045] Dussiez-vous le
« prendre que vous y gagneriez peu, car de lui vous
« ne sauriez obtenir terre, accord ni paix. Pourtant
« si la bataille vous tente, vous me trouverez à vos
« côtés, à droite ou à gauche. — Arnaut, » dit le
comte, « pourquoi me sermonner? [9050] En ce jour
« je me battrai, et je vous prie de faire de même,
« car celui qui me fera défaut en portera le reproche
« à tout jamais. Car tout homme, quel qu'il soit, fût-
« il roi couronné, doit risquer sa personne et sa
« puissance pour détruire ses ennemis jusqu'à ce
« qu'il les ait abaissés. [9055] Et travaillons à relever
« le pays! » Le comte de Foix dit : « Seigneur
« comte, donnez-moi la première ligne, celle qui aura
« le plus à faire. » Et le comte répond : « Vous
« et Rogier Bernart avec ceux de Carcassais, que je
« sais bons aux armes [9060] et guerriers vaillants
« et audacieux, avec ceux aussi de votre terre, en qui
« vous avez le plus de confiance, et avec votre propre
« compagnie, telle que vous l'avez, vous les attaque-

« rez ; et je vous recommande de frapper ferme. Pour
« moi, avec les barons de ma terre dont je connais
« la valeur, [9065] avec ma compagnie et mes pri-
« vés, avec ceux de Toulouse en qui j'ai mis ma
« confiance, avec mon frère Bertran[1], qui est tout
« prêt, je vous irai secourir avant que vous ayez
« longtemps soutenu l'effort, et nous sortirons avec
« honneur de la bataille...[2] — [9070] Seigneurs, »
dit le comte, « pour cela[3] ne craignez rien : à la
« mort ou à la vie, quel que soit votre succès, vous
« me trouverez à vos côtés mort ou vivant et agis-
« sant, car pour cette bataille je suis résolu à y perdre
« la vie ou à en sortir avec honneur. [9075] Et
« puisse le fils de la Vierge qui souffrit le martyre
« reconnaître où est le bon droit, et considérer leurs
« crimes! — Voilà bien parler! » dit le comte de
Foix, « et maintenant pensons à engager le combat,
« et faisons-les attaquer par les hommes les mieux
« montés. » [9080] Rogier Bernart dit : « Faites
« savoir à tous que tout homme qui faiblira dans
« l'exécution de vos ordres sera déshérité pour toute

---

1. Fils naturel du comte de Toulouse; voy. Vaissète, III, 549b.
2. Il y a évidemment ici une lacune. En effet, on lit dans la rédaction en prose (voir au t. I la note du v. 9069) : « et le comte
« de Comminges et le reste des troupes feront la bataille », phrase qui manque dans le poëme, et qu'il faut, je pense, modifier ainsi :
« feront *la troisième* bataille », c.-à-d. « formeront le troisième
« corps ». La division de la cavalerie en trois corps, lorsqu'on marchait à l'ennemi, est de règle au moyen-âge. En outre on va voir le jeune comte reprendre la parole, avec un appel à ses auditeurs (« Senhors », *so ditz lo coms*... 9070), paraissant répondre à un discours qui nous manque.
3. « Pour cela » ne s'explique guère que par la supposition qu'un des assistants avait exprimé quelque crainte.

« sa vie. — Seigneurs, » dit P. le Navarrais, « che-
« valiers, veillez tous sur la personne du jeune
« comte, qu'il ne soit pas blessé. [9085] Par lui Prix
« et Parage se relèvent, et Valeur est morte s'il lui
« arrive malheur. » Loup de Foix s'écrie : « Sire
« comte, en avant! chevauchons en ligne, le temps
« se passe! » Arnaut de Villemur s'est détaché d'entre
eux, [9090] avec Guiraut de Gourdon[1], Ugo d'Alfar[2], l'Abbé[3], Bertran de l'Isle[4], Garcias Coradiatz[5],
Guillem et R. Unaut[6] en bel appareil, Raimon Arnaut
del Pog[7], ...[8] Rodrigo et les autres, tous faisant
force d'éperon, [9095] et les barons chevauchent en
ligne après eux, les enseignes baissées et les penons
déployés. Foucaut de Berzi les a bien considérés ; il
vit les enseignes des barons les plus avancés : il
s'approche de la rivière[9], et dit aux siens « Halte! »
[9100] Puis il les harangue, les exhortant par de
bonnes paroles : « Seigneurs barons de France, et
« vous ma puissante parenté, Dieu, l'Église et moi

---

1. Voy. p. 314 n. 2.
2. Voy. p. 100 n.
3. Voy. p. 448 n. 5. — Fauriel : « l'abbé d'Alfar » !
4. Voy. p. 313 n. 2.
5. Nom navarrais.
6. Voy. p. 298 n. 2 et 448 n. 7.
7. Voy. p. 446 n. 1. — En juin 1226, « Raimundus Arnaudi de Podio » fit sa soumission à l'Église, et s'engagea à rendre au roi le château de Carcassonne à la première réquisition. (Teulet, *Layettes*, n° 1791.)
8. « El cinhos dels juratz », que Fauriel arrive à traduire par « masse levée », n'a pour moi aucun sens. P.-ê. y faut-il chercher le « Robert de Tinhes » du v. 8978.
9. Baziége est sur le Lers ; mais *ribeira* peut désigner tout aussi bien les rives sur une assez grande profondeur.

« vous garantissons qu'il n'y a ni crainte à avoir ni
« danger. Devant vous est le jeune comte qui nous a
« en haine, [9105] le preux comte de Foix qui est dur
« et intelligent ; voici Rogier Bernart avec ses barons,
« et ils ont amené avec eux les capitaines et les ban-
« nis. Et s'ils sont bons aux armes, nous valons plus
« encore, car ici est concentrée toute la France et
« tout Montfort, [9110] l'élite de cette terre [1], la fleur
« des croisés, et si personne venait à succomber,
« nous sommes absous par l'évêque de Toulouse et
« par monseigneur le légat. — Beau frère, » dit
Jean, « pensez à bien férir ; j'en prends à témoins les
« miracles opérés pour nous et pour la croisade,
« aujourd'hui [9115] c'est Merci et Péché qui vont se
« livrer bataille. » Le vicomte de Lautrec [2] dit :
« Seigneurs, écoutez-moi. J'ai bien observé les barons
« [qui viennent nous attaquer] et ce sera folie que de
« les attendre ici. — Vicomte, » dit Tibaut, « vous
« pouvez vous en aller. [9120] Nous attendrons ici le
« comte, et on verra qui a raison. »

Cependant, après toutes ces paroles, les lignes des chevaliers armés se forment, et les deux partis [opposés] se sont tellement rapprochés qu'il ne reste entre eux qu'un petit fossé sans pont ni planche. [9125] Lorsque le comte de Foix eut passé, avec son vaillant baronage, les deux partis formèrent deux moitiés [égales] [3]. Mais Foucaut de Berzi, bien en

---

1. Les barons du Midi qui, tels que le vicomte de Lautrec et Sicart de Montaut, s'étaient joints aux croisés.

2. Voy. p. 447 n. 3.

3. Sens douteux, plus probable cependant que celui de Fauriel, qui traduit : « et de chaque côté l'on se divise en deux moitiés ».

ligne, les attend de pied ferme. L'éclat des trompes, les sonneries harmonieuses [9130] font retentir la plaine, les rives, les prés, et on nomme, on crie Foix ! Toulouse ! et là où ils se rencontrèrent avec les boucliers peints et avec les insignes, une grande clarté s'éleva[1]. [9135] Ils baissèrent les lances et les gonfanons galonnés ; ils vont s'entreférir de bon cœur, et les lances se brisent sur les hauberts safrés[2]. A ce moment survient la masse des barons armés, qui ont entouré ceux qui les attendent[3], [9140] et ont redoublé leurs coups d'éperon[4]. Peire Guillem de Seguret[5] crie : « Frappez tous, barons, sur le jeune comte, là « où vous le verrez, car je ne redoute rien sinon sa

Cette formation avait eu lieu précédemment pour les troupes du jeune comte, et nous n'avons aucune raison de croire qu'elle ait été opérée du côté des croisés qui étaient sans doute peu nombreux.

1. A cause du brillant des armes, ou est-ce une figure ?
2. Voir p. 327 n. 1.
3. Je traduis comme s'il y avait *Que cels que los esperan els* (= illi) *an environatz*; le texte tel qu'il se présente est intraduisible, comme le montre bien la traduction de Fauriel : « Voici la « seconde bataille des barons (de Toulouse) bien armés, *qui pique* « *(aussi) de l'éperon*, entoure (les adversaires). »
4. Mot à mot, si j'entends bien le texte, « ils les ont éperonnés « sur les blessures » (*feridas*, cf. l'esp. *herida*), c.-à-d. « ils ont « éperonné là où l'éperon avait déjà fait une blessure » ; mais cette interprétation suppose qu'entre les vers 9139 et 9140 un vers a été omis où il était fait mention des chevaux, rappelés par le « *los* au esperonatz » du v. 9140. — La trad. de Fauriel : « et les « frappe (à son tour), quand elle se choque avec eux », ne signifie rien.
5. Il y a un Seguret près de Vaison, Vaucluse. P.-ê. y a-t-il lieu d'identifier ce croisé avec le « Guillelmus de Secureto » dont P. de V. rapporte un acte d'intrépidité au siége de Termes (ch. xli, Bouq. 37 B c).

« vaillance, sa chevalerie, sa fierté. [9145] Si nous ne
« l'abattons pas avant qu'il nous ait vaincus, la
« bataille finira mal pour nous. »

A ce moment vint le jeune comte galopant au-devant des siens, semblable à un lion ou à un léopard déchaîné, emporté tout droit par son cheval noir. [9150] La lance baissée, la tête inclinée sous le heaume, il se jeta dans le fort de la mêlée, et frappa Jean de Berzi qui s'était porté en avant. Il lui donna un tel coup de son épieu niellé qu'il lui perça le haubert, le pourpoint, le justaucorps de soie, [9155] l'abattit à terre, et passa outre en criant « Toulouse!
« francs chevaliers! chargez sur la gent étrangère;
« frappez, taillez! » Il se tourne, fait volte-face, et frappe de tous côtés, défendu et protégé par sa mesnie, [9160] Arnaut[1] leur porte la bannière à la face. Jean de Berzi s'est relevé, et de son épée acérée il frappe, tranche et brise. Là vint en hâte Peire Guillem de Seguret, et il frappa le comte là où il put l'atteindre, [9165] sur le ceinturon, où le haubert est serré [à la taille], si bien qu'il lui coupa la sangle et que l'acier [du haubert] fut brisé. « Montfort! Montfort! » crie-t-il,
« hardi! francs chevaliers. » Mais le comte ne bronche ni ne se déconcerte. Au milieu des cris, du tumulte, des barons acharnés, [9170] de toutes parts a commencé le jeu des épées, des masses, des lames trempées. De coups, de horions avec les fourreaux (?) dorés, ils se frappent sur la poitrine et sur les flancs, tranchant les verts heaumes vergés [2], [9175] les hauberts de mailles

---

1. Arnaut de Villemur? cf. v. 9039 et 9089.
2. Voy. le vocab. au mot *vergats*.

et les écus à boucle. Et le comte de Foix s'écrie :
« Poussez! poussez![1] » et Foucaut de Berzi : « Francs
« chevaliers, tenez bon! » Ebrart, Amauri, Tibaut,
ensemble, Jean de Bouillon, Jacques, côte à côte,
[9180] le vicomte de Lautrec qui est entré dans la
mêlée, et avec eux les Français, ont repris la lutte :
Chatbert, Aimiric[2], le vaillant Rogier Bernart, Loup
de Foix, Guillem de Niort[3] qui est blessé, B. Amiel[4],
le jeune Guillem Bernart[5], [9185] Amalvis, Ugo de la
Mote, avec ceux de Toulouse qui sont pleins de haine
pour leurs ennemis. Les hommes du comte, tous
ensemble, d'un seul cri, taillent les défenses avec
les aciers pénétrants, tournent et retournent de
toutes parts les Français, [9190] les frappant et les
blessant par la poitrine et par les flancs, et les font
tomber deux par deux. Alors vient la grande foule
des sergents acharnés qui se jette avec eux dans la
bataille, si bien que dans ce massacre, les Français
vaincus et abattus, succombent, écrasés et mis en
pièces, [9195] sous les coups des chevaliers et des
sergents confondus en une seule masse. Yeux, cervelles,
poings, bras, cheveux, mâchoires, membres coupés,

---

1. Traduit d'après le sens général. L'interprétation d'*arreggnar*
donnée au glossaire, « retenir les rênes », est en soi douteuse (le
seul sens établi pour ce mot est « attacher un cheval par les
rênes »), et ne convient pas ici. Il faut au contraire supposer que
le comte de Foix commanda de pousser de l'avant, puisque au
vers suivant le chef de la troupe française commande de tenir
bon.

2. Voy. p. 273 n. 1.
3. Voy. p. 116 n. 3.
4. Voy. p. 413 n. 2.
5. Guillem Bernart d'Arnave, p. 445 n. 3.

foies, entrailles, [9200] sang, chair, sont étendus partout. Il y a tant de Français morts que le champ de bataille en est jonché et la rivière rougie. Le vicomte de Lautrec s'est échappé vivant, Foucaut, Jean, Tibaut sont mis à part, [9205] retenus prisonniers, la vie sauve, tandis que les autres restent morts sur le champ. La sainte Trinité fit là ce miracle que du côté du comte il n'y eut personne de tué, sinon un écuyer qui s'était porté en avant.

[9210] La bataille est gagnée, l'ennemi taillé en pièces, et le comte s'en retourna, plein de joie, le même jour. Là fut pendu Peire Guillem de Seguret[1]. Quand les nouvelles portées par un rapide

---

1. Voici en quels termes le combat de Baziège est conté par Guill. de Puylaurens, ch. xxxi (Bouq. XIX, 213 D E) : « Contigit
« autem in ipsa hyeme ut Folcaudus et Joannes de Bregio, fra-
« tres, viri strenui et bellicosi, et plures alii, ab exercitu exeuntes
« in prædam in finibus Toloæ, cum omni audacia cucurrerunt,
« et prædam ovium collegerunt : quos filius comitis (Raymundi),
« qui Toloæ erat, currens post eos, juxta Vadogiam invenit cunc-
« tantes; qui, si prædam dimisissent, abisse poterant sine damno;
« sed congressum campestrem qui exquisierunt invenerunt. In
« principio namque commissionis vallati, qui erant ferri pondere
« onerati, a percussoribus et balistariis in equis liberis, multa
« passi sunt ab eis, donec succederent qui majori fortitudine
« sequebantur, et majores primores Gallici corruerunt, et, pluri-
« bus cæsis, in equis velocibus fugæ præsidio evaserunt. Et domi-
« nus Ricardus de Monte-Alto[*], relevatus de campo ab amicis
« quos ibi habebat, ab hostibus est eductus. Fuere autem retenti
« et servati ad vitam Folcaudus et Joannes frater, et alii quidam,
« pro captis qui tenebantur recuperandis, aut forsitan capiendis,
« traditusque est Joannes tenendus aput Aniortum pro Bernardo
« Othonis, qui eo tempore captus erat; Folcaudus vero in castro
« Narbonæ carceri mancipatur. Soluta autem obsidione a Castro-

* Voy. p. 392 n. 2.

messager arrivèrent au comte Amauri, [9215] croyez bien qu'il n'eut pas envie de rire. Il était au siége de Marmande.

CCXII.

Au siége de Marmande est venu un messager, annonçant que le jeune comte avait vaincu les Français, que Foucaut, Jean, Tibaut étaient prisonniers, [9220] que les autres avaient péri. Le comte Amauri en fut très-irrité et poussa l'attaque avec d'autant plus d'énergie par eau et par terre. Les hommes de la ville se sont bien défendus, et au dehors, sur la place, il y eut bataille[1]. [9225] Des deux parts on échangea tant de coups d'épées, de lances, de lames tranchantes, que beaucoup, assiégés et assiégeants, et aussi beaucoup de chevaux, restèrent sur la place. Leur ténacité a été telle [9230] qu'ils se sont battus la nuit comme le jour. Mais bientôt leur survient un malheur qui consommera leur perte : c'est que l'évêque

---

« novo, comes Amalricus recessit verno tempore, affectus tœdio « magno et expensis. »

On voit par cette dernière phrase que, selon Guill. de Puylaurens, ce combat aurait eu lieu, non pendant le siége de Marmande, mais pendant celui de Castelnaudari, dont le poëme ne dit mot, encore qu'il s'y soit produit un événement important, la mort de Gui, comte de Bigorre, le second fils de Simon de Montfort (cf. p. 290 n. 2), tué dans une attaque (G. de Puylaurens, ch. xxxi).

1. La rédaction en prose, dans un passage dont l'équivalent ne se retrouve pas dans le poëme, probablement par suite d'une omission, mentionne à ce propos le nom du capitaine qui commandait dans Marmande, un certain Guiraut de Samatan (Gers, arr. de Lombez); voy. au t. I la note du v. 9222.

de Saintes[1] qui amène la croisade, et Guillaume des Roches, le sénéchal redouté[2], [9235] ayant à leur suite des compagnies, des troupeaux(?), des convois, ont tendu leurs pavillons et leurs tentes partout à la ronde sur le chemin battu, tandis que la flottille occupe le fleuve. Bientôt après vint le moment [9240] où leur courage et leur audace causèrent leur perte : le roi de France[3] s'est montré à eux, ayant à sa suite vingt-cinq mille écus, tous splendides chevaliers montés sur les chevaux crenus. Dix mille étaient revêtus, eux et leurs montures, [9245] de fer et d'acier étincelant. Quant aux gens de pied, on n'en saurait faire le compte[4]. Ils mènent les charrettes, les har-

---

1. Sans doute Pons, sur lequel on est à peu près sans renseignement (voy. *Gall. chr.* II, 1073), et dont la participation à la croisade n'est connue jusqu'ici par aucun autre document.

2. Sénéchal d'Anjou, du Maine et de Touraine, † 1222. L'histoire de cet important personnage a été exposée avec détail jusqu'à l'année 1204 par M. G. Dubois, dans une thèse présentée à l'École des chartes en 1867 et dont la plus grande partie a été imprimée dans la *Bibliothèque de l'École des chartes*, XXX, 377, XXXII, 88, XXXIII, 502. Ce n'était pas la première fois qu'il prenait part à la croisade : selon le témoignage de P. de V.-C., ch. xiv, il était au nombre des croisés de 1209.

3. Le fils du roi de France, comme plus haut, v. 3139 et 8955.

4. Il y a probablement ici de l'exagération. Guillaume le Breton donne un dénombrement moins considérable (Bouquet, XVII, 276).

> Tunc rex magnanimus, pereunti in partibus illes
> Compatiens fidei; pietatis semper abundans
> Visceribus super afflictos, tam grande periclum
> Antidotare volens, ad sola stipendia fisci
> Sexcentos equites et millia dena clientes
> Armis instructos, animoque et corpore fortes,
> Misit Amalrico succursum in tempore gratum.

nois, les approvisionnements, occupent les places, les jardins, les vergers, et le roi est descendu en sa tente au milieu de la joie générale. [9250] Quand ceux de la ville eurent reconnu le roi, ce n'est pas merveille s'ils furent éperdus. Chacun se dit en son cœur qu'il eût mieux aimé n'être pas né. A la première attaque les croisés leur ont enlevé les fossés et les lices, [9255] brisé et enfoncé ponts et barrières. Après ce combat on entra en pourparlers, et ceux de la ville se tinrent pour sauvés, car, de propos délibéré et d'après une convention arrêtée, le comte Centule et les siens se sont rendus au roi.

[9260] Dans le pavillon royal, resplendissant d'or battu, les prélats de l'église se sont assemblés avec le roi, et les barons de France s'assirent devant lui. Le roi s'est accoudé sur un coussin de soie, et plia son gant droit cousu d'or. [9265] Les assistants prêtèrent l'oreille aux discours les uns des autres, tandis que le roi semblait muet. Mais l'évêque de Saintes, homme intelligent, prend la parole au milieu de l'attention générale : « Puissant
« roi, voici que vous arrivent joie, honneur et salut.
« Du royaume de France vous êtes sorti, vous vous
« êtes mis en marche [9270] pour protéger l'Église
« et sa dignité. Et puisque vous gouvernez et condui-
« sez sainte Église, l'Église vous mande — et gardez-
« vous de lui désobéir — de livrer au comte Amauri le
« comte [Centule] qui s'est rendu à vous, car c'est
« chose due, [9275] pour qu'il le brûle ou le pende.
« Votre devoir est de l'aider, comme aussi de lui
« livrer la ville et ses habitants, hérétiques notoires,
« sur qui le glaive et la mort se sont appesantis. » Le

comte de Saint-Pol[1] s'irrita, et dit : « Par Dieu, sire
« évêque, on ne suivra pas votre avis. [9280] Con-
« fondu soit le roi, s'il livre le comte ! La noblesse de
« France en sera à tout jamais honnie. » Le comte de
Bretagne[2] dit : « Puisqu'il a été reçu à merci, la cou-
« ronne de France sera déshonorée si le comte est
« trahi. — Sire, » dit l'évêque de Béziers[3], [9285] le
« roi de France sera couvert, si on l'attaque, en
« disant que la sainte Église les a exigés et repris. —
« Barons, » dit le roi, « puisque c'est l'Église qui
« m'amène ici, son droit ne sera pas disputé. Et puisque
« le comte s'est brouillé avec l'Église [9290] que l'Église
« en fasse à sa volonté avec ses prisonniers[4]. » Mais l'archevêque d'Auch lui a répondu sur le champ : « Par Dieu !
« beau sire roi, si le droit est respecté, ni le comte ni
« sa mesnie ne seront pas mis à mort, car il n'est pas
« hérétique, ni faux, ni mécréant ; [9295] loin de là,
« il a suivi la croisade et maintenu ses droits[5]. Encore
« bien qu'il se soit mal comporté envers l'Église, il
« n'est cependant pas hérétique ni accusé en matière
« de foi, et c'est le devoir de l'Église de recevoir les
« pécheurs abattus, afin que leur âme ne tombe pas
« en perdition. [9300] Voici que Foucaut est en prison,
« à Toulouse : si le comte est mis à mort, Foucaut sera
« pendu. — Sire archevêque, » dit Guillaume des

1. Gauchier de Châtillon qui mourut peu après, *Art. de vérif. les dates*, II, 775.

2. Pierre Mauclerc (1213-50). D'après Guill. le Breton il partit avec le fils de Philippe-Auguste (Bouquet, XVII, 113, c d).

3. Bernart VI, *Gall. christ.* VI, 331.

4. M. à m. « avec ses *saisis* », ceux sur lesquels elle a exercé la saisie.

5. On a vu plus haut (p. 443 n. 3) qu'il avait fait hommage à Simon en 1216.

Roches, « votre avis sera suivi : le comte sera épar-
« gné et échangé avec Foucaut[1]. »

[9305] Ainsi fut épargné le comte avec quatre autres barons, et aussitôt le cri et le tumulte s'élèvent : on court vers la ville avec les armes tranchantes, et alors commence le massacre et l'effroyable boucherie. Les barons, les dames, les petits enfants, [9310] les hommes, les femmes, dépouillés et nus, sont passés au fil de l'épée. Les chairs, le sang, les cervelles, les troncs, les membres, les corps ouverts et pourfendus, les foies, les courées, mis en morceaux, brisés, [9315] gisent par les pièces comme s'il en avait plu. Du sang répandu, la terre, le sol, la rive[2] sont rougis. Il ne reste homme ni femme jeune ou vieux : aucune créature n'échappe, à moins de s'être tenue cachée. [9320] La ville est détruite, le feu l'embrase[3]. Peu après le roi[4] se mit en marche pour aller à Toulouse.

CCXIII.

D'aller à Toulouse est venu désir au fils du roi de France, tellement que son héraut [9325] s'est placé en

---

1. L'échange eut lieu après la levée du siège de Toulouse ; voy. Guill. de Puylaurens, fin du ch. xxxv. Le même historien rapporte (ch. xxxiii) que Foucaut et son frère Jean, ayant l'année suivante (1220) recommencé leurs ravages dans le Toulousain, furent de nouveau défaits et pris par le jeune comte, qui les fit décapiter en juste châtiment de leurs crimes.

2. M. à m. « les marais ». Il s'agit sans doute des terrains bas qui avoisinent la Garonne.

3. Guill. le Breton (Bouquet XVII, 113 D) : « ..... quam (Miro-« mandam) cum eodem Amalrico ceperunt, et interfecerunt omnes « municipes cum mulieribus et parvulis, omnes indigenas usque « ad quinque milia. »

4. C.-à-d., comme précédemment, le fils du roi.

tête des autres. Il se mit en marche suivi de nombreux compagnons, car les montagnes et les plaines, les chemins, les sentiers sont remplis d'hommes et de femmes. Français, Berruyers, Flamands, Angevins, Normands, Champenois, [9330] Bretons, Poitevins, Allemands, Bavarois, envahissent le pays, et la foule homicide est si grande que l'ost entière compte treize cent mille hommes[1]. Avec eux ils mènent des charrettes, des mulets, des bêtes de somme, des pavillons, des tentes, des vivres, de l'argent. [9335] Ils marchèrent à petites journées, pour permettre aux retardataires de rejoindre. Le cardinal de Rome, les abbés[2], les archevêques, les évêques, les abbés, les Templiers, les moines blancs et noirs, les chanoines, sont dans l'ost au nombre de cinq mille. Tous ces clercs [9340] prêchent et ordonnent de tout massacrer. Point n'est merveille si l'épouvante s'empara des Toulousains quand ils virent les messagers[3]. Les consuls de la ville envoient en toute hâte des messagers rapides et dispos [9345] aux barons terriers et à tous les hommes de guerre, que personne ne manque à l'appel, ni sergent ni archer ni vaillant chevalier ni aucun soudoyer, ni banni habitant les bois, ni aucun jeune homme[4]

1. Fauriel, dans sa traduction, ramène ce chiffre à trois cent mille, correction qui ne s'accorde pas avec la mesure du vers. D'ailleurs 300,000 est encore exagéré.

2. M. à m. « les prélats des moûtiers, » ce sont par conséquent des abbés, voir d'ailleurs Du Cange, PRÆLATUS, 401 c. — L'auteur, composant avec sa négligence habituelle, mentionne de nouveau les abbés au vers suivant.

3. Qui leur annonçaient la venue de l'ost.

4. Je prends *hom leugiers* (9348) comme l'équivalent des *bachelers legiers* qui sont si fréquents dans les chansons de geste françaises.

qui aime Prix et Parage, qui désire gagner des terres, [9350] combattre pour sa propre défense, s'élever à la fortune, que celui-là vienne à Toulouse, et il aura à tout jamais part aux biens de la ville. Pour secourir la ville sont venus mille chevaliers, habiles aux armes et hardis combattants, et cinq cents dardiers. [9355] Et quand ils furent réunis dans l'assemblée plénière des habitants de Toulouse, Pelfort[1] prend le premier la parole, car il savait bien parler, et expose la situation et donne bons conseils : « Barons toulousains, c'est
« maintenant [9360] que le savoir, l'intelligence, le sens,
« le bon conseil vous sont nécessaires. L'entreprise du
« roi de France est pour nous une grosse et menaçante
« affaire. Il amène des gens étrangers, des hommes
« cruels. Avant qu'il se loge là dehors par les vignobles,
« que mon seigneur le jeune comte, qui est son feuda-
« taire, [9365] son meilleur parent[2], lui envoie des mes-
« sagers bons et actifs, pour lui dire qu'il n'a envers lui
« tort ni culpabilité, qu'il n'a été ni faux ni trompeur ; et
« si le roi veut prendre son droit, le jeune comte le lui
« fera de bon cœur, à lui et à l'Église et à quiconque au-
« rait des griefs. [9370] Si le roi vient à Toulouse avec
« une suite peu nombreuse, le jeune comte prendra
« de lui sa terre et sera son vassal. Il lui rendra la
« ville pour qu'il y mette garnison dans les tours. Et
« dès qu'il offre de faire droit, et d'une façon com-
« plète, le roi ne devrait pas l'exterminer sur le conseil
« des méchants. [9375] Et s'il repousse ces offres, s'il

1. Voy. p. 183 n.
2. Ils étaient cousins issus de germains : Constance, épouse de Raimon V et par conséquent grand' mère du jeune comte, était fille de Louis le Gros.

« se montre cruel, puisse Jésus-Christ nous défendre,
« qui sera notre gonfalonier ! — C'est là un excellent
« conseil, » répondent les barons. — « Barons, » dit
le jeune comte qui est plein d'audace, « le conseil est
« sage, mais nous ferons autrement. [9380] Le roi
« était mon seigneur : s'il s'était montré juste envers
« moi, je lui aurais toujours été loyal et fidèle ; mais
« puisqu'il se montre plein de malice, de violence, de
« hauteur, puisque tout d'abord il m'a attaqué par les
« armes, en versant le sang, m'a enlevé Marmande,
« tué mes chevaliers, [9385] puisqu'il chevauche sur
« moi avec cette masse de pèlerins, tant que je n'aurai
« pas oublié la douleur, le mal, les dommages [qu'il m'a
« causés], je ne lui enverrai point de messager, je ne
« lui ferai aucune démonstration amicale. Il est entouré
« de gens orgueilleux, de conseillers cruels, et je ne
« gagnerais rien à lui faire des avances, [9390] mais
« je doublerais la honte, la perte, le blâme. Mais
« quand le fils du roi sera ici en face de nous, quand
« la lutte et le carnage auront duré la nuit et le jour ;
« quand nous aurons vu par les places les barons et
« les chevaux tomber et s'abattre, et quand nous leur
« aurons tenu tête, [9395] si [alors] nous lui envoyons
« des messagers, il sera plus conciliant. Et si vous
« m'en voulez croire, puisque le brasier s'enflamme,
« avant que le roi soit notre seigneur ou ait part
« à notre héritage, notre cause et la sienne au-
« ront été débattues face à face de telle sorte que
« nous verrons si Toulouse peut résister à l'acier
« tranchant, [9400] si le mortier peut tenir du vin
« ou de l'eau, ou s'il se brisera[1]. Si nous pouvons la

---

1. Dans ce passage (à supposer qu'il soit correct), Toulouse est

« défendre, le rosier s'épanouira, et Parage reviendra
« avec joie et allégresse. » Après ces paroles l'accord
fut conclu[1], et les consuls répondent : [9405] « Tout
« ce qui sera nécessaire aux barons de la terre, nous
« le leur donnerons volontiers. Aux compagnies des
« sergents soudoyés nous donnerons de bons vivres,
« et des hôtes agréables. Mandons par la ville que
« tous les écuyers viennent prendre les distributions,
« largement, et sans rien payer, [9410] le pain, la
« viande, le vin des celliers, l'avoine, l'orge, à muids
« et à setiers ; le poivre, la cannelle, les fruits, de
« sorte qu'on en ait à bouche que veux-tu. Et si mon-
« seigneur le roi se montre mauvais, [9415] nous
« pourrons nous défendre pendant cinq années en-
« tières. »

Quand le conseil se fut séparé, les consuls firent
mettre tout d'abord [les reliques de] saint Exupère[2],

---

comparée à un mortier, à un vase contenant un liquide quelconque ;
je ne crois pas que l'alternative *vi o aiga* (9400) ait l'importance
que lui donne Fauriel : « nous pouvons de l'acier tranchant
essayer si c'est du vin ou de l'eau..... » Il s'agit seulement de
savoir si le vase est solide ou s'il se brisera en laissant échapper
son contenu.

1. Le discours qui suit montre que cet accord ou convention
(*acorders*) avait pour objet l'entretien des hommes venus au
secours de Toulouse. Il se pourrait qu'il eût été omis après le v.
9402 une phrase relative aux conditions de cet accord. En effet,
le discours des consuls, qui commence au v. 9404, est donné
comme une réponse (« e li cossol *respondo*... ») et cette réponse
s'applique très-mal au discours du jeune comte tel que nous
l'avons.

2. Le sixième évêque de Toulouse, de 400 à 410 environ. Selon
sa légende, il aurait protégé la ville contre les Vandales (*Gall. chr.*
XIII, 5 ; Vaissète, I, 156). En 1226 les capitouls firent une fondation perpétuelle pour l'entretien d'une lampe devant l'autel de
saint Exupère dans l'église de Saint-Saturnin, « ut Deus et

avec lumières et candélabres, dans la voûte principale[1], là où est le noble clocher. Il fut un digne et saint évêque de Toulouse, [9420] il protége et relève ceux qui possèdent son corps. Ensuite ils donnèrent ordre aux meilleurs charpentiers de bâtir par la ville, dans les rez-de-chaussée, des calabres[2], les engins, les pierrières ; à Bernart Paraire et à maître Garnier, [9425] hommes exercés à cette besogne, d'aller tendre les trébuchets ; dans tous les quartiers, ils choisissent des membres de la commune, nobles, bourgeois, commerçants notables, pour faire fortifier les portes et diriger les ouvriers. Tout le monde se mit à l'œuvre avec joie, menu peuple, [9430] damoiseaux, damoiselles, dames, femmes mariées, garçons, filles, petits enfants, chantant des ballades et des chansons faciles. Ils firent des clôtures, des fossés, des terrassements, des ponts, des barrières, des murs, des escaliers, [9435] des parapets, des courtines, des portes, des plates-formes[3], des lices, des archères, des créneaux, des passages,

« Dominus Jesus Christus, intercedente beata virgine Maria et « beato Exuperio pontifice, cum omnibus sanctis, Tolosam urbem « et suburbium et omnes habitantes et habitaturos in ea, ab omni « malo et periculo, ab inimicorum infestatione sive incursione, cus-« todiat, protegat et defendat. » Du Mège, *Hist. des inst. de Toulouse*, I, 423.

1. Sans doute dans le chœur de l'église (Saint-Sernin), à l'endroit déterminé par la mention du clocher.

2. Dans la première moitié du poëme (jusqu'au v. 4119) j'ai traduit *calabre* par « catapulte » ; dans la suite j'ai conservé *calabre*, craignant que l'application d'un terme antique à un engin du moyen âge ne fût pas tout à fait justifiée.

3. *Solers* est une chambre placée au haut de la maison ; mais ce mot est en rime, et par conséquent laisse beaucoup de latitude à l'interprétation.

des abris, des guichets, des abattis, des voûtes, des chemins couverts¹. [9440] On a livré les barbacanes, y compris celles de la rive gauche, aux comtes et aux chefs dévoués. La ville est mise en état de défense, et largement, contre l'orgueil de France².

CCXIV.

Contre l'orgueil de France les mesures sont prises pour que le jeune comte se défende, lui et les siens. [9445] Là, à Toulouse, l'ordre a été donné que par toute la ville, tous d'un commun accord³..... Le vaillant jeune comte prendra part aux premiers engagements, et les barons de la terre, d'accord à la défense⁴, se partageront équitablement la besogne et les guets, [9450] et seront sous les armes nuit et jour. Les consuls de la ville et les barons honorés, chevaliers et bourgeois, remettent en bonne forme les portes de la ville aux barons qui sont avec eux, aux meilleurs, aux plus sages, aux plus entendus; [9455] puis ils ont confié les barbacanes et les nouvelles fortifications aux comtes et aux barons de prix⁵.

1. Traduit un peu au hasard; je n'entends pas *costeners*.
2. Sur l'« orgueil de France », cf. ci-dessus, p. 351 n. 2, et 415 n. 2.
3. Lacune. La correction proposée par M. Chabaneau (*Rev. des l. rom.* 2, I, 303), *eissan*, au lieu de *essems*, donnerait un sens en soi admissible : « que tous sortent »; mais on va voir qu'il n'est pas question de sortie.
4. C'est ainsi que traduit Fauriel ; *acordans e garnens* est une expression aussi obscure que vague.
5. *Prendens* (9456) m'est obscur ; je traduis comme s'il y avait *prezens*.

Dorde Barasc[1], qui a prix et jeunesse, Arnaut de
Montagut[2], courageux et vaillant, B. de Roquefort[3],
Arnaut[4] Barasc, [9460] avec leurs belles compagnies

1. C'était un seigneur du Quercy. En juin 1214 « Deodatus Baras »
fait acte de foi et hommage envers Simon de Montfort, et l'autorise à ruiner les forteresses qu'il possède dans le Quercy, se
réservant seulement celles de Beduer et de Lissac (canton de
Figeac). Cet acte, analysé peu exactement par M. Molinier (*Catal.*
n° 81), a été publié par Champollion l'aîné dans la *Charte de commune en langue romane pour la ville de Gréalou*, en Quercy, p. 57.
Le même opuscule contient, p. 49-50, une précieuse note de
M. Lacabane sur la famille des Barasc. Il y a dans les *Chartes
latines et françaises et en langue romane méridionale publiées pour
l'Ecole royale des Chartes*, 4° et 5° fascicules, un accord, en langue
vulgaire, passé en mars 1231 (anc. st.) entre Daurde, Arnal et
W. Baras, tous trois frères. — *Dorde* ou *Daurde*, latinisé en *Deodatus*, est étymologiquement *Deus-dedit*, nom fréquent, surtout
au Midi; voy. Darmesteter, *Formation des mots composés dans la
langue française*, p. 161 n. 2, *Cartul. de Saint-Victor de Marseille*,
index, aux noms *Deusde* et *Deusdedit*, etc.

2. Voy. p. 317, n. 2. Bernart Jordan de l'Isle avait un cousin de
ce nom : voy. Vaissète III, 601.

3. Déjà mentionné au v. 4716. Ce nom et ce surnom sont trop
communs pour qu'on puisse déterminer le personnage avec certi-
tude. En 1203 « Guilhermus Rupefortis, Geraldus Rupefortis,
« *Bernardus* Rupefortis » sont témoins à une vente faite par Bernart de Capendu au vicomte de Carcassone Raimon Rogier (Doat,
CLXIX, 111). En 1219 (n. st.) « B. de Rupeforti » — celui-là
identique selon toute apparence au B. de Rocafort du poème —
est témoin avec Centule d'Astarac (voy. p. 443 n. 3), Arnaud de
Roquefeuil et Amalvis de Pestillac, à une charte de Raimon VI
(Vaissète, III, pr. 255). En 1222 (n. st.) le même « B. de Rupeforti »
est, avec Ot et Espan de Lomagne (ci-dessous, v. 9483), et Polfort
de Rabastens (ci-dessus, p. 183 n.), l'un des conjurateurs du jeune
comte, lorsque celui-ci, ayant recouvré Moissac, jura d'observer
un certain nombre de clauses proposées par les habitants de cette
ville (Vaissète, III, pr. 271).

4. *Guillem*, selon la réd. en pr., leçon qui n'est pas inadmissible,
car on a vu plus haut (note 1) que l'un des trois frères Barasc s'appelait Guillem, Arnal Barasc figure à côté de Daurde Barasc

pleines de hardiesse, occupent la barbacane du
Bazacle. Guillem de Minerve¹, homme d'expérience,
Guillem de Bel-afar, qui a valeur et sens, et avec eux
Arnaut Feda², occupent ensemble [9465] et tiennent
en sûreté la barbacane comtale³. — L'habile Frotart
Peire, aux belles manières, Bernart de Penne⁴, franc et
large dépensier, Guillem Froter⁵ et Bertran de Mones-
tier⁶, plein d'ardeur, occupèrent vigoureusement la bar-

dans l'acte de 1231 mentionné ci-dessus à la note 1, et de plus
(« Arnaldus Barase ») dans des hommages rendus au comte de
Toulouse en 1234 et 1236 (Teulet, *Layettes*, n°⁸ 2316 et 2457).

1. Voy. p. 58 n. 3.
2. Voy. p. 249 n. 1. Un personnage du même nom (son père?)
est témoin, en 1193, au testament de Rogier, vicomte de Béziers.
Baluze, *Hist. de la maison d'Auvergne*, II, 501.
3. La barbacane de Saint-Cyprien, selon la réd. en prose, le
nom de barbacane comtale est d'ailleurs inconnu.
4. « Br. de Pena » ; c'est, selon toute apparence, Bernart, seigneur, avec son frère Olivier, de Penne (Tarn, arr. de Gaillac,
canton de Vaour). Le 11 nov. 1219 Bernart et Olivier de Penne
font hommage au jeune comte pour le château et la ville de Penne
(Vaissète, III, 313). En déc. 1224, Bernart de Penne est témoin
à un échange entre Maffre de Rabastens et le comte de Toulouse
(Teulet, *Layettes*, n° 1680). En déc. 1230, partage de biens « inter
Bernardum de Penna et Oliverium fratrem suum » (Teulet,
n° 2082); Bernart est témoin à une transaction entre le comte
de Toulouse et l'abbé de Gaillac, oct. 1231 (Teulet, n° 2160). En
avril 1232, Bernart et Olivier se portent garants, envers l'évêque
d'Albi, de l'hommage d'Isarn Ratier (Doat, CV, 338). Le 11 nov.
1241, les mêmes font de nouveau hommage au comte de Toulouse
(Rossignol, *Monographies communales du Tarn*, III, 259). Ils
vivaient encore en 1251, époque où ils conclurent un échange avec
Alphonse de Poitiers (Rossignol, *l. l.*).
5. En 1236 (n. s.). « Guilhems Frotiers » vend au comte de Toulouse tous les biens qu'il possédait dans l'Albigeois (Doat, CV,
361).
6. Monestiés, ch.-l. de c. de l'arr. d'Albi. « Bertrandus de
Monasterio » est témoin avec Bernart de Penne à l'acte de déc.
1224 mentionné à la note précédente. En août 1227 il s'associe,

bacane Baussane[1]. — [9470] Le bon Rogier Bernart, qui relève ceux qui tombent, en qui est sens, valeur, savoir, expérience, lui et B. Amiel[2], arrivé l'un des premiers, Jordan de Cabaret[3], Chatbert qui sait se défendre, Aimeric de Roca-Negada [9475] occupent la barbacane des Las Croses[4]. — Arnaut de Villemur[5], la force et la hardiesse, homme puissant et vaillant, prudent, sachant donner et promettre, avec lui Guillem Unaut son neveu[6], Guillem B. d'Arnave[7], [9480] et Guillem Arnaudon[8] qui, lors des premières proscriptions, fit engins et ......[9], occupent solidement la barbacane d'Arnaut Bernart[10]. — Espan de Lomagne[11], qui, plein

ainsi que plusieurs autres seigneurs de l'Albigeois, à un traité par lequel l'évêque d'Albi et le vicomte Sicart de Lautrec (voy. ci-dessus, p. 447 n. 3) se jurent protection mutuelle contre les *faidits* de l'Albigeois (Doat, CV, 278 v°).

1. Du Mège, *Hist. des instit. de Toulouse*, I, 67, supposé, sans donner ses preuves, que cette barbacane (*la tor Dausayna* dans la réd. en pr.) était située sur la rive gauche de la Garonne, vers la barrière de Muret.
2. Voy. p. 145, n. 3.
3. Voy. p. 146, n. 1.
4. Sur la rive droite de la Garonne, à l'est du Bazacle, au nord de la ville. Il y a encore une rue de *Las Croses*.
5. Voy. p. 171 n. 1.
6. Voy. p. 298 n. 2.
7. Voy. p. 445 n. 4.
8. Voy. p. 316 n. 2.
9. Je ne comprends pas *brocidas* (9481). L'explication proposée par M. Chabaneau, « *brucir* (*vulsire*) qui existe aujourd'hui avec « le sens de « pincer », d'où *brosidas*, « engins propres à saisir « et à tirer à soi », ne me satisfait pas.
10. Au nord de la ville, à l'est de la barbacane de las Croses. Voy. Catel, *Mémoires*, 272.
11. Fils de Vezian, vicomte de Lomagne, voy. ci-dessus p. 386 n. 4. p.-è. le même que l' « Espanel » mentionné au v. 8837,

de dévouement, est entré à Toulouse en hâte avec ses belles compagnies, [9485] occupa la barbacane la plus exposée[1]. — Ensuite, Amalvis, qui sait donner et combattre, le bon Ugo de la Mote frappant à outrance, Bertran de Pestillac[2], pleins de hardiesse, occupent la barbacane de Ponsonville[3], supportant [9490] la fatigue, la lutte, les dangers. — Pelfort[4], qui est vaillant, prudent et avenant, Ratier de Caussade[5], dur, bon à

figure en divers actes, par ex. dans un acte de 1222 cité ci-dessus p. 469 n. 3.

1. M. à m. « où venait le tourment », cheville amenée par la rime et qui ne nous fait pas connaître le nom de cette barbacane. Le réd. en pr., qui pour cette partie suit de près le poème, n'est pas plus précise. Il est à noter que l'auteur de cette version a dû avoir sous les yeux un texte un peu différent : il met Espan de Lomagne à la barbacane de « Posamvilla », et Amalvis, Ugo de la Mote, Bertran de Pestillac, à la barbacane « où venait tout le bruit et le tourment »; ce qui revient à dire que dans le ms. qu'il a suivi les vers 9485 et 9489 occupaient la place l'un de l'autre; voy. t. I, p. 379.

2. Amalvis, Bertran de Pestillac et Ugo de la Mote sont déjà mentionnés ensemble ci-dessus vv. 6121-2, Amalvis et Ugo de la Mote, vv. 7135-6, 7192-3, 7792, 9000, 9185. Il paraît vraisemblable que cet Amalvis n'est pas différent d'un « Amalvinus de Pestillac » qui figure comme témoin avec « B. de Rupeforti » dans les actes de 1219 et 1222 mentionnés ci-dessus, p. 469 n. 3.

3. Ms. *Pozamila*, mais *Posamvila* dans la réd. en pr.; le faubourg Ponsonville est à l'est de la porte Arnaut Bernart. La porte de Ponsonville existait encore en 1814. Du Mège, *Inst. de Toul.* IV, 585.

4. Voy. p. 183 n., 469 n. 3, et la note qui suit.

5. Ch. l. d. c. de l'arr. de Montauban. Le 2 juillet 1198, Frotart, vicomte de Saint-Antonin, vend à Ratier de Caussade, fils du vicomte Ratier, les droits qu'il avait à Caussade (Teulet, *Layettes*, n° 476). Ce Ratier de Caussade est peut-être le même qu'un « Raterius », gendre de Jordan de l'Isle, et mentionné comme tel dans le testament de celui-ci, en 1200 (Vaissète, III, pr. 189). Ce qui rend cette identification assez vraisemblable, c'est qu'ici Ratier

[1219] la guerre, agressif, Rainier de Bosne, Joan Martin l'actif, occupent la barbacane Matabiau[1]. — [9495] La porte Gaillarde[2] où on se battait, par où faisaient chaque jour des sorties bien conduites les hommes de Toulouse, chevaliers et sergents[3], engageant des luttes, des combats à la suite desquels les champs et les places restaient ensanglantés, [9500] est occupée par les hommes de la ville …[4] pour protéger et défendre les leurs à la sortie comme à la retraite. Le jeune comte en qui est toute la valeur, qui rétablit Parage et abat les orgueilleux, et fait briller d'un nouvel éclat ceux qui ont été abattus[5], [9505] Bertran de Tou-

de Caussade est mis de compagnie avec Pelfort. Or Pelfort, d'après le même testament, était lui-même gendre de Jordan de l'Isle, ayant épousé sa fille « Obica », selon la lecture de Vaissète. On a vu dans un document rapporté p. 183, fin de la note, l'épouse de Pelfort désignée sous le nom d' « Orbria »; il n'est pas douteux qu'*Obica* et *Orbria* sont deux variantes (dues peut-être à une mauvaise lecture) du même nom.

1. A l'est de la barbacane de Ponsonville.

2. Il ne paraît pas que cette porte soit connue d'ailleurs, voy. Du Mège, *Instit. de Toulouse*, I, 68. Peut-être n'existait-elle plus, du moins sous ce nom, au temps où le poème fut mis en prose : le fait est qu'elle n'est pas mentionnée par la réd. en pr. qui place les barons de Toulouse à une même barbacane, celle de Villeneuve.

3. Le texte serait plus clair si on remplaçait l'un par l'autre les deux seconds hémistiches des vers 9496 et 9497. C'est d'après cette correction que je traduis.

4. *Els anans els vinens* me paraît une intraduisible cheville.

5. D'après la réd. en prose (voy. I, 379) le jeune comte aurait occupé, avec les Toulousains, la barbacane de Villeneuve, mais l'auteur de cette rédaction n'a pas tenu compte du v. 9495, où est mentionnée la porte Gaillarde, ni du v. 9505, où sont nommés Bertran et Ugo d'Alfar; peut-être ne les avait-il pas dans son ms. En tout cas, le texte en vers, qui met ensemble le jeune comte,

louse[1] et Ugo d'Alfar[2], défendent la barbacane de Villeneuve[3]. — Arnaut de Comminges[4], beau, bon, aimable, vaillant, prudent, généreux, victorieux, avec B. de Comminges son cousin, [9510] Arnaut R. d'Aspet[5], tiennent solidement, avec les valeureux chevaliers de Mont-Aigon[6], la barbacane nouvellement construite. — Le bon Inart de Pointis[7] preux et vaillant, et Marestanh[8] son oncle, riche en prix, [9515] et Rogier de Montaut[9] qui sait mander [ses hommes] et combattre, et Rogier de Noé[10], homme avenant, occupent la barbacane de

Bertran et Ugo d'Alfar, donne le sens le plus vraisemblable. Voir la note suivante.

1. Probablement Bertran, le fils naturel de Raimon VI. On remarquera qu'il est ici en compagnie du jeune comte et d'Ugo d'Alfar, qui avait épousé une fille naturelle du comte de Toulouse (voy. p. 100 n.).

2. Voy. p. 100 n.

3. La porte Villeneuve se trouvait naguère à l'endroit où se trouve aujourd'hui le square Lafayette, au N. E. de la ville; voy. Catel, *Mémoires*, 273.

4. Voy. p. 181 n. 3.

5. On peut avec Fauriel, contrairement à la réd. en pr., voir ici deux personnes, Arnaut et R. d'Aspet. En ce cas ce dernier pourrait être Rogier d'Aspet, voy. p. 300 n. 1, ou Ramonet (ou Ramon Aton) d'Aspet, qui paraît aux vers 5919 et 8833, la seconde fois dans la compagnie de B. de Comminges, de même qu'ici. Mais il se peut aussi que les deux noms Arnaut R. s'appliquent à un seul individu, qu'il y aurait lieu peut-être de reconnaître dans « Arnaldus Raimondus del Pel, » témoin à l'acte de 1226 mentionné ci-dessus p. 439, n. 1.

6. La place de Mont-Aigon, « platea Montis Aygoni », à Toulouse, est mentionnée au ch. xvii de la chronique de Guill. de Puylaurens.

7. Voy. p. 435 n. 3.
8. Voy. p. 435 n. 4.
9. Voy. p. 297 n. 2.
10. Noé, Haute-Garonne, arr. de Muret, cant. de Carbonne. Il

Pertus[1]. — Guiraut Unaut[2], prudent, bon et patient, lui et R. Unaut[3], habile et gracieux, [9520] et Jordan de Lanta[4], plein d'énergie, occupent la barbacane Saint-Etienne. — L'actif Sicart, seigneur de Puylaurens[5], Ugo de Monteil[6], Padern[7] aussi occupent la barbacane de Montoulieu. — [9525] Ensuite B. Meuder[8], habitué à quêter et à prendre, avec seulement sa petite troupe, prit possession de la barbacane de Montgaillart[9]. —

avait des droits sur les châteaux du Fousseret et de Sana au sujet desquels il traita en 1226 avec Bernart de Seisses et Bernart d'Orbessan (Teulet, *Layettes*, n° 1739). En 1241 Bernart de Seisses lui engagea tous ses droits sur ces mêmes châteaux (Teulet, n° 2925) ; ces deux actes ont déjà été mentionnés ci-dessus p. 439, n. 1. En 1245 il vendit au comte de Toulouse tout ce qu'il possédait dans ces deux châteaux (Teulet, n° 3342). En 1245 il émancipa son fils Arnaut Pons (Teulet, n° 3365). C'est le dernier acte où on le voit paraître. Il prit part en diverses qualités à d'autres actes, voy. Teulet, n°° 2077, 2944, 3203.

1. « Elle devait prendre sa place entre la porte nouvellement ouverte (v. 9512) et celle de Saint-Etienne », Du Mège, *Instit. de Toulouse*, I, 69.

2. Voy. p. 363 n. 2.

3. Voy. p. 448 n. 6.

4. Lanta, Haute-Garonne, ch. l. de c. de l'arr. de Villefranche. Jordan de Lanta était sans doute l'un des familiers du comte de Toulouse, car de 1230 à 1245 il figure comme témoin en un grand nombre d'actes importants qui concernent ce prince, Teulet, n°° 2079, 2145, 2531, 2875, 3072, 3227, 3228, 3241, 3378.

5. Voy. p. 376 n. 5.

6. Probablement Monteils, arr. de Montauban.

7. Padern a tout l'air d'être un nom de lieu (Padern, Aude, arr. de Carcassonne, cant. de Tuchan) employé seul comme surnom, ainsi que plus haut Marestanh. On trouve en 1242 à Saverdun un « Pontius de Paderno » (Teulet, n° 2997).

8. Bernart « Mercié » ou « Menc », selon la réd. en pr. Les épithètes qui accompagnent son nom, « percassans e prendens », semblent indiquer un chef de mercenaires, un routier.

9. La porte Montgaillard venait après la porte Montoulieu ; la rue Mongaillard existe encore à Toulouse.

Le vicomte Bertran[1], jeune homme d'espérance, lui et Bartas [9530] tiennent ensemble la barbacane du Château. — Bernart de Montaut[2], plein d'énergie, Guilabert de Labas et Frezol, avec leurs belles compagnies, formées d'amis et de parents, occupent la barbacane du Vieux pont. — [9535] Le seigneur de l'Isle, le vaillant Bernart Jordan, lui et Bertran Jordan, et Ot[3] qui est homme de tête, Guiraut de Gourdon[4], d'accord avec lui, B. Bainac[5], franc et libéral, Estout[6] qui dirige les fortifications et les engins, [9540] avec leurs belles et puissantes compagnies occupent la barbacane du Pont-Neuf. — Sur le pont du Bazacle[7],

1. La réd. en pr. ajoute « frère du jeune comte ». Cependant on ne voit pas que ce fils naturel de Raimon VI (déjà mentionné au v. 9067 et très-probablement au v. 9505, voir la note) ait jamais pris dans les actes ou sur son sceau d'autre titre que celui de « frater domini comitis Tolose », voy. Douët d'Arcq, *Sceaux*, n° 746, Teulet, *Layettes*, n°s 1681, 2145, 2316, 2457, etc. — A la vérité, D. Vaissète lui donne, à la table de son troisième volume, le titre de « vicomte de Bruniquel et de Monclar ». Mais d'abord la donation de ces deux seigneuries est de 1224 (Vaissète, III, 311), postérieure par conséquent à la mention faite ici du vicomte Bertran, et d'autre part les deux actes qui concernent cette donation (Catel, *Hist. des comtes de Tolose*, p. 255, et Vaissète, III, pr. 299) ne font aucune mention du titre de vicomte.

2. Voy. p. 383 n. 2.
3. Voy. p. 314 n. 1.
4. Voy. p. 314 n. 2.
5. « Bernard Boyssa » ou « de Boisso », selon la réd. en prose.
6. *Escot* dans le ms., manque dans la réd. en pr. Ce personnage, qui est ici représenté comme une sorte de commandant du génie, est évidemment identique à l' « Estot de Linars » qui, aux vers 8158 et 8338 (dans ce second exemple « *Escotz* de Linars ») parle ou agit en la même qualité. Dans les trois cas il s'agit du même personnage que Fauriel, à sa table, a eu tort de séparer en deux (*Escot* et *Estoul*). Le seul point douteux est de savoir si son nom était *Escot* ou *Estot*.

7. Le poème mentionne successivement la barbacane du Pont-

nouvellement construit, sont les habiles archers qui tirent dru et protégent la rive et les abreuvoirs, [9545] de sorte qu'aucun bateau ni aucun ennemi n'y puisse aborder.

Les barons, tous ensemble, ont juré sur les reliques, que crainte, assaut, coups, blessures, panique, mort, carnage [9550] ne feront quitter à personne son poste; les Toulousains, d'un commun accord, désignent parmi les meilleurs et plus braves de la ville, des chevaliers, des bourgeois, des sergents pour aller au secours là où l'effort de l'ennemi sera le plus grand[1]. [9555] La ville est mise en parfait état de défense avec les barons [alliés], avec les Toulousains, avec le glorieux martyr[2] et les autres saints. Que le fils de la vierge, qui est splendeur et lumière et donna son sang précieux pour assurer la victoire à Merci, [9560] veille sur raison et droiture; qu'il prenne garde que les torts et les crimes retombent sur les coupables! Car le fils du roi de France s'avance, plein d'orgueil, avec trente-quatre comtes, et tant de monde qu'il n'est en ce monde aucun homme capable [9565] d'en compter les mille et les cents. Le cardinal de Rome[3], qui prêche et

---

Neuf (v. 9541) et le pont du Bazacle (v. 9542); la réd. en pr. ne mentionne que « le pont neuf du Bazacle qui était fait depuis peu »; et en effet, les deux désignations du poëme se rapportent à un seul et même pont, qu'on pourrait appeler indifféremment Pont neuf ou pont du Bazacle; voy. Du Mège, *Inst. de Toul.*, I, 69.

1. Il s'agit ici de la formation d'une réserve composée de Toulousains, à la différence des défenseurs placés en première ligne qui paraissent avoir été tous ou presque tous étrangers à Toulouse, comme la liste qui précède le montre.

2. Saint Saturnin.

3. Le légat Bertran, voy. p. 320 n. 2; cf. la note suivante.

lit, [veut] que la mort et le massacre marchent avec eux, de telle sorte que dans Toulouse et son territoire il ne reste homme ni être vivant, [9570] ni dame, ni damoiselle, ni femme enceinte, ni aucune créature, ni enfant à la mamelle, mais que tous périssent dans les flammes. Mais la vierge Marie les en défendra, elle qui, selon droiture, redresse les torts, [9575] et puisse son sang bienveillant[1] nous protéger (?), car saint Sarturnin est leur guide et les garde de crainte, et Dieu, et droit et force et intelligence et le jeune comte leur défendront Toulouse[2] !

1. Jésus-Christ.
2. Voici le peu que G. de Puylaurens nous apprend du siège de 1219 (ch. xxxii, Bouq. 214 A B) : « Recedens autem de « Marmanda dominus Ludovicus, Tolosam properat recta via, « eratque ejus exercitus magnus valde; nam, quantum durat am- « bitus suburbii cum parte civitatis et ultra Garonam se castra « undique extendebant, erectis machinis et aggressionibus acer- « rimis obsessos diebus pluribus expugnavit. Nec aberat dominus « Bertrandus legatus, cui negotium cordi erat; perfectisque suæ « peregrinationis diebus, ab obsidione recessit princeps exercitus, « cum modicum peregisset, adversariis se defendentibus viriliter « et potenter; machinæ autem ejus incendio sunt combustæ, et « ipse in Franciam est reversus, et fuere qui capti erant hinc inde « prænominati viri et milites restituti. » Aubri de Trois-Fontaines (à l'année 1219; Pertz, *Script.* XXIII, 909), attribue l'insuccès des croisés à des dissensions qui se seraient produites entre eux : « propter quandam proditionis notam quam quidam contra dom- « num Ludovicum moliri videbantur. »

TABLE [1]

A. del Puech, voy. Raimon A. del —.
Abbé, l'—, [Izarn] de Montaut, surnommé l'Abbé, 5758 (note) 7616, 8998 (note), 9090.
Acre, épisode du siège de cette ville [1191], 8251-89.
Adalbert, Bernart —.
Adémar, Guiraut —.
Adémar de Poitiers, comte de Valentinois et de Diois, croisé en 1209, 269; partisan du c. de T., 3855 (note); difficultés entre lui et S. de M., 5687; s'engage à donner sa fille en mariage au fils de Simon, 6211-2.
Agde, l'évêque d' —, 307.
Agen, le comte de Toulouse s'y rend, 1369; les bourgeois d' — préfèrent l'exil à la domination française, 1413; mentionné, 1016, 2698.
Agenais, traversé en 1209 par l'une des osts de la croisade, 300; Arnaut Amalric y vient prêcher, 1031; marche avec le c. de T., 1947, 1967; envahi par la croisade, 2400, 8915.
Agi, Raoul d'—.

Agolant (Aigolant), 2069.
Agout, rivière, 2303.
Aiguilhem, Philippe d'—.
Aiguillon (Agulho), 8785.
Aimeri (Amerig), croisé, 4696, p.-ê. Aimeri de Blèves?
Aimeri de Blèves, croisé, 8030 (note).
Aimeric, voy. Aimiric.
Aimeric, vicomte de Narbonne, 1976.
Aimeric de Roca-negada, prend part à la défense de Toulouse [1219], 9474.
Aimerigat, seigneur de Montréal et de Laurac, pendu à Lavaur, 1542, 1622.
Aimeriguet, partisan du comte de Toulouse, 8189.
Aimiric, notable toulousain, 5270 (note), 5274, 5469, 5770, 5774, 8979 (Aimeric), 9182.
Aimon, croisé, 8106; p.-ê. Aimon de Corneil?
Aimon de Caron, partisan du c. de T., 4051.
Aimon de Corneil, croisé, 4555, 4841.
Ainart de la Becha, homme de Joris, tué, 5802.

1. Cette table est faite de manière à s'adapter également au texte et à la traduction. L'indication note entre ( ) s'applique aux notes du second volume. C. de T. = comte de Toulouse et S. de M. = Simon de Montfort. Dans cette table l'y est classé avec l'i.

Alain de Rouci (*Alas de Roci*, 2345 et 4599, partout ailleurs *Alans* ou *Alas*), croisé, tient en respect le c. de T., 2345 (note, v. Add. et corr.); accompagne Gui de Montfort devant Beaucaire, 4010, 4119; combat au siège de cette ville, 4274, 4534, 4696, 4850; au siège de Toulouse, 5984, 7004; à Baziége, 9010; prend part aux délibérations et s'y distingue par son franc parler, 4162, 4599, 4821, 5030, 5392, 5598, 6037, 6061, 6082, 6280, 6482, 6591, 6969, 7832, 8032, 8651.

Alamau, Doat —.

Alazaïs, mère de Raoul de Cambrai, 516.

Albaric, croisé, 8988.

Albaron (*Albaron*), chevalier provençal, partisan du c. de T., 3860.

Albert, Aubert.

Albeta, chevalier tarasconais, 4372 (note, voy. Add. et corr.).

Albi, occupé sans résistance par les croisés, 1314; l'abbé de Citeaux s'y rend, 1914; Simon de Montfort y passe le Tarn, 2331; les croisés s'y concentrent, 2349, 2363. — L'évêque d'Albi, 1704.

Albigeois (*Albiges, Albeges*), pays d'Albi, 33, 295, 1420, 1703, 1962, 3505, 8065.

Alfan Romieu, provençal, partisan du c. de T., 4548 (note).

Alfar, Ugo d'—.

Algaï, Martin —.

Alias d'Albaroca, voy. Élie d'Auberoche.

[Alix de Montmorenci], voy. Comtesse, la —.

Allemands (*Alaman*), prennent part aux diverses expéditions de 1208 à 1212, 285, 1080, 1261, 1578, 1648, 1816, 2353, 2409, 2636; à la croisade de 1218, 9330.

Alos, le comte d', — croisé, 1659 (note), 1878.

Alphonse (*Anfos*), le comte —, 3176, 3865, Alphonse-Jourdain, comte de Toulouse, aïeul de Raimon VI.

Amalvis, partisan du c. de T., 6121, 7135, 7192, 7227, 7792, 9000, 9185, 9486 (II, p. 472 n. 2).

Amaneu, Guillem —.

Amaneu, défenseur de Marmande, 8958.

Amaneu de Bouglon (*Boclo*), défenseur de Marmande, 8960 (note).

Amanieu de Lebret, croisé, 1265 (note), 8950.

Amauri (*Amaldrics*) de Craon (*Crio, Crion*), croisé, 7351 (note), 7385, 7766, 8030, 8077.

Amauri (*Amaldrics*) de Lusel, croisé, 7779, 8987, 9178.

Amauri (*Amaldrics*), fils aîné de Simon de Montfort; combat sous les ordres de son père, 3864, 4035, 4040, 4695, 4850, 6336, 6989, 7004, 7160, 7722, 7831, 7871; chef de la croisade, après la mort de son père, 8510, 8615, 8756; assiège Marmande, 8945, 8954, 9211, 9221, 9274.

Amiel, Bernart —.

Ancelme (*Ancelmes, Ancelms*), croisé, blessé et pris au combat de Melhan, 8870, 8885, 8908, 8937.

Ancelmet, marseillais, partisan du c. de T., 3888 (voir Add. et corr.), 4470.

Andelis, Rogier d'—.

Anduze, P. Bermon d'—.

Angelier, Oton d'—.

Angevins, croisés, 1079, 1262, 7117, 9329.

Angleterre (*Anglaterra, Englaterra*), 3168, 3176. Le roi d'—, [Richard I], 8270; [Jean sans Terre], 3575, 4973, 6188, 8052, 8994. Les barons d'—, 8277.

Anjou, 2081.
Antioche, chanson d' — , 29.
Antonin, Saint-Antonin.
Arabie, voy. au vocab. *Arabies, Arabitz.*
Aragon, le roi d' — , voyez Pierre [II].
Aragonais, soudoyers, 1307, 6675.
Arbert, prêtre, partisan du c. de T., 3997.
Arbois, 8381, partisan du c. de T., 8381.
Arcès, P. —.
Argence (*Argensa*), la terre d' — portion du diocèse d'Arles située sur la rive droite du Rhône et contenant onze paroisses, dont Beaucaire, 3714.
Arles, 201, 1374, concile tenu à — , 1348.
Arles, l'archevêque d' —, 4221.
Arman Chabreus, croisé, 7204.
Arman de Montlauart, l'un des hommes du comte Baudouin(?), 2581; partisan du c. de T., 6117, 6368 (note).
Armes, voy. Michel de Harnes.
Arnaudon, Guillem —.
Arnaut, le même qu'Arnaut de Villemur? 9160 (note).
Arnaut Amalric, abbé de Poblet, 59; de Grandselve, 62; de Citeaux, 65; légat, 70; archevêque de Narbonne, 137; dispute contre les hérétiques, 73; conseille au pape de proclamer la croisade, 121; est chargé par le pape de la conduire, 140; refuse d'absoudre le c. de T., 190; rien ne se fait sans son avis, 656; harangue l'ost des croisés, 764; propose en vain au comte de Nevers le gouvernement des pays conquis, 790; donne l'investiture à S. de M., 810; cherche à dissuader le c. de T. d'aller à Rome, 912; assiste à une entrevue du c. de T. avec S. de M., 1006; le château Narbonnais lui est remis, 1012; a une entrevue à Portet, avec le roi d'Aragon, 1022; prêche sans succès les hérétiques, 1029; assiste à l'assemblée de Saint-Gilles devant laquelle comparait le c. de T., 1331; communique au c. de T. la sentence prononcée contre lui par le concile d'Arles, 1352; se retire à Cahors dans un cloître, 1895, 1902; accompagne S. de M. à Saint-Antonin et à Gaillac, 1909, 1910; se rend à Albi et à Saissac, 1914; prend la parole au concile de Latran, 3472.
Arnaut Audegier, présente au c. de T. l'hommage de la cité d'Avignon, 3752 (voy. Add. et corr.).
Arnaut Barasc, partisan du c. de T., 9459 (note).
Arnaut Bernart, la barbacane —, à Toulouse, 9482.
Arnaut de Blanchafort, défenseur de Marmande, 8959.
Arnaut de Comminges, partisan du c. de T., 3378, 9507.
Arnaut de Die, Guillem —.
Arnaut Feda, partisan du c. de T., 4710 (note), 9464.
Arnaut de Lomagne, partisan du c. de T., 8308 (voy. Add. et corr.).
Arnaut de Montagut, guide les croisés par l'Agenais, 2401; reçoit en garde le château de Biron, 2458.
Arnaut de Montagut, partisan du c. de T., 6847 (note), 9458 (note).
Arnaut Topina, amène d'Angleterre le jeune comte Raimon, 3170 (voy. Add. et corr.).
Arnaut de Villemur, partisan du c. de T., au concile de Latran, 3156 (note), 3275; vient au secours de Toulouse, 7453; se bat contre les croisés, 7508, 8332, 8996, 9089; conseille le jeune comte, 9039; défenseur de Toulouse, 9476.

Arnave, Guillem Bernart d' —.
Arsin de Montesquiou, partisan du c. de T., 6872 (note).
Asie (?), (*Terra major*), 362 (note, voy. Add. et corr.).
Aspet, Raimon At d' —, Rogier d' —.
Aspois (*Aspes*), routiers de la vallée d'Aspe, 1965.
Astarac, Centule d' —.
Aubenas (*Albenas*), assemblée ecclésiastique tenue à —, 187.
Auberoche, Élie d' —.
Aubert de Chauderon (*Albert de Caldairon*), croisé, 7769.
Aubert de Senlis (*Albert de Sent Lir*), croisé, 7355.
Auch, l'archevêque d' —, 1° [Bernart IV] envoyé au pape [1209] par le c. de T., 226 (voy. Add. et corr.); 2° [Garcias III] soutient la cause de Simon au concile de Latran, 3436; mandé par Gui de Montfort, 6099; présent au siége de Toulouse [1216], 6575; défend Centule prisonnier, 9291.
Aude (*Audes*), rivière, 580, 1219.
Audegier, Arnaut —.
Audri le Flamand (*Aldric lo flames*), croisé, 5029, 8029.
Aurenca, Orange.
Austor, partisan du c. de T., 4427.
Austria, voy. Saba, la reine de —.
Auterive, 1873 (note), 2636.
Autvillars, 3049.
Auvergne, prend part à la croisade, 283, 2354, 2410.
Auxerre, Pierre d' —.
Avignon, s'oppose à la croisade, 4064; envoie une députation au c. de T., 3744; le reçoit avec enthousiasme, 3812; vient au secours de Beaucaire, 3921; mentionnée 201, 4784, 5059.
Avignon, Lot-et-Gar., 2399.
Avignon, Bertran d' —.
Avignonet (*Avinhos*) 1988 (note), 2874.

Azamfres, défenseur de Marmande, 8958.
Azemar Jordan, vicomte de Saint-Antonin, 2368 (note), 2387.

B. A. du Puch, voy. Raimon A. del Puch.
B. Bainac, défenseur de Toulouse [1219], 9538.
B. Bovon, défenseur de Penne d'Agenais, 2414.
B. de Castelnau, croisé, 309 (note).
B. d'Esgal, cité, 2494.
B. (*Br.*) Meuder, défenseur de Toulouse [1219], 9525.
B. (*Br.*) Navarra, défenseur de Toulouse [1218], 7790.
B. de Roquefort (*B. et Br. de Rocafort*), partisan du c. de T.; à Beaucaire, 4716 (note), à Toulouse [1219], 9459 (note).
Bainac, B. —.
Balasta, Ugo de la —.
Balencs, Seguin de —.
Bar, le comte de — [le-Duc?], croisé, 1742 (note), 1747, 1788.
Bar, les croisés de —, 2422.
Bar, cri de guerre des Allemands, 1847, voy. p. 78 n. 6.
Baragnon, Croix —.
Barasc, Arnaut de, Dorde de —.
Barbacanes, à Toulouse, voy. Arnaut-Bernart, Baussane, Bazacle, Château Narbonnais, Comtale, Croses, Matabiau, Montgaillart, Montoulieu, Pertus, Ponsonville, Pontneuf, Saint-Etienne, Villeneuve Vieux-pont.
Barre, Guillaume de la —.
Barrois (*Barrau*) croisés, 1415 (note), 3926.
Barta, la —, cri de guerre, 6385, cf. Esparc de la —.
Bartas, défenseur de Toulouse [1218 et 1219], 8398, 9529.
Baset de Montpezat, tué à la défense de Montgranier, 5673.
Bastide, la — 5684 (note).
Baudouin, le comte —, frère de

Raimon VI, protecteur de G. de Tudèle, II, p. 2 note; loué pour sa vaillance, 1642; chargé de défendre Montferrand, 1646; capitule, 1688; empêche les habitants de Bruniquel d'incendier cette ville, 1707; reçoit leur serment de fidélité, 1723; ses difficultés avec son frère, 1733; va rejoindre la croisade, 1739; accompagne S. de M., 1908; apprend la rébellion de Gaillac et reprend cette ville, 2287; se rend à Bruniquel, 2308; est mandé à Cahuzac par S. de M., 2333; est chargé de la garde de Saint-Antonin, 2396; Catus se rend à lui, 2465; assiste au siége de Moissac, 2525; y perd un de ses damoiseaux, 2534; combat un parti de gens de Montauban, 2579; reçoit Montech, 2617; combat à Muret, 3049.

Baumes (*Balmas*), Vaucluse, 3844.

Baus (*lo Baus*), le prince du — [Guillem du Baus, prince d'Orange], 3840 (note), 3848.

Bausan, le mainadier, défenseur de Penne d'Agenais, 2414.

Baussane, la barbacane —, à Toulouse, 9469 (note).

Bavarois, croisés, 1231, 9330.

Bazacle, barbacane du —, à Toulouse, 9461; pont du —, 9542.

Bazadais, 8951.

Bazas, l'évêque de —, 305.

Baziége (*Vazeja*), 6234, 8983 et II, p. 457 note.

Béarn, 1421, 6199.

[Béarn], Gaston [de —].

Beaucaire (*Belcaire*), le meurtrier de P. de Castelnau s'enfuit à —, 88; ouvre ses portes au jeune comte, 3916; siége et capitulation du château de —, 3930-4964; la ville de — attaquée par Gui de Montfort, 4058, et par S. de M., 4114-4915. Voy: Croix, Hôpital, Lice, Marché, Vigne.

Beaulieu (*Belloc*), l'abbé de —, 3574 (note).

Beaumont, Pons de —, Robert de —.

Becha, Ainart de la —.

Bel-Afar, Guillem de —.

Belarot, R. —.

Belcaire, Beaucaire.

Bellegarde, Gard, 4057-8.

Berbon de Murel, se rend à S. de M., 5697; probablement le même que Bernis de Mureus.

Berengier, rend le château de Foix au c. de T. (?), 6871.

Bergerac (*Bragairac*), 1919.

Berlit, Guillaume de —.

Bermon, P. —.

Bernart, Guillem —, Rogier —.

Bernart Adalbert, croisé, prend part à la défense du château de Beaucaire, 3931.

Bernart, maître —, légiste toulousain, 6820 (note), 8241; cf. II, p. 153 n. 2.

Bernart Amiel, seigneur de Palharès, partisan du c. de T., 8976 (note), 9184, 9472.

Bernart de Casnac, partisan du c. de T., 6819 (note), 7688, 7715, 8153, 8299, 8345.

[Bernart], comte de Comminges, voy. Comminges.

Bernart de Comminges, fils du comte de Comminges, neveu du comte de Toulouse, 5750; son partisan et son conseiller, 5743 (note), 5817, 5916, 6692, 6733, 6813, 6888, 7132; combat dans Toulouse [1216], 6032, 7001; se rend en Gascogne pour combattre Joris, 7138; l'attaque et le défait, 8787, 8794, 8803, 8841, 8881, 8939; défenseur de Toulouse [1218 et 1219], 8378 9509.

Bernart (*B.* et *Br.*) Jordan, seigneur de l'Isle, est en relations avec S. de M., 2668 (note); livre l'Isle au jeune comte,

8545; prend part à la défense de Toulouse [1219], 9535.

Bernart de Luzenac, Guillem —.

Bernart Mottadis, partisan du c. de T., 7132 (note).

Bernart de Montagut, partisan du c. de T., 6116.

Bernart (*Br.*) de Montaut, homme du comte de Comminges, 7616 (note), 9531.

Bernart Paraire, chargé du service des trébuchets, à Toulouse, 7559 (note), 9424.

Bernart (*Br.*) de Penne, défenseur de Toulouse [1219], 9467 (note).

Bernart de Saint-Martin, défenseur de Toulouse [1218], 7793 (note), 8375.

Bernart de Seisses, partisan du c. de T., 8885 (note).

Bernier, Raimon —.

Bernis de Mureus, partisan du c. de T., 3857 (note).

Berniz, détruit par S. de M., 5680.

Berruyers, croisés, 8363, 9328.

[Bertran], voy. Cardinal.

Bertran, comte de Toulouse, 4174 (note).

Bertran, fils naturel du comte de Toulouse, fait prisonnier par les croisés, 1774 (note); combat à Baziège, 9067; cf. Bertran de Toulouse.

Bertran, le vicomte —, 9528 (note).

Bertran d'Avignon, combat à Beaucaire contre les croisés, 4229 (note).

Bertran de Cardaillac, croisé, 308.

Bertran de Courson, croisé, 7779.

Bertran de Gourdon, croisé, 308, le même que le suivant?

Bertran de Gourdon, partisan du c. de T., 8998 (note).

Bertran Jordan, vient au secours de Toulouse, 6114 (note), 7135; combat à Baziège, 8996, 9091 (note); défenseur de Toulouse [1219], 9536.

Bertran de Monestiés, défenseur de Toulouse [1219], 9468.

Bertran [de Montagut], partisan du c. de T., 6116.

Bertran de Pestillac, vient au secours de Toulouse, 6122 (note); tue un archer croisé, 7263; défenseur de Toulouse [1219], 9488 (note).

Bertran Porcellet (*Porcelenes*), partisan du c. de T., 3861.

Bertran de Toulouse, défenseur de Toulouse, 9505 (note); le même que Bertran fils du c. de T.?

Berzi, Foucaut de —, Jean de —.

Berzis, 6362, voy. Bourguignons.

Betone, Gautier de la —.

Béziers, le vicomte de — se rend à —, 368; l'évêque de — exhorte les habitants à se rendre aux croisés, 380; prise et sac de —, 421-525; l'ost de —, 180; mentionné, 35, 539, 2901, 3527.

Béziers, l'évêque de —, voir l'art. précédent.

Béziers, le vicomte de — [Raimon Rogier], neveu du c. de T., 346; le meilleur chevalier du monde, 314; sa douleur à la nouvelle de la croisade, 183; refuse de s'allier au c. de T. contre la croisade, 199, 222, cherche vainement à faire sa paix avec l'Église, 246 (et la note du t. I, v. 248); se prépare à résister dans Carcassonne, 250; la croisade envahit sa terre, 340; il se rend à Béziers et engage les habitants à se bien défendre, 368; puis s'en retourne à Carcassonne, 376; il y est attaqué, 538; il se défend, 570-585; il a une entrevue avec le roi d'Aragon, 614-652; conditions qu'on lui propose, 664, et qu'il repousse, 666; il est attaqué et le manque d'eau l'oblige à traiter, 681-702; il a une entrevue

avec un homme considérable de l'ost et capitule, 703-744; il meurt de la dyssenterie, 862; assassiné, 3361. — Son jeune fils, 3361, 8061 (note).
Bigorre, 5658, 6199, 8065.
Biron, 2447, 2452.
Blaison, Tibaut de —.
Blancafort, Arnaut de —.
Blaventins, flamands au service de la croisade, 7820 (note).
Blaye, 521.
Blèves, Aimeri de —.
Bleson, Blaison.
Bolbone, abbaye, 3287.
Bollon, Jean de —.
Bon, Guillaume le —.
Bouassa, P. —.
Bordeaux (*Bordel* et *Bordela*), 35, 110, 1414, 2593, 6186.
Bordeaux, l'archevêque de —, croisé, 306, 1261.
Bordelais (*Bordales*), 1414.
Bordes, Raimon de las —.
Bordes, Saint-Martin des —.
Bos, Ugo —.
Bosne, Rainier de —.
Bouchart [de Marli], seigneur de Saissac, 954 (note, voy. Add. et corr.), est pris en combattant par le seigneur de Cabaret, 965; délivré, 1455; reçoit l'hommage du château de Cabaret, 1473; se rend à l'ost, 1485; remet le château à S. de M., 1510; se tient à Lavaur, 1973; quitte cette ville pour aller au secours de Simon, 2039; attaque le comte de Foix et le bat, 2057; attaque vainement, avec Simon, le camp des Toulousains près de Castelnaudari, 2242; assiste au siège de Toulouse [1218], 7831, 7871, 8032.
Bouglon, Amaneu de —.
Bouillon, Jean de —,
Bourg, le — de Carcassonne, 578; de Toulouse, 1038 (note), 8317.
Bourgogne, 284, 1148, 2709.
Bourgogne, le duc de —, [Eude III], croisé, 170 (note), 981.
Bourguignons (*Bergonho*), 748, 2410, 2550, 2709, 4014, 5124, 6362 (*Bersis*, note), 7217, 7781.
Bovon, Bernart —.
Br., voy. B. et Bernart.
Brabançons (*Braimanso, Braiman*), soudoyers au service du c. de T. ou de la ville de Toulouse, 1276 (note, voy. Add. et corr.), 7700, 7744, 7995, 8963; nom commun désignant des soudoyers, 7789.
Braimant, le roi —, 2070 (note).
Bretagne, 1079, 2081.
Bretagne, le comte de — [Pierre Mauclerc], 9282.
Breton, Gautier le —.
Bretons, croisés, 1079, 1262, 2408, 2552, 2571, 7116, 7203, 9330.
Brienne, le comte de — [Jean de Brienne], 428.
Brolh, Ugo del —.
Bruniquel, I, p. 2 note, 1707, 1713, 1741, 2308, 2320, 2331.
Bulgarie, ceux de —, les hérétiques, 45.
Burgos (*Burcs*), l'évêque de —, 153.

Cabaret, 956, 1075, 1177, 1183, 1446, 1512, 1522; II, p. 446, n. 2.
Cabaret, Jordan de —.
Cabaret, le seigneur de —, voy. Peire Rogier.
Caercis, Caourcins, Querci.
Cahors, 1635, 1895, 1902, 2575.
Cahors, l'évêque de —, croisé, 307 (note), 2014, 2150.
Cahuzac (*Calizac*), 2332 (note), 2336.
Caire, Simon du —.
Calcs, voy. Lambert de Caux.
Calm, Reiambaut de la —.
Cambrai, Gautier de —, Raoul de —.
Campanier, Henri —.
Caourcins (*Caercis*), habitants du Querci, 1967.
Cap de Porc, Gui —.

Caraman, 6115 (note).
Carbonières, Rostan de —.
Carcassais, le —, 34, 293, 1422, 1964, 2637 (voy. Add. et corr.), 2913, 3500, 4974, 8034, 8978, 9021, 9059.
Carcassonne, conférence entre catholiques et hérétiques tenue à —, 46; le vicomte de Béziers y attend la croisade, 252; siége et prise de —, 537-779; S. de M. s'y installe, 847, 861; en confie la garde à Guillaume de Contre, 1126; il y convoque ses barons, 1980; il y est enseveli, 8680; siége fabuleux de — par Charlemagne, 562; mentions diverses, 141, 295, 376, 1187, 1443, 1913, 1957, 2046.
Carcassonne, l'évêque de — assiste le vicomte de Béziers à ses derniers moments, 923.
Cardaillac, Bertran de —.
Cardinal, le —, 1° [Pierre de Benevent], 3113 (note), 3244; 2° [Bertran], 6231 (note), 6239, 6174, 7055, 7093, 7169, 7332, 7732, 8507, 8663, 8709, 9566.
Caron, Carro, Aimon de —; Ricau, Richart de —.
Casnac, Bernart de —.
Casseneuil (*Cassanolhs*), Lot-et-Gar., assiégé par les croisés, 312, 316.
Cassés (*los Cassers*), les —, lieu pris par les croisés, 1883 (note), 2360.
Castelbon, R. At de —.
Castelnau, Peire de —.
Castelnaudari (*Castel nou d'Arri, Castel nou*), occupé par Simon et assiégé par le c. de T., 2018, 2022, 2058; combat devant cette ville, 2074-2256; a pour seigneur Hugues de Laci, 4819 (note).
Castel-Sarrazin, répond à l'appel du c. de T., 1932, 1946; se rend aux croisés, 2482; donné à Guill. de Contre, 2616; combats aux environs de cette ville, 2673, 2693, 2713.
Castille, le roi de —, 117 (note).
Castres, 2045.
Cat, Guillem —.
Catalans, soudoyers, 1307, 6674; viennent au secours du c. de T., 2804, 2892.
Catalogne, 609, 1274, 2892, 3431.
Catus, 2463 (note), 2465.
Caussade, la —, 326 (note).
Caussade, Ratier de —.
Caux, Eustache de —, Lambert de —.
Cauzac, Cahuzac.
Cavaillon, Gui de —.
Centule d'Astarac (*Centolh d'Estaragues*) défend Marmande, 8956 (note); se rend au fils de Ph.-Aug., 9259; on délibère sur son sort, 9271-9305.
Cerdagne, 1075.
Cerdane, la porte — (*Cerdana*), à Toulouse, 5189.
Chabreus, Arman —.
Chacer, 325 (note).
Chalon, le comte de —, croisé, 1680 (note), 1789; cf. II, p. 91 (note).
Chalon, Robert de —.
Champagne, croisés champenois, 1078, 2073, 7117, 9329.
Champagne, comtesse de —, 979 (note).
Charlemagne, 562, 2069.
Chartres, 521.
Chatbert, partisan du c. de T., 9182, 9473.
Château Narbonnais à Toulouse, (qq. fois Château tout court), 1012, 5040, 5197, 5203, 5357, 6158, 6458, 6635, 6836, 6861, 7563, 8027, 9023; la barbacane du Château, 9530.
Châtelain, le —, combat et est fait prisonnier à Meilhan, 8870, 8937.
Chauderon, Aubert de —, Guillaume —, Rainier de —.
Chinon, Robert de —.
Citeaux, l'ordre de —, 42; l'ab-

baye de —, 58, 156; l'abbé de —, voy. Arnaut Amalric.
Clairac, 8784 (note).
Clermont, croisés de —, 8949.
Cologne, lames de —, 4264, 8970 (note).
Comminges, Arnaut de —, Bernart de —, Rogier de —.
Comminges, le comte de —, allié du c. de T., 1421, 1753, 1796, 1926, 2803, 2811, 2994, 3423, 5731; prend part à la défense de Toulouse [1216-8], 6111, 6729, 6761, 6886, 7490, 7615, 8053, 8141, 8294; mentionné, 8799, 8941.
Comminges, l'hôtel du comte de — à Toulouse, 5156 (note).
Comminges, le pays de —, prend parti pour le c. de T., 1948; conquis par Simon, 8065.
Comtale, la barbacane —, à Toulouse, 9165 (note).
Comte, le jeune —, voy. Raimon.
Comtesse, la — [de Leicester], [Alix de Montmorenci], femme de S. de M.; vient rejoindre son mari à Pennautier [1210], 1090; assiste à divers conseils, 1106, 1142, 2515, 6462; voit, des fenêtres du Château Narbonnais, Toulouse s'insurger [1216], 5908, 6127; envoie un messager à son mari, 5937; va en France chercher des renforts [1217], 7100, 7129; revient avec des troupes nombreuses [1218], 7337.
Conciles, voy. Arles, Narbonne, Rome, Saint-Gilles.
Condom, Gers, 8784.
Condom, l'abbé de —, envoyé au pape par le c. de T., 229.
Constance, mère de Raimon VI, 2271.
Constantinople? (*Costantin*), 130.
Contre, Guillaume de —.
Coradiatz, Garcias —.
Cornados, voy. Ricart de Tournedos.

Corneil, Aimon de —.
Cortit, Manassés de —.
Cotinhac, provençal, partisan du c. de T., 4393.
Courson, Bertran de —.
Courtenai, Pierre de —, Robert de —.
Craon, Amauri de —.
Creci, Lambert de —.
Creixell, Dalmatz de —.
Crépin de Rochefort (*Crespis de Rocafort*), croisé, 1114 (note), 1228.
Crest-Arnaud, le —, 5694, Crest (Drôme).
Croix, portail de la —, à Beaucaire, 4852 (note).
Croix-Baragnon, la —, à Toulouse, 5169.
Croses, barbacane de Las —, 9475 (note).

Dalmatz de Creixell, chef de compagnie catalan, 2679 (n.), 6658, 6735, 6789, 7131, 7437, 7491, 8166, 8294.
Darius, le jugement de —, 3578 (note).
Datil, partisan du c. de T., 4427.
Die, Guillem Arnaut de —. Isoart de —.
Die, l'évêque de —, 5698.
Doat Alaman, partisan du c. de T., 2296 (note, voy. Add. et corr.).
Dolitz, Martin —.
Domingo, Pedro —.
Donges (*d'Onic*), le vicomte de —, croisé, 1972 (note); cf. II, p. 45, n. 1.
Dorde Barasc, partisan du c. de T., 9457 (note).
Douai, 515.
Dragonet, seigneur provençal, partisan du c. de T., 3859, 3870, 4100, 4702; négocie la capitulation du château de Beaucaire, 4954; traite avec Simon, 5685.
Dreu de Mello (*Dragos de Merlon*), croisé, 7768 (note).

Durban, Peire de — .

Ebrart de Torletz, croisé, 8988, 9178.
Ebratz, Evrart.
Edesse (*Roais*), 521.
Eldessa, Redessan (?).
Eleazar d'Uzès, partisan du c. de T., 3860.
Éléonore [d'Aragon], femme de Raimon VI, 359.
Elie d'Auberoche (*Alias d'Albaroca*), brabançon à la solde de Toulouse, 7789.
Embrun, l'archevêque d' —, II, p. 190, n. 2.
Encontre, voy. Guillaume de Contre.
Erlz, voy. Lers.
[Esclarmonde], sœur du comte de Foix, II, p. 176, note.
Esclavonie, barons d' — croisés, 2354.
Escorailles, Pierre d' — .
Escols, voy. Estout de Linars.
Esgal, B. d' — .
Espada, Sanc — .
Espagne, 757, 2071, 2072, 3874, 3898, 3912, 6185, 6684, 6928, 7089; les rois d' —, 5468; les ports (passages) d' —, 152, 1074.
Espan de Lomagne, partisan du c. de T., 9483 (note).
Espanel, partisan du c. de T., 8837.
Esparc, Esparg, de la Barta, partisan du c. de T., 6112, 6385.
Estella, ville de Navarre, 114.
Esteve Savaleta, partisan du c. de T., 6118.
Estout de Linars (*Estotz*, 8158, *Escols*, 8338, 9539), directeur des fortifications à Toulouse, 8158 (note), 8338, 9539.
Eustache de Caux (*Estaci de Caus*), 1840, 1848.
Evrart de Villepreux (*Ebratz de Vilapros*), 7211 (note).
Exupère, saint —, 9418.

Fable du vilain et du serpent, 5456 (note).
Fanjaux, 498 (note), 781, 1959, 2000, 2151.
Feda, Arnaut — .
Ferrande, tour —, à Toulouse, 7565, 7707.
Ferrando, soudoyer aragonais? 8380.
Ferri (*Feris*), croisé, 5448 (note).
Ferrier, maître —, 4112 (note), 4662.
Flamands, croisés, 2552, 7117, 9329.
Foix, château de —, n'est pas conquis par la croisade, 2649; rendu au légat, 3235, 3247 (note); réclamé par le comte de Foix, 3331; mentionné, 3506.
Foix, le comte de — [Raimon Rogier]; seigneur de Savartès, 8974. En 1209, traite avec S. de M., 935 (note). En 1211, est convoqué par le c. de T., 1422; défait une troupe de croisés allemands à Montgey, 1575-96; se retire à Montgiscard, 1605; vient au secours de Toulouse, 1754; attaqué par les croisés, 1873; convoqué par le c. de T., 1927; est battu près de Castelnaudari par Bouchart et S. de M., 2049-2211. En 1212, abandonne Saverdun à l'approche des croisés, 2641. En 1213, prend part à la prise de Pujols, 2810; au conseil qui précède la bataille de Muret, 2993. En 1215, se rend à Rome pour le concile, 3155, 3177; prend la parole en présence du pape et des évêques, 3200-44, 3282-336; accompagne le c. de T. prenant congé du pape, 3601; obtient la restitution du château de Foix, 3656 (cf. II, p. 174, note); rejoint le c. de T. à Viterbe, 3661. En 1216, vient au secours de Toulouse, 6658, 6730, 6771. En 1218,

conduit, avec le jeune comte, une expédition en Lauragais, 8974, 8981; au combat de Baziége il commande le premier escadron, 9056, 9125, 9176.

Foix, Loup de —.

Foix, pays de —, 1889, 1948.

Folquet de Marseille (*Folquets cel de Maselha*, 1026), évêque de Toulouse, ancien troubadour. En 1210, occupe, avec l'abbé de Cîteaux, le château Narbonnais, 1013; prêche le peuple, 1026. En 1211, fait une entrée solennelle à Toulouse et relève les habitants de l'interdit, 1431; va prêcher la croisade en France, 1437. En 1213, à Muret, bénit les croisés marchant au combat, 3052. En 1214, est d'avis d'incendier Toulouse, 3123. En 1215, au concile, parle contre le comte de Foix, 3254; il est vivement attaqué par ce dernier, 3309 (note); soutient auprès du pape la cause de S. de M., 3405, 3555. En 1216, lors de l'insurrection de Toulouse, décide, par ses exhortations, les Toulousains à se rendre à S. de M., 5070, 5206, 5292; leur donne solennellement sa garantie, 5535; et aussitôt engage S. de M. à se montrer implacable envers eux, 5346, 5418, 5482, 5590, 5618. En 1216-7, lors du siége, conseille à S. de M. d'établir un second siége sur la rive gauche de la Garonne, 5556; l'encourage par ses exhortations, 6620, 6894, 7049; est envoyé en France pour chercher du secours, 7097, 7111, 7128. En 1218, revient avec une nombreuse armée, 7337; recoit le corps de S. de M., 8469; fait l'éloge de S. de M., 8525; se charge d'aller solliciter l'appui du roi de France, 8742.

Forez, le comte de —, 270 (note).

Forez, Richart de —.

Forsoville, Robert de —.

Fortaner, père de Ramon At (ou Ramonet) d'Aspet, 5919.

Foucaut de Berzi, croisé; au siége de Beaucaire (1216), 4041 (note), 4274, 4327, 4336, 4554, 4696, 4741, 4772, 4850; à Toulouse durant l'insurrection [1216], il engage S. de M. à se montrer clément, 5029, 5397, 5460; combat dans Toulouse, sous Gui de Montfort [1216], 5981, 6061, 6063; sous S. de M. [1217], 6336, 6519, 7005; accompagne en France la comtesse de Leicester et l'évêque de Toulouse, 7128; de nouveau au siége de Toulouse [1218], 7832, 8226; commande les croisés au combat de Baziége [1219], 8984 (note), 9010, 9013, 9097, 9127; y est fait prisonnier, 9204, 9219; doit être échangé avec un autre prisonnier, 9300.

Foucaut de Merli, croisé, 2433, 2564; cf. II, p. 447 n. 2.

Français, les —, désignation qui est appliquée non-seulement aux croisés de la France proprement dite, mais parfois aussi à tous les croisés en général, 184, 278, 301, 428, 441, 464, 527, 651, 748, 955, 960, 1053, 1078, 1415, 1602, 1648, 1835, 1971, 2073, 2117, 2120, 2136, 2163, 2284, 2327, 2408, 2550, 2571, 2771, 2848, 2855, 2865, 2911, 2917, 2941, 2948, 2960, 2983, 3011, 3024, 3065, 3073, 3503, 4014, 4846, 4866, 4881, 4907, 4982, 5124, etc.; les barons —, 2192; les soudoyers, —, 2808.

France, au sens restreint, distincte de la Normandie et de la Champagne, 117, 165, 284, 947, 1148, 1437, 2080, 2708, 3139, 3169, 3269, 4109, etc.; les barons de —, 570, 634, 1148,

2272, 3039; les gens de —, 284, 2253; le lignage de —, 3176, 4973; le royaume de —, 791, 9269.
France, le roi de —, voy. Philippe.
France, le fils du roi de —, voy. Louis.
Frezol, prend part à la défense de Toulouse (1219), 9532.
Frise, chemise faite en —, 2520.
Frisons, croisés (1210-2), 1080, 1261, 1585, 2409.
Frotart, Peire —.
Froters, Guillem —.

G. Guiraut, partisan du c. de T., 5763.
Gaillac, occupé par les croisés, 1697, 1910, 1912; se rend au comte de Toulouse, 2286, 2314; se rend de rechef aux croisés, 3364.
Gaillarde, la porte —, à Toulouse, 6495 (note).
Gaillart, partisan du c. de T., 6117.
Galafre, émir d'Espagne, 2071 (note).
Galienne, fille du roi Braiman, 2070 (note).
Galoer, Simon —.
Garcias Coradiatz, Navarrais partisan du c. de T., 9091.
Garcias Sabolera, Navarrais partisan du c. de T., 9001.
Gardo, voy. La —.
Garin, maître —, accompagne l'évêque Folquet en France, 7100 (note, voy. Add. et corr.).
Garnier, l'un des chevaliers de S. de M., 5910, tué, 8101.
Garnier, maître —, ingénieur à Toulouse, 7559, 9424.
Garonne (*Guarona, Garona*), 142, 3084, 5650, 5791, 6360, 6557, 7120, 7532, 7574.
Gascogne (*Guasconha, Gasconha*), occupée par les croisés, 2644; mentionnée, 227, 5431, 5651-2, 6098, 6577, 6873, 7139, 7965; les barons de — servent à contre-cœur dans l'armée de S. de M., 6433.
Gascons, croisés, 286, 1263, 2401; Gascons défendant Casseneuil contre les croisés, 314; Gascons dans l'armée du c. de T. 1950, 1967, 2106.
Gaston, prend part à la défense de Marmande contre les croisés, 8960 (note).
Gaston [de Béarn], 2647 (note).
Gaucelin, chevalier de S. de M., 8456.
Gaucelin de Portels, tué au siège de Beaucaire, 4568.
Gaucelm, R. —.
[Gauchier de Châtillon], voy. Saint-Pol, comte de —.
Gaudin, l'un des défenseurs de Toulouse [1218], 8380.
Gautier, croisé, 8405, le même que le suivant?
Gautier de la Betone, croisé, 7339, 7506, 7542.
Gautier le Breton, croisé, 7213.
Gautier de Cambrai, croisé, 7767.
Gautier de Préaux (*Galters de Pradeus*), 4554.
Gave (*Gavet*), le —, 5660 (note).
Gênes, 3665, 3733.
Genestet, le vin de —, 4028 (note), 4444, 4808.
Genève, Guillaume de —.
Geoffroi de Poitiers (*Jaufres de Peiteus*), gouverneur du jeune comte, I et II, p. 2, note, 880.
Gervais, maître —, architecte du moûtier [la Madeleine] de Béziers, 523.
Gervais (*Girvaitz, Girvais*), chevalier de S. de M., 5910, 5914, 6505.
Gervais le Ventru (*Girvais lo Ventreos*), croisé, 7773, le même que le précédent?
Gillebert Maubuisson (*Gilaberts Malbusson*), croisé, 7773.
Gillebert des Roches (*Guilaberts, Gilaberts de Rocas*), croisé, 7355 (note), 7768, 8031.

Giraude, dame de Lavaur, 1542; son supplice, 1557, 1625.

Giraut de Lansson, croisé, 7776 (note).

Giraut de Montfavens, bailli de Moncuc, 2415.

Giraut de Pépieux, seigneur du Midi, quitte le parti de la croisade, 940; se bat contre les croisés, 2108 (note); abandonne Moissac, 2501.

Godafres, l'un des défenseurs de Toulouse [1218], 8381.

Golfier, allusion à son aventure avec un lion, 7548 (note).

Gontaud, détruit par les croisés, 311 (note).

Gourdon, Bertran de —; Guiraut de —.

Grandselve, abbaye, 63.

Gua, Raoul du —.

Guépie, voy. La —.

Gui, frère de Simon le Saxon, croisé, 1146.

Gui, comte d'Auvergne, se croise [1209], 303 (note), 319.

Gui Cap de Porc, légiste toulousain, accompagne le c. de T. au concile de Saint-Gilles, 1325.

Gui de Cavaillon, partisan du c. de T., 3789 (note), 3854; assiste à un entretien avec le c. de T., 3870; combat à Beaucaire, 4019, 4286.

[Gui], comte de Forez, voy. Forez, comte de —.

Gui de Lévi (Guis de Levi, 4041, 4828, 5524, 6062, 6948; Guis lo manescalcs, 835, 1109, 6405, 6270, 7213), l'un des croisés qui, en 1209, restent avec S. de M. dans les pays conquis, 835 (note); en 1210, assiste au conseil où est décidé le siège de Termes, 1109; en 1216, marche avec Gui de Montfort contre Beaucaire, 4041; assiste à un conseil tenu devant cette ville, 4828; accompagne en 1216, 1217, 1218, S. de M. à Toulouse, 5524, 6062, 6405, 6948, 6270, 7213.

Gui, le comte — de Montfort, frère de Simon de Montfort; en 1212, se joint à la croisade au siège de Penne d'Agenais; sauve son frère sur le point d'être fait prisonnier, 2564; l'aide à garder les pays conquis, 2653; en 1213, vient d'Avignonet au secours de Pujols, mais arrive trop tard, 2873, 2882; en 1216, arrive le premier avec sa troupe devant Beaucaire, 4037, 4119; prend part aux combats livrés devant cette ville, 4275, 4529, 4555, 4695; engage son frère à lever le siège, 4931; est forcé de reculer devant les Toulousains, 5137; conduit des otages toulousains à son frère, 5343; l'engage à user de modération à l'égard de Toulouse, 5048, 5371, 5443, 5613; pénètre de vive force dans Toulouse révoltée, 5973, 5979, 5988; est repoussé, 6025; paraît en divers épisodes du siège, 6082, 6263, 6336, 7160, 7831; est blessé deux fois, II, p. 328, note, 8435; propose de lever le siège, 8639.

Gui de Montfort (Gui de Montfort, 6376, Guiot, 5973, 5979, 6061), second fils de S. de M., épouse la fille du comte de Comminges, 5658 (note); marche avec le comte Gui de Montfort, son oncle, contre Toulouse, 5973, 5979, 6061; est blessé par son beau-père, 6376, 6107 (note), 6465. Il se peut qu'au v. 6376, le seul cas où le second fils de S. de M. soit appelé Gui de Montfort, l'auteur ait confondu le neveu et l'oncle, et ait voulu désigner le second, bien que la qualité de gendre du comte de Comminges ne convienne qu'au premier.

Gui de Mortagne (*Guis de Maurelanha*), croisé, 7778.
Guigue de Galbert, partisan du c. de T., 4395.
Guilabert de Labas, défend Toulouse [1219], 9532.
Guilhamos, fils d'Adémar de Poitiers, partisan du c. de T., 3865 (note).
Guillaume, voy. Guillem.
Guillaume, croisé, tué, 8401.
Guillaume de la Barre, guide les croisés à la bataille de Muret, 3053.
Guillaume de Berlit, croisé, pendu, 4287 (note).
Guillaume le Bon, croisé, 7233.
Guillaume Chauderon, croisé, 7813 (note).
Guillaume au court nez, allusion au siége qu'il soutient dans Orange, 4106 (note).
Guillaume de Contre (*Wles d'Encontre*), croisé bourguignon, 1112; en 1209, est l'un des croisés qui restent avec S. de M. dans les pays conquis, 833 (note, voy. Add. et corr.); envoyé en Biterrois, 848; en 1210, assiste au conseil où est décidé le siége de Termes, 1111; est chargé de la garde de Carcassonne, 1126; se rend dans cette ville, 1151; envoie au siége de Termes un convoi de machines de guerre, 1173; bat P. Rogier qui avait attaqué le convoi, 1206-39; en 1212, assiste au conseil ou est décidé le siége de Moissac, 2517; sauve S. de M. qui allait être pris, 2559; Castel-Sarrazin lui est donné, 2616 (note); prend congé à Muret de S. de M., 2664; pourchasse les routiers aux environs de Castel-Sarrazin, 2677-735.
Guillaume de Genève, croisé, 268 (note).
Guillaume Melir, croisé, 7339.
Guillaume de la Motte, croisé, prend part à la défense du château de Beaucaire, 3931 (note); est d'avis de résister à outrance, 4634.
Guillaume des Roches, croisé, 9234 (note), 9303.
Guillem, maître —, clerc, originaire de Tudèle, auteur de la première partie du poëme, 2, 207, cf. II, p. 4, note 1.
Guillem Amaneu, vient au secours de Toulouse [1217], 6120 (note); prend part à la défense de Marmande, 8961.
Guillem Arnaudon, en 1217 vient au secours de Toulouse, 6123; en 1218 et 1219 prend part à la défense de cette ville, 7137, 7192, 7273, 9480.
Guillem Arnaut de Die, partisan du c. de T., 3856 (note).
Guillem de Baus, voy. Baus.
Guillem de Bel-Afar, partisan du c. de T., vient au secours de Beaucaire, 4392; tue un croisé, 4689; prend part à la défense de Toulouse [1219], 9463.
Guillem Bernart d'Arnave (*W. Br. d'Asnava*), partisan du c. de T., se bat à Baziége, 8977 (note, cf. p. 446, n. 4); prend part à la défense de Toulouse [1219], 9479; fait prisonnier par S. de M., 5696.
Guillem Bernart (*W. Br.*) de Luzenac, partisan du c. de T., 8379.
Guillem Cat, seigneur du Carcassais, ennemi des croisés, 1485 (note, voy. Add. et corr.).
Guillem Froter, prend part à la défense de Toulouse [1219], 9468 (note).
Guillem de Minerve, attaqué par les croisés, 1076 (note); prend part à la défense de Beaucaire et y est blessé, 4718, 4877; défenseur de Toulouse [1219], 9462.
Guillem de Niort, combat les croisés à Baziége et y est

blessé, 8981 (note), 9183.
Guillem P. (*W. P.*) de Mauros, partisan du c. de T., 7279.
Guillem P. (*W. P.*) de Montlaur, partisan du c. de T., 8376 (note).
Guillem Porcellet (*W. Porcelencs*), accompagne à Rome le jeune comte, 3678 (note, voy. Add. et corr.).
Guillem de Seisses, partisan du c. de T., 8889 (note).
Guillem de Tougès (*W. de Toges*), partisan du c. de T., 8939.
Guillem Unaut, en 1216 accompagne le c. de T. à son entrée dans Toulouse, 5767 (note); en 1218 prend part à la défense de la ville, 7191, 7230; en 1219, combat à Baziège, 8999, 9092; prend part à la défense de Toulouse, 9178.
Guinsestre, voy. Winchester.
Guiraudet (*Guiraudos, Guiraudetz, Giraudetz*), fils de Guiraut Adémar, partisan du c. d. T., 3858 (note), 3871; prend part à la défense de Beaucaire, 4425, 4547.
Guiraut, G. —.
Guiraut, 7617, le même que Guiraut de Gourdon ou que Guiraut Unaut.
Guiraut Adémar (*Guiraut, Giraut, Ademar, Azemar*), seigneur de Montélimar, partisan du c. de T., 3858 (note, voy. Add. et corr.), 3871; se distingue à la défense de Beaucaire, 4253.
Guiraut de Gourdon, seigneur de Caraman, vient en 1216 au secours de Toulouse, 6115 (note); en 1218 défend Toulouse, 7791; en 1219 combat à Baziège, 9090; défenseur de Toulouse, 9537.
Guiraut Unaut, en 1218 défend Toulouse, 7191 (note); en 1219 combat à Baziège, 8997; défend Toulouse, 9518.

Harnes, Michel de —.
Hélène, enlevée par Pâris, 425.
Henri Campanier, défenseur de Toulouse [1218], 8381.
Hérétiques, ne tiennent aucun compte de la prédication, 78, 1033; brûlés à Termes, 1082; à Lavaur, 1556; aux Cassès, 1883; protégés par le comte de Foix, 3258; les habitants de Marmande massacrés comme hérétiques, 9276, 9308; voy. ci-dessus Bulgarie, et au Vocabul. *ensabalatz, cretges, sabalatz, valdes*.
[Hervé IV de Donzy]. voy. Nevers, comte de —.
Hôpital, l' —, près Beaucaire, 4842 (note), 4870.
Hôpital l' — à Toulouse, 7586 (note), 7707, 7960.
Hôpital (S.-Jean-de-Jérusalem), le prieur de l' —, envoyé de Raimon VI, 231.
Hugues de Laci (*Uges*, 841, 1994, *Ugues*, 4789, 7007, 7210, 9010, ailleurs *Ug, Ugs, Ugo; Iaici, Laisi, Lacis*, 1994, 4789, 6410, etc., *Lases*, 841, par erreur, dans une rime en *is*; *Laces, Lasses*, toujours en rime, 5028, 8032, 9010), l'un des croisés qui, en 1209, restèrent avec S. de M. dans les pays conquis, 841 (note); seigneur de Casteluaudari et de Laurac, p. 45, n. 4 et p. 253, n. 3; conseille à S. de M. de prendre l'offensive contre le c. de T. [1211], 1994; accompagne S. de M. à Beaucaire [1216], 4040, 4696; fait entendre des paroles de mécontentement, 4789; accompagne S. de M. à Toulouse [1216-8], 5028, 6410, 7007, 7123, 7210, 8039; combat à Baziège, 9010.
Hugues de Lévi, croisé, parent de Gui de Lévi? 6062, 8234.

Imbert, partisan du c. de T., 4875.

Imbert de Laie, croisé? 4567.
Imbert de la Volp, croisé, 6365 (note).
Inart de Pointis (*Punhtis, Pungtis, Puntis*), partisan du c. de T., suit Bernart de Comminges dans son expédition contre Joris, 8813 (note), 8883, 8910; défend Toulouse [1219], 9513.
Innocent [III], pape (*Innocens*, 3407), fait prêcher contre l'hérésie, 38; choisit pour légat l'abbé de Cîteaux, 70; apprend avec douleur le meurtre de Peire de Castelnau, 97; décide en conseil la croisade, 106; en donne la direction à l'abbé de Cîteaux, 110; reçoit une ambassade du c. de T. et lui accorde son pardon [1209], 210; reçoit une seconde ambassade du même [1210], 901; reçoit le c. de T. lui-même et lui fait bon accueil, 984; tient un concile à Rome [1215], 3161; se montre bienveillant envers le fils du c. de T., 3173, 3519; parle en faveur du c. de T., 3188; cède à contre-cœur à l'insistance des évêques et consent à laisser à S. de M. les pays conquis, 3478, 3549; a un entretien avec les comtes de Toulouse et de Foix, 3602-56; avec le fils du c. de T., et lui abandonne la partie de l'héritage paternel qui était située sur la rive gauche du Rhône, 3681-731.
Isart de Puylaurens, partisan du c. de T., 2206 (note).
Isle, l' —, Vaucluse, 3854.
Isle, l' — en Jourdain (*la Isla en Jordan*, 1916, ailleurs *la Isla*), Gers, prend parti pour le c. de T. [1211], 1946; conquise par les croisés, 2646, 2671; rendue par son seigneur au jeune comte, 8545; cri de guerre, 6386.

Isle, Bernart Jordan, seigneur de l' —.
Isle, Peire de l' —.
Isoart de Die, vient au secours de Beaucaire, 4391 (note).
Issart, Rogier de l' —.
Italie (*Lombardia*), 50, 997, 1940, 2353; voy. Lombards.
Izarn, prieur du *Vielh Mores*, cité par G. de Tudèle comme garant d'un fait, 1887.
Izarn Jordan, partisan du c. de T., 8977.
[Izarn] de Montaut, voy. Abbé, l' —.
Izarn, Raimon —.

Jacques, croisé, 8988, 9179.
Jaufres de Peiteus, voy. Geoffroi de Poitiers.
Jean, cousin de Pons de Beaumont, l'un des croisés qui, en 1209, restèrent avec S. de M. dans les pays conquis, 838 (note).
Jean, croisé, frère de Foucaut de Merlin, 3434.
Jean, homme de la compagnie de Foucaut de Berzi, 6076.
Jean de Berzi (*Johans de Berzi*, 4840, ailleurs *Brezi*), croisé, frère de Foucaut de Berzi, II, 218, n. 7; combat à Beaucaire, 4840; à Toulouse, 7771, 8419; à Baziège, 8986, 9113, 9152, 9161; y est fait prisonnier, 9204.
Jean de Bollon (*Johans de Bollon*), croisé, 7777, p.-ê. le même que le suivant.
Jean de Bouillon (*Johans de Bulho, Bolho*), croisé, combat à Baziège, 8987, 9179.
[Jean de Brienne], voy. Brienne, le comte de —.
Joan, Ugo —.
Joan de Lomagne (*Johans Lomanhes*), croisé, 8989.
Joan Martin, défend Toulouse [1219], 9493.
Joan de Mozencs, croisé, 8989 (note).

Joan de Nagor, partisan du c. de T., 4427.
Joan de Somic le Bon, ennemi du c. de T., 3850 (note).
Jofroi de la Trene (*Jaufres de la Trena*), croisé, 7770.
Jordan, Azémar —, Bernart —, Bertran —, Izarn —.
Jordan de Cabaret, partisan du c. de T., combat à Baziège, 8980 (note); défenseur de Toulouse [1219], 9473.
Jordan de Lanta, défend Toulouse, 9520 (note).
Joris, partisan des croisés, battu par Rogier Bernart, 5797-815; assiste au siège de Toulouse [1218], 7950, 7953, 7999; ravage le pays de Comminges, 7140, 8788; est poursuivi par Bernart de Comminges, battu et fait prisonnier, 8790-937.
Jourdain, fleuve de Palestine, 1401.
Jouzaigues (*Juzaigas*), quartier de Toulouse, 5111.

Labas, Guilabert de —.
Laci, Hugues de —.
Laens, Ugo de —.
La Garde, Tarn, se rend aux croisés [1211], 1699; au c. de T. [1211], 2315; reprise par les croisés [1212], 2372.
Lagrave, Tarn, 2290, 2294.
La Guépie, Tarn, se rend aux croisés, 1702; au c. de T., 2316.
Laic, Imbert de —.
Lambert de Caux (*de Calcs*), croisé, 8026.
Lambert de Créci (*Creissi*, 857, 1122; *Creissis*, 836 rime), puis de Limoux (*Limos*, 2519, etc.), l'un des croisés qui en 1209 restent avec S. de M. dans les pays conquis, 836 (note); reçoit Limoux, 857; proposé pour la garde de Carcassonne qu'il refuse, 1122-4; accompagne S. de M. au siège de Moissac, 2519; commande le château de Beaucaire assiégé par le jeune comte, 3851, 3930 (note), 4032, 4082, 4827; prend part au siège de Toulouse [1218], 7210.
Lambert de Limoux, voy. Lambert de Créci.
Lambert de Montélimar (*Montelhs*), ennemi du c. de T., 3851.
Lambesc, Peire de —.
Lanta (*Lantar*) (H.-Garonne), 1612, 2798.
Lanta, Jordan de —.
Lases, Lasses, Laci.
Laurac, Aude, 1545, 1913.
Lauragais, le —, 34, 1968, 4977, 8981.
Lautrec, le vicomte de —, allié des croisés, assiste au combat de Baziège, 8986 (note), 9116, 9180, 9203.
Lavaur, pris par les croisés, 1524-71; butin fait à —, 1639; occupé par Bouchart de Marli, 1973, 2039; accord passé à — entre S. de M. et les habitants de Puylaurens, 2268; mentionné, 1912, 1961.
Lavaur, le châtelain de — perd un fils à Saint-Martin des Bordes, 2130; perd trois fils à Castelnaudari, 2215.
Lavaur, Giraude, dame de —.
Lebret, Amanieu de —.
[Leicester], le [comte de —], voy. Simon de Montfort; la comtesse [de —], voy. Comtesse.
Leire, Lerida?
Léon, le royaume de —, 852.
Lerida (*Leire*), 59 (voy. Add. et corr.).
Lerida, l'évêque de —, 150.
Lers (*Ertz*), rivière, 1750.
Lévi, Gui de —, Hugues de —.
Lice, portail de la —, à Beaucaire, 4758 (note).
Limoges, l'évêque de —, croisé, 305.
Limousin, la croisade proclamée en —, 127; les habitants du — se croisent, 281.
Limoux (*Limon*, en rime), don-

né à Lambert de Créci, 857.
Limoux, le bailli de —, Lambert de Créci? 1987.
Limoux, Lambert de —.
Linars, Estout de —.
Linières, Rogier de —.
Lyon, l'archidiacre de —, parle au concile en faveur du c. de T., 3445.
Livron, Pierre de —.
Loarenc, Lorrains.
Lomagne, Arnaut de —, Espan de —, Joan de —, Vezian de —.
Lombardia, voy. Italie.
Lombards, distingués des Longobards, 1263 (note).
Longobards, 1263 (note).
Lorda, Lourdes.
Lorrains (*Loarenc*), croisés, 1080, 2409, 2552.
Louis (*Lozoïc*, 8522), fils du roi Philippe-Auguste, qualifié de roi de France, 3139, 8955, 9259, 9265, 9321; vient à Toulouse, appelé par le cardinal [1215], et approuve le projet de détruire la ville, 3115 (note), 3122; retourne en France, 3139; son entrevue avec son père, 3143-5 (note); appelé de nouveau par le cardinal, 8522, 8667; arrive à la tête d'une armée formidable au siège de Marmande, 9241; reçoit la capitulation de la ville, 9259; marche sur Toulouse, 9321, 9562.
Loup de Foix, fils du comte de Foix, blessé à Toulouse [1218], 7280 (note); combat à Baziége, 8975, 9087, 9183.
Lourdes (*Lorda*), H.-Pyrénées, le château de —, 5661, 6198, 6204.
Lucas (*Lucatz*), l'un des hommes de S. de M., 5401 (note), 5407, 5928.
Luesia, Michel de —.
Luzia, Luesia.

Maguelone (*Magalona*), l'évêque de, 151.

Malaucène (*Malaucena*), Vaucluse, 3844.
Malbusso, Maubuisson.
Malevoisine (*mala vezina*), nom d'une machine de siége, 1061 (note, voy. Add. et corr.).
Manassès, croisé, 6687; le même que le suivant?
Manassès de Cortit, croisé, 7006.
Manceaux (*Mancel*), croisés, 1079, 1262.
Marché (*Mercadal*), la place du —, à Beaucaire, 4858 (note).
Marestanh, partisan du c. de T., combat à Meilhan, 8824 (note); défend Toulouse [1219], 9514.
[Marli], Bouchart de —.
Marmande (*Marmanda*), occupée par le jeune comte, 8784 (note); assiégée et prise par Amauri de Montfort, 8954-72, 9217-55; mise à sac et incendiée, 9308-20.
Maroc, le roi de — (*lo reis de Marocs, lo reis Marroquis*), 1066, 7090.
Marseille (*Masselha, Mascelha*), prend parti pour le c. de T. et lui vient en aide, 3737, 3853, 3885, 4063, 4460.
Marseille, Folquet de —.
Martin, Joan —.
Martin Algai, chef de routiers, d'abord à la solde de S. de M., 1975 (note, voy. Add. et corr.), 2042, 2088; fuit avec sa troupe au combat de Saint-Martin-des Bordes, 2145; occupe Biron pour le c. de T., 2448 (note); est pris par les croisés et écartelé, 2454.
Martin Dolitz, chef croisé, 2302.
Martinet le hardi, 2288 (note, voy. Add. et corr.), le même que Martin Dolitz.
Martres (*Martras*), H.-Garonne, 8809.
Mascaron, la tour —, à Toulouse, 5143.
Matabiau (*Matabou*), la barbacane —, à Toulouse, 9194.
[Mathieu de Montmorenci],

frère de la comtesse de Leicester, 7101 (note).
Maubuisson, Gillebert —.
Mauléon, Savaric de —.
Mauretanha, Mortagne.
Mauros, Guillem P. de —.
Mauvoisin, Robert de —.
Meilhan? (*Melha*), Gers, 8829.
Mela, Pons de —.
Melha, Meilhan.
Melir, Guillaume —.
Mello, Dreu de —.
Ménélas, l'ost de —, comparée à celle des croisés, 425.
Menerba, Minerve.
Merlin, prédictions de — citées, 3590 (note), 7078.
Meuder, B. —.
Mèze, P. de —.
Mycènes, l'ost de Ménélas, à —, 426.
Michel de Harnes (*Michel et Miquels, dels armes*), 7338 (note), 7505.
Michel de Luesia (*Miquel de Luzia*), chevalier catalan, 3015 (note).
Milan, l'ost de —, 262; ceux de —, 1940; terme de comparaison pour désigner une troupe très-nombreuse.
Milon, maître —, légat du pape, 101 (note), 244; sa mort, 245 (note), 1324 (note).
Minerve (*Menerba*), Hérault, assiégée et prise par S. de M., 1059-87.
Minerve, Guillem de —.
Mir, P. —, Raimon —.
Moissac (*Moisac, Moysac*, 1369, 1915; *Moisag, Moysag*, 1916, 2610, *Moissac*, 2469; *Moichac*, 1373, *Moichag*, 2516); prend parti pour le c. de T., 1369, 1373, 1413; lui fournit des troupes, 1916, 1915; assiégé et pris par S. de M., 2469-80, 2506-614.
Moltadis, Bernart —.
Molvar, la voie —, à Toulouse, 2792.
Moncuc, Moncug, voy. Montcuc.

Mondragon, Pons de —.
Monestiés, Bertran de —.
Montagut, probablement Montégut, Ariège, 6008 (note).
Montagut, cri de guerre, 6386 (note).
Montagut, Arnaut de —, Bernart de —, Bertran de —.
Montagut, voy. Montaigut.
Mont-Aigon, lieu de ce nom à Toulouse, 9511 (note); l'enseigne de —, 7788.
Montaigut (*Montagut*), Tarn, se rend aux croisés, 1697 (note); le comte Baudouin y séjourne, 2288, 2307; se rend au c. de T., 2319.
Montauban, résidence de G. de Tudèle, II, p. 2, note, 207; visité par le c. de T., 1369, 1372; prend parti pour lui, 1931, 1945; occupé par lui, 2343; des habitants de — attaquent un parti de croisés, 2376; assiégé en vain, 2620-7; mentionné, 2682, 3227, 3415, 3506.
Montaudran, combat de —, 1764-77; les prés de —, 2793.
Montaut, voy. Abbé, l' —, Rogier de —, Sicart de —.
Montclar, le vicomte de —, 1654.
Montcuc (*Moncuc, Moncug*), occupé et démantelé par les croisés, 2398, 2403; mentionné, 2415, 2468.
Montech (*Montog*), Tarn-et-Gar., 2617, donné au comte Baudouin, 2617.
Monteil, 5693, Montélimart.
Monteil, Ugo de —.
Montesquiou, Arsin de —.
Montfavens, Giraut de —.
Montferrand, Aude, assiégé par les Croisés et à eux rendu par le comte Baudouin, 1611-90; au pouvoir du c. de T., 1988, 2232; réoccupé par les croisés, 2360.
Montfort, Amauri, fils aîné de

S. de M.; Comtesse, la —, de [Leicester], femme de S. de M.; Gui, le comte — de —, frère de S. de M.; Gui de —, second fils de S. de M.; Simon de —.

Montfort, cri de guerre, 2107, 2192, etc.

Montgaillart, la barbacane de —, à Toulouse, 9527 (note).

Montgei (*Montjoi*), combat de —, 1580 (note, voy. Add. et corr.), 1595, 3268.

Mont Gibel, 1021 (note).

Montgiscard, 1607 (note), 1744, 4980.

Montgranier, 5668 (note).

Montjoi, Montgei.

Montlanart, Arman de —.

Montlaur, Guillem P. de —.

Montog, Montech.

Montoulieu (*Montoliu*), près Toulouse, 8397, 8582; le val de —, 5987 (note); le champ de —, 6863, 7145, 7281; la barbacane de —, 9524.

Montpellier, l'ost des croisés (1209) passe par —, 337; se tient à l'écart de la croisade, 4063; échappe à la conquête, 6932; mentionné, 110, 151, 885, 894, 1960, 2903, 5941, 7898.

Montpezat, cri de guerre, 6386.

Montpezat, Baset de —.

Montréal, Aude, pris et occupé par les croisés, 489, 781, 1545; mentionné, 1959, 2125; appartient à Alain de Rouci, 4819 (note).

Montségur, le Puy de —, Ariége, 3260, 3289.

Morel (*Morcus*, 2560, 2722; *Maurcus*, 2678), messire —, compagnon de Guillaume de Contre, 2560, 2678, 2722.

Mortagne, Gui de —.

Mote, Ugo de la —.

Mozencs, Joan de —.

Muret (*Murel*), occupé sans résistance par les croisés, 2645; assiégé par le roi d'Aragon et le c. de T., 2889; S. de M. s'y établit, 2987; bataille de —, 3033-92; mentionné, 1022, 2665, 6721, 7476.

Mureus, Bernis de —.

Nagor, Joan de —.

Narbonnais, le —, 1975.

Narbonnais, château —.

Narbonne, concile de —, 1345 (note).

Narbonne, Aimeri, vicomte de —; l'archevêque de —, voy. Arnaut Amalric; le duc de —, voy. Raimon [VI].

Navarra, B. —.

Navarrais, combattent la croisade, 1754, 1845, 1965, 2424.

[Navarre], le [roi de —], 113 (note).

[Navas de Tolosa, Las —, ou Muradal], bataille de —, 116-20 (note).

Nemzes, Nimes.

Nesle, Raoul de —.

Neuville, Tibaut de —.

Nevers, 1113.

Nevers, le comte de — [Hervé IV de Donzy], 171 (note), 265, 739, 746, 982; refuse la seigneurie des pays conquis, 790.

Nicolas, maître —, ami de G. de Tudèle et l'une de ses autorités, 2157, 2162.

Nîmes (*Nemzes*), prend parti pour la croisade, 3849.

Nîmes, l'évêque de —, 4314 (note).

Niort, 3397.

Niort, Guillem de —.

Noé, Rogier de —.

Normandie, croisés de —, 1148.

Normands, croisés, 527, 1262, 2408, 2552, 2571, 3503, 6055, 7117, 7203, 9329.

Nuno, cousin du roi d'Aragon, 2958 (note).

Obezin, nom corrompu, l'archevêque d' —, 3552 (note).

Olivier, le compagnon de Rolant, 1643, 6928.
Oloron (*Olaro*), 2646.
Onie, Donges.
Orange (*Aurenca*), 3839, 3849; siége légendaire d' —, 4107 (note).
Oratoire, l'orme de l' —, à Toulouse, 7739 (note).
Orion, Tibaut d' —.
Osma, l'évêque d' —, 44 (note).
Ot, partisan du c. de T., toujours associé à Bertran Jordan, 6114 (note), 7135, 9536; probablement le même que Ot de Terride.
Ot de Saint-Béat, partisan du c. de T., 6385 (note), 8830, 8884.
Ot de Terride (*Tarrida*), prend part à la défense de Toulouse [1218], 7499 (note), 7791; cf. Ot.
Othon [IV], empereur d'Allemagne, 978.
Oton d'Angelier, croisé, 7878.

P. Arcès, frère d'Ugo d'Alfar, 1820.
P. Bermon d'Anduze, croisé, 272 (note).
P. Bonassa, partisan du c. de T., 4393.
P. Mir, partisan de la croisade, combat à Beaucaire, 4275, 4555, 4841.
P. le Navarrais (*P. Navarres, P. Navar*), partisan du c. de T., combat à Baziége, 9001, 9083.
Padern, défend Toulouse [1219], 9523 (note).
Paernas, Pernes.
Palharès, Bernart Amiel, seigneur de —.
Palmers, 8828 (note).
Pamiers (*Pamies*), occupé par les croisés, 2630 (note); assemblée tenue à —, 2658; l'hérésie, la sœur du comte de Foix y séjourne et y propage l'hérésie, 3263.

Pamiers, l'abbé de —, 2628.
Pampelonne, les deux seigneurs de—(*Pampalones*), 8961 (note).
Pampelune (*Pampalona*), le roi [de Navarre], seigneur de —, 114; l'évêque de —, 152.
Paraire, Bernart —.
Paris, enlève Hélène, 1425.
Paris, en France, 826, 884, 999, 1442, 3113, 7097; croisés venus du côté de —, 481, 876, 2073.
Paris, le chantre de —, 1441 (note), 2435.
Paris, en Languedoc, assiégé et pris par le c. de T. [1211], 2317 (note).
Pavie, heaumes de —, 1215 (note), 5015, 8003.
Pedro (*Peron*) Domingo, écuyer aragonais, défend Toulouse [1218], 7631.
Peire de Castelnau, excommunie le comte de Toulouse, 81; est assassiné, 85 (note).
Peire de Durban, seigneur de Montagu, partisan du c. de T., 6008.
Peire Guillem de Seguret, partisan des croisés, combat à Baziége, est pris et pendu, 9141 (note), 9163, 9211.
Peire de l'Isle, défend Toulouse [1218], 7794, 8377 (note).
Peire de Lambesc, partisan du c. de T., 4394 (note), 4518.
Peire de Mèze (*P. de Mesoa*), partisan du c. de T., 4717 (note).
Peire Raimon (*P. R.*) de Rabastens, accompagne le jeune comte au concile de Latran et l'assiste de ses conseils, 3157 (note, voy. Add. et corr.), 3675; l'accompagne encore au siège de Beaucaire, 4439, 4707.
Peire Rogier de Cabaret, conseille le vicomte de Béziers assiégé dans Carcassonne, 552 (note); attaque un convoi de machines de guerre et est re-

poussé, 1184-1234; délivre Bouchart, 1455.

Pelet, Raimon —.

Pelfort, don —, partisan très-actif du c. de T., arrive au secours de Toulouse, 7153; prend part aux conseils et aux combats qui ont lieu pour la défense de cette ville [1218], 7440, 7491, 7617; jouit de la mort de S. de M., 3403 (note); lors de la croisade de 1219, est d'avis de négocier avec le fils de Philippe-Auguste, 9357-76; défend Toulouse [1219], 9491 (note).

Pennautier (*Pog-Nautier*, *Poh-Nautier*), Aude, 1089, 1152, 1155.

Pendus, le Puy des —, près Beaucaire, 4523 (note).

Penne (*Pena*, 1929; *Pena d'Agenes*, 2404, 2467), Lot-et-Garonne, dans la juridiction du sénéchal d'Agen, 1929; assiégé par les croisés [1212], 2404-40; l'ost des croisés s'y concentre, 2467.

Penne, Bernart de —.

Pépieux, Giraut de —.

Pequi, Robert de —.

Périgord (*Peiragorzin*, *Peirigorc*), 128, 2449.

Périgord, Raimon de —.

Pernes (*Paernas*), Vaucluse, 3843.

Peron Domingo, voy. Pedro —.

Perrin de Saissi, croisé, 2618 (note), 2667, 2679, cf. II, 155, note, 2.

Pertus, la barbacane de —, à Toulouse, 9517.

Pestillac, Bertran de —.

Philippe (*Felip*) le roi —, au siège d'Acre, 8257, 8266; le vicomte de Béziers est disposé à le prendre pour arbitre, 725; reçoit favorablement le c. de T. [1210], 977 (note); à une seconde visite du même, se montre malveillant, 1000 (note); le concile d'Arles lui donne autorité sur les populations considérées comme hérétiques, 1400; il envoie son fils à la croisade après la bataille de Muret, 3114; accueille froidement le récit que lui fait son fils des succès de S. de M., 3145 (note); les chefs de la croisade lui demandent du secours, 7098, 8713.

Philippe d'Aiguilent, croisé, 7506.

Philippot, croisé, tué, 4686-91 (note); enterré, 4723.

Pierre, voy. Peire.

Pierre, prend part à la défense de Montferrand, 1653.

Pierre [II], roi d'Aragon, beau-frère du c. de T. et de son fils le jeune comte, 2740-2; assiste à la conférence de Carcassonne entre les hérétiques et les catholiques, 47 (note); présent à la bataille de las Navas de Tolosa, 117; se rend à la croisade, devant Carcassonne, 599; se rend dans cette ville auprès du vicomte de Béziers et l'engage vainement à traiter, 611; ses démarches pour amener un accommodement, 652; retourne en Aragon, 680; a une entrevue à Portet avec l'abbé de Citeaux, 1023; accompagne le c. de T. aux conciles de Narbonne et d'Arles, 1346-8; désapprouve la sentence du concile, 1365; rassemble une armée contre la croisade, 2756-85; assiège Muret et appelle à lui le c. de T., 2888-904; fait abandonner Muret qui venait d'être occupé par les Toulousains, 2943-69; prend la parole au conseil, 2998-3005; est tué à la bataille de Muret, 3064-70 (note).

Pierre l'Aragonais, mainadier (voy. ce mot au vocab.) au

service des croisés, 783 (note).
Pierre d'Auxerre (*P. d'Ausorre*, 267; *d'Ausurra*, 1440, 1615), le comte —, croisé [1209], 267 (note); amène à la croisade une nouvelle armée [1211], 1440; assiste à la prise de Lavaur, 1615.
[Pierre de Bénévent], voy. Cardinal.
Pierre d'Escorailles (*P. d'Escorralha*), croisé, 7772.
Pierre de Livron, croisé, établi dans les pays conquis, 2347, 2518, 2563.
[Pierre Mauclerc], voy. Bretagne, le comte de —.
Pierre de Saint-Prais, croisé faisant partie de la garnison du château de Beaucaire, se rend au c. de T., 3975 (note).
Pierre de Voisins (*Vezit*, 7005, en rime, ailleurs *Vezis*), croisé, combat devant Toulouse [1217-8], 7005 (note), 7212, 7250, 8000; accompagne en France la comtesse de Leicester et l'évêque de Toulouse, 7129.
Pierrelate (*Peira lada*), Drôme, prend parti pour le c. de T., 3854.
Piquigni, Robert de —.
Poblet, abbaye, 59 (note).
Pog-Nautier, Poh-Nautier, Pennautier.
Pointis, Inart de —.
Poitevins (*Peitavis*), prennent part à la croisade, 286, 2551, 7116, 9330.
Poitiers, Adémar de —, Raoul de —.
Poitou (*Peitau*), 128, 2081.
Pons, le vicomte —, pris par les croisés à Saint-Antonin, 2388.
Pons de Beaumont, l'un des croisés qui restent avec S. de M. dans les pays conquis, 838; tué, 2306.
Pons de Mela, envoyé du roi de Navarre, l'une des autorités de G. de Tudèle, 112.
Pons de Mondragon, 3861 (note: II, p. 207, n. 2).
Pons de Toulouse, le roux, prend part à la défense de Montferrand, 1654.
Pons de Saint-Just, partisan du c. de T., 3862 (note).
Ponsonville (*Pozamila*), la barbacane de —, à Toulouse, 9489 (note).
Pont neuf, la barbacane du —, à Toulouse, 9541.
Ponton, Ugo de —.
Porada, caver [béarnais ou navarrais], combat vaillamment à Castelnaudari, 2205.
Porcellet, Bertran —, Guillem —.
Port, le —, 3398 (note).
Portet (*Portel*), H.-Garonne, 1023.
Portels, Gaucelin de —.
Ports, les —, passages des Pyrénées, 2775.
Portugal, 852.
Posquières (*Posqueiras*), 5679 (note).
Pozamila, Ponsonville.
Préaux, Gautier de —.
Prévôt, le — [de Toulouse?], 5584, voy. Add. et corr.
Provençaux, croisés, 1263; partisans du c. de T., 3939, 3967, 4857.
Provence, prend part à la croisade, 274, 289; la terre d'Empire (c.-à-d. la Provence) est réservée au jeune comte par le pape, 3570; le c. de T. et son fils reçoivent en — un accueil favorable, 3738 et suiv.; mentionnée, 80, 201, 1906, 2082, 3227, 3884, 4155, 4183, 4300, 4783, 5009, 5013, 5044, 5047, 5131, 5435, 5700, 5931, 5943, 6169, 6883, 7072.
Pugal, Rostanh du —.
Puy (*Poi*), le —, H.-Loire, 3397; la cour du —, 7955 (note).
Puy, l'évêque du —, conduit

une troupe à la croisade (1209), 325-9.

Puy, le —, voy. Montségur, Pendus.

Puycelsi (*Poi Celsi*, 1699; *Pui Celsi*, 1702; *Pog Celsi*, 2315, 2372); se rend aux croisés, 1699, 1702; au c. de T. (1211), 2315; repris par les croisés [1212], 2372.

Puycerda (*Pog Serdan, Poi Cerdan*), 1950, 2621.

Puy-la-Roque (*Pegua Rocha*), occupé par les croisés, 310 (note).

Puylaurens (*Pog Laurens*), les habitants de — violent le serment qu'ils avaient prêté à S. de M., 2265-70.

Puylaurens, Sicart de —.

Pujols, pris d'assaut par les Toulousains, 2786-870.

Punglis, Punhtis, Pointis.

Querci (*Caersines*, 369, ailleurs *Caercis*), prend part à la croisade, 309, 8919; mentionné, 3505, 7102, 8065.

R., voy. Raimon.

R. At de Castelbon, homme du comte de Comminges, tué, 1800 (note).

R. Belarot, partisan du c. de T., 4051 (note, voy. Add. et corr.).

R. Gaucelm, tarasconais, défend Beaucaire contre les croisés, 3986 (note), 4370.

Rabastens, se rend aux croisés [1211], 1697; au c. de T. [1211], 2275, 2286, 2313; repris par les croisés [1212], 2364.

Rabastens, Peire Raimon de —, Raimon de —.

Raiamfres, partisan du c. de T., 6119.

Raimbaut de Trie, croisé, 7777 (note).

Raimon [VI], comte de Toulouse (*coms Ramon* ou *R.*, 187, 338, 1339, 1344, 1752..., 3421, 3442, 3447, 3466...; *coms de Tolosa*, 81, 182, 221, 240, 875, 895, 907, 995.... 2787, 2809, 2993, 3006; *lo coms*, 194, 974, 1001, 1356, 1366..., 2794, 2905, 3019...; *coms de Sant Gili*, 2936, 3755...; *dux de Narbona*, 264; *lo dux*, 881; *lo coms dux e marques*, 2907). Marié à une sœur du roi d'Aragon, 2740. En 1207, excommunié par P. de Castelnau, 81. En 1208, demande vainement à l'abbé de Cîteaux l'absolution, 187 (note); cherche en vain à s'allier, contre la croisade, avec le vicomte de Béziers, 195-199; se rend en Provence, 201. En 1209, envoie au pape une ambassade, 216-34 (note); conditions auxquelles il obtient sa réconciliation, 239-44 (note); marche avec la croisade, 264 (note, voy. Add. et corr.), 338; fait venir son fils à la croisade pour le présenter aux principaux barons français, 875; résout d'aller de nouveau à Rome, malgré l'abbé de Cîteaux, et envoie d'avance des messagers au pape, 895-916. En 1210, visite le roi de France, 977 (note), la comtesse de Champagne, et d'autres barons, 979-83; se lie d'amitié avec le pape, 984-94 (note); repasse par Paris et est mal reçu par le roi, 1000 (note); revient à Toulouse, a une entrevue avec l'abbé de Cîteaux et S. de M., et leur livre le château Narbonnais, 1002-21 (notes); se rend au concile de Saint-Gilles, où il lui est fait des conditions inacceptables, 1320-43 (note). En 1211, se rend aux conciles de Narbonne et d'Arles, 1345-1348; il publie par toute sa terre la sentence portée contre lui par le concile d'Arles, 1366-1407; convoque ses alliés pour résister à la croisade, 1418-27; sa brouille avec son frère Baudouin, 1733-8; livre un combat malheureux aux croisés au pont de Montaudran, 1752-80; essaie en vain de s'opposer à une sortie des Toulousains, 1823-6; convoque une ost formidable, 1915; assiége S. de M. dans Castelnaudari, 2022; lève le siége, 2225, 2271; se rend à Rabastens et recouvre le pays environnant, 2312-25. En 1212, établi à Montauban, il manque l'occasion de mettre la croisade en déroute, 2343-7. En 1213, appelle à son secours le roi d'Aragon, 2762; assiége Pujols, 2809; se rend au Capitole, à Toulouse, pour inviter les Toulousains à marcher contre les croisés à Muret, 2905; est d'avis d'attendre dans le camp l'attaque des croisés, 3006-14; après la défaite de Muret, engage les Toulousains à traiter avec la croisade, 3103. En 1215, arrive avec son fils à Rome, 3153; le pape leur fait bon accueil et parle en leur faveur au concile, 3180-91; bien que déclaré bon catholique par le pape, il est dépouillé de sa terre, 3476-9; après le concile, a un entretien avec le pape à qui il confie son fils et ses intérêts, 3599-654; s'en revient par Viterbe et Gênes, 3659-66. En 1216, il est rejoint, à Gênes, par son fils, et se rend avec lui en Provence, 3633-7; ils sont reçus avec enthousiasme à Marseille, 3738; conclut un accord avec le prince d'Orange, 3810; prend congé des siens pour se rendre en Espagne;

conseils qu'il donne à son fils, 3874-97. En 1217, revient d'Espagne et s'arrête chez Rogier de Comminges, 5703-8; tient conseil avec ses partisans, 5712-85; entre dans Toulouse d'où les habitants chassent les croisés, 5886; réunit un conseil pour délibérer sur la défense de la ville, 6724-51; va recevoir le château de Foix (?), 6869-71; demeure à Toulouse pendant tout le siége [1217-8], 7131, 8137.

Raimon, le jeune comte, fils du comte de Toulouse (*Ramundet*, 3875; quelquefois *lo coms*, 3952, 3976, 4955; ordinairement *lo coms jove*), marié à une sœur du roi d'Aragon, 2742; son lignage, 3557 (note), 4173-4 (note). En 1209, présenté par son père aux chefs de la croisade, 875. En 1213, quitte le Toulousain avec son père, 3109. En 1215, accompagne son père à Rome, 3152; le pape lui témoigne de l'intérêt, 3180; parle en sa faveur au concile, 3519-43; reste à Rome après le départ de son père, 3150-3; a un entretien avec le pape qui lui réserve le Venaissin et la terre d'Argence, 3681-731. En 1216, il rejoint son père à Gênes, 3733; l'accompagne en Provence, 3738; a un entretien avec Gui de Cavaillon, 3789-810; reçoit l'hommage de plusieurs châteaux du Venaissin, 3842-4; reçoit les conseils de son père partant pour l'Espagne, 3879-96; fait son entrée dans Beaucaire, 3916; convoque ses hommes et loue des soudoyers, 4077-81; dirige la défense de la ville et l'attaque du château, 3952-3, 4231, 4365, 4370, 4124, 4701; reçoit la capitulation du château, 4955-62. En 1217, s'afflige des ravages causés par S. de M. sur la rive gauche du Rhône, 5960; apprend l'arrivée de son père à Toulouse, 6109; se rend en cette ville, 7568, 7916. En 1218, reçoit l'hommage de l'Isle, 8542; va occuper Condom, Marmande, Clairac, Aiguillon, 8781-5 (notes); commande et combat à Baziége, 8992, 9049, 9164. En 1219, refuse d'envoyer des messagers de paix à Louis, fils de Philippe-Auguste, 9378-403; occupe pendant le siége de 1219 l'une des barbacanes de Toulouse, 9502 (note).

Raimon Arnaut del Puch, ou del Pog (*Br. A. del Puch*, 8979; *Ramon A. del Pog*, 9093), partisan du c. de T., combat à Baziége, 8979 (note), 9093 (note).

Raimon (*Ramon*) Bernier, bourgeois toulousain, vient à la rencontre du c. de T. [1217], 5836, 5847.

Raimon (R.) de las Bordes, défenseur de Toulouse [1218], 8374.

Raimon (R.) Izarn, défenseur de Toulouse (1218), 8383.

Raimon (R.) Mir, homme de P. Rogier, 1185 (note).

Raimon (R.) de Montauban, partisan du c. de T., 3859 (note), 4390, 4428.

Raimon (R.) Pelet, ennemi du c. de T., 3849 (note).

Raimon (R.) de Périgord, routier, faisant partie de la garnison de Montferrand, 1657.

Raimon (R.) de Rabastens, envoyé du c. de T. au pape, 230 (note), 900.

Raimon de Rabastens, Peire —.

Raimon de Ricaud (*R. cel de Recaut*), amène le jeune comte au camp des croisés [1209], 878 (note, voy. Add. et corr.); saisi de frayeur à la nouvelle de la défaite du comte de Foix à Castelnaudari, 2231.

[Raimon Rogier], voy. Foix, le comte de —.

[Raimon Rogier], voy. Béziers, le vicomte de —.

Raimon de Roquefeuil (*Ramon de Rocafolhs*), parle au pape en faveur du jeune Raimon Trencavel, 3358 (note).

Raimon de Roquemaure (*R. de Rocamaura*), partisan de S. de M., assiégé dans le château de Beaucaire, 4644 (note).

Raimon (R.) de Roussillon, partisan du c. de T., 7793.

Raimon (*Ramon*) de Salvanhac, bailleur de fonds de S. de M., reçoit le butin fait à Lavaur, 1634-9 (note).

Raimon (R.) de Termes, assiégé par les croisés, 1268 (note, voy. Add. et corr.); fait prisonnier, 1305.

Raimon Unaut (*R. Unautz*, 9092, 9519, *R. Unaudes*, 8999), combat à Baziége, 8999 (note), 9092; défend Toulouse [1219], 9519.

Raimon (R.) de Vals, partisan du c. de T., parent de Bernart de Casnac, 7697.

Rainaut le Frison, croisé, 7214, cf. Rainier le Frison.

Rainier, homme de S. de M., 7871 (note), 8406, 8456 (voir la note au t. I).

Rainier d'Aubusson (*Albusson*), croisé, 7770.

Rainier de Bosne (*Bosna*), défend Toulouse (1219), 9193.

Rainier de Chauderon (*Rainers del Caudaro*), l'un des croisés qui, en 1209, restent avec S. de M. dans les pays conquis, 837 (note); refuse la garde de Carcassonne, 1123; l'un des défenseurs du château de Beaucaire, 4032, 4105, 4618;

combat au siége de Toulouse, 7212.
Rainier le Frison, croisé, 7778, le même que Rainaut le Frison?
Rainier de Rancon, croisé, 7771 (note).
Ramon, Raimon.
Ramon At, ou Ramonet (5919) d'Aspet (Aspel), partisan du c. de T., 5919, 8833 (note); cf. II, p. 474, n. 5.
Rancon, Rainier de —.
[Raoul III, de Nesle], voy. Soissons, le comte de —.
Raoul d'Agi (*Raolf cel d'Agis*), l'un des croisés qui restent avec S. de M. dans les pays conquis, 837 (note).
Raoul de Cambrai, héros épique, 514 (note).
Raoul du Gua, partisan du c. de T., 4368, 4879.
Raoul de Nesle (*Raolf de Niela*), croisé, 7769 (note).
Raoul de Poitiers (*Raolf de Peitiers*), croisé, 7776.
Raoulin le Champenois, croisé, tué, 8014.
Ratier de Caussade, défend Toulouse (1219), 9192 (note).
Ruzès (*Rezes*), les gens du —, convoqués par S. de M., 4975.
Redessan? (*Eldessa*), Gard, 4018.
Reiambaut (*Reiamballs*) de la Calm, partisan de la croisade, 3850 (note).
Reims, l'archevêque de —, à la croisade [1212], 2512; son neveu tué, 2568 (note, voy. Add. et corr.).
Réole (*Reula*), Gironde, le port de la —, 6931.
Rhône (*Rozer*), 80, 3769, 3921, 4369, 4161, 5689.
Ricart de Tournedos (*Ricartz de Cornados*), croisé, tué, 5806 (note).
Ricartz, voy. Ricau de Carro.
Ricau, partisan du c. de T., 4875, le même que le suivant?

Ricau de Carro (*Ricals de Carro, Ricartz de Caro*), seigneur provençal, partisan du c. de T., 3862 (voy. Add. et corr.), 4434.
Ricaud, Raimon de —.
Richart [I], roi d'Angleterre, seigneur de Penne, 2406, oncle du jeune comte, 4174.
Richart de Forez, croisé, 8031.
Riquier, croisé, 8031.
Rivet (*Rivel*), ruisseau, près Muret.
Roais, Edesse.
Robert, croisé, 4840 (note).
Robert, maître —, légiste, probablement toulousain, s'entremet entre les Toulousains et S. de M., 5060 (note), 5222, 5265, 5274.
Robert de Beaumont (*Belmont*), croisé, 6671 (note), 7066, 7181, 7233, 7774.
Robert de Chalon, croisé, 7771.
Robert de Chinon, croisé, 7775.
Robert de Courtenai, croisé 1440 (note), 1616.
Robert de Forsoville, l'un des croisés qui restent avec S. de M. dans les pays conquis, 836 (note).
Robert de Mauvoisin, homme de S. de M., 1108 (note, voy. Add. et corr.).
Robert de Pequi, l'un des croisés qui restent avec S. de M. dans les pays conquis, 832 (note), le même que le suivant?
Robert de Piquigni (*Robertz de Pequeni*, 6912, 7211, *Robertz Pequenis*, 7775), soudoyer français, 6912, 7005 (?), 7211, 7775.
Robert de Salventine, croisé du siége d'Acre [1191], ses paroles citées, 8282-9.
Robert de Tinhes, partisan du c. de T., combat à Baziége, 8978, cf. II, p. 452, n. 8.
Rocafort, Roquefort.
Rocamadour, H.-Vienne, 1893, 1900, 2903, 6818.

Rocamadour, l'abbé de —, 8948.
Roca-negada, Aimeric de —.
Roches, Gillebert des —, Guillaume des —.
Rocovila, Roqueville.
Rodez, Aveyron, 290.
Rodrigo, probablement un soudoyer aragonais, combat à Baziége, 8997, 9094.
Rogier, croisé, 4119 (note), le même que le suivant?
Rogier d'Andelis, l'un des croisés qui restent avec S. de M. dans les pays conquis, 840 (note, voy. Add. et corr.), combat au siége de Toulouse (1217), 7007.
Rogier d'Aspet (*Aspel*), partisan du c. de T., 5801 (note), 8839 (note).
Rogier Bernart, fils du comte de Foix; en 1211, combat à Castelnaudari, 2204. En 1212, défend Montauban, 2621. En 1213, prend part à l'attaque de Pujols, 2810. En 1216, défend Montgranier, 5669 (note). En 1217, engage le c. de T. à se rendre à Toulouse qui l'appelle, 5736-42; bat Joris, 5792-814; tue Ricart de Tournedos, 5806; combat les croisés dans Toulouse, 5918; prend une part active, dans les combats et dans les conseils, à la défense de la ville (1217-8), 6005, 6732, 6798, 7016, 7133, 7420, 7448, 7497, 7620, 7784, 8147. En 1218, combat à Baziége, 8975, 9018, 9058, 9080, 9106, 9182. En 1219, défend Toulouse, 9470.
Rogier de Cabaret, Peire —.
Rogier de Comminges, neveu du comte de Foix, donne asile au c. de T. revenant d'Espagne, 5708 (note); vient au secours de Toulouse, 5751, 6143, 6731, 6887.
Rogier de l'Issart, l'un des croisés qui restent avec S. de M. dans les pays conquis, 841 (note), cf. II, p. 155, n. 2.
Rogier de Linieres (*Lhineiras*), croisé, 8909.
Rogier de Montaut, homme du comte de Comminges, est l'un des premiers à faire accueil au c. de T. à son retour d'Espagne, 5755; combat à la Salvetat, 5799; au siége de Toulouse [1218], 7498, 7616; à Meilhan, 8887; défend Toulouse [1219], 9515.
Rogier de Noé, défend Toulouse [1219], 9516 (note).
Rolant (*Rollans, Rollant, Rollan*), héros épique, 1643, 2068, 6069, 6928.
Rome, 50, 232, 236, 896, 974, 3153, 3659, 3666, 3667, 3732, 4303, 4403, 7103; désignant le pape ou le pouvoir pontifical, 5262, 8059; concile tenu à — [1215], 3161.
Romieu, Alfan —.
Roquefeuil, Raimon de —.
Roquefort, B. de —.
Roquemaure, Raimon de —.
Roqueville (*Rocovila*), 1885 (note).
Rostan de Carbonières, provençal, partisan du c. de T., 4234 (note).
Rostanh du Pugal, provençal, partisan du c. de T., 4876 (note).
Rouci, Alain de —.
Rouergats (*Roergas*), croisés, 286.
Roussillon (*Rosilhon*), 1274.
Roussillon, Raimon de —.
Rozer, Rhône.

Saba (*Austria*), la reine de —, 407.
Sabolera, Garcias —.
Saint-Auzart, l'abbé de —, 901 (note).
Sainte-Bazeille, 1032 (note).
Saint-Béat, Ot de —.

Saintes-Carbes (*Santas Carvas*), l'orme de —, à Toulouse, 5162.

Saint-Cyprien (*Sent Subra*), faubourg de Toulouse, sur la rive gauche de la Garonne, occupé par S. de M. pendant le siège de Toulouse [1217-8], 6645, 7502, 7540.

Saint-Denis (*Sent Danis*), abbaye, 7112.

Saint-Denis (*S. Daniza*), le chantre de —, 2514.

Saint-Etienne (*Sent Estefe*), le plan —, 5142, 5160; la barbacane —, 9521.

Saint-Gaudens (*Sent Gauzens*), H.-Garonne, appartient au comte de Comminges, 1926; occupé par les croisés, 2645; S. de M. s'y rend, 5650; occupé par Joris, 8792.

Saint-Gilles (*Sant Gili, Sant Geli*), Gard. Peire de Castelnau y est enterré, 95; le légat Milon y meurt, 245; concile tenu à —, 1321.

Saint-Gilles, le comte de —, voy. Raimon [VI].

Saint-Jacques (*Sent Jagme*), le jardin —, à Toulouse, 6028 (note).

Saint-Just, Pons de —.

Saint-Marc [de Venise], visité par le c. de T., 3663.

Saint-Marcel, Tarn, occupé par le c. de T., 2316; assiégé et détruit par les croisés, 2340, 2376.

Saint-Martin, Bernart de —.

Saint-Martin des Bordes (*a Sant Marti a las Bordas*), 2098 (note).

Saint-Nazaire, à Carcassonne; S. de M. y est enseveli, 8682.

Sainte Pâque (*Santa Pasca*), église principale de Beaucaire, fortifiée en vue de la défense de la ville, 3953 (note), 4016, 4487.

Saint-Pierre de Cuisines (*a Sent Peire a Cozinas*), église, à Toulouse, 5483 (note).

Saint-Pol (*Sant Paul*, 266, ailleurs *Sant Pol*), le comte de —, croisé, 266 (note); refuse la seigneurie des pays conquis, 792; fait bon accueil au jeune Raimon, 882 (note); prend la parole en faveur du comte Centule, 9278.

Saint-Prais, Pierre de —.

Saint-Remezi, église, à Toulouse, 5143 (note).

Saint-Sauveur (*Sent Salvador*), près Toulouse, 7760 (note).

Saint-Sernin (*Sent Cerni*), église, à Toulouse, 7933, 8119; le petit —, 6741 (note, voy. Add. et corr.).

Saint-Sernin, l'abbé de —, 5080, 5220.

Saint-Tibéri (*Sent Tuberi*), l'abbé de —, reçoit en garde le château de Foix, 3249 (note), 3250.

Saintes (*Santas*), l'évêque de —, amène une nombreuse troupe de croisés devant Marmande, 9233; demande que le comte Centule soit mis à mort, 9266.

Saintonge (*Sentonge*), 2449.

Saintonge, le vicomte de — (*vescoms Centonges*), 810 (note), nom corrompu.

Saintongeais (*Centonges*), croisés, 286.

Saishes, le seigneur de —, 8952 (note).

Saissac (*Saichac, Saichag*), Aude, 954, 1914.

Saissi, Perrin de —, Simon de —.

Saladin, le roi —, 8254, 8263, 8273, 8279.

Salas, Salles.

Salies (*Salinas*), le château de —, 8795 (note).

Salles (*Salas*), la porte de —, à Muret, 3037.

Salomon (*Salamos*), citation d'une parole qui lui est attribuée, 407.

Salomon (*Salamo*), croisé, 4041.
Salon (*Selho*), B.-du-Rhône, 3782.
Salvagnac, Tarn, 2309.
Salvanhac, Raimon de —.
Salventine, Robert de —.
Salvetat, la —, H.-Garonne, 5795.
Samatan (*Samata*), Gers, occupé par les croisés, 2646.
Sanc Espada, chevalier faisant partie de la garnison de Montferrand, 1656.
Santas Carvas, Saintes-Carbes.
Sant, Saint —.
Sarrazin (*Sarrazinor*), mur —, au château Narbonnais, 6835.
Savaleta, Estève —.
Savaric de Mauléon (*Malleo*), vient au secours du c. de T., 1423 (note), 1918, 1934, 1949; assiste au siége de Castelnaudari, 2055; s'efforce de calmer la panique de l'ost de Toulouse, 2219; a une entrevue à Bordeaux [1212] avec le c. de T.
Savartès, le seigneur de —, voy. Foix, comte de —.
Saverdun (*Savardu*), Ariége, les hommes de — ravagent les environs de Pamiers, 2632; abandonnent leur ville, 2639-40.
Saxons (*Sainc*), croisés, 1261.
Seguin de Balenes, défend Casseneuil contre les croisés, 317.
Seguret, Peire Guillem de —.
Seisses, Bernart de —.
Semic, Joan de —.
Senlis, Aubert de —.
Sicart, partisan de la croisade, 6336; le même que le suivant.
Sicart de Montaut, partisan de la croisade; combat au siége de Toulouse, 7815 (note), 8418, et à Baziége, 9011.
Sicart de Puylaurens, défend Toulouse [1218 et 1219], 7491 (note), 9522.
Sicrès, défend Marmande, 8960.

Simon Galoer, croisé, 7214 (note), 7257.
Simon, seigneur de Montfort, comte de Leicester, ordinairement qualifié, par abus, de comte de Montfort; appelé quelquefois « le comte fort », 1088, 1306, 1510. En 1209, reçoit le vicomté de Carcassonne et Béziers et autres pays conquis, 808-21, 869-74; se voit abandonné de la plupart des croisés, 825; s'installe à Carcassonne et distribue les pays conquis entre ses compagnons, 845-59, 934 (note); garde en prison le vicomte de Béziers qui ne tarde pas à mourir, 860-8, 917-29; conclut un accord avec le comte de Foix, 935-6 (note); se brouille avec Giraut de Pépieux, 940-53; éprouve des pertes pendant l'hiver [1209-10], 971. En 1210, a une entrevue avec le c. de T., 1004 (note); assiége et prend Minerve, 1058-87; se rend à Pennautier où il est rejoint par sa femme, 1089-94; tient un conseil où est décidé le siége de Termes, 1095-1115; confie la garde de Carcassonne à Guillaume de Contre, 1126. En 1210, assiége et prend Termes, 1240-1311; occupe Albi, 1314 (note). En 1211, occupe Cabaret qui venait d'être rendu à Bouchart, 1510; assiége, prend et détruit Lavaur, 1523-73; donne le butin à Raimon de Salvagnac, son bailleur de fonds, 1634-9; assiége et prend par capitulation Montferrand, 1652-95; se dirige vers Toulouse et force le passage du pont de Montaudran, 1743-80; met le siége devant Toulouse, 1788; lève le siége après avoir dévasté les environs, 1864-7; va ravager le

comté de Foix, 1876, 1889-90; se rend à Rocamadour, 1894, 1900; se rend, en compagnie du comte Baudouin, en Albigeois, puis à Carcassonne, 1907-13; attaqué par le c. de T., il convoque ses hommes, 1970-9; se décide à aller attendre ses ennemis à Castelnaudari, 2007; s'y établit, 2038; met en déroute la troupe du comte de Foix, 2613-211; dirige une attaque infructueuse contre l'ost de Toulouse, 2243-49; reprend plusieurs châteaux de l'Albigeois qui avaient ouvert leurs portes au c. de T., 2327-32; assiège vainement Saint-Marcel, 2340. En 1212, reçoit des renforts considérables, 2352-4; prend et détruit Saint-Marcel et Saint-Antonin, 2376-85; laisse dans cette dernière ville le comte Baudouin, 2396; assiège et prend Penne d'Agenais, 2404-39; prend Biron, 2447-53; fait venir la comtesse, 2462; prend Moissac et fait massacrer les routiers qui en formaient la garnison, 2469-2610; s'empare de la Gascogne et du comté de Foix, moins le château de Foix, 2643-9; se repose l'hiver suivant [1212-3], 2652; convoque à Pamiers une assemblée où sont rédigées des lois pour le gouvernement des pays conquis, 2654-62. En 1213, occupe Muret, 2987; met en déroute les armées du roi d'Aragon et du c. de T., 3033-92; fait combler les fossés de Toulouse et raser ses fortifications, 3130-4; demeure en possession des terres du c. de T., 3135-9. En 1215, le pape, en concile, lui accorde à contre-cœur la terre du comte de Toulouse (moins la rive gauche du Rhône), 3395-9, 3476-9, 3549-50. En 1216, apprend avec douleur que Beaucaire vient d'être occupé par le jeune comte, 4030; arrive à Beaucaire, 4114-8; tient plusieurs conseils avec les siens, 4145-93, 4296-351, 4725-834, 4920-36; négocie avec le jeune comte et lève le siège, 4952-64; réunit le plus de monde qu'il peut et se dirige rapidement sur Toulouse, 4974-9; fait emprisonner au château Narbonnais les Toulousains qui étaient venus pacifiquement à sa rencontre, 5039-41, 5198-205; combat, dans les rues de la ville, les Toulousains insurgés, 5124-95; repoussé, il se retire dans le château Narbonnais, 5196-7; l'abbé de Saint-Sernin et l'évêque ayant réussi à calmer la population, il se fait donner de nouveaux otages, 5353-64; malgré l'avis contraire de plusieurs des siens, il traite Toulouse avec la dernière rigueur, expulsant les habitants, ruinant la ville de fond en comble, 5527-619. Se rend à Saint-Gaudens, 5650; marie son fils [Gui] en Bigorre, 5658; revient à Toulouse et impose des taxes sur les absents, 5663-6. En 1217, assiège et fait capituler Montgranier, 5668-77; prend Posquières, 5679; détruit Bernis, 5680; prend La Bastide, 5684; passe le Rhône, 5689; entre à Montélimart, 5693; prend Crest, 5694; reçoit le château de Die, 5699-700; il apprend la révolte de Toulouse, 6140-172; dissimule aux siens cet événement et leur présente la situation sous les apparences les plus brillantes, 6179-205; se hâte de conclure un accord avec Adémar de

Poitiers, 6210-3, et se dirige rapidement vers Toulouse, 6214-38; a un entretien avec son frère Gui, 6258-86; dirige contre la ville une attaque qui est repoussée, 6347-442; tient un conseil où il est décidé que le siège sera mis sur les deux rives de la Garonne, 6458-565; s'établit sur la rive gauche, 6645; ne peut s'y maintenir, 6707; livre des combats infructueux, 6991-7045. En 1218, est renversé de son cheval dans un combat, mais réussit à se dégager, 7267-72; reçoit des renforts, 7345; offre aux nouveaux arrivés un poste dangereux qui n'est pas accepté, 7373-411; s'établit de nouveau sur la rive gauche, et livre un combat à Saint-Cyprien, 7478-533; attaque la tour du pont, 7590, 7656; s'en empare, 7666-8; livre un combat indécis la veille de la Pentecôte, 7734-826; décide la construction d'une *chatte*, 7842; reçoit de nouveaux renforts, 7865; attaque sans succès le rempart avec la *chatte*, 8115-36, 8199-213; habile discoureur, 6876, 7371; prononce à diverses reprises des paroles de découragement, 6580-90, 6699-704, 7061-92, 7287-97, 7535-8; est tué d'un coup de pierre, 8155; il est enterré à l'église Saint-Nazaire, à Carcassonne, 8681-2; son oraison funèbre, 8683-96.

Simon de Saissi, l'un des croisés qui restent avec S. de M. dans les pays conquis, 831 (note).

Simon le Saxon (*Simo lo Saine*), croisé, 1145, cf. II, p. 155, n. 2.

Simon du Caire (*Simonet del Caire*), homme de S. de M., tué, 8405.

Soissons, le comte de — [Raoul III, de Nesle], joint la croisade au siège de Toulouse [1218], 7865 (note); répond ironiquement aux compliments de S. de M., 7888-905; assiste à un conseil tenu au château Narbonnais, 8029; discours peu favorables à la croisade, 8045-61, 8533-8, 8758-67, 8775-6.

Soissons (*Saissos?*), cri de guerre, 2107.

Tarascon, B.-du-Rh., ses habitants prennent parti pour le c. de T., 3853; recommandés au jeune comte par le c. de T., 3889; viennent au secours de Beaucaire, 3922, 4048; mentionné, 4784.

Tarazona (*Terrasona*), l'évêque de —, 153.

Tarn, rivière, 2303, 2330, 2473, 2683, 2716.

Tarragone, l'archevêque de —, 149 (note).

Tarrida, Terride.

Tecin, Thedise.

Templiers, prennent part à la croisade [1219], 9337.

Termes, Aude, assiégé et pris par les croisés, 1075, 1097, 1114, 1150, 1167, 1241, 1255, 1286, 1312.

Termes, Raimon de —.

Terra major, Asie.

Terrasona, Tarazona.

Terride, Ot de —.

Thédise (*Tecin*, I, p. 2, note, *Tezis*, 1353, 3489), maître —, chanoine de Saint-Antonin, I et II, p. 2, note; assiste l'abbé de Cîteaux au concile d'Arles, 1353 (note); parle en faveur de S. de M. au concile de Latran, 3489.

Thomas, croisé, 8404.

Thouels (*las Toellas*), Aveyron, livré à S. de M., 2328 (note).

Tibaut, croisé, 4840, 5439, 5595, 5627; combat à Baziége, 8986,

9119; y est fait prisonnier, 9204, 9219; probablement l'un des suivants, cf. II, p. 304, n. 4.
Tibaut de Blaizon (*Blezon*), croisé, 7767 (note).
Tibaut de Neuville (*Nouvila*), croisé, 5911 (note).
Tibaut d'Orion, croisé, 7772 (note).
Tinbes, Robert de —.
Tiois (*Ties*), croisés, 285, des soudoyers tiois prennent part à la défense de Toulouse, 7995, de Marmande, 8963.
Toellas, Thouels.
Toneu, le château de —, près Marseille, 3740.
Tonneins (*Tonencs*), Gironde, ravagé par les croisés, 311.
Topina, Arnaut —.
Torletz, Ebrart de —.
Tougès, Guillem de —.
Toulouse (*Tolosa, Tholosa*). En 1209, refuse de se soumettre à la croisade, et déclare s'en référer à la volonté du pape, 888-92. En 1210, les consuls de — se rendent à Rome avec le c. de T., 975 (note); l'abbé de Cîteaux et l'évêque Folquet entrent dans —, 1011, 1015; luttes entre les bourgeois de — et ceux du bourg, 1038-9 (note). En 1211, siège mis devant —, 1746, 1780; les milices de — battues au pont de Montaudran, 1764-77; sorties, 1795, 1804, 1830-58; levée du siège, 1864; est convoquée à — par le c. de T., 1916, 1963; bat en retraite, 2259; les barons de — font courir le bruit que les Français sont battus, 2284. En 1213, les barons de — contribuent à la prise de Pujols, 2809-65; assiègent et envahissent Muret, 2937-40; l'évacuent à la demande du roi d'Aragon, 2971-79; sont saisis de panique, à Muret, et mis en pièces, 3077-92; traitent avec S. de M., 3110; voient les croisés occuper leurs maisons, 3117-8. En 1215, les défenses de la ville sont ruinées, 3129-34. En 1216, après la levée du siège de Beaucaire, S. de M. convoque l'ost à Toulouse, 4977; une députation de la ville vient au devant de lui, et est accueillie par de dures paroles, 4985-5027; sur le conseil de l'évêque Folquet un grand nombre d'habitants se rendent auprès du comte, 5087-8; celui-ci les fait garder comme otages, 5198; pendant ce temps la mesnie de S. de M. se met à piller la ville, 5095-7; les habitants se révoltent et se battent dans les rues contre les croisés, 5104-94; le lendemain l'évêque les convoque à Villeneuve, 5213; il leur persuade de se rendre à S. de M., 5215-310; rançonnés par S. de M., 5527-9, qui en expulse un grand nombre, 5532-48, et fait démanteler et ruiner la ville, 5554-76; désolation des habitants, 5634-47. En 1217, — reçoit avec enthousiasme le c. de T. revenant d'Espagne, 5860-85; les habitants chassent la garnison laissée par S. de M., 5886-901; mettent la ville en défense, et rétablissent le Chapitre, 5970; Gui de Montfort tente vainement de reprendre la ville, 5979-6017; Toulouse reçoit de nombreux secours, 6110-24, 6657-8, 7152-4, 7451-4, 7686-98, 7913-7; est assaillie par S. de M., 6305-442; est assiégée des deux côtés de la Garonne, 6568; le siège de la rive gauche est levé, 6707; la ville est assaillie de nouveau, 6791-7045. En 1218, les habitants font une sortie, 7188-85; le siège de

la rive gauche est rétabli, 7414; combats du côté de Saint-Cyprien, 7501-32, 7582-685; combats sur la rive droite, 7734-825; sortie des assiégés et combat sur la rive gauche, 7918-8018; lutte contre la *chatte* amenée au pied des remparts, 8115-211; sortie ayant pour objet de détruire la chatte, mort de S. de M., et levée du siége de la rive gauche, 8359-487; dernière attaque des assiégeants, 8555-633; levée totale du siége et retraite des croisés, 8672-5. En 1219, la croisade, conduite par Louis, fils de Philippe-Auguste, se dirige vers Toulouse, 9323; mesures prises pour la défense de la ville, 9343-52; postes de combat assignés aux défenseurs, 9455-545. Toulouse la Grande, 888, 1746; de toutes les cités la fleur et la rose, 1781; cri de guerre, 2101, 2106, etc.; le Chapitre de Toulouse, voy. au vocab., *capitol, capitoliers*; les consuls de — 2951, 2970 (?), 9343. Voy. Barbacanes, Bourg, Cerdane, Croix-Baragnon, Saintes-Carves.

Toulouse, Bertran de —.
Tournedos, Ricart de —.
Trene, Jofroi de la —.
Trie, Raimbaut de —.
Troyes (*Trias*), 884.
Tudèle, 3, 113.
Turenne, le vicomte de —, croisé, 304 (note).

Ugo d'Alfar, sénéchal d'Agenais, défend Toulouse [1211], 1818 (note); se rend à l'ost du comte de Toulouse, 1929; défend Penne d'Agen, 2413 (note), 2425; prend part au conseil qui précède l'attaque de Muret, 2995; combat à Baziége, 8997, 9090; défenseur de Toulouse [1219], 9505.

Ugo de la Balasta, partisan du c. de T., 4549 (note), 4876.
Ugo Bos, partisan du c. de T., 7191.
Ugo del Brolh, fait partie de la garnison de Montferrand, 1655 (voy. Add. et corr.); ses fils, 2582.
Ugo Joan, Toulousain, vient à la rencontre du c. de T. [1217], 5835 (note, voy. Add. et corr.), 5839.
Ugo de Laens (nom corrompu?) partisan du c. de T., 4875.
Ugo de Monteil, défenseur de Toulouse [1219], 9523.
Ugo de la Mote, vient au secours de Toulouse, 6121; défenseur de Toulouse [1217-8], 7136, 7193, 7220, 7644, 7792, 8357; combat à Baziége, 9185; défenseur de Toulouse [1219], 9487.
Ugo de Ponton, défenseur de Toulouse [1218], 7195.
Unaut, Guillem —, Guiraut —, Raimon —.
Uzès, l'évêque d' —, 1355 (note).

Valabrègue (*Volobrega*), Gard, les habitants de — viennent au secours de Beaucaire, 4020, 4376.
Valence, le vignoble de —, détruit par les croisés, 5691.
Valentinois, 5009.
Vals, Raimon de —.
Vazeja, Baziége.
Venaissin (*Vencisi, Veneici*), réservé par le pape au jeune comte, 3570, 3713; occupé par le jeune comte, 3812.
Verdun sur Garonne, donné à Perrin de Saissi, 2618; mentionné, 2671.
Véronique, la —, relique, 990.
Vezian de Lomagne, vient au secours de Toulouse [1218], 7698 (note); défenseur de Marmande, 8959.
Vielh Morcs, 1888 (note, voy. Add. et corr.).

Viennois (*Vianes*), prend part à la croisade, 289.
Vieux-pont, barbacane du —, à Toulouse, 9534.
Vigne, portal de la —, à Beaucaire, 4611 (note).
Villemur (*Vilamur*), incendié et abandonné par ses habitants à l'approche de la croisade, 330 (note).
Villeneuve (*Vilanova*), près Toulouse, 5213 (note), 5279; barbacane de —, 9506 (note).
Villepreux, Evrart de —.
Vilerbe, 3660.
Viviers, 6931.
Viviers, l'évêque de —, 5686.
Voisins, Pierre de —.

W. Voy. Guillem.
Winchester (*Guinsestre*), erreur probable des deux auteurs, pour Leicester, 806 (note, voy. Add. et corr.), 3718.

ADDITIONS ET CORRECTIONS[1].

TOME I.

35, *suppr. la note.*
81, 142, 182, 221, Tolosa, *lisez* Toloza *(en toutes lettres dans le ms.).*
135. *Ce vers est en réalité le 136e, mais l'erreur est déjà dans Fauriel, et j'ai tenu à conserver la numérotation de la première édition, comme aussi au v. 505.*
201, Proensa, *lisez* Proenza.
244, Que, *lisez* Qui.
374, *mettre deux points à la fin du vers.*
380, prudome, *l.* prodome.
442, *mettre à la fin du vers une virgule.*
456, al, *l.* al[s].
473, cadaus, *l.* cadaüs.
500, *Ms.* Ca la forsa paihs lo prat, *corr.* Ca[r] la forsal prat paihs.
551, l'ost, *l.* l[a] ost.
P. 26, *note, ligne 7 du bas,* 166 *l.* 167. *Ligne* 4, 764, *l.* 564.
585 l'un a, *l.* l'una.
594, S'el, *l.* S[i] el. — *Ch.*
669, al, *l.* al[s].
760, *à la note,* moton, *l.* mōton.
768, car, *sic ms., corr.* cals.
783, *l.* Peiro [l']Aragones.
806, *suppr. la note; la même erreur se retrouve dans la seconde partie du poème, au v. 3718, et il paraît vraisemblable que dans l'usage populaire on avait substitué au nom de Leicester celui de Winchester, plus généralement connu; voir plus loin les Additions au t. II, p. 41, n. 2.*
991, toque, *l.* toquè.
1041, poiria, *l.* porria.

---

[1]. Les corrections proposées dans les notes de la traduction n'ont pas été reproduites ici. — Je fais suivre des lettres *Ch.* les corrections empruntées aux deux articles de M. Chabaneau sur le premier volume de cette édition, *Revue des langues romanes*, 2, I, 192 et 352.

1047. *Au lieu de supposer une lacune après le v. 1048, on pourrait peut-être au v. 1047 suppléer* [o] *après* comte.

1052, *Corr.* gastea e issilheia.

1134, *note. Il vaut mieux restituer* [En] G. d'E., *cf. v.* 1110, 1151, *etc.*

1267, sen, *l.* s'en.

1277, perdula, *l.* perduda.

1415, barrau, *l.* Barrau.

1433, *note*, prosecio, *l.* procecio.

1461, fo, *corr.* fai *ou* fes? jai *ne peut guère signifier* « gai », *ainsi que je l'ai traduit au vocab., c'est plutôt* « joie »; gaudium, *dans le Donat proençal, rime en* ais.

1720, madamens, *l.* mandamens.

1803, *note. On peut garder la leçon* del, *de même v.* 4921, 8603 *où je l'ai corrigée en* de. — *Ch.*

1814, d'els, *l.* de dels. — *Ch.*

1841, *supprimez la note.*

1904, quel, *l.* qu'el.

1940, *ajoutez à la note : cf. v.* 50.

2061, *suppr. la note; il n'est besoin d'aucune correction ni à ce vers ni au précédent, cf. v.* 37.

2079, *suppr. la note.* — *Ch.*

2109, *la note de ce vers a, par erreur, pour chiffre de renvoi,* 2107.

2127, *note*, last., *l.* las t.

2203, *il faut un point à la fin du vers.*

2351, *la note de ce vers a par erreur, pour chiffre de renvoi,* 2349.

2369, nonni, *l.* non i.

2465, Cascus, *l.* Castus, *et mettre une virgule après* rendutz.

2469, *ajoutez* [E] *au commencement du vers.*

2496, agua, *l.* a gua.

2590, Non es, *l. avec le ms.* No s'es, *et suppr. la note; cf.* 6580, 6892. — *Ch.*

2624, 2630, *les corrections proposées pour ces deux vers ne sont pas nécessaires.* — *Ch.*

2690, de, *corr.* de[l], *comme au v.* 2712; *toutefois la correction n'est indispensable dans aucun de ces deux cas.*

2708, Qu'el, *l.* Qu[e] el. — *Ch.*

2769, li clergue o li, *on peut garder la leçon du ms.* li clergue els. — *Ch.*

2860, er, *sic ms., corr.* es.

2891, *la correction proposée en note n'est pas nécessaire.* — *Ch.*

2917, Mais, *l.* Mas.

3040, *Suppr. la correction proposée en note.* — *Ch.*
3242, l'o, *l.* lo, — *Ch.*
3255, auzets, *l.* auzetz.
3259, farzitz, *l.* farsitz.
3307, que[ls], *l.* que. — *Ch.*
3325, al, *l.* al[s].
3367, pois, *l.* por (*leçon du ms.*); *voy. au vocab.* por.
3396, cofort, *p.-ê. faut-il corriger* cosort? *cf. Du Cange* consortare.
3417, veüzas, *l.* veuzas.
3424, *Vers difficile à entendre. On obtiendrait un autre sens, peut-être meilleur que celui que j'ai adopté, en supprimant la virgule à la fin du vers. Pour le sens qui résulte de cette façon de ponctuer, voir les Add. et corr. du t. II, p.* 184.
3431, catholic, *l.* catholic[s], *cf. v.* 3424. — *Ch.*
3456, vos, *corr.* nos.
3459, *mettre le second hémistiche entre deux virgules.*
3475, *la note a par erreur* 3474 *pour chiffre de renvoi.*
3506, note, quels, *l.* quel. — *Ch.*
3522, o, *corr.* [n]o, ou, *à l'hémistiche suivant,* si en no.
3525, 3560, *rétablir la leçon du ms. indiquée en note;* prolec *est paroxyton.* — *Ch.*
3679, *rétablir la leçon du ms., cf.* 9020. — *Ch.*
3635, laissa, *l.* laissas. — *Ch.*
3676, *mettre une virgule à la fin du vers.*
3722, qu'el, *l.* quel (= que li).
3751, e ilh [l'], *l.* e ilh [lui]. — *Ch.*
3780, vadatge, *l.* badatge, *et ajoutez en note :* e no, *ms.* e en.
3784, *la note de ce vers a par erreur* 8785 *pour chiffre de renvoi.*
3838-9, *suppr. la virg. à la fin du v.* 3838, *et au v. suivant, corr.* Et (*leçon du ms.*) *en* El. — *Ch.*
3887, 5383, *suppr. la note.* — *Ch.*
3912, *on pourrait supprimer* la.
3959, desendre, *corr.* des[t]endre, *cf.* 7510.
3980, fos, *l.* fo.
3981, Vos restaura[tz], *l.* Nos restaura, *et ajoutez en note :* 3981, Nos, *ms.* Vos.
4055, s'aprosma, *on peut garder la leçon du ms.* se prosma. — *Ch.*
4065, gens, *corr.* graus.
4135, *la tirade qui vient après ce vers doit porter le n°* CLX, *et non* CXL.
4409, *ce vers peut rester tel qu'il est, suppr. la note.* — *Ch.*
4460, quilh, *l.* qu'ilh.

4496, a[n], *l.* a.
4507, *suppr. la note.* — *Ch.*
4534, els armas, *corr.* las a?
4535, *suppr. la note.*
4560, Mos, *corr.* Vos?
4589, tollrol, *l.* tollrol[s].
4602, nous, *l.* nons.
4603, aviom *(sic ms.), corr.* aviam; *cf.* 3935, *note.* — *Ch.*
4714, sopartig, *l.* so partig.
4716, *dans la note du v.* 4616, *lire* Limoux *au lieu de* Limours.
4727, *suppr. la note.*
4758, llssa, *l.* Lissa.
4883, petit, *l.* petita.
4911, bendas a venal, *l.* benda savenal; *cf. le vocab.,* savenal.
4989, *suppr. la note.* — *Ch.*
5002, 5011, 5317, 7880, 8298, *dans ces vers, M. Chabaneau considère les finales de* mandessatz, eratz, fossatz, aguessatz, laissesam, coms, *e atones, ce qui est à la rigueur admissible, et par suite les corrections proposées en note seraient à supprimer; de même* mescabavam, 4992, *et dans la première partie du poëme,* dicheratz, 1839, aguessatz, 2378; *dans les autres exemples cités comme analogues par M. Ch., la finale est en* ia, *ce qui est un cas tout différent. Au v.* 3903, *également cité (p.-ê. est-ce une erreur de chiffre), l'hémistiche étant* De tot can que fassatz, *il faut au contraire que la finale soit accentuée. Au v.* 3977, auziras *peut être la 2ᵉ pers. du sing., quoiqu'il y ait plus de probabilité en faveur de la 2ᵉ du plur. (régulièrement* auziratz).
5189, borc, *l.* Borc.
5208, fe[s], *l.* fe. — *Ch.*
5227, *mettre un point et virgule à la fin de ce vers, et une virgule à la fin du suivant.* — *Ch.*
5237, comte, *rétablir la leçon du ms.,* coms.
5249, *mettre une virgule à la fin du vers.*
5291, devan, *l.* denan.
5386, talhetz, *que propose M. Ch., serait certainement plus régulier que* talhatz, *mais il ne manque pas d'exemples de la forme de l'indicatif employée au subj. dans la première conjugaison; voir ci-après la remarque sur le v.* 6100.
5388, *cf. la correction faite au v.* 3887.
5469, *suppr. la note.* — *Ch.*
5518, *rétablir la leçon du ms.* om sia, *le groupe* ia *pouvant dans ce texte ne compter que pour une syllabe.* — *Ch.*

5530, note, on pourrait aussi proposer lur, au lieu de lui.

5598-9, on peut en effet, comme le demande M. Ch., laisser subsister aquels..... faran, l'emploi du cas indirect au lieu du cas direct étant d'ailleurs fréquent dans le poème.

5737, le second hémistiche doit être placé entre deux virgules. — Ch.

5818, mes, l. m'es. — Ch.

5856, on peut garder l'o du ms., que j'ai changé en e. — Ch.

5961, rétablir dans le texte la leçon rejetée en note, cf. tempes au vocab.

6004, Mals, l. Mas. — Ch.

6100, amenen serait une forme normale du subj., cf. cependant aux Add. et corr. v. 5386.

6161, paor peut n'avoir été compté que pour une syllabe (cf. v. 3193), il y avait donc lieu de rétablir dans le texte la leçon rejetée en note. — Ch.

6286, suppr. la note. — Ch.

6379, M. Chabaneau propose De l'una part en altra qui est acceptable, mais on pourrait conserver oltra.

6426, dans la note mespres est répété deux fois ; à la première il faut lire mezers.

6637, meitadatz, rétablir la leçon maitadatz rejetée en note.

6642, suppr. la partie de la note qui concerne escuilh, et voy. ce mot au vocab.

6812, la leçon du ms., no son combatedor peut subsister. — Ch.

6873, mettre une virgule à la fin du vers.

6945, aucil, l. aucil[s].

7153-4, savis est sûrement fautif dans l'un des deux cas ; si on voulait faire porter la correction sur le premier vers, à rics, proposé par M. Chabaneau, je préférerais arditz, qui peut aisément devenir ardis, comme p. ex. dans la même laisse faizis, 7130 ; si on adoptait rics, il faudrait faire une seconde correction : [e] pros e rics. Mais pros e savis semble une locution toute faite, cf. 9508, et peut-être y a-t-il lieu de la conserver ici, en considérant savis comme devenu exceptionnellement oxyton. On pourrait alors proposer pour le second vers gens, ou dans, cf. 9507-8.

7173, E de las terras estranhas, hémistiche trop long, suppr. las. — Ch.

7579, els (sic ms.), corr. es l'.

8174, autz (sic ms.), corr. antz ; voy. sur ce mot, qui paraît désigner des perches, des manches en bois, Romania, VII, 594.

8611, caras, sic ms., corr. carns, leçon de Fauriel.

8616, perdens, l. prendens.

8643, mettre une virgule à la fin du vers. — *Ch.*
8715, venga[n], *l.* venga.
8717, *suppr. la virgule à la fin du vers.*
8743, *mettre une virgule à la fin du vers.*
8800, *mettre un point à la fin du vers.*
8833, sentiz, *l.* sentitz.
8843, Crist, *l.* Cristz.
8903, *mettre un point et virgule à la fin du vers.*
8905, vol[v]s, *l.* vol[v] *ou* vol. — *Ch.*
8967, los, *l.* lo.
8982-3, *supprimer toute ponctuation à la fin du premier vers, et mettre un point à la fin du second.*
8990, *mettre une virgule à la fin du vers.*
8998, abas, *l.* Abas.
9069, *à la note, l.* 9105 *au lieu de* 9116.
9165, de sobro los, *l.* de sobro las.
9167, bel, *corr.* bel[s].
9212, *mettre un point à la fin du vers.*
P. 371, *à partir d'ici les pages doivent porter la date* 1219, *au lieu de* 1218.
9268, *mettre un point et virgule à la fin du vers.*
9274, *c'aisi donnerait un meilleur sens que* car li.
9526, *la construction serait, je crois, meilleure si on supprimait la virgule après ce vers, ou si on corrigeait, au vers suivant,* de *en* ab.
9550, *mettre un point et virgule à la fin du vers.*
9573-5, *il y a très-probablement quelque faute dans ces deux vers qui ne donnent pas un sens satisfaisant. Il n'est pas naturel que la Vierge ait à* repenre los falhimens segon dreitura, *ce n'est pas son rôle; il pourrait donc y avoir une lacune entre* 9573 *et* 9574. *Dans les vers omis il était peut-être fait mention de Jésus-Christ, à qui conviendrait mieux la fonction de redresseur des torts, et dès lors le v.* 9575, « de sorte que son sang bienveillant se répande pour nous », *c.-à-d.* « nous vienne en aide », *se relierait mieux à ce qui précède.*

TOME II.

P. 4, v. 59. « Près de Lerida ». C'est assurément cette ville que G. de Tudèle a voulu désigner; mais le texte porte *Leire*, qui ne peut guère être considéré comme une variante de *Lerida*. Ce n'est pas non plus une faute de copiste. *Leire* était une abbaye célèbre de la Navarre, et il est probable que l'auteur, étant navarrais, aura écrit ce nom par distraction au lieu de *Lerida*.

P. 5, n. 3. — Une autre date est fournie par le Bréviaire de Montmajour, selon lequel le meurtre aurait eu lieu le 8 janvier, « supra ripam Rhodani, juxta hospitale beati Thome », Anibert, *Mémoires sur Arles*, II, 198.

P. 13, v. 226. Cet archevêque d'Auch, ami du comte de Toulouse et si durement qualifié par Pierre de Vaux-Cernai (voy. la note 2 de cette même page), serait, d'après les Bénédictins, Bernart III (*Gall. Christ.* I, 989), de 1197 à 1213; mais M. Delisle a montré que deux prélats du même nom avaient pendant cette période occupé le siège d'Auch : Bernart III de 1197 à 1201 et Bernart IV de 1201 à 1213 (*Bibl. de l'Éc. des ch.*, 5, IV, 441). Le second, de qui il est ici question, fut déposé en 1213, à cause de sa conduite scandaleuse, voir Innocent III, *Epist.*, XVI, v.

P. 15, n. 2. — Note erronée: le duc de Narbonne est proprement le comte de Toulouse, qui marchait alors avec la croisade; cf. p. 157, n. 2.

P. 17, n. 10, sur Bertran de Cardaillac. Dominici, chroniqueur du Quercy, qui vivait à la fin du xvie siècle, avait un ms. de la rédaction en prose d'après lequel il a analysé en quelques lignes les premiers actes de la croisade; ce qui lui donne occasion de parler de Bertran de Cardaillac; voici le passage :

> L'historien qui a ecrit en langue vulgaire les particularitez de cete guerre en faveur du comte de Toulouse, remarque qu'avant les sièges des villes de Beziers et Carcassonne, qui sentirent les premieres, en 1209, les forces des croisez, une grande armée se leva du costé d'Agde [1], dont les principaux chefs estoient Guy de Caumont, le vicomte de Turenne, l'evesque de Limoges, l'evesque de Bazas, l'archevesque de Bourdeaux, l'evesque de Caors, l'evesque d'Agde et Bertrand de Cardaillac qui conduisoit toutes les troupes de Quercy. Ce Bertrand estoit fils d'Hugue, frère de Guillaume de Cardaillac, comme j'ay apris par les actes de cete illustre famille.
>
> (Bibl. Nat., fr. 5924, fol. 24.)

P. 20, n. 4. — *Terre major* désigne évidemment la France dans ce vers d'*Aiol* (10698) :

> Cis baron sont de Franche, de la terre major,

mais il s'agit probablement de l'Asie dans cet autre exemple :

> Fetes voz os semondre jusqu'en *Terre major*.
>
> (*Vespasien*, Musée Brit., add. 10289, f. 91.)

---

1. C'est une erreur de la rédaction en prose d'avoir substitué *Agades* à *Agenes* du poëme; voir v. 300.

P. 28, n. 2. *Rais*, 511, ne signifie pas rayon, et la correction *frais* proposée par M. Chabaneau est évidemment inadmissible. C'est le même mot qu'au v. 1621, *e si feron gran rai*, l'ancien français *ré*, bûcher, sur l'étymologie duquel on a récemment discuté, voy. *Romania*, VII, 346 et 630, et qui paraît venir de *ratis*. L'article du vocabulaire doit être corrigé en ce sens.

P. 30, n. 2. Une légende analogue, relative à Pampelune, est mentionnée dans *Aiol*, 379-80.

P. 38 (v. 746), *Bésiers*, lisez *Nevers*.

P. 41, n. 2. — Il est singulier que cette même erreur (la substitution de Winchester à Leicester), commise par les deux auteurs du poème, se rencontre aussi, à l'occasion d'un autre personnage de la même famille, Robert de Leicester, le grand-père maternel de notre Simon, dans un chroniqueur des croisades, *Histor. occid. des crois.*, II, 204, note *a*.

P. 43, n. 2. Il y a, sur Guillaume de Contre, un témoignage précis, tout à fait en accord avec le poème, dans Etienne de Bourbon, éd. de la Soc. de l'Hist. de Fr., p. 44, n° 31.

P. 45, n. 2. Le même personnage, apparemment, figure dans une charte de 1209, d'après Dom Villevielle, I, 396.

P. 47, n. 1. Il y a sur Raimon de Ricaud une curieuse anecdote dans Guillaume de Puylaurens, ch. xxv.

P. 51, n. 2. Bouchart de Marli confirme en 1219 une donation à l'abbaye de Prouille, Doat, XCVIII, 56. Les anciens chansonniers français nous ont conservé de lui une chanson : *Trop me pais de chanter taire*.

P. 57, n. 2. Cf. le Ménestrel de Reims, éd. de Wailly, § 56.

P. 60, n. 1. Ajoutez que les biens d'un homme connu d'ailleurs, Guillem de Durfort, furent attribués à Robert Mauvoisin, voy. Doat, XCVIII, 49 v°.

P. 62. A la ligne 4 de la note, lisez *Du Chesne*, au lieu de *Catel*.

P. 63, n. 3. G. Cat est sans doute ce chevalier de Montréal que Guill. de Puylaurens, ch. xix, nous montre désertant la cause de Simon de Montfort.

P. 69, n. 1. Raimon de Termes est témoin dans un acte de 1201, Doat, CLXIX, 95.

P. 69, n. 2. Cf. sur les Brabançons un curieux passage dans Gautier Mape, *de Nugis curialium* (Camden Society), p. 60.

P. 82, n. 1. On trouvera d'autres détails sur la part des Toulousains au siège de Lavaur, dans G. de Puylaurens, ch. xvii.

P. 86, n. 2. Sur le sens de *pertrait*, cf. une charte de 1029 environ, dans Vaissète, éd. Privat, V, 393.

P. 87, l. 14, ajoutez *les* après *truands*.

P. 87, n. 3. Je m'aperçois que Du Mège avait déjà identifié, contrairement à l'opinion de Fauriel, le *Montjoi* du poème avec Montgei; voir son édition de D. Vaissète, V, *addit.*, 40-1.

P. 89, v. 1621. « Et cela fit grande clarté », corr. « et ils firent un grand bûcher », cf. ci-dessus la correction à la page 28.

P. 90, v. 1655. Ugo del Brolh (cf. v. 2582) est sans doute le même qui paraît, précisément à Moissac, dans une charte de 1160 environ publiée par Vaissète, II, pr. 285.

P. 103, n. 7. *Rocqueville*, l. *Roqueville*.

P. 104, n. 4. Pour d'autres témoignages sur l'archidiaconé *Veteris Moresii*, cf. Teulet, *Layettes*, 3203-4, Doat XCVIII, 21, et les *Documents inédits sur l'hérésie des Albigeois*, publiés par Belhomme, *Mém. de la Soc. archéol. du Midi de la France*, VI, 145.

P. 117, n. 3. Explication erronée, cf. plus loin l'addition à la p. 365, n. 5.

P. 109, note 1. Martin Algai fut sénéchal de Gascogne au moins jusqu'en 1206; voy. *Rotuli litterarum patentium*, I, 21.

P. 126, n. 1. Martinet le Hardi, l'un des hommes de Baudouin, est sûrement le même que le « Martin Dolitz » de la page suivante (v. 2302), mais il reste douteux qu'on puisse l'identifier avec Martin Algai : non seulement le surnom est différent, mais encore nous ne pouvons pas affirmer qu'au moment de la petite expédition du comte Baudouin qui est ici racontée, Martin Algai appartint encore au parti de la croisade. Au v. 2145 il est avec les croisés, au v. 2448 il est avec le comte de Toulouse, mais entre ces deux points nous ne pouvons déterminer le moment précis où il changea de parti. Cependant, ce qui pourrait donner une certaine vraisemblance à la conjecture émise à la note de la p. 126, que Martinet le Hardi, autrement appelé Martin Dolitz, serait identique à Martin Algai, c'est que nous savons par la chronique d'Aubri de Trois-Fontaines que Martin Dolitz était espagnol, et Martin Algai, selon le témoignage de Pierre de Vaux-Cernai (voy. la note de la p. 109) était aussi espagnol. Le passage d'Aubri est assez intéressant pour mériter d'être rapporté ici. J'en cite un peu plus que ce qu'il faudrait pour justifier ce qui vient d'être dit au sujet de Martin Dolitz, et je place entre [ ] quelques renvois aux vers du poème. On verra que le vrai surnom de notre Martin était, non *Dolitz*, mais *d'Olit*; c'est Olite, en Navarre.

In terra Albigensium facta sunt hec : Tota terra ultra Tarnum reversa est ad vomitum et apostavit [*cf.* 2275 *et suiv.*]. Venerunt de Francia milites ad comitem Symonem in satellitium [2327], et captum castrum de Tueilles [2328]; et venit Grido frater comitis Symonis. Ventum est ad Caüsac [2333], et inde, inter Caüsac et Gaillart (*Gaillac*), fuit bellum. Inde fugit comes Tholosanus versus Rabestenium (*Rabastens*), unde iterum fugatus est, et ita nox insecutionem dirimit. Sessio ante Sanctum Marcellum [2310, 2376]. MARTINUS DE OLIT, hispanus remanserat in Caüsac, qui cepit predam de Gaillart (*Gaillac*). Egressi sunt contra eum 80 in equis et 500 pedites; cum Martino solummodo erant 18 : disconfecit illos in nomine Domini et plures occidit, et cepit 140.

(Ad ann. 1212; Pertz, *Script.* XXIII, 896.)

Ce morceau est dans la chronique d'Aubri un de ceux qui paraissent originaux, ou du moins dont on ne connaît pas la source. Il est visiblement indépendant de Guillem de Tudèle, puisqu'il donne, notamment à la fin du morceau, des faits qui ne se trouvent pas chez ce dernier, mais en même temps il est d'accord avec lui à peu près sur tous les points. La seule différence notable est que chez Aubri l'expédition de Martin est dirigée contre Gaillac, tandis que chez G. de Tudèle elle paraît dirigée contre Lagrave. Mais cette différence résulte de ma traduction qui n'est pas sans soulever quelque difficulté comme je l'ai remarqué à la note 2 de la page 127. Or, prenant en considération le témoignage d'Aubri, je suis maintenant porté à croire qu'il s'agit de Gaillac là où j'ai supposé (p. 126, l. 6, p. 127, n. 2) qu'il s'agissait de Lagrave. Avec cette modification les deux récits sont d'accord.

P. 126, n. 6. Doat Alaman vivait encore en 1222. Voir ce que G. de Puylaurens raconte à son sujet, ch. xxxiv.

P. 129, n. 2. Alain de Rouci fut tué en 1220. Guill. de Puylaurens, ch. xxxiii.

P. 133, n. 1. *Raimon V*, l. *Raimon VI*.

P. 134, l. 3. Au lieu de [2435], l. [2425].

P. 141, n. 2. La mort du neveu de l'archevêque de Reims est aussi rapportée, d'une façon incidente, par Bernart Itier, éd. de la Société de l'Histoire de France, p. 86 (année 1212).

P. 144, av.-dern. l. du texte. Au lieu de [*venant*] *du côté de Carcassonne*, l. *vers le Carcassais*.

P. 150, n. 3, l. 5 du bas. Au lieu de XIII, l. XVI.

P. 152, l. 6. *L'été*, mieux : *la moisson*, cf. v. 2797.

P. 153, n. 1. Ajoutez 2937, 5218.

P. 155, l. 14. *Galeries ni parapets*; mieux : *Parapets ni remparts*.

P. 157, n. 1. La Vie de Perdigon (*Parn. occit.*, p. 115) porte le même témoignage que celle de R. de Miraval.

P. 166, n. 2. Les deux actes cités d'après Doat sont imprimés dans Teulet, n°s 1068, 1069.

P. 167, n. 1. Cf. ce passage d'Aubri de Trois-Fontaines, à l'année 1213 :

> In predicto quoque certamine (*Muret*) frater Tolosani Balduinus pro catholicis optime se probavit. Post mortem vero regis [Arragonensis] bene 15000 de Tolosanis fuerunt occisi, et comes Symon dedit Balduino quicquid acquisitum erat in dyocesi Cadurcensi.

P. 171, n. 1, l. 6. *Sotulo* est bon; cf. Du Cange, *Sotulum*.

P. 171, n. 2. Depuis que la feuille où se trouve cette note a été tirée, la publication du t. I des *Archives municipales d'Agen* par MM. Magen et Tholin a fait connaître plusieurs chartes où paraît comme témoin un « A. Topina » qui paraît bien être celui du v. 3170, le nom de Topina étant fort rare. Voy. dans ce recueil les n°s II (1197), III (1212), XXIX (1237), XLIV (1248). Il est assez probable que le témoin de 1197 n'est pas celui de 1248, mais ils étaient à tout le moins apparentés, et des deux l'un doit avoir été le personnage mentionné dans le poème.

P. 172, l. 4. *Il est allié ;* plutôt : *il appartient*.

P. 172. Les notes 2 et 3 doivent être rétablies ainsi :

> Note 2. Par sa mère Jeanne d'Angleterre.
> Note 3. Alphonse Jourdain.....

La note 3, sur Sancie, est à supprimer.

P. 181, l. 9. *Cette iniquité,* plutôt : *la responsabilité de sa perte*. Ici *pecat* a le sens de « malheur, infortune »; voy. le vocab. *pecar, pecat,* cf. *pecador,* 4446, 5307, et cf. *Jahrb. f. roman. liter.,* 2. III, 263.

P. 184, l. 18 et suiv. Ce passage est fort malaisé à entendre (cf. ci-dessus, p. 516, les corrections au t. I). Voici un nouvel essai de traduction :

> « Tu le reçois comme catholique, homme de bien et pieux,
> « de même le comte de Comminges et celui de Foix. Et donc,
> « s'ils sont catholiques, et si tu prends pour [la donner à] des
> « catholiques [3425] la terre que tu accordes à Simon, tu la
> « reprends (cette terre) au moment même, car ce que tu lui
> « donnes (c.-à-d. ce qui lui reste), ce n'est rien, c'est néant.....
> « Si tu la lui enlèves pour [la donner à des] catholiques, et
> « la lui interdis..... »

P. 187, n. 2. L'intervention de l'archevêque de Narbonne en faveur du comte de Toulouse est rendue très vraisemblable par le témoignage d'Aubri de Trois-Fontaines :

> In terra Albigensium hoc anno (1214) contigit quod archiepiscopus Arnaldus Narbonensis et comes Montis Fortis Simon pro quodam

principatu dissenserunt. Itaque archiepiscopus dictum comitem, quem hucusque manutenuerat, de toto deseruit, et cum suis Narbonensibus Raimundum Tholozanum revocavit; qui Tholosanus, reversus de Anglia....

(Pertz, *Script.*, XXIII.)

P. 197, n. 2. Cf. encore Papon, *Hist. de Prov.*, II, 375.

P. 198, v. 3705. « Je ne puis en même poursuivre et fuir ». C'est une expression proverbiale qu'emploie aussi Folquet de Marseille :

> Qu'ensems non puesc encausar e fugir.
> (*Ben an mort.*)

P. 200, v. 3752. Le « Ar. Audegers » du poème est très probablement identique à un chevalier avignonais qui, selon Guill. de Puylaurens, fut tué par les croisés dans une escarmouche, en 1224. Le nom de ce personnage a été lu par D. Brial (Bouquet, XIX, 216 A) *Buxindus Andeguerrii*. Brial corrige *Buxindus* en *Bernardus*.

P. 206, l. 6. *Murens*, l. *Mureus*.

P. 206, note 1. A la fin de cette note, l. 5687, au lieu de 5688 (p. 293, n. 2).

P. 206, n. 5. Ce Guiraut Adémar, seigneur de Montélimar, vendit sa part de la vicomté de Marseille après 1214, voy. Ruffi, *Hist. de Marseille*, I, 101. Il avait épousé la fille de Guillaume III, seigneur de Marseille, Ruffi, I, 75, cf. encore *ibid.*, 81.

P. 208, v. 3860. « P. Albaron » paraît comme témoin à Marseille, dans un acte de 1218 (*Cartul. de S. Victor*, II, 314).

P. 208, n. 3. Ce « Ricals » ou « Ricartz de Carro » est sans doute le même qu'un « Ricauus de Cariumpo » mentionné en 1209 dans une lettre d'Innocent III, Migne, III, 95-6. Caromb, arr. et cant. de Carpentras.

P. 209, v. 3888. Ancelmet, que le comte de Toulouse présente ici comme un homme influent, qui plus loin reparaîtra amenant au jeune Raimon le contingent marseillais, devait être un personnage influent. Peut-être doit-il être identifié avec un Anselme de Marseille qui est mentionné l'un des premiers parmi les notables marseillais à qui, en 1190, le roi de Jérusalem Gui de Lusignan accorda, pour eux et pour tous les citoyens de Marseille, le privilège de négocier en franchise à Acre, en considération des services qu'il avait reçus d'eux lors du siège d'Acre; voy. Guindon et Méry, *Hist. de la commune de Marseille*, II, 194; cf. Ruffi, *Hist. de Marseille*, 2e éd., I, 95. Peut-être cet

Anselme était-il le père de l'Ancelmet du poëme, qui aurait été fils aîné, si le suffixe *et* a ici la signification qu'il a souvent (voy. ci-dessus, p. 206, note 6). En des actes importants de 1205 (*Cartul. de S. Victor*, n° 1115), 1212 (*ibid.*, 930), 1218 (*ibid.*, 910), 1220 (*ibid.*, 926), on voit figurer un « Ancelmus », qualifié dans les deux derniers actes de « major », qui ne doit pas être différent de celui de la chanson.

P. 210, v. 3915..... « Cependant le jeune comte expédie ses lettres scellées..... » Nous avons du jeune comte au moins une lettre expédiée à cette époque, en l'absence du comte Raimon VI. Elle est datée du 11 mai, la date de l'année, qui n'est pas exprimée, ne pouvant être que 1216, voy. *Archives municipales d'Agen*, n° VII (cf. *Revue critique*, 1877, I, 353).

P. 219, n. 1. A la ligne 5, ajoutez : et 1218 (*Cart. de S. Victor*, II, 314).

P. 233, l. 4. « Sauf votre respect » (*sitot m'o autrejatz*), peut-être : « dussiez vous me l'assurer ».

P. 234, n. 1. C'est probablement le même Albeta qu'on voit paraître en 1241 en des actes importants, et de qui nous avons le sceau, appendu à un acte de 1250; voy. Teulet, *Layettes du Trésor*, n° 2950, et Tourtoulon, *Jacme I le conquérant*, II, 57, note.

P. 249, v. 4716. « Bertran », l. « B. »; ce personnage s'appelait probablement Bernart; voy. p. 469, n. 3.

P. 256, l. 1. J'aurais dû traduire *menestral* par « artisans » ou « ouvriers », et non par « soudoyers ».

P. 265, v. 5080, « Saint-Cernin »; l. « Saint-Sernin »; de même p. 274, v. 5220.

P. 284, n. 1. A la l. 4, il faut substituer « Foulques » à « Girart ».

P. 287, v. 5584. Ce prévôt est probablement le prévôt de l'église de Toulouse, Mascaron, que l'on sait avoir été en fonction de 1205 à 1216 au moins; voy. *Gall. christ.*, XIII, 77-8.

P. 291. Le siège de Montgranier eut lieu en 1217. La date placée au haut des pages doit être corrigée en conséquence. Elle est donnée correctement au t. I.

P. 301, n. 4. Il est intéressant de noter que ce fut dans la maison d'Ugo Joan que le comte Raimon VI mourut en 1222; voy. l'enquête de 1247 analysée par Catel, *Hist. des comtes de Toulouse*, p. 316.

P. 308, dern. ligne « Pierre », l. « Peire ».

P. 316, n. 6123, « Arnaut », l. « Arnaudon ».

P. 324, n. 3. Cf. une curieuse description de *poitral* dans un fragment d'*Aspremont* cité par L. Bekker dans les notes de son édition de *Ferabras*, p. 163.

P. 327, n. 3. Il me parait maintenant plus probable que l'*Ot* du vers 6114 (voy. p. 314, note 1) est Ot de Terride, distinct par conséquent d'Ot de Saint-Béat.

P. 339, l. 4. « Saint-Subran », l. « Saint-Cyprien ».

P. 343, l. 3. Le petit Saint-Sernin (*Sent Cernil menor*) est peut-être l'église du Taur, qui, selon Catel (*Mémoires de l'histoire du Languedoc*, p. 265), était originairement dédiée à saint Sernin et est appelée dans les anciens titres *ecclesia Sancti Saturni de Tauro*, « et n'y a pas plus de cent ans qu'elle est dédiée à la Vierge. »

P. 349, v. 6872. « Montesquieu », l. « Montesquiou ».

P. 359, v. 7087. « La gent réprouvée », dans le texte *la gen contradita*. La même expression est appliquée dans *Rolant* (v. 1932) aux Sarrazins.

P. 359, n. 4. Il est bien possible que ce Garin ne soit pas différent d'Elie Garin, qui fut abbé de Grandselve de 1224 à 1231, voy. *Gall. christ.*, XIII, 134.

P. 361, v. 7140. « Jori », l. « Joris ».

P. 365, n. 5. Je change encore une fois d'opinion quant au sens de *brazos*, tant pour ce passage que pour celui de la p. 117, v. 2113. C'est bien d'une pièce d'armure qu'il s'agit ici, mais je pense maintenant que cette pièce n'est pas différente des *bracchiola*, en français *braceroles*, que J. de Garlande fait figurer dans son Dictionnaire, à l'article des armes (Wright, p. 130, Scheler, nº 49) et qu'il explique par « parva scuta bracchiis adherentia » (ms. de Tr. C. Dublin, D, 4, 9, fol. 19 *b* et 182 *a*)[1]. C'était, apparemment, une pièce assez proéminente, tout autre chose qu'un brassard, de sorte qu'un coup de lance porté de biais pouvait enlever à la fois les deux *brazos* ou *braceroles*.

P. 377, note 2. « Il était donc frère de Bertran Jordan, seigneur de l'Isle, et oncle du fils de celui-ci, également nommé Bertran Jordan... » Cette assertion reproduit une erreur que j'avais commise à la note de la p. 313 et que j'ai corrigée en faisant réimprimer cette page. Lisez : « Il était donc frère de *Bernart* Jordan, seigneur de l'Isle, et de Bertran Jordan. »

---

1. A rapprocher des *bracheus* mentionnés par Adenet dans ce vers de *Cleomadès* cité par M. Fr. Michel dans les notes du poëme de la guerre de Navarre (p. 567) :

    E *bracheus* et bouclers roons.

P. 380, note commencée à la page 379. L'édition d'Étienne de Bourbon n'avait pas encore paru lorsque cette note a été rédigée. Le passage relatif à Golfier (qui est désigné par ces mots « quidam miles ») se trouve à la p. 188. Gaucelm Faidit fait aussi allusion à la même aventure (*Chant e deport*).

P. 383, n. 5. Au lieu de 344, l. 314.

P. 391, v. 7794, Pierre, l. Peire.

P. 391, n. 3. Toutefois Mont Aigon est un nom réel, cf. p. 474, n. 6.

P. 391, n. 6. Il y a, déjà en 1241, une enquête suivie de condamnation, contre « *Bernardum de Sancto Martino*, Guillelmum de « Insula et Balaguerium, milites de Lauriaco, publice de heresi « diffamatos. » Doat, XXI, 158.

P. 398, v. 7950, 7953, Jori, l. Joris.

P. 415, n. 2. Au lieu de 1781, l. 1771.

P. 416, v. 8368. Arnaut de Lomagne, seigneur d'Agenais, figure dans un acte de 1243, Teulet, *Layettes du Trésor*, n° 3074.

P. 416, n. 4. Au lieu de LXXXVI, l. XCVI.

P. 424, v. 8543. Bertran, l. Bernart.

P. 441, [8931], l. [8935].

P. 442, suppr. la note 3.

P. 444, 8960. Rétablir *Sicres*, nom propre, après *Gaston*.

P. 459, v. 9241, « le roi de France », l. « le fils du roi de France »; la note doit être reportée au v. 9259, à la page suivante.

Imprimerie GOUVERNEUR, G. DAUPELEY à Nogent-le-Rotrou.